조선시대
한글편지 판독자료집 ②

황문환·임치균·전경목·조정아·황은영 엮음

역락

이 책은 2008년도 정부재원(교육인적자원부 학술연구조성사업비)으로
한국학술진흥재단의 지원을 받아 연구되었음(KRF-2008-322-A00058)

간행사

　한국학중앙연구원 어문생활사연구소에서는 지난 2008년 7월부터 2011년 6월까지 한국학술진흥재단(현 한국연구재단)의 지원을 받아 「조선시대 한글편지의 수집·정리와 어휘·서체 사전의 편찬 연구」를 수행하였습니다. 이 연구는 조선시대 한글편지에 대하여 종합적이고 체계적인 수집·정리를 도모하고, 이를 바탕으로 한글편지의 어휘사전과 서체자전을 편찬하는 데 목표를 두었습니다. 국어학, 국문학, 고문서학, 서예학 등 여러 분야의 전문가로 구성된 연구진은 이제 3년간의 연구를 차질 없이 수행하고 그 연구 결과물을 차례로 출판하여 학제간 공동 연구의 소중한 결실을 거두게 되었습니다. 이러한 결실에 이르기까지 열정과 인내로 일관하며 온갖 노력을 기울여 오신 연구진 여러분께 먼저 축하와 함께 감사를 드립니다.

　주지하는 바와 같이 조선시대의 한글편지는 위로는 왕으로부터 아래로는 서민에 이르기까지 폭넓게 실용된 까닭에 우리의 말과 글을 지키고 가꾸는 귀중한 토양이 되었습니다. 그뿐만 아니라 한글편지는 개인의 생활 감정을 진솔한 육필(肉筆)로 기록한 자료이기에 그 사연 속에는 당시 개인이나 사회의 생생한 실상을 가감 없이 그대로 담고 있습니다. 이러한 자료 특성 때문에 한글편지는 근래, 국어학을 비롯하여 국문학, 역사학, 고문서학, 여성학, 민속학, 서예학 등 한국학 여러 분야에서 귀중한 일차 자료로 주목받고 있습니다. 그럼에도 불구하고 한글편지는 심하게 흘려 쓴 글씨체로 인해 판독 자체가 쉽지 않은데다가 편지 소개도 개별 연구자에 따라 산발적으로 이루어져 그동안 연구자나 일반인들이 자료를 접하고 활용하는 데 어려움이 많았습니다. 이러한 시점에 이번 출판은 한글편지의 활용도를 획기적으로 높이는 계기가 될 것으로 믿어 의심치 않습니다. 방대한 자료 결집과 함께 유용한 도구(사전)가 마련된 만큼 앞으로 한글편지를 활용한 다방면의 연구가 더욱 활성화되리라 믿습니다.

　이번 출판에 이르기까지 많은 분들이 도움을 주셨습니다. 우선 한국학술진흥재단(현 한국연구재단)에서는 연구진이 수행하는 연구 과제의 중요성을 이해하고 전폭적으로 지원해 주셨고, 연구 과제를 수탁한 한국학중앙연구원 연구처에서는 연구와 출판이 원활히 수행될 수 있도록 행정적 뒷받침을 아끼지 않았습니다. 교열과 감수에는 원내외 여러 전문 학자들이 참여하여 보완되어야 할 부분을 지적하고 귀중한 조언을 해 주셨습니다. 출판사에서는 짧은 출판 기간에도 불구하고 방대한 집필 원고를 꼼꼼히 검토하여 좋은 책을 만드는 데 최선을 다해 주셨습니다.

이렇듯 도움을 주신 모든 분들께 감사를 드려야겠지만 특히 한국학중앙연구원에서 한글 편지 역주 사업을 수행한 선행 연구진께 감사를 드리지 않을 수 없습니다. 선행 연구진은 2002년 12월부터 2006년 11월까지 한국학술진흥재단(현 한국연구재단)의 지원 아래 「조선 후기 한글 간찰(언간)의 역주 연구」(연구책임자 : 이광호 교수)를 수행한 바 있습니다. 이 연구의 결과물은 2009년까지 총 10책의 역주서로 출간되어 학계와 일반의 뜨거운 관심을 받았습니다. 이러한 선행 연구가 뒷받침되지 않았다면 현 연구진의 연구가 3년이라는 짧은 기간 동안에 현재와 같은 성과로 이어지기는 어려웠을 것입니다. 역주 결과를 참조하고 활용하는 데 헌신적으로 협조해 주신 선행 연구진께 이 자리를 빌려 심심한 감사를 드립니다. 아울러 출판까지 포함하여 근 5년간, 결코 쉽다고 할 수 없는 연구 및 출판 과정을 성공적으로 마무리하신 현 연구진 여러분께 그동안의 노고를 되새기며 다시 한번 축하와 감사의 말씀을 드리는 바입니다.

2013년 6월
한국학중앙연구원 어문생활사연구소
소장 황 문 환

머리말

조선시대 한글편지는 붓으로 쓰인 필사 자료 중에도 특히 난해한 자료로 꼽힌다. 개인마다 서체가 다양한데다 글씨를 흘려 쓴 정도가 특히 심하여 판독 자체부터 쉽지 않기 때문이다. 이러한 어려움 탓에 한글편지는 극소수 전문 연구자들에 의존하여 개별적, 산발적으로 소개되거나 연구되는 것이 보통이었다. 그러나 1990년대 들어 한글편지에 대한 역주 작업이 본격화되면서 학계는 물론 일반에까지 한글편지를 둘러싼 관심이 널리 확산되는 계기가 마련되었다. 더욱이 2000년대 중반 이후에는 한국학술진흥재단(현 한국연구재단)의 지원 아래 대규모 역주 사업의 결과물이 속속 출판되기 시작하였다. 이에 따라 1980년대만 하더라도 판독문을 활용할 수 있는 한글편지가 기껏해야 400건을 넘지 못했던 것이 대규모 역주 사업이 완료된 최근에는 무려 2,700여 건을 상회하는 수준까지 이르게 되었다. 앞으로 각 유명 가문에 소장된 언간들이 속속 수집, 정리될 경우 현재의 몇 배를 넘는 언간 자료가 새로 소개되는 것은 시간 문제라 해도 과언이 아니다.

이같이 한글편지 자료가 급증할수록 자료를 '종합화'하여 연구자나 이용자의 편의에 알맞게 제공하는 것도 그만큼 중요하고 시급한 문제가 아닐 수 없다. 다른 자료에 비해 한글편지는 검색에 활용할 수 있는 말뭉치(corpus) 텍스트조차 체계적으로 이루어지지 못한 현실이기에 더욱 그러하다. 이에 이 판독자료집은 그동안 소개된 한글편지에 대하여 일종의 '판독말뭉치' 자료를 구축함으로써 자료 소개의 산발성을 극복하고 종합적인 자료 활용에 부응하고자 편찬된 것이다.

이 판독자료집은 한국학술진흥재단(현 한국연구재단)의 지원을 받아 2008년 7월부터 2011년 6월까지(3년간)「조선시대 한글편지의 수집·정리와 어휘·서체사전의 편찬 연구」를 수행하면서 기획되었다. 1차년도(2008.7~2009.6) 기간에는 우선 한글편지를 종합적으로 수집하고 정리하는 데 주력하였다. 그동안 판독문이 소개된 한글편지를 대상으로 편지 원본의 소재를 일일이 확인하는 한편 판독의 객관성을 담보할 수 있는 영인 자료나 이미지 자료를 확보하고자 노력하였다. 2차년도부터는 수집된 자료 중 국어사적으로 연구 의의가 있는 편지를 선정하여 본격적으로 판독 작업을 진행하였다. 연구진 전체가 참여하는 공동 판독회를 정기적으로 개최하면서 판독 결과를 정리하고 기존 판독과 차이가 나는 부분은 일일이 대비하여 표로 작성하는 일을 반복하였다. 연구 기간은 2009년 6월에 종료되었지만 최종 연구결과물 제출 기한인 2011년 6월까지는 이승희(2010), 이종덕·황문환(2011) 등 주요 편지에 대한 역주서나 도록이 출판되면 이들도 판독 대비에 추가적으로 반영하는 작업을 계속하였다.

현재의 판독자료집은 위와 같은 과정을 거쳐 한글편지 총 1,465건에 대한 판독문을 수록한 것이다. 아울러 수록 편지마다 간략한 해설을 덧붙임으로써 해당 편지의 소장, 판독, 영인, 연구 등에 대한 제반 현황을 한눈에 종합적으로 파악할 수 있도록 편의를 도모하였다. 이러한 자료집의 출판을 통해 기대되는 효과는 다음과 같다.

첫째, 수록된 판독문은 말뭉치 구축을 염두에 두고 입력된 자료이기 때문에 향후 용례 추출이나 사전 편찬에 직접적으로 활용될 수 있다(실제 이 판독자료집의 판독문을 기반으로 2012년 12월에 『조선시대 한글편지 서체자전』이 이미 출판되었고 조만간 『조선시대 한글편지 어휘사전』 역시 연구 사업의 최종 결과물 중 하나로 출판될 예정이다).

둘째, 수록된 판독문은 영인 자료나 이미지 자료를 통해 편지 원본과 대조가 가능할 뿐아니라 판독상의 차이가 일일이 표로 대비되었기 때문에 판독의 객관성 내지 신뢰성을 이용자가 직접 점검하고 확인하는 데 특히 유용할 수 있다. 그러나 판독자료집의 판독문 역시여러 가지 판독 가능성 가운데 한 가지를 추가한 데 지나지 않으므로 판독대비를 정오(正誤)의 차원에서 오해하지 않도록 유의해야 할 것이다.

셋째, 간략한 해제와 함께 해당 편지의 소장, 판독, 영인, 연구 등과 관련한 제반 현황이안내되었기 때문에 기존의 한글편지에 대하여 종합적이면서도 간편한 안내서 역할을 수행할수 있다.

판독자료집이 막상 현재의 모습을 갖추고 나니 아쉽게 드러나는 점도 한두 가지가 아니다. 우선 기존에 소개된 한글편지를 모두 수록하지 못하였다. 이는 수록 범위를 연구 기간중 수집, 정리된 편지 가운데 원본 대조가 가능하여 판독의 객관성을 확보하기 쉬운 편지로국한한 데 주된 이유가 있지만 한글편지의 '종합화'라는 측면에서 보면 아무래도 미흡하다고 하지 않을 수 없다. 판독문을 편지 원본과 대조해 볼 수 있도록 해당 편지의 영인 자료나이미지 자료를 함께 수록하지 못한 점은 더더욱 아쉽다. 원본 소장자의 이미지 사용 허가를 일일이 받지 못한 데 원인이 있지만 허가를 받을 수만 있다면 판독의 객관성을 확보하기 위하여 앞으로 꼭 보완될 필요가 있을 것이다. 다행히 한국학중앙연구원 어문생활사연구소에서는 한국학진흥사업단의 지원으로 「조선시대 한글편지의 Data Base 구축」(2011.12~2014. 11)이라는 후속 사업을 진행중이므로 여기서 판독문과 함께 원본 이미지를 웹 서비스로 제공하게 되면 향후 충분한 보완이 이루어질 수 있지 않을까 기대해 본다.

현재의 판독자료집이 이만한 모습을 갖추기까지 실로 많은 분들의 도움이 있었다. 우선 기존에 한글편지 자료를 소개한 여러 선생님들의 협조를 잊을 수 없다. 판독자료집 자체가 기존 판독문에 바탕을 둔 것이지만 특히 한글편지 역주서를 내신 선생님들께서는 자료집의 편찬 취지를 이해하고 판독 차이를 정리하여 대비하는 데 직간접적인 협조를 아끼지 않으셨다. 이종덕 선생님(한국학중앙연구원 전임연구원)과 박부자 선생님(한국학중앙연구원 연구교수)은 판독문 전반에 대한 교열을 맡아 판독상 잘못을 가능한 한 줄이는 데 크게 도움을 주셨다. 특히 이종덕 선생님은 판독과 해설 등 판독자료집의 내용 전반에 대하여 연구진이 점검하고 반영할 사항을 아낌없이 조언해 주셨다. 김춘월 선생(한국학대학원 박사과정)과 사수란 선생(한국학대학원 박사과정)은 교정 과정에서 판독 차이를 일일이 재확인하는 어려움을 기꺼이 감수해 주었다. 역락 출판사의 이대현 사장님은 독자의 범위가 제한될 수밖에 없는 기초학문 서적의 출판을 흔쾌히 맡아 주셨고, 권분옥 팀장님은 편집상 여러 가지 까다로운 요구에도 불구하고 어설픈 원고 뭉치를 어엿한 책자로 만들어 주셨다. 한국학중앙연구원 연구처의 박묘경, 박정규, 정유순, 두현경 선생님께서는 연구과제 수행과 출판 작업이 원활하게 진행될 수 있도록 힘써 도와 주셨다. 이 판독자료집이 나오기까지 도와 주신 모든 분들께 이 자리를 빌려 심심한 감사의 말씀을 드린다.

2013년 6월
엮은이 일동

연구진

소　　　속 : 한국학중앙연구원 어문생활사연구소 조선시대 한글편지사업단
후　　　원 : 한국학술진흥재단
과제 명칭 : 조선시대 한글편지의 수집·정리와 어휘·서체사전의 편찬 연구

연구진

연구책임자 : 황문환(한국학중앙연구원 교수)

공동연구원 : 김주필(국민대학교 교수)
　　　　　　박병천(경인교육대학교 명예교수)
　　　　　　임치균(한국학중앙연구원 교수)
　　　　　　전경목(한국학중앙연구원 교수)
　　　　　　조항범(충북대학교 교수)

연구전임인력 : 배영환(한국학중앙연구원 전임연구원, 현 서원대학교 조교수)
　　　　　　신성철(한국학중앙연구원 전임연구원, 현 국민대학교 연구교수)
　　　　　　이래호(한국학중앙연구원 전임연구원, 현 남부대학교 조교수)
　　　　　　정복동(한국학중앙연구원 전임연구원)
　　　　　　조정아(한국학중앙연구원 전임연구원)
　　　　　　황은영(한국학중앙연구원 전임연구원)

연구보조원 : 권년이(국민대대학원)　김명권(한국학대학원)　김수현(국민대대학원)
　　　　　　김인회(한국학대학원)　김지영(한국학대학원)　명경일(한국학대학원)
　　　　　　문보미(한국학대학원)　박순란(국민대대학원)　박정숙(성균관대대학원)
　　　　　　양　담(원광대학교)　　양　언(한국학대학원)　유효홍(한국학대학원)
　　　　　　윤희선(국민대대학원)　이민호(한국학대학원)　이이숙(성균관대대학원)
　　　　　　이혜정(한국학대학원)

교열 : 박부자(한국학중앙연구원 연구교수)
　　　이종덕(한국학중앙연구원 전임연구원)

일러두기

1

이 판독자료집은 한국학술진흥재단(현 한국연구재단)의 지원을 받아 2008년 7월부터 2011년 6월까지 (3년간) 「조선시대 한글편지의 수집·정리와 어휘·서체사전의 편찬 연구」를 수행하고 그 연구 사업의 최종 결과물 중 하나를 출판한 것이다.

2

이 판독자료집은 사업 기간 동안 수집·정리된 자료 중 국어사적으로 연구 의의가 분명한 언간을* 위주로 총 1,465건을 선정하여 그 판독문만 한데 모아 3권으로 나누어 수록하였다. 이는 언간 자료에 대하여 일종의 '판독 말뭉치' 자료를 구축함으로써 그동안 언간 자료의 약점으로 지적된 자료 소개의 산발성을 극복하고 종합적인 자료 활용에 부응하고자 한 것이다. 아울러 수록 언간마다 간략한 해설을 덧붙임으로써 해당 언간의 소장, 판독, 영인, 연구 등에 대한 제반 현황을 한눈에 종합적으로 파악할 수 있도록 편의를 도모하였다.

3

이 판독자료집은 총 1,465건에 해당하는 언간을 수록하면서 기존에 종별(種別)로 한데 묶여 소개된 언간은 종별로 수록하고 나머지 개별 언간은 종별 언간에 이어 별도로 한데 모아 수록하였다. 종별 언간의 배열 순서나 개별 언간 내 상호간의 배열 순서는 작성 시기를 고려하여 이른 시기부터 순차적으로 배열하는 것을 원칙으로 하였다.

4

판독자료집에 수록된 내용은 종별 언간마다 크게 **해설편**과 **판독편**의 두 부분으로 나누어 소개하였다. 개별 언간의 경우에도 언간마다 원칙적으로 같은 체재를 취하였다.

(1) 해설편

수록되는 언간에 대하여 '간략 해제'와 함께 '원본 사항, 판독 사항, 영인 사항, 참고 논저' 등 해당 언간의 자료 현황 및 연구 현황을 안내하였다. 여기서 안내되는 각 사항을 보다 구체적으로 소개하면 다음과 같다.

....

* 이 판독자료집에서는 특별히 '조선시대의 한글편지'를 가리킬 필요가 있을 경우 학계에 일반화된 '언간(諺簡)'이라는 용어를 택하여 임의로 혼용하였다.

■ 간략 해제 : 언간 명칭, 언간 수량, 원문 판독, 발신자와 수신자, 작성 시기, 자료 가치, 자료 해
제 등을 간략히 정리하여 소개
■ 원본 사항 : 실사(實査)를 통해 확인된 언간 원본의 소장처, 이용 가능한 원본 이미지나 마이크
로 필름의 존재, 언간 원본의 대략적인 크기(세로×가로) 등을 소개
■ 판독 사항 : 원문 판독과 관련하여 판독자, 판독문 소재, 판독 수량, 기타 판독과 관련한 특기
사항 등을 소개(소개 순서는 연도순)
■ 영인 사항 : 언간 원본의 모습이 실린 논저나 도록 등을 소개(소개 순서는 연도순)
■ 참고 논저 : 해당 언간에 대하여 이루어진 기존 연구 성과를 수집, 망라하여 가나다 순으로 제시

(2) 판독편

수록되는 언간에 대하여 간략한 '출전(出典)'을 먼저 제시하고 그 아래 연구진에서 판독한 최종 결과
를 '판독문'으로 수록하였다. 연구진의 판독 결과가 기존에 이루어진 판독과 차이가 날 경우 **판독문**
아래에 **판독대비**를 별도의 표로 제시하여 연구자나 이용자가 판독 차이를 한눈에 확인할 수 있도록
하였다. '출전, 판독문, 판독대비'와 관련된 내용을 보다 구체적으로 소개하면 아래와 같다(다음 쪽에
실린 **판독편 예시** 참조).

■ 출　　전 : 기본적인 서지 사항을 <언간 약칭-번호, 시기, 발신자(관계) → 수신자(관계)>의 형식으
로 제시하였다.
■ 판　독　문 : 언간 원본의 세로쓰기를 가로쓰기로 바꾸고 현행 맞춤법에 준하여 띄어쓰기를 하여
제시하였다. 원본의 행 구분이나 부호 사용은 일체 반영하지 않는 대신 반복 부호
(예 : 〃)만큼은 부호 대신 글자로 바꾸어 제시하였다(이는 판독문이 어휘사전의 용례
로 활용될 경우를 대비한 것이다). 언간의 봉투는 사각형 선으로 표시하되 봉투가 별
도로 마련된 '별봉(別封)'의 경우는 실선으로, 내지(內紙)가 봉투를 겸한 '자봉(自封)'
의 경우는 점선으로 표시하여 구별하였다. 판독문에는 원본에 없는 기호가 일부 사
용되기도 하였는데 사용된 기호와 용법을 소개하면 다음과 같다.
　　□　　　　: 원본이 훼손되어 판독이 불가능할 때(글자 수만큼 표시)
　　□…□　 : 훼손이 심하여 훼손 부분의 글자 수를 생략하여 표시할 때
　　+　　　　: 다른 언간에서 사연이 이어지는 것을 표시할 때
　　〔봉인〕　: 봉투의 봉함처에 도장이 찍혀 있음을 표시할 때
■ 판독대비 : 판독 차이를 표로 제시하되 판독자료집의 판독 결과를 먼저 제시하고 기존의 판독 사
항과 대비하는 방식을 취하였다. 기존의 판독이 판독자료집의 판독과 같을 경우에는
'-'로 표시하여 불필요한 중복을 피하였다. 원칙적으로 띄어쓰기 상의 차이는 대비에
포함시키지 않았지만 띄어쓰기의 차이가 의미차를 수반할 경우에는 예외로 하였다.
또 기존의 판독문에 판독이 누락된 부분이 있으면 [판독 안 됨]과 같이 제시하였다.

판독편 예시

('순천김씨묘 출토 언간 001'의 경우를 설명의 편의상 임의로 가공하여 예시한 것임)

● 편지 명칭　　● 편지 번호

순천김씨묘 출토 언간 001 충북대박물관 유물번호 1348 ······ ● 소장처 유물 번호 등

〈순천김씨묘-001, 1550~1592년, 채무이(남편) → 순천김씨(아내)〉

● 편지 약칭　　● 작성 시기　● 발신자(관계)　　● 수신자(관계)

판독문　　　● 봉투
　　　　　　　(점선은 내지가 피봉을 겸한 봉투임을 표시)　　　　　　● 판독대비의
　　　　　　　　　　　　　　　　　　　　　　　　　　　　　　　　번호

지븨

⊕ 무론 예 인는 무롤 모리 줄 거시니 모리 가라 흐니 나죄 가 필죵이드려[1] 모리 갈 양으
로 일오라[2] 흐소 어디 가 바둘고 눅소늬 집[3] 근쳬 가 바둘가 은지니롤 브리디 아닐디라도
자□□가 교슈흐고[4] 공이나 메워 보낼 □…□

　　　● 원본에서 훼손된 부분을 표시　　　　　● 훼손 부분이 길어 글자 수 표시를 생략함

● 다른 편지에서 이어짐

　　　　　　　　　　　　　　　　　　　　　　선행연구의 출전 표시 ●
　　　　　　　　　　　　　　　　　　　　　　저자
　　　　　　　　　　　　　　　　　　　　　　(출판연도 : 해당쪽수)

판독대비

번호	판독자료집	조건상 (1981a : 181)	전철웅 (1995 : 232)	조항범 (1998a : 35)	황문환 (2002 : 269)	전철웅 (2002 : 302)
1	필죵이드려	필죵이 드려	-	-	-	-
2	일오라	-	-	-	일 오라	일 오라
3	눅소늬 집	숙소늬집	숙소늬 집	숙소늬 집	숙소늬 집	-
4	교슈흐고	교수흐고	⊖	-	[판독 안 됨]	-

　　　　　　　● 판독자료집의 판독과 동일함　　● 판독이 안 된 경우

목차

『조선시대 한글편지 판독자료집』 수록 한글편지

가나다순 한글편지 명칭 찾아보기

•『숙휘신한첩』 언간 •
35건

■ 대상 언간

　일명『淑徽宸翰帖』으로 불리는 편지첩에 실려 전하는 한글편지 35건을 이른다. 이 편지첩은 효종(孝宗)의 셋째딸 숙휘공주(淑徽公主, 1642~1696)와 그의 남편 인평위(寅平尉) 정제현(鄭齊賢, 1642~1662)에게 보낸 효종(孝宗), 현종(顯宗), 숙종(肅宗) 삼대(三代)와 장렬왕후(莊烈王后), 인선왕후(仁宣王后), 명성왕후(明聖王后), 인현왕후(仁顯王后) 등 왕후의 편지를 모아 성첩(成帖)한 것이다. 첩(帖)의 표지에『宸翰帖 坤』이라는 표제(表題)가 붙어 있고 모두(冒頭)에 숙휘공주(淑徽公主)의 5대손인 정진석(鄭晉錫, 1778~1834)의 서문(序文)이 함께 붙어 있어 성첩(成帖) 내력을 소상하게 알려 주고 있다. 이에 따르면『宸翰帖』은 원래 두 첩(帖)으로 되어 있는데 한문(漢文) 어필첩(御筆帖)을 '乾', 언서첩(諺書帖)을 '坤'이라 한 것이다. 1982년에 한문 어필첩인『宸翰帖 乾』이 뒤늦게 발굴되어 이러한 사실을 뒷받침하는바, 이 건첩(乾帖)에는 한문(漢文)으로 된 서문(序文)이 실려 있어 그 언해(諺解)에 해당하는 곤첩(坤帖) 서문(序文)의 내용 확인에도 도움을 얻을 수 있다. 곤첩(坤帖)은 1955년 고(故) 김일근(金一根) 교수가 대구에서 구득하여 소장하던 것을 현재는 계명대학교 동산도서관(童山圖書館)에서 인수하여 소장하고 있다.

■ 언간 명칭 :『숙휘신한첩』언간

　첩(帖)의 표제('宸翰帖 坤')에 따라 金一根(1959)에서는 첩명(帖名)을 단순히 '宸翰帖'으로 명명하였으나 金一根(1986/1991)에 와서 '淑徽宸翰帖'으로 바꾸어 부르게 되었다. 첩에 수록된 편지들의 주된 수신자가 숙휘공주일 뿐 아니라 편지첩 자체가 숙휘공주의 남편 인평위(寅平尉) 정제현(鄭齊賢, 1642~1662)의 후손가에 전해 온 점을 고려한 것이다. 여기에 유사한 편제(編制)로 성첩(成帖)된『淑明宸翰帖』과 구분하기 쉽다는 점에서 '숙휘'를 덧붙인『숙휘신한첩』이 일찍부터 학계에 통용되어 왔다. 이에 이 판독자료집에서는 기존의 명명 취지를 존중하여 '『숙휘신한첩』언간'으로 명칭을 삼되, 출전 제시의 편의상 약칭이 필요할 경우에는 '숙휘'를 사용하였다.

■ 언간 수량 : 35건

『숙휘신한첩』에 실린 언간은 모두 35건으로, 첩의 편차(編次)는 '언서텹' 서문에 이어 '효종대왕언찰어필' 2건, '인선왕후언찰어필' 18건, '현종대왕언찰어필' 3건, '숙종대왕언찰어필' 6건, '명성왕후언찰어필' 1건, '인현왕후언찰어필' 5건의 순으로 구성되어 있다. 다만, 이 중 '인선왕후언찰어필'로 분류된 편지 18건 가운데 처음의 2건은 편지 사연과 문체로 보아 숙휘공주의 계조모(繼祖母) 장렬왕후(莊烈王后)의 것으로 밝혀졌다(金一根, 1986/1991 : 61). 이 판독자료집에서는 35건 전체를 수록하되 편지 번호는 첩에 수록된 순서에 따라 01~35의 번호를 새로 부여하여 수록하였다.

■ 원문 판독

자료를 처음 소개한 金一根(1959)에서는 흑백으로 된 영인 사진과 함께 35건 전체의 판독문을 주석 및 해설과 함께 수록하였다. 그 뒤 金一根(1974)과 金一根(1986/1991)에서 다시 판독문 전체를 수록하였고, 김일근·이종덕(2000a, b, c)과 김일근·이종덕(2001)에서는 35건 중 총 27건의 판독문을 재검토하고 역주(譯註)를 덧붙여 분산 연재하였다. 언간 원본의 이미지는 전시회나 잡지에 한두 건씩 간간이 소개되다가 문화재청(2009)에 와서 35건 전체가 컬러 사진으로 소개되었는데, 이 이미지들은 현재 계명대학교 동산도서관 홈페이지에서 열람할 수 있다. 이 판독자료집에서는 기존의 판독 가운데 金一根(1986/1991)에서 이루어진 판독 사항을 대비하여 표로 제시하고 판독 결과를 대조하는 데 도움이 될 수 있도록 하였다.

■ 발신자와 수신자

『숙휘신한첩』 언간의 발신자는 숙휘공주의 아버지인 효종(孝宗, 1619~1659) 2건, 어머니인 인선왕후(仁宣王后, 1618~1674) 16건, 올케인 명성왕후(明聖王后, 1642~1683) 1건, 조카인 숙종(肅宗, 1661~1720) 6건, 조카며느리인 인현왕후(仁顯王后, 1667~1701) 5건, 할머니[繼祖母]인 장렬왕후(莊烈王后, 1624~1688) 2건 등이다. 숙휘공주를 중심으로 상하 3대의 왕실 구성원들이 숙휘공주에게 보낸 편지가 주를 이루는데, 이외에 숙휘공주의 오빠 현종(顯宗, 1641~1674)이 어머니 인선왕후에게 보낸 편지 2건과 매부 인평위(寅平尉) 정제현(鄭齊賢)에게 보낸 편지 1건이 더 있다. 이 판독자료집에서는 발신자와 수신자에 대해 기본적으로

金一根(1986/1991)을 따라 제시하였다.

■ 작성 시기

『숙휘신한첩』에 수록된 35건은 모두 발신 시기가 적혀 있지 않아서, 발신자와 수신자 및 편지 사연에 언급된 인물이나 사건에 대한 정보를 바탕으로 작성 시기를 추정할 수밖에 없다. 편지 대부분의 수신자가 숙휘공주(淑徽公主, 1642~1696)이므로 이들 편지는 숙휘공주가 인평위(寅平尉) 정제현(鄭齊賢, 1642~1662)에게 하가(下嫁)한 1653년부터 숙휘공주의 몰년(沒年)인 1696년 사이에 작성된 것으로 추정해 볼 수 있다. 이 판독자료집에서는 각 편지의 구체적 작성 시기에 대해 기본적으로 金一根(1986/1991 : 166~179)을 따르되, '미상'이나 '公主下嫁後不遠時' 등 시기가 명확하지 않은 경우는 발수신자의 생몰년 등을 고려하여 추정 시기를 일단 구간(區間)으로 제시하고 그에 대한 간략한 설명을 해당 편지에 각주로 제시하였다.*

■ 자료 가치

효종, 현종, 숙종 3대에 걸쳐 17세기 후반 왕실의 구성원 사이에서 주고받은 친필 한글편지로 국문학사, 국어사, 한글 서체사 연구를 위해서는 물론, 역사·풍속 연구에도 중요한 자료가 된다.

■ 자료 해제

자료의 서지 사항에 대해서는 金一根(1959 : 5~12)과 金一根(1986/1991 : 59~66)을 참조할 수 있다.

■ 원본 사항

- 원본 소장 : 계명대학교 동산도서관(청구기호 : 이귀 811. 65 정진석人)
- 필름 : 계명대학교 동산도서관 소장(※ 웹서비스 : www.library.kmu.ac.kr)

....
* 현재 『숙휘신한첩』에 대한 역주서를 준비하고 있으므로 보다 진전된 시기 추정과 그 근거에 대해서는 향후 이 역주서를 참조할 수 있을 것이다.

• 크기 : 42.3×26.2cm(첩의 크기)

■ 판독 사항

金一根(1959), 『解說·校註 李朝御筆諺簡集』, 新興出版社. ※ 35건 전체 판독

金一根(1974), 『親筆諺簡總覽』, 景仁文化社. ※ 35건 전체 판독

金一根(1986/1991), 『三訂版 諺簡의 硏究』, 건국대학교 출판부. ※ 35건 전체 판독

김일근·이종덕(2000a), 「17세기 궁중언간−淑徽宸翰帖①」, 『문헌과해석』 11, 문헌과해석사,
　　　　74~82쪽. ※ '언셔텹' 서문과 함께 2건 판독

김일근·이종덕(2000b), 「17세기 궁중언간−淑徽宸翰帖②」, 『문헌과해석』 12, 문헌과해석사,
　　　　134~49쪽. ※ 9건 판독

김일근·이종덕(2000c), 「17세기 궁중언간−淑徽宸翰帖③」, 『문헌과해석』 13, 문헌과해석사,
　　　　40~55쪽. ※ 8건 판독

김일근·이종덕(2001), 「17세기 궁중언간−淑徽宸翰帖④」, 『문헌과해석』 14, 문헌과해석사,
　　　　60~75쪽. ※ 8건 판독

■ 영인 사항

金一根(1959), 『解說·校註 李朝御筆諺簡集』, 新興出版社. ※ 35건 전체 영인(흑백)

김일근·이종덕(2000a), 「17세기 궁중언간−淑徽宸翰帖①」, 『문헌과해석』 11, 문헌과해석사,
　　　　74~82쪽. ※ 언서첩 서문과 함께 2건 영인

김일근·이종덕(2000b), 「17세기 궁중언간−淑徽宸翰帖②」, 『문헌과해석』 12, 문헌과해석사,
　　　　134~49쪽. ※ 9건 영인

김일근·이종덕(2000c), 「17세기 궁중언간−淑徽宸翰帖③」, 『문헌과해석』 13, 문헌과해석사,
　　　　40~55쪽. ※ 8건 영인

김일근·이종덕(2001), 「17세기 궁중언간−淑徽宸翰帖④」, 『문헌과해석』 14, 문헌과해석사,
　　　　60~75쪽. ※ 8건 영인

문화재청(2009), 「宸翰帖」, 『한국의 옛글씨−조선왕조 어필』, 29~99쪽. ※ 35건 전체를 컬러 사진으
　　　　로 수록(판독문 없이 이미지만 수록)

■ 참고 논저

金一根(1959), 「「宸翰帖」의 文獻的 價値」, 『국어국문학』 22, 국어국문학회, 174~176쪽.

金一根(1959), 『解說·校註 李朝御筆諺簡集』, 新興出版社.

金一根(1974), 『親筆諺簡總覽』, 景仁文化社.

金一根(1986/1991), 『三訂版 諺簡의 研究』, 건국대학교 출판부.

김일근·이종덕(2000a), 「17세기 궁중언간-淑徽宸翰帖①」, 『문헌과해석』 11, 문헌과해석사, 74~82쪽.

김일근·이종덕(2000b), 「17세기 궁중언간-淑徽宸翰帖②」, 『문헌과해석』 12, 문헌과해석사, 134~49쪽.

김일근·이종덕(2000c), 「17세기 궁중언간-淑徽宸翰帖③」, 『문헌과해석』 13, 문헌과해석사, 40~55쪽.

김일근·이종덕(2001), 「17세기 궁중언간-淑徽宸翰帖④」, 『문헌과해석』 14, 문헌과해석사, 60~75쪽.

문화재청(2009), 「宸翰帖」, 『한국의 옛글씨-조선왕조 어필』, 29~99쪽.

박병천·정복동·황문환(2012), 『조선시대 한글편지 서체자전』, 한국학중앙연구원 어문생활사연구소, 다운샘.

尹敬洙(1987), 「淑徽宸翰帖의 연구-價値와 書式을 中心하여」, 『外大語文論集』 3, 釜山外國語大學 語學研究所, 157~184쪽.

이종덕(2005), 「17세기 왕실 언간의 국어학적 연구」, 서울시립대학교 박사학위 논문.

황문환(2010), 「조선시대 언간 자료의 현황과 특성」, 『국어사 연구』 10, 국어사학회, 73~131쪽.

황문환(2012), 「조선시대 왕실의 한글편지」, 『조선 왕실의 문예』, 장서각 ACADEMY 왕실문화강좌, 한국학중앙연구원 藏書閣, 73~85쪽.

『숙휘신한첩』 언간 01

〈숙휘–01, 1642~1659년*, 효종(아버지) → 숙휘공주(딸)〉

판독문

글월 보고 됴히 이시니 반가와ᄒᆞ노라 너일면 볼 거시니 잠 뎍노라

판독대비

번호	판독자료집	金一根 (1986/1991 : 190)

* 숙휘공주(淑徽公主, 1642~1696)의 생년(生年)과 효종(孝宗, 1619~1659)의 몰년(沒年)을 고려하여 제시하였다.

『숙휘신한첩』 언간 02

〈숙휘-02, 1642~1659년*, 효종(아버지) → 숙휘공주(딸)〉

판독문

너희는 세히 마치 흔 말로 글월을 뎍어시니 ᄀ장 졍셩 업스니 후에 쏘 이리ᄒ면 아니 바들 거시니 알라

판독대비

번호	판독자료집	金一根 (1986/1991 : 190)

....

* 숙휘공주(淑徽公主, 1642~1696)의 생년(生年)과 효종(孝宗, 1619~1659)의 몰년(沒年)을 고려하여 제시하였다.

『숙휘신한첩』 언간 03

〈숙휘-03, 1653~1654년, 현종(처남) → 정제현(매제)〉

판독문

齊賢 思叔아 反駁之說 極爲過甚矣 그 말은 본디 누우님이 그 칙[1] 일홈을 아디 못ᄒᆞ야 그 일홈을 써 달라 ᄒᆞ거늘 내 므이 녀겨 그리 써 주니 누우님이 부러 思叔을 욕ᄒᆞ노라 보내엿거를 齊賢은 아디 못ᄒᆞ며 감히 反駁 二字 써시니 그 술펴 못ᄒᆞᆫ 죄를 후일의 블무기벌이니 디지ᄒᆞ라

판독대비

번호	판독자료집	金一根 (1986/1991 : 211)
1	칙	책

『숙휘신한첩』 언간 04

〈숙휘-04, 1653~1674년*, 효종(아버지) → 숙휘공주(딸)〉

판독문

나는 오늘도 예 왓습거니와 앗가 양심합의 닉관[1] 나실 제는 엇디 아니와 겨옵시더니잇가 나는 오늘 오옵다가 어스 노릇슬 ᄒᆞ얏습더니 덕습노이다 그뢰군이 시방 젼 병경문 안 두 아롬은 혼 이운 밤긔 둑거온 계요 보젼ᄒᆞ야 풍우 ᄀᆞ이오던 피부을 즑즑 벗겨 모도와 사하 가져가고져 ᄒᆞ다가 내게 들려 사문ᄒᆞ오니 셩명은 니ᄅᆞᄃᆞᆯ 아니ᄒᆞ옵고 공칭ᄒᆞ오디 즈젼하 닉이옵더니 겁질이 들먹ᄒᆞ얏습거늘 벗겨노라 ᄒᆞ오니 제 공스 아오로 벗겨 가옵ᄂᆞ이다[2] 잠간 일 여가 잇거든 에보와 못 오옵시리잇가 년ᄒᆞ야 혼자 겨옵시니 쳥티 못ᄒᆞ오니 굼굼ᄒᆞ옵더이다

판독대비

번호	판독자료집	金一根 (1986/1991 : 211~212)
1	닉관	내관
2	가옵ᄂᆞ이다	가노이다

---

* 숙휘공주(淑徽公主, 1642~1696)가 인평위 정제현에게 하가(下嫁)한 1653년과 인선왕후(仁宣王后, 1618~1674)의 몰년(沒年)을 고려하여 제시하였다.

『숙휘신한첩』 언간 05

〈숙휘-05, 1641~1674년*, 현종(아들) → 인선왕후(어머니)〉

판독문

ᄉ연 덜고 거번 가실 제 셔후힝의 눗말을 엿ᄌ와습더니 슈슈 등 발락을 못 미처 아라 와시니 하 보채니 얌신저으니 이뼈 즉시 아라 회셔ᄒᆞᆸ쇼셔 다리예 도든 거스로 약 ᄇᆞ르고 산침 맛기로 너머 못 가ᄂᆞ니 더욱 섭섭ᄒᆞ와 ᄒᆞᆸᄂᆡ 이삼ᄉᆞ민 일양 보쇼셔

판독대비

번호	판독자료집	金一根 (1986/1991 : 212)

* 현종(顯宗, 1641~1674)의 생년(生年)과 인선왕후(仁宣王后, 1618~1674)의 몰년(沒年)을 고려하여 제시하였다.

『숙휘신한첩』 언간 06

〈숙휘-06, 1685년, 숙종(조카) → 숙휘공주(고모)〉

판독문

뎡 딕댱 병환은 무춤내 믈약지효를 엇디 못ㅎ와 쳔만 의외에 상ㄴ 나오니 경통 참졀ㅎ오미 아므라타 업ㄴ온 듕 녯날 흔디셔[1] 노던 일을 싱각ㅎ오니[2] 참도ㅎ온 ㅁ음이 더옥 각별ㅎ오이다 아ᄌ마님겨오셔 여러 둘 쵸젼ㅎᄋ시던 긋티 이런 참쳑을 만나ᄋ셔 일야 이통 곡읍으로 디내ᄋ시니 젹패ㅎᄋ신 긔력이 더옥 올ᄉ시랴 넘녀 ᄀ이업ᄉ와 ㅎ오며 졍ㄴ 비록 망극ㅎᄋ시나 브디 우리 민망ㅎ야 ㅎᄂ 졍을 싱각ㅎᄋ셔 식음을 ᄌ로 자ᄋ시믈 쳔만 브라ᄋᄂ이다

판독대비

번호	판독자료집	金一根 (1986/1991 : 217)
1	흔디셔	흔대셔
2	싱각ㅎ오니	생각ㅎ오니

『숙휘신한첩』 언간 07

〈숙휘-07, 1685년, 숙종(조카) → 숙휘공주(고모)〉

판독문

덕스오시니 보옵고 친히 뵈옵는 듯 든든 반갑스와 ᄒ오며 아즈마님겨오셔 펀티 못ᄒ오신디 요스이는 퍽 낫즈오신가 시브오니 깃브와 ᄒ옵ᄂ이다 일월이 덧업스와 발인이 머디아녀스오니 어느만 새로이 망극ᄒ야 ᄒ오시거뇨 뵈옵는 듯 닛줍디 못ᄒ와 ᄒ오며 나는 요스이 한지[1] 극ᄒ오니 일야 쵸젼으로 디내옵ᄂ이다 어제 거동의 니광하가 통녜 막혀 압희 인도ᄒ올 제 보옵고 경니롤 싱각ᄒ오니[2] 새로이 참측ᄒ오미 ᄀ이업습더이다 브디 젼의 덕스온 말슴 닛디 마옵시고 지졍을 관억ᄒ옵셔 과히 이샹티 마옵쇼셔

판독대비

번호	판독자료집	金一根 (1986/1991 : 217)
1	한지	흔지
2	싱각ᄒ오니	생각ᄒ오니

『숙휘신한첩』 언간 08

〈숙휘-08, 1685년, 숙종(조카) → 숙휘공주(고모)〉

판독문

덕스오시니 보옵고 친히 뵈옵는 둣 든든 몬내 알외와 ᄒᆞ오며 슉환이 채 ᄒᆞ리디 못ᄒᆞ옵신디[1]
멀리 노동ᄒᆞ옵시니 힝혀 텸샹ᄒᆞ옵실가 넘녀 아ᄆᆞ라타 업스와 ᄒᆞ오며 브디 무스히 둔녀오옵
심 ᄇᆞ라옵ᄂᆞ이다

판독대비

번호	판독자료집	金一根 (1986/1991 : 217)
1	못ᄒᆞ옵신디	못하옵신디

『숙휘신한첩』 언간 09

〈숙휘-09, 1674~1696년*, 숙종(조카) → 숙휘공주(고모)〉

판독문

덕스오시니 보옵고 친히 뵈옵는 둣 든든 반갑스와 ᄒᆞ오며 나도 못 뵈완 디 둘포 되오니 섭섭ᄒᆞ오미 아무라타 업스와 ᄒᆞ옵ᄂᆞ이다 스연은 즉시 아와스오니 얼현이 ᄒᆞ오리잇가

판독대비

번호	판독자료집	金一根 (1986/1991 : 217)

---

* 숙종(肅宗, 1661~1720)이 즉위한 해(1674년)와 숙휘공주(淑徽公主, 1642~1696)의 몰년(沒年)을 고려하여 제시하였다.

『숙휘신한첩』 언간 10

〈숙휘-10, 1674~1696년*, 숙종(조카) → 숙휘공주(고모)〉

판독문

요소이 일긔 고르디 아니ᄒ오니 긔운 엇더ᄒ오시거뇨 아옵고져 ᄇ라오며 적패ᄒ옵신 그ᄐᆡ
병환이 돌포 미류ᄒ옵시니 넘녀 ᄀ이ᄀ이업소와 ᄒ옵더니 이제는 대세 거의 다 차복ᄒ여
겨옵시니 희힝ᄒ옵기 아므라타 업소오ᄃᆡ 힝혀 병이 나앗다 ᄒ옵셔 조심ᄒ옵시던 ᄆᆞ옴을 프
러 ᄇ리옵시고 ᄋᆞ샹곡옵을 젼톄로 ᄒ옵시면 약녁과 됴보ᄒ옵신 공뷔 다 허일이 되올 거시
니 도로혀 넘녀 ᄇ리옵디 못ᄒ와 ᄒ옵ᄂᆞ이다 ᄇ듸 내 이리 덕습ᄂᆞᆫ 뜻을 밧ᄌ오셔 쇼유지계롤
닛디 마옵시고 음식 긔거지졀을 비히 삼가옵셔 원긔 졈졈 더 츙실ᄒ옵시면 오라디 아녀 든
든이 뵈올 거시오니[1] 그만 ᄇ라옵고 잇습ᄂᆞ이다

판독대비

번호	판독자료집	金一根 (1986/1991 : 217~218)
1	거시오니	거시니

---

* 숙종(肅宗, 1661~1720)이 즉위한 해(1674년)와 숙휘공주(淑徽公主, 1642~1696)의 몰년(沒年)을 고려하여 제시하
였다.

『숙휘신한첩』 언간 11

〈숙휘-11, 1674~1696년*, 숙종(조카) → 숙휘공주(고모)〉

판독문

덕스오시니 보옵고 신셰예 평안ᄒ옵신 일 아옵고 든든 몬내 알외와 ᄒ오며 이번은 날포 든
든이 디내옵다가 나가옵시니 섭섭ᄒ오미 아ᄆ라타 업스와 ᄒ오며 아ᄌ마님겨오셔 신년은
슉병이 다 쾌차ᄒ옵시다 ᄒ오니 깃브와 ᄒ옵ᄂ이다

판독대비

번호	판독자료집	金一根 (1986/1991 : 218)

---

* 숙종(肅宗, 1661~1720)이 즉위한 해(1674년)와 숙휘공주(淑徽公主, 1642~1696)의 몰년(沒年)을 고려하여 제시하였
다.

『숙휘신한첩』 언간 12

〈숙휘-12, 1653~1688년*, 장렬왕후(계조모) → 숙휘공주(손녀)〉

판독문

글월 보고 야간 됴히 이시니 깃브며 날포 드러와 든든이 디내다가 훌텨 나가니 섭섭ᄒ기 아
므라타 업서 오던 ᄢᆡ롤 싱각고 더옥 섭섭ᄒ니 슈라나[1] 먹어도 마시 업술가 일ᄏᆞᄅᆞ며 ᄯᅩ 수
이 볼 일만 기드리고 잇늬

판독대비

번호	판독자료집	金一根 (1986/1991 : 188)
1	슈라나	슈라다

* 숙휘공주(淑徽公主, 1642~1696)가 인평위 정제현에게 하가(下嫁)한 1653년과 장렬왕후(莊烈王后, 1624~1688)의 몰
  년(沒年)을 고려하여 제시하였다.

『숙휘신한첩』 언간 13

〈숙휘-13, 1653~1688년*, 장렬왕후(계조모) → 숙휘공주(손녀)〉

판독문

글월 보고 친히 본 듯 든든 몬내 깃브며 더위병이 낫눈가 시브니 위연 민망 고로오랴 내 디
내여시니 더옥 보눈 듯 닛디 못홀쇠 나는 이제는 복듕 거복던 것도 다 흐리고 먹기도 샹시
나 다르디 아녀 디내니

판독대비

번호	판독자료집	金一根 (1986/1991 : 188)

* 숙휘공주(淑徽公主, 1642~1696)가 인평위 정제현에게 하가(下嫁)한 1653년과 장렬왕후(莊烈王后, 1624~1688)의 몰
년(沒年)을 고려하여 제시하였다.

『숙휘신한첩』 언간 14

〈숙휘-14, 1653~1662년*, 인선왕후(어머니) → 숙휘공주(딸)〉

판독문

글월 보고 무스히 이시니 깃거ᄒ며 보는 둣 든든 반기노라 스연도 보고 우으며 싀모의게 뎌리 스랑을 바티거든 우리롤 더옥 싱각ᄒᆞᆯ가 시브냐 부마는[1] 드러와시니 든든ᄒ다

판독대비

번호	판독자료집	金一根 (1986/1991 : 202)
1	부마는	부마도

---

* 숙휘공주(淑徽公主, 1642~1696)가 인평위 정제현에게 하가(下嫁)한 1653년과 정제현(鄭齊賢, 1642~1662)의 몰년 (沒年)을 고려하여 제시하였다. 편지 내용 중에 '부마는 드러와시니'라 하여 '부마'(정제현)를 언급한 부분이 보인 다.

『숙휘신한첩』 언간 15

〈숙휘-15, 1653~1662년*, 인선왕후(어머니) → 숙휘공주(딸)〉

판독문

글월 보고 무양히 이시니 깃거ᄒ며 든든 반기나 부마는 어제는 새로이 듕히 알른다 ᄒ여ᄂᆞᆯ 넘녜 ᄀᆞ이업서 ᄒ더니 밤의 좀은 됴히 자다 ᄒ니 깃브되 병이 진퇴ᄒᆞᄂᆞᆫ가 시브니 민망ᄒ다 아마도 조심ᄒ여라

판독대비

번호	판독자료집	金一根 (1986/1991 : 202)

---

* 숙휘공주(淑徽公主, 1642~1696)가 인평위 정제현에게 하가(下嫁)한 1653년과 정제현(鄭齊賢, 1642~1662)의 몰년(沒年)을 고려하여 제시하였다. 편지 내용 중에 '부마'(정제현)를 언급한 부분이 보인다.

『숙휘신한첩』 언간 16

〈숙휘-16, 1653년, 인선왕후(어머니) → 숙휘공주(딸)〉

판독문

글월 보고 무스히 잔 안부 알고 깃거ᄒ며 보는 둧 듣든 반기노라 너롤사 큰 사롬만 너겨 흔
시만 업서도 섭섭ᄒ야 브르지지다가 어제는 마디못홀 거시라 내여보내나 졍의 하 섭섭 ᄆ
옴이 굿브니 머어술 일흔 둧 밤새굿 일ᄏ르며 셔익각 다히ᄂᆞ¹ 다 뷘 둧 호졋고 섭섭호믈 어
이 다 뎍으리 네야 옥동ᄌ ᄀᆞᄐᆞᆫ 부마 겨틱 안치고 할마님이야 어마님이야 압픠 버러 안잣거
든 우리롤 꿈의나 싱각홀다

판독대비

번호	판독자료집	金一根 (1986/1991 : 202~203)
1	셔익각 다히ᄂᆞ	셔익 각다히ᄂᆞ

『숙휘신한첩』 언간 17

〈숙휘-17, 1653~1674년*, 인선왕후(어머니) → 숙휘공주(딸)〉

판독문

글월 보고 무ᄉᆞᄒᆞ니 깃거ᄒᆞ며 보ᄂᆞᆫ 듯 듣든 반기노라 우흐로겨ᄋᆞ오샤ᄂᆞᆫ¹ 안질과 두드럭이로 하 민망이 디내오시니 민망민망ᄒᆞ기 ᄀᆞ이업서 ᄒᆞ노라 나도 샹한이 아므려도 미츨이 ᄒᆞ리들 아니ᄒᆞ니 민망ᄒᆞ기 ᄀᆞ이업서 ᄒᆞ노라 닌샹이ᄂᆞᆫ 죵이 미련ᄒᆞ여 ᄎᆞᆫ보롬을 ᄡᅬ여 두드럭이가 블의예 도다 브어오ᄅᆞ니 거륵이 놀라와ᄒᆞ더니 즉시 유모 약도 ᄒᆞ여 머기고 저도 금은화다의 쳥심원을 ᄲᅡ 머기고 ᄯᆞᆷ을 내니 즉시² 나자 됴히 잇다 요ᄉᆞ이ᄂᆞᆫ 이러ᄒᆞ여 움즈기디 못ᄒᆞ여 제 집의 드럿ᄂᆞ니라 판셰 더 무거가라 ᄒᆞᆫ다 ᄒᆞ니 흘리나 더 무거 모뢰 ᄉᆞ이나 드러오나라

판독대비

번호	판독자료집	金一根 (1986/1991 : 203)
1	우흐로겨ᄋᆞ오샤ᄂᆞᆫ	우흐로 거ᄋᆞ오샤ᄂᆞᆫ
2	즉시	즌시

---

* 숙휘공주(淑徽公主, 1642~1696)가 인평위 정제현에게 하가(下嫁)한 1653년과 인선왕후(仁宣王后, 1618~1674)의 몰년(沒年)을 고려하여 제시하였다.

『숙휘신한첩』 언간 18

〈숙휘-18, 1653~1674년*, 인선왕후(어머니) → 숙휘공주(딸)〉

판독문

글월 보고 무스ᄒ니 깃거ᄒ며 보는 둣 반기노라 오늘날은 싱각 밧ᄭᅴ 연고로 차례도 못 디내
니 가지가지 새로이 툭툭ᄒ기 ᄀ이업스니 네 졍ᄉ롤 싱각고 아춤굿 모다 니ᄅ고 눈믈 디고
잇더니 스연을 보니 더옥 참혹 잔잉ᄒ기 아ᄆ라타 못ᄒ여 ᄒ노라 피졉은 오늘 구문티의[1] 집
으로 오는가 ᄒ더니 님재 민망ᄒ여[2] ᄒ매 못 온다 ᄒ니 섭섭ᄒ여 ᄒ며 완평슈 집으로 가고
셰ᄉᄂᆫ[3] 고양 딕으로 옴겨다가 두엇다 ᄒ니 더 든든ᄒ여 됴토다 아직 싀집의 잇다 ᄒ니 서
ᄅ 위로나 ᄒ여 디낼 거시니 가지가지 깃버ᄒ노라

판독대비

번호	판독자료집	金一根 (1986/1991 : 203)
1	구문티의	구문리의
2	민망ᄒ여	민망하여
3	셰ᄉᄂᆫ	졔ᄉᄂᆫ

----

* 숙휘공주(淑徽公主, 1642~1696)가 인평위 정제현에게 하가(下嫁)한 1653년과 인선왕후(仁宣王后, 1618~1674)의 몰
년(沒年)을 고려하여 제시하였다.

『숙휘신한첩』 언간 19

〈숙휘-19, 1653~1662년*, 인선왕후(어머니) → 숙휘공주(딸)〉

판독문

글월 보고 무스히 이시니 깃거ᄒ며 보는 듯 몬내 반기노라 부마는[1] 어제는 네 번을 둔다 ᄒ니 그제과 스이 도쉬 ᄒᆞᆫ 번이나 감ᄒ는 이리 이시니 깃브다 이러구러 졈졈 ᄒ리면 죡ᄒᆞᆫ 다ᄒᆡᆼ이랴 찬믈이 이ᄣᅢ 막 어려운 적이니 셩ᄒᆞᆫ 사롬도 맛당이 머글 거시[2] 업거든 병듕 반찬이 더 그러 아니ᄒ랴 오티는[3] 먹다 ᄒ니 깃거ᄒ노라 능은 대스롭디 아닌 거슬 부러 보내여시니 쓰려 깃버ᄒ노라 닌샹이는 너를 하 춧고 셥셥ᄒ여 ᄣᅢᄣᅢ 우니 형샹 업시 무ᄋᆞᆷ이 굿버ᄒ노라

판독대비

번호	판독자료집	金一根 (1986/1991 : 203)
1	부마는	부마도
2	거시	것이
3	오티는	오리는

---

* 숙휘공주(淑徽公主, 1642~1696)가 인평위 정제현에게 하가(下嫁)한 1653년과 정제현(鄭齊賢, 1642~1662)의 몰년(沒年)을 고려하여 제시하였다. 편지 내용 중에 '부마'(정제현)를 언급한 부분이 보인다.

『숙휘신한첩』언간 20

〈숙휘-20, 1660년, 인선왕후(어머니) → 숙휘공주(딸)〉

판독문

여러 날 글시도 못 보니 섭섭ᄒᆞ여 ᄒᆞ더니 글월 보고 보ᄂᆞᆫ 듯 몬내몬내 든든 반기나 알폰 ᄃᆡ ᄂᆞᆫ 죠곰도 낫ᄂᆞᆫ 이리 업서 ᄒᆞᆫ가지라 ᄒᆞ니 아마도 민망민망ᄒᆞ기 아므라타 업서 ᄒᆞ노라 부마ᄂᆞᆫ 퍽 ᄒᆞ려 출입이라도 ᄒᆞ고져 ᄒᆞ다 ᄒᆞ니 깃브되 다만 됴열과 밤ᄌᆞᆷ을 못 잔다 ᄒᆞ니 엇디 그러ᄒᆞ고 넘녜 ᄀᆞ이업서 ᄒᆞ노라 너일 드러오기란 네 긔운을 보와 가며 ᄒᆞ여라 요ᄉᆞ이ᄂᆞᆫ 일월이 더 수이 가 불셔 이ᄃᆞᆯ도 열홀이 되엿고 쇼샹도 계유 이십일은 ᄀᆞ려시니 어느 ᄉᆞ이 슬드리 셜운 날이 다드라 오시거뇨 툭툭 가슴이 뼈디ᄂᆞᆫ 듯 셟기ᄅᆞᆯ 어이 다 뎍으리 ᄒᆞᆫ갓 눈믈ᄲᅡᆫ이로다

판독대비

번호	판독자료집	金一根 (1986/1991 : 203~204)

『숙휘신한첩』 언간 21

〈숙휘-21, 1653~1674년*, 인선왕후(어머니) → 숙휘공주(딸)〉

판독문

글월 보고 무스히 이시니 깃거ᄒ며 보는 둣 든든 반가와 다시곰 보노라 이번은 두어 날을
더 묵는 둣ᄒ되 나갈 제 섭섭 덧업기는 ᄒ가지니 출 아니 이심만 못ᄒ여 ᄒ노라 후셰예나
서ᄅ 쩌나는 일이 업시 살고져 ᄒ노라

판독대비

번호	판독자료집	金一根 (1986/1991 : 204)

----

* 숙휘공주(淑徽公主, 1642~1696)가 인평위 정제현에게 하가(下嫁)한 1653년과 인선왕후(仁宣王后, 1618~1674)의 몰
년(沒年)을 고려하여 제시하였다.

『숙휘신한첩』 언간 22

〈숙휘-22, 1653~1674년*, 인선왕후(어머니) → 숙휘공주(딸)〉

판독문

글월 보고 친히 보는 둧 든든 몬내 반기나 오늘도 혼가지라 호니 넘이 マ이업서 호며 그 돌림이 날수록 낫낫치 치온 후야 됴호니 아직 이제도 머럿느니라 다룬 딕는 각별 고로이 알폰 딕 업스되 열 왕니홀 제[1] 두통이 심히 고롭고 민망호더라 요스이는 슬겁은[2] 쑬네 업스니 실로 답답호고 섭섭호니 홀리 열홀 맛더니 엿쳰날 드러오련노라 호여시니 눈이 번호 둧호고 든든호여 호노라 이리 뎍으며 몬내 웃노라

판독대비

번호	판독자료집	金一根 (1986/1991 : 204)
1	열 왕니홀 제	열왕니 홀제
2	슬겁은	즐겁은

----

* 숙휘공주(淑徽公主, 1642~1696)가 인평위 정제현에게 하가(下嫁)한 1653년과 인선왕후(仁宣王后, 1618~1674)의 몰년(沒年)을 고려하여 제시하였다.

『숙휘신한첩』 언간 23

〈숙휘-23, 1653~1662년*, 인선왕후(어머니) → 숙휘공주(딸)〉

판독문

글월 보고 무스히 이시니 깃거ᄒ며 보는 듯 든든 반기노라 날포 잇다가 나가니 섭섭ᄒ기 구
이업서 밤새굿 일쿳고 잇노라 형둘조차 다 나가니 집이 다 뷘 둣ᄒ고 섭섭 호졋ᄒ기를 엇디
다 덕으리 내 니질은[1] 어제 닙효산 두 뎝을 먹으니 빅니 섯겨 나던 거슨 업스되 도수 줏기
는 감티 아녀 아젹 두 번 둔녓노라 크니와 대단티 아니ᄒ니 넘녀 마라 부마는 오래 아니 보
왓다가 보니 나은 이리 잇더냐 긔운은 요스이는 엇더ᄒ엿는고 안부 즈시 알고져 ᄒ노라

판독대비

번호	판독자료집	金一根 (1986/1991 : 204)
1	내 니질은	내니질은

---

* 숙휘공주(淑徽公主, 1642~1696)가 인평위 정제현에게 하가(下嫁)한 1653년과 정제현(鄭齊賢, 1642~1662)의 몰년
(沒年)을 고려하여 제시하였다. 편지 내용 중에 '부마'(정제현)를 언급한 부분이 보인다.

『숙휘신한첩』 언간 24

〈숙휘-24, 1653~1674년*, 인선왕후(어머니) → 숙휘공주(딸)〉

판독문

글월 보고 무소호니 깃거호며 보는 둣 듣든 반갑기 구이업서 다시곰 보며 너는 미양 혼자 이셔 더 고로이 잇다가 나가니 섭섭호기 아무라타 업손 듕의 더옥 닛디 못호여 밤긋 아젹긋 모다 니르고 잇노라 흉비는 경영호여 혼 거시 지극디 못호니 호여 주는 보람이 업서 서운호 여 호더니 인소조차 호여시니 몬내 웃노라 닌샹이는 너를 보고 언머나 반겨 눓드던고[1] 그놈 의 샹을 보는 둣호여 호노라 효희도 고년이 됴히 잇노냐 젼의는 나가도 조식돌이나 이시니 든든호더니 이번은 다 쓰러 거느리고 나가니 더옥 허우록 섭섭기 금이 업서 호노라

판독대비

번호	판독자료집	金一根 (1986/1991 : 204~205)
1	눓드던고	눓드런고

* 숙휘공주(淑徽公主, 1642~1696)가 인평위 정제현에게 하가(下嫁)한 1653년과 인선왕후(仁宣王后, 1618~1674)의 몰년(沒年)을 고려하여 제시하였다.

『숙휘신한첩』 언간 25

〈숙휘-25, 1661~1662년, 인선왕후(어머니) → 숙휘공주(딸)〉

판독문

글월 보고 무스ᄒ니 깃거ᄒ며 다시 보는 듯 몬내 반기며 그리 떠날 스이 업시 디내다가 어제는 미양 잇디 못홀 거시오 부마도 혼자 심심이 디내는가 시브매 내여보내나 집이 다 뷘 듯ᄒ고 하 적막 호졋ᄒ니 혼자 안자셔 혼잣[1] 섭섭ᄒᆫ ᄆᆞ옴의 수업시 울고 밤새굿 아젹굿 일ᄏᆞᆺ고 아마도 섭섭 굿브믈 뎡티 못ᄒ여 ᄒ노라 부마의 병환은 졈졈 슬슬 날로 ᄒ리는[2] 일은 업고 뎌리 고로이 알ᄒ니 이런 졀박히 민망 굽굽ᄒᆫ 이리 어디 이시리 병이란 거시 ᄒᆫ 시ᄀᆞᆨ 부븨수처 미이 알코 ᄒ리는 거시 됴티 뎌리들 믜쥬근ᄒ여 날로 원긔만 쇠패ᄒ니 아마도 굽굽긔 민망ᄒ기 아ᄆᆞ라타 업서 ᄒ노라

판독대비

번호	판독자료집	金一根 (1986/1991 : 205)
1	혼잣	혼ᄌ
2	날로 ᄒ리는	날로ᄒ리는

『숙휘신한첩』 언간 26

〈숙휘-26, 1661~1662년, 인선왕후(어머니) → 숙휘공주(딸)〉

판독문

글월 보고 무스호니 그지업스나 부마의 병환은 둘포 더리 미류호여 점점 원긔만 패호고 날
로 수척호여 가니 뎌런 절박히 민망 곱곱흔 이리 어디 이시리 아므라타롤 못호여 호노라

판독대비

번호	판독자료집	金一根 (1986/1991 : 205)

『숙휘신한첩』 언간 27

〈숙휘-27, 1653~1674년*, 인선왕후(어머니) → 숙휘공주(딸)〉

판독문

글월 보고 무양호니 깃거호며 보는 듯 든든 반기노라 영신은 네 고로이 알턴 병을 다 뼈러
브리니 긔운이 강건호여 무병호고 닌샹 티샹이네는 익샹의 홍두 혼 쌍을 도텨[1] 그린 드시
호고 팔십을 산다 호니 인간의 깃브기는 이 밧긔 더혼 이리 업스니 이런 경수의 일이 어딕
이시리 너 즐겨 혜다히는 샹을 즉시[2] 못 보니 굼굼호여 호노라 닉일 요 두 놈은 실례슉비호
라 드러온다 호니 경연 출히노라[3] 언머 분주호는고 호노라

판독대비

번호	판독자료집	金一根 (1986/1991 : 205)
1	도텨	도려
2	즉시	즌시
3	출히노라	출히 노라

- - - - - - - - - - - - - - - -

* 숙휘공주(淑徽公主, 1642~1696)가 인평위 정제현에게 하가(下嫁)한 1653년과 인선왕후(仁宣王后, 1618~1674)의 몰
년(沒年)을 고려하여 제시하였다.

『숙휘신한첩』 언간 28

〈숙휘-28, 1653~1662년*, 인선왕후(어머니) → 숙휘공주(딸)〉

판독문

글월 보고 보는 둣 든든 반기나 부마의 병이 날로 흐리는 일은 업고 미양 혼가지니 흐른 이
틀 흐여 볼셔 반둘이 나마 가니 이런 굽굽고 민망민망혼 이리 어디 이시리 병과 죽과는 되
여야 됴타 흐니 혼 시긱 부븨수처 알코 됴화야 됴흔디 뎌리 어렴풋흐고[1] 이시니 더옥 굽굽
흐여 흐노라 너일 드러오면 싀훤이 긔별이나 드롤가 흐노라 닌샹의 오누의는 드러오니 너
희롤[2] 보는 둣 든든흐여 흐며 닌샹이는 그놈이 막 에엿벗고 얼굴흐고 젼의 볼 적과 스이 ㄱ
라 되여시니 더옥 에엿브다 효희는 고년이[3] 아므롤 보와도 우디 아니흐고 너펼고 에엿브니
어제오늘은 그것둘로 쇼일을 흐고 너도 보느니 삼고져 일콧노라 니형익이롤 다시 뵈여나
보고져 흐면 비록 싀골 가실씨라도 블리고져 흐니 그롤 의논흐여 오나라

판독대비

번호	판독자료집	金一根 (1986/1991 : 205~206)
1	어렴풋흐고	어렵풋흐고
2	너희롤	너희롤
3	고년이	고연이

....
* 숙휘공주(淑徽公主, 1642~1696)가 인평위 정제현에게 하가(下嫁)한 1653년과 정제현(鄭齊賢, 1642~1662)의 몰년
(沒年)을 고려하여 제시하였다. 편지 내용 중에 '부마'(정제현)를 언급한 부분이 보인다.

『숙휘신한첩』 언간 29

〈숙휘-29, 1653~1674년*, 인선왕후(어머니) → 숙휘공주(딸)〉

판독문

글월 보고 무ᄉᄒ니 깃거ᄒ며 보는 듯 든든 반기노라 그리 나간 디 날이 프니 그덧 ᄉ이도 섭섭ᄒ고 그립기 ᄀ이업ᄉ니 이 두서 둘을 어이ᄒᆞᆯ고 ᄆᆞᆷ 굿버 ᄒ노라 ᄉ연도 보고 풀매질은 다ᄅᆞᆫ 흉ᄒᆞᆫ 일은 아니라 ᄒᆞ다 ᄒ거니와 졸연히 그런 괴이ᄒᆞᆫ 일이 업다 ᄏᄂ니와 긔야 잘 딘뎡곳 ᄒ면 관겨티 아니ᄒ니 넘녀ᄅᆞᆯ 마라 교리는 ᄯᅩ 번을 드러시니 이런 셔열의[1] 샹홀가 글로 민망ᄒᆞᆫ 둥 ᄀᆾ득 실티 못ᄒᆞᆫ 사ᄅᆞᆷ이 이ᄯᆡ면 더옥 음식도 실히 못ᄒᆞᆫ 사ᄅᆞᆷ이니 가지가지 넘이 ᄀ이업서 ᄒ노라 그 집이 하 협칙ᄒ더라 ᄒ니 ᄀᆾ득 열 만ᄒᆞᆫ[2] 거시 어이 디내는고 닛디 못ᄒᆞ여 ᄒ며 밥이나 잘 먹는다 대궐 이신 적도 됴셕을 싸호ᄃᆞ시 ᄒᆞ여야 먹던디[3] ᄆᆞᆷ으로 가셔 일뎡 아니 먹을 거시니 네 샹을 보는 듯ᄒ여 니치일 ᄉ이 업서 ᄒ노라

판독대비

번호	판독자료집	金一根 (1986/1991 : 206)
1	셔열의	서열의
2	열 만ᄒᆞᆫ	얼만ᄒᆞᆫ
3	먹던디	먹던 디

* 숙휘공주(淑徽公主, 1642~1696)가 인평위 정제현에게 하가(下嫁)한 1653년과 인선왕후(仁宣王后, 1618~1674)의 몰년(沒年)을 고려하여 제시하였다.

『숙휘신한첩』 언간 30

〈숙휘-30, 1662년, 명성왕후(올케) → 숙휘공주(시누이)〉

판독문

요ᄉᆞ이 긔운이나 무ᄉᆞ히 디내ᄋᆞᆸ시ᄂᆞᆫ가 아ᄋᆞᆸ고져 ᄒᆞ오며 병환은 비록 비경타 ᄒᆞ오나 져믄 사ᄅᆞᆷ이니 ᄌᆞ연 아니 ᄒᆞ리오랴 ᄇᆞ라ᄋᆞᆸ다가 마ᄎᆞᆷ내[1] 구티 못ᄒᆞ오니 하 ᄲᆞᆫᄒᆞᆸ고[2] 툭툭ᄒᆞ오니 이 엇던 일이온고 아므리 싱각ᄒᆞ와도 거즛 일 ᄀᆞᆺ줍고 ᄌᆞ겨 ᄆᆞᄋᆞᆷ이나 인평위 ᄆᆞᄋᆞᆷ이나 그리ᄃᆞ록 ᄂᆞᆷ의 업슨 용ᄒᆞᆫ 인심을 가지고셔 뎌리되오니 텬되 그리ᄃᆞ록 무디ᄒᆞ실샤 원이ᄋᆞᆸ도소이다 ᄒᆡᄂᆞᆫ 졈졈[3] 기읍고 어이 구러 셰월을 디내ᄋᆞᆸ실고 ᄌᆞ겨 ᄆᆞᄋᆞᆷ을 싱각ᄒᆞ오면 목이 몌옵고 에엿브ᄋᆞᆸ실샤[4] ᄌᆞ계야 하ᄂᆞ님도 그대도록[5] ᄂᆞᆷ의 인성도 셜이도 민ᄃᆞᄅᆞ셧다 샹해 ᄀᆞ래옴이나 번화ᄒᆞᆫ 거슬 ᄂᆞᆷ의 뉴의 묘화ᄒᆞᆸ시던 일과 유화ᄒᆞᆸ시던 일 가지가지 곰곰 싱각ᄒᆞ오면 일ᄀᆞᆺ도 니치온 ᄲᅢ[6] 업ᄉᆞ와 인ᄒᆞ여 병도 되올가 시브ᄋᆞ이다 엇던 사ᄅᆞᆷ은 싀동성이라 ᄒᆞ고 ᄂᆞ려 혜ᄋᆞᆸᄂᆞᆫ고 실로 내 동성인ᄃᆞᆯ ᄆᆞᄋᆞᆷ의 이대도록[7] 못 니치ᄋᆞᆸ고 셟ᄉᆞ오면 어이ᄒᆞ오링잇가 어려셔브터 동갑 동갑 ᄒᆞᆸ고 각별이 ᄒᆞᆸ다가 ᄌᆞ계 뎌리 되ᄋᆞᆸ시니 슬ᄃᆞ리 못 닛치ᄋᆞᆸ고 에엿브ᄋᆞᆸ시니 출히 ᄆᆞᄋᆞᆷ이 사오나온 사ᄅᆞᆷ ᄀᆞᆺᄌᆞ오면 낫ᄌᆞ올 ᄃᆞᆺ시브ᄋᆞ이다 샹ᄉᆞ의 의복은 ᄌᆞ겨를 싱각ᄒᆞ오면 머어시 귀ᄒᆞ오며 앗가온[8] 거시 잇ᄉᆞ오링잇가마ᄂᆞᆫ ᄒᆞᆫ 가지 것도 졍과 ᄀᆞᆺ줍디 아니ᄒᆞ오니 더옥 셥셥 굿브ᄋᆞ이다 샹해ᄂᆞᆫ ᄒᆞᆫᄺᅢ[9] 못 보와도 셥셥ᄒᆞ여 ᄒᆞᆸ던디 보올 날이 아ᄋᆞ라ᄒᆞ오니 더옥 그립ᄉᆞᆸ고 셥셥 굿브와 ᄒᆞ오며 이 대궐[10] 잇ᄉᆞ온 제ᄂᆞᆫ 궁이나[11] 가족ᄒᆞ오니 든든ᄒᆞᆸ더니 뎌 대궐[12] 가ᄋᆞᆸ되오니 더옥 ᄆᆞᄋᆞᆷ이 아ᄆᆞ라타 업시 굿브ᄋᆞ이다 슉졍 ᄌᆞ겨 니ᄅᆞ옵시거ᄂᆞᆯ 듯ᄌᆞ오니 진지ᄅᆞᆯ 두서 술은 계유 자ᄋᆞᆸ신다 ᄒᆞ오니 아므리 셟셔도 두로 싱각ᄒᆞ옵쇼셔 우흐로 ᄌᆞ연으로겨오셔 겨오시고 아래로 어린아ᄒᆡ들을 싱각ᄒᆞᆸ시디 그리 ᄒᆞᆫ갓 셜운 일만 싱각고 혬을 아니 혜ᄋᆞᆸ시ᄂᆞ닝잇가 ᄌᆞ겨ᄂᆞᆫ 외오셔 모ᄅᆞᄋᆞᆸ시거니와 ᄌᆞ연으로겨오셔 엇디 넘녀ᄅᆞᆯ ᄒᆞ오시ᄂᆞᆫ가 너기ᄋᆞᆸ시ᄂᆞ닝잇가 아ᄆᆞ려나 진지나 잘 자ᄋᆞᆸ시고 ᄆᆞᄋᆞᆷ을 위로ᄒᆞ여 디내ᄋᆞᆸ시믈 수업시 ᄇᆞ라ᄋᆞᆸ노이다 우흐로겨오셔ᄂᆞᆫ 안질로 회셔 즉시 못ᄒᆞ오시고 ᄀᆞ이업시 셥셥ᄒᆞ여 ᄒᆞ오시ᄂᆡ이다 나도 불셔나 글월이나 뎍ᄉᆞ올 거시오디 망극 듕 보ᄋᆞᆸ시기 폐롭ᄉᆞ올가 이졔야 뎍ᄉᆞ오며 셥셥ᄒᆞ여 ᄒᆞᆸ노이다

판독대비

번호	판독자료집	金一根 (1986/1991 : 212~213)
1	마춤내	ᄆ촘내
2	하 쁜ᄒᆞ옵고	하쁜ᄒᆞ옵고
3	졈졈	졈졈
4	에엿브옵실샤	에엿브옵실 샤
5	그대도록	그리도록
6	ᄲᅢ	ᄣᅵ
7	이대도록	이리도록
8	앗가온	앗가올
9	흔ᄲᅢ	흔 ᄣᅵ
10	이 대궐	이개절
11	궁이나	즁이나
12	뎌 대궐	뎌개절

『숙휘신한첩』 언간 31

〈숙휘-31, 1681~1696년*, 인현왕후(조카며느리) → 숙휘공주(시고모)〉

판독문

덕스오시니 보읍고 평안호오시니 몬내 알외와 호오며 친히 뵈읍는 듯 든든호와 호읍노이다
뎡 셔방은 초시롤 호온가 시브오니 어느만 깃스오시거뇨 깃브오미 아모라타 업스와 호읍노
이다 우황냥격원은 잇습는 거시 다만 이쑌이오니 두 환 가읍느이다 안신환도 가읍느이다
가례는 엇즈와 가오더 언히는 밧긔 업습다 호읍노이다

판독대비

번호	판독자료집	金一根 (1986/1991 : 218~219)

....
* 인현왕후(仁顯王后, 1667~1701)가 왕비로 책봉된 1681년과 숙휘공주(淑徽公主, 1642~1696)의 몰년(沒年)을 고려하
여 제시하였다.

『숙휘신한첩』 언간 32

〈숙휘-32, 1681~1696년*, 인현왕후(조카며느리) → 숙휘공주(시고모)〉

판독문

덕 오시니 보 고 친히 뵈 눈 듯 든든 와 오며 오 드러오오시면 뵈올가 옵더니
편티 못 옵셔 못 드러오 시니 섭섭 오미 아므라타 업 와 옵 이다

판독대비

번호	판독자료집	金一根 (1986/1991 : 219)

---

* 인현왕후(仁顯王后, 1667~1701)가 왕비로 책봉된 1681년과 숙휘공주(淑徽公主, 1642~1696)의 몰년(沒年)을 고려하
  여 제시하였다.

『숙휘신한첩』 언간 33

〈숙휘-33, 1681~1696년*, 인현왕후(조카며느리) → 숙휘공주(시고모)〉

판독문

요ᄉᆞ이 긔운이나 엇더ᄒᆞ오신고 아ᅀᆞᆸ고져 ᄒᆞ오며 우흐로겨ᄋᆞ오샤 새히 되ᅌᆞᆸ고 나가오션 디 오라오니 섭섭 그립ᄉᆞ오니 츌입의[1] 비편ᄒᆞ다[2] 마오시고 이궁 ᄌᆞ가 홈ᄭᅴ 드러오오시기ᄅᆞᆯ ᄇᆞ라ᅀᆞᆸᄂᆞ이다 덕ᄉᆞ오라 ᄒᆞᅌᆞ오시니 알외ᅌᆞᆸ거니와 이번이나 죠록이 조심ᄒᆞ고 겨오시다가 드러오오쇼셔 거번 ᄌᆞ즈올가 나는 기ᄃᆞ리도 아니ᄒᆞᆸᄂᆞ이다 믭다 ᄒᆞ오실ᄉᆞ록 이리 사오나이 구오니 ᄯᅩ 더 믜이게 ᄒᆞ여ᄉᆞᆷ다 근심이ᅌᆞᆸ

판독대비

번호	판독자료집	金一根 (1986/1991 : 219)
1	츌입의	출입의
2	비편ᄒᆞ다	비련ᄒᆞ다

* 인현왕후(仁顯王后, 1667~1701)가 왕비로 책봉된 1681년과 숙휘공주(淑徽公主, 1642~1696)의 몰년(沒年)을 고려하여 제시하였다.

『숙휘신한첩』 언간 34

〈숙휘-34, 1685년, 인현왕후(조카며느리) → 숙휘공주(시고모)〉

판독문

야간 긔후 엇더ᄒ오신고 아옵고져 ᄒ오며 오늘이 발인이시다 ᄒ옵더니 디나시온가 새로이
망극 툭툭ᄒ오심 뵈옵는 듯 아ᄆ라타 업ᄉ오나 일긔는 춤ᄒ오니 깃브옵기 ᄀ이업ᄉ오이다
쇼식이 막히온 듯 답답ᄒ올시 잠 알외옵ᄂ이다

판독대비

번호	판독자료집	金一根 (1986/1991 : 219)

『숙휘신한첩』 언간 35

〈숙휘-35, 1681~1696년*, 인현왕후(조카며느리) → 숙휘공주(시고모)〉

판독문

야간 평안ᄒ오신 일 아옵고져 ᄒ오며 어제 뎍ᄉ오시니 보옵고 친히 뵈옵ᄂ 둣 든든 반갑ᄉ
오미 아무라타 업ᄉ와 ᄒ오디 ᄯᅩ 평티 못ᄒ오신가 시브오니 민망 념녀 ᄀ이업ᄉ와 ᄒ옵ᄂ
이다 약 불긔ᄂ 즉시즉시 아ᄋ오시긔 ᄒ와ᄉ오니 드옵거든 보내오리이다

판독대비

번호	판독자료집	金一根 (1986/1991 : 219)

---

* 인현왕후(仁顯王后, 1667~1701)가 왕비로 책봉된 1681년과 숙휘공주(淑徽公主, 1642~1696)의 몰년(沒年)을 고려하
  여 제시하였다.

■ 대상 언간

조선 후기의 문신이자 학자인 이동표(李東標, 1644∼1700)와 그의 작은아버지 이명익(李溟翼, 1617∼1687)이 쓴 한글편지 총 37건을 이른다. 이 편지들은 현재 이동표의 후손 고(故) 이원주(李源周) 계명대 교수 집안에 소장되어 전한다. 2009년 한국학중앙연구원 어문생활사연구소에서 대상 언간을 조사하며 촬영한 바 있어 현재 어문생활사연구소에 언간 원본의 컬러 필름이 보관되어 있다.

■ 언간 명칭 : 진성이씨 이동표가 언간

金宗澤(1979)에서 처음 소개되면서 '李東標先生의 諺簡'으로 명명되었다. 그러나 편지 중에는 이동표의 작은아버지인 이명익이 쓴 한글편지 1건도 포함되어 있어 이 판독자료집에서는 배영환·신성철·이래호(2013)에 따라 '진성이씨 이동표가 언간'으로 명칭을 조정하였다. 출전 제시의 필요상 약칭이 필요할 경우에는 '이동표가'를 사용하였다.

■ 언간 수량 : 37건

'진성이씨 이동표가 언간'은 전체 37장의 낱종이로 되어 있다. 낱종이의 지질(紙質)은 한지(韓紙)인데 상태가 좋지 않은 것들은 배접(褙接)되어 있다. 편지의 크기는 일정치 않아 가장 큰 것은 34.5×54.0cm(20번)이고, 가장 작은 것은 15.0×30.0cm(6번)이다. 최근에 『懶隱先生文集』의 첫 머리에 이동표의 한글편지 1건과 이명익의 한글편지 1건이 더 실려 있는 것이 뒤늦게 발견되었다(박정숙, 2012 : 158∼162). 이들 2건을 합하면 '진성이씨 이동표가 언간'은 모두 39건에 이르지만 2건이 현재 어디에 보관되고 있는지 소재를 알 수 없는 상황이다. 따라서 이 판독자료집에서는 『懶隱先生文集』에 실려 있는 2건을 제외하고 고 이원주 교수 집안에서 소장하고 있는 37건만을 수록 대상으로 하였다. 편지 번호는 배영환·신성철·이래호(2013)에 따라 01∼37의 번호를 그대로 유지하여 수록하였다.

원문 판독

金宗澤(1979)에서는 원본 사진 없이 6건의 판독문과 그에 대한 국어학적 특징을 처음 소개하였다. 이 판독자료집에서는 지금까지 소개되지 않은 한글편지들을 판독하는 한편, 이전에 소개되었던 金宗澤(1979)의 판독문을 편지 원본과 대조하여 재검토하고 차이가 있는 부분을 표로 제시하여 판독 결과를 대조해 보는 데 도움이 될 수 있도록 하였다.

발신자와 수신자

발신자는 이동표(李東標, 1644~1700)와 이명익(李溟翼, 1617~1687)이다. 이동표가 쓴 편지의 수신자는 어머니 순천김씨(順天金氏, 17건), 아내 안동권씨(安東權氏, 3건), 딸(2건), 첩(6건), 서모(庶母, 1건), 수하자(手下者, 1건) 등이다. 이명익이 쓴 편지 1건의 수신자는 이동표의 어머니 순천김씨인데 이명익에게는 형수가 된다. 이동표가 쓴 편지 중 수신자를 정확히 알 수 없는 6건은 상대경어법상으로 보아 첩이나 딸에게 보낸 편지로 추정된다. 이 판독자료집에서는 발수신자에 대해 기본적으로 배영환·신성철·이래호(2013)에서 밝힌 내용을 따르되 발수신자나 관계를 달리 추정하게 된 경우에는 그 수정 내지 보완 사항을 해당 편지에 각주로 제시하였다.

작성 시기

정확한 연대를 알 수 있는 편지는 주로 이동표가 어머니 순천김씨에게 쓴 편지이다. 이들 편지에는 연기(年記)가 나타나거나 이동표가 1677년 증광회시(增廣會試)에 장원(壯元)을 하였다가 파방(罷榜)된 일과 관련된 내용이 있어 정확한 연대를 알 수 있는데, 그 연대는 1677년부터 1697년 사이이다. 그 외의 편지는 내용상 이동표가 혼인을 한 후에 쓴 것으로 추정된다. 이동표가 안동권씨와 혼인한 것이 1658년이고, 세상을 떠난 것은 1700년이므로 편지의 작성 시기는 크게 보아 '1658~1700년 사이'로 정리해 볼 수 있다. 이 판독자료집에서는 각 편지의 작성 시기에 대해 배영환·신성철·이래호(2013)에서 밝힌 내용을 그대로 제시하였다.

　진성이씨 이동표가 언간은 17세기 중후반 국어의 실상을 확인할 수 있는 국어사(國語史) 자료로서 중요한 가치를 가진다. 17세기 당시 상당히 보편화되고 있었던 구개음화 현상이 두루 확인될 뿐 아니라, 친모(親母)와 서모(庶母), 부인, 첩에 대하여 상대경어법 사용에 확연한 차이를 두고 있던 점도 관찰된다. 이 외에도 당시 과거제도 등에 관한 자세한 내용이 담겨 있어 기존의 일반 사료에서는 확인할 수 없는 구체적 생활사(生活史) 자료로서도 가치가 있다. 편지에 쓰인 서체는 한글 서체의 발달을 연구하는 서예사(書藝史) 자료가 될 수 있으며, 편지 속에 담긴 내용은 여성사(女性史), 민속사(民俗史), 복식사(服飾史) 등 다양한 분야의 연구 자료가 될 수 있다.

■ 원본 사항

- 원본 소장 : 고(故) 이원주(李源周) 교수의 후손
- 필름 : 한국학중앙연구원 어문생활사연구소 소장
- 크기 : 15.0×30.0cm(6번), 34.5×54.0cm(20번) 등

■ 판독 사항

金宗澤(1979), 「諺簡을 통해 본 近世前期語의 斷面 — 李東標先生의 諺簡을 中心으로」, 『語文研究』 4집, 1~12쪽. ※ 6건만 판독

■ 영인 사항

- 없음

■ 참고 논저

金宗澤(1979), 「諺簡을 통해 본 近世前期語의 斷面 — 李東標先生의 諺簡을 中心으로」, 『語文研究』 4집, 1~12쪽.

박병천·정복동·황문환(2012), 『조선시대 한글편지 서체자전』, 한국학중앙연구원 어문생활

사연구소, 다운샘.

박정숙(2012), 「나은(懶隱) 이동표의 생애와 글씨세계」, 『月刊 書藝』 통권 375호, 158~162쪽.

배영환·신성철·이래호(2013), 「<진성이씨 이동표가 언간>의 국어학적 연구」, 『藏書閣』 30, 한국학중앙연구원 장서각, 222~254쪽.

전경목(2011), 「한글편지를 통해 본 조선후기 과거제 운용의 한 단면－'진성이씨 이동표가 언간'을 중심으로」, 『정신문화연구』 34-3, 한국학중앙연구원, 27~57쪽.

정복동(2011), 「진성이씨 이동표가의 언간 현황과 서제적 특징－이동표가 친모와 서모에게 보낸 언간을 중심으로」, 『서예학연구』 21-1, 한국서예학회, 189~213쪽.

황문환(2010a), 「조선시대 언간 자료의 현황과 특성」, 『국어사 연구』 10호, 국어사학회, 73~131쪽.

황문환(2010b), 「근대국어 'ᄒᆞᆸ'체의 형성 과정과 대우 성격」, 『國語學』 58, 29~60쪽.

진성이씨 이동표가 언간 01

〈이동표가-01, 1683년, 이동표(아버지) → 진성이씨(딸)〉

판독문

고즈들   〔수결〕

거번의 네 편지 못 보니 섭섭ᄒ더니 셕길이 와 뎍그 것 보고 반가와ᄒ며 내 급뎨롤 ᄒ니 네 즐겨 ᄒᄂ 양 보ᄂ 듯ᄒ다 셔방의 병환이 엇디 그러ᄒ고 돌님톄로 포 알ᄂ다 ᄒ니 비록 대단티 아니ᄒ나 엇더ᄒ고 멀리셔 넘녀 ᄀ업다 고뫼도 어마님 병환 ᄒ려 겨시다 ᄒ니 다힝다 힝ᄒ며 나도 무ᄉᄒ고 스므닷쇈날 챵방ᄒ면 스므닐웬날 여ᄃ랜날 ᄉ이 길 날 거시니 초닷쇄 전의 아니 드러가랴 김 딕댱의셔ᄂ 내내 동힝ᄒ고 동쥬인 동졉ᄒ다가 훈방의셔 방을 ᄃ고 혼자 ᄂ려가시니 그런 애ᄃ론 일이 업다 네 집 병환을 브딕 조심 조심ᄒ고 ᄀ장 슬퍼라 시졀이 화 도쳐의 사오납다 ᄒ니 네□은□골□□거□□ □ᄒ□ 하 여러 곳 □고 밤 드러 □게 ᄎᄌ도 □후 잇노라 지월 열아흐랜□ 父

진성이씨 이동표가 언간 02

〈이동표가-02, 1687~1689년, 이동표 → 미상〉

판독문

어마님끠셔 밤의 가슴알히 긔미 겨시더니 그만ㅎ시나 낫ㄱ장 보와 그만ㅎ시면 가려 ㅎ거니와 쑬과 의이와 비과 오미즈 급급 어더 보내라 ㅎ여라 녕의졍 힝추 원당이로 오시매 졍탐후 아라 급히 옹쳔으로 가려 ㅎ나 관디도 피폐ㅎ고 슴개 비치는 누르니 소견의 블샹ㅎ고 무명 관디도 업셔 다믄 ᄒᆞᆫ 관디 씻도 못ㅎ여 극히 어렵고 속옷도 ᄒᆞ낫도 오죽ᄒᆞᆫ 것 업고 보션을사 쟈가 못 신어 다 하야진 거슬 신고 민망ㅎ다 의복을 급급 ㅎ여야 홀다 졍승 힝추의 감소도 비힝ㅎ고 모다 모들 거시오 녜관도 오면 의복 피폐ㅎ여 못 홀다

〈이동표가-03, 1687~1689년, 이동표 → 미상〉

판독문

동토 방법

붓두막 우희 세 우믈믈을 기러 가다가 병의 녀허 엄나모 가지롤 병부리의 박고 그 병을 달
혼 짜희 갓다가 두로 다히면 븟는 고디 잇거든 그 짜희 기음의 털을 놋코 스 모호로 피마즈
째롤 셰오고 남글 갓가 네 모희 나모 목 즈 열식 써셔 당쳐 셰우고 희숨과 사롭의 니 째딘
거슬 뭇고 무든 사롭이 바로 오디 말고 잠간 밧그로 나셔 도라보디 말고 드러오면 즉시 돗
느니라 쏘 방튝의 바근 남글 쌔혀다가 동토혼 고듸 것구로 박고 도라오면 즉시 돗느니라 찰
방게셔 긔별ᄒ야시니 즉시 이대로 ᄒ라

진성이씨 이동표가 언간 04

〈이동표가-04, 1658~1700년, 이동표(남편) → 미상(첩)〉

판독문

쇼가

년ᄒᆞ야 무ᄉᆞᆫᄒᆞᆫ가 스므닷쇈날 댱으로 유무 갓더냐 예ᄂᆞᆫ 뫼와 아직 그만ᄒᆞ나 요ᄉᆞᆼ이 일이 올
ᄒᆞ랴 언제나 오게 ᄒᆞᄂᆞᆫ다 미리 긔별ᄒᆞ야 갈 제톄로 마라 경셕이 죵긔로 죽다 ᄒᆞ니 그런 잔
잉ᄒᆞᆫ 일 어듸 이시리 이만 그믐날

진성이씨 이동표가 언간 05

〈이동표가-05, 1687~1689년, 이동표 → 미상*〉

판독문

두 슌 편지는 보와시며 이번은 어이 호 즈도 못 호눈다 년호여 무스호나 두강이 글난 아니
니르고 작난흐다 흐니 과심호나 나는 그러홀 줄 더 귀호여 흐노라 망녕된 거슬 내 간다 흐
고 저히디 말고 글을 닐넛다가 바티라 흐고 다래여 닐너라 나는 대구 와다 무스히 둔녀 어
제 군위 자고 아젹의 비안 와시니 납셩개 자면 닉일 집의 가게 흐엿다 네 날을 경계흐랴 어
이 뜨라둔니며 못 니르눈다 약쥬 잡습거눌 흐른날이나 이튼날이나 흐게 닐너라 술이 잠간
취흐니 이만 열아흐랜날 챵낙 힝츠 비안 원이 권흐거눌 술을 죠곰 취흐여 닉 참봉의게 답장
못 흐니 긔별흐여라

---

* 수신자를 '미상'으로 하였으나 아주낮춤법을 쓰고, 집안일을 언급하는 것으로 보아, '딸'일 가능성이 높다.

진성이씨 이동표가 언간 06

〈이동표가-06, 1687~1700년, 이동표(남편) → 안동권씨(아내)〉

판독문

됴희 십낟들 그리 쓰면 지당홀가 지초는 봄의 키면 이시리라 훈들 이제 어이 어들고 누룩은
예셔도 모즈란다 흐니 쇽절업니 믄무 싀아시나 두고 보채면 모르거니와 나는 모롤쇠 엇뎨
그 말란 디답을 아니 흐엿던고 봄 니로야 못 오려니와 오래 잇게 되면 이리흐여 므슴 익일
고 날을 어듸롤 낫바 원망홀고

진성이씨 이동표가 언간 07

〈이동표가-07, 1658~1698년, 이동표(남편) → 미상(첩)〉

판독문

쇼가 답

편지 보고 뫼와 평안호니 깃거호노라 나는 병이 그만호여시나 긔미 업디 못호고 어마님끠
셔도 쾌차티 못호여 겨시매 나흔날 졔스의는 못 가고 여드랜날이나 가 열흔론날 시스룰 참
여케 가려 호되 극히 민망호다 박 셔방집은 보롬끠 간다 호니 브듸 서르 보려 호더니 매안
가면 못 볼가 호호노라 오슨 와시디 바침 업슨 딕령이 민망훈 거슬 아리 요요호여 도포룰
지으란 말 못 훈 줄 호호노라 원힝은 무스히 도라오시니 깃브듸 허힝을 미양 돈니시니 호마
그치쇼셔 호여라 이만 초이일 이 보히 느미 거시 □□□ □□□□ 거슨 이디 못호엿더니 보
낸다 예 시□□ 촉보 기다린다

진성이씨 이동표가 언간 08

〈이동표가-08, 1687~1689년, 이동표 → 미상〉

판독문

날이 이러ᄒ니 식젼의 슌흥 가기 ᄀ이업다 몬저 드럿던 칙녁 두 권과 싱치 두 마리 젼복 두 고지만 영쳔으로 낫참 미처 보내여라 나는 오늘 영쳔을 디나 평은이나 가 자려 ᄒ노라 열여 드랜날도 집의 아므거시나 보내려니와 나도 보와 그ᄣᅢ예 집으로 도라올가도 시브다 계분업 이 ᄣᅢ예 반찬이나 약간 ᄒ여 주라 ᄒ여라 닛고 못 닐러시매 긔별ᄒ노라 이만 즉됴 풍긔셔

진성이씨 이동표가 언간 09

〈이동표가-09, 1687~1689년, 이동표 → 미상〉

판독문

닐웨 만의 어제야 진쥬 드러 길희도 무수ᄒ고 거챵 원이 친ᄒ더니 ᄒᆞᆫ가지로 시관 와시니 아
ᄂᆞᆫ 사ᄅᆞᆷ 다ᄒᆡᆼᄒ다 집의ᄂᆞᆫ 어마님 긔운이나 평안ᄒᆞ시고 게도 아ᄒᆡ들 다 셩ᄒᆞᆫ가 온 후 긔별
모ᄅᆞ니 답답ᄒ다 열사흔날 막 뵈이고 나흔날 나면 시후의 감영 가 ᄯᅩ 사흘의 집을 가려니와
이번의 어마님ᄭᅴ 약쥬 ᄒᆞᆫ 잔이나 잡ᄉᆞᆸ고 가고져 ᄒᆞ니 ᄌᆞ연 여남은 분이나 모드실 거시니 안
쥬 홀 거시 업슬가 ᄒᆞ노라 참봉의게 이 말 긔별ᄒᆞ여 하인의 의논ᄒᆞ여 무명 필이나 보리 셤
이나 주고 숑아지 톗거시나 못 ᄒᆞᆫ가 뭇고 쥬모의게 술을 미리 유심ᄒᆞ게 니ᄅᆞ라 ᄒᆞ여라 형셰
못홀 거시면 미처 홀 시니와 내 스므날 ᄉᆞ이 집의 갈 거시니 의논□□ 보라 ᄒᆞ여라

진성이씨 이동표가 언간 10

〈이동표가-10, 1687~1700년, 이동표(남편) → 미상(첩)〉

판독문

쇼가 답

구담으로 편지 보고 또 이 유무 보니 년ᄒᆞ여 무스흔 일 깃거ᄒᆞ노라 누비오슨 왓다 예는 어
마님 긔운 잠간 나아 겨시나 아모것도 못 잡스오시고 치통 담쳔은 미양 그러ᄒᆞ시니 민망ᄒᆞ
다 오월도록 이시려 ᄒᆞ는 의시 어인 일이며 이리 와셔는 굴머도 ᄒᆞᆫ가지로 되려니와 므어시
그리 보낼 거시 이시리 예도 구담 션달이 닉월 열흘 젼의 오면 의법이 못 ᄒᆞ야도 약간 셜쟉
이나 ᄒᆞ고 구담셔도 와 겨셔 노친네 ᄒᆞᆫ가지로 노르시게 ᄒᆞ고져 ᄒᆞ야도 즉금 형셰 극히 어렵
거든 네게 보낼 거시 쉬우랴 거번 유무는 왓더라 ᄒᆞ딕 어제야 잇더라 이만 넘오일

진성이씨 이동표가 언간 11

〈이동표가-11, 1658~1700년, 이동표(남편) → 미상(첩)〉

판독문

유무 보고 쏘 한젼ᄒ고 알타 ᄒ니 미양 어이 그러ᄒ고 오디 말라 ᄒᆫ 말을 하 듯기 다힝히
너기니 언제나 오려 ᄒᄂᆫ다 나는 헌 되는 아므라시나 브은 되 채 ᄒ리디 야냣거니와 이제야
점점 아니 나으랴 길흔 너일 가려 ᄒ더니 쏘 지의예 올마 유지 ᄀᆺ 와시니 초ᄒ론날 가려 ᄒ
니 못 미츤 거시나 미처 ᄒ야 보내여라 병곳 그만ᄒ야시면 게셔 므스 일 ᄒ리 아모려면 그
리 됴히 디내라 가는 양이나 와 보면 엇더ᄒ리 샹쥬의게 답장은 즉금 니조좌랑이 온다 ᄒ고
요요ᄒ야 못 ᄒ거니와 걸령구는 보내라 ᄒ여시되 대수셔 가져간 지 오라디 아이 와시니 못
보내며 ᄒᄒ노라 봐봐 이만 즉일

진성이씨 이동표가 언간 12

〈이동표가-12, 1687~1689년, 이동표(남편) → 미상(첩)〉

판독문

하회 쇼가 답

아리 동니예 잠간 나갓더니 사름 와시□ 못 보니 그 후의 긔별 몰라 ᄒ노라 편지ᄂᆞᆫ 보왓노
라 예ᄂᆞᆫ 대단ᄒᆞᆫ 일은 업다 딕녕과 혼ᄂᆞᆯ 가니 셰답ᄒᆞ여 보내여라 도스끠셔ᄂᆞᆫ 무스히 도라
와 겨시다 ᄒᆞ니 즉시 보ᇝ고져 ᄒᆞ딕 못 ᄒ노라 원당 형님은 못 도라와 겨신가 편지 못 ᄒ노
라 스므닷쇈날

진성이씨 이동표가 언간 13

〈이동표가-13, 1687~1689년, 이동표(남편) → 미상(첩)〉

판독문

요소이 긔별 다시 듯디 못ᄒ니 네 병은 엇더ᄒ며 약이나 챡실히 ᄒ눈가 좀ᄒ야 오랜 병이
ᄒ리랴 나는 이제도 채 아므디 아니 ᄒ야시나 미양 아니 가기 민안ᄒ니 셔울 가셔 이러ᄒ
줄이나 모다 아ᄅ시게 스므닷쇈날 길흘 가려 ᄒ니 미스 민망ᄒ고 어마님게셔 새로이 민망
히 너기시니 어이ᄒᆯ디 가도 ᄆᆞᆷ 노히디 못ᄒ게 ᄒ얏다 너롤 병듕의 업슨 거슬 뉘라셔 아니
ᄒ다 ᄒ고 견과ᄒᄂ냐 몬저 간 바지나 분츈이 시겨 씨엇거든 보내여라 칠월원ᄃᆞᆯ 가 보려 ᄒ
다가 낙샹ᄒ야 셕 달재 신고ᄒ거든 박졀ᄒ야 아니 가매 게도 네 ᄀᆞᆺ트면 내 아니 가랴 게 ᄃᆞ
니기도 서의ᄒ고 비편ᄒ야 못 ᄒ고 네 냥식인들 내 집안히 넉넉ᄒ야 디내ᄂ 거시 아니어든
올녀름 일이 읜디 보내기 쉬우랴 내 일은 어이 말이 만ᄒ고 ᄯᅩ ᄃᆞᄅ니 영슌의 엇던 놈이 이
셔 내 집 죵이로라 ᄒ고 돈과 곡셕을 기리몀셔 빗 바ᄃᆞᆯ 제 다 내 거시라 ᄒ고 작폐ᄒ다 ᄒ
니 긔 엇던 놈인고 ᄒᆡᆼ혀 겟 죵이나 이셔 내게 그런 말을 들리ᄂ가 괴이괴이ᄒ다 영슌의게
죵이 일음이 므어시라 ᄒᄂ니 긔별ᄒ여라 나도 나가니 네 이제야 와셔 므스 일 ᄒ리 ᄒ려든
오게 ᄒ여라 구월 스므날 읍ᄂ셔

진성이씨 이동표가 언간 14

〈이동표가-14, 1687~1689년, 이동표(수상자) → 미상(수하자)〉

판독문

관듕 뎐숑

유무 보고 무스ᄒ니 깃거ᄒ며 나는 그날 ᄇ람의 밤의야 와셔 새배 이리 오니 졔스들 년ᄒ여
디나고 긔운이 올ᄒ와 어마님 긔운도 그만ᄒ여 알튼 아니ᄒ시나 압픈 긔미 업디 아냐 진지
도 못 잡스오시니 념녀롭다 나가기 쉽디 못ᄒ면 별샹덕이나 ᄀ장 신틱ᄒ고 조심ᄒ라 ᄒ여
라 비ᄌ들 썩이나 ᄒ여 머기ᄂ가 그도 ᄒ고 내 간 후 하인들이나 머기게 처엄은 썩 말라 ᄒ
엿더니 두어 말이나 ᄒ라 ᄒ고 고딕이 시기라 ᄒ여라 면화도 밧거든 죄촉ᄒ여라 나는 여닐
웬나 이실가 시브다 이만 초일일

진성이씨 이동표가 언간 15

〈이동표가-15, 1644~1687년, 이동표(아버지) → 진성이씨(딸)〉

판독문

세 슌 유무는 다 보와시며 어마님 긔운 그만ᄒ시니 다힝ᄒ나 뭉의 병으로 넘녀 ᄀ이업다 피
우 나 겨시면 누고 뫼와 나시며 낫거든 조심ᄒ여 통티 말고 극지히 뫼와라 나는 무ᄉᄒ고
두강이 낫다 ᄒ니 깃거 그지업다 모시 관디는 새로 쟝만ᄒ디 밧침이 깃지 더러워 블샹ᄒ고
젹삼은 풀버히롤 닙고 ᄃ니니 뉘 아니 우ᄉ리 셰답홀 제 쥬인 핀잔되와 닙을 일 죽고져 ᄒ
면 미ᄉ 어이 그러ᄒ니 부체는 아직 ᄒ나토 못 보왓다 이만 ᄉ월 열엿쇈날 하회 답장은 구
담으로 ᄒ얏다

진성이씨 이동표가 언간 16

〈이동표가-16, 1683~1698년, 이동표(남편) → 안동권씨(아내)〉

판독문

편지 즈시 보완 디 어마님 병환은 망극ᄒ옵더니 사나홀재 졈졈 나으신 듯ᄒ디 위티ᄒ온 증
셰 이셔 민망민망ᄒ더니 오늘 새배우터는 그 증이 나아 겨시니 텬힝이오 ᄆ음들 노코 디내
니 나도 음식 술 먹고 나은 듯히 약도 ᄒ여 먹니 여러 고대 졈이 다 오늘 ᄒ리실라 ᄒ더니
마즈니 믿니 내 셩죄나 죻드리나 그러 굴며 내 갈가 식브니 내 업서도 다른 서러지나 ᄒ라
ᄒ소 귀듕이 오나든 초필 일 브경히 니르고 ᄯ오 제 물 삼졍틱 헌것과 밧과 두고 가라 ᄒ소
ᄌ식들 과거 갈 거시니 유심ᄒ소 득길이 제 아븨 물 복마ᄒ여 갈라 닐러 두라 ᄒ소 저 도가
리 터흔 내 가셔 고텨 날 바다 ᄒ여도 ᄒ리 만질 졔는 엇디ᄒ눈고 긔걸 몯 ᄒ고 온 거시라
닏디 몯ᄒ니 제 후의 눕 것기 마소 명지 네일시 붓 ᄒ나 죠희 ᄒᆫ 권 먹 석 댱 믈드래 가니
밧바 이만 병환 의심 업스오면 영차티 몯ᄒ셔도 옌 노마로 가리 아히들게 답장 몯 ᄒ니 이
유무 뵈고 과거 아니 믈려시니 동힝이나 마초고 명지는 이 가는 죠희 엷거니와 ᄡᆯ 거시니
님시ᄒ여 물라 가라 ᄒ소 초닷쇈날 즈의 명지 더러는 열우니 두터우니롤 굴히야 피봉 댱을
ᄒ라 ᄒ소 ᄯ오 밧비 긔별홀 일이나 잇거든 귀듕이롤 이리로 보내며 편게예 텽녕ᄒ게 ᄒ소

진성이씨 이동표가 언간 17

〈이동표가-17, 1677년, 이동표(아들) → 순천김씨(어머니)〉

판독문

구담 진ᄉ ᄂ려가올 적 술이 알외얏ᄉ옵더니 보옵시니잇가 요ᄉ 열흘이나 긔별 듯ᄌᆸ디 못ᄒ
와 답답ᄒ오며 년ᄒ여 긔운이나 무ᄉᄒ옵시며 희산도 무ᄉ하나 ᄒ오니잇가 지금 아낫ᄉ올
주리 아니오디 듯디 못ᄒ와 민망 념녀ᄒ오며 아희들이나 다 셩ᄒ오니잇가 두원이ᄂ 신도
그리 ᄇ란다 ᄒ옵ᄂ 거슬 못 ᄒ여 보내옵고 아므것도 어더 보내옵디 못ᄒ오니 불샹ᄒ오이
다 ᄌ식은 년ᄒ여 무ᄉᄒ오며 어제 과거 드러 무ᄉ히 글 지어 바티고 낫ᄉ오니 너일 ᄶ 드
올소이다 과거ᄒ기야 하ᄂᆯ만 밋ᄉ옵디 어이 기드리오링잇가 ᄇ더 ᄆ옴 태연히 ᄒ시고 죠곰도
기들리디 마옵쇼셔 험셕이ᄂ 댱가드오디 그날 비로 ᄒ여 호ᄉ롤 극진히 못 ᄒ오니이다 뉴
진ᄉ 올 적 편지 보왓ᄉᄂ이다 아므려나 긔운 년ᄒ여 조심 조심ᄒ옵시고 희산이나 조심ᄒ
옵을 ᄇ라옵ᄂ이다 마춤 버들 밧 권희열 시 관쥬인 가옵거늘 하 밧ᄇ와 잠간 알외옵ᄂ이다
뎡ᄉ 이월 스므이튼날 ᄌ식 동표 술이 녀쳔 원은 아직 못 보와시니 관하인도 인편의 편지
못 ᄒ옵ᄂ이다

진성이씨 이동표가 언간 18

⟨이동표가-18, 1677년, 이동표(아들) → 순천김씨(어머니)⟩

판독문

+ ㅎ야 셩ㅎ옵고 음식도 아이 먹ᄉ오니 근심 마ᄅ쇼셔 알셩은 초여드랜날이옵고 우리 보올 과거ᄂ 열흔날이오디 됴뎡 의논이 싱진방재 다 파방을 홀 거시라 ㅎ리 잇ᄉ와 시방도 듯ㅌ오니 그러케 되오면 험셕의 진ᄉ 블샹ㅎ오며 우리 초시도 다 파ㅎ고 새로 싀골셔 뵈이올 거시니 민망ㅎ오려니와 의논들이 그ᄂ ᄀ장 듕난ㅎ니 동당 회시만 다시 뵈일 거시라 ㅎ고 그리 뎡ㅎ엿ᄉ오니 열흔날이 다들라야 결단을 아올소이다 힝혀 열흔날 보와 그 과거 ㅎ오면 스므이튼날이 뎐시옵고 ᄉ월 초이튼날이 챵방이오니 ᄂ려가옵기 졈졈 므너가오니 아마님 기드리시기로 ㅎ여 민망민망ㅎ오디 ᄉ셰 그러ㅎ오니 엇디ㅎ오링잇가 죠곰도 기드리 마ᄅ시고 긔운을 조심ㅎ옵심 ᄇ랍ᄂ이다 아들은 나핫ᄉ오니 힝혀 과거 ㅎ오면 그런 경ᄉ 업ᄉ올가 ㅎ옵ᄂ이다마ᄂ 하ᄂᆯ히 ㅎ시ᄂ 일이오니 아므려나 되올 거시오니 기드디 마ᄅ쇼셔 집은 니엿ᄉᄂ디 방들의 도벽이나 다 됴히 ㅎ엿ᄂᄂ이다 험셕이ᄂ 알셩 보고 공쥐로 가려 ㅎ고 아직 잇ᄉᄂ이다 보롬날로 아ᄌ바님 영의 도라오시매 저ᄂ 몬져 열흘ᄭᅴ ᄂ려가올 거시오니 나ᄂ 과거ㅎ와도 ᄉ월 초열흘 젼의 혼자 공쥐로 ᄂ려가옵고 못 ㅎ오면 삼월 보롬 후의 공쥐 인마옷 오오면 즉시 ᄂ려가 집으로 수이 가올소이다 뎡ᄉ 이월 그믐날 ᄌ식 동표술이

진성이씨 이동표가 언간 19

〈이동표가-19, 1683년, 이동표(아들) → 순천김씨(어머니)〉

판독문

즉긱[1] 방 나 급뎨 장원을 ᄒᆞ엿ᄉᆞ오니 텬힝이오며 시방 고디ᄒᆞᆸ실 거시오니 이놈을 급급히 가라 ᄒᆞ오ᄃᆡ 살흘 후의야 가올가 그ᄉᆞ이ᄅᆞᆯ 어이 기드리실고 ᄒᆞᄂᆞ이다 긔운이나 년ᄒᆞ여 평안ᄒᆞᆸ시며 대되 무ᄉᆞᄒᆞ오니잇가 ᄌᆞ식은 년ᄒᆞ여 평안ᄒᆞ오니 념녀 마ᄅᆞᆸ쇼셔[2] 우흐로셔 역질 시작ᄒᆞ여 겨옵셔[3] 열흘이옵시니 나라 근심이 ᄀᆞ이업ᄉᆞ오ᄃᆡ 극히 슌ᄒᆞ옵시니 극훈 경ᄉᆞ오ᄃᆡ 좌ᄎᆞ[4] 뎐시ᄂᆞᆫ 초ᄒᆞ론날로 결단ᄒᆞ여 못 될 ᄃᆞᆺᄒᆞ오ᄃᆡ 아직 아디 못ᄒᆞ오니 사나흘 기드려 뎐시 쉽디 못ᄒᆞᆯ 양오면[5] 급급히 ᄂᆞ려가오려니와 아모려나 긔운이나 조심조심ᄒᆞ옵시고 이 긔별 가오면 어마님 ᄆᆞᄋᆞᆷ을 위로ᄒᆞ실 거시니 다힝ᄒᆞ오며* ⬜⬜⬜⬜을 이리 와 디나옵고 섭섭기 ⬜⬜⬜⬜ 이 긔별이나 가오면 위로 아⬜⬜⬜⬜잇가 다른 일은 하 걱뎡 마ᄅᆞ시고 가는 대로 ᄒᆞ쇼셔 ⬜⬜ ⬜⬜⬜⬜ 극히 ⬜⬜⬜⬜이다 ⬜⬜⬜⬜오며 ⬜⬜⬜⬜ 잇ᄉᆞ⬜⬜⬜⬜ ⬜⬜⬜⬜⬜⬜ ⬜⬜⬜⬜ ⬜⬜⬜⬜⬜은 ⬜⬜⬜⬜잇가 훈 ᄌᆞ도⬜⬜ ⬜ 뎍ᄂᆞ이다 이 가는 편지 옵ᄂᆡ ⬜⬜⬜ ⬜ ⬜ᄉᆞ뎍의 즉뎐ᄒᆞ쇼셔 계ᄒᆡ 시월 스므엿쇈날 ᄌᆞ식 동표 술이[6]

판독대비

번호	판독자료집	김종택 (1979 : 4)
1	즉긱	즉각
2	마ᄅᆞᆸ쇼셔	ᄆᆞᄅᆞᆸ쇼셔
3	겨옵셔	겨슘미
4	좌ᄎᆞ	좌차
5	양오면	양이오면
6	술이	〔판독 안 됨〕

---

* 이 이하 '⬜⬜⬜⬜을'부터 편지 끝의 '즉뎐ᄒᆞ쇼셔'까지의 부분은 金宗澤(1979)에서 '(이하 결)'로 처리되어 판독문에 반영되지 않았다.

진성이씨 이동표가 언간 20

〈이동표가-20, 1677년, 이동표(아들) → 순천김씨(어머니)〉

판독문

> 어마님 젼 샹슬이

소요되 아즈바님 편지 거월 열이튼날 나온 편지 보옵고 년ᄒ여 긔운 평안ᄒ옵시고 희산도 무ᄉ ᄒ옵고 아들 나핫다 ᄒ오니 깃ᄉᆸ기 ᄀ이업ᄉ와 ᄒ오며 그 후의 긔별 모ᄅ와[1] 홋비 아ᄂᆞ다[2] ᄒ옵더니 즉[3] ᄒ리오며 아희도[4] 듕실타[5] ᄒ오니 더욱 깃브오니 년ᄒ여 셩ᄒ오니잇가 즉시 가 보올 거시면 아니 ᄒ오링잇가마는 과거 믈리와 이리 무ᄒ[6] 아래 노니 답답ᄒ와 엇그제 공쥐로 편지ᄒ엿ᄉᆸ더니[7] 못 밋처 갓ᄉᆸᄂᆞ니잇가 요ᄉᆞ이는 긔운이나 엇더ᄒ옵시니잇가 둘포 되오니 ᄉᄆᆞ ᄀ업ᄉ오며 ᄌᆞ식은 년ᄒ여 무ᄉᄒ오ᄃᆡ 과거롤[8] 두 날 다 무ᄉᆞ히 보온 후의 션븨들ᄒᆡ[9] 늅 더블고[10] ᄃᆞ니 잇다 ᄒ고 방을 아니 내고 그 과거롤[11] 파댱을 ᄒ고 다시 회시롤 뵈이게[12] ᄒ여 처엄의 초열흔날로[13] 뎡ᄒ엿더니 ᄯ오 열엿쇈날로 믈럿ᄉ오니 그날이나 일뎡 보올디 아래 머믈기 민망민망ᄒ오며 처엄은 초시 재파ᄒ고 감시 회시도 다 파ᄒ여야 올타 □고[14] 의논이 이셔 샹소도 ᄒ옵더니 감시 회□ᄂᆞᆫ[15] 아니 파홀가 시브오ᄃᆡ[16] 우리 보올 동□은[17] 아ᄆᆞ리[18] 되올 줄도 아직 모ᄅᆞ옵거니와 □엿쇈날이[19] 다ᄃᆞᆺ즈오면 아니 보랴 시브오ᄃᆡ[20] 그날 보와도 방은 스ᄆᆞ이틀 사흔날 ᄉᆞ이 나올 거시오니 도라가기 졈졈 머러 민망민망ᄒ오며 거번의 헛거슬 어마님 ᄃᆡ방ᄒ옵시기 엇디 디나옵시니잇가 더욱 민망ᄒ여 아ᄆᆞ려나[21] 즉시 긔별ᄒ옵고져 ᄒ온들 녜쳔 원도 어ᄃᆡ 갓ᄂᆞᆫ디 모ᄅᆞ옵고 인마 업시 잇ᄉ오니 가 보도 못ᄒ옵고 다른 ᄃᆡ로[22] 편지 못 ᄒ여 공쥐로 ᄒ여 보내엿더니 게도 슌힝 나 겨□고[23] 즉시 뎐ᄒ기 쉽ᄉ오링잇가 마춤 솟밤 권 싱원이 우리개 ᄂᆡ 좌슈 사회러니 죵을 우리개로 보내옵거늘[24] 이 슬이 알외옵ᄂᆞ이다 아모려나 긔운 년ᄒ여 조심조심ᄒ옵□고[25] 아희들이나 무ᄉᄒ오면 ᄉᆞ월의야 아□[26] 도라가오링잇가 하 밧ᄇ와 이만 알외옵□이다[27] 오늘 한식 졔ᄉᆞ나 엇디ᄒ여 디나시며 샹묘ᄒ옵ᄂᆞ니잇가 험셕이ᄂᆞᆫ[28] 아직 슌힝 도라오신 후의 열흘끠로 공쥐 가려 ᄒᆞᄂᆞ이다 뎡ᄉᆞ 삼월 초나흔날 ᄌᆞ식 동표 슬이

판독대비

번호	판독자료집	김종택 (1979 : 3~4)
1	모르와	므로와
2	아느다	알느다
3	즉	즉시
4	아희도	아이도
5	즁실타	튱실타
6	무흔	무한
7	편지 ᄒᆞᆺ습더니	편지 ᄒᆞ얏습더니
8	과거롤	과거를
9	션븨들히	션비들히
10	더블고	더불고
11	과거롤	과거를
12	회시롤 뵈이게	회시를 븨이게
13	초열흔날로	초열흘날로
14	□고	ᄒᆞ고
15	회□는	회시는
16	시브오듸	시브오디
17	동□은	동당은
18	아므리	아모리
19	□엿쇈날이	열엿쇈날이
20	시브오듸	시브오디
21	아므려나	아모려나
22	다론 듸로	다론디로
23	겨□고	겨시고
24	보내옵거눌	보니옵거늘
25	조심조심 ᄒᆞᆸ□고	조심조심 ᄒᆞᆸ시고
26	아□	안
27	알외옵□이다	알외옵ᄂᆞ이다
28	혐셕이는	혐셕이는

판독문

부들 자바 므슴 말숨을 쓰오리잇가 인간의 뉘 아니 상환을 만나리잇가마는 이런 익미 익미
ᄒ온 일도 잇슙느니잇가 가문이 망ᄒ려 ᄒ오니 쓸 거슨 이러ᄒ옵거든 더욱 엇다ᄒ올소니잇
가 저희 형뎨를 두옵고 ᄇᆞ라옵더니 제 인셩은 니ᄅ디 못ᄒ오려니와 가문 쓰릴 거시 이러ᄒ
ᄒ올 줄 어이 아오리잇가 초산의도 아뫼도 못 가 보오니 더욱 저를 ᄇᆞ리는 듯 망극ᄒ오나
일가 ᄉᆞ셰 쇽졀 잇ᄉᆞ오리잇가 내나 잠간이나 ᄒᆞ리오면 아니 실려 나가 제 못 감느냥이나 아
니 보오리잇가마는 믈 우희 ᄃᆞ닐 길 업ᄉᆞ오니 쇽졀 이시리잇가 나를 주글가 그리 제 민망히
너기옵더니 므리 하 제 몬저 주거 나를 소길 줄 아오리잇가 그러ᄒ오나 제 형도 든든치 못
ᄒ온 거시 혼자 이셔 하 셩회ᄒ오니 아므려나 아ᄌᆞ마님겨옵셔 서ᄅᆞ 관회ᄒ옵셔 져거시나
보젼ᄒ옵심 ᄇᆞ라옵ᄂᆞ이다 장ᄉᆞ를 사뫼룰 뎡치 못ᄒ오니 더욱 ᄀᆞᆸᄀᆞᆸᄒ여 ᄒ옵ᄂᆞ이다 동셩은
병이 이제는 죽든 아니케 되엿ᄉᆞ오나 이제도 거름을 편편히 것디 못ᄒ오니 민망ᄒ오며 온
혜 형님 집의도 삼월우터 염병으로 피우를 ᄒ여 지금 드디 못ᄒ여시매 빙소 졔ᄉᆞ도 못 ᄒ오
니 삼년 졔ᄉᆞ도 ᄆᆞ옴으로 못 ᄒᆞ와 대샹이 거의 다ᄃᆞᆺ게 되오니 망극ᄒ온 ᄆᆞ옴을 어이 내내
뎍ᄉᆞ오리잇가 심ᄉᆞ 아므라타 못ᄒ오며 이런 흉악ᄒ온 시졀을 만나와 일가의 ᄇᆞ려 두디 못
ᄒ여 ᄒ옵노라 ᄒ오니 이제 마치 혼가지로 이러ᄒ여지오니 이런 이리 어디 잇ᄉᆞ오리잇가
게도 망극ᄒ온 주를 보옵는 듯 ᄀᆞᆸᄀᆞᆸ히 너기오나 아므것도 보내올 것 업ᄉᆞ오와 두서 말 보내
오니 이런 이리 어디 잇ᄉᆞ오리잇가 졍신이 업ᄉᆞ고 심ᄉᆞ 하 망극ᄒ오와 이만 알외오며 아마
도 ᄆᆞ옴 잡ᄉᆞ오셔 긔운이나 부지ᄒᄒ옵심 ᄇᆞ라옵노이다 신ᄒᆡ 칠월 슌칠일 싀동셩 니명익

진성이씨 이동표가 언간 22

〈이동표가-22, 1693년, 이동표(아들) → 순천김씨(어머니)〉

판독문

경쥬 부윤 가옵거놀 슐이 알외얏습더니 쏘 승졍원 하인 하도 가옵거놀 잠간 알외옵ᄂ이다
셜한의 긔운 엇더ᄒ옵시며 집안도 다 무ᄉᄒ오니잇가 초팔이 관하인 맛다 가온 편지는 보
옵기 쉬올 거시니 우연 깃거ᄒ시리잇가 ᄌ식은 무ᄉ히 잇ᄉ오며 시방 승지로 주도변을 졍
원의 드럿ᄉ오며 나온 후도 새배 날마다 둔니기 어렵 ᄒ옵거니와 관계ᄒ오리잇가 즉시 우
히 돈피 아얌 주옵신 일을 셔울셔도 ᄀ장 니ᄅ오니 이러ᄒ신 은혜롤 므스 일로 갑ᄉ올고 민
망 민망ᄒ오이다 날이 이리 칩ᄉ오니 방이나 ᄎ디 아니케 어이ᄒ시ᄂ니잇가 맛질 죵들게
비ᄌᄒ야 보내얏ᄉ더니 즉시 시힝 아니커든 대수롤 자바다가 지쵹ᄒ야 남글 년ᄒ야 시러
오라 ᄒ야 덥게 다히고 겨쇼셔 아모 일 이셔도 걱졍 마르시고 원이나 아니 이졔야 ᄒ리잇가
거믄 비단 관디와 방사듀 블근 관디ᄂ 브듸 ᄒ리라 ᄒ오니 ᄒᄂ가지 거시나 좌랑이 ᄒ야 보려
ᄒᄂ이다 신힝은 며츤날로 믈럿ᄂᄂ니잇가 두강의 혼인은 날 아직 아니 긔별ᄒᄂ□다 부인
덥은 못 미처 내야 이번의 못 보내ᄂ이다 밧브와 이만 알외ᄂ이다 계유 지월 초구일 ᄌ식
동표 슐이

진성이씨 이동표가 언간 23

〈이동표가-23, 1693년, 이동표(아들) → 순천김씨(어머니)〉

판독문

하인 오와눌 하셔 밧즈와 요스이 극한의 긔운 그만호여 디내옵시는 일 아옵고 못내 깃스와
호오며 그 아희도 잠간이나 낫다 호오니 쓸질 효험이나 보올가 브라□며 신힝이 쏘 므느오
니 수이 가기만 □호여 념녀호느이다 즈식은 헌듸도 아므랏습고 거월 스므닐웬날 졍스의
쏘 응교애 올마 홍문관의 번을 내내 드러 잇스와 탑젼의 입시롤 네 슌재 오늘도 듀강의 드
럿다가 낫습느이다 삼 년재 입시롤 못 호왓다가 요스이 년호야 드오니 모음이 각별각별호
오이다 영츈□는 아직 날 바다 보내는 일 업스오매 져으로 못 호옵는디 봄으로도 바다 보려
노라 호더니 그리호는가 시브오이다 관가 너힝은 가시니잇가 극히 셥셥호오이다 혼슈는 갑
시 업서 아직 살 계교롤 못 호오며 물을사 지금 못 사와 좌랑의 물을 서르 트고 든니오니
므스 일을 모음대로 호링잇가 편지 쓰옵더니 승지 낙뎜을 모르왓스오니 당상을 호오니 어
이 아니 다힝호오리잇가마는 이리 잇스와 어마님끠 즉시 못 뵈오니 더욱 도라가□ 모음이
호 ᄀᆞ이 밧븐 듯호오며 □□ 나라 은혜롤 닙습고 내죵을 어이호올고 도로혀 민망호오이다
밤 드와 이만 알외옵느이다 계유 지월 초뉵일 즈식 동표 술이

진성이씨 이동표가 언간 24

〈이동표가-24, 1676년, 이동표(아들) → 순천김씨(어머니)〉

판독문

> 어마님 젼 상술이

이리 오온 후 날포 되오니 긔운이나 엇다ㅎ옵시며 아희들이나 대되 무스ㅎ오니잇가 일야
스모 ㄱ이업스오며 멀리 쎠나오오니 서운ㅎ여 ㅎ옵시ᄂᆞᆫ 일 민망히 너기옵ᄂᆞ이다 ᄌᆞ식은 길
희 되[1] 모다 맛나와 무스히 오옵고 튱쥐롤 드러오와 봉마 엇고 귀셩이 드리옵고 가오니 닉
일이면 드러가올소이다 념녀 죠곰도 마옵쇼셔 김 승지 댱 좌랑은 드락바회셔 갈라 가고 구
담 형님내과 가ᄂᆞ이다[2] 셔울 아ᄌᆞ바님 튱쳥가스 ㅎ여[3] 겨셔 초ㅎᄅᆞᆫ날 불셔 슉비ㅎ여 겨시
다 ㅎ오니 수이 ᄂᆞ려오실가[4] 시브오이다 셔울 가 보와 글 짓ᄌᆞᆸ기옷 젼일티 아니ㅎ오면 ᄌᆞ식
도 공쥐로 ᄂᆞ려가옵고져[5] ㅎᄂᆞ이다 드리 가온 휘오면 사롬 아니 보내오링잇가 부인 아ᄌᆞ마
님 드리 가실 적이오면 우리 집의 든니실 둣ㅎ오니 듁녕으로나 아니 가시ᄂᆞᆫ가 사롬이나 보
내오면 ㅎᄋᆞᆯ소이다 귀실 극히 념녀ㅎ옵다니[6] 아므려나[7] 아니 ㅎ링잇가 그 집을[8] 후길이나[9]
브르옵고[10] 사롬 비와도 수이 그 힝ᄎᆞ 젼의 못게 ㅎ라 ㅎ옵쇼셔 득길이드려 져롤[11] 맛지니
아니 ㅎ여시면 일 나리 흔다 ㅎ고 니ᄅᆞ쇼셔 튱쳥도로 가옵게 되오면 과거 젼이라도 ᄂᆞ려
도[12] 가옵고져 ㅎ옵거니와 셔울 가 보와야 ㅎᄋᆞᆯ소이다 요스이 선선ㅎ온디 브디브디[13] 긔운
조심조심ㅎ옵시고 쇼쥬를 년ㅎ여 고하[14] 두고 잡스오쇼셔 브디[15] 조심ㅎ옵심 브라옵ᄂᆞ이다
밧브와 이만 알외옵ᄂᆞ이다 병진 팔월 열□□날[16] 츄셕 졔스란 풍산 손이나 디내옵게 ㅎ옵고
큰 졔ᄂᆞᆫ 풍산셔도 오실돌 ㅎ오니이다 하 밧브와 □강[17] 어마님 편지 못 ㅎ옵ᄂᆞ이다 ᄌᆞ식 동
표 술이 구담과 건너 아ᄌᆞ바님ᄭᅴ 편지 가ᄂᆞ이다 져ᄌᆞ 형님 구담 가ᄂᆞᆫ 편지도 가ᄂᆞ이다

판독대비

번호	판독자료집	김종택 (1979 : 2~3)
1	길희 되	길희리
2	가ㄴ이다	가오이다
3	튱쳥가ᄉ 흐여	튱쳥감ᄉ 흐여
4	ᄂ려오실가	나려오실가
5	ᄂ려가옵고져	ᄂ려 가옵고져
6	넘녀ᄒ옵다니	넘녀 ᄒ옵다니
7	아므려나	아모려나
8	집을	짐을
9	후길이나	훈길이나
10	브르옵고	브르옵고
11	저룰	저를
12	ᄂ려도	나려도
13	브디브디	브듸브듸
14	고하	고화
15	브디	브듸
16	열□□날	열이튿날
17	□강	의강

진성이씨 이동표가 언간 25

〈이동표가-25, 1683년, 이동표(아들) → 순천김씨(어머니)〉

판독문

그믐날 녀쳔 ᄉ령 도라가는 ᄃᆡ ᄉᆞ리 알외얏ᄉᆞᆸ다니 보ᄋᆞᆸ시며 치위예 긔운 엇다ᄒᆞᄋᆞᆸ시니잇가
방을 덥게 ᄒᆞ고 조심조심ᄒᆞᄋᆞᆸ심 못내 ᄇ라오며 예셔는 편지 ᄌᆞ로 보내오되 게셔 오는 긔별
을 듯ᄌᆞ올 길 업ᄉᆞ와 ᄃᆞ리 나마 가오니 ᄉ모 ᄀᆞ업ᄉᆞ오며 ᄌᆞ식은 년ᄒᆞ여 년목골 이셔 평안ᄒᆞ
오니 내 집이나 다르디 아니ᄒᆞ오니 넘녀 마ᄅᆞ쇼셔 가슴도 아니 알ᄂᆞ이다 웃 병환은 거의 차
복ᄒᆞᄋᆞᆸ셔 면상은 더데 ᄲᅥ러지ᄋᆞᆸ신다 ᄒᆞ오니 고금의 업슨 경ᄉᆞ오며 뎐시도 열흘끠 되올가
시브오니 챵방 디나오면 즉시 급히 가오려니와 아직 날은 뎡치 못ᄒᆞ올소이다 미ᄉ 엇디ᄒᆞ
ᄋᆞᆸᄂᆞᆫ고 도로혀 걱졍ᄒᆞ시는 일 민망ᄒᆞ오며 아모 일일디라도 가는 대로 ᄒᆞᄋᆞᆸ디 과게ᄒᆞ링잇가
넘녀 마ᄅᆞ쇼셔 각관은 빌 디도 업ᄉᆞ오려니와 아모 ᄃᆡ ᄉ가집이올디라도 구챠ᄒᆞᆫ 일 말고 바
로나 보내여 슈녜게나 밧고 가는 대로 아니ᄒᆞ링잇가 고즈들 아히도 깃거ᄒᆞ는 일 보□ ᄃᆞᆺᄒᆞ
오며 제 나오라 ᄒᆞ여 ᄃᆞ리고 평안히 디나쇼셔 오ᄉᆞᆫ 듕치막을 아리 긔별ᄒᆞ엿거니와 쉽디 아
니면 엇디ᄒᆞᄂᆞᆫ고 관ᄃᆡ와 관ᄃᆡ 바침은 관쥬인이 비들 내여 ᄒᆞ오니 동옷 못 ᄒᆞ오나 겹옷시나
듕치막이나 이시면 ᄒᆞ올소이다 티하ᄒᆞ는 손이 보실 손이어든 보ᄋᆞᆸ쇼셔 사ᄅᆞᆷ을 열흘 젼의
튱쥬 오게 보내면 튱쥬셔 열흔날 오는 사ᄅᆞᆷ 이시니 ᄒᆞᆫ가지로 올소이다 녀쳔 하인 가는 ᄃᆡ
밧브와 이만 알외ᄋᆞᆸᄂᆞ이다 계ᄒᆡ 지월 초삼일 ᄌᆞ식 동표 ᄉᆞ리

진성이씨 이동표가 언간 26

〈이동표가-26, 1658~1698년, 이동표 → 미상〉

판독문

편지는 보고 무스ᄒ니 깃브며 예는 졔관 집스를 냥산 원을 뎡ᄒ여 못 와시매 쉽디 아니ᄒ니
기드리기 민망ᄒ다 대수의 과거 길흘 서의히 ᄎ려 보내디 말고 댱등 반찬과 ᄒᆡᆼ찬을 쟝자반
과 황육이나 포육이나 드려 ᄀ장 잘 ᄒ여 보내여라 오늘 밤으로 쟝만ᄒ여 닌일 일즉 나셔
온혜롤 와 자게 ᄒ여라 비ᄌ 년은 굿녜란 풍긔 옥의 가도고 몽진이란 굴머 형셰 어렵다 ᄒ
니 글란 통인방의 각각 가도노라 ᄒ고 아직 두라 ᄒ여라 예셔 오래 무그니 그스이 고리재
졔수 디낼 거시니 약간 졔믈이나 ᄎ려 가져오라 ᄒ여라 아모것도 업스니 호방을 무명 ᄒ 필
을 주고 초초ᄒ나마 이번은 톤 거시 업스니 약간 ᄒ여 보내라 ᄒ여라 이만 열닐웬날

진성이씨 이동표가 언간 27-1

〈이동표가-27-1, 1683년, 이동표(아들) → 순천김씨(어머니)〉

판독문

> 어마님 젼 답 샹술이 〔수결〕

구담 아주바님 편지 초이튼날[1] 나온 편지 보온 후 어마님 병환 엇더ᄒ신고 모른와 일야 답답ᄒ여 디나옵다니 풍납이 오와ᄂᆞᆯ 친필 하셔 밧ᄌᆞ와[2] 보옵고 못내 깃ᄉᆞ오며 반갑ᄉᆞ기 ᄀᆞ이ᄀᆞ이업ᄉᆞ와 ᄒᆞ오며 가슴알히 왕복ᄒ여 수이 ᄒᆞ리디 아니ᄒ시ᄂᆞᆫ가 시브오니 날은 극한이옵고[3] 요ᄉᆞ이 엇다ᄒ옵신고[4] 념녀 ᄀᆞ이업ᄉᆞ와 ᄒᆞᄂᆞ이다 방이나 차 시작ᄒ신디 치위예 실셥이나 ᄒᆞ여 그러ᄒ신디 스므 날 쟝근 왕복ᄒ시거든 아므리 대단티 아니호라 ᄒᆞ여 겨시온들 긔운이 올ᄒᆞ여 겨시링잇가 힝혀 날 용녀홀가 ᄒᆞ여 바론대로 긔별티 아니ᄒ여 겨옵신가 더욱 민망ᄒᆞ오이다 요ᄉᆞ이나 채 ᄒᆞ려[5] 겨옵시며 진지나 져그나 잡ᄉᆞ오시ᄂᆞ니잇가 죵 두 놈을 날마다 남글 지여 방을 ᄀᆞ장ᄀᆞ장[6] 덥게 ᄒᆞ고 아므 일도 념녀 마ᄅᆞ시고 평안히 몸만 조심ᄒᆞ여 됴리ᄒᆞ쇼셔 다른 일이야 졀로 아니 되오며 내 ᄂᆞ려가 ᄒᆞ다 므어시 그대도록 어렵ᄉᆞ오링잇가 감ᄉᆞ 아주바님 편지예도 술 음식이나 약간 쟝만ᄒ면 관계ᄒ랴 ᄒᆞ여 겨시니 그러 아니ᄒ링잇가 아므리 알ᄒ실 적이라도 모ᄅᆞᄂᆞᆫ 샹인의 약 셩심도 ᄡᅳ디 마ᄅᆞ쇼셔 년곡골 니 졍낭의 아이 담쳔의[7] 긔특ᄒ다[8] 듯고 독고마리 ᄢᅵ ᄒᆞᆫ 줌을 먹고 즉시 주그니 잡약이란 거시 그런 므셥고 놀라온 일 업ᄉᆞ오니 새삼 ᄀᆞ로 즉시[9] ᄇᆞᆯ의나[10] 드리쳐 업시ᄒᆞ쇼셔 쳔만 즉시 업시ᄒᆞ쇼셔 한심ᄒᆞ오이다 ᄌᆞ식은 년목골 상ᄉᆞ로 ᄒᆞ여 초아ᄒᆞ랜날 관쥬인의 집의 왓ᄉᆞ오며[11] 가슴도 긔미 업고 음식 잘 먹ᄉᆞᆸ고 방도 ᄀᆞ장 덥고 편히 잇ᄉᆞ오니 치위를[12] 모ᄅᆞ오며 술히 나아ᄂᆞ는가[13] 시브오니 죠곰 념녀도 마ᄅᆞ시고 어마님 긔운 조심ᄒᆞ옵쇼셔 ᄇᆞ롬 조심ᄒᆞ옵쇼셔 웃 병환은 쾌차ᄒᆞ여[14] 겨시옵고 뎐시 스므ᄒ론날 챵방 스므닷쇈날 뎡ᄒᆞ엿ᄉᆞ오니 그 + 계히 지월 보롬날 ᄌᆞ식 동표 술이*

---

* 金宗澤(1979 : 6)에서는 '계히 지월 보롬날 ᄌᆞ식 동표 술이' 부분을 다음 '27-2번' 편지의 끝 부분에 판독해 두었다.

판독대비

번호	판독자료집	김종택 (1979 : 4~5)
1	초이튼날	초이튼날
2	밧즈와	받즈와
3	극한이옵고	극한이옵고
4	엇다ᄒ옵신고	엇다ᄒ옵신고
5	채 ᄒ려	채ᄒ여
6	ᄀ장ᄀ장	가장
7	담쳔의	담쳔에
8	긔특ᄒ다	기특ᄒ다
9	즉시	〔판독 안 됨〕
10	블의나	불의나
11	왓스오며	왓사오며
12	치위롤	치위를
13	슐히 나아ᄂ가	슐히나 아닌가
14	쾌차ᄒ여	쾌차ᄒ여

진성이씨 이동표가 언간 27-2

〈이동표가-27-2, 1683년, 이동표(아들) → 순천김씨(어머니)〉

판독문

+ 날포[1] 되오면 스므여ᄃ랜날 길 나와 사흘의 튱쥬 가와[2] 계셔 영분ᄒ게 긔별ᄒ엿ᄉ오니 ᄒ ᄅ[3] 디나옵고 ᄯ 사흘이면 집의 드러가올 거시니 이ᄃ리 져근ᄃ 져그면 섯ᄃ 초나흘 닷쇈날 ᄉ이 집의 가올소이다 ᄒ혀 쳔만 요ᅘ으로 ᄯ 장원곳 ᄒ오면 즉시 뎐젹[4] 브티올 거시니 그러옷 ᄒ오면 샤은슉비롤 아조 ᄒ옵고 말미 뎡ᄒ고야 ᄂ려가리라 ᄒ오니 두어 날이나 더 므ᄂ오려니와[5] 사롬이 ᄯ 그리 ᄇ라올잇가 이 장원은 글로도 아니ᄒ여 도토리 만ᄒ오니 내게 오오며 비록 ᄯ ᄒ온들 도로혀 두리온 일이옵 긔[6] 므어시 욕심이 잇ᄉ오링잇가 ᄒ혀 도라가올 날 ᄒ 골소로 마치 긔별ᄒ엿다가[7] 어마님 못 기드려 ᄒ실가 ᄒ여 이 말ᄉᆞ 알외옵ᄂᆞ이다 이번 장원만 ᄒ여도 샹하의 쟈쟈ᄒ여 니ᄅ옵고 비록 이 시졀 사롬이올디라도[8] 모다 거 륵이 니른다 ᄒ오니 내 므슴[9] 사롬이라 이러ᄒ온고 깃브디 아니ᄒ여 너모 놉흔 과거도 ᄇ안ᄒ여[10] ᄒᄂ이다 오슨 놈의 거시 져롤디언뎡[11] 칩게 아니코 잇습더니 원당 동옷 왓습고 튱 쥬셔 듕치막 ᄒ나 명지 여론 바지 ᄒ나 왓ᄉ오니 챵의와 관디ᄂ 관인이 ᄒ오니 아직 졀박ᄒ 거슨 업ᄉ오나 듕치막 져ᄅ거니와[12] 관계ᄒ링잇가 관디ᄂ 쟝니 닙게 ᄒ노라 모사[13] 관디롤 ᄒ옵거니와 프른 관디ᄂ 모쳐 닙고 면시 졔브터 블근 관디 닙ᄉ올 거시나[14] 집□□□[15] □ □□□□[16] 그거시 급ᄒ오이다 두원이ᄂ 구담 가 년ᄒ여 비호고 돌몽이 슬졋다[17] ᄒ오니 더욱 수이 보고져 ᄒᄂ이다 두강이도 즐겨 ᄒᄂ니잇가[18] 고즈들 아희ᄂ[19] 엇지[20] 유무도 아 니ᄒ온고 졔 더 깃거ᄒᄂ[21] 줄 보옵ᄂ 듯ᄒ오이다 그러나 하[22] 깃븐 톄 말라 ᄒ쇼셔 지리ᄒ 여 이만 알외옵ᄂᆞ이다

판독대비

번호	판독자료집	김종택 (1979 : 5~6)
1	날포	날로
2	튱쥬 가와	튱쥬가 와
3	ᄒᆞᄅᆞ	ᄒᆞ루
4	뎐젹	전적
5	ᄆᆞ느오려니와	ᄆᆞ너 오려니와
6	긔	디
7	긔별ᄒᆞ엿다가	긔별하엿다가
8	사ᄅᆞᆷ이올디라도	사ᄅᆞᆷ이 올지라도
9	ᄆᆞ슴	무슴
10	블안ᄒᆞ여	불안ᄒᆞ여
11	져룰디언뎡	져를디언뎡
12	져ᄅᆞ거니와	져라거니와
13	모사	모시
14	닙ᄉᆞ올 거시나	닙ᄉᆞ올거시니
15	집□□□	집으로셔
16	□□ □□□	엇디ᄒᆞ올고
17	돌몽이 슬졋다	돌몽이슬 졋다
18	즐겨 ᄒᆞᄂᆞ니잇가	즐겨ᄒᆞᄂᆞ닝잇가
19	아희ᄂᆞᆫ	아히ᄂᆞᆫ
20	엇지	엇디
21	깃거ᄒᆞᄂᆞᆫ	깃거ᄂᆞᆫ
22	하	〔판독 안 됨〕

진성이씨 이동표가 언간 28

〈이동표가-28, 1677년, 이동표(아들) → 순천김씨(어머니)〉

판독문

+ 오옵든던디 힝혀 왓다가 하인이 사오나와 내게 긔별도 아니ᄒ고 아니 왓다 ᄒ여시면 쳘리예 와습다가 그런 일 업ᄉ올 거시오니 아모리ᄒ 줄 모ᄅ와 답답ᄒ오이다 오록 아ᄌ바님은 괴산 원의게 내 편지ᄒ고 의송 돈돈이 뎌겨 보내여시니 응당이 ᄎᄌ실 듯ᄒᆞᆸ더니마는 엇디ᄒ신디 그도 그 후 긔별은 모ᄅᆞᆯ소이다 가스리 진ᄉᄂᆞᆫ 년ᄒ여 등복 맛나고 ᄂᆞ려가려 ᄒ던 ᄎ의 시ᄋᆡ 시 인마ᄅᆞᆯ 어더 홈ᄭᅴ ᄂᆞ려가오니 즉시 가 뵈옵고 옛 긔별 가 ᄌ세 ᄒ라 ᄒᄂᆞ이다 험셕이ᄂᆞᆫ 여ᄃᆞ래날 챵방ᄒ고 아흐랜날 대궐의 가 샤은슉비ᄅᆞᆯ ᄒ고 그리로셔 댱가ᄅᆞᆯ 가오니 제 동년들이 아ᄂᆞᆫ 사ᄅᆞᆷ은 다 언약ᄒ고 싱원 쟝원 쟝원은 뭇손의 ᄉᆞ촌 쳐남이오매 쟝원이 모든 동년들 거ᄂᆞ리고 위요ᄅᆞᆯ 가려 ᄒᄋ오니 ᄆᆞ든의 챵부들과 온갓 풍뉴들 ᄒ고 위요ᄒ여 가리라 ᄒᄋ오니 그 영화롭기 인간의 ᄀᆞ쟝 드믄 일이오니 더욱 긔특ᄒᄋ오며 모든 지샹들이나 아ᄌ바님 친ᄒ신 관원은 다 둘 보고 뭇ᄌᆞ오니 우연티 아니ᄒᄋ오이다 긔별 ᄌ세 알고쟈 ᄒ실 거시오매 대강 긔별ᄒᄋ옵ᄂᆞ이다 뭇아ᄌ바님 벼슬ᄒ시고 진시올만졍 년ᄒ여 ᄒᄋ오니 그런 다힝ᄒᄋ온 일이 업ᄉ오니 힝혀 텬힝으로 이번 급뎨옷 ᄒᄋ오면 극진홀가 시브오ᄃᆡ 엇디 되올디 ᄒ나 못 ᄒ나 다 하ᄅᆞᆯ히오니 브질업시 기드리디 마ᄋᆞᆸ쇼셔 지리ᄒᄋ와 그치옵ᄂᆞ이다 뎡ᄉ 이월 열엿쇈날 ᄌᆞ식 동표 술이

진성이씨 이동표가 언간 29

〈이동표가-29, 1691년, 이동표(아들) → 순천김씨(어머니)〉

판독문

스므이튼날 하셔롤 권졍즈네 가져와 뎐호옵거놀 긔운 그만호옵신 일 아옵고 못내 깃스와
호오니 읍니 염환이 년호여 알늑다 호오니 극□ □립습고 피우소 갓가오니 혹 아니 통티□
오면 극히 넘녀롭스오며 아직 고뫼 □□□□□마르쇼셔 졈도 호니 □□ 우소□ 튝싱 슐싱
이 넘녀로다 호오□ 브디 조심 조심호옵심 바라옵노이다 □식은 무스히 잇습고 포폄이 요
스이 되□ 못 되나 결단 아오면 열흘 후 보름 □의 노려가리이다 날 덥기야 관계호□□가
다믄 봉마 업스오니 놈의 몰 엇디 □□면 젼례로 나가올 거시니 날 혠 대로 □ 가와도 하
기드리디 마르쇼셔 두강이는 풍산 손이 힘뻐 フ르친다 호오니 잠간 나을가 호노이다 밧브
와 이만 알외오며 몬저 뼛던 슐이도 보내□□이다 아모려나 긔운 조심호시고 피우소 브듸
브듸 조심호시게 긔별호쇼셔 신미 뉵월 초일일 즈식 동표 슐이 늘근 붓 호나 보내노이다

진성이씨 이동표가 언간 30

〈이동표가-30, 1685년, 이동표(아들) → 순천김씨(어머니)〉

판독문

프실셔와 드락바회셔 스리 알외엿스더니 다 보옵시니잇가 떠나오완 디 여러 날 되엿스오니 스모 ㄱ이업스오며 년ㅎ여 사가막골 가 겨셔 긔운이나 평안ㅎ옵시니잇가 아므려나 조심ㅎ옵셔 요스이나 평안히 디나심 브라옵ᄂ이다 즈식은 어제 원당이 드러오와 오늘 쉬여 너일 가려 ㅎ옵거니와 예셔ᄂ 이틀의 셔울 드올 거시오니 ᄒᄅ밤은 이 집 죵이 등노의 잇스오니 그 집의 가 자려 ㅎ옵고 예셔 경쇠롤 제 몰 몰고 가게 ㅎ오매 득길의 몰란 예셔 머기라 ㅎ고 쳥길이롤 ᄂ리화 보내옵고 셕길이만 ᄃ려가오니 도라오올 적은 옛 놈 ᄒ나흘 ᄃ려가올소이다 비로 짐을 보내엿스오매 예셔ᄂ 가진 거시 업습고 아ᄂ 쥬인 들녀 ㅎ오니 넘녀 마ᄅ쇼셔 공셰ᄂ 두 셤을 밧치게 ㅎ옵고 셔울 가 냑식은 쟈근 븍 이제 쟝만ㅎ 량으로 ㅎ오니 아므려나 아니 가 ᄃ녀오오링잇가 아모 일도 근심 마ᄅ쇼셔 아모려나 셔울 가 쉽스오면 졔스 밋쳐 도라가옵기 브라오더 아직 디속은 일뎡 어이 뎡ㅎ오리잇가 몸을 조심조심ㅎ옵쇼셔 밤의란 줌을 평안히 자시고 음식 조심ㅎ옵쇼셔 고뫼 집은 어제 옥산의게 비즈ㅎ여 니이게 ㅎ엿스오니 엿 근녕이 모즈라도 믈 건너 집들히 이시니 니이라 ㅎ엿ᄂ이다 예셔ᄂ 셔울 가신 후의도 병환은 그만ㅎ시다 ㅎ오더 말슴을 못 ㅎ신다 ㅎ오니 그런 일이 업스오나 긔운과 음식은 거의 샹시나 다ᄅ디 아니타 ㅎ오니 괴이ㅎ 병인가 시브오이다 셔울은 대단ㅎ □□며 저희 싸홈은 더욱 □□니와 면신ㅎ기예야 □□오링잇가 □…□ 와습ᄂ이다 을튝 스월 초열ᄒ날 즈식 동표 술이

진성이씨 이동표가 언간 31

〈이동표가-31, 1697년, 이동표(아들) → 순천김씨(어머니)〉

판독문

신흥셔 술이 알외얏ᄉ오더니 보옵시니잇가 사나흘 ᄉ이 긔운 엇더ᄒ옵시며 혼자 엇뎨 디내
시ᄂ니잇가 ᄉ모 넘녀 ᄀ이업ᄉ오며 아모려나 조심ᄒ시고 한ᄃ 나디 마ᄅ시고 건술을 년ᄒ
야 ᄒ야 두고 잡습고 못 미츤 젼은 안술을 년ᄒ야 잡ᄉ오쇼셔 ᄌ식은 무ᄉ히 가오며 어제
비 와도 뎡션 고을홀 디나 평안이라 ᄒ 역의 자옵고 ᄂ일 원쥬롤 들려 ᄒ오니 분지골 가 ᄃ
니고 ᄒ노라 ᄒ오며 여ᄃ래 아ᄒ랜날 ᄉ이 ᄯ여나 도라가올소이다 날란 넘녀 마ᄅ시고 긔운
조심ᄒ옵쇼셔 뎡튝 오월 열나ᄒ날 ᄌ식 동표 술이 두강이ᄂ 그리나 니ᄅ고 비ᄒᄂ니잇가
아모려나 글ᄒ라 ᄒ쇼셔 뭉이도 음식 그ᄅ 머그니이다 방어 복판이 ᄀ장 마시 잇ᄉ오니 그
ᄅ 년ᄒ야 잡ᄉ오시고 양굴를 죽 쑤어 잡ᄉ오쇼셔 은에 강능은 불셔 나셔 관가의 ᄡ다 ᄒ오
니 어더 드리라 ᄒ야 잡ᄉ와 보쇼셔 하인의게도 분부ᄒᄂ이다

진성이씨 이동표가 언간 32

〈이동표가-32, 1693년, 이동표(아들) → 순천김씨(어머니)〉

판독문

이 사룸이 어제 가려 ᄒᆞᆸ거늘 밤의 유무 썻ᄉᆞ오더니 오늘이야 가오매 ᄯᅩ 잠간 알외ᄂᆞ이다 그
제 밤의 벼슬ᄒᆞ야 새배 슉비ᄒᆞ고 탑젼의 입시를 ᄒᆞ오니 미처 사모 아얌을 못 어더 당하관
적 아얌을 쓰ᄋᆞᆸ고 드럿더니 우히 보ᄋᆞᆸ시고 블러 드리ᄋᆞᆸ셔 돈피 사모 아얌을 주ᄋᆞᆸ시니 도승
지 밧ᄌᆞ와 눌근 거스란 벗고 탑젼의셔 새롤 쓰ᄋᆞᆸ고 나오오니 그런 은혜 어이 잇ᄉᆞ오리잇가
모다 니ᄅᆞ기롤 어제 당샹 ᄒᆞ이시고 오늘 아얌 주ᄋᆞᆸ시니 어이 갑ᄉᆞ올고 니ᄅᆞᄂᆞ이다 옥관ᄌᆞ
ᄂᆞᆫ 모다 주려 ᄒᆞ오ᄃᆡ 아직 못 왓고 겹사모 ᄡᆯ은 목 참판이 친히 가지이고 와 주ᄂᆞ이다 알고
져 ᄒᆞ실 거시라 ᄌᆞᆫ말ᄉᆞᆷ 다 알외ᄂᆞ이다 초팔일

진성이씨 이동표가 언간 33

〈이동표가-33, 1677년, 이동표(아들) → 순천김씨(어머니)〉

판독문

녜안의도 도문 날 미리 긔별ᄒᆞ여 겨시니□가 아ᄌᆞ바님네 브ᄃᆡ 나오쇼셔 ᄒᆞ고 원당이 부인 아ᄌᆞ마님도 아ᄌᆞ바님겨셔 가시게 ᄒᆞ라 ᄒᆞ고 셔울셔 긔별ᄒᆞ야 겨시ᄃᆡ 늣거야 긔별ᄒᆞ여 겨시니 일뎡 도문 미처ᄂᆞᆫ 오시 줄 긔필 몯 ᄒᆞ옵거니와 대되 오옵쇼셔 ᄒᆞ고 사ᄅᆞᆷ 보내옵쇼셔 ᄉᆞ촌들이나 다 와 일개 못ᄌᆞ오면 족ᄒᆞ링잇가 둘래 아ᄌᆞ마님은 엇디 아니 오시ᄂᆞ니잇가 그런 서운ᄒᆞ온 일 업ᄉᆞ오며 풍산 아ᄌᆞ마님겨옵셔나 와 겨시니잇가 혹 아니 와 겨시면 들셩은 멀고 칩ᄉᆞ오니 긔별도 몯 ᄒᆞ오렁니와 풍산으란 사ᄅᆞᆷ 년ᄒᆞ여 보내여 브ᄃᆡ브ᄃᆡ 오시게 ᄒᆞ옵고 구담도 대되 다 오시게 ᄒᆞ옵쇼셔 하회 누의님도 오시ᄂᆞ니잇가 브ᄃᆡ브ᄃᆡ 담바회나 못뒤나 다 사ᄅᆞᆷ 여러 적 보내쇼셔 셔울 역질이 만히 잇ᄉᆞ오니 이리 오와도 ᄆᆞ음 노히디 아니ᄒᆞ오니 여러 고대나 두르 ᄃᆞᆫ녀가오려니와 이 편지나 가ᄂᆞᆫ 거시나 즉시 말고 어ᄃᆡ 둣다가 보옵쇼셔 게도 근쳐의 어ᄃᆡ 어ᄃᆡ 드럿ᄂᆞ니잇가 아므려나 이ᄉᆞ이나 무ᄉᆞᄒᆞ기 ᄇᆞ라오며 미처 보와 경연톄로 술잔이나 ᄒᆞ옵고져 ᄒᆞ오니 그ᄢᅢ에 승지 아ᄌᆞ바님 벼슬곳 ᄀᆞᄅᆞ시면 ᄂᆞ려오고져 ᄒᆞ시니 그 유심도 ᄒᆞ여야 ᄒᆞ올소이다 이번도 챵방 날과 샤은 날 아ᄌᆞ바님 ᄃᆞ리시고 대궐의 드러가 겨셔 ᄯᅩ ᄃᆞ리고 나오시며 직샹들 집의 다 ᄃᆞ리고 가시니 그 영힝이 극ᄒᆞ오며 져자 사ᄅᆞᆷ 다 니ᄅᆞ오니 비록 쇼패올디라도 아ᄌᆞ바님 그리 셔울 겨신 제 ᄒᆞ온 일 다힝ᄒᆞ더이다 이 대구ᄲᅳᆨ 우흐로셔 술 머기실 적 주신 대귀오니 어마님ᄭᅴ 드리려 ᄒᆞ고 가져오옵더니 문져 보내ᄂᆞ이다 샤은 날 주신 거슨 ᄒᆞᆫ나히 +

진성이씨 이동표가 언간 34

⟨이동표가-34, 1693년, 이동표(아들) → 순천김씨(어머니)⟩

판독문

당상ᄒ온 후의는 ᄒ 둘이나 ᄃᆞ니옵고 샹소나 ᄒᆞ야 걸군을 ᄒᆞ올 거시옵고 그리 아니라도 당샹 벼슬이 젹ᅀᆞᆸ고 당샹ᄒᆞᆫ 사ᄅᆞᆷ은 만ᄒᆞ오매 원이나 ᄒᆞ옵기도 쉬우리라 ᄒᆞ오니 더욱 어마님 뫼옵고 두어 ᄒᆡ나 가 잇ᄉᆞ올가 다ᄒᆡᆼᄒᆞ오며 아모려나 아니 디내올 거시 아니오니 아모 일도 걱졍 마ᄅᆞ시고 ᄆᆞᄋᆞᆷ을 평안히 디내쇼셔 나라 은혜 이러ᄒᆞ시니 즉시 가옵기ᄅᆞᆯ 못 ᄒᆞ오니 이 둘이나 ᄃᆞ니옵고 보와 원을 아니 ᄒᆞ와도 닉월 초성의나 ᄂᆞ려가오리잇가 깃거ᄒᆞ옵시는 일을 즉시 가 못 보오니 애둛ᄉᆞ오이다 시방 응교로 홍문관의 번을 드럿ᅀᆞᆸ다가 오늘은 인ᄒᆞ야 옥당의셔 자오며 구담 졍ᄌᆞ가 주셔로 잇ᄉᆞᆸ다가 시방 ᄒᆞᆫ듸 왓ᄉᆞ오니 든든ᄒᆞ기+

진성이씨 이동표가 언간 35

〈이동표가-35, 1683~1698년, 이동표(남편) → 안동권씨(아내)〉

판독문

두 적 편지 다 극히 밧봐 ᄒ 자도 못 뎍그니 ᄒᄒ니 년ᄒ여 어마님 긔운 엇다ᄒ옵시며 사기 막골 그날 무스히 가 겨신가 나는 무스히 원당ᄀ지는 와시며 ᄒᄅ 쉬여 니일 나면 모리 셔울 들려 ᄒ니 그리 혼자 잇기롤 민망ᄒ여 ᄒ더니 맛질의 못 가는가 아직 거긔 이셔도 못 홀 일 업고 고뫼도 집을 풍산 손드려 보와 니여 달라 ᄒ여시니 니인 휘면 므스 일 못 이시며 아직 초당의 한듸라 타 못 이실가 혹 ᄒ듸 들거든 아ᄒᆡ들 방 더러이디 말고 조심ᄒ소 나록 ᄲᅵ들을 즉시 주어 급급히 모흘 믈 이신 제 브으라 ᄒ고 느즌 나록으란 일졀 말게 ᄒ소 ᄀᄆᆯ 긔미 이시니 믈들 이신 제 ᄀ장 믈 질긘 듸 모흘 브으라 ᄒ소 분션이 병 채 ᄒ리디 못ᄒ여시면 득길이나 긔동쇠나 눔의 소를 어더 논 갈라 혼다 ᄒ고 시기소 누록 ᄒ나히 아니 와시니 거긔 둘흘 두엇는가 도라갈 믈이예 됴흔 술을 ᄒ여 두고 기드리소 쓸 거슨 하 업거든 진보 조흘 시러다가 들덕의 노화 쓰게 ᄒ려니와 믈을 어이홀고 옛 병환은 셔울 가 겨셔 음식과 긔운은 그리 패티 아냐 겨시고 니러도 ᄃ니신가 ᄒ되 말솜은 못 ᄒ시나 그런 일이 업는가 시븨 고작골도 평안ᄒ시다 ᄒ니 초열흔날 군측

진성이씨 이동표가 언간 36

⟨이동표가-36, 1684~1700년, 이동표(적자) → 미상(서모)⟩

판독문

> 셔모 젼 답상장

혹 인편 이셔도 여러 곳 답쟝[1] 골몰ᄒ여 유모 못 ᄒᆞ옵고 미일 훈훈ᄒᆞ옵더니 유모 보옵고 내내 그만ᄒ시니 깃브오나 무슨 츈양을 그리 오래 가 ᄂᆞ려[2] 아니 오옵* 아모리 죡숀 업다 ᄒᆞᆫ들 눔의 소견은 바히 아니 보옵 츈양집 혹 병이나 든 적은 겻ᄒ셔 왕ᄂᆡ ᄒᆞ인 보기 고이치 아니 ᄒ거니와 병 업슨 적조쳐 샹해 ᄇᆞ라코 어이 잇숍 부디부디 ᄂᆞ려오시옵 게는 삼샹 어너덧 지내고 그 숀 당가드다 ᄒ니 굿븐 즁 긔특 든든ᄒᆞ옵 나는 대단 병은 업ᄉ오나 다 늘근 사ᄅᆞᆷ 되여 눈이 채 어두어 답답ᄒ고 귀밋치 셰니 인간이 져근덧이더 이리 굿겨 도라갈 긔약 업업스니 도로혀 가련ᄒᆞ옵 심난 그치옵 내내 편안ᄒ시고 수이 집으로 ᄂᆞ려가시옵 지월 넘ᄉ일 덕ᄌᆞ식 샹장

판독대비

번호	판독자료집	김종택 (1979 : 6)
1	답쟝	갈람
2	ᄂᆞ려	나려

....

* 이 이하 '아모리'부터 편지 끝 부분의 '가련ᄒᆞ옵'까지, 그리고 맨 끝의 '덕ᄌᆞ식 샹장' 부분은 金宗澤(1979)에서 판독되지 않았다.

진성이씨 이동표가 언간 37

〈이동표가-37, 1691년, 이동표(아들) → 순천김씨(어머니)〉

판독문

앗가 셕쟝 하인 가옵거눌 술이 알외얏숩더니 쏘 통명역 하인 북경 갓다가 도라가옵거눌 대
권의 드러왓ㅅ와 잠간 알외ᄂᆞ이다 긔운이나 평안ᄒᆞ옵시고 대도 무ᄉᆞᄒᆞ오니잇가 졔쳔 ᄠᅥ나
온 후의 긔별 모ᄅᆞ오니 답답 념녀 ᄀᆞ이업ᄉᆞ오며 아모려나 긔운 조심ᄒᆞ옵심 쳔만 ᄇᆞ라옵ᄂᆞ
이다 ᄌᆞ식은 무ᄉᆞ히 ᄃᆞ니오며 오온 후의 아뫼 와 보와도 회샤도 아니ᄒᆞ고 츌입 아니 ᄒᆞ옵더
니 졍언 둘히 다 업기에 딕간 계ᄉᆞ ᄒᆞᄂᆞ니ᄒᆞ고 대궐을 날마다 드러오오더 쥬인 대궐 겻치기
에 다ᄒᆡᆼᄒᆞ오이다 급뎨ᄒᆞᆫ 사ᄅᆞᆷ들 어제 좌ᄎᆞ 뎐시 보와 시방 방이 나오더 쟝원은 쳐엄 ᄒᆞ얏던
사ᄅᆞᆷ 젼라도 사ᄅᆞᆷ ᄒᆞ엿ᄂᆞ이다 션달 둘이 스므아흐랜날 ᄉᆞ이 가올 거시니 그졔 쏘 술이 알외
리이다 셕쟝 가올 졔 눌근 바지 뵈보 앗질 가는 젼지봉 넷 흔디 봉ᄒᆞ여 보내엿ᄉᆞ오니 ᄌᆞ셰
ᄎᆞᄌᆞ쇼셔 문졔 편지예 다 ᄒᆞ여시매 밧ᄇᆞ와 이만 알외ᄂᆞ이다 아모려나 긔운 조심ᄒᆞ시고 원
쥬나 가 ᄲᆞᆯ말이나 어더 오와든 두시고 술이나 ᄒᆞ여 년하여 잡ᄉᆞ오쇼셔 ᄌᆞ식은 념녀 마ᄅᆞ쇼
셔 신미 삼월 스므사흔날 ᄌᆞ식 동표 술이

● 나주임씨가 『임창계선생묵보국자내간』 언간 ●

18건

■ 대상 언간

나주임씨(羅州林氏) 집안에 전하는 한글편지첩 2첩 가운데, 창계(滄溪) 임영(林泳, 1649~1696)이 쓴 편지를 모아 만든 편지첩『林滄溪先生墨寶國字內簡』에 수록된 한글편지 18건을 이른다.

■ 언간 명칭 : 나주임씨가『임창계선생묵보국자내간』언간

한국학중앙연구원 편(2005a, b)에서 소개되면서 나주임씨(羅州林氏) 집안의 다른 편지첩(『叢巖公手墨內簡』)에 수록된 편지들과 더불어 '나주임씨 간찰'로 명명되었다. 이 판독자료집에서는 첩명(帖名)을 드러내어 '나주임씨가『임창계선생묵보국자내간』언간'으로 명칭을 조정하고, 출전 제시의 편의상 약칭이 필요할 경우에는 '창계'를 사용하였다.

■ 언간 수량 : 18건

『임창계선생묵보국자내간』에 수록된 한글편지는 총 18건이다. 한국학중앙연구원 편(2005a)에서는 편지 번호 없이 수록하였으나 이 판독자료집에서는 첩에 수록된 순서에 따라 01~18의 편지 번호를 새로 부여하여 수록하였다.

■ 원문 판독

성균관대학교 大東文化硏究院(1994)에서 훼손이 심한 4건(06, 09, 11, 16번)과 발신자가 분명하지 않았던 1건(18번)을 제외하고 나머지 13건에 대한 영인 자료와 판독문을 처음 제시하였다. 이후 편지를 본격적으로 소개한 한국학중앙연구원 편(2005a, b)에서는 기존의 13건을 포함하여『임창계선생묵보국자내간』에 수록된 전체 18건의 원본 영인(흑백)과 판독문을 제시하였다. 이 판독자료집에서는 성균관대학교 대동문화연구원(1994)과 한국학중앙연구원 편(2005a)에서 이루어진 판독 사항과 대비하여 차이가 있는 부분을 표로 제시하고 판독 결과를 대조해 보는 데 도움이 될 수 있도록 하였다.

■ 발신자와 수신자

『임창계선생묵보국자내간』은 임영이 쓴 한글편지를 모은 것이므로 여기에 수록된 편지의 발신자는 모두 임영이다. 수신자는 18건 가운데 막내 누나 조 서방댁(趙衡輔의 처)을 수신자로 한 편지가 03~17번까지 15건으로 가장 많다. 이 가운데 08번, 16번은 수신자가 명확히 제시되어 있지 않지만 편지의 내용을 고려할 때 다른 편지와 같이 막내 누나에게 보낸 것으로 추정된다. 이외에 01번, 02번 2건은 임영(아들)이 어머니 임천조씨(林川趙氏, 1626~1683)에게 보낸 것이고, 마지막 18번 1건은 조카[姪女]에게 보낸 것이다. 18번 편지는 임영이 누나에게 편지를 받고 세월이 지나 그 누나의 딸에게 당시의 편지를 동봉하여 보낸 편지로 추정된다(한국학중앙연구원 편, 2005a : 46).

■ 작성 시기

총 18건 가운데 01~05번, 07번의 6건은 편지 속에 연기(年記)가 나와 발신 연도를 분명히 알 수 있다. 연기에 따르면 01~02번은 1682년, 03~04번은 1684년, 05번은 1685년, 07번은 1691년에 각각 작성된 것이다. 나머지 12건의 편지는 연기(年記)가 없어 발신 연도를 정확히 알 수 없지만 발신자 임영의 생몰년을 고려할 때 작성 시기를 일단 1649~1696년 사이로 추정할 수 있다. 이 판독자료집에서는 대체로 한국학중앙연구원 편(2005a)에서 추정된 작성 시기를 따르되 단순히 '1695년 이전'으로 밝힌 부분은 발신자의 생몰년에 따라 '1649~1696년'으로 수정하여 제시하였다.

■ 자료 가치

수록된 언간의 수는 18건으로 그다지 많지 않으나 발수신자가 분명하고 작성 시기가 비교적 이른 17세기 후반의 국어사를 연구하는 자료로서 그 가치가 높다. 특히 언간 자료에는 남동생이 누나에게 보낸 편지가 매우 희소한데 이 편지는 남동생이 누나에게 보낸 편지가 집중되어 있어 그 가치가 남다르다고 할 수 있다. 편지에 쓰인 서체는 한글 서체의 발달을 연구하는 서예사(書藝史) 자료가 될 수 있으며, 편지 속에 담긴 내용은 생활사(生活史), 여성사(女性史), 민속사(民俗史) 등 다양한 분야의 연구 자료가 될 수 있다.

자료의 서지 사항에 대해서는 한국학중앙연구원 편(2005a : 44~47)의 해제를 참조할 수 있다.

원본 사항

- 소장처 : 개인 소장(임형택)
- 마이크로필름 : 한국학중앙연구원(MF 35-10447)
- 크기 : 34.0×54.0cm(01번) 등 ※ 첩의 크기 : 45.2×33.5cm

판독 사항

成均館大學校 大東文化研究院(1994), 『滄溪集』, 成均館大學校 出版部. ※ 훼손이 심한 5건을 제외하고 13건만 판독

한국학중앙연구원 편(2005a), 『조선 후기 한글 간찰(언간)의 역주 연구 3』, 태학사. ※ 18건 모두 판독

영인 사항

成均館大學校 大東文化研究院(1994), 『滄溪集』, 成均館大學校 出版部. ※ 13건 영인

한국학중앙연구원 편(2005b), 『조선 후기 한글 간찰(언간) 영인본 1』, 태학사. ※ 18건 영인

참고 논저

박병천・정복동・황문환(2012), 『조선시대 한글편지 서체자전』, 한국학중앙연구원 어문생활사연구소, 다운샘.

박정숙(2013), 「실천의 지식을 지향한 창계 임영의 생애와 글씨 세계」, 『月刊書藝』 3월호, 미술문화원, 118~121쪽.

成均館大學校 大東文化研究院(1994), 『滄溪集』, 成均館大學校 出版部.

한국학중앙연구원 편(2005a), 『조선 후기 한글 간찰(언간)의 역주 연구 3』, 태학사.

한국학중앙연구원 편(2005b), 『조선 후기 한글 간찰(언간) 영인본 1』, 태학사.

황문환(2010), 「조선시대 언간 자료의 현황과 특성」, 『국어사 연구』 10호, 국어사학회, 73~131쪽.

나주임씨가 『임창계선생묵보국자내간』 언간 01

〈창계-01, 1682년, 임영(아들) → 임천조씨(어머니)〉

판독문

ᄒᆞᆫ 번 편지ᄒᆞ온 후 일졀 왕ᄂᆡ 업ᄉᆞ와 다시 쇼식을 통티 못ᄒᆞ오니 섭섭 답답ᄒᆞ옴[1] ᄀᆞ이업ᄉᆞ오며 몽치 올 제과 형님 힝듕의[2] 년ᄒᆞ여 하셔ᄂᆞᆫ ᄌᆞ시 보ᄋᆞᆸ고 못내[3] 든든 반갑ᄉᆞᆸ더이다 이ᄣᅢ 긔후 대되 엇더ᄒᆞᄋᆞᆸ시니잇가[4] ᄌᆞᄂᆞᆫ 계유 무ᄉᆞ히 잇ᄉᆞ오나 여섯 번 슈망의[5] 낙뎜을 죵시 아니ᄒᆞ시니 각별 대단히 오지ᄒᆞᆫ 일 업시 그러ᄒᆞ오니 ᄂᆞᆷ 대되[6] 고이히 너기ᄋᆞᆸ 마치 ᄂᆞ려가려키예 혹 아르시고 ᄆᆡ이 너기시ᄂᆞᆫ가 의심이 잇ᄉᆞ오나 어이 짐쟉으로 아오리잇가 대경의 몰도병 드럿고 급급히 말ᄆᆡᄒᆞ기도[7] 엇더구러 ᄒᆞ오니 서로 슈원 형님과 동힝ᄒᆞ여 가올가 시브ᄋᆞᆸ 붓골은 피졉은 즉시 낫ᄉᆞ오나 난 집도 오래 못 이실 집이니 엇딜고 ᄒᆞᄋᆞᆸ 잇다감 가 보기ᄂᆞᆫ[8] 보ᄋᆞᆸ거니와[9] ᄌᆞ연 ᄌᆞᆺ기 쉽디 아니ᄒᆞᄋᆞᆸ 계예ᄂᆞᆫ[10] 어마님 편지를[11] ᄎᆞ고 ᄃᆞᆫ니니 졍이 업디 아닌가 긔특ᄒᆞᄋᆞᆸ 곳츤 ᄇᆞᆯ셔 다 뎌실 거시니 그런 애ᄃᆞᆲᄉᆞ온 일이 업ᄉᆞᆸ 반찬을 엇디ᄒᆞ시ᄂᆞᆫ고 뉴의[12] 념녀롭ᄉᆞᆸ 마ᄌᆞᆷ 뎐뎐[13] 사ᄅᆞᆷ 가올ᄉᆡ[14] 잠 알외ᄋᆞᆸ 아마도 긔운 평안ᄒᆞᄋᆞᆸ심 ᄇᆞ라ᄋᆞᆸᄂᆞ이다 임슐 삼월 이십일 야 ᄌᆞ 영 술이[15]

판독대비

번호	판독자료집	대동문화연구원 (1994 : 617)	한국학중앙연구원 편 (2005a : 334~336)
1	섭섭 답답ㅎ옴	섭섭답답ㅎ옴	-
2	힝듕이	힝듕의	-
3	못내	못닉	-
4	엇더ㅎ옵시니잇가	엇더ㅎ옵시나잇가	-
5	슈망의	-	슈망이
6	눕 대되	눕대되	-
7	말미ㅎ기도	말믜ㅎ기도	-
8	가 보기는	가보시는	-
9	보옵거니와	브로거니와	-
10	계예는	-	겨예는
11	편지를	-	편지롤
12	뉴의	누의	-
13	넘녀룹습 마줌 면면	넘녀를 술마 줌 덤덤	-
14	가올시	가슬 씌	-
15	술이	살이	-

나주임씨가 『임창계선생묵보국자내간』 언간 02

〈창계-02, 1682년, 임영(아들) → 임천조씨(어머니)〉

판독문

슈원 형님 오옵는 디 하셔 밧ᄌ와 못내 알외오며 됴 셔방집 말 드르니 긔운이 평안티 못ᄒ 신 디 잇는가 시브오디 아니 긔별ᄒ여 겨옵시니 답답ᄒ옵 ᄌ는 전후 아홉 번 슈망의[1] 낙뎜 을 아니ᄒ시니 황공은 ᄒ옵거니와 오래 이셔도 마치 아모리ᄒ여 그리ᄒ시는 줄은[2] 알 길히 업습고 본디[3] 쉬이 가오려 ᄒ엿다가 ᄯᅩ 오래 머므오면 그ᄉ이 ᄯᅩ 아모 난편ᄒ 일이 이실 줄[4] 아디 못ᄒ오니 아흐랜[5] 말믜 바다셔 열이튼날 길 나랴 ᄒ옵ᄂ니이다[6] 여라 가지로 혜고 싱각ᄒ옵는 일이니 그르디 아닐 법 잇ᄉᆞᆸᄂᆞ니이다 츈당디ᄂ 과연 넘젼으로 ᄒ게 ᄒ엿ᄉ오니 즉시 대경의게 긔별ᄒ엿더니 오늘 드러오노라 ᄒ엿습 글 쓰리는 쥬션ᄒ여 보오려니와[7] 엇 기 쉽디 아닐가 시브니 겨시옵[8] 됴 셔방집은 요ᄉ이는 이리 와 이시니 든든ᄒ옵[9] 아마도 긔 운 평안ᄒ옵심[10] ᄇᆞ라옵ᄂᆞ이다[11] 임슐 ᄉ월 초늬일 ᄌᆞ 영 술이

판독대비

번호	판독자료집	대동문화연구원 (1994 : 618)	한국학중앙연구원 편 (2005a : 339~340)
1	슈망의	–	슈망이
2	줄은	쥴은	–
3	본디	본듸	–
4	아모 난편ᄒ 일이 이실 줄	아모난 편홀 일이 이실쥴	–
5	아흐랜	아흐랫	–
6	ᄒ옵ᄂ이다	ᄒ옵는이다	–
7	쥬션ᄒ여 보오려니와	주션ᄒ여 보려니와	–
8	겨시옵	게시옵	–
9	든든ᄒ옵	든든하옵	–
10	평안ᄒ옵심	평안 ᄒ옵심	–
11	ᄇᆞ라옵ᄂᆞ이다	ᄇᆞ라옵니이다	–

나주임씨가 『임창계선생묵보국자내간』 언간 03

〈창계-03, 1683년, 임영(남동생) → 나주임씨(막내누나)〉

판독문

오는 날 편지 볼셔 보완 디 오란가 ᄒᆞ며 이리 온 후는 부예 긔별도 ᄒᆞᆫ 번도 못 드르시니 더옥[1] 겟 긔별이야 어이 드를 길히 이실고 아ᄋ라히 싱각쑌이며[2] 나는 이 스므ᄒᆞᄅ날이야 산소의 드러오니 셜온 졍스를[3] 어이 형용ᄒᆞ여 니를고 쇽졀업스나 그려도 ᄆᆞ음의 든든ᄒᆞ여 잇니 셕믈은[4] 망뒤과 계졀과[5] 샹돌을 다 시작ᄒᆞ여 ᄒᆞ랴 ᄒᆞ니 역시 젹디 아니코 한아바님 계졀도 셕믈이[6] 미비ᄒᆞ매[7] 그도 ᄒᆞ랴 ᄒᆞ고 부예셔 가져온 샹돌이 됴티 아니ᄒᆞ매 예셔 고티랴 ᄒᆞ니 구월 니로 필역을 밋디 못ᄒᆞ니 아직 힝긔[8] 디속을 뎡티 못홀쇠 진ᄉᆞ는 아바님 힝차[9] 뎌셔[10] 아니 ᄯᅥ나겨신 ᄢᅦ[11] 밋쳐 가랴키예 수이 도라가니 심ᄉᆞᄅᆞᆯ 더옥[12] 뎡티 못홀쇠 박뫼셔는 사ᄅᆞ미[13] ᄌᆞ조 ᄃᆞ니 퍽 든든히 누의님은 넌졔 미쳐 ᄂᆞ려오려거니와 그ᄢᅢ[14] 마ᄌᆞᆷ 더브러 ᄃᆞ니리나 이실가 아디 못ᄒᆞ니 힝혀 혬과 달나 만나기 쉽디 아닐가 넘녀ᄒᆞ니 경여는 글을 이제나[15] 챡실이[16] 시쟉ᄒᆞ연가[17] 올 ᄣᅢ[18] 감ᄉᆞ가[19] 미리 사ᄅᆞᆷ 브려 힝긔을 알어셔 슘녜로 나와 보고 안흐로셔 반찬도 ᄒᆞ여 보내여시니[20] 관곡ᄒᆞᆫ 사ᄅᆞ미며 거번 됴셩긔 ᄣᅦ게 편지는 즉시 뎐ᄒᆞ여시려니와 일뎡 니편ᄒᆞ여[21] ᄒᆞᆯ 거시니 고되 만히 샹ᄒᆞᆫ가 ᄒᆞ니[22] 나는 음식은 집이예셔는 낫게 먹오되[23] 긔운이 심히 곤ᄒᆞ여 민망히 ᄉᆞ연[24] 다 못 뎍어 이만 계ᄒᆡ 팔월 초일일 동싱[25] 샹인 영[26] 임셩의게 술이는 바다 가닉

판독대비

번호	판독자료집	대동문화연구원 (1994 : 619)	한국학중앙연구원 편 (2005a : 343~346)
1	더옥	더욱	-
2	싱각쑨이며	싱각뿐이며	-
3	셜온 졍亽를	셜은 졍사를	-
4	셕믈은	셕물은	-
5	계졀과	계졀과	-
6	셕믈이	셕물이	-
7	미비ㅎ매	미비ㅎ여	미비ㅎ여
8	힝긔	힝기	-
9	힝차	힝츳	행차
10	뎨셔	뎨셔	-
11	째	씨	-
12	더옥	더욱	더욱
13	사롬이	사람이	-
14	그째	그씨	-
15	이졔나	이졔나	-
16	챡실이	착실이	-
17	시쟉ㅎ연가	시작ㅎ연가	시작ㅎ연가
18	올 째	올 씨	-
19	감시가	-	감시 가
20	보내여시니	보니여셔니	-
21	일뎡 니편ㅎ여	일뎡의 편ㅎ여	-
22	샹훈가 ㅎ니	샹훈가 ㅎ뇌	-
23	먹오되	먹으되	먹으되
24	亽연	사연	-
25	동싱	-	동생
26	영		녕

나주임씨가 『임창계선생묵보국자내간』 언간 04

〈창계-04, 1684년, 임영(남동생) → 나주임씨(막내누나)〉

판독문

함평셔 뎐뎐으로 편지 어더 보고 이리 와셔 쏘 편지 보니 든든ᄒ며 우리ᄂ 발인 장ᄉᄂᄂ 무

스히 디내고 이 보롬날 룡담으로 드러왓ᄂ니 범ᄉᄅᆯ 감ᄉ 극진극진이 ᄒ니 젼년이예셔[1] 더욱

ᄀᆺ좁게 디내고 광듕 토식도[2] 져년이나 다ᄅᆮ디 아니ᄒ니 다힝ᄒᆫ데[3] 내 병은 쳣 싱각익[4] 응당

못 견ᄃᆯ가[5] ᄒ더니 년ᄒ여 약도 먹고 과도히 됴리ᄒ기에 무ᄉ히 디내여 나니 그런 의외 일

이 업ᄂ니[6] 이제ᄂ 셕[7] 나은 듯ᄒ나 잠간 ᄒ여도 병근이 잇기예 긔운이 오르니 민망ᄒ나 미리

아라 됴리ᄒ면 그리 대단히 국기ᄃ[8] 아닐쇠 예ᄂ 범ᄉ 셔어ᄂ ᄒ되 뫼히 깁고 집압회 큰 믈

이[9] 둘넛고 ᄀ장 유벽ᄒ니 평시예[10] 뫼셔 왓던ᄃᆯ 이도 됴ᄒᆫ 짜히런가[11] 시브나 쇼졀 이실가

잡손 업고 약지도 향지 토산은 흔ᄒ니 됴병의ᄂ 므던ᄒ나 ᄂᆔ의[12] 졔ᄉ의도 반찬이 극난ᄒ고

식되 ᄀ장 어려우니 ᄀ을노 나쥐로 느리고져 ᄒ나 그도 아직 채 뎡티 못ᄒ엿ᄂ 소셜은 ᄉᆼ힝

의 쇼식이 됴ᄒᆫ가 시브니 이제ᄂ 인심이 퍽 딘뎐ᄒ연가[13] ᄒ니 이제도 이만 편지 쓰기가 퍽

슈고로와 긔운이 오ᄅᆯ 듯ᄒ니 민망히 이러ᄒ여 녀ᄂ 곳 편지ᄂ 못ᄒ니 경예ᄂ 년ᄒ여 글 닑

고 셩ᄒᆫ가 산치가 두룹 승엄초[14] ᄒ 됴ᄒ니 누의님 싱각ᄒ니 당□□□□□[15]엿 약□□□[16]

더 쓰고져[17] ᄒ면 긔별ᄒ소 다만 슈원 형님 편지 가기 보내기[18] 어려올가 시ᄇ 세 집이 □□

□졉ᄒᆯ ᄃᆡ[19] 어더 이시니 도로혀 죵용은 ᄒᆫ가 시ᄇ 싱동셔[20] 응당 내 쇼식를[21] 알고져 ᄒᆯ 거

시니 무ᄉ히 왕환ᄒᆫ 줄 긔별ᄒ소[22] 밧바 이만 갑ᄌ 삼월 념일 동ᄉᆼ ᄉᆼ인 영

판독대비

번호	판독자료집	대동문화연구원 (1994 : 620)	한국학중앙연구원 편 (2005a : 349~352)
1	젼년이예셔	젼뎐이 예셔	–
2	토식도	토식도	토식도
3	다힝ᄒ데	다힝ᄒ에	–
4	싱각이	싱각의	–
5	못 견딀가	못견딜가	–
6	업닉	업시	–
7	석	퍽	퍽
8	국기든	–	굿기든
9	믈이	물이	–
10	평시예	–	평시에
11	싸히런가	싸히던가	–
12	뉴의	누의	–
13	딘뎐ᄒ연가	긘덕ᄒ연가	–
14	승엄초	승임초	–
15	당□□□□□	당□□□□	당□□□□
16	엿 약□□□	엿 약□□	엿약□□□
17	쓰고져	–	쓴고져
18	다만 슈원 형님 편지 가기 보내기	다만 〔판독 안 됨〕 보닉기	다만 슈원 형님 편지 가녀 보내기
19	□□□졉홀 디	가 □□□졉홀디	□□□졉홀 디
20	싱동셔	성동셔	신동셔
21	응당 내 쇼식를	숑당내 쇼식을	–
22	긔별ᄒ소	긔별ᄒ고	긔별ᄒ오

나주임씨가 『임창계선생묵보국자내간』 언간 05

〈창계-05, 1685년, 임영(남동생) → 나주임씨(막내누나)〉

판독문

고을 니힝에 편지 어더 보고 스연 즈시 알고 못내 든든ᄒ며 나는 면죵으로 날포 굿기더니
이제는 다 ᄒ렷니 도튱이 볼셔 산소의 둔녀와시매 나는 형님ᄒ고 오늘 길 나 산소로 가니
그믐 젼으로 도라올가 시븨 젼의 팔월 초싱 난[1] 편지예 됴보을 ᄒᆞᆫ디 봉ᄒ엿던가 편지만 뎐
ᄒ고 됴보는 아니 뎐ᄒ고 열이튼날 난[2] 편지과 됴보는 원 아니 왓거늘 구관 희유 하인 오는
디 ᄒᆞᆫ 편지 본 후 ᄎᆞᄌᆞ니 처엄 보낸 됴보과[3] 열이튼날 보내 됴보을 ᄎᆞᄌᆞ[4] 보니고[5] 열이틀
날[6] 편지는 죵시 못 어더 보니 므슴 번거ᄒᆞᆫ 말이나 잇던가 편지 뎐키가 ᄒ 셩실티 아니ᄒ니
그런 민망이 업니 겨울히 ᄂᆞ려오려 ᄒ면 아모려나[7] 인마 두 필과 죠림 솔권ᄒᆞ여[8] 보냄새 자
니 편지 보고 블고만스ᄒ고[9] 가련노라 ᄒ니[10] 초상브터 ᄒᆞᆫ번 졔스의[11] 참예티 못ᄒ여시니[12]
오랴 ᄒ는 거시 인졍 텬리예 응당ᄒᆞᆫ 일이니 엇던 그리 바히 못 가리라 막막이 말오실고[13]
하 어려워 말고 죵용이 술와셔 명ᄒ 허락 밧ᄌ온 후 즉시 긔별ᄒ소[14] 나는 요스스이 ᄯᅩ 고
봉 절뎡의[15] 새 터흘 어덧더니 누의님 말도 뉴리ᄒ나[16] 굿ᄒ여 미양[17] 그러랴 ᄒ니 시방 길
출혀 시방 나매[18] 총총ᄒ여 이만 아마도 평안 평안히 잇소 을튝 구월 초뉵일 동싱 상인 영

판독대비

번호	판독자료집	대동문화연구원 (1994 : 621)	한국학중앙연구원 편 (2005a : 355~356)
1	난	간	-
2	난	간	-
3	됴보과	됴보라	-
4	츳자	-	츳차
5	보닉고	보내고	-
6	열이틀날	그 열이튼날	열 이틀날
7	아모려나	아므려나	아므려나
8	죠림 솔권ᄒ여	죠림 솔권 ᄒ여	포립을 겸ᄒ여
9	블고만ᄉᄒ고	불고만ᄉᄒ고	부고만 ᄉᄒ고
10	ᄒ뇌	ᄒ뇌	-
11	졔ᄉ의	졔사의	-
12	못ᄒ여시니	못하여시니	-
13	말오실고	막으실고	-
14	긔별ᄒ소	-	긔별ᄒ오
15	고봉 절뎡의	고분절뎡의	고봉절뎡의
16	뉴리ᄒ나	유리ᄒ나	-
17	미양	뫼양	-
18	나매	나며	-

〈창계-06, 1683~1686년, 임영(남동생) → 나주임씨(막내누나)〉

판독문

> 누의님 젼 답소샹
> 됴 셔방 딕

몽필[1] 부예□□오나눌[2] 칠□□□[3] 편지 보고 못내 든든ᄒᆞ나 곽난 듕 □□□낸가 시브니 놀
납고 ᄆᆞ음 궂브며 □예[4] 니질 그저 채 ᄒᆞ리디 못ᄒᆞ엿눈가 □브니[5] ᄀᆞ장 념녀ᄒᆞ니 나눈 시방
□□으로[6] 머므니 시월 초성이면 □□□고[7] 도라갈가 시븨 인녁이 하□□□□[8] 어궁히[9] 비
록 산소 위ᄒᆞ온 일□□□히[10] 안심티 아니히 이둘 초성 □□□[11] 아바님 힝ᄎᆞ 도라가실 제
편지 잠 브□□더니[12] 본가 냥 셔방집도 올나가랴 □□니[13] 누의님도 ᄂᆞ려와셔 ᄒᆞᆫ ᄉᆞ이나[14]
동싱덜ᄀᆞ지나 모들가 ᄇᆞ라나 셜온 고븨는[15] 더옥 ᄀᆞ이업술가 ᄒᆞ니 산소의 돌포[16] 이시니 아
쇠온 ᄆᆞ음의 퍽 □□ᄒᆞ나[17] 아마도 ᄆᆞ음을 위로홀 길히 □고[18] 이히도 다 진ᄒᆞ여 가니 그립
고 셜□ 못[19] 견딜쇠 극진ᄒᆞ온 졍을 쇽□업시[20] 긋처 ᄇᆞ리고 혼자셔 나둘□[21] 디내며 쵹쳐
이 셟고 졀박ᄒᆞ니□[22] 누의님내과[23] 나 ᄒᆞᆫ ᄉᆞ이 모와 셜□ 말이나[24] ᄒᆞ면 잠 나을가 ᄒᆞ니[25]
마줌 옛[26] 냥반 과거 보라 셔울 가매 □□니[27] 회진셔눈 과거들을 □□기 ᄒᆞ고[28] 듣눈[29] 약
닌 다 문무 초시를 ᄒᆞ니 문운은 극통ᄒᆞ엿눈가 시븨 엇디 우리 ᄡᆞ려 이리 졀박은[30] 화고을
만난고 아마도 의약 인ᄉᆞ 잘못ᄒᆞᆫ 타신가 더옥 통ᄒᆞᄒᆞ여 ᄆᆞ음이 하 치이니[31] ᄉᆞ연 총총ᄒᆞ여
이만 구월 십뉵일 동싱 상□ □

판독대비

번호	판독자료집	한국학중앙연구원 편 (2005a : 359~362)
1	몽필	몬필
2	부예□□오나늘	부예□□□오나올
3	칠□□□	칠□□□□
4	□예	□□□예
5	□브니	□□브니
6	□□으로	□□□□으로
7	□□□고	□□□□□고
8	하□□□□	하□□□□□
9	어궁히	어중히
10	일□□□히	일□□□□□히
11	초싱 □□□	초싱 □□□□□
12	브□□더니	브□□□더니
13	□□니	□□□니
14	훈 스이나	훈스이나□□□
15	셜온 고븨논	셜온□□□고븨논
16	산소의 둘포	산소의 □□□ 둘포
17	퍽 □□흐나	퍽□□□흐나
18	길히 □고	길히 □□□고
19	셜□ 못	셜□□ 못
20	쇽□업시	쇽□□□ 업시
21	나둘□	나둘□□
22	졀박흐니□	졀박흐니 □□
23	누의님내과	누의님네과
24	셜□ 말이나	셜□□□말이나
25	잠 나올가 흐니	잠 나올가 흐여
26	마줌 옛	마줌 □□□ 옛
27	□□니	□□□□니
28	□□기 흐고	□□□□□기 흐고
29	득닌	듀닌
30	졀박은	졀박온
31	치이닉	치이디

나주임씨가 『임창계선생묵보국자내간』 언간 07

〈창계-07, 1691년, 임영(남동생) → 나주임씨(막내누나)〉

판독문

편지 박산으로셔 년ᄒᆞ여[1] 어더 보고 반기며 예는 겨요[2] 디내니 니현도 셩도을 어덧니 회진
역질이 그만홀가[3] 시브니 이둘노 도라갈가 시브 경예는 마쳔ᄉᆞ 열뎐을[4] ᄂᆞ리 외오이고 이
제야 문션이나 닑히랴 ᄒᆞ니[5] 겟 소망이 미양[6] 글편이[7] 등ᄒᆞ매 이 톄옛[8] 글을 더[9] 슝샹ᄒᆞ기
예 경셔를 만히 닑히디 못ᄒᆞ니 앗가외 문리ᄂᆞᆫ 젼녀니예셔[10] 퍽 엇니[11] 짓기도 잘 지을가 시
브 밧바 이만 신미 삼[12] 삼 함□

판독대비

번호	판독자료집	대동문화연구원 (1994 : 622)	한국학중앙연구원 편 (2005a : 365~366)
1	년ᄒᆞ여	연ᄒᆞ여	-
2	겨요	겨오	-
3	그만홀가	그만훈가	-
4	열뎐을	열전을	-
5	ᄒᆞ니	ᄒᆞ뇌	-
6	미양	미약	-
7	글편이	글평이	-
8	이 톄옛	시톄옛	-
9	더	더	-
10	젼녀니예셔	젼연 이예셔	젼연 이예셔
11	엇니	엇뇌	-
12	신미 삼	신미삼	-

나주임씨가 『임창계선생묵보국자내간』 언간 08

〈창계-08, 1649~1696년, 임영(남동생) → 나주임씨(막내누나)〉

판독문

싱각 밧긔 병환이 비경타[1] ᄒ니 념 ᄀ이업ᄂᆡ[2] 날이 져머시매 죵을 보내디[3] 못ᄒ여 밤의 편지ᄅᆞᆯ[4] 겨유 더거 새벽 보내랴 ᄒ니[5] 넘녀 ᄀ이업ᄂᆡ[6] 아희덜 ᄒᆞ여[7] 증셰ᄅᆞᆯ[8] ᄌᆞ시 보내랴 ᄒ니[9] 넘녀 ᄀ이업ᄂᆡ[10] 나ᄂᆞ 두어 날 더욱[11] 머리 알ᄒ니 민망히 겨유[12] 뎍ᄂᆡ[13]

판독대비

번호	판독자료집	대동문화연구원 (1994 : 624)	한국학중앙연구원 편 (2005a : 368)
1	비경타	비경타	–
2	ᄀ이업ᄂᆡ	ᄀ이 업ᄂᆡ	ᄀ이 업ᄂᆡ
3	보내디	보내지	–
4	편지ᄅᆞᆯ	편지를	–
5	보내랴 ᄒ니	보ᄂ라 ᄒ뇌	–
6	ᄀ이업ᄂᆡ	ᄀ이 업ᄂᆡ	ᄀ이 업ᄂᆡ
7	아희덜 ᄒᆞ여	아희덜 ᄒᆞ여	아히 뎐ᄒᆞ여
8	증셰ᄅᆞᆯ	증셰를	–
9	보내랴 ᄒ니	보내라 ᄒ뇌	–
10	ᄀ이업ᄂᆡ	ᄀ이 업ᄂᆡ	ᄀ이 업ᄂᆡ
11	더욱	–	더옥
12	겨유	계유	–
13	뎍ᄂᆡ	뎍뇌	–

나주임씨가『임창계선생묵보국자내간』언간 09

〈창계-09, 1649~1696년, 임영(남동생) → 나주임씨(막내누나)〉

판독문

```
됴 셔방 딕
```

우리는 춤아□□□□□일졀□□□□ 반혼 뫼셔 집의 도라오니 강산과 집 거□□□□ 신쥬만
뫼시고 와셔 춤아 어이 눈 드러 보는 □□□ 셜운 졍수과 힝샹 영장의[1] 대쇼 스셜이 만□□□
□드려 니를고 누의님도 아니 이시니 내 ᄆ음을 더옥 죠곰도 의지홀 디 업서 ᄒ는 줄 일뎡 각
별 싱각ᄒ는가 ᄒ니 발인 적 집 쩌나 압강으로 나가던 일과 은진 디날 적 산소 드러갈 적 장
스 적 반혼□□□ 적 집의 도라온 경상은[2] 초상의셔 다른 일이 업□□샹ᄒ올[3] 적은 극진이 ᄒ
와 감소도 숨녜 나와셔 기들너 됴샹ᄒ고 티뎐ᄒ고 담군 밧역냥[4] 역군 각 관이 극히 쥬족이 분
명ᄒ엿고 초우 지우 졔도 무안 함평의 뎡ᄒ엿데 다 여셔[5] 쳥티 아닌 거슬 당신 싱각ᄒ여 ᄒ니
위연티 아니ᄒ고 각 관 슈령덜도 거의 다 디경의 와 마자 호샹ᄒ고 길ᄀ 아닌 슈령도 길노 나
와 보느니도[6] 만ᄒ고 담군을 빅여 명으로 가기의 보는 사름은 웅장이 녀기고 비록 우리 ᄆ음
의도 □□□히 젹막디 아니시니 그는 다힝ᄒ고 군이 만ᄒ고 영니셩□□□□샹ᄒ는 사름이 다
극진 경틱ᄒ고 조심ᄒ기예 놉ᄒᆫ 디 ᄂ즌 디 업시 마치 평안ᄒ긔 요둉티 아니셔 뫼시니 실노
극진이 힝샹은 ᄒ되 일싱 길 ᄃ닐 제 뫼셔 ᄃ니던[7] 거시라 가마 뒤히셔 말ᄉᆷ 못홀 째 굼굼굼
굼ᄒ여[8] ᄒ다가 가마 브리면 ᄎ례 못 ᄒ여[9] 보오면 반갑던 일이 더옥 싱각ᄒ이여 셟기를 어
이 니를고 장스도 빅믈[10] 쥬족ᄒᄒ여 감소도 영미 셕 셤을 각□[11] 관로 분명ᄒ여 실녀 보내
고 그 고을덜도 각 ᄒᆫ 셤□□내고 다른 디셔도 뽈노 열ᄒᆫ 셤이나 되고 역군은 무뎡□히 □□
게 ᄒ매 인녁으로[12] 홀 일은 극진이 ᄒ니 한아바님 장스□을 우리게셔는 □□내□□□□ 나
더니 이번은 비교티[13] 못ᄒ□□□□별ᄒ온 거동이□…□아□…□ᄌ니 망극ᄒ더니 홀연이□…
□다시 보토ᄒ고져 ᄒ니 상돌도 비로시□…□로 드러와[14] ᄒ고 원도 감소의 말 아니 닐러셔
드려올□…□인ᄒ여 쁘든[15] 못홀가 시븨 이는 대□…□광둥토식이[16] 오□이 분명ᄒ고 □강ᄒ
기 돌□□□는 □…□창ᄒ시다가 쉬이 업스시믈□□블□□□□□가 ᄒ여 장일□…□

판독대비

번호	판독자료집	한국학중앙연구원 편 (2005a : 371~375)
1	영장의	영장이
2	경샹은	경산은
3	업□□샹ᄒ올	업□□샹ᄒ올
4	밧역냥	밧연냥
5	여셔	녀셔
6	보ᄂ니도	보ᄂ니ᄂ
7	돈니던	돈이던
8	굼굼굼굼ᄒ여	굼굼굼ᄒ여
9	못 ᄒ여	못 ᄃ녀
10	빅믈	빅물
11	셤을 각□	셤□□
12	인녁으로	인역으로
13	비교티	비고티
14	□로 드러와	□드러와
15	쓰든	반혼
16	광듕토싁이	광듕토싁이

나주임씨가 『임창계선생묵보국자내간』 언간 10

〈창계-10, 1649~1696년, 임영(남동생) → 나주임씨(막내누나)〉

판독문

시예는 히가[1] 쾌히 비최니[2] 그는 극훈 다힝이레 장스 디낸 날 둘도 븕던 거시어니와 새볘 째 뇌뎡이[3] 진동ᄒᆞ니 그쌔 셟고 안심티 아니키를 어이 다 니를고 비 즈로 오던[4] 죵시 일의 해롭긔 아니ᄒᆞ니 그는 더옥[5] 공교로온 듯ᄒᆞ여[6] 다힝ᄒᆞᆫ데 디내는 일이 다 ᄎᆞᆷ아 못홀 일이나 그 듕의 낭패ᄒᆞᄂᆞᆫ ᄆᆞ더나[7] 업서 송동 대스는[8] 그리 미진혼 일이 업스니 이는 어마님 젹션ᄒᆞ신[9] 덕인가 ᄒᆞ니 나도 실노 견뎌여 나디 못홀 □□더니[10] 길희셔 눈믈과[11] 쏨의 놋가족이 부뤄셔 다 버서디고 산소□□□간 날은 밤의 오좀을 다 쓰되 원긔[12] 각별 대패ᄒᆞᄃᆞᆫ 안니ᄒᆞ여시니[13] 몸숨이[14] 질긔거나[15] 도으시는 일이 잇는가 그런 의외 업니 단오 미처 ᄂᆞ려가려 ᄒᆞ니 예셔[16] 스므닐엔날[17] 쩌나가서 졔ᄉᆞ 디내고 수일이나 쉬여 올 거시니 뉵월 망간으로 도라올가 시븨 누의님은 병이 ᄆᆞ이 든가 시브니 브더 ᄆᆞ음을 진뎡ᄒᆞ여 수이 셩ᄒᆞ여 낫다가 겨을노나[18] ᄂᆞ려와 돈녀가소 냥집도 오랴 ᄒᆞ데 경예는 누의님 올 제 더브러[19] 와셔 관셰ᄒᆞ여[20] 두거나 도로 ᄃᆞ려가거나 ᄒᆞ미 편당홀가 시븨 누의님 젼의 ᄒᆞᆫ 편지과[21] 이번 편지 다 즈시[22] 보고 셜온[23] 스셜이나 보니 □□ᄒᆞ여 ᄒᆞ니 경예 젼의 편지ᄒᆞ여시니 반기며 슬퍼ᄒᆞ니 장스 디내온 날 쑴의 분영이[24] ᄒᆞ므시 븨오니 밧 가온 ᄎᆡ 발 벗톄[25] 누어 겨시거늘 내 놋츠로 발을 부븨숫츠니[26] 초상 적과 달라[27] 발이 부드러워 겨시니 그는 길혼 쑴인 듯ᄒᆞᆫ데 앗가 낫쑴을[28] ᄀᆞᆺ 쑤엇더니 자니[29] 편지를 보니 아ᄅᆞ시미[30] 잇ᄂᆞᆫ가 셜운 듕 일변 든든히 산소 가기의 오래 편지도 못 홀가 ᄒᆞ여 졍신도 어즐ᄒᆞ되 강잉ᄒᆞ여 뎍니 스월 시구일 동성[31] 영

판독대비

번호	판독자료집	대동문화연구원 (1994 : 625)	한국학중앙연구원 편 (2005a : 378~380)
1	희가	회가	-
2	비최니	미최니	-
3	뇌뎡이	뇌졍이	-
4	오더	오되	-
5	더옥	더욱	-
6	공교로온 듯ᄒ여	공교로온듯 ᄒ여	공교로온 듯ᄒ여
7	ᄆ딕나	모되나	-
8	송동 대ᄉᄂᆞᆫ	송종대ᄉᄂᆞᆫ	송동대ᄉᄂᆞᆫ
9	젹션ᄒ신	적션ᄒ신	-
10	□□더니	일이더니	-
11	눈믈과	눈물과	-
12	원긔	원기	-
13	안니ᄒ여시니	안니ᄒ엿시니	-
14	몸슘이	목숨이	목숨이
15	질긔거나	질기거나	-
16	예셔	예서	-
17	스므닐엔날	스므닐 안 날	-
18	겨을노나	겨울노나	겨울노나
19	더브러	더부러	-
20	관셰ᄒ여	관례ᄒ여	관례ᄒ여
21	편지과	편지와	-
22	ᄌ시	자시	-
23	셜온	셜은	-
24	분영이	분명이	분명이
25	발 벗톄	발벗테	-
26	부븨슷츠니	부븨 슷츠니	부븨슷츠니
27	달라	달나	-
28	앗가 낫 쑴을	앗가난 쑴을	앗가 낫쑴을
29	자닉	자긔	-
30	아르시미	아르시미	-
31	동싱	-	동생

나주임씨가 『임창계선생묵보국자내간』 언간 11

〈창계-11, 1683~1686년, 임영(남동생) → 나주임씨(막내누나)〉

판독문

> 누의님 젼 소샹
> 됴 셔방 딕

금졍 힝츠 오실 젹 만한 편지 주시 □□ 본 듯 든든ᄒ나 가는 사룸 업다 ᄒ매 □쟝도 □□ □고 섭섭ᄒ여 ᄒ더니 □□ 하인[1] □□디 쏘 답쟝 어□ 보□□□[2] 반갑기 주연티 아니더 그 후 하□[3] 일졀 업스니 섭섭한 듕 아니 셜□ 일이 업닉 우리는 계요 대내□□ ᄃ리 오라가니 주연 무음이 녜ᄉ□ᄒ여 □□히여[4] 니치일 셰[5] 이시□□[6] 각고 셜워 ᄒ다 쇼졀 이실가마는 졈□ 녜일ᄀ티[7] 되여 가는 줄이 더욱 더 □샹코 셜위 경예 말 드르니 더옥 □잉 어엿비 글 도 잘 지엇다 니르□□□와 그리 급박히 칙망ᄒ여는 □□ 못 될 거슬 엇디 그리ᄒ눈고 모롤 쇠[8] 진셔 편지예 잠싼 그리 말 줄을 범논ᄒ여[9] 긔별ᄒ니 죵슈는 글시도[10] 이제□ 너도 □□ 엿고[11] 글도 잘□다 ᄒ기예 져도 홍심을 내여서 젼일히 비홀[12] ᄯ뿐 아니라 왼갓 글이 시비 논 난이 어궁ᄒ고[13] 잇다감 긔특한 소견이 이시니 미양 경예를 더옥[14] 싱각ᄒ니 겨을히 ᄂ려올 말은 여러 번 ᄒ되 답말이 업스니 게셔 아직 들머기디 아니매 그런가 답답ᄒ여 ᄒ외[15] 젼나 도 긔별은 요ᄉ이는 바히 업닉 니현이 병은 엇더ᄒ엿다 ᄒ눈고 이 편지 뎐ᄒ여 주소[16] 황 희[17] 감시 뎡지환을 급급히[18] 지어 보내여시니 고마와 잇다감 왕닉에 게도[19] 아히나 주게 과 즐 닙히나 가는가[20] 그리□□□ 니져 ᄒ시던 거슬 눕이 □□□□듯ᄒ니 불샹히[21] □□ □가 매 잠 뎍닉 뉵월 초뉵 □□□

판독대비

번호	판독자료집	한국학중앙연구원 편 (2005a : 383~385)
1	□□ 하인	□하인
2	보□□□	브□□□
3	하□	하□□
4	□□히여	□□이여
5	셰	째
6	이시□□	이시□
7	졈□ 녜일ㄱ티	□녜일 ㄱ티
8	그리ᄒ논고 모롤쇠	그리 ᄒ오 고모모줄□
9	범논ᄒ여	□논ᄒ여
10	글시도	글□도
11	이제□ 닉도 □□엿고	이제 □너 □□□엿고
12	비홀	비홀
13	논난이 어궁ᄒ고	논난 이어 궁ᄒ고
14	더옥	더욱
15	ᄒ외	ᄒ너
16	주소	주오
17	황히	황□
18	급급히	굼굼히
19	왕닉에 게도	왕닉에게도
20	과즐 닙히나 가는가	□주닙히나가는가
21	불샹히	불샹히

나주임씨가 『임창계선생묵보국자내간』 언간 12

〈창계-12, 1649~1696년, 임영(남동생) → 나주임씨(막내누나)〉

판독문

누의님 젼 답소샹	
	근봉

하 오래 쇼식 몰나[1] 금졍으로 유무ᄒᆞ여 보내엿더니 겟 편지을 뎐ᄒᆞ셔늘[2] 두 슌 뎐 온 것[3] 즈시 보고 못내 싀훤 든든ᄒᆞ나 스연 볼 적마다 새로이 셜워 ᄒᆞ니[4] 예는 대되 무ᄉᆞᄒᆞ되 오시[5] 복학이 지금 채 ᄒᆞ리디 아니ᄒᆞ이[6] 글노 넘녀ᄒᆞ니 젼라도 긔별 오월 두경[7] 든녀온 후는 다시 왕니 업스니 아모 쇼식도 모ᄅᆞᆯ쇠[8] 니월 열흘끠 내 ᄂᆞ려갈 거시니 그 미처 편지나 ᄒᆞ여 보내소 셔울 긔별은 자니 편지도 보고 듀닌도[9] 잇다감 긔별ᄒᆞ매 약간 드르니 시절이 괴괴ᄒᆞ엿ᄂᆞᆫ가 시브니 그런 한심ᄒᆞᆫ 일이 업니 예도 요소이는 우슈 덕듕ᄒᆞ되 이 압 들흔 믈이[10] 세 번재 ᄭᅵ이니 못 먹을 디 만ᄒᆞ고 냥도[11] 어니 어려올가 시브니 오래 잇기도 뎡티 못ᄒᆞᆯ가 시브 홍 셔방집을 니월 초ᄉᆡᆼ 가 더브러 오랴 ᄒᆞ니 더옥[12] 젼의 누의님 못 ᄃᆞ려와 ᄒᆞ시던 일이 싱각ᄒᆞ이며 아모 일도 하 뭿뭿 쉽살ᄒᆞ니 어이 젼의는 그리 믜시[13] 어렵돗던고[14] ᄒᆞ니 자고 새여 새나 둘만[15] 보고 아모 곳도 졍 ᄆᆞᄋᆞᆷ 펼 곳시[16] 업스니 일신을 털업서[17] 이다감 혼자 울고 안잣니 젼 □지과[18] 이 편지 ᄒᆞᆫ가지로 뎐ᄒᆞ여[19] 갈 법 잇ᄂᆞᆫ니 □장[20] 쉬이 볼가 기드리니[21] 경여는[22] 그리 날을 닛□□니[23] ᄒᆞᄂᆞᆫ가 시브니 어엿브고 일변 블샹ᄒᆞ여[24] ᄒᆞ니 골샹이 그만ᄒᆞ고 글을 못ᄒᆞᆫ가 제 글시는[25] 묘코 글도 잘 지엇□[26] 그 슈지는 즉시 업시 ᄒᆞ엿니 그리 당부 아니ᄒᆞ다 그 쳥이□[27] 죽히 쉬올가[28] 부체 올흔 마치 세 곳셔 왓거늘 ᄒᆞᆫ 곳 치을 두엇더니 □□니[29] 니 세 ᄌᆞᆯ 자니 가지고 두 ᄌᆞᄅᆞᆫ 내 말노 니현 주소 대녜란[30] 홍집 올 제[31] 블너오고[32] 시븨 스연 다 못 뎍어 이만 윤월 초십일 동ᄉᆡᆼ □□□[33] 남한□□ᄒᆞ니 뎐□ 거셔 편□로 슝슝□ 답장 못□[34]

판독대비

번호	판독자료집	대동문화연구원 (1994 : 626)	한국학중앙연구원 편 (2005a : 388~391)
1	몰나	몰라	–
2	뎐ᄒ셔늘	뎐츠 셔울	뎐ᄒ셔 올
3	두 슌 뎐 온 것	두슌 뎐문 것	두 슌뎐 온 것
4	셜워 ᄒ늬	셜허ᄒ늬	셜위ᄒ늬
5	오시	노미	–
6	아니ᄒ이	아니ᄒ니	–
7	두경	들면	–
8	모롤쇠	모롤쇠	–
9	듀닌도	득닌도	–
10	믈이	물이	물이
11	냥도	양도	–
12	더옥	더욱	–
13	믜시	–	믜사
14	어렵돗던고	어렵듯던고	–
15	새나 둘만	새난 날만	–
16	곳시	곳이	–
17	텰업서	철업서	–
18	젼 □지과	젼 편지과	젼□지과
19	뎐ᄒ여	년ᄒ여	–
20	□쟝	둡쟝	–
21	볼가 기드리니	–	볼 가 기드리니
22	경여ᄂ	경예ᄂ	–
23	닛□□니	님□□니	–
24	블샹ᄒ여	불샹ᄒ여	–
25	제 글시ᄂ	글시ᄂ	글시ᄂ
26	지엇□	지엇늬	–
27	쳥이□	쳥이니	–
28	쉬올가	쉬울가	–
29	두엇더니 □□니	두엇더니□ᄒ니	두엇더니□□
30	대녜란	대례란	–
31	홍집 올 제	홍집 볼제	–
32	블너오고	불너 오고	–
33	□□□	샹인	–
34	남한□□ᄒ니 뎐□ 긔서 편□로 슝슝□ 답쟝 못□	〔판독 안 됨〕	남한□□ᄒ니뎐□긔서편□로슝슝□답 쟝못□

나주임씨가 『임창계선생묵보국자내간』 언간 13

〈창계-13, 1649~1696년, 임영(남동생) → 나주임씨(막내누나)〉

판독문

이 사룸의[1] 보롬날 편지 보고 든든ᄒ되 경예 니질이 비경ᄒ던가 시브니 디난 일이나 놀납기
ᄀ업고 이제도 채 ᄒ리디 못ᄒ엿는가 시브니 넘녀ᄒ며[2] 녜 일이 다 업서시니[3] 죽히 넘녀ᄒ
실가마는[4] 눕의 집 일 ᄀᆺᄒ니 더옥[5] 블샹히[6] 이제나 채 ᄒ렷는가 ᄒ려셔[7] 내게 편지ᄒ기를
벼로는가 시브니 어엿버 ᄒ니[8] 나는 내내 셩ᄒ더니[9] 이 초열흘셔븟터 음식믈[10] 못 먹고 더
위예 보채이여 긔운이 심히 아니ᄲ와 이제도 ᄒ리디 못ᄒ여시니 민망히 계금이가 도망질ᄒ
엿던가 시브니 통분히 일뎡 도적질ᄒ기예 덧드러나셔 그 노룻슬[11] ᄒ엿던가 ᄒ며 임셩의게
도 당부는 ᄒ려니와 실은 도망ᄒᆫ들 제 바로 ᄂᆞ려가기 쉬올가[12] 아모커나[13] 죄 줄 제 주어도
샹시예 온졍을 두게 브려 보소 니현이[14] 병은 이번 편지예는 잠 나엇는 ᄃᆞ시 ᄒ여시나[15] 탕
증이[16] 일양이로라[17] ᄒ엿ᄂᆞ니 자닉 ᄂᆞ려올 제 ᄂᆞ려오나지라 ᄒ여시니 일뎡 제 집의 잇기도
어려워 그리ᄒ엿는가 시븨 예도 번노ᄒ고 형셰 됴티 아니커니와 미양 가실 거시 아니니
널[18] 보와셔 그리ᄒ고도 시븨 대예도[19] 뎌를 ᄂᆞ리와 오게 되면 아직 갓ᄂᆞ니[20] 그만ᄒ여 두
고 시븨 흥집 더블러[21] 초싱의 사룸 갈 거시니 그제 ᄯᅩ 아니 뎍을가 스연 다 못 뎍어 이만
아마도 아히 수이 ᄒ리고 누의님 몸도 조심ᄒ여[22] 이시소 윤월 넘이일[23] 동싱 영 젼라도 긔
별 지금 못 드럿닉

판독대비

번호	판독자료집	대동문화연구원 (1994 : 627)	한국학중앙연구원 편 (2005a : 395~397)
1	사롬의	사롬긔	-
2	넘녀호며	넘여호며	-
3	업서시니	업서지니	-
4	넘녀호실가마는	넘여호실가마는	-
5	더옥	더욱	-
6	블샹히	불샹히	-
7	흐려셔	츠려서	-
8	어엿버 호니	여엿버호니	-
9	셩호더니	셥호더니	셥호더니
10	음식를	음식을	-
11	노릇슬	노릇을	-
12	쉬올가	쉬울가	-
13	아모커나	-	아므커나
14	니현이	니현의	-
15	호여시나	호엿시나	-
16	탕증이	-	탕종이
17	일양이로라	일양의로라	-
18	아니니 닐	망망니	-
19	대예도	-	대녜도
20	갓ᄂ니	맛ᄂ니	맛ᄂ니
21	더블러	더불어	더블어
22	조심호여	조심호며	-
23	윤월 념이일	슌월 념 일일	-

나주임씨가 『임창계선생묵보국자내간』 언간 14

〈창계-14, 1649~1696년, 임영(남동생) → 나주임씨(막내누나)〉

판독문

써날 제 망극ᄒ던 일이야 어이 다 형용ᄒ며 서ᄅ 니를 말이 □다가[1] 못 ᄒ여[2] 안희 드러와 건넌 방이[3] 바자니며 ᄒᆞᆫ갓 곡□□□[4] 집안히 다 뷘 듯ᄒ고 안 잔ᄎᆡ 그처디니[5] 어이 ᄒᆞᆫ갓 동싱 써□□고[6] 길희셔 덕은 것 보고 더욱[7] 블샹ᄒ며[8] 이제는 불셔 두□□[9] ᄇ질업슨 디난 일 애ᄃ디 말고 몸이나 잘 됴리ᄒ여 잇다가 겨을□리[10] ᄂ려오소 발인이 수일이 격ᄒ여 겨시니 졀졀이[11] 못 견딘[12] 일□산흔날 결관ᄒ엿ᄉᆞᆫ니 비짐이[13] 드러오니 더옥[14] ᄆᆞᄋᆞᆷ이 ᄀᆞ이□나히 동싱이 만ᄒ나[15] 안말ᄒ기 누의과 ᄀᆞᆺ디 아니ᄒ고 병□□나[16] 다시 아ᄂᆞ니 업스니 ᄆᆞᄋᆞᆷ을[17] 더옥[18] 브텨 여러 볼 셰 □□도[19] 내 궁독흔 신셰예[20] 둘닌 일인가 ᄒ여 ᄒᆞᆯ 말이 극히 만□니[21] 언문 편지를사 쓰랴 ᄒ니[22] 주술이 고슈ᄒ이여[23] 못 다 덕을시[24] 몸은 무ᄉᆞᄒᄂᆞᆯ[25] 대경이 수일을 눅눅 증으로[26] 미이[27] 알파ᄒ더니 □야[28] 펵 나엇ᄂᆞ니 아모려나[29] 사랏다가 쉬이 다시 만날가 ᄇ라니 삼월 넘오일 동싱* □[30] 누의님 간 후 곳치 더어 궁셩ᄒ니 이런 거동을 디ᄒ여 □□견딘는[31] 거신고 뎐뎐 드르니 ᄉᆞᆫ신 힝듕이 몽고반ᄒ여[32] 북□잇다 갈 이 이시니 그러면 예 잇기도 오라기를 뎡티 못□ 장은 예 이신 제 못 밋처 어더 보려니와 후의 편지ᄒ □□이나 ᄌᆞ시 ᄒ과뎌 ᄒ니

....

* 이 이하 '□ 누의님'부터 맨 끝의 'ᄒ니'까지 부분은 대동문화연구원(1994)에서 판독되지 않았다.

판독대비

번호	판독자료집	대동문화연구원 (1994 : 628)	한국학중앙연구원 편 (2005a : 399~401)
1	□다가	잇다가	잇다가
2	못 ᄒ여	못ᄒ여	못ᄒ어
3	건넌 방이	건넌방의	-
4	곡□□□	꿈 □□	-
5	안 잔쳐 그처디니	안잔쳐 그치리니	-
6	쩌□□고	쩌나고	-
7	더욱	-	더욱
8	블샹ᄒ며	불샹ᄒ며	-
9	두□□	두□	-
10	겨을□리	겨울러	-
11	졀졀이	젹젹이	-
12	못 견딘	못견딘	-
13	일□산혼날 결관ᄒ엿습니 비짐이	일 산춘 갈 결광 ᄒ엿습니븨 집이	일□산혼날 결관ᄒ엿습니븨 집이
14	더욱	더욱	-
15	동싱이 만ᄒ나	동싱 이만 ᄒ나	-
16	병□□나	병환 나	-
17	ᄆ음을	ᄆ음 속	-
18	더욱	더욱	-
19	셰 □□도	째 업□도	째□□도
20	신셰예	-	신셰 예
21	만□니	만ᄒ니	-
22	편지를사 쓰랴 ᄒ니	편지를 사 쓰랴ᄒ니	편지를 사 쓰랴 ᄒ니
23	주슐이 고슈ᄒ이여	주줄이고 슙ᄒ이여	-
24	뎍을시	뎍우니	-
25	무ᄉᄒ니	무ᄉᄒ되	-
26	눅눅 즁으로	묵묵 등으로	눅눅 등으로
27	믜이	믜이	-
28	알파ᄒ더니 □야	알파ᄒ더니□야	알파ᄒ더니야
29	아모려나	-	아므려나
30	동싱 □	동싱	-
31	디ᄒ여 □□견디는	〔판독 안 됨〕	디ᄒ여□ 견디는
32	몽고반ᄒ여	〔판독 안 됨〕	뭇고 반ᄒ여

나주임씨가 『임창계선생묵보국자내간』 언간 15

〈창계-15, 1683~1686년, 임영(남동생) → 나주임씨(막내누나)〉

판독문

누의님 젼 소샹 셔방 딕   봉

금졍으로 두 슌 편지ᄒᆞ엿더니[1] 몬져 볼가 ᄒᆞ며 금쇠 뫼임 ᄃᆞ니러 가매 ᄡᅩ 딕니 예논 아직
대되 평안ᄒᆞ되 내가 요ᄉᆞ이 ᄇᆞ람도 미이 불매[2] ᄇᆞ람 ᄣᅬ여 그런디 머리도 앏프고[3] 어제밤을
바히 자디 못ᄒᆞ여 몸이 대셩티 아니ᄒᆞ니 민망히 밥을 샹시도곤 더 잘 먹으매 긔운이 나을가
ᄒᆞ더니 너모 잘 먹눈 것도 병이런가 시븨 젼나도[4] 긔별 지금 못 드럿니 셔울 말은 자니야
잘 어더 듯눈가 시브니 겸ᄉᆞ 말고 드른 말이어든 긔별ᄒᆞ소 죠ᄒᆡ[5] ᄒᆞᆫ 봉 젼라 감시 보내엿거
늘[6] 보내니 세 권이니 ᄒᆞᆫ 권은 자니 ᄡᅳ고 ᄒᆞᆫ 권은[7] 경예 주고 ᄒᆞᆫ 권 니현 주소 밧브고 긔운
도 블평ᄒᆞ여[8] 잠 덕니 계츈월 십삼 동ᄉᆡᆼ 샹인

판독대비

번호	판독자료집	대동문화연구원 (1994 : 629)	한국학중앙연구원 편 (2005a : 404~405)
1	편지ᄒᆞ엿더니	ᄒᆞ엿더니	–
2	불매	불며	–
3	앏프고	압프고	–
4	젼나도	젼라도	–
5	죠ᄒᆡ	죠ᄒᆡ	–
6	보내엿거늘	–	보니엿거늘
7	ᄒᆞᆫ 권은	한권은	–
8	블평ᄒᆞ여	불령ᄒᆞ여	–

나주임씨가 『임창계선생묵보국자내간』 언간 16

〈창계-16, 1649~1696년, 임영(남동생) → 나주임씨(막내누나)〉

판독문

소식 젼의[1] ᄒ□□□□ 편지ᄒ엿더니 몬뎌□□□ ᄒ며[2] 요ᄉ이 고이훈[3] ᄇ람이 뫼셔 평안
이[4] 디내ᄂ가 념녀 닛디[5] 못ᄒ니 나는 □□□□내나 오니[6] 복학이 지금 ᄒ리디 못ᄒ여 날[7]
□□□□□ᄂᄃ 긔약도 못 ᄒ고 두워시니 그런 민망 념녜 □□ 경예는 됴히 잇ᄂ가[8] 몽필
이[9] 퍽 ᄂ□…□지훈□□□□□으리는 이런[10] □…□낫디 아니[11]□…□난ᄒ여□…□ 졈졈
후[12]□…□ 편지 ᄒ 댱도 □…□ 듕난티[13] 박기니 ᄉ연도 다 못 ᄒ니 미양 □□□□□니 예
셔는 녀롬지는[14] 것도 업서 죵이□…□ 무임 가 보리나 어더시라 오나디라[15] □…□ 밧바[16]
잠□□□□□마도 미일 자러[17]□…□

판독대비

번호	판독자료집	한국학중앙연구원 편 (2005a : 407~408)
1	젼의	젼이
2	몬뎌□□□ ᄒ며	몬뎌 ᄒ며
3	고이훈	그이 훈
4	평안이	편안이
5	념녀 닛디	념녀□리
6	내나 오니	내나ᄋ니
7	못ᄒ여 날	못ᄒ네 □
8	잇ᄂ가	잇ᄂ□
9	몽필이	믄필이
10	으리ᄂ 이런	으리ᄂ 난 이런
11	낫디 아니	□디아니
12	후	두
13	듕난티	듕만티
14	녀룸지ᄂ	녀름ᄋ 지ᄂ
15	무임 가 보리나 어더시라 오나디라	무엇가보리나어더시라오나□ □
16	밧바	밧마
17	마도 믹일 자러	마도너일자러

나주임씨가 『임창계선생묵보국자내간』 언간 17

〈창계-17, 1683~1686년, 임영(남동생) → 나주임씨(막내누나)〉

판독문

누의님 젼 답소샹
됴 셔방 딕

농산 올 젹 두 가지 편지과 이번 금졍 편의 흔 편지 다 낫낫 즉시 보고 업시ㅎ라 흔 거슨
즉시 업시 ㅎ엿니 답장을 브디[1] 즉시 ㅎ랴 ㅎ엿더니 내 병 지금 팀곤ㅎ고 하 요요ㅎ고 ㅁ옴
간 디 업서 잠 뎍니 누의님 몬져 간 일은 이제로 싱각ㅎ면 흔이 되거니와 그때예야[2] 이럴
줄을 어이 알고 그 일이 사름의 극흔 관수흔[3] 일이니 ㅁ옴대로 못 ㅎ는 거시니 이제 무익흔
흔을 하 마소 눔인들 뉘라셔 부러 알고 그리 가다 홀 니 이실고 만장은 장동셔 그리 쥬션ㅎ
랴 ㅎ시면 ㅎ여 무던틴가[4] 시브나 이제는 더옥[5] 밋디 못홀 일이니 닐러 쁠디업니 증직은 부
모씌만 ㅎ게[6] ㅎ여시매 조부모씌는 밋디 못ㅎ엿니 장일은 삼월 초뉵일노 되게 ㅎ엿니[7] 내
병은 마치 져년[8] 섯돌 보롬씌 즈음만은[9] ㅎ되 원긔[10] 졈졈 못ㅎ여 가니 초상을 바히 집샹을
못 홀 쑨 아니라 젼두 발인 시 엇디ㅎ여 보젼ㅎ며 상의홀디[11] 모로니 민망기[12] 그업시[13] 집
을 아조 풀고 쪄나니 녜일이[14] 자최도 업서디니[15] 이런 참혹흔 일 쏘 □□ □실고[16] 우리는
나쥐로 가려터니[17] 안골 족댱[18]네나 이다히 아는 사름덜이 □□예[19] 아마도 남등으로 가기
맛당티 아니타 말니고 비뫼셔나 평뎡 일쇽덜이나 다[20] 농담다히로 오니[21] 올 제[22] 느려가기
도 어렵고 예는 사흘 길히니 눔덜의 인마을 비러도 슈련이 잠깐 쉬오매 뫼임딕과 니현은 몬
져 보내여 회매[23] 볼셔 왓고 예 잇는 가쇽을 발인 나신 날 농담으로 가게 ㅎ고 □니[24] 예 가
나 뎨 가나 나는 아모[25] 곳도 ㅁ옴 브틸 고디 업스니 팔즈라 홀일업니[26] 농담은 셔울은 잠
간 갓가오나 쇼식 통키 어렵기는 더옥[27] 심홀 거시니 편지도 이후 쉽디 아닐가 더옥[28] 셜위
경예 편지 반기며 붓은 안 슬피[29] 경업서[30] 아히[31] 답장 못 ㅎ니 후의 흠새 통쳔 비□는 □
여 보내니[32] 이 아니라□□□□가 크니와[33] 논 지을 대로 다 드리고 저도 브경이[34] 슈환ㅎ
여 드리라 ㅎ엿니 닙안 흔가지로 가매[35] 봉ㅎ엿니 시절이나[36] 편ㅎ고 농담곳 이시면 이제는
내게 복매[37] 이시니 누의님 느려오게 ㅎ미 어렵디 아닐 거시니 그을노나 와셔[38] 든녀가과뎌

ᄒᄂᆡ 대쇼샹의[39] 오랴 ᄒ면 □□□려니와[40] 무시라도 ᄂᆞ려와 올코[41] ᄒ대나 든든ᄒᆯ[42] 거시니 그리 싱각고 잇소 박뫼 누의님은 자닉을 못내 불워ᄒᆞ여시니[43] 더옥[44] 블샹희[45] 누의님도 그리 싱각고 관회ᄒᆞ여 몸 부디ᄒᆞ여 디내소[46] 됴 셔방이 내 병 념녀ᄒᆞ여 도련이[47] 편지ᄒᆞ고 병녹ᄒᆞ여[48] 보내라 ᄒᆞ여 극히 고마오디[49] 졍신이 이 편지예 다 ᄒᆞ여시니 진셔를 못 홀가 시븨 아마도 부디ᄒᆞ여 잇소 사월[50] 십오일 동싱 샹인 영 □□□게 가는 비ᄌ 고텨 덧 봉ᄒᆞ여 □□[51]

판독대비

번호	판독자료집	대동문화연구원 (1994 : 623~624)	한국학중앙연구원 편 (2005a : 410~414)
1	브디	브디	-
2	그째예야	그 ᄧᅵ예야	그 째예야
3	관수ᄒ	관슬ᄒ	-
4	무던턴가	무던던가	-
5	더옥	더욱	-
6	ᄒ게	ᄒ개	-
7	ᄒ엿니	ᄒ엿뇌	-
8	져년	전년	-
9	ᄌ음만은	ᄌ음만	-
10	원긔	원기	-
11	샹의홀디	샹긔홀디	샹긔 홀디
12	민망기	민망키	민망이
13	ᄀ업시	ᄀ업쇠	-
14	녜일이	예 일이	녜 일이
15	업서디니	없서디니	-
16	□□ □실고	이실고	□□실고
17	가려터니	가려더니	-
18	족댱	-	존댱
19	□□예	이ᄶᅵ예	-
20	다	〔판독 안 됨〕	-
21	농담다히로 오니	농담 다히로소니	-
22	올 제	우겨	우겨
23	보내여 회매	보내 여회매	-

번호	판독자료집	대동문화연구원 (1994 : 623~624)	한국학중앙연구원 편 (2005a : 410~414)
24	□너	가뇌	–
25	아모	–	아므
26	홀일업니	홀일업뇌	홀 일 업니
27	더옥	더욱	–
28	더옥	더욱	–
29	안 슬픠	만 슬픠	만 슬픠
30	경업서	겪엇서	경 업서
31	아히	아리	아리
32	비□논 □여 보내니	비□□□□보내디	비□논 □여 보내디
33	아니라□□□□가 크니와	아니라□□□ 가트니라	–
34	브경이	보경이	–
35	가매	가며	–
36	시졀이나	시졀이나	–
37	복매	봄매	봉매
38	ᄀ을노나 와셔	ᄀ을로나 와서	–
39	대쇼샹의	–	대쇼샹이
40	□□□려니와	□□□□ 려니와	–
41	올코	수고	–
42	호대나 든든홀	호대 나물홀	호 대나 든든홀
43	불워ᄒ여시니	–	블워 ᄒ여시니
44	더옥	더욱	–
45	블샹히	불샹히	–
46	디내소	디나소	–
47	도련이	조련이	조련이
48	병녹ᄒ여	방논ᄒ여	–
49	고마오디	고마오되	–
50	사월	이월	이월
51	□□게 가논 비즈 고텨 덧 봉ᄒ여 □□	〔판독 안 됨〕	□□게 가논 비즈 고텨 덧봉ᄒ니 □

나주임씨가 『임창계선생묵보국자내간』 언간 18

〈창계-18, 1649~1696년, 임영(삼촌) → 미상(조카)〉

판독문

이 편지 슈지롤[1] 보아라 ᄌᆞᄌᆞ히 졍을 머곰으신 말ᄉᆞᆷ이오 말ᄉᆞᆷ마다 긔특ᄒᆞ오시니 이롤 보면
내의 셜워ᄒᆞᄂᆞᆫ 졍셩과 너 향ᄒᆞᆫ 졍이 녜ᄉᆞ 동ᄉᆡᆼ 족하과 다롤 줄 아니 알냐 샹시 셔ᄉᆞ과 언어
간의 일호도[2] 실의셔 과도ᄒᆞᆫ 말이 아니 겨시던 거시니 이롤 보오면 너도 날을 녜ᄉᆞ 삼촌으
로 아니 알년마ᄂᆞᆫ 고젹을 들머겨 아히 셜움을[3] 도돌가 아니 뵈엿더니 네 고집이 하 ᄀᆞ골 곱
곱ᄒᆞ여 보내니 브디브디[4] 내 말을 드러[5] 부디ᄒᆞ여 병 업손 사ᄅᆞᆷ이 되어 쟝ᄂᆡ 효도롤 기리
닐위여라 싱시의[6] 영양을 못 ᄒᆞ온둘[7] ᄉᆞ휜둘 ᄌᆞ식의 영홰 엇더ᄒᆞ니 내 ᄆᆞ음의도 나는 죽어
도 ᄌᆞ식들이 반셕 ᄀᆞᄐᆞ면[8] 긔 즐거올 ᄃᆞ시브더라[9] 이 슈지는 쳔 번은 보아도 슌마다 울니니
내내 슘쟝ᄒᆞ여터니[10] 네 두고 보긔 보니노라[11]

판독대비

번호	판독자료집	한국학중앙연구원 편 (2005a : 419~420)
1	슈지롤	슈지로ᄂᆞᆫ
2	일호도	□호ᄂᆞᆫ
3	셜움을	셜옴을
4	브디브디	브되브되
5	내 말을 드러	내왕을 드너
6	싱시의	셩시의
7	못 ᄒᆞ온둘	못ᄒᆞ온둘
8	ᄀᆞᄐᆞ면	ᄀᆞ트면
9	긔 즐거올 ᄃᆞ시브더라	긔들 머올듯 시브더라
10	슘쟝ᄒᆞ여터니	슌쟝ᄒᆞ여터니
11	보니노라	보내노라

•『숙명신한첩』 언간 •

67건

■ 대상 언간

『淑明宸翰帖』이라는 이름의 편지첩에 실려 전하는 한글편지 67건을 이른다. 이 편지첩은 효종(孝宗, 1619~1659)의 둘째딸 숙명공주(淑明公主, 1640~1699)가 수신한 한글편지들을 모아 성첩(成帖)한 것으로, 숙명공주의 남편 청평위(靑平尉) 심익현(沈益顯, 1641~1683)의 후손가에 전해지던 것을 1962년 가을에 고(故) 김일근(金一根) 교수가 간송(澗松) 전형필(全鎣弼)의 막내 아우에게서 입수하여* 소장하였다. 이후 2008년 8월 국립중앙박물관에서 고 김일근 교수로부터 편지첩을 공개 구입한 뒤 2009년 1월 국립청주박물관으로 이관(移管)하여 현재에 이르고 있다. 2010년 1월에는 보물 1629호로 지정되었다.

■ 언간 명칭 :『숙명신한첩』 언간

『숙명신한첩』은 발굴 당시 표지가 망실되고 없었는데, 김일근 교수가 구득한 뒤에 표지를 만들고 이 첩(帖)의 편제(編制)가 『淑徽宸翰帖』으로 알려진 편지첩과 거의 같은 점을 감안하여 『淑明宸翰帖』이라는 제목을 써서 붙였다고 한다. 이 명칭은 金一根(1986/1991 : 59~66)에서 수록 언간의 출전 중 하나로 소개된 이후 학계에 통용되어 왔고, 2011년 국립청주박물관에서 67건 전체 언간의 도록(圖錄)을 출간할 때도 『숙명신한첩』이라고 하였다. 이에 이 판독자료집에서는 기존의 명명 취지를 존중하여 '『숙명신한첩』 언간'으로 명칭을 삼고, 출전 제시의 편의상 약칭이 필요할 경우에는 '숙명'을 사용하였다.

■ 언간 수량 : 67건

『숙명신한첩』에는 총 67건의 편지가 발신자별로 수록되어 있다. 편지마다 첩의 우측 여백에 발신자와 관련한 편명(篇名)이 적혀 있어 발신자를 분명히 알 수 있다. 현재의 첩에서는 '효종대왕어서(9건)', '현종대왕어서(2건)', '대왕대비어서(2건)'**, '인선왕후어서(53건)'와 같

---

* 김일근 교수가 입수할 때 원 소장자의 말로는 수원백씨(水原白氏) 처백모(妻伯母)의 가장(家藏)이었다고 한다(金一根, 1986/1991 : 61).
** 여기서 대왕대비는 장렬왕후(莊烈王后)를 가리킨다. 다른 발신자들의 편명에 시호(諡號)가 사용된 것과 달리 장렬왕후에 대해서만은 편명이 '대왕대비어서'라 되어 있어 성첩(成帖) 시기를 현종 사후(死後) 장렬왕후 생전(生前) 정도로 추정해 볼 수 있다.

은 편명이 확인된다. 첩의 맨끝에는 편명이 확인되지 않는 편지가 1건 더 있는데 이 편지는 필체와 내용으로 보아 명성왕후(明聖王后)의 것으로 추정되고 있다(金一根, 1986/1991 : 61). 현재 전하는 편지 건수는 67건이지만 첩의 앞뒤로 낙장(落張) 부분이 발견됨을 감안할 때 적어도 효종과 명성왕후 편지의 편명을 적은 것이 더 있었을 것으로 추정된다. 현재 전하는 67건에 대하여 국립청주박물관(2011)에서는 첩에 수록된 순서에 따라 01~67의 편지 번호를 부여하여 수록하였는데 이 판독자료집에서는 국립청주박물관(2011)의 편지 번호를 그대로 따랐다*.

■ 원문 판독

金一根(1986/1991)에서 67건에 대한 판독문 전체를 처음으로 제시하였다. 김일근·이종덕 (2001a, b, c)에서는 67건 중 29건의 판독문을 재검토하고 어휘 주석과 현대어역을 덧붙였다. 언간 원본의 이미지는 전시회나 잡지에 한두 건씩 간간이 소개되다가 문화재청(2009)에 와서 67건 전체가 처음 컬러 사진으로 소개되었다**. 이후 국립청주박물관(2011)에서는 67건 전체에 대하여 기존의 판독문을 재검토하고 각 편지별로 주석과 해설을 보태어 언간 원본의 컬러 사진과 함께 도록(圖錄)으로 출판하였다(이종덕·황문환 판독). 이 판독자료집에서는 金一根(1986/1991) 및 이종덕·황문환(2011)에서 이루어진 판독 사항과 대비하여 차이가 있는 부분을 표로 제시하고 판독 결과를 대조하는 데 도움이 될 수 있도록 하였다.

■ 발신자와 수신자

『숙명신한첩』은 숙명공주(淑明公主, 1640~1699)가 받은 편지를 모아 성첩한 것이기 때문에 수신자는 모두 숙명공주이다. 67건의 발신자는 숙명공주의 아버지 효종(孝宗, 1619~1659) 9건, 조카 현종(顯宗, 1641~1674) 2건, 할머니 장렬왕후(莊烈王后, 1624~1688) 2건, 어머니 인선왕후(仁宣王后, 1618~1674) 53건, 올케 명성왕후(明聖王后, 1642~1683) 1건 등이다(金一根, 1986/1991 : 59~66). 효종이 딸 숙명공주에게 보낸 편지 1건(05번)은 숙명공주가 부왕에게 보낸 문안 편지의 여백을 이용한 것이어서 결과적으로 숙명공주가 효종에게 보낸

---

* 67건 중 02번 편지는 본디 원본이 있었지만 김일근 교수가 소장하고 있을 때 떼어내어 표구를 했던 것이 유실되어 현재는 흑백 사진만 남아 있다. 이종덕·황문환(2011 : 61)의 도록에 실린 것은 이 사진을 그대로 수록한 것이다.
** 여기서는 첩명(帖名)이 '宸翰帖 乾'으로 잘못 소개되어 주의를 요한다.

편지 1건(05-1번)을 추가로 확인할 수 있다. 효종이 보낸 또 다른 편지 1건(03번) 뒤쪽에도 숙명공주가 쓴 것으로 추정되는 글씨가 비쳐 보이지만 배접(褙接)이 되어 있어 발수신 관계를 확인하지 못하고 있다. 이 판독자료집에서는 발신자와 수신자에 대해 기본적으로 이종덕·황문환(2011)을 따라 제시하였다.

■ 작성 시기

67건 중 연기(年記)가 나오는 것은 '이년 신튝(1661년)'으로 적힌 현종의 편지 1건(10번)뿐이다. 나머지는 편지의 사연을 살펴서 작성 시기를 추정해야 하는데, 67건 중 18건은 특정 연도를 추정할 수 있으나, 나머지는 발신자나 편지 사연에 언급된 인물에 대한 정보를 바탕으로 구간(區間) 형식으로 추정할 수밖에 없다. 특정 연도를 확실하게 추정할 수 있는 편지 중 가장 이른 것은 1654년이고, 가장 늦은 것은 1666년이며, 구간으로 추정할 수 있는 것은 숙명공주가 혼인한 1652년부터 장렬왕후의 졸년인 1688년 사이이다. 그러므로 이 편지들은 전체적으로 '1652~1688년' 사이에 작성된 것으로 볼 수 있다. 이 판독자료집에서는 작성 시기에 대해 기본적으로 이종덕·황문환(2011)을 따라 제시하였다.

■ 자료 가치

성첩(成帖) 경위를 알 수 있는 서문(序文)이나 발문(跋文)이 붙은 완첩(完帖)은 아니나, 내용(內容), 지질(紙質), 묵색(墨色), 필체(筆體) 등 서지적(書誌的) 측면에서 숙명공주 후손가를 통하여 보전(寶傳)된 친필(親筆) 원본(原本)임을 확인할 수 있으며, 수록된 편지 건수가 적지 않아 자료적 가치가 매우 크다. 17세기 중후반의 왕실 구성원 사이에서 주고받은 친필 한글편지로서 국문학사, 국어사, 한글서체사 연구를 위해서는 물론, 역사·풍속 연구에도 중요한 자료가 된다.

■ 자료 해제

자료의 서지 사항에 대해서는 金一根(1986/1991 : 59~66)과 이종덕(2011 : 7~13)을 참조할 수 있다.

■ **원본 사항**

- 원본 소장 : 국립청주박물관(보물 1629호, 유물 번호 : 청8902)
- 필름 : 국립청주박물관 소장
- 크기 : 37.1×27.6cm(2번) 등. ※ 첩의 크기 : 50×39cm

■ **판독 사항**

金一根(1986/1991), 『三訂版 諺簡의 研究』, 건국대학교 출판부. ※ 67건 전체 판독

김일근·이종덕(2001a), 「17세기 궁중언간V－淑明宸翰帖①」, 『문헌과해석』 15, 문헌과해석사. ※ 10건 판독

김일근·이종덕(2001b), 「숙명공주의 한글편지첩②」, 『문헌과해석』 16, 문헌과해석사. ※ 9건 판독

김일근·이종덕(2001c), 「숙명공주의 한글편지첩③」, 『문헌과해석』 17, 문헌과해석사. ※ 10건 판독

이종덕·황문환(2011), 「숙명신한첩 판독문」, 『조선 왕실의 한글 편지, 숙명신한첩』, 통천문화사, 57~193쪽. ※ 67건 전체 판독

■ **영인 사항**

金一根(1986/1991), 『三訂版 諺簡의 研究』, 건국대학교 출판부. 260~262쪽. ※ 4건 영인

김일근·이종덕(2001a), 「17세기 궁중언간V－淑明宸翰帖①」, 『문헌과해석』 15, 문헌과해석사. ※ 10건 영인

김일근·이종덕(2001b), 「숙명공주의 한글편지첩②」, 『문헌과해석』 16, 문헌과해석사. ※ 9건 영인

김일근·이종덕(2001c), 「숙명공주의 한글편지첩③」, 『문헌과해석』 17, 문헌과해석사. ※ 10건 영인

문화재청(2009), 「宸翰帖 乾」, 『한국의 옛글씨－조선왕조 어필』, 29~99쪽. ※ 67건 전체를 컬러 사진으로 수록(판독문 없이 이미지만 수록)

국립청주박물관(2011), 『조선 왕실의 한글 편지, 숙명신한첩』, 통천문화사. ※ 67건 전체를 컬러 사진으로 수록

■ 참고 논저

국립청주박물관(2011), 『조선 왕실의 한글 편지, 숙명신한첩』, 통천문화사.

金一根(1986/1991), 『三訂版 諺簡의 硏究』, 건국대학교 출판부.

김일근·이종덕(2001a), 「17세기 궁중언간V - 淑明宸翰帖①」, 『문헌과해석』 15, 문헌과해석
          사.

김일근·이종덕(2001b), 「숙명공주의 한글편지첩②」, 『문헌과해석』 16, 문헌과해석사.

김일근·이종덕(2001c), 「숙명공주의 한글편지첩③」, 『문헌과해석』 17, 문헌과해석사.

문화재청(2009), 「宸翰帖 乾」, 『한국의 옛글씨 - 조선왕조 어필』, 29~99쪽.

박부자(2011), 「『숙명신한첩』의 국어학적 특징」, 『조선 왕실의 한글 편지, 숙명신한첩』, 통천
          문화사, 16~27쪽.

이종덕(2005), 「17세기 왕실 언간의 국어학적 연구」, 서울시립대학교 박사학위 논문.

이종덕(2011), 「『숙명신한첩』에 대한 몇 가지 고찰」, 『조선 왕실의 한글 편지, 숙명신한첩』,
          통천문화사, 7~13쪽.

이종덕·황문환(2011), 「숙명신한첩 판독문」, 『조선 왕실의 한글 편지, 숙명신한첩』, 통천문
          화사, 57~193쪽.

정복동(2011), 「『숙명신한첩』의 한글 서예적 가치 - 국립청주박물관 소장 한글편지를 중심으
          로」, 『조선 왕실의 한글 편지, 숙명신한첩』, 통천문화사, 29~41쪽.

황문환(2010), 「조선시대 언간 자료의 현황과 특성」, 『국어사 연구』 10호, 국어사학회, 73~
          131쪽.

황문환(2012), 「조선시대 왕실의 한글편지」, 『조선 왕실의 문예』, 장서각 ACADEMY 왕실문
          화강좌, 한국학중앙연구원 藏書閣, 73~85쪽.

『숙명신한첩』 언간 01

〈숙명–01, 1652~1659년, 효종(아버지) → 숙명공주(딸)〉

판독문

너는 어이 이번의 아니 드러온다 어제 네 형은 출 노리개옛 거술[1] 슉휘지이 만히 가지되 네
목은 업스니 너는 그스이만 흐야도 하 어먼 일이 만흐니 애돌와 덕노라 네 목의 거스란 아
모 악을 쁠디라도 브듸[2] 다 츠자라

판독대비

번호	판독자료집	金一根 (1986/1991 : 189)	이종덕·황문환 (2011 : 58)
1	출 노리개옛 거술	출 노리개 옛거술	–
2	브듸	부듸	–

『숙명신한첩』 언간 02

〈숙명-02, 1652~1659년, 효종(아버지) → 숙명공주(딸)〉

판독문

너는 싀집의 가 바틴다는[1] ᄒᆞ거니와 어이 괴양이는 품고 잇는다 힝혀 감모나 ᄒᆞ얏거든 약이나 ᄒᆞ야 먹어라

판독대비

번호	판독자료집	金一根 (1986/1991 : 189)	이종덕·황문환 (2011 : 60)
1	가 바틴다는	가바린다는	–

『숙명신한첩』 언간 03

〈숙명-03, 1652~1659년, 효종(아버지) → 숙명공주(딸)〉

판독문

득죄야 므슴 녀나믄 득죄리 이번의 아니 드러온 쥔가 시브다 이 죄눈 오로 심텰동의 죄니
보채고 싸화라

판독대비

번호	판독자료집	金一根 (1986/1991 : 189)	이종덕·황문환 (2011 : 62)

『숙명신한첩』 언간 04

〈숙명-04, 1652~1659년, 효종(아버지) → 숙명공주(딸)〉

판독문

네 글월은 예셔 고텨셔 보채려[1] 호는 줄도 모로고 갓시 드러셔 싸호는다 요 쇼락아 즈시 보
와라

판독대비

번호	판독자료집	金一根 (1986/1991 : 189)	이종덕·황문환 (2011 : 64)
1	보채려	브채려	–

『숙명신한첩』 언간 05

〈숙명-05, 1652~1659년, 효종(아버지) → 숙명공주(딸)〉

판독문

글월 보고 됴히 이시니 깃거ᄒ노라 어제 냥 식쵹[1] 보내엿더니 본다 면즈등 이 수대로 보내
노라

판독대비

번호	판독자료집	金一根 (1986/1991 : 189)	이종덕·황문환 (2011 : 66)
1	냥 식쵹	냥식쵹	냥식 쵹

『숙명신한첩』 언간 05-1

〈숙명-05-1, 1652~1659년, 숙명공주(딸) → 효종(아버지)〉

판독문

문안 엿줍고 야간 셩후 안녕ᄒᆞ오오신 문안 아웁고져 ᄇᆞ라오며 날이 ᄑᆞ오니 더옥 섭섭ᄒᆞ오
미 아ᄆᆞ라타 업ᄉᆞ와 ᄒᆞ웁노이다

판독대비

번호	판독자료집	金一根 (1986/1991 : 189)	이종덕·황문환 (2011 : 68)

『숙명신한첩』 언간 06

〈숙명-06, 1654~1658년, 효종(아버지) → 숙명공주(딸)〉

판독문

긔운이나 무ᄉ흔가 ᄒ며 너희 집 일이야 어이 내내 다 뎍으리 그 아희가 그리될 줄을 어이 알리 어룬들히 헐복ᄒ야 그런가 ᄒ노라 하 닛디 못ᄒ니 이제는 아희들흘 초싱 졍 브터[1] 아 니 기ᄅ려 ᄒ노라 졍은 무궁ᄒ되 ᄆ옴이 아니쯔와 잠간 뎍노라 우흐로 부모룰 싱각ᄒ고 싱 심도 무익흔 슬ᄭ우지 말고 밥이나 힘ᄡᅥ 먹고 병드러 근심 기티디 말아 부마과 ᄒᆞ가지로 보와 라 늘근 졍승 안흘 싱각ᄒ니 더욱 ᄀᆞ이업다

판독대비

번호	판독자료집	金一根 (1986/1991 : 190)	이종덕·황문환 (2011 : 70)
1	졍 브터	졍브터	–

『숙명신한첩』 언간 07

〈숙명—07, 1652~1659년, 효종(아버지) → 숙명공주(딸)〉

판독문

글월 보고 됴히 이시니 반기노라 나는 됴히 왓노라

판독대비

번호	판독자료집	金一根 (1986/1991 : 189)	이종덕·황문환 (2011 : 72)

『숙명신한첩』 언간 08

〈숙명-08, 1652~1659년, 효종(아버지) → 숙명공주(딸)〉

판독문

아홉 가지 왜능화 오십오 댱 가니 닙츈 써 드린 샹으로 부마 주어라

판독대비

번호	판독자료집	金一根 (1986/1991 : 189~190)	이종덕·황문환 (2011 : 74)

『숙명신한첩』 언간 09

〈숙명-09, 1652~1659년, 효종(아버지) → 숙명공주(딸)〉

판독문

그리 밤나즐[1] 시위ᄒᆞᄋᆞᆸ고 잇ᄉᆞᆸ다가 이리 오ᄅᆞ오시니 온 집이 다 뷘 ᄃᆞᆺᄒᆞ고 하 섭섭ᄒᆞ오니 웃뎐으로겨오셔야[2] 더 ᄌᆞᆨ히 ᄉᆡᆼ각ᄒᆞ오시랴 하졍이 아ᄆᆞ라타 업서 ᄒᆞ노라 ᄒᆞᆫ업시 섭섭ᄒᆞ야 ᄒᆞᄋᆞᆸᄂᆞᆫ 정셩과 ᄠᅳ들 아오시긔 ᄒᆞ야라

판독대비

번호	판독자료집	金一根 (1986/1991 : 190)	이종덕·황문환 (2011 : 76)
1	밤나즐	밥나즐	-
2	웃뎐으로겨오셔야	웃뎐으로 겨오셔야	-

『숙명신한첩』 언간 10

〈숙명-10, 1661년, 현종(남동생) → 숙명공주(누나)〉

판독문

됴쟈의 졍찰 보고 보는 둣 든든 반기며 작일 봉샹의셔 환션 두로던 거시 긔 닌고 즈[1] 아는
다 크니와 아모 날이나 별로 볼일이 내드르면 내 가 뵈오리이다 휘 졍 냥 미즈드려 ᄒ가지
로[2] 니르쇼셔 이년 신튝 윤칠 슌칠일 악착 흥녕 ᄒ 장은 보내라 ᄒ야시매 이러 나아간다

판독대비

번호	판독자료집	金一根 (1986/1991 : 211)	이종덕·황문환 (2011 : 78)
1	긔 닌고 즈	긔 닌고즈	-
2	ᄒ가지로	ᄒ가지로	-

『숙명신한첩』 언간 11

〈숙명-11, 1659~1674년, 현종(남동생) → 숙명공주(누나)〉

판독문

밤스이 평안ᄒᆞ옵신 일 아옵고져 ᄇᆞ라오며 오늘은 졍찰도 못 어더 보오니 ᄀᆞ이업습더이다 이 황감 칠 민[1] 극쇼 블관ᄒᆞ오나[2] 졍으로 모도온 거시라 가오니[3] 젹다 마옵시고 웃고 자옵 쇼셔

판독대비

번호	판독자료집	金一根 (1986/1991 : 211)	이종덕·황문환 (2011 : 80)
1	칠 민	칠민	-
2	블관ᄒᆞ오나	블관ᄒᆞ오니	-
3	가오니	가노니	-

『숙명신한첩』 언간 12

〈숙명-12, 1652~1688년, 장렬왕후(할머니) → 숙명공주(손녀)〉

판독문

글월 보고 무스히 이시니 깃거ᄒ며 어제 샹궁둘 둔녀오나롤[1] 긔별 듯고 친히 본 듯 든든ᄒ
기 아ᄆ라타 업ᄉ며 어제는 날이 흐릴가 넘녜 ᄀ이업더니 날도 됴코 무ᄉ히 디내니 다힝 깃
브기 아ᄆ라타 업ᄉ나 두굿거온 샹도 보디 못ᄒᄂ 줄을 애둘며 녜일을[2] ᄉ각ᄒ니 더옥 가지
가지 굿버 디내엿ᄂ

판독대비

번호	판독자료집	金一根 (1986/1991 : 187)	이종덕·황문환 (2011 : 84)
1	둔녀오나롤	둔녀 오나롤	–
2	녜일을	녜 일을	–

『숙명신한첩』 언간 13

〈숙명-13, 1652~1688년, 장렬왕후(할머니) → 숙명공주(손녀)〉

판독문

글월 보고 친히 본 듯 든든 몬내 반기며 나간 후 글시도 못 보니 섭섭ᄒ기 아므라타 업순 듕 나갈 적[1] 병세롤 아랏던 거시매 일뎡 더 알파ᄒᄂ가 일쿳고 넘ᄒ더니 수이 그만이나 ᄒ야 니일 드러온다 다힝 깃브며 볼가 기드리고 잇닉

판독대비

번호	판독자료집	金一根 (1986/1991 : 187~188)	이종덕·황문환 (2011 : 82)
1	나갈 적	나갈적	–

『숙명신한첩』 언간 14

〈숙명-14, 1652~1674년, 인선왕후(어머니) → 숙명공주(딸)〉

판독문

글월 보고 무수ᄒ니 깃거ᄒ며 보는 듯 든든 반기노라 박 샹궁 드러오나놀 긔별돌 듯고 보는 듯 든든ᄒ여 ᄒ며 가샹의 형뎨돌은 막 에엿버더라 본내 닐러 ᄒ니 나는 언제 볼고 일ᄏᄅ며 날이나 더 덥거든 다 ᄃ려다가 보려 ᄒ노라

판독대비

번호	판독자료집	金一根 (1986/1991 : 191)	이종덕·황문환 (2011 : 86)

『숙명신한첩』 언간 15

〈숙명-15, 1659~1671년, 인선왕후(어머니) → 숙명공주(딸)〉

판독문

글월 보고 무양히곰 이시니 깃거ᄒ며 보는 둣 반가와ᄒ노라 슈연도 보고 몬내 우으며 아므
리 그만ᄒ여 두면 쓰랴 흔들 님자 업슨 일의 뉘라셔 애뻐 ᄒ리가 이시리 ᄀᆞ옴도 지금 못 어
더시니 그거시 되여 나기[1] 어려울가 시브니 하 죄오디나 마라 슉경이논 닐일 나가기 ᄒ여시
니 그거시 조차 ᄆᆞ자 나가면 더옥 젹막ᄒᆞᆯ가 시브니 가지가지 ᄆᆞ옴을 뎡티 못ᄒᆞᆯ가 시브다 언
제 너희나 드러올고 눈이 감게 기ᄃᆞ리고 잇노라

판독대비

번호	판독자료집	金一根 (1986/1991 : 191)	이종덕·황문환 (2011 : 88)
1	되여 나기	되여나기	되여나기

『숙명신한첩』 언간 16

〈숙명-16, 1660년, 인선왕후(어머니) → 숙명공주(딸)〉

판독문

글월 보고 무스하니 깃거하며 보는 둣 몬내 반기노라 익평위는 만리힝역의 무스히 도라오
니 깃브기 て이업스나 가지가지 무움이 새로이 셜워하노라 부마는 엇디 그러하거뇨 넘녜
て이업슨 듕의 머리예 거슨 허런 디 오라니 더옥 분별되고 등의 도든 것도 분애 브른 고디
니 넘이 헐티 못하여 하노라 어제오늘은 혼자 더옥 젹막히 안자 가지가지 무움도 셟고 슬픈
이리 만하 아젹굿[1] 눈믈을 흘리고 잇노라 대군 집 대샹도 무주 디나니 어느 스이 삼 년이
진하거뇨 새로이 툭툭하여 하노라 닉일 드러오면 볼가 기드리고 잇노라

판독대비

번호	판독자료집	金一根 (1986/1991 : 191)	이종덕·황문환 (2011 : 90)
1	만하 아젹굿	만하아젹굿	-

『숙명신한첩』 언간 17

〈숙명-17, 1659년경, 인선왕후(어머니) → 숙명공주(딸)〉

판독문

글월 보고 무양ᄒ니 깃거ᄒ며 보는 듯 든든 반기노라 그리 나간 디 여러 날이 되드록 아마도 섭섭 무류ᄒ여 ᄒ노라 녹의인뎐은 고텨 보내려 ᄒ니 깃거ᄒ노라 네 일역은 ᄒ는다 슉휘는 좀벼개 귀여ᄋ롤 미자니 기고 셔고 벼개 귀여ᄋ ᄒ려 ᄒ고 시방 밋노라 브스다히는디 너는 엇디려 ᄒ는다

판독대비

번호	판독자료집	金一根 (1986/1991 : 191)	이종덕·황문환 (2011 : 92)

『숙명신한첩』 언간 18

〈숙명-18, 1659~1662년, 인선왕후(어머니) → 숙명공주(딸)〉

판독문

글월 보고 무양ᄒ니 깃거ᄒ며 보는 둣 든든 반기노라 나는 오늘은 퍽 ᄒ려 창홀 열고 잇노라 빅쳔은 싀골 가 과거를 보니 딘시 긔별도 몰라 답답ᄒ여 ᄒ더니 아젹 긔별을 드르니 초시를 넷재 ᄒ다 ᄒ니 그런 다ᄒᆡᆼᄒ고 깃븐 이리 어듸어듸 이시리 깃븐 ᄆᆞ음을 뎡티 못ᄒ여 ᄒ노라 회간으로 올라오노라 ᄒ엿더라 슉경이는 돌림니질을 어덧는가 시브니 그런 심심 민망ᄒᆞᆫ 이리 업서 ᄒ노라 닙효산 가시니 공심의 구ᄐᆡ여 머그려 말고 오늘 두 번 머그라 닐러라 하븍니댱군뎐 간다 감역 집의 벗긴 칙 츳자 드러올 제 가져오나라

판독대비

번호	판독자료집	金一根 (1986/1991 : 191~192)	이종덕·황문환 (2011 : 94)

『숙명신한첩』 언간 19

〈숙명-19, 1657년, 인선왕후(어머니) → 숙명공주(딸)〉

판독문

우ᄒ로겨ᄋ오샤[1] 졍승이 오라디 아녀셔 나가시긔 ᄒ여시니 부마롤 그저 더리 미인 디[2] 업시
두고 가시면 글도 못 비호고 어히 업슬 거시니 눔 아닌 ᄉ이오 ᄒ니 브디 권 진션끠 맛디고
가시되 진션끠도 쇼쳥을 둔둔이[3] ᄒ시고 부마ᄃ려도 ᄀ장 둔둔이 당부ᄒ고 가옵쇼셔 ᄒᄋ
오신다 ᄒ여 내 말로 뎍어라 ᄒᄋ오신다

판독대비

번호	판독자료집	金一根 (1986/1991 : 192)	이종덕·황문환 (2011 : 96)
1	우ᄒ로겨ᄋ오샤	우ᄒ로 겨ᄋ오샤	-
2	미인 디	미인디	-
3	둔둔이	둔둔히	-

『숙명신한첩』 언간 20

〈숙명-20, 1654년, 인선왕후(어머니) → 숙명공주(딸)〉

판독문

글월 보고 무스ᄒ니 깃거ᄒ며 보는 듯 든든 반기노라 집의 가기는 초성이 너모 갓가오니 믈
려 ᄐᆡ일을 ᄒ여 와시되 오늘도 목졍으로 밧긔 나 겨ᄋ오시니 드오셔든 취품을 ᄒ와야 아올
가 시브다 슉안이는 희산을 무스히 ᄒᆞᆫ 등[1] 싱남을 ᄒ니 깃브기 ᄀ이업다 너는 언제 아ᄃᆞᆯ을
나하 뎌 늘근 싀아비를 싱광을 뵐고 ᄒ노라

판독대비

번호	판독자료집	金一根 (1986/1991 : 192)	이종덕·황문환 (2011 : 98)
1	ᄒᆞᆫ 등	ᄒᆞᆫ듕	–

『숙명신한첩』 언간 21

〈숙명-21, 1652~1659년, 인선왕후(어머니) → 숙명공주(딸)〉

판독문

글월 보고 친히 보는 둧 든든 반기나 귀는 혼가지로 알른다 ᄒ니 엇던 거시 그리 지리ᄒ고 분별이 ᄀ이업서 ᄒ노라 우ᄒ로겨으오샤[1] 어제 헌부의셔 새로 소계ᄒ여 졔궁가의셔 금난[2] 일로 작폐ᄒᄂ 이리 힉약ᄒ니 ᄌ곰 덕발ᄒ여 가댱을 죄주게 ᄒ여시니 힝혀 거둘릴[3] 이리 이실가 ᄒ야 아젹의 소임둘홀 블러다가 뎐교로 니르고 이 ᄉ연을 항것둘ᄃ려[4] 니르고 조심ᄒ라 ᄒ여시니 아마도 조심둘 ᄒ라 ᄒ오신다

판독대비

번호	판독자료집	金一根 (1986/1991 : 193)	이종덕·황문환 (2011 : 100)
1	우ᄒ로겨으오샤	우ᄒ로 겨으오샤	-
2	금난	굼난	-
3	거둘릴	괴둘릴	-
4	항것둘ᄃ려	항것둘 ᄃ려	-

『숙명신한첩』 언간 22

〈숙명-22, 1652~1662년, 인선왕후(어머니) ➜ 숙명공주(딸)〉

판독문

글월 보고 무亽ᄒ니 깃거ᄒ며 보논 듯 든든 반기노라 날이 프드록 아마도 섭섭ᄒ기 ᄀ이업
서 ᄒ노라 졍승은 샹한을 ᄒ여 겨시다 ᄒ니 년고ᄒ 사ᄅ이 뎌젹의 날마다 문안 ᄃ니시기예
샹ᄒ신가 넘녀ᄒ며 안심티 아녀 ᄒ노라 이 감ᄌᄂ 어디 아닌 거시니 병듕의 보내긔 열 보내
노라

판독대비

번호	판독자료집	金一根 (1986/1991 : 193)	이종덕·황문환 (2011 : 102)

『숙명신한첩』 언간 23

〈숙명-23, 1652~1674년, 인선왕후(어머니) → 숙명공주(딸)〉

판독문

글월 보고 무스히 이시니 깃거ᄒ며 보는 둣 든든 반가와ᄒ노라 날이 ᄑ드록 섭섭 훌훌ᄒ믈 어이 다 뎍으리 어제오늘은 날이조차[1] 극한ᄒ니 움즉여 날 의스도[2] 못ᄒ고 두문ᄒ고 드러안 ᄌ니 안자시니 더욱 심심[3] 고로와ᄒ노라 가샹의 형뎨는 다 ᄒ럿다 ᄒ니 ᄀ이업시 깃거ᄒ노 라 돈피 두 녕 간다 ᄏ니와 그거시 줘갓 ᄀᆺ니 반믈이나 드려야 기울가 시브다

판독대비

번호	판독자료집	金一根 (1986/1991 : 193)	이종덕·황문환 (2011 : 104)
1	날이조차	-	날이 조차
2	의스도	의사도	-
3	더욱 심심	더욱심심	-

『숙명신한첩』 언간 24

〈숙명-24, 1652~1674년, 인선왕후(어머니) → 숙명공주(딸)〉

판독문

글월 보고 무스ᄒ니 깃거ᄒ며 보는 둣 다시곰 든든 몬내 반기노라 그리 듀야롤 ᄯ터날 스이
업시 디내다가 어제는 미양 잇디 못홀 거시라 내여보내나 호졋ᄒ고 섭섭 무류ᄒ기롤 어이
다 덕으리 ᄒᆞᆫ갓 ᄆᆞᆷ만 굿브고 ᄌᆞ득ᄒᆞᆫ 심시 더옥 아ᄆᆞ라타 업스니 쇽졀업시 눈물만 딜 ᄲᅳᆫ이
로다 가샹의 형뎨둘토 됴히 잇ᄂᆞᆫ가 ᄒ며 ᄌᆞ히 반겨ᄒᆞ랴 일ᄏᆞᆺ고 잇노라 너희 나븨는 이리로
셔 보내노라

판독대비

번호	판독자료집	金一根 (1986/1991 : 192)	이종덕·황문환 (2011 : 106)

『숙명신한첩』 언간 25

〈숙명-25, 1659~1671년, 인선왕후(어머니) → 숙명공주(딸)〉

판독문

글월 보고 무수히 이시니 깃거ᄒ며 보는 듯 든든 반기노라 나간 디 여러 날이 되드록 섭섭
ᄒ기 아무라타 업서 ᄒ노라 어제져녁 글월도 보고 몬내 우으며 그러ᄒ므로 아이에 머글 거
술 보내엿노라 쇼지도 보되 우편 손등의 담이 잇더니 뉴주ᄒ여 ᄇ롯 폴목의 가시니 싀여 글
을 쓰디 못ᄒ여 계유 쓰니 조초 ᄒ마[1] 경의 글월 굿틔 뎌긴 것 보고 션악ᄒ여라

판독대비

번호	판독자료집	金一根 (1986/1991 : 192)	이종덕·황문환 (2011 : 108)
1	조초 ᄒ마	조초ᄒ아	-

『숙명신한첩』 언간 26

〈숙명-26, 1652~1674년, 인선왕후(어머니) → 숙명공주(딸)〉

판독문

글월 보고 무스히 이시니 깃거ᄒ며 보ᄂ 듯 든든 몬내 반기노라 여러 날이 되ᄃ록 그리 모
다 디내던 일이 몽동 일 ᄀᆺᄐ여 섭섭ᄒ믈 뎡티 못ᄒ여 ᄒ노라 나ᄂᆫ 대단티 아니ᄒ나 감모
ᄭᅬ로¹ 티도 알프고 거복ᄒ여² 약 먹노라 크니와 관겨티 아니ᄒ다

판독대비

번호	판독자료집	金一根 (1986/1991 : 193)	이종덕·황문환 (2011 : 110)
1	감모 ᄭᅬ로	감모ᄭᅬ로	감모ᄭᅬ로
2	거복ᄒ여	거북ᄒ여	–

『숙명신한첩』 언간 27

〈숙명-27, 1659~1674년, 인선왕후(어머니) → 숙명공주(딸)〉

판독문

글월 보고 무스히 이시니 깃거ᄒ며 보ᄂᆞᆫ 듯 든든 반가와ᄒᆞ노라 유감은 므릇온 거시 열닐굽
이어ᄂᆞᆯ 슉안의게ᄒ고 네게ᄒ고 ᄂᆞᆫ호니 ᄒᆞ나히 남거ᄂᆞᆯ 마시나 보고 보내게 더 녀헛더니라
요스이 가샹의 형뎨ᄃᆞᆯ히 다 됴히 잇ᄂᆞᆫ가 ᄒ며 고놈ᄃᆞᆯ이 죡히 에엿버시랴 ᄒ노라

판독대비

번호	판독자료집	金一根 (1986/1991 : 193)	이종덕·황문환 (2011 : 112)

『숙명신한첩』 언간 28

〈숙명-28, 1652~1674년, 인선왕후(어머니) → 숙명공주(딸)〉

판독문

글월 보고 무ᄉᄒ니 깃거ᄒ며 보ᄂ 듯 든든 반기노라 ᄃ라치ᄂ 그리 심티 아니타 ᄒ니 수이
ᄒ릴가 깃거ᄒ노라 ᄃ러올 날이 갓가오니 수이 볼가 기ᄃ리노라 온 진쥬[1] 보와ᄃ 자바 보내
여라 그제 명ᄌ 터홀 갑 도도노라 아니 ᄑᆞᆫ다 ᄒ더니 못 사ᄃᆞᆫ던가 ᄒ노라

판독대비

번호	판독자료집	金一根 (1986/1991 : 193~194)	이종덕·황문환 (2011 : 114)
1	온 진쥬	온진쥬	-

『숙명신한첩』 언간 29

〈숙명-29, 1659~1674년, 인선왕후(어머니) → 숙명공주(딸)〉

판독문

글월 보고 무스ᄒ니 깃거ᄒ며 보ᄂ 듯 든든 반기노라 가샹이ᄂ 이제ᄂ 여샹ᄒ여 밤의 좀도
잘 자고 됴히 이시되 둥혀긔가 채 업디 아니ᄒ매 오늘 쏘 의관 뵈려 ᄒ노라 원샹이도 올라
오고 제 형도 어제 올라와 노다가 갓ᄂ니라 원샹이가 코 흘리고 곳쓸긔 잇ᄂ 듯ᄒ거ᄂ 오늘
은 녀허 두라 ᄒ엿노라

판독대비

번호	판독자료집	金一根 (1986/1991 : 194)	이종덕·황문환 (2011 : 116)

『숙명신한첩』 언간 30

〈숙명-30, 1659~1674년, 인선왕후(어머니) → 숙명공주(딸)〉

판독문

글월 보고 무스ᄒ니 깃거ᄒ며 보는 둣 든든 반기노라 가샹이ᄂ 샹한은 대단티 아니ᄒ되 여
러 날 뎌러니 민망ᄒ여 ᄒ노라 움동이ᄀ치 드러 업데엿 아ᄒ리룰 급작되이 나여 일즉 ᄇ롬 ᄡ
이고 ᄒ여 글로 뎌런가 시브다 든 집이 하 옹식ᄒ여 답답ᄒ니 승회뎐 침방 온돌 ᄒ편의 드
리려 ᄒ되 가샹이ᄂ 알파ᄒ니 츌입의 뎜샹홀가 아ᄋ 몬져 보내엿노라

판독대비

번호	판독자료집	金一根 (1986/1991 : 194)	이종덕·황문환 (2011 : 118)

『숙명신한첩』 언간 31

〈숙명-31, 1659~1674년, 인선왕후(어머니) → 숙명공주(딸)〉

판독문

글월 보고 무스히 이시니 깃거ᄒ며 보는 듯 든든 반기노라 슈연도 보고 가샹의 형뎨는 됴히
잇는가 시브니 깃거ᄒ며 가샹의 말을 보니 그놈의 에엿븐 샹이 보는 듯ᄒ니 언제 날이 더워
드려다가 볼고 일쿳노라 볼 날이 머디아니ᄒ니 아ᄒᆡᄀᆞ티 손고바 기드리고 잇노라

판독대비

번호	판독자료집	金一根 (1986/1991 : 194)	이종덕·황문환 (2011 : 120)

『숙명신한첩』 언간 32

〈숙명-32, 1659~1674년, 인선왕후(어머니) → 숙명공주(딸)〉

판독문

글월 보고 무양호니 깃거호며 보는 듯 든든 반기나 져도 그론 드랏치롤 내엿다 호니 엇디
그리호고 분별호며 드랏치는 심호니는 머리가 심히 알폰 거시니 어이 견디는고 더옥 닛디
못호여 호노라 원샹이는 다룬 거시 아니라 아오 투기로 주올이 드러 그러호니 아므리 호여
도 거줏 거시니라

판독대비

번호	판독자료집	金一根 (1986/1991 : 194)	이종덕·황문환 (2011 : 122)

『숙명신한첩』 언간 33

〈숙명-33, 1658~1674년, 인선왕후(어머니) → 숙명공주(딸)〉

판독문

글월 보고 친히 보는 듯 든든 반기나 네 안질도 혼가지오 가샹이는 간밤도 어제과 그티 디 내고 샌 후 긔운도 나은 일이 업손가 시브니 그런 민망민망혼 이리 어듸 이시리 외감을 ᄒ 엿다 혼다 ᄒ니 어대강 발표롤[1] ᄒ여야 열이 ᄂ릴 거시니 긔 더옥 민망ᄒ다 덥시기롤 조심 ᄒ여 잘ᄒ디 아녀 오술 얇게 닙펴 그리 혬 업시 ᄒᄂ 거시 곳득혼 긔운의 외감ᄒ여 발한이 나 ᄒ노라 헤티고 헤티고 ᄒ여든 원긔가 죽히 샹ᄒᄂ냐

판독대비

번호	판독자료집	金一根 (1986/1991 : 194~195)	이종덕·황문환 (2011 : 124)
1	어대강 발표롤	어대 강발표롤	-

『숙명신한첩』 언간 34

〈숙명-34, 1662년, 인선왕후(어머니) → 숙명공주(딸)〉

판독문

글월 보고 무스ᄒ니 깃거ᄒ며 보는 듯 든든 반기노라 아기네는 오늘 드러오니 심심 듕 쇼일
홀가 든든 깃버ᄒ노라 부마는 몸이나 무스히 잇는가[1] ᄒ며 졸곡이 디나시니 된밥이나 시로
이 먹는가 몰라 답답ᄒ여 ᄒ노라 요스이는 한지로 굽굽 민망이 디내노라 ᄒ니 넉시 업손 듯
ᄒ여 ᄒ노라 큰뎐의셔 피졍뎐ᄒ여 겨셔 안흘 몰라 ᄒ시ᄂ니라

판독대비

번호	판독자료집	金一根 (1986/1991 : 195)	이종덕·황문환 (2011 : 126)
1	잇는가	있는가	−

『숙명신한첩』 언간 35

〈숙명-35, 1652~1674년, 인선왕후(어머니) → 숙명공주(딸)〉

판독문

글월 보고 무스ᄒ니 깃거ᄒ며 보는 둣 든든 반기노라 수연도 보고 부매 가셔 니ᄅ면 더 됴
키 ᄒ엿다 요스이는 이 일로 걸리여 줌이 편티 못ᄒ더니 오늘은 져그나 싀훤ᄒ여 ᄒ노라 화
복은 ᄒᆞᆫ 덥이 모ᄌ라더니 이는 보태고 남긔 ᄒ여시니 탄일 다례예 쓰옵긔 ᄒ여시니 이런 싱
광되고 깃븐 이리 업서 ᄒ노라 이 다엿쇄만[1] 디나면 서ᄅ 볼가 기ᄃ리고 잇노라[2]

판독대비

번호	판독자료집	金一根 (1986/1991 : 195)	이종덕·황문환 (2011 : 128)
1	다엿쇄만	다엿새만	-
2	기ᄃ리고 잇노라	기ᄃ리노라	-

『숙명신한첩』 언간 36

〈숙명-36, 1661년, 인선왕후(어머니) → 숙명공주(딸)〉

판독문

글월 보고 무스히 이시니 깃거ᄒ며 보는 둣 든든 몬내 반기노라 원샹의 셩일의 오슨 조각
모화 ᄒ여 준 거시 머어시 이졋ᄒ리 할미 햐암이 그리 흑셕져이 ᄒ엿닷다 어린 아히 누비옷
도곤 핫옷 믜니 니벗는 샹이 알온스러워 에엿브니라 돌시 칼홀 믿ᄃ니 제 간의[1] 너모 크니
고려 조리쟈 ᄒ니는 미양 쟉아실 거시 아니니 앗갑고 이제 츠기는 아ᄆ려도 크니 웃뎐의셔
ᄒ여 주오신 칼히 이제 마ᄌ니 그롤 츠긔 ᄒ려 아젹 그 칼홀 긴ᄒ려 보내라 ᄒ엿더니 그 글
월이 갓던가 ᄒ노라 졍승 딕의 갓다 ᄒ니 ᄒᆞᆫ 발이나 머니 섭섭ᄒ여 ᄒ노라

판독대비

번호	판독자료집	金一根 (1986/1991 : 195)	이종덕·황문환 (2011 : 130)
1	제 간의	제간의	–

『숙명신한첩』 언간 37

〈숙명-37, 1652~1674년, 인선왕후(어머니) → 숙명공주(딸)〉

판독문

글월 보고 무양ᄒ니 깃거ᄒ며 보는 듯 든든ᄒ여 ᄒ노라 아기는 어제야 니각을 ᄒ니 그런 다
힝 깃븐 이리 어듸 이시리 나는 발표ᄒ니 오늘은 흐럿노라 요ᄉ이 이리 ᄀ믄니 하 근심을
ᄒ오시니 보옵기 굽굽ᄒ여 ᄒ노라 오늘 긔우졔예 어제 져므도록 나 겨오셔[1] 지계ᄒ오시고
밤도 낫 슴ᄉ오시고[2] 삼경의 나오셔 파루 후의야 집의 드오셧다 졍셩을 드리오시더니마ᄂ
ᄒ마 올 ᄃᆺᄒ고 아니 오니 아마도 굽굽ᄒ여 ᄒ노라

판독대비

번호	판독자료집	金一根 (1986/1991 : 195~196)	이종덕·황문환 (2011 : 132)
1	겨오셔	겨ᄋ셔	–
2	낫 슴ᄉ오시고	못 즘ᄉ오시고	–

『숙명신한첩』 언간 38

〈숙명-38, 1658~1674년, 인선왕후(어머니) → 숙명공주(딸)〉

판독문

글월 보고 무스히 이시니 깃거ᄒ며 보는 둣 든든 반가와ᄒ노라 가샹이네는 둘포[1] 잇다가 나
가긔 되니 더옥 섭섭ᄒ기 ᄀ이업서 ᄒ노라 가샹이는 아젹브터 썩 달라 ᄒ고 에인이 픠여시
니[2] 급작되이 썩 ᄒ노라 드러쳐시니 이런 비변이 업서 웃노라 음식 가지수를 손고바 혜며
내라 ᄒ고 보챈다

판독대비

번호	판독자료집	金一根 (1986/1991 : 196)	이종덕·황문환 (2011 : 134)
1	둘포	-	달포
2	에인이 픠여시니	에인 어픠여시니	-

『숙명신한첩』 언간 39

〈숙명-39, 1662년, 인선왕후(어머니) → 숙명공주(딸)〉

판독문

글월 보고 무스ᄒ니 깃거ᄒ며 보는 둧 든든 반기노라 나는 거손 오늘도 ᄒᆫ가지라[1] ᄒ니 위
연 고롭고 민망ᄒ랴 ᄒ며 나기야 사롭이 밧바ᄒ므로 갈 거시[2] 아니니 ᄌᆞ연 됴ᄒᆫ 때예 아니
나랴 하 밧바 마라 닐일 날은 다ᄅᆞ시니[3] 새로이 톡톡 셟기[4] 아ᄆᆞ라타 업손 둥 참졔도[5] 못ᄒ
고 망곡을 사못 ᄒ니[6] 더옥 셜운 ᄆᆞ음을 뎡티 못ᄒ여 ᄒ노라

판독대비

번호	판독자료집	金一根 (1986/1991 : 196)	이종덕·황문환 (2011 : 136)
1	ᄒᆫ가지라	ᄒᆫ가지라	-
2	갈 거시	갈거시	-
3	다ᄅᆞ시니	다다ᄅᆞ시니	-
4	톡톡 셟기	톡톡셟기	-
5	참졔도	참 졔도	-
6	사못 ᄒ니	사못ᄒ니	사못 ᄒ니

『숙명신한첩』 언간 40

〈숙명-40, 1662년, 인선왕후(어머니) → 숙명공주(딸)〉

판독문

글월 보고 무스ᄒ니 깃거ᄒ며 보는 듯 든든 반기노라 수연도 보고 집 일은 그러ᄒ면 잘 아
니 보내도다 다론 드러 피졉을 ᄒ다 ᄒ니 깃브기 ᄀ이업다 발인 장일이 년일ᄒ여 이시니[1]
일마다 슌ᄒ니 그런 ᄀ초 유복ᄒ 이리 업스니 몬내 일ᄏ노라 어제 슈진궁으로셔[2] 미 이 셕
졍승 딕의 녹도 업고 졔ᄉᄒ고 죡히 군히 지내시랴 블관ᄒ나 보내엿더니 갓던가 ᄒ노라

판독대비

번호	판독자료집	金一根 (1986/1991 : 196)	이종덕·황문환 (2011 : 138)
1	년일ᄒ여 이시니	년일 ᄒ여시니	-
2	슈진궁으로셔	슈진즁으로셔	-

『숙명신한첩』 언간 41

〈숙명-41, 1654~1674년, 인선왕후(어머니) → 숙명공주(딸)〉

판독문

글월 보고 무수하니 깃거하며 보는 듯 든든하여 하노라 긇픠면 볼가 기드리고 잇노라 졍승
딕은 솟병으로 부긔조차 낫다 하니 곷득[1] 실티 못한 사룸이 더옥 올하랴 분별하며 어느만
굽굽하여둘 하는고 닛디 못하여 하노라 비는 그리 브라다가 긔특이 시작을 하여 두시고 이
리 조로시니 힝혀 거번 곷툴가 용심을 하고 잇노라

판독대비

번호	판독자료집	金一根 (1986/1991 : 196)	이종덕·황문환 (2011 : 140)
1	곷득	굑득	–

『숙명신한첩』 언간 42

〈숙명-42, 1666년, 인선왕후(어머니) → 숙명공주(딸)〉

판독문

글월 보고 무스히 이시니 깃거ᄒ며 보는 ᄃᆺ 든든 몬내 반기노라 어제 부마는 드러오니 비록
보디 못ᄒ나 든든ᄒ기 ᄀ이업서 밤새굿 일ᄏᆺ고 잇노라 가샹이는 아바마 와시니 가 보라 ᄒ
니 우도 아니ᄒ고 나가니 ᄌᆞ연이 혀이는가 시브다 니ᄅᆞ고 에엿버ᄒ노라 원샹이는 밤ᄌᆞᆷ도
됴히 자고 긔운도 여샹ᄒ되[1] 져녁 ᄢᅢ면 열ᄒᆞ여 기춤도 ᄆᆡ이 깃고 ᄒ다가 져믄 휘면 몸도 도
로 식고 기춤도 그치고 됴히 이시니 요ᄉᆞ이 돌림이 다 그러타 ᄒ니 시령으로 그런가 시브다
슉안이는 블의예 나가니 섭섭ᄒ기ᄅᆞᆯ 엇디 ᄀ올ᄒᆞ리 다만 오라디 아녀 드러올 거시니 기ᄃᆞ
리고 잇노라

판독대비

번호	판독자료집	金一根 (1986/1991 : 196~197)	이종덕·황문환 (2011 : 142)
1	여샹ᄒ되	여샹ᄒ되	-

『숙명신한첩』언간 43

〈숙명-43, 1654~1662년, 인선왕후(어머니) → 숙명공주(딸)〉

판독문

글월 보고 무ᄉ히 이시니 깃거ᄒ며 든든ᄒ여 ᄒ노라 우ᄒ로겨ᄋ오샤[1] 어제 복샹을 ᄒ되 신
복샹이 업ᄉ니 졍승이 혼자 와 ᄒ시니 아녀 겨신가 부마 ᄒ여[2] 아라보라 ᄒᄋ오신다 회화
오나든 즉시 보내여라

판독대비

번호	판독자료집	金一根 (1986/1991 : 197)	이종덕·황문환 (2011 : 144)
1	우ᄒ로겨ᄋ오샤	우ᄒ로 겨ᄋ오샤	–
2	부마 ᄒ여	부마ᄒ여	–

『숙명신한첩』 언간 44

〈숙명-44, 1663년, 인선왕후(어머니) → 숙명공주(딸)〉

판독문

글월 보고 무스ᄒ니 깃거ᄒ며 보는 듯 든든 반기노라 오늘 드러올가 ᄒ더니 ᄒᄅ 스이나 니일 드러오노라 ᄒ여시니 섭섭ᄒ여 ᄒ노라 졍이는 비도 넙젹ᄒ고 보배ᄡᆞᆯ을 비엿도다 시버 뎌 싀집의셔 ᄒ고 뎌리 위신코 잇다가 핀잔져어 어일고 넘녀ᄅᆞᆯ ᄒ더니 아ᄃᆞᆯ을 나ᄒ니 그런 싱광되고 깃븐 일이 어ᄃᆡ 이시리 동평위 구는 샹을 보고져 니ᄅᆞ고 잇노라 어제 실텹 쓴 것도 ᄌᆞ시 바닷노라

판독대비

번호	판독자료집	金一根 (1986/1991 : 197)	이종덕·황문환 (2011 : 146)

『숙명신한첩』 언간 45

〈숙명-45, 1649~1659년, 인선왕후(어머니) → 숙명공주(딸)〉

판독문

글월 보고 무스히니 깃거ᄒ며 반가와ᄒ노라 네 오라바님은 오늘은 어제도곤 긔운이 퍽 낫
고 밤의 좀도 녜스로이 잣다 이제는 됴리만 잘홀 ᄲᅮᆫ이니 넘녀로온 이리¹ 업다 그것씌 애 ᄲᅡ
딘 이리야 다 ᄒ리 드러와 드러라 슈라도 쟉쟉 ᄒ나² 즈로 먹으니 이제란 근심 마라 제 집
은 조바 급급ᄒ여 그것씌 대조뎌셔 온돌의 왓ᄂ니라

판독대비

번호	판독자료집	金一根 (1986/1991 : 197)	이종덕·황문환 (2011 : 148)
1	이리	일이	일이
2	쟉쟉 ᄒ나	쟉쟉ᄒ나	-

『숙명신한첩』 언간 46

〈숙명-46, 1664년, 인선왕후(어머니) → 숙명공주(딸)〉

판독문

글월 보고 무스ᄒ니 깃거ᄒ며 보는 듯 든든 반기노라 경이는 나가니 그거술사 두고 쇼일도
ᄒ고 걱정도 ᄒ며 날을 디내더니 ᄆ자 내여보내니 경ᄉ로 나가건마는 섭섭 호젓 굿브기ᄅᆞᆯ
어이 다 뎍으리 이리 섭섭고 굿브나 ᄆᆞ음을 모디리 머거 웃고 내여보내엿노라 녯날[1] 너희
다 못던 일이 싱각ᄒ이여 섭섭호되[2] 너는 언머ᄒ여 탈상을 ᄒᆞᆯ 것 아니어니와 슉휘ᄅᆞᆯ 싱각ᄒ
고 아젹긋 ᄆᆞ음이 굿버 울고 잇노라 오늘 싱일이니 에엿블샤 싱일이면 세 술 머근 것ᄀᆞ티
됴하ᄒᆞ던 일을 싱각고 가지가지 ᄆᆞ음 굿버ᄒ노라

판독대비

번호	판독자료집	金一根 (1986/1991 : 197~198)	이종덕·황문환 (2011 : 150)
1	녯날	엿날	–
2	섭섭호되	섭섭ᄒ되	–

『숙명신한첩』 언간 47

〈숙명-47, 1652~1674년, 인선왕후(어머니) → 숙명공주(딸)〉

판독문

글월 보고 무양히 이시니 깃거ᄒ며 친히 보ᄂᆞᆫ 듯 반기노라 닐웬날 드러오라 ᄒᆞ엿더니 부매
하 섭섭이 너긴다 ᄒᆞ니 아ᄒᆞ랜날 드러오ᄃᆡ 젼의 니론 대로 새배 형의 집으로 와셔 볼거든
드러오나라 산ᄃᆡ구술[1] 틱스 드ᄂᆞᆫ 날은 아ᄆᆞ 공쥬 것[2] 굿보ᄂᆞᆫ ᄃᆡ라 ᄒᆞ고 번거ᄒᆞ여 못홀 거시
니 삼도습의 날 구술 보와라 뎨젼각 ᄒᆞ나 싱티 세 간다

판독대비

번호	판독자료집	金一根 (1986/1991 : 198)	이종덕·황문환 (2011 : 152)
1	산ᄃᆡ구술	산ᄃᆡ구술	–
2	공쥬 것	공쥬것	–

『숙명신한첩』 언간 48

〈숙명-48, 1660년, 인선왕후(어머니) → 숙명공주(딸)〉

판독문

글월 보고 졈은 날 무ᄉᆞ히 나간 안부 알고 깃거ᄒᆞ며 다시 보ᄂᆞᆫ ᄃᆞᆺ 든든 몬내 반기노라 망극 셜운 듕이나 그리 모다 이시니 든든이 디내더니 ᄆᆞ자 나가니 가지가지 섭섭 툭툭 셟기ᄅᆞᆯ 어이 ᄀᆞ올ᄒᆞ리 젼년 이때예 모다셔 즐거이 디내던 이리 그 더딕 녜일이 되여 일마다 아니 셜운 이리 업ᄉᆞ니 ᄒᆞᆫ갓 툭툭ᄒᆞᆫ 눈믈뿐이로다 아마도 목숨이 명완ᄒᆞ여 이리 사랏ᄂᆞᆫ 줄을 술ᄃᆞ리 셜워ᄒᆞ며 올히나 어셔 죽으믈 원ᄒᆞ노라

판독대비

번호	판독자료집	金一根 (1986/1991 : 198)	이종덕·황문환 (2011 : 154)

『숙명신한첩』언간 49

〈숙명-49, 1664~1669년, 인선왕후(어머니) → 숙명공주(딸)〉

판독문

글월 보고 무양히 이시니 깃거ᄒ며 친히 보는 둣 든든 몬내 반기노라 부마는 드러온다 ᄒ니
든든ᄒ여 ᄒ노라 원샹이는 오ᄂᆯ은 퍽 ᄒ리되 아마도 기춤을 미이 기ᄎ니 글로 민망ᄒ여 ᄒ
노라 가샹이는 다 됴하시니 오ᄂᆯ 아비 오나든 뵈려 ᄒ노라 슉안이는 부매[1] 니월 초ᄒᆞᄅᆫ날
홍 판셔딕[2] 광쥐 쵸졍 가니[3] 거긔 드려가니 열홀이나 무거 오리라 ᄒ고 보와 보내고 삭졔[4]
미처 드러오려[5] 오ᄂᆯ 나가니 섭섭ᄒ기 ᄀ이업서 ᄒ노라

판독대비

번호	판독자료집	金一根 (1986/1991 : 198)	이종덕·황문환 (2011 : 156)
1	부매	부민	-
2	홍 판셔딕	홍판셔딕	홍 판셔 딕
3	쵸졍 가니	쵸졍가니	-
4	삭졔	삭 졔	-
5	드러오려	드려오려	-

『숙명신한첩』 언간 50

〈숙명-50, 1652~1658년, 인선왕후(어머니) → 숙명공주(딸)〉

판독문

글월 보고 무양히 이시니 깃거ᄒ며 보는 둣 든든 반기며 구 샹궁은[1] 날포 잇다가 드러오니 우리는[2] 섭섭ᄒ기 ᄀ이업스니 네야 더욱 그러홀 ᄹ이라 긔별둘 둧고 보는 둣 든든ᄒ여 ᄒ노라 우리는 지이로 여연당의[3] 피졍뎐ᄒ여 겨오시다 요ᄉ이는 근심으로 디내니 침식이 편안티 아녀 어득이 디내노라 싀부는 오늘 왓더냐 일하롤 츌합ᄒ면[4] 녜ᄉ 업는 거시로되 네 삼촌이 ᄉ옹 뎨뫼매[5] 지간ᄒ여 인ᄒ여 셩티는 주긔 ᄒ여시니 삼촌끠 인ᄉ나 덕어라

판독대비

번호	판독자료집	金一根 (1986/1991 : 198)	이종덕·황문환 (2011 : 158)
1	구 샹궁은	구샹궁은	-
2	우리는	우리도	-
3	지이로 여연당의	지 이로여 연당의	-
4	츌합ᄒ면	츌합ᄒ면	-
5	ᄉ옹 뎨뫼매	ᄉ옹뎨뫼매	-

『숙명신한첩』 언간 51

〈숙명-51, 1661년, 인선왕후(어머니) → 숙명공주(딸)〉

판독문

글월 보고 무스히 이시니 깃거ᄒ며 보는 둣 든든 반기노라 가경이ᄂ 샹한을 듕히[1] ᄒ엿다
ᄒ니 엇디 그런고 분별이 아ᄆ라타 업서 ᄒ노라 감ᄌᄂ 즌시 이리셔 보내엿노라 슉휘 가관
미처 당겨구리 쟈근 져구리 몰라 가니 미처 지어 니버라 너일 가경의 안부 아라 뎍어라 역
질로 통티 못ᄒ니 답답ᄒ다

판독대비

번호	판독자료집	金一根 (1986/1991 : 199)	이종덕·황문환 (2011 : 160)
1	듕히	능히	–

『숙명신한첩』 언간 52

〈숙명-52, 1659∼1671년, 인선왕후(어머니) → 숙명공주(딸)〉

판독문

글월 보고 무스ᄒᆞ니[1] 깃거ᄒᆞ며 보ᄂᆞᆫ 듯 든든 반기노라 ᄒᆞ로 ᄉᆞ이나 섭섭ᄒᆞ기 ᄀᆞ이업소 듕
슉휘조차 나가니 더옥 섭섭ᄒᆞ기 아ᄆᆞ라타 업서 ᄒᆞ노라 디평딕 병환은 흐럳다 ᄒᆞ나 ᄌᆞ셔히
몰라 답답ᄒᆞ더니 의심된 일도 업고 병도 다 흐럳다 ᄒᆞ니 다 깃브다마ᄂᆞᆫ 낙티ᄒᆞᆫ 일과 태졍의
일이 아마도 가디록 애듧고 잔잉 ᄡᆞᆫᄒᆞ니 다 무스ᄒᆞ고라쟈 가지가지 그런 시졀이 업서 ᄒᆞ노
라

판독대비

번호	판독자료집	金一根 (1986/1991 : 199)	이종덕·황문환 (2011 : 162)
1	무스ᄒᆞ니	무ᄒᆞᄉᆞ니	-

『숙명신한첩』 언간 53

〈숙명-53, 1652~1674년, 인선왕후(어머니) → 숙명공주(딸)〉

판독문

글월 보고 친히 보는 둣 든든 반가와ᄒ며 어제는 한□은[1] 아니호되 열은 업디 아니턴가 시
브나 그려도 그제과 ᄒ면[2] 일분일만졍[3] 나은가 시브니 이러구러 졈졈 소복곳[4] ᄒ면 죽ᄒ 다
힝이랴 ᄒ노라 대변의 담이 만히 난가 시브니 묘리[5] 모ᄅᄂ ᄆᆞᆷ의도 됴홀 둣시버 ᄒ더니
의관도 난 이리 됴타 ᄒ더라 ᄒ니 더옥 깃브다 슉휘ᄂᆞᆫ 그리 미이 알터니마ᄂ ᄒ리긔 되니
슬슬 됴하 닌후도 각별 브드드ᄒ거나 거복ᄒ 이리 업서 여샹ᄒ니 깃브다 오늘은 날도 이러
ᄒ올 ᄲᅮᆫ 아니라 아ᄆᆞ듸도 흥심 업서 집의 잇노라 냥식 쳥심원은 아젹 보내엿더니 갓던가 ᄒ노
라

판독대비

번호	판독자료집	金一根 (1986/1991 : 199)	이종덕·황문환 (2011 : 164)
1	한□은	한긔은	–
2	ᄒ면	비ᄒ면	–
3	일분일만졍	일분일망졍	–
4	소복곳	소복 곳	–
5	묘리	문리	–

『숙명신한첩』 언간 54

〈숙명-54, 1661년, 인선왕후(어머니) → 숙명공주(딸)〉

판독문

글월 보고 무스하니 깃거하며 보논 닷 든든 반기노라 오늘날은 가지가지 특특 셟기 아무라
타 업서 하노라 이어 일은 어제 졍승이 인견의 드러 술와 아니 하시긔 하여시니 내 훈 근심
은 더러시니 다힝하기 그이업서 하노라 빅쳔은 날포 잇다가 느려가시니 가지가지 섭섭 무
음 굿브기 그이업서 하노라 니일 드러오면 반길가 기드리고 잇노라

판독대비

번호	판독자료집	金一根 (1986/1991 : 199)	이종덕·황문환 (2011 : 166)

『숙명신한첩』 언간 55

〈숙명-55, 1655년, 인선왕후(어머니) → 숙명공주(딸)〉

판독문

글월 보고 무스ᄒ니 깃거ᄒ며 보는 듯 든든 반기노라 어제는 열긔도[1] 업시 무스히[2] 디내다
ᄒ니 깃거ᄒ며[3] 이러구러 점점 영차ᄒ믈 ᄇ라노라 스믈탕은 먹으니 엇던고 ᄒ노라 복듕 혀
이는 거슨 므슴 증으로 그런고 민망ᄒ며 약이나 머거 흐릴가 ᄒ노라 됴 승지는[4] 싱각 밧씌
그리되니 그런 참혹참혹 ᄯᆨᄒᆞᆫ 일이 어디 이시리 눔의 일 ᄀᆺ디 아니ᄒ고 웃뎐으로겨ᄋ오셔[5]
하 톡톡 뼈디는 ᄃᆞ시 셜워ᄒ오시니 그 보ᄋᆸ기 더옥 ᄀᆞ이업더라

판독대비

번호	판독자료집	金一根 (1986/1991 : 199~200)	이종덕·황문환 (2011 : 168)
1	열긔도	열긔도	-
2	무스히	무스	-
3	깃거ᄒ며	깃버ᄒ며	-
4	됴 승지는	됴승지는	-
5	웃뎐으로겨ᄋ오셔	웃뎐으로 겨ᄋ오셔	-

『숙명신한첩』 언간 56

〈숙명-56, 1659~1662년, 인선왕후(어머니) → 숙명공주(딸)〉

판독문

거됴 글시 보고 보는 듯 몬내 반기며 든든ᄒ여 ᄒ노라 빅쳔은 초시ᄅᆞᆯ ᄒ니 그 깃브기ᄅᆞᆯ 어
이 ᄀᆞ올ᄒ리 회시 아직 머러시나 이제브터 용심이 ᄒ이니 졍작의 어이ᄒᆞᆯ고 ᄌᆞᆺ것ᄌᆞᆺ것ᄒ여
ᄒ노라 가샹이는 녜ᄉ 웅□의[1] 져기 누긋ᄒ긔 오늘 네 번을 보왓다 ᄒ거ᄂᆞᆯ 두리워 미리 예
방이나 ᄒ려 약 무ᄅᆞ라 갓□[2]

판독대비

번호	판독자료집	金一根 (1986/1991 : 200)	이종덕·황문환 (2011 : 170)
1	웅□의	웅(감)의	웅(감)의
2	갓□	갓(다)	갓(다)

『숙명신한첩』 언간 57

〈숙명-57, 1659~1671년, 인선왕후(어머니) → 숙명공주(딸)〉

판독문

글월 보고 무스히 이시니 깃거ᄒ며 보는 둧 든든 반가와ᄒ노라 슉경이ᄂ 더리 도쉬 ᄌᄌ니
민망 민망ᄒ기 ᄀ이업□□[1] 오늘은 어제과 스이 죠곰일만졍 던 둧ᄒ다 ᄒ니 이러구러 졈졈
ᄒ릴가 ᄇ라노라 아히가 헴 업서 입이 슬타 ᄒ고 밥을 일졀 아니 먹는가 시브니 비록 슬흔
둘 고로온 쁜 약도 먹느니 약 사마[2] 먹어야 원긔롤 아니 도으랴 네 ᄇ더 ᄌ로 가 보고 아니
먹거든 ᄭ짓고 ᄌᆺ곰[3] 덕어 드려라 일분지회라도 닙효산 덕이니 그롤 오놀도 ᄇ경이 머기라
ᄒ여라 가샹이ᄂ 어제 느존 후[4] ᄒ 번을 ᄃ니되 되야 갓가스로 보다 ᄒ니 그도 위연히 그러
턴가 시브다

판독대비

번호	판독자료집	金一根 (1986/1991 : 200)	이종덕·황문환 (2011 : 172)
1	ᄀ이업□□	ᄀ이 업더니	-
2	사마	삼아	-
3	ᄌᆺ곰	ᄌᆨ곰	-
4	어제 느존 후	어제는 존 후	-

『숙명신한첩』 언간 58

〈숙명-58, 1659~1674년, 인선왕후(어머니) → 숙명공주(딸)〉

판독문

글월 보고 무수히 이시니 깃거ㅎ며 보는 둣 든든 몬내 반기노라 그리 나간 디 여러 날이 되
드록 섭섭 무류ㅎ물 어이 다 뎍으리 원샹이는 이제도 □□□렷눈가[1] 시브니 엇디 그런고 념
녀ㅎ노라 부마는 갓든가 시브니 깃비ㅎ도다

판독대비

번호	판독자료집	金一根 (1986/1991 : 200)	이종덕·황문환 (2011 : 174)
1	□□□렷눈가	□□ ᄒ렷눈가	아니 ᄒ렷눈가

『숙명신한첩』 언간 59

〈숙명-59, 1658~1674년, 인선왕후(어머니) → 숙명공주(딸)〉

판독문

글월 보고 무스ᄒ니 깃거ᄒ며 보는 듯 든든 반기노라 □□[1]도 보고 현증은 여러 날이로되 슬슬 둣는 이리 업□□[2] □□[3] 민망 심심ᄒᆫ 일이 업서 ᄒ노라 야참 바다 노ᄒ니 너희□□[4] 싱각ᄒ이고 가지가지 녜일이 싱각ᄒ이니 ᄒ갓 쇽졀업시 비감홀 ᄯᅮ니 아무거술 머근들 므슴 마시 이시리 바다 보고 내면 길샹이 츙돌이 눈이 ᄯᅳ라디긔 ᄇ라고 잇다가 먹ᄂ니라

판독대비

번호	판독자료집	金一根 (1986/1991 : 200)	이종덕·황문환 (2011 : 176)
1	□□	(사)(연)	-
2	업□□	업스(니)	업(스)(니)
3	□□	(뎌)(리)	-
4	너희□□	너희(둘)(이)	너희(둘) (히)

『숙명신한첩』 언간 60

〈숙명-60, 1662년, 인선왕후(어머니) → 숙명공주(딸)〉

판독문

글월 보고 무스히둘 이시니 깃거호며 보는 둧 반기나 소연을 보니 더옥 굿버호노라 모옴의
야 셟기야 그음이 이실 것 아니어니와 그리 미양 싱각호여 엇디호리 프리텨 모옴을 모디리
머거 디내여라 소둘을 그저 혼다 호니 이 젼의도 오래 소롤 호여셔 이제꺼지 그저 소롤 호
니 □□가 죽호느냐 엇디 그리 헴 업순다 오늘브터 고기□[1] □경이[2] 머거라

판독대비

번호	판독자료집	金一根 (1986/1991 : 200~201)	이종덕·황문환 (2011 : 178)
1	고기□	고기롤	고기(롤)
2	□경이	브경이	(브)경이

『숙명신한첩』 언간 61

〈숙명-61, 1652년, 인선왕후(어머니) → 숙명공주(딸)〉

판독문

글월 보고 무양히둘 이시니 깃거ᄒ며 친히 보는 □ □□기[1] 아ᄆ라타 업서 ᄒ노라 여러 날이 되여 가니 실로 그□□□ □□업서 ᄒ노라[2] 네 아온 밤마다 ᄂ려갈 적이면 형님 잇던 □□ 홈ᄭᅵ 갈라쇠 ᄒ고 ᄂ려가셔 울고 울고 ᄒ니 이튼날 니러 오면 눈이 븟드록 울고 ᄃ니ᄂ니라 너도 아올 싱각이나 ᄒᄂ다 네게 글월을 뎍어 두고 휘화[3] 기ᄃ리노라 날락들락ᄒᄂ니라

판독대비

번호	판독자료집	金一根 (1986/1991 : 201)	이종덕·황문환 (2011 : 180)
1	보는 □ □□기	보는 둣 (깃)(ㅂ)기	보는 (둧) (깃)(ㅂ)기
2	그□□□ □□업서 ᄒ노라	(그)(리)(옵)(기) (ㄱ)(이) 업서 ᄒ노라	그(립)(기) (ㄱ)(이)업서 ᄒ노라
3	휘화	회화	-

『숙명신한첩』 언간 62

〈숙명-62, 1664~1669년, 인선왕후(어머니) → 숙명공주(딸)〉

판독문

글월 보고 무양히 이시니 깃거ᄒ며 친히 보ᄂᆞᆫ ᄃᆞᆺ 든든 반기노라 문안은 어제 ᄶᅩᆷ을 내오시니 오ᄂᆞᆯ은 잠ᄭᅡᆫ ᄒᆞ리오시다 사모 이엄은 돈피가 됴티 아니ᄒᆞ니 놋업더라 쓰ᄂᆞᆫ 엇더ᄒᆞ더니 판셔 집 병든 아ᄃᆞᆯ은 이제ᄂᆞᆫ 엇더타 ᄒᆞᄂᆞ니 져기 ᄒᆞ렷닷ᄂᆞ냐 틱ᄉᆞ 드ᄂᆞᆫ 날 드려오라 ᄒᆞ엿더니 네 산디구슬[1] 하 못 □□□ ᄒᆞᆫ다 ᄒᆞ니 드ᄂᆞᆫ 날란 드려오디 말고 구시나 보고 이튼날 □□□셔 형의 집으로 가셔 불거든 대궐로 드려오고 부□…□워셔 집으로 가라 ᄒᆞ여라

판독대비

번호	판독자료집	金一根 (1986/1991 : 201)	이종덕·황문환 (2011 : 182)
1	산디구슬	산듸 구슬	-

『숙명신한첩』 언간 63

〈숙명-63, 1664~1669년, 인선왕후(어머니) → 숙명공주(딸)〉

판독문

글월 보고 든든 반기나 담증으로 알파혼다 ᄒ니 □□□□고 분별ᄒ며 졸연히 낫누냐 감모
롤 ᄒ엿누다 □□□□옴으로[1] 이셔 ᄎᆫ 거술 아니 머건누다 느존 후눈 엇던고 □□□□구순[2]
든 집의셔 뵈눈가 너겨 보고 오라 ᄒ엿더니 나가셔 □□리라 ᄒ니 번거ᄒ여 못홀 거시니 닐
웬날 드러오나라 문안은 오눌은 더 ᄒ리오시다 판셔집 아기는 혼가지로 둄타 ᄒ니 어린아
히 병이 올ᄒ랴 그 집의셔 의관이 뵈여 보고져 ᄒ면 뉴후셩이나 보낼 거시니 뵈고져 ᄒ눈가
그 집의 무러보와라

판독대비

번호	판독자료집	金一根 (1986/1991 : 201)	이종덕·황문환 (2011 : 184)
1	□□□□옴으로	-	□□□(므)옴으로
2	□□□□구순	□□산듸구순	□(산)(디)구순

『숙명신한첩』 언간 64

〈숙명-64, 1660년, 인선왕후(어머니) → 숙명공주(딸)〉

판독문

글월 보고 무스히 이시니 깃거ᄒ며 보는 둣 든든 반기노라 어제 대뎐의셔[1] 처엄으로 거러
드러와 겨셔 능 일둘홀 니ᄅ셔눌 즈시 드르니 그런 놀라온 이리 업순 둥[2] 이제 병풍셕 치마
박셕을 고티웁게 되면 셩분ᄒ온 거슬 허웁고 새로이 역시 되니 슈도ᄒ온 보람이 업ᄉ시□
□□니[3] 글로 ᄀ이업세라 ᄒ시니 그 말ᄉᆷ을 드르니 새□□[4] □□이[5] 아ᄆ라타 업서 ᄒ노라
오라디 아녀 볼 거시□[6] □□□□ 간 듸 업서 잠 뎍노라

판독대비

번호	판독자료집	金一根 (1986/1991 : 201~202)	이종덕·황문환 (2011 : 186)
1	대뎐의셔	대전의셔	–
2	업순 둥	업ᄉ 둥	–
3	업ᄉ시□ □□니	–	업ᄉ시괴 □□니
4	새□□	새로이	새(로)(이)
5	□□이	–	(ᄆ)(옴)이
6	거시□	거시라	거시

『숙명신한첩』 언간 65

〈숙명-65, 1652~1674년, 인선왕후(어머니) → 숙명공주(딸)〉

판독문

글월 보고 무양ᄒ니 깃거ᄒ며 보ᄂᆞᆫ 듯 든든 반기□□[1] □□엄으로 움즉여 ᄃᆞ니니 긔운이 엇
더ᄒ고 넘ᄒ며 □□□□ 나ᄃᆞ리를 ᄒ여 가도 무스ᄒᆞᆫ가 ᄒ노라 너일 드러□□[2] □가[3] 기ᄃᆞ
리고 잇노라 네 병 말은[4] 뉴휴셩ᄃ려 약도 □□ 달리 고티ᄂᆞᆫ 일도 이시되[5] 너일 드러올 거
시니 아니 뎍노라 슈호뎐으란 너일 드러와셔 네 출혀 보내여라

판독대비

번호	판독자료집	金一根 (1986/1991 : 202)	이종덕·황문환 (2011 : 188)
1	반기□□	반기노라	반기(노)(라)
2	드러□□	드러오면	드러(오)(면)
3	□가	볼가	(볼)가
4	네 병 말은	네병말은	–
5	이시되	이시니	–

『숙명신한첩』 언간 66

〈숙명-66, 1654～1674년, 인선왕후(어머니) → 숙명공쥬(딸)〉

판독문

글월 보고 무양ᄒ니 깃거ᄒ며 다시 보는 듯 든든 반기노라 듀야 ᄠ더날 ᄉ이 업시 잇다가 이
번은 날포 나갓긔 되니 섭섭 무료ᄒ기 ᄀ이업ᄉ니 밤새굿 닛디 못ᄒ여 □□[1] 일쿳고 잇노라
부마는 요ᄉ이는 밥 먹기나 얼마□ □쳑훈[2] 거시 뎌 즈음씌과 ᄉ이 더 못ᄒ엿더냐 □□□
즈시 알고져 ᄒ노라 졍승딕은 이제나 됴□□□□신가 ᄒ노라

판독대비

번호	판독자료집	金一根 (1986/1991 : 202)	이종덕·황문환 (2011 : 190)
1	□□	못너	(몬)(내)
2	얼마□ □쳑훈	얼마나 슈쳑훈	얼□□□쳑훈

『숙명신한첩』 언간 67

〈숙명-67, 1669~1679년, 명성왕후(올케) → 숙명공주(시누이)〉

판독문

글월 보옵고 평안ᄒᆞ옵시니 그지업ᄉᆞ와 □오며[1] 신부례□[2] □긔도[3] 쳥명ᄒᆞ옵고 무ᄉᆞ히 디내
옵신 둥 신뷔 하 □□□라[4] ᄒᆞ오니 그런그런 깃브온 일이 어듸 잇ᄉᆞ오링잇가 □□□□오옵
셔든[5] 두로 든든이 보옵고 기ᄃᆞ리옵노이다

판독대비

번호	판독자료집	金一根 (1986/1991 : 213)	이종덕·황문환 (2011 : 192)
1	□오며	ᄒᆞ오며	(ᄒᆞ)오며
2	신부례□	신부례눌	신부례(날)
3	□긔도	일긔도	(일)긔도
4	□□□라	무음□□□라	□□□□라
5	□□□□오옵셔든	언제나 드오옵셔든	–

• 은진송씨 제월당 송규렴가 『선찰』 소재 언간 •
124건

■ 대상 언간

제월당(霽月堂) 송규렴(宋奎濂, 1630~1709)의 후손가에 전하는 편지첩『先札』에 실려 있는 한글편지 124건을 이른다.『선찰』은 모두 아홉 첩(帖)으로* 되어 있는데, 후손이 선조의 필적을 전하기 위하여 송규렴을 중심으로 당시 집안사람들 사이에 주고받은 한문편지와 한글편지를 모아 작첩(作帖)한 것이다. 현재 원본은 경기도 박물관에 소장되어 있으며, 1999년 한국정신문화연구원(현 한국학중앙연구원)에서 송규렴 후손가의 자료 일체를 수집·정리한 바 있어 한국학중앙연구원에 당시의 마이크로필름이 보관되어 있다.

■ 언간 명칭 : 은진송씨 제월당 송규렴가『선찰』소재 언간

『先札』에 수록된 한글편지는 한국정신문화연구원(2003)에서 처음 소개되었다. 여기서는 원본 사진과 판독문을 함께 수록하면서 대상 언간을 '『先札』所載 諺簡'으로 지칭하고 첩의 권차(卷次)와 각 권의 수록 순서를 조합하여 편지 번호를 부여하였다(예 : '2-1'→『先札』제2권에 첫 번째로 실린 한글편지). 이후 한국학중앙연구원 편(2009a)에서는 대상 언간에 대한 재판독과 함께 역주(譯註)가 이루어졌다. 언간 명칭을 가문 명칭이 드러나도록 '은진송씨 송규렴 가문 한글 간찰'로 바꾸는 한편, 편지 번호 역시 권차(卷次)에 따른 구분 없이 일련 번호를 부여하여 수록하였다. 이 판독자료집에서는 기존의 명명 취지를 존중하되 '은진송씨 제월당 송규렴가『선찰』소재 언간'으로 명칭을 조정하고, 출전 제시의 편의상 약칭이 필요할 경우에는 '선찰'을 사용하였다.

■ 언간 수량 : 124건

『선찰』은 두꺼운 장지(壯紙)에 한문편지와 한글편지를 배접(褙接)하여 호접장(胡蝶裝) 형식으로 첩을 만들었으며 모두 9권으로 되어 있다.『선찰』권1~8은 주로 한문편지로 작첩되었고, 권9는 한글편지로만 작첩되어 있다. 한글편지는 권2, 권3, 권6에 각각 1건, 권7에 6건, 권

---

* 각 첩마다 '先札'이라는 표제(表題) 아래 一~九의 순서를 적고, 첩의 오른쪽 하단에는 첩수가 모두 아홉 첩임을 나타내기 위해 '共九'를 적어 놓았다.

8에 3건, 권9에 112건이 실려 있어 총 124건에 이른다. 한글편지의 지질은 대부분 한지(韓紙)이고 크기는 일정치 않은데, 가장 큰 것은 33.3×50.6cm(9-110번)이고, 가장 작은 것은 25.4×14.9cm(9-909번)이다. 이 판독자료집에서는 한글편지 124건 전체를 수록 대상으로 하되 편지 번호는 한국정신문화연구원(2003)에서 부여된 번호를 그대로 유지하여 수록하였다.

▪ 원문 판독

124건 전체에 대한 판독은 한국정신문화연구원(2003)에서 처음 이루어졌다. 이후 한국학중앙연구원 편(2009a)에서는 한국정신문화연구원(2003)의 판독문에 기초하여 부분적으로 수정을 가하고 수정된 판독문을 대상으로 주석과 현대어역을 덧붙였다. 이 판독자료집에서는 한국정신문화연구원(2003)과 한국학중앙연구원 편(2009a)에서 이루어진 판독 사항과 대비하여 차이가 있는 부분을 표로 제시하고 판독 결과를 대조해 보는 데 도움이 될 수 있도록 하였다.

▪ 발신자와 수신자

『선찰』에 수록된 한글편지의 발신자는 송규렴(宋奎濂, 1630~1709)과 그의 아내인 안동김씨(安東金氏, 1632~1701)가 주를 이룬다. 이들 편지의 수신자는 대부분 아들 송상기(宋相琦, 1657~1723)와 며느리 칠원윤씨(漆原尹氏, 1659~1716)이며, 그밖에 딸, 손자, 손녀, 조카 등 집안사람에게 보낸 편지가 약간 있다. 권9에는 예외적으로 수신자가 안동김씨이고 발신자가 안동김씨의 친오빠인 편지가 1건(9-36번) 들어 있다. 이 판독자료집에서는 발신자와 수신자에 대하여 기본적으로 한국학중앙연구원 편(2009a)을 따르되 발수신자를 달리 추정하게 되는 경우에는 그 수정 내지 보완 사항을 해당 편지에 각주로 제시하였다.

▪ 작성 시기

편지에 연기(年記)가 적혀 있거나 발신자명으로 송상기의 관직명이 적혀 있는 편지들은 비교적 정확한 연대를 알 수 있다. 연대를 알 수 있는 편지들은 1687년부터 1709년 사이에 작성되었다. 약 40여 건의 편지는 정확한 연대를 알 수 없는데 이들 편지는 넓게 잡아 '1684~1709년' 사이에 작성되었을 것으로 추정된다(한국정신문화연구원, 2003 : 261).

편지의 작성 시기와 관련하여 한국정신문화연구원(2003)과 李來壕(2004)에서는 일부 연기

(年記)가 적힌 편지를 제외하고는 한글편지 전체의 전반적인 작성 시기를 추정하는 데 그쳤다. 이후 한국학중앙연구원 편(2009a)에서는 편지 내용을 면밀히 검토하여 편지 각각에 대해 대략적으로 추정되는 작성 시기를 일일이 제시하였다. 이 판독자료집에서는 편지의 작성 시기에 대하여 기본적으로 한국학중앙연구원 편(2009a)을 따르되 작성 시기를 달리 추정하게 된 경우에는 추정 근거를 해당 편지에 각주로 제시하였다.

■ 자료 가치

17세기 후반부터 18세기 초반의 언어를 반영하며, 사대부가의 일상에 대한 세세한 기록이 들어 있어 당시의 시대상과 사회상을 엿볼 수 있는 자료이다. 대부분 발신자와 수신자를 구체적으로 알 수 있을 뿐 아니라, 124건이란 많은 양에도 불구하고 극히 짧은 시간 동안 축적된 자료라는 점에서 자료 밀집도가 극히 높다고 할 수 있다. '순천김씨묘 출토 언간'(16세기 중후반)이나 '진주하씨묘 출토 언간'(17세기 전반)과 비교한다면 약 50년 정도의 시차를 두고 언간이라는 동질적인 자료 속에서 언어 변화를 살필 수 있는 좋은 자료가 된다. 편지에 쓰인 글씨체는 한글 서체의 발달을 연구하는 서예사(書藝史) 자료가 될 수 있으며, 편지의 사연 속에 담긴 내용은 문학사(文學史), 생활사(生活史), 여성사(女性史), 복식사(服飾史) 등 다양한 분야의 연구 자료가 될 수 있다.

■ 자료 해제

자료의 자세한 서지 사항에 대해서는 한국정신문화연구원(2003)과 李來壕(2004)를 참고할 수 있으며, 작성 시기와 발수신자에 대한 정보는 한국학중앙연구원 편(2009a)을 참고할 수 있다.

■ 원본 사항

• 원본 소장 : 경기도 박물관(분류기호 : 3638)
• 마이크로필름 : 한국학중앙연구원 장서각 소장(MF 10686)
• 크기 : 25.4×14.9cm(9-009번), 33.3×50.6cm(9-110번) ※ 첩의 크기 : 46.0×33.0cm

■ 판독 사항

한국정신문화연구원(2003), 『恩津宋氏 霽月堂篇-『先札』 所載 諺簡』, 韓國簡札資料選集 Ⅲ.
　　　　　　※ 124건 전체 판독

한국학중앙연구원 편(2009a), 『조선 후기 한글 간찰(언간)의 역주 연구 5-은진송씨 송규렴
　　　　　　가문 한글 간찰』, 태학사. ※ 124건 전체 판독

■ 영인 사항

한국정신문화연구원(2003), 『恩津宋氏 霽月堂篇-『先札』 所載 諺簡』, 韓國簡札資料選集 Ⅲ.
　　　　　　※ 124건 전체를 사진으로 수록

한국학중앙연구원 편(2009b), 『조선 후기 한글 간찰(언간) 영인본 2-은진송씨 송준길·송규
　　　　　　렴 가문 한글 간찰』, 태학사. ※ 124건 전체 영인

■ 참고 논저

朴富子(2011), 「安東金氏 諺簡에 나타난 한글흘림체 이어쓰기 樣相과 文法單位의 關係에 대
　　　　　　한 試論」, 『語文研究』 39-3, 한국어문교육연구회, 121~148쪽.

李來壕(2004), 「宋奎廉家 典籍 『先札』 所載 諺簡에 대하여」, 『語文研究』 32-3, 한국어문교육
　　　　　　연구회, 113~136쪽.

이래호·황문환(2003), 「<先札> 所載 諺簡에 대하여」, 『恩津宋氏 霽月堂篇-『先札』 所載 諺
　　　　　　簡』, 韓國簡札資料選集 Ⅲ, 한국정신문화연구원, 255~262쪽.

한국정신문화연구원(2003), 『恩津宋氏 霽月堂篇-『先札』 所載 諺簡』, 韓國簡札資料選集 Ⅲ.

한국학중앙연구원 편(2009a), 『조선 후기 한글 간찰(언간)의 역주 연구 5-은진송씨 송규렴
　　　　　　가문 한글 간찰』, 태학사.

한국학중앙연구원 편(2009b), 『조선 후기 한글 간찰(언간) 영인본 2-은진송씨 송준길·송규
　　　　　　렴 가문 한글 간찰』, 태학사.

황문환(2010), 「조선시대 언간 자료의 현황과 특성」, 『국어사 연구』 10호, 국어사학회, 73~
　　　　　　131쪽.

은진송씨 제월당 송규렴가 『선찰』 소재 언간 2-1

〈선찰-2-1, 1699년, 송규렴(시아버지) → 칠원윤씨(며느리)〉

판독문

參議 寄書	〔수결 : 奎〕
諺書兼	

참의집 오래 긔별 모르니 년ᄒᆞ여 무ᄉᆞᄒᆞ냐 예도 겨유 디내나 빅시 간초ᄒᆞ니 민망ᄒᆞ다 목화
뎐 도디ᄂᆞᆫ 아마도 홀 이 업ᄉᆞ니 서러 집의셔 녜대로 브틸가 시브다 웅션의 동셩놈이 말믜
왓다가 간다 잠간 뎍노라 이월 이십뉵일 구

판독대비

번호	판독자료집	한국정신문화연구원 (2003 : 101)	한국학중앙연구원 편 (2009a : 44~45)

〈선찰-3-1, 1698년, 송규렴(시아버지) → 미상(며느리)〉

판독문

判決事 寄書 안히 겸 大宅平信	〔수결 : 奎〕

밧바 쓰로 뎍디 못ᄒ니 섭섭ᄒ다 요ᄉ이 대되 무ᄉᄒ냐 예는 아직 무ᄉᄒ다 봉ᄉ의 병은 채
나아 잇ᄂ냐 그 집 죵이 가매 잠간 뎍노라 팔월 이십오일 구

판독대비

번호	판독자료집	한국정신문화연구원 (2003 : 102)	한국학중앙연구원 편 (2009a : 48∼50)

은진송씨 제월당 송규렴가『선찰』소재 언간 6-1

〈선찰-6-1, 1683~1709년, 송규렴(시아버지) → 미상(며느리)〉

판독문

뉴션이[1] 오논디[2] 편지 보고 며느리 죵환이 더 나앗다 ᄒ니 깃브기 ᄀ이업다 나ᄂ 년ᄒ여 무
스ᄒ다 그젓긔 보낸 것 다 수대로 왓다 이 보내ᄂ 대쵸 ᄀ장 됴화 약지예 맛당ᄒ니 ᄹ로 간
스ᄒ여 두고 졔ᄉ의 쓴 후 ᄒ나토 업시 말고 둿다가 내 ᄎ자든 내여라 녀허 간 이 그룻 즉
시 보내여라

판독대비

번호	판독자료집	한국정신문화연구원 (2003 : 103)	한국학중앙연구원 편 (2009a : 53~54)
1	뉴션이	뉴셩이	뉴셩이
2	오논디	오논 디	오논 디

은진송씨 제월당 송규렴가 『선찰』 소재 언간 7-1

〈선찰-7-1, 1695년, 송규렴(시아버지) → 칠원윤씨(며느리)〉

판독문

> 덕손의 모 　　　　　〔수결 : 奎〕
> 德孫 兼荅

사람 와눌 희산 식작호 긔별을 아나 무스히 호 긔별 모로니[1] 더욱 넘녀 ᄀ이업다 즉금은 엇
던고 ᄒ노라 브디 몸을 조심ᄒ여라 원은 ᄒ다 ᄒ니 다힝ᄒ나 너는 고을로 바로 가면 이리
오기 쉽디 못ᄒ니 섭섭ᄒ다 온 놈이 지쵹ᄒ매 눈 어듭고[2] 밧바 겨유 뎍노라 납월 이십오일
구

판독대비

번호	판독자료집	한국정신문화연구원 (2003 : 104)	한국학중앙연구원 편 (2009a : 57)
1	모로니	모로니	–
2	어듭고	어듭고	어듭고

은진송씨 제월당 송규렴가 『선찰』 소재 언간 7-2

〈선찰-7-2, 1684~1709년, 송규렴(시아버지) → 칠원윤씨(며느리)〉

판독문

덕손의 모 답 兼咨	
德孫	〔수결 : 奎〕

편지 보고 깃브나 볼 적마다 눈믈이 고이니 므슴 말을 미양 덕으리 제 아븨 편지도 보니 블
상블상ᄒ다 그리타가 샹ᄒ면 어이ᄒ리 음식 먹기ᄂ 요ᄉᆞ이 엇더ᄒ니 브ᄃᆡ 약이나 ᄒ고 머
금머기나[1] 잘ᄒ여 티패티 아니케 ᄒ여라 나도 겨유 디내나 셩ᄒᆞᆫ 째야 어이 이시리 아마도
됴히 잇거라 효의[2] 보롬날 ᄒᆞᆫ 편지ᄅᆞᆯ 어제 어더 보니 병이 ᄒᆞ려 인노라 ᄒᆞ여시니 깃브다 오
월 이십일 구

판독대비

번호	판독자료집	한국정신문화연구원 (2003 : 105)	한국학중앙연구원 편 (2009a : 61~62)
1	머금머기나	머글 거시나	머글 거시나
2	효의	훈의	훈의

은진송씨 제월당 송규렴가 『선찰』 소재 언간 7-3

〈선찰-7-3, 1683~1708년, 송규렴(시아버지) → 칠원윤씨(며느리)〉

판독문

> 덕손의 모 답　　　　　〔수결 : 奎〕
> 德孫 兼荅

을민이 올 적 편지 보고 깃버ᄒ노라 희산은 ᄒ나 무소히 ᄒ연다 넘녀 ᄀ이업다 납치 명디ᄂ
ᄒ여 보내니 깃브나 종덕이네 공을 바들 ᄌᆞᆨ시면 므소마라 ᄯ 빗지이 내여셔 ᄒ여 보낸다 쟝
니 일이 아니 민망ᄒ냐 나는 겨유 디내노라 부체 향은 즉시 둘고 깃거ᄒ노라 은 조곽도 와
잇다 고을 사룸이 가매 잠간 덕노라 아마도 몸 조심ᄒ여라 십이월 십구일 구 녀너 디 가는
편지라 하인둘의 가는 비ᄌ[1] 일트리디 말고 잘 뎐ᄒ여라

판독대비

번호	판독자료집	한국정신문화연구원 (2003 : 106)	한국학중앙연구원 편 (2009a : 66)
1	비ᄌ	비자	-

은진송씨 제월당 송규렴가 『선찰』 소재 언간 7-4

〈선찰-7-4, 1684~1709년, 송규렴(시아버지) → 칠원윤씨(며느리)〉

판독문

덕손의 모 답 德孫 兼荅	〔수결 : 奎〕

념삼일 난 편지 보고 무스ᄒ니 깃브다 예도 겨유 디내노라 샹인이ᄂ 흐마 드러가셔 그 아기
올 제 흠끽 오ᄂ가 부질업슨 힝츠롤 ᄒ니 인마ᄒ고 아니 폐로오냐 브더 슬펴 폐 인ᄂ 일을
랑 브득이티 아니커든 마라야 올ᄒ니라 밧바 겨유 뎍노라 이월 이십뉵일 구

판독대비

번호	판독자료집	한국정신문화연구원 (2003 : 107)	한국학중앙연구원 편 (2009a : 71)

은진송씨 제월당 송규렴가 『선찰』 소재 언간 7-5

〈선찰-7-5, 1683~1708년, 송규렴(시아버지) → 칠원윤씨(며느리)〉

판독문

+ □□□ 븍간이놈은 병들라 ᄒ고 이틀을 머므라 가니 잠간 덕노라 구월 초삼일 구

판독대비

번호	판독자료집	한국정신문화연구원 (2003 : 108)	한국학중앙연구원 편 (2009a : 75)

은진송씨 제월당 송규렴가 『선찰』 소재 언간 7-6

〈선찰-7-6, 1684~1709년, 송규렴(할아버지) → 미상(손자)〉

판독문

+ 밧바 이리 덕노라 엇디 잇는다 예도 계유 디내고 □아비는[1] 슌히 그라 오니 깃브나 하
패ᄒ여시니 □[2] 넘녀 그이업다 아모려나 됴히 잇거라 오월 십구일 조부

판독대비

번호	판독자료집	한국정신문화연구원 (2003 : 109)	한국학중앙연구원 편 (2009a : 78~79)
1	□아비는	아비는	–
2	□	〔판독 안 됨〕	–

은진송씨 제월당 송규렴가 『선찰』 소재 언간 8-1

〈선찰-8-1, 1670~1709년, 송규렴(시삼촌) → 미상(조카며느리)〉

판독문

> 宋 龍仁 □□□□
> 청파집 겸□□□ 見此 宋氏
> 〔수결 : 奎〕

청파집 답

녀산 하인 오는디[1] 초소일 난 네 편지 보니 반갑고 깃거ᄒ며 챵방이 구월 초일로 혼다 ᄒ여
시니 셰챵의게 비즈ᄒ여 보내니 즉시 주고 츠□□□□내여 써라 기로소 거시 원시 녕셩혼
□□□□□□ᄒ여 갓다가 쓰고 나믄 거시 시방 업□□□□□□이□□□□□ 못ᄒ니 괴탄ᄒ
□…□ 삼촌

판독대비

번호	판독자료집	한국정신문화연구원 (2003 : 110)	한국학중앙연구원 편 (2009a : 82~84)
1	오는디	오는 디	-

은진송씨 제월당 송규렴가 『선찰』 소재 언간 8-2

〈선찰-8-2, 1704년, 송규렴(미상) → 이세창(미상)〉

판독문

李世昌 寄書

넌ᄒ여 됴히 인ᄂ다 드르니 장동 니 션달의 챵방이 구월 초ᄒ론날로 ᄒ다 ᄒ니 궁가의 어이
출히ᄂ고 블샹ᄒ니 기로소[1] 돈 오 냥을 즉시 갓다가 드려 보태여 쓰게 ᄒ여라 일긔 급ᄒ여
시니 디완히 말아라 밧바 이만 덕노라 甲申 八月 十一日 宋 判書

판독대비

번호	판독자료집	한국정신문화연구원 (2003 : 111)	한국학중앙연구원 편 (2009a : 86~87)
1	기로소	–	기로손

은진송씨 제월당 송규렴가 『선찰』 소재 언간 8-3

〈선찰-8-3, 1660~1709년, 송규렴(시삼촌) → 미상(조카며느리)〉

판독문

안히도 젼의 편지 보디 죵놈이 그리 가기로 답장 못ᄒ엿더니 ᄯᅩ 편지 보고 깃브고 반기네
아ᄌ마님[1] 샹ᄉᆞᆫ[2] 새히 되니 더욱 블샹히 나ᄂᆞᆫ 졍녁이 나날 무형ᄒᆞ니 언머 오랄고 됴히 이
심만 ᄇ라뇌 졍월 초뉵일 삼촌

판독대비

번호	판독자료집	한국정신문화연구원 (2003 : 112)	한국학중앙연구원 편 (2009a : 90)
1	아ᄌ마님	아ᄌ바님	–
2	샹ᄉᆞᆫ	샹사ᄂᆞᆫ	샹사ᄂᆞᆫ

은진송씨 제월당 송규렴가 『선찰』 소재 언간 9-001

〈선찰-9-001, 1657~1709년, 송규렴 → 미상〉

판독문

힝츳 오나눌 편지 보고 무스훈 줄 알고 깃거ᄒ며 나눈 요ᄉ이눈 나아 인노라 효의눈[1] 약훈
거시 오죽ᄒ랴 내내 소롤 ᄒ여눈 부디키 어려울[2] 거시니 셔울셔눈 일뎡 아라 ᄒ기 쉽디 아
닐 거시니 네 븨육이나 작말이나 ᄒ여 쟝이 너허 복가 년ᄒ여 보내여라 헐후히 마라 타락골
집으로 보니 젹샹ᄒ여 공연히 병인되여 뎌리 긋기니 아니 민망ᄒ냐 뎡녜 년이 혬이 업서 솔
히 드디 못훈 둘 티고 휘월 솔희 들게 ᄒ여 브리디 못ᄒ여 내여 노코 다ᄅ니롤 굴혀 ᄒ니
아히 거시 묘리롤 몰라 그리훈 둘 어룬이 긔걸ᄒ여 뎡녜 년을 미이 티되 도로 주어 보내면
엇더ᄒ관디 그리 쳐티롤 잘못ᄒᄂ다 버ᄅ슬 그리 내여눈 혬 업순 거시 다 훈 주벅이어든 어
이ᄒ더니 뎡녜롤 내 볼기 셜훈을 +*

판독대비

번호	판독자료집	한국정신문화연구원 (2003 : 113)	한국학중앙연구원 편 (2009a : 93~95)
1	효의눈	흔의눈	흔의눈
2	어려울	어려울	어려울

....
* 배접(褙接)된 상태로 인해 뒷면 10행 판독 불가

은진송씨 제월당 송규렴가 『선찰』 소재 언간 9-002

〈선찰-9-002, 1675~1708년, 송규렴(시아버지) → 칠원윤씨(며느리)〉

판독문

안히 밧바 이리 덕노라 득뇌[1] 다만[2] 목화 엿 근과[3] 진임 훈[4] 말을 바티고 그 밧근 아마도 못 훌다 ㅎ거늘 미이 쑤죵ㅎ고 쉬이 다ㅎ라 분부ㅎ여시되 밋디 못ㅎ여 ㅎ노라 쏘 지촉ㅎ여 보쟈 아모 집의 관놈이 왓다가 도라가되 심히 브실ㅎ매 바든 것 보내디 못ㅎ여 타락골의 과힝의 보내랴 ㅎ거니와 짐이 무거울[5] 거시니 넘녀ㅎ노라 구월 십오일 구

판독대비

번호	판독자료집	한국정신문화연구원 (2003 : 114)	한국학중앙연구원 편 (2009a : 97~98)
1	득뇌	득쇠	–
2	다만	가산	–
3	근과	ㅎ라	–
4	훈	ㅎ	–
5	무거울	무거울	–

은진송씨 제월당 송규렴가 『선찰』 소재 언간 9-003

⟨선찰-9-003, 1699~1700년, 송규렴 → 미상⟩

판독문

븍간이 놈 오나눌 글시 보고 됴히 이심[1] 아니 반갑고 깃버ㅎ노라 영으로 띄온 편지도 보와
인노라 나는 겨유 이시나 안질이 심ㅎ니 민망ㅎ다 심의 갑손 얼머나[2] 주어 잇느니 즈시 출
혀 두고[3] 긔별ㅎ□□ □□ 겨유 뎍□□

판독대비

번호	판독자료집	한국정신문화연구원 (2003 : 115)	한국학중앙연구원 편 (2009a : 100~101)
1	이심	이시나	이시나
2	얼머나	얼마나	-
3	출혀 두고	출혀주고	-

은진송씨 제월당 송규렴가 『선찰』 소재 언간 9-004

〈선찰-9-004, 1675~1708년, 송규렴(시아버지) → 칠원윤씨(며느리)〉

판독문

년ᄒ여 무ᄉ하냐[1] 예 병환은 일양이니 민망ᄒ다 인마는 여러 바ᄅ이롤 갓가ᄉ로[2] 어더 보내니
훈 번의 다 오면 죡ᄒ랴 영만의게 모단[3]과 종덕[4]의 명디롤 브듸 바다 오고 길희 조심ᄒ여
오나라 팔월 초삼 구

판독대비

번호	판독자료집	한국정신문화연구원 (2003 : 116)	한국학중앙연구원 편 (2009a : 103)
1	무ᄉ하냐	무ᄉ하냐	무사하냐
2	갓가ᄉ로	갓ᄀ사로	갓ᄀ스로
3	모단	모란	–
4	종덕	종덕	–

은진송씨 제월당 송규렴가 『선찰』 소재 언간 9-005

〈선찰-9-005, 1684~1708년*, 송규렴(시아버지) → 칠원윤씨(며느리)〉

판독문

+ 티고 아직 노덕이롤 보내니 게 두고 신월이나 난옥이나 보내거나[1] 그리 못ᄒ면 노덕이롤
보내거나[2] 보와 가며 ᄒ여라 길녜는 너무 얼일 뿐 아니라 셔쳔 죵은 그리 쓰더내여 예 보내
고 뎨 보내고 못ᄒ리라 당초이[3] 자바 오기는 네 어마님이 튱쥐로 가려 ᄒ올 적이매 하 겨티
도[4] 아ᄆ[5] 죵도 업술 듯ᄒ매[6] 늘근 사름이 그리 가셔 민망홀 듯ᄒ매[7] 그리ᄒ여 아직 잡아온
거시니 이리 보내고 뎌리 보내여 ᄒ 거시 아니라 그거신돌[8] 뎡녜 게셔 어이 나을가[9] 시브니
심난ᄒ여 겨유 뎍노라 칠월 십뉵일 구 뎍손이[10] 손은 져기 나아 잇다 그롤 힘써 ᄒ라 긔걸
ᄒ고 니샹당이롤 별례로 디졉ᄒ여라 +**

판독대비

번호	판독자료집	한국정신문화연구원 (2003 : 117)	한국학중앙연구원 편 (2009a : 106~108)
1	보내거나	보내거라	-
2	보내거나	보내거라	-
3	당초이	당초의	-
4	겨티도	겨틔도	-
5	아ᄆ	아모	-
6	듯ᄒ매	듯ᄒ매	-
7	듯ᄒ매	듯하매	-
8	그거신돌	그리신돌	-
9	나을가	나올가	-
10	뎍손이	뎍손의	-

---

* 편지의 추신(追伸)에 등장하는 '뎍손(송필환)'이 태어난 것은 1683년 6월인데, 이 편지의 발신일이 7월 16일이므로 1684년 이후에 쓴 편지로 보았다. 한국학중앙연구원 편(2009a)에서는 1675~1708년으로 추정한 바 있다.
** 배접(褙接) 상태로 인해 뒷면 12행 판독 불가

은진송씨 제월당 송규렴가 『선찰』 소재 언간 9-006

〈선찰-9-006, 1708년, 송규렴(시아버지) → 칠원윤씨(며느리)〉

판독문

대되 엇디 인는다 덕손의 부는 샹ᄒ여 막 도라오며 아히 샹귀 다티니 ᄆ옴이 더구나 오즉ᄒ랴[1] 텀샹키 수오니 브ᄃ 공ᄉ도 그치고 오래 됴보ᄒ고[2] 음식을 그리 못 머그니 더옥 민망ᄒ니 미시나 년ᄒ여 쟝만ᄒ여 두고 먹여라 패ᄒ 긔운의 어룸을[3] 먹어는 극히 사오나오니 아ᄆ리 더뷔도[4] 먹디 말고 익원산이나 마ᄑ음이나 먹으라 브ᄃ 닐러라 아히 쟝ᄉ는 극진히 무더시나 항쇠로 디나는 거슬 나가셔 울고 보내디 못ᄒ니 더옥[5] ᄀ이업고 젼 아히와 필흑의[6] ᄌ식 두 무덤 겨ᄐ[7] 뭇다 ᄒ니 사라실 적 ᄀ티 서ᄅ[8] 놀고 디낼 일 이시면 고혼이 아니될가 참혹 참혹 잔잉잔잉 싱각ᄒ면 틋는 듯ᄒ니 어이 다 뎌그리 예는 겨유 무ᄉᄒ다 날이 더워디니 아히들ᄒ고 죠심ᄒ여 됴히 잇거라 오월 십ᄉ일 구

판독대비

번호	판독자료집	한국정신문화연구원 (2003 : 118)	한국학중앙연구원 편 (2009a : 111~112)
1	오즉ᄒ랴	오죽ᄒ랴	오죽ᄒ랴
2	됴보ᄒ고	-	됴보홀
3	어룸을	-	어름을
4	더뷔도	더워도	-
5	더옥	더욱	-
6	필흑의	필흔의	-
7	겨ᄐ	겨틔	-
8	서ᄅ	서로	-

은진송씨 제월당 송규렴가 『선찰』 소재 언간 9-007

〈선찰-9-007, 1683~1708년, 송규렴(시아버지) → 칠원윤씨(며느리)〉

판독문

북간이 오나눌 편지 보고 무스ᄒ니 깃브며 예 병환은 아마도 낫는 일이 업스니 그런 절박ᄒᆫ
일이 업다 긔별ᄒᆫ 것들은 호셩이 오는 ᄃᆡ 보내마 ᄒ여시니 깃버ᄒ며 시방 기드리노라 녜산
의 편지롤 보니 저도 약간 도오련노라 ᄒ여시니 갑스로 도오라[1] ᄒ여 영만이롤 주면 됴홀가
시브니 됴토록[2] ᄒ여라 네 오기는 다 ᄒᆫ 번의 오면 됴ᄒ련마ᄂᆞᆫ 인매 극난ᄒ니 보와 가며 ᄒ
려니와 여러 슌의 ᄒ면 벼술도[3] ᄀ라 녹도 못 톨 ᄃᆞᆺᄒ니 쩌디ᄂᆞ니 머글 거슬 어이ᄒᆞᆯ고 긔
더욱[4] 민망ᄒ다 병판ᄭᅴ 뎐갈이나 덕손이나 가 보고 ᄉᆞ딕이나 브텨 녹을 ᄐᆞ게 ᄒ라 쳥ᄒ여
보와라 종젹의게 ᄒᆫ 비ᄌᆞᄂᆞᆫ 녜산을 비러 뎐ᄒ단[5] 말가 ᄌᆞ셰티 못ᄒ여 ᄒ노라 종임의 ᄌᆞ식
죽닷 말은 언제 드론다 심난ᄒ여 겨유 뎍노라 윤월 십팔일 구 十*

판독대비

번호	판독자료집	한국정신문화연구원 (2003 : 119)	한국학중앙연구원 편 (2009a : 116~118)
1	도오라	도노라	-
2	됴토록	-	됴ᄐ록
3	벼술도	-	벼슬도
4	더욱	더옥	-
5	뎐ᄒ단	뎐ᄒ란	-

* 배접(褙接)된 상태로 인해 뒷면 6행 판독 불가

은진송씨 제월당 송규렴가 『선찰』 소재 언간 9-008

〈선찰-9-008, 1708년, 송규렴(시아버지) → 칠원윤씨(며느리)〉

판독문

쇼셔 온 후 긔별 모르니 대되 년ᄒ여 무스ᄒ냐 예도 겨유 이시나 경냥 이제도 채 셩티 못ᄒ고 노위 과거를 못 보니 그런 일이 업다 득뇌[1] 놈은 직쵹을 시방 ᄒ되 아홉 근 ᄒᆞᆫ 후는 긔쳑이[2] 업스니 과심ᄒ거니와 올 목홰 공논으로 무형ᄒ니 다 바다 내기 쉽디 못홀가 시브거니와 아마커나 인마곳 느려온 후는 동념을 풀가[3] ᄒ며 기ᄃ리노라 빅쳔 도디 밧기는 엇디 □□□ □□□□□ 져히고 시기면 아니 나으며 원의게도 편지나 ᄒ라 ᄒ여라 집은 ᄑ라 영만의 비돌 갑다 ᄒ니 언매나 바다다 갑프냐 다른 듸 비돈 언매나 못 갑파 인느니 영만의[4] 죵이 왓다가 간다 ᄒ매 잠간 뎍노라 니 셔방 뎍손이 다 이번 과거를 보느냐 긔별ᄒ여라 구월 이십오일 구

판독대비

번호	판독자료집	한국정신문화연구원 (2003 : 120)	한국학중앙연구원 편 (2009a : 121~122)
1	득뇌	득쇠	–
2	긔쳑이	긔력이	–
3	풀가	팔가	–
4	영만의	–	영만이

은진송씨 제월당 송규렴가 『선찰』 소재 언간 9-009

〈선찰-9-009, 1662~1708년, 송규렴(아버지) → 은진송씨(딸)〉

판독문

대구 ᄒ나 황니[1] ᄒ나 울복[2] 세 곳 쇽복 다슷 곳 십월 망일 부

판독대비

번호	판독자료집	한국정신문화연구원 (2003 : 121)	한국학중앙연구원 편 (2009a : 125)
1	황니	황어	–
2	울복	운복	–

은진송씨 제월당 송규렴가 『선찰』 소재 언간 9-010

〈선찰-9-010, 1692년, 송규렴(상전) → 긔튝이(노비)〉

판독문

> 빅쳔 노 긔튝이

무태라 너놈이 공연히[1] 내 집 뎐토롤 거집ᄒ여셔 넉 셤 도디란 거시 원간 무형무형ᄒᆞᆫ디[2] 그 롤사[3] 일졀 고디식히 아니ᄒ니 너놈의 사오납기는 뎐디간의 업손 놈이니 ᄒᆞᆫ번 큰일이 나리라 젼년 도디 두 셤을 공연히 아니ᄒ여 가지고 비놈을[4] 주어[5] 인노라 그런 으긔즈긔ᄒᆞᆫ[6] 일이 업스니 네 블과 벌리 이시매 내롤 어이ᄒ리 ᄒᆞᆨ고 그리 흉악을 블이거니와[7] 내죵을[8] 어이 ᄒ려 ᄒᆞᆫ다[9] 올 도디 젼년 미슈 합ᄒ여 엿 셤을 브경히 ᄒ여야만졍[10] ᄯᅩ 흉악을 브리다가는 나도 젹분ᄒᆞᆫ 디 오라니 큰일을 낼 거시니 알라 壬申 十月 初七日 宋

판독대비

번호	판독자료집	한국정신문화연구원 (2003 : 122)	한국학중앙연구원 편 (2009a : 128~129)
1	공연히	공연히 공연히	-
2	무형무형ᄒᆞᆫ디	무형형한디	-
3	그롤사	그롤 사	그롤 사
4	비놈을	븨놈을	-
5	주어	두어	-
6	으긔즈긔ᄒᆞᆫ	의긔즈긔ᄒᆞᆫ	-
7	블이거니와	불이거니와	-
8	내죵을	내 죵을	-
9	ᄒᆞᆫ다	ᄒᆞᆫ가	-
10	ᄒ여야만졍	ᄒ여야 만졍	-

은진송씨 제월당 송규렴가 『선찰』 소재 언간 9-011

〈선찰-9-011, 1675~1709년, 송규렴(시아버지) → 칠원윤씨(며느리)〉

판독문

덕손의 모 답 德孫 兼荅	〔수결 : 奎〕

말금이 호성이 오나눌 글시 보고 깃브나 효의[1] 병환 말을 드릭니 넘녀 ᄀ이업스며 그런 거
술 어이[2] 드려오려 ᄒ눈다 그리타가 듕노의[3] 텸샹ᄒ여 궂기면 어이ᄒ려 ᄒ눈다 싱각ᄒ여
조심ᄒ여 결단ᄒ여라 호셩이눈 농시 대스니 게량 셜운 대로 디내여라 밧바 겨유 덕노라 노
진스의 편지와 상우의 편지롤 보니 못 되눈 줄을 드런눈가 시브다 스월 이십이일 구 젼의
긔별ᄒᆫ 모밀쇼쥬눈[4] 니저 인눈다 쉽디 아니거든 모밀뿔을 보내라 ᄒ여라 예셔 고와 보쟈

판독대비

번호	판독자료집	한국정신문화연구원 (2003 : 123)	한국학중앙연구원 편 (2009a : 131~132)
1	효의	흔의	흔의
2	어이	쇠이	-
3	듕노의	듕노의	듕노의
4	모밀쇼쥬눈	모밀 쇼쥬눈	메밀쇼쥬눈

은진송씨 제월당 송규렴가 『선찰』 소재 언간 9-012

〈선찰-9-012, 1697년, 송규렴(시아버지) → 칠원윤씨(며느리)〉

판독문

담손 모의 편지롤 수일 전의 어더 보니 니 셔방집이 병이 드러 여러 날재라 ᄒ여시니 놀랍
고 넘녀 ᄀ이업스니 인제는 엇더혼 쟉고 고을 하인이 오디 네 편지는 아니 맛다 와시니 그
런 과심혼 일이 업다 샤인의 긔별도 평양 이후는 일절 듯디 못ᄒ니 월강혼 긔별이 와시며
제 내게 혼 편지도 왓느냐 뎐셜스 구죵이나 셔원 놈이나 ᄒ여 젼인ᄒ여 보내여 긔별 듯게
ᄒ여라 ᄯᅩ 고을셔 하인 가매 이리 덕거니와 답장 맛다 오기 쉽디 못ᄒ니 뎐ᄒ는 놈을 셰워
두고 답장을 ᄒ여 맛디고 니 셔방의게 가는 편지도 즉시 뎐ᄒ고 답장 맛다 홈의 보내여라
예는 대되 무스ᄒ다 뎐셜스 됴뵈 일절 아니 오니 네게다가 두어셔 못 오느냐 샤인소 긔별도
일티 말고 일일히 모도와 년ᄒ여 보내여라 밧바 이만 뎍노라 스월 회일 구

판독대비

번호	판독자료집	한국정신문화연구원 (2003 : 124)	한국학중앙연구원 편 (2009a : 135~138)

은진송씨 제월당 송규렴가 『선찰』 소재 언간 9-013

〈선찰-9-013, 1697년, 송규렴(할아버지) → 은진송씨(손녀)〉

판독문

네 병환 긔별을 듯고 오뉵일을 근근ᄒᆞ여 넘녀ᄒᆞ더니 어제 네 엄미 와[1] 니 셔방의 편지ᄅᆞᆯ 어
더 보고 퇴열톄로 ᄒᆞᆫ 긔별을 드ᄅᆞ니 그런 다ᄒᆡᆼ 다ᄒᆡᆼ 경시 어디[2] 이시리 다만 니 셔방도 다
ᄅᆞᆫ 디 나 잇고 뉘라셔 묘리 아라 구병을 ᄒᆞᆯ고 넘녀 오히려 깁퍼 ᄒᆞ노라 음식을 그릇ᄒᆞ여ᄂᆞᆫ
가 병이 쉬 오니 열ᄒᆞᆫ 우육과 계육 ᄀᆞᆮᄐᆞᆫ 거ᄉᆞ랑 먹디 말고 음식도 죽을 몬져 먹어 졈졈 ᄭᅳᆯ
힌 밥으로셔 듕증ᄒᆞᆫ 밥으로셔 샹시 밥으로 ᄎᆞᄎᆞ 올려 먹고 아ᄆᆞ리 슬흘디라도 약 삼아 강잉
ᄒᆞ여 먹고 대쇼변도 밧긔 나디 말고 ᄇᆞ람을 조심ᄒᆞ여라 요ᄉᆞ이 일긔 블샹ᄒᆞ니 텸샹ᄒᆞ리라
나과 집안은 다 무스ᄒᆞ다[3] 네 아비도 의줘셔[4] ᄒᆞᆫ 편지ᄅᆞᆯ 어더 보니 무스히 가노라 ᄒᆞ여시니
다ᄒᆡᆼᄒᆞ여 ᄒᆞ노라 아마도 수이 소복ᄒᆞ여 나거라 뎐셜ᄉᆞ 하인이 와셔 도라가매 이리 뎍노라
□튝 단오일 조부 이 편지 답장 딘시 못ᄒᆞᄂᆞᆫ 줄을 ᄒᆞ티 말고 안심ᄒᆞ여 됴부ᄒᆞ여라

판독대비

번호	판독자료집	한국정신문화연구원 (2003 : 125)	한국학중앙연구원 편 (2009a : 141~144)
1	엄미 와	-	엄미와
2	어디	어듸	-
3	무스ᄒᆞ다	무사ᄒᆞ다	-
4	의줘셔	의쥬셔	-

은진송씨 제월당 송규렴가 『선찰』 소재 언간 9-014

〈선찰-9-014, 1696년, 송규렴(할아버지) → 은진송씨(손녀)〉

판독문

타락골 아기 뎐셜스 하인 가는 디[1] 년ᄒ여 편지ᄒ엿더니 다 어더 본다 날이 선선ᄒ니 엇디
인ᄂ다 넘녀 브리디 못ᄒ여 ᄒ노라 예ᄂ 겨유 이시나 네 아비 죵쳬 채 완합을[2] 못ᄒ여 가지
고 원힝을 ᄒ고 드러간 후도 온갓 일이 서어홀가[3] 시브니 넘녀 만ᄒ여 ᄒ노라 집도 업고 아
직 네 ᄒ디 나 이실가 ᄒ노라 밧바 잠간 뎌그며 조심ᄒ여 됴히 이심 ᄇ라노라 병즈 팔월 이
십오일 조부

판독대비

번호	판독자료집	한국정신문화연구원 (2003 : 126)	한국학중앙연구원 편 (2009a : 147)
1	디	듸	–
2	완합을	완 합을	–
3	서어홀가	거어홀가	–

은진송씨 제월당 송규렴가 『선찰』 소재 언간 9-015

〈선찰-9-015, 1688~1709년, 송규렴(할아버지) → 은진송씨(손녀)〉

판독문

글시 보고 됴히 이시니 반갑고 깃버ᄒ나 네 싀삼촌 상ᄉ는 그런 일이 업다 나는 겨유 이시
나 네 아븨 긔별을 이제는 ᄌᄌ조 드롤 길히 그 넘녀롤 어이 다 뎍으리 구죵 놈이 새베 가려
ᄒ매 밤의 잠간 뎍으며 됴히 이심 ᄇ라노라 ᄉ월 십칠일 조부

판독대비

번호	판독자료집	한국정신문화연구원 (2003 : 127)	한국학중앙연구원 편 (2009a : 149)

은진송씨 제월당 송규렴가 『선찰』 소재 언간 9-016

〈선찰-9-016, 1697년, 송규렴(할아버지) → 은진송씨(손녀)〉

판독문

즉금의 긔운이 졈졈 나아 의심 업시 되여 인는다 긔별이 줏디 못ᄒ니 넘녀 ᄇ린 ᄢ 업서 ᄒ
며 젼의 편지ᄒ엿더니 어더 본다 네 아비ᄂᆞᆫ 봉황셩ᄭ지 무ᄾ히 간 긔별 듯고 그 후ᄂᆞᆫ 다시
못 드ᄅ니 넘녀 ᄀ이업다 나ᄂᆞᆫ 년ᄒ여 겨유 무ᄾ히[1] 디내노라 네 어미도 혼자 이셔 심히 고
단ᄒᆞᆫ가 시브니 니 셔방이나 아직 혼ᄃᆡ 이시면 됴홀가 ᄒ노라 호셩이 왓다가 가ᄆᆡ 잠간 덕으
며 조심ᄒ여 수이 소복홈을 ᄇ라노라 오월 이십일일[2] 조부

판독대비

번호	판독자료집	한국정신문화연구원 (2003 : 128)	한국학중앙연구원 편 (2009a : 152~153)
1	무ᄾ히	무ᄾ이	–
2	이십일일	이십일	–

은진송씨 제월당 송규렴가 『선찰』 소재 언간 9-017

〈선찰-9-017, 1699~1709년, 송규렴(아버지) → 은진송씨(딸)〉

판독문

아긔게 답

奎

호셩이 올 적 편지와 걸뫼로셔 온 편지 년ᄒᆞ여 보고 긔별을 아니 깃브기 ᄀᆞ이업다 연의 당학과 네 ᄒᆡ수ᄂᆞᆫ 즉금에 다시 엇더ᄒᆞ니 셰월이 덧업서 제 셩일이 디나고 쇼샹이 갓가와 오니 쇽졀이 이시랴 블샹블샹ᄒᆞ다 이제도 면목이 눈의 숨숨ᄒᆞ고 깃터 안잣ᄂᆞᆫ 듯ᄒᆞ니 ᄎᆞᆷ아 어이 니ᄅᆞ리 덕손이 궤연의 나 울려 ᄒᆞ고 부러 가니 더욱 블샹ᄒᆞ다 나ᄂᆞᆫ 겨유 년ᄒᆞ여 대단ᄒᆞᆫ 병은 업시 잇노라 집 셩조로[1] ᄒᆞ여 눈고ᄒᆞᆯ 쓰디 못ᄒᆞ고 예 반 뎨 반 민망ᄒᆞᆫ 형셰 무궁ᄒᆞ니 고롭다 게셔도 집을 볼셔 드럿다 ᄒᆞ니 깃버ᄒᆞ노라 몃 간이나 ᄒᆞ며 용슬이나[2] ᄒᆞ게 ᄒᆞ엿ᄂᆞ냐 어제 니하곤이라셔[3] 젼인ᄒᆞ여 그 혼인을 고텨 ᄒᆞ여지라 ᄒᆞᆫ다 ᄒᆞ고 제 댱인의게 편지롤 ᄒᆞ여 이리 왓거ᄂᆞᆯ 즉시 뒤골로 보내여 규운의게 통ᄒᆞ라 ᄒᆞ엿거니 규운의 쓰디 엇더ᄒᆞᆫ디 아직 아디 못ᄒᆞᆯ다 니희 지나니 판셔나 스셜ᄒᆞ여 편지나 ᄒᆞ고 깅쳥을 홀 듯ᄒᆞ디 다 아니ᄒᆞ고 니하곤이 ᄒᆞ여 뎐뎐으로 대스롤 그리ᄒᆞᄂᆞᆫ고 아디 못ᄒᆞ거니와 나ᄂᆞᆫ 이제 권홀 말이 업스니 제 아니 알아 ᄒᆞ랴 거히 기로소의셔 약간 와시 더러 ᄂᆞ화 보내고 약간 건어 젼복도 보내노라 조심ᄒᆞ여 무스히 이심 ᄇᆞ라노라 대득이 진스롤 ᄒᆞ여 도문을[4] 수이 ᄒᆞᆫ다 ᄒᆞ니 아즈마님이 깃거ᄒᆞ시믈 싱각ᄒᆞ니 더욱 깃거ᄒᆞ노라 이 ᄡᅡ 가ᄂᆞᆫ 보 닛디 말고 즉시 보내여라

판독대비

번호	판독자료집	한국정신문화연구원 (2003 : 129~130)	한국학중앙연구원 편 (2009a : 156~159)
1	집 셩조로	집셩조로	-
2	용슬이나	용즐이나	-
3	니하곤이라셔	니하곤이 와셔	-
4	진스롤 ᄒᆞ여 도문을	젼스롤 ᄒᆞ여도 문을	-

은진송씨 제월당 송규렴가 『선찰』 소재 언간 9-018

〈선찰-9-018, 1662~1708년, 송규렴(아버지) → 은진송씨(딸)〉

판독문

아긔게	
	〔수결 : 奎〕

호싱이 도라오나눌 드르니 네 병이 효천증이 져기 나앗다 ᄒ니 그런 깃븐 일이 업다 그러나
여증은 업디 아닐 거시니 녜수 졈졈 나아 갈 거시니 그리 알아 ᄆ음을 편히 가져 죵용히 됴
보ᄒ여라 내 편지를 두어 슌 아니키는 네 병듕의 보기도 쉽디 못ᄒ고 답장ᄒ기예 샹홀가 ᄒ
여 아녀 서운ᄒ여 홀가 ᄒ여 이번은 잠간 뎍으니 답장을 브듸 ᄒ거든 디셔ᄒ고 원간 아직
말아라 낙동 손이 담손의 병으로 도라오나 즉시 쏘 갈 거시니 서운이 녀기디 말아라 나는
년ᄒ여 무스히 잇노라 브듸 편히 됴리ᄒ여라 십월 이십뉵일 부

판독대비

번호	판독자료집	한국정신문화연구원 (2003 : 131)	한국학중앙연구원 편 (2009a : 162~164)

은진송씨 제월당 송규렴가 『선찰』 소재 언간 9-019

〈선찰-9-019, 1682~1709년, 송규렴(아버지) → 은진송씨(딸)〉

판독문

듕지 어미 년ᄒ여 글시 보고 반겨ᄒ노라 낙티롤 ᄒ다 ᄒ니 애둛와ᄒ며 병이 나디 아니ᄒ니
그는 다힝ᄒ다 부체는 이리로는 보내는 고디 업다 크니와 셜스 이신들 억수[1] 업순 친구의
어이 벼르더니 출히 아니 주면 죽ᄒ랴 이후 제 오는 거슬 네 오라비과 의논ᄒ여 짐작ᄒ여
더러 이리 보내여 일가 사롬이나 주긔 ᄒ여라 뎝션은 녀룸의 원션 마지려 부ᄌ랴 예 두노라
아마도 됴히 잇거라 오월 십삼일 부

판독대비

번호	판독자료집	한국정신문화연구원 (2003 : 132)	한국학중앙연구원 편 (2009a : 166~167)
1	억수	어이 수	-

은진송씨 제월당 송규렴가 『선찰』 소재 언간 9-020

〈선찰-9-020, 1695년, 송규렴(아버지) → 은진송씨(딸)〉

판독문

날이 볼셔 치워디니 엇디 인논다 아래 틍쥐로셔 네 편지호고 상쟈의 답장 다 어더 보나 그
후 긔별 모릭니 답답호다 동화을 니 참봉의 아둘[1] 셔울 가거눌 편지호엿더니 본다 나는 겨
유 이시나 셩흔 째 업스니 고롭고 민망호다 틍쥐 긔별은 굿 드릭니 무스타 호다 참봉이 왓
다가 가매 잠간 덕으며 아마도 됴히 이시며 상쟈의게눈 밧브고 준 글시 못 써 편지 못호니
뎐호여라 십월 십이일

판독대비

번호	판독자료집	한국정신문화연구원 (2003 : 133)	한국학중앙연구원 편 (2009a : 170)
1	아둘	아들	–

은진송씨 제월당 송규렴가 『선찰』 소재 언간 9-021

〈선찰-9-021, 1671~1708년, 미상→미상*〉

판독문

년흐여 글시 보고 친히 맛는 듯 반갑기 ᄀ이업ᄉ 흐뇌 밧 편지롤 보니 미양 셩티 못흐여라
흐니 넘녀 ᄇ리디 못ᄒ여 흐뇌 나는 겨유 이시나 위티키 점점 심ᄒ고 ᄯ오 이 희 진흐니 녜일
을 싱각고 ᄆ음만 굿치며 장동 장시 홀 길히 업슨가 시브디 도울[1] 길히 업스니 블샹블샹히
여러 식구의 어이 디내는고 닛디 못흐여 흐뇌 과셰나 무소히 홈 ᄇ라뇌 납월 이십구일 뒤골
셔

판독대비

번호	판독자료집	한국정신문화연구원 (2003 : 134)	한국학중앙연구원 편 (2009a : 173)
1	도울	도을	-

─────────
* 한국학중앙연구원 편(2009a)에서는 '밧 편지' 때문에 '밧'을 사위로 생각하고, 이 편지를 딸에게 보낸 편지로 해석
하였으나 아버지가 딸에게 '흐소체'를 사용한다는 것이 난점으로 남는다. 한국학중앙연구원 편(2009a)에서 '아버지
(송규렴) → 딸(이익명의 처)'로 소개하였지만 이러한 발수신 관계 역시 정확하다고 보기 어렵다. '흐소체'를 쓴 것
으로 보아 안동김씨가 며느리인 칠원윤씨에게 보낸 편지일 가능성도 있으므로 여기서는 일단 '미상→미상'으로
처리해 두었다.

〈선찰-9-022, 1697년, 안동김씨(어머니) → 송상기(아들)〉

판독문

> 승지 답셔

몬졔 유무 어더 본 후 다시 긔별을 어더 듯디 못ᄒ니 답답ᄒ기 아ᄆ라타 업서 쇠셔 오기ᄅᆞᆯ 날마다 기드리더니 쇠셔 오나ᄂᆞᆯ 뎌그니 보고 반갑기 ᄀ이업ᄉ며 그런 치위예 대되 무소히 들 디내니 깃브기 아ᄆ라타 업서 ᄒ노라 우리도 몸은 계유 디내노라 며느리는 다시 드려오니 엇더ᄒ며[1] 하 실ᄒ고 인믈이 슌젼ᄒᆞᆫ가 시브니 그런 긔특 다ᄒᆡᆼᄒᆞᆫ 일이 업서 하 ᄆ음이 든든ᄒ니 그런 경시 업다 새집의셔 사ᄅᆞᆷ을 보내려 ᄒ다 ᄒᆞᆫ들 믈게 ᄒᆞ여 그리 폐로이[2] ᄒᆞᆯ 줄을 어이 알리 안심티 아니ᄒ기 ᄀ이업고 그런 폐가[3] 업서 ᄒᆞ며 그리ᄒᆞᆫ들 뷘 사ᄅᆞᆷ을 보내ᄂᆞ냐 그런 답답ᄒᆞᆫ 일이 업서 ᄒ노라 몬졔 님지무[4] 가거ᄂᆞᆯ 유무ᄒᆞ더니 뎐ᄒᆞ던가 ᄒ노라 환자는 영미들을 두ᄅᆞ셔[5] 지쵹은 ᄒᆞ여도 ᄒᆞᆯ 일이 업서 이시나 욕이 므셥다 셔울셔도 근분 업시 □[6] 대ᄉᆞᆯ 디내고 가지가지 졀박ᄒ기 ᄀᆞ을ᄒ랴 예도 이리 곱곱ᄒ니 원이나 ᄒᆞ여 오면 나을가 ᄒ나 그도 ᄒᆞ디 못ᄒ게 되면 어이ᄒᆞᆯ고 ᄒ노라 ᄉᆞ연 만ᄒ나 심난ᄒᆞ여 그치며 아마도 극한의 몸이나 조심ᄒᆞ여 므소히 디내여라 십월 십일 모

판독대비

번호	판독자료집	한국정신문화연구원 (2003 : 135)	한국학중앙연구원 편 (2009a : 177~179)
1	엇더ᄒ며	엇디 ᄒ며	-
2	폐로이	례로이	-
3	폐가	례가	-
4	님지무	님지 믈	-
5	두ᄅᆞ셔	두ᄅᆞ며	-
6	□	셔	-

은진송씨 제월당 송규렴가 『선찰』 소재 언간 9-023

〈선찰-9-023, 1699년, 안동김씨(어머니/시어머니) → 송상기(아들)와 칠원윤씨(며느리)〉

판독문

참의 긔셔   봉

요ᄉ이ᄂ 오래[1] 긔별 모ᄅ니 답답ᄒ기[2] ᄀ이업ᄉ며 일긔도 심히 사오나오니 대되 어이들 디내ᄂ다 넘녀[3] 브리디 못ᄒ며 큰 물도 업고 구실은 어이 ᄃ니ᄂ고 ᄒ노라 스므날 공셰 시러 가ᄂ 디 유무ᄒ엿더니 어더 본가 ᄒ노라 우리도 계유 이시나 요ᄉ이야 더욱 오죽ᄒ랴 날마다 심난ᄒ여 디내노라 너도 하 오래 오디[4] 못ᄒ니 미양 ᄉ각ᄒ고[5] 닛디[6] 못ᄒ노라 안ᄒ도 심히 밧바 닷 못 덕니 공셰 갈 제 픰ᄲ 보내여더니 뎐ᄒ던가 아ᄒ들[7] 닙던 훗것 덕손의 냥 누비옷들 밋븐 이 업서 못 보내고 이 냥반이 봉마나 가져가면 보내고져 ᄒ엿더니 단긔로 간다 ᄒ니 못 보내니 애ᄃ와ᄒ니 하 심난 밧바 긋치며 아마도 내내 무ᄉ히 디내여라 삼월 회일 모

판독대비

번호	판독자료집	한국정신문화연구원 (2003 : 136)	한국학중앙연구원 편 (2009a : 182~184)
1	요ᄉ이ᄂ 오래	요ᄉ이 므으래	–
2	답답ᄒ기	답답ᄒ믜	–
3	넘녀	모다 넘녀	–
4	오디	보디	–
5	ᄉ각ᄒ고	ᄉ각하고	–
6	닛디	보디	–
7	아ᄒ들	아ᄒ더냐 아이들	–

은진송씨 제월당 송규렴가 『선찰』 소재 언간 9-024

〈선찰-9-024, 1697년, 안동김씨(어머니) → 송상기(아들)〉

판독문

> 승지 긔셔

쇠셔 온 후 긔별 모르니 답답호여 호더니 웃집 죵 오나놀 뎌그니 보고 극한의 대되 몸들이 나 므스히 디내니 깃거호며 며느리도 드려다가 둣다가 보내고 제 하 긔특호가 시브니 든든 혼 므음이[1] 아므라타 업스며 경스룰 쏘 본 둧호여[2] 호노라 우리도 계유 몸들은 디내나 날은 칩고 졀박호기 구이업고 졔스도 다드라 겨시고 민망호기 아므라타 업손 둥 졋자반을 사려 호여도 하 빗스니 그런 고이혼 시절이 업스며 경상도 원이나 형님이나 병환이 둥호다 호고 녜산은 이둘은 졔시 년락호시니 탄갈호여 실로 아모 것도 못 보내노라 호니 구이업다 뿔은 농졍호여 스믈두 말이어놀 므거워 두 말은 덜고 스므 말은 보내고 두 말은 둣다가 보내려 두엇노라 환자는 아마도 그지업서 왼 디 거슨 그만호여 두엇다 새집 사롬 가는 디 유무는 본가 호노라 양디는 왓다니 사괴여나 호여 보고져 두엇노라 스연 그지업스나 하 칩고 심난 호여 그치노라 아마도 치위예 몸술 이시나 디내나 됴히 디내여라 □□마다 셜을 졔곰셔[3] 디 내니 셥셥 굿브다 납월 초구일 모 효말이 머리 장□□라 견디디 못호여 호니 도티 기룸[4] 브 디 어더 보내어라

판독대비

번호	판독자료집	한국정신문화연구원 (2003 : 137~138)	한국학중앙연구원 편 (2009a : 187~190)
1	므음이	-	마음이
2	둧호여	둧 호여	둧 호여
3	졔곰셔	졔스며	-
4	도티 기룸	도티기룸	-

은진송씨 제월당 송규렴가 『선찰』 소재 언간 9-025

〈선찰-9-025, 1698년, 안동김씨(어머니) → 송상기(아들)〉

판독문

> 한산 답셔

몬졔 고을 하인 올 적 뎌그니 보고 편히 이시니 깃거ᄒᆞ더니 ᄯᅩ 비쳔 사ᄅᆞᆷ 오나ᄂᆞᆯ 뎌그니 보고 대되 편히들 디내니 깃거ᄒᆞ노라 셔울은 비 ᄯᆞᆫ 온다 ᄒᆞ나 예는 ᄀᆞ믈기 심ᄒᆞ여 곡셕이 다 타뎌[1] 못 먹게 되여 가니 ᄀᆞ이업서 ᄒᆞ며 더위도 하 지리ᄒᆞ니 고롭기 ᄀᆞ이업다 ᄂᆞ려오기는 스므날 후 ᄒᆞ려 ᄒᆞ여시니 예야 오기 보와 가며 쳔쳔이 오다 므어시 그리 해로리 시브다 오려ᄂᆞᆫ 지금[2] 잡디 못ᄒᆞ여시니 답답ᄒᆞ기 ᄀᆞ이업서 ᄒᆞ더니 비쳔셔 아므것도 업시 ᄲᅮᆯ말을 보내노라 ᄒᆞ엿ᄂᆞ디[3] 그롤 도로[4] 사왓거ᄂᆞᆯ 즌시 ᄑᆞ라 먹노라 긔장은[5] 언머나 왓던고 졍승딕의나 ᄒᆞ고 오라바님게나 보내고 오면 됴흘가 시브다 하 심난 밧바 그치며 아마도 더위예 길희 조심ᄒᆞ여 ᄂᆞ려오나라 칠월 십팔일 모

판독대비

번호	판독자료집	한국정신문화연구원 (2003 : 139)	한국학중앙연구원 편 (2009a : 193~195)
1	타뎌	타셔	–
2	지금	지극	–
3	ᄒᆞ엿ᄂᆞ디	ᄒᆞ엿ᄂᆞ듸	–
4	도로	□□	–
5	긔장은	–	디장은

은진송씨 제월당 송규렴가 『선찰』 소재 언간 9-026

〈선찰-9-026, 1698년, 안동김씨(어머니/시어머니) → 송상기(아들)와 칠원윤씨(며느리)〉

판독문

승지 긔셔

봉

보름날 난 유무 어더 본 후 다시 긔별을 듯디 못ᄒ니 답답ᄒ기 ᄀ이업ᄉ며 댱마 거든 후 날이 심히 더오니 대되 어이 디내는다 닛디 못ᄒ여 ᄒ노라 몬졔 최가 가노라 ᄒ거늘 유무ᄒ더니 본가 ᄒ노라 벼술은 ᄀ라노라 ᄒ여시니 져그나 쉴가 깃거ᄒ나 원도 쉽디 못ᄒ면 언머 ᄒ여 ᄶㅗ ᄒ리 시버 ᄒ노라 우리도 계유 대단ᄒ 병은 업시 이시나 날은 덥고 가지가지 오죽ᄒ랴 횟것도 오려가[1] ᄲ여 새는 놀리나 안즉 머글 날은 머럿다 보리 환자나 타 머그려 ᄒ니 원이 ᄀ니 그도 어려오니 민망ᄒ더니 격관이 주리라 ᄒ니 긔나 어더머글가 ᄒ노라 안히도 ᄒ가지로 보소[2] 심히 밧바 닷 덕디 못ᄒ니 날이 하 므셔이 더오니 어이들 디내는고 그 아기 벼술은 ᄀ라다 ᄒ니 몸이나 쉴가 다ᄒᆡᆼᄒ여 ᄒ나 언머 ᄒ여 ᄶㅗ ᄒ리 시버 ᄒ니 하 밧바 계유 덕노라 아마도 더위예 몸들이나 므ᄉ히 디내여라 평손의 아비는 글 지으라 가고 업서 유무 못ᄒ다 뉵월 넘뉵일 모 부체는 게셔도 요졀이[3] 쁠 거시니 브듸 보내라

판독대비

번호	판독자료집	한국정신문화연구원 (2003 : 140)	한국학중앙연구원 편 (2009a : 198~200)
1	오려가	오려 가	-
2	보소	보고	-
3	요졀이	-	요졀이

은진송씨 제월당 송규렴가 『선찰』 소재 언간 9-027

〈선찰-9-027, 1698년, 안동김씨(어머니/시어머니) → 송상기(아들)와 칠원윤씨(며느리)〉

판독문

승지 긔셔

댱마도 하 지리호니 어이들 디내는다 일시도 넘녀 브리디 못호여 호노라 국마 가져가는 놈 오늘 유무 맛다 가더니 뎐호가 호노라 우리도 계유 이시나 댱마과 농가 일의 하 쏙호고 졀박호니 아므라타 업스며 뉴의 더옥 굽굽혼 거시 뿔이 ᄀ이업다 게셔도 이런 댱마희 삼시 밥 나ᄅ고[1] 죽히 민망호랴 보는 듯 일시도 닛디 못호노라 ᄀᆺ득 이러호더[2] 간밤의 쟈근 창으로 도적이 드러 녕감 훗것 샹인의 것 아오로 열호 가지를 일코 갓옷 다믄 고리를 가져가셔[3] 거 죡을 쁘더 가고 양피 내 져고리 흐려 호던 셕 댱호고 가져가니 하 ᄀ이업스니 두립기도 ᄀ 이업고 졀박호기 금이 업서 호노라 가지가지 하 뒤심심호니 아므라타 못호여 호노라 하 밧 바 안히는 제곰 못호니 흔가지로 보소 하 밧바 그치니[4] 아마도 내내 므스히들 디내여라 뉴 월 초일일 모 타락쏠 가는 것 브더 닛디 말고 즉시 뎐호여라

판독대비

번호	판독자료집	한국정신문화연구원 (2003 : 141)	한국학중앙연구원 편 (2009a : 204~206)
1	나ᄅ고	나ᄅ 호고	–
2	이러호더	이러 흐더	–
3	가져가셔	가져가며	–
4	그치니	그치뇌	–

은진송씨 제월당 송규렴가 『선찰』 소재 언간 9-028

〈선찰-9-028, 1699년, 안동김씨(어머니/시어머니) → 송상기(아들)와 칠원윤씨(며느리)〉

판독문

> 참의 긔셔

뒤짠이 둔녀간 후 긔별 모른니 답답ᄒ며 일긔도 심히 사오나오니 대되 어이 디내는다 박셩
원[1] 오는 듸 뎌그니도 보고 깃거ᄒ노라 구실은[2] 그리 다ᄉ고 죽히 민망 고로오랴 닛디 못
ᄒ노라 우리도 무ᄉ히[3] 디내노라 뒤짠이는 드러갓는가 ᄒ노라 안희도 ᄒ가지로 보소[4] 젼젼
이라 닷 못 뎍니 요ᄉ이는 엇디 디내는고 념녀 브리디 못ᄒ여 ᄒ늬[5] 하 밧브고 심난ᄒ여 그
치노라 아마도 일긔 사오나온듸 대되 므ᄉ히 디내믈 ᄇ라노라 이월 초오일 모

판독대비

번호	판독자료집	한국정신문화연구원 (2003 : 142)	한국학중앙연구원 편 (2009a : 209~210)
1	박셩원	박싱원	-
2	구실은	구실을	-
3	무ᄉ히	-	므ᄉ히
4	보소	보고	-
5	ᄒ늬	-	ᄒ늬

은진송씨 제월당 송규렴가 『선찰』 소재 언간 9-029

〈선찰-9-029, 1694~1701년, 안동김씨(어머니) → 송상기(아들)〉

판독문

판결ᄉ 답셔

무닙이 올 적 뎌그니 보고 깃거ᄒ더니 두 번 년ᄒ여 뎌그니 홈ᄢ 어더 보고 반갑기 ᄀ이업
ᄉ며 대되 므스ᄒ고 니집도 ᄒ렷고 봉ᄉ의 병도 이제ᄂ ᄒ릴 디경의 드러ᄂ가 시브니 그런
긔특ᄒᆫ 일이 업스며 현덕을 니븐가 ᄒ노라 우리ᄂ 계유 이시나 면쳔이 츄셕졔 디내라 갓다
가 셜샤톄로 어더 관난으로 다스리나 병이[1] 극등ᄒ여 위퇴ᄒ기 ᄀ이업서 그ᄢ 그 면샹을 어
이 다 닐리[2] 이제도 위퇴ᄒ기 ᄀ이업서 살한이 그저 이시니 형님 용심ᄒ시ᄂ[3] 거동을 ᄎ마[4]
보옵디 못ᄒ니 그런 블회[5] 업스며 그 참혹ᄒ던 일이 어더 이시리 너도 벼슬로 못 오니 셥셥
ᄒ기 ᄀ이업다 웃집 사ᄅᆷ 가ᄂ 줄 블의예 알고 잠ᄭᆫ 뎍으나 여기셔 사ᄅᆷ 갈 거시니 다시 뎍
으마 아마도 내내 됴히 디내여라 팔월 넘일 모

판독대비

번호	판독자료집	한국정신문화연구원 (2003 : 143)	한국학중앙연구원 편 (2009a : 213~214)
1	병이	변이	–
2	닐리	니르리	니르리
3	용심ᄒ시ᄂ	용심ᄒ기ᄂ	–
4	ᄎ마	ᄒ마	–
5	블회	부회	불회

은진송씨 제월당 송규렴가 『선찰』 소재 언간 9-030

⟨선찰-9-030, 1699년, 안동김씨(어머니) → 송상기(아들)⟩

판독문

> 참의 긔셔

그젓긔 뒤간이 갈 제 유무ㅎ엿더니 ㅎ마 드러갓눈가 ㅎ노라 예눈 효말이 알파기눈 오라나 누으락닐락 시드디 아니ㅎ게 알눈다 ㅎ나 져년히 듕병을 디내여시니 제 때 다 그리ㅎ가[1] 녀 겻더니[2] 사나흘 니예 병셰 하 듕ㅎ니[3] 아므 병인 줄도 모르고 증셰 하 슈샹ㅎ니[4] 아므라타 업스며 너도 업고 가지가지 굽굽ㅎ기 구이업고 제 잔잉ㅎ 일을 싱각ㅎ니[5] 므음이 하 굿브고 쁜ㅎ니 뎡티 못ㅎ며[6] 의원인들 이것ㅎ가 그러나 약지도 굿디 못ㅎ여 의약도 ㅎ디 못ㅎ고 굽 굽ㅎ여들 ㅎ니 이런 시졀이 어듸 이시리 하 굽굽ㅎ여 계문이롤 급히 브리눈가 시브니 약지 나 급급히 어더 보내고 너도 아므됴로나 셔도라 ㄴ려오면 죡ㅎ랴 제 구눈 거동이 하 고이ㅎ ㅎ다[7] ㅎ니 더옥 므음이 속그라ㅎ고[8] ㅅ마ㅅ마 굽굽 잔잉잔잉ㅎ다 하 밧브고 급히 가니 봉 의 어믜게 닷 못 뎌그니 보라 ㅎ여라 이런 시졀이 어듸 이시리 굽굽 잔잉 잔잉ㅎ여 ㅎ노라 오월 십일일 모

판독대비

번호	판독자료집	한국정신문화연구원 (2003 : 144)	한국학중앙연구원 편 (2009a : 217~219)
1	그리ㅎ가	그리 ㅎ가	그러ㅎ가
2	녀겻더니	여겻더니	–
3	듕ㅎ니	듕듕ㅎ니	–
4	슈샹ㅎ니	슈샹ㅎ여	–
5	싱각ㅎ니	싱각ㅎ여	–
6	못ㅎ며	못ㅎ여	–
7	고이ㅎㅎ다	고이 ㅎㅎ다	고이ㅎ다
8	속그라ㅎ고	손그라ㅎㅎ고	속 그라ㅎ고

은진송씨 제월당 송규렴가 『선찰』 소재 언간 9-031

〈선찰-9-031, 1698년, 안동김씨(어머니) → 송상기(아들)〉

판독문

┌─────────────────────────────────┐
│ 승지 긔셔   │
└─────────────────────────────────┘

간 후 긔별을 듯디 못ᄒ니 답답ᄒ기 ᄀ이업ᄉ며 길희 어이 간다 일시도 닛디 못ᄒ며 하 쑴 ᄀ티 ᄃ녀가니 지금 섭섭 굿븐 ᄆᆞ옴을 뎡티 못ᄒ여 ᄒ며 거익의 죵[1] 도라오기ᄅᆞᆯ 고디ᄒ고 기드리디 못ᄒ여 ᄒ노라 그젓긔 니흥덕 가거ᄂᆞᆯ 유무ᄒ더니 본가 ᄒ노라 우리는 계유 이시나 졔는 다드라 겨신더[2] 아모 것도 어이 엇 못ᄒ여[3] 댱을 보와도 살 것 업고 급급ᄒ기[4] ᄀ이업고 가지가지 민망ᄒ더[5] 보리타작은 막 ᄒ니 열 셤이 대되 못ᄒ니 하 ᄯᅥᆨᄒ니[6] ᄀ이ᄀ이 업서 ᄒ노라 게셔는 어이 디내는고 ᄒ며 이리 심난ᄒᆞᆫ 일이 무궁ᄒ니 졀박ᄒᆞᆫ 형상을 ᄀ을 못ᄒᆞᆯ다 운셩이 급ᄒᆞᆫ 일로 간다 ᄒ고 하 지쵹ᄒ니 계유 뎌그니 안희ᄂᆞᆫ 못ᄒ니 ᄒᆞᆫ가지로 보소 아마도 대되 므ᄉᆞ히 디내여라 오월 십뉵일 모

판독대비

번호	판독자료집	한국정신문화연구원 (2003 : 145)	한국학중앙연구원 편 (2009a : 222~223)
1	죵	죵	죵
2	겨신더	겨신듸	-
3	못ᄒ여	-	못ᄒ며
4	급급ᄒ기	급급하기	급급하기
5	민망ᄒ더	민망ᄒ더	-
6	하 ᄯᅥᆨᄒ니	하ᄯᅥᆨᄒ니	-

은진송씨 제월당 송규렴가 『선찰』 소재 언간 9-032

〈선찰-9-032, 1699년, 안동김씨(어머니/시어머니) → 송상기(아들)와 칠원윤씨(며느리)〉

판독문

> 참의 긔셔

요ᄉᆞ이 오래 긔별 모ᄅᆞ니 답답ᄒᆞ며 일긔도 심히 사오나오니 대되 어이 디내ᄂᆞᆫ다 수일 전의 고을 하인 가거늘 유무ᄒᆞ더니 본가 ᄒᆞ노라 우리도 계유 무스히 잇노라 딘산 비로리나 수이 ᄒᆞ여 보내고져 ᄒᆞ나 슈경이 이제야 몰을 ᄀᆞ라 가지고 드러와시나 ᄀᆞᆺ 와 고ᄒᆞ니 ᄒᆞᄅᆞ 이틀이나 쉬거든 딘산의 보내고져 ᄒᆞ노라 안히도 ᄒᆞᆫ가지로 보소 ᄡᅳᆯ 거슨 업고 죽히 민망ᄒᆞᆫ 일이 만ᄒᆞ랴 보는 듯 일시도 닛디 못ᄒᆞ며 져년 입ᄣᅢ 가던 일 싱각ᄒᆞ고 ᄆᆞ옴이 굿버ᄒᆞ니 응션의 아으놈 간다 급히 니ᄅᆞ니 계유 덕니[1] 아히들의게 하 밧바 유무 못ᄒᆞ니 섭섭ᄒᆞ여라 니ᄅᆞ소 이월 넘뉴일 모 덕손의게 하 밧바 편지ᄂᆞᆫ 못ᄒᆞ노라 이 가는 것 브디브디[2] 탄실이 돈돈이[3] 즉시 뎐ᄒᆞ여 다고 밋고 보내노라

판독대비

번호	판독자료집	한국정신문화연구원 (2003 : 146)	한국학중앙연구원 편 (2009a : 227~228)
1	덕니	덕늬	–
2	브디브디	브디	–
3	돈돈이	둘이	–

은진송씨 제월당 송규렴가 『선찰』 소재 언간 9-033

〈선찰-9-033, 1670~1701년, 안동김씨(어머니) → 송상기(아들)〉

판독문

> 아긔게

요스이 긔별 모르니 답답ᄒ며 날이 치오니 죵긔ᄂᆞᆫ 엇더ᄒ며 긔운은[1] 어이 디내ᄂᆞᆫ고 일시도 닛디 못ᄒ여 ᄒ노라 ᄂᆞ려오기ᄂᆞᆫ 엇디 ᄒᄂᆞᆫ고 가지가지 념녀 ᄀᆞ이업서 ᄒ노라 우리ᄂᆞᆫ 대되 무ᄉᆞ히 디내고 나도 옴이 나아 디내노라 하 밧바 계유 잠 뎍노라 아마도 편히 ᄂᆞ려 수이 오기ᄅᆞᆯ ᄇᆞ라노라 시월 슌삼일 모

판독대비

번호	판독자료집	한국정신문화연구원 (2003 : 147)	한국학중앙연구원 편 (2009a : 231)
1	긔운은	기운은	-

은진송씨 제월당 송규렴가 『선찰』 소재 언간 9-034

〈선찰-9-034, 1699년, 안동김씨(어머니/시어머니) → 송상기(아들)와 칠원윤씨(며느리)〉

판독문

> 참의 답셔

긔별을 오래 긔별을 모르니 답답ᄒ여 ᄒ더니 증약놈 오나늘 뎌그니 보고 반갑기 ᄀ이업스
며 대되 므스ᄒ니 깃거ᄒ노라 웅션의[1] 아으놈 가노라 ᄒ거늘 유무롤 뻐 두엇더니 이제야 가
노라 ᄒ니 ᄯᅩ 잠깐 덕노라 그리 오고져 ᄒ나 인매 그러ᄒ거든 어이 오리 쉬셔는 딘산 가더
니 사흘이 되여시되 안즉 아니 왓다 짐곳 하 오면 보내려 ᄒ노라 안희도 ᄒ가지로 보소 보
낸 다스마는 실로 깃브기 ᄀ이 ᄀ이업서 ᄒ니 요스이는 반찬은 업고 진지롤 바히 못 잡스오
시니 병환이나 겨실가 봄이 되엿고 민망ᄒ여 ᄒ니 그롤 스마 잡스오니 잘 잡스오니 깃거ᄒ
니 하 밧바 계유 덕노라 이월 넘구일 모

판독대비

번호	판독자료집	한국정신문화연구원 (2003 : 148)	한국학중앙연구원 편 (2009a : 234~235)
1	웅션의	-	웅션의

은진송씨 제월당 송규렴가『선찰』소재 언간 9-035

〈선찰-9-035, 1699년, 안동김씨(어머니) → 송상기(아들)〉

판독문

```
감소 답셔
```

사롬 오나눌 뎍그니 보고 무스히 디내니 깃거ᄒ노라 나는 무스히 잇노라 졔스도 무스히 디
내옵고 졔믈도 ᄌᆞᆺ초 출혀 와시니 깃브고 ᄆᆞ음의 든든ᄒ여 디내온가 시브다 셰시 ᄣᅢ ᄌ연 다
ᄉ호고 심난ᄒᆞ디 ᄌᆞᆺ득 이졋디 못훈 녕을 가지고 보채ᄂᆞ니는 그리 만ᄒ고 손은 나역ᄒ여시
니 심난ᄒ여 어이 견듸는고 닛디 못ᄒ노라 니 셔방 집도 모리 ᄃ려오려 ᄒ니 든든ᄒ여 ᄒᆞ노
라 부예 갈 유무는 이번의 보희 ᄲᆞᆫ 것 둘 거번의 ᄒ나 보내엿더니 뎐훈가 ᄒ노라 강셔셔 온
조긔는 보내노라 훈 거시 사롬이 두 번 오듸 아니 와시니 닛고 아니 가져온 동 듕간의 일훈
가 고이ᄒ다 건너 형님게 문안의 오는 거슨 ᄂ화는 보내라 쟌쟌ᄒᆞᆯ디라도 게셔 보내여라 셰
시도 머도 아니ᄒ여시니 약쥬나 ᄒ고 아모거시니 셩션 낫치나 ᄒ고 예란 덜찌라도 셩치나[1]
ᄒ고 보내고 형님도 편티 아니ᄒ신가 편지나 ᄒ여라

판독대비

번호	판독자료집	한국정신문화연구원 (2003 : 149)	한국학중앙연구원 편 (2009a : 238~240)
1	셩치나	-	셩쳑나

〈선찰-9-036, 1648~1701년, 미상(오빠) → 안동김씨(여동생)〉

판독문

> 송 판셔 딕
> 누의님젼 답장

마젼홀 거슨 보내려 ᄒ더니 너도 눙 수이 가리라 ᄒ니 스이는 뜻고 죵은 겨룰 업고 ᄎᄌ라
ᄃ니도 어려올 거시니 아니 보내노라 무명 넉 자 보내니 마젼이나 ᄒ여 아히 오시나 ᄒ여
주어라 니블ᄀ암은 고이 드리는 집 주어셔 드려보내여라 장의쏠을 닛디 말라 ᄒ다 ᄒ니 어
디 다르리만은 서운ᄒ기 ᄀ이업서 ᄒ노라 아히는 실ᄒ고 든든ᄒ랴[1]

판독대비

번호	판독자료집	한국정신문화연구원 (2003 : 150)	한국학중앙연구원 편 (2009a : 243~244)
1	든든ᄒ랴	-	든든ᄒ랴

은진송씨 제월당 송규렴가 『선찰』 소재 언간 9-037

〈선찰-9-037, 1699년, 안동김씨(어머니) → 송상기(아들)〉

판독문

> 참의 긔셔

요ᄉᆞ이 긔별 모ᄅᆞ니 답답ᄒᆞ여 ᄒᆞ더니 웅션의 아ᄋᆞ 오ᄂᆞᆫ 듸 ᄒᆞᆫ 유무 어더 보고 반갑고 대되
무ᄉᆞ히 디내니 깃거ᄒᆞ노라 그 지리ᄒᆞᆫ 댱마ᄒᆡ 어이들 디내ᄂᆞᆫ다 우리도 계유 디내나 졈졈 하
민망ᄒᆞ니 이 압흘 어이ᄒᆞ고 시브고 게도 녹도 그리 만티 아니ᄒᆞᆫ듸 식구ᄂᆞᆫ 만ᄒᆞ고 다ᄅᆞᆫ 것
업고 구채 이신들 긔 언머 치리 가지가지 념녜 ᄀᆞ이업서 ᄒᆞ노라 뒤ᄭᅡᆫ이ᄂᆞᆫ 비로 여러 날만의
간가 ᄒᆞ노라 박 셔방 간다 ᄒᆞ거ᄂᆞᆯ 유무ᄒᆞ더니 뎐ᄒᆞᆫ가 ᄒᆞ노라 오 쵸관 가노라 ᄒᆞ니 밧바 계
유 뎍노라 아마도 일긔 사오나온듸 몸이나 편히 디내여라 녕돈령딕 형님은 와 겨시다 ᄒᆞ니
든든ᄒᆞ나 ᄆᆞ옴이 굿브다 이월 십일일 모

판독대비

번호	판독자료집	한국정신문화연구원 (2003 : 151)	한국학중앙연구원 편 (2009a : 247~248)

은진송씨 제월당 송규렴가 『선찰』 소재 언간 9-038

〈선찰-9-038, 1698년, 안동김씨(어머니) → 송상기(아들)〉

판독문

> 승지 답셔

새히 되여시되 긔별을 모르니 답답호며 서운호 무옴이 구이업서 호더니 의외예 뒤싼이 오나눌 더그니 보고 반갑기 구이업스며 셰후 날이나 심히 치온디 대되 편히 디내니 깃거호노라 몬졔 준뫼셔[1] 사름 간다 호거눌 유무호고 원이도 가더니 다들 갓던가 호노라 우리도 무스히 디내노라마는 너희도 그리 가셔 히 밧고이니 가지가지 무옴이 굿브다 느려오고져 호나 양식 몰[2] 게 인매 극히 어려올 거시오 길히 병이나 도적이나 하 흔하다 호니 그도 므셔 오니 어이호고 호며 날이나 프러디고 온화호거든[3] 느려오면 됴홀가 호노라 반찬이야 구이 이시랴 곡셕은 업서 고쳔이 구튼 것도 업손 죽죽 사디 못호고 민망하다 이리 절박호니 은산이나 보내여 가져오고져 시븐들 양식호고 그 위호여[4] 보내디 못홀 거시니 답답하다 매는 왓시니 반찬이나 숨을 쉴가 깃브다 웃집 만업이 가리라 호니 물 가져간다 호니 셰찬을 게나브텨 보내면 홀가 호노라 하 밧바 그치며 아마도 날이 츠니 대되 무스히 디내믈 브라노라 무년 정월 초팔일 모 효말의 머리[5] 하 허러시니 돗티 기룸 브디 어더 보내여라

판독대비

번호	판독자료집	한국정신문화연구원 (2003 : 152~153)	한국학중앙연구원 편 (2009a : 252~254)
1	준뫼셔	즁뫼셔	–
2	양식 몰	양식을	–
3	온화호거든	온화호며는	–
4	그 위호여	그위 호여	–
5	머리	기리	–

은진송씨 제월당 송규렴가 『선찰』 소재 언간 9-039

〈선찰-9-039, 1675~1701년, 안동김씨(어머니/시어머니) → 송상기(아들)와 칠원윤씨(며느리)〉

판독문

길 난 후 긔별을 드룰 길히 업스니 답답ᄒ며 날은 덥고 어이 간고 넘녀 ᄀ이업서 ᄒ노라 길
히 긔운이나 편히 득달ᄒᆫ가 일시도 닛디 못ᄒ며 하 ᄭᅮᆷᄀᆺ디 ᄃᆞᆫ녀가니 내여 보내고 하 섭섭
결연ᄒ니 ᄆᆞ움이 아ᄆᆞ라타 업서 ᄒ며 집이 뷘 듯ᄒ여 둥샤랑이 뷔여시니 더옥 허오록ᄒ여
하 굿브니 가슴의 미쳐 ᄒ노라 우리는 계유 이시나 오쥭ᄒ랴 보리는 이제야 ᄀᆺ 자바시나 하
이졋디 아니ᄒ고 니는 너 두고 간 것 밧근 ᄀ이업스니[1] 아ᄆᆞ리 홀 주룰 모르고 졔도 이리[2]
다드라 이신듸 은산[3] 거시 셩형을 못ᄒ게 되여 댱의 사려 ᄒᄒ니[4] 둙 ᄒ 마리의 닐굽 돈 엿
도식 달라 ᄒ고 보리 주고 ᄒ려 ᄒ니 현마 못홀가 시브고 심난ᄒ기 아ᄆᆞ라타 업서 ᄒ노노
라[5] 셔울셔도 어이ᄒ여 디낼고[6] 시브다 무스히 간 긔별 듯기롤 게익의 죵 도라오기롤 고디
ᄒ노라 안희도 ᄒᆞᆫ가지로 보소 요ᄉᆞ이는 어이 디내눈고 승지는 므스ᄒ나 드러갓눈가 내여
보내연 디 날이 파 갈스록 하 굿브니 심시 ᄀ이업서 ᄒ며 와셔 하 반찬 업슨 거술 먹다가
가니 가슴의 미쳐 ᄲᅳᆫᄒ고 닛디 못ᄒ며 오기는 아득ᄒᆞᆫ 듯ᄒ니 더옥 굿븨 게셔는[7] 어이ᄒ여
디내눈고 넘녀 ᄀ이업서 ᄒ니[8] 보리롤 이졔야[9] ᄀᆺ 자바시나[10] 빗쳑 업슨 거술 사 갈 사롬을
미리 아던들 보리ᄲᆞᆯ말이나 나여 보내랴 애둘와ᄒ니 졔ᄉᆞ는 다둣고 하 뒤심심ᄒ니 아ᄆᆞ라타
업서 ᄒ니 하 밧바 이만 오월 십삼일 모 녀집 ᄂᆡ일 가려 ᄒ니 하 민경 망ᄌ 시기려 ᄒ니 일
즉 보내읍 뎜심은 잡ᄉᆞ온가 ᄒᆞᆸ

판독대비

번호	판독자료집	한국정신문화연구원 (2003 : 154~155)	한국학중앙연구원 편 (2009a : 258~260)
1	ᄀ이업스니	ᄌ이 업스니	ᄀ이 업스니
2	졔도 이리	제조이리	–
3	은산	온산	–
4	ᄒᄒ니	–	ᄒ니
5	ᄒ노노라	–	ᄒ노라
6	디낼고	디내는고	–
7	게셔는	게셔난	–
8	ᄒ니	ᄒ뇌	ᄒ뇌
9	이졔야	이졔나	–
10	ᄌ 자바시나	도자바시나	–

은진송씨 제월당 송규렴가 『선찰』 소재 언간 9-040

〈선찰-9-040, 1670~1701년, 안동김씨(어머니) → 송상기(아들)〉

판독문

은산이롤 보내려 편지 뻣더니 하인 오나눌 뎌그니 보고 반기며 몸이나 무스히 디내니 깃거
ᄒ노라 드릭니 니 셔방집이 녑과 가슴을 알는다 ᄒ니 넘너 ᄀ이입다 니 오기는 니월로 올가
시브다 ᄒ니 섭섭ᄒ다 미시도 싱각ᄒ여 이후 둔니는 사롬의 닛디 말고 보내여라 뜰 거슨 안
즉은 먹거니와 이 압히 민망ᄒ다마는 아므리나 아니 디내랴 다소 둥 보기 어즈러워 그치노
라

판독대비

번호	판독자료집	한국정신문화연구원 (2003 : 156)	한국학중앙연구원 편 (2009a : 263)

은진송씨 제월당 송규렴가 『선찰』 소재 언간 9-041

〈선찰-9-041, 1700년, 안동김씨(어머니) → 송상기(아들)〉

판독문

사롬 오나눌 뎌그니 보고 반갑기 ᄀ이업스나 몸이 셩티 못ᄒ여 알는가 시브니 넘녀 아므라
타 업스며 예 와 비쳐 긔운이 패ᄒ여 가기의 그런가 시브니 그런 일이 어이 이시리 밤스이
논 엇더ᄒ니 넘녀 ᄀ이업서 ᄒ노라 공스도 그리 만하 ᄌ득ᄒᄃ 됴리도 못ᄒᄂᄀ 시브니 긔
운을 됴리나 ᄒ여 ᄒ과댜 ᄒ노라 집의 왓더라 ᄒᄒ고[1] 훈 째도 죵용히 안자도 못ᄒ다가 가
니 셥셥ᄒ기는 ᄀ이업서 ᄒ노라 나는 무스히 잇노라 니 셔방집도 가고 ᄆ옴이 굿브기 ᄀ이
업서 ᄒ노라 하 밧바 그치며 아마도 긔운을 조심ᄒ여 됴리나 ᄒ여 편ᄒ믈[2] 브라노라 유무지
ᄒ게 빅지 훈 권이나 보내여라 경진 졍월 이십일일 모

판독대비

번호	판독자료집	한국정신문화연구원 (2003 : 157)	한국학중앙연구원 편 (2009a : 266~267)
1	ᄒᄒ고	-	ᄒ고
2	편ᄒ믈	젼ᄒ믈	-

은진송씨 제월당 송규렴가 『선찰』 소재 언간 9-042

〈선찰-9-042, 1657~1700년, 안동김씨(어머니) → 송상기(아들)〉

판독문

셔울셔도 오라바님게셔 덕산 니 쥬부집 아즈븨게 칭념ᄒᆞ엿노라 ᄒᆞ시니 세젼의[1] 셰찬이나
ᄒᆞ고 무리라 어즈러워 보기 심난ᄒᆞᆯ가 그치노라 넘오일 모 +[*]

판독대비

번호	판독자료집	한국정신문화연구원 (2003 : 158)	한국학중앙연구원 편 (2009a : 269)
1	세젼의	셰젼의	셰젼의

---

* 배접(褙接) 상태로 인해 뒷면 판독 불가

은진송씨 제월당 송규렴가 『선찰』 소재 언간 9-043

〈선찰-9-043, 1687~1701년, 안동김씨(어머니) → 송상기(아들)〉

판독문

셔울로 여러 번 유무는 ᄒ엿건마는 네 쇼식은 드롤 긔약이 업스니 졀박ᄒ기 ᄀ이업스며 셜
의나 와셔 긔별이나 드롤가 듀야 ᄇ라나 지금 긔쳑이 업스니 쏙ᄒ고 곱곱ᄒ ᄆ음이 아므라
타 업스며 일이 일며 못 일믄 다 ᄇ리고 하 아득히 쇼식이 업스니 가지가지 념녜 ᄀ이 ᄀ이
업스며 아니 날 ᄆ음이 업서 ᄒ노라 날은 이리 셔눌ᄒ니 길 오기는 나을 ᄃᆺᄒ나 긔운이 둘
포 비치니 올ᄒ랴 ᄒ ᄠ ᄒ시도 닛칠 젹이 업서 ᄒ노라 하 답답ᄒ여 이리 뎍노라 아마도 편
히 오믈 듀야 츅슈만 ᄒ노라 팔월 슌ᄉ일 모

판독대비

번호	판독자료집	한국정신문화연구원 (2003 : 159)	한국학중앙연구원 편 (2009a : 271~272)

판독문

> 샤인 답셔

듀야 아득히 싱각ᄒ고 곱곱ᄒᆫ 념녀과 가지가지 근심이 속의 ᄲᅡ혀 하ᄂᆞᆯ만 ᄇᆞ라고 오ᄂᆞᆫ 쇼식이나 듯기ᄅᆞᆯ 날마다 ᄇᆞ라나 긔약이 업ᄉᆞ니 날은 ᄀᆞ을히 되여시니 더옥 ᄆᆞ음이 굿브고 심시 ᄀᆞ이업서 ᄒᆞ다가 셜릐 오리라 ᄒᆞᆫ 말을 드ᄅᆞ니 날마다 기드리고 ᄇᆞ라도 긔쳑이 업ᄉᆞ니 연고ᄅᆞᆯ 모ᄅᆞ고 더옥 곱곱ᄒᆞ더니 열엿쇈날 져녁 사ᄅᆞᆷ이 와셔 네 유무ᄅᆞᆯ 보니 하 반갑고 긔특ᄒᆞ니 도로혀 눈믈이 나며 하 다ᄒᆡᆼᄒᆞ고 깃브니 ᄆᆞ음이 아므라타 업ᄉᆞ며 그리 둘포 가셔[1] 몸이 대단히 굿긴 일이 업세라 ᄒᆞ여시니 깃브고 텬덕이 ᄀᆞ이업ᄉᆞ나 아므리 샹ᄒᆞᆫ 일이 이신들 긔별을 ᄒᆞ랴 ᄒᆞ며[2] 든든도 ᄒᆞ기[3] 측냥이 업서 디안 일이어니와 이젼 급뎨[4] 역질[5] 적도곤 더은 듯ᄒᆞ여 ᄒᆞ노라 아득히 싱각고 심시 둘 ᄃᆡ 업던 일을 싱각ᄒᆞ니 이제야 아므 일 이신들 어이 근심이 이시리 시버 ᄒᆞ노라 우리ᄂᆞᆫ 녀름내 연고 업시 므스히 디내니 ᄒᆞᆫ 일이나 삼겨 그러ᄒᆞᆫ가[6] ᄒᆞ며 아희들도 다 됴히 디내여시니 다ᄒᆡᆼᄒᆞ여 ᄒᆞ노라 네 도라와 집 긔별을 드ᄅᆞ며 ᄆᆞ음이 스마스마ᄒᆞ여 ᄒᆞᄂᆞᆫ 일이 더옥 닛디 못ᄒᆞ여 ᄒᆞ노라 ᄒᆞ마 월강을[7] ᄒᆞ여실 거시니 집의 드러오나 다ᄅᆞ디 아니ᄒᆞᆫ 듯 든든ᄒᆞ기 ᄀᆞ이업고 더옥 밧븐 ᄆᆞ음이 ᄀᆞ이업서 ᄒᆞ노라 ᄉᆞ연이 그지업ᄉᆞ나 보기 어즈러워 그치며 아마도 길희 몸조심ᄒᆞ여 드러오믈 ᄇᆞ라노라 팔월 십칠일 모

판독대비

번호	판독자료집	한국정신문화연구원 (2003 : 160~161)	한국학중앙연구원 편 (2009a : 275~278)
1	가셔	가며	–
2	ᄒᆞ며	ᄒᆞ셔도	–
3	든든도 ᄒᆞ기	든든ᄒᆞ미	–
4	급뎨	급셰	–
5	역질	연질	–
6	그러ᄒᆞᆫ가	그리 ᄒᆞᆫ가	–
7	월강을	쉴강을	–

은진송씨 제월당 송규렴가 『선찰』 소재 언간 9-045

〈선찰-9-045, 1694년, 안동김씨(어머니) → 송상기(아들)〉

판독문

응교의게

요스이는 오래 긔별을 듯디 못ᄒ니 답답ᄒ기 ᄀ이업스며 날이 하 치오니 구실은 다스ᄒ고[1]
어이 ᄃ니ᄂ고 일시도 닛디 못ᄒ여 ᄒ노라 예셔는 ᄌ로 유무를 ᄒ나 게 긔별은 ᄌ로 모르니
답답ᄒ기 ᄀ이업다 몬졔 화로셔 김 쵸관 가거늘 유무ᄒ엿더니 본다 우리는 계유들 디내고
녕감 긔운도[2] ᄒᆞᆫ가지로 디내시고 잡습기는 이제도 ᄒ로 네 번식은 잡습는다 날이 이리 치워
디니[3] 졀박ᄒ기 ᄀ이업다 환자는[4] 시방 바티기를 시작ᄒ고[5] 계곡도 썻더라 ᄒ고 슈경이 석
셤 두고 믈집이[6] 셜흔 말 몬져 되이고 ᄯ 댱니 되일 것 이셔도 안죽 못 되이엿다 선산 집의
셔도 돈 단 냥도 주라[7] ᄒ고 수이 ᄒ여 뎐쟝의 내라 ᄒ니 아므리 ᄒ 줄 몰라 ᄒ노라 진셩의[8]
집의도 댱니 잇다 ᄒ고 ᄯ 댱니 바틸 더 잇다 ᄒ니 후의 ᄌ시 뎍거 긔별ᄒ여라 혼슈 계돈도
ᄒ라 ᄒ 거시오 어이ᄒ고 ᄒ노라 영걸이[9] 갓다 ᄒ니 뎍노라 오기는 어너 ᄢ나 ᄒ고 날이 하
치오니 왕니 실로 민망 졀박ᄒ다 아마도 몸조심ᄒ여 잇다가 오나라 감영으로나 유무나 못
ᄒ여 보내는고 ᄒ노라 시월 초구일 모

판독대비

번호	판독자료집	한국정신문화연구원 (2003 : 162)	한국학중앙연구원 편 (2009a : 282~284)
1	다스ᄒ고	다스하고	다스하고
2	긔운도	기운도	-
3	치워디니	치워 가니	-
4	환자논	환지논	-
5	시작ᄒ고	시작ᄒᄒ고	-
6	믈집이	믈집의	믈집의
7	단 냥도 주라	단냥 돈수라	-
8	진셩의	진경의	진경의
9	영걸이	연결이	연결이

은진송씨 제월당 송규렴가 『선찰』 소재 언간 9-046

〈선찰-9-046, 1687년, 안동김씨(어머니) → 송상기(아들)〉

판독문

> 뎌작 답셔

예 긔별을 못 드러 ᄒᆞᄂᆞᆫ가 념녀ᄒᆞ더니 역 하인 오나눌 뎌그니 보고 반가오며 회덕도 무스히
가 돈녀온가 시브니 깃거ᄒᆞ노라 우리도 무스히 잇고 산부도 긔운이 대단ᄒᆞᆫ 연고 업시 므스
히 디내고 국도 잘 머그니 깃브고 다힝ᄒᆞ며 어린것도 하 실ᄒᆞ니 깃브기 ᄀᆞ이업서 ᄒᆞ노라 희
산ᄒᆞᆫ 긔별 ᄒᆞ노라 스므닷쉔날 신시ᄂᆞᆫ ᄒᆞ여 그날 강이나 건너가라 ᄒᆞ엿더니 못 미처 갓던가
시브니 죽히 념녀롤 ᄒᆞ랴 닛디 못ᄒᆞ여 ᄒᆞ노라 회덕서 응션의 집사ᄅᆞᆷ은 지금 긔쳑이 업스니
고이ᄒᆞ여 ᄒᆞ노라[1] 을민이 병민은[2] 온다 ᄒᆞ나 길히 하 두립다 ᄒᆞ니 어이 올고 ᄒᆞ노라 간지도
ᄌᆞ시 왓다 도스도 예롤 써나 영만의 집을[3] 가려 ᄒᆞ고 뎡ᄒᆞ여시니 섭섭ᄒᆞ다 닉일 방ᄌᆞ 갈 거
시 다시 ᄌᆞ시 뎌그마 아마도 됴히 디내다가 오나라 이월 회일 모

판독대비

번호	판독자료집	한국정신문화연구원 (2003 : 163)	한국학중앙연구원 편 (2009a : 287~289)
1	지금 긔쳑이 업스니 고이ᄒᆞ여 ᄒᆞ노라	〔판독 안 됨〕	-
2	병민은	병신은	-
3	집을	-	집으로

〈선찰-9-047, 1700년, 안동김씨(어머니) → 송상기(아들)〉

판독문

> 감ᄉ 답셔

사룸 오나눌 덕으니 보고 반갑기 ᄀ이업ᄉ며 일긔도 심히 사오나온더 무ᄉ히 디내 깃거ᄒ
나 샹소 비답의 고디 못[1]ᄒ엿다 ᄒ니 고롭기ᄂ ᄀ이업고 죽히 민망ᄒ랴 ᄒ노라 나ᄂ 년ᄒ여
무ᄉ히 디내노라 집의 가기ᄂ 스므날 후 보와 가며 가려 ᄒ노라 오려 ᄒ여시니 든든ᄒ나 집
이라 ᄒ고 와셔 하 즈즐ᄒ니 와셔 고롭기 심ᄒᆫ 일 싱각ᄒ고 심즁 나더라 부예 병환은 나아
다 ᄒ니 다ᄒᆼ 깃브기 ᄀ이업고 년ᄒ여 돌보ᄂᆫ가 시브니 깃거ᄒ노라 셔울 니 셔방은 엇더ᄒ
엿다 ᄒᄂ니 두로 념녀 ᄀ이업다 밧바 이만 아마도 편히 디내여라 삼월 념일 모

판독대비

번호	판독자료집	한국정신문화연구원 (2003 : 164)	한국학중앙연구원 편 (2009a : 291~292)
1	디내 깃거ᄒ나 샹소 비답의 고디 못	〔판독 안 됨〕	-

은진송씨 제월당 송규렴가 『선찰』 소재 언간 9-048

〈선찰-9-048, 1700년, 안동김씨(어머니) → 송상기(아들)〉

판독문

> 감스 답셔

사롬 오나눌 밤스이 안부 알고 깃브나 벼술흔 긔별을 드르니 가지가지 심심흐여 들며 죽히 심난흐랴 닛디 못흐여 흐며 언제 집의 와 편히 흔동안이나 이실고 흐더니 벼술이 이시니 무 옴대로 못홀 거시오 셔울을 가면 즈연 더딜 듯시브고 흐로 머믈기도 어려올 거시니 가지가 지 뒤심심흐기 구이업술 거시니 어이홀고 민망 심심흐기 아므라타 업서 흐노라 밧브고 심 난흐여 그치노라 갈 제[1] 이리와 머므러 갈 거시니 그룰 기드리노라 팔월 초이일 모

판독대비

번호	판독자료집	한국정신문화연구원 (2003 : 165)	한국학중앙연구원 편 (2009a : 295~296)
1	갈 제	네 갈 제	네 갈 제

은진송씨 제월당 송규렴가 『선찰』 소재 언간 9-049

〈선찰-9-049, 1700년, 안동김씨(어머니) → 송상기(아들)〉

판독문

> 감스 답셔

사룸 오나눌 뎌그니 보고 반기며 편히 디내니 깃거ᄒ노라 나는 ᄒ가지로 디내노라 교뎌는 그리 더듸 가는고 답답ᄒ다 집의 오기룰 실로 ᄒᄤ 밧바 ᄒ 일 싱각ᄒ고 닛디 못ᄒ노라 밧바 그치노라 아마도 편히 디내여라 칠월 념칠일 모

판독대비

번호	판독자료집	한국정신문화연구원 (2003 : 166)	한국학중앙연구원 편 (2009a : 298~299)

은진송씨 제월당 송규렴가 『선찰』 소재 언간 9-050

〈선찰-9-050, 1700년, 안동김씨(어머니) → 송상기(아들)〉

판독문

```
감ᄉ 답셔
```

사름 오나눌 글시 보고 반갑기 ᄀ이업ᄉ며 새희 네 편히 디내여 깃거ᄒ나 범이롤 보내고 섭
섭 허우록ᄒ여 심시 사오나와 ᄒ니 ᄌ득 심난ᄒ여 ᄒ더니 요ᄉ이ᄂ 더옥 그리ᄒ도다[1] 혜노
라 ᄒ니 일시도 닛디 못ᄒ노라 나ᄂ 무ᄉ히 잇노라 부예셔도 졍월의 오나지라 ᄒ여도 인마
어더 오기 어려오니 예셔 어더 보내면 오고 못 어드면 못 올가 시베라 ᄒ여시니 게셔[2] 네
못 미처 와셔 군관들의 물이나 ᄒ고 게 가져간 복마나 ᄒ면 아니 오랴 싱각ᄒ여 제게도 긔
별ᄒ고 어늬 ᄢᅴ[3] 올다 무러보와셔 의논ᄒ여라 하 밧바 그치노라 경진 원월 초삼일 모

판독대비

번호	판독자료집	한국정신문화연구원 (2003 : 167)	한국학중앙연구원 편 (2009a : 301~302)
1	그리ᄒ도다	그리 ᄒ도다	그러ᄒ도다
2	게셔	계셔	계셔
3	ᄢᅴ	ᄮᅥ	-

은진송씨 제월당 송규렴가 『선찰』 소재 언간 9-051

〈선찰-9-051, 1700년, 안동김씨(어머니) → 송상기(아들)〉

판독문

> 감스 긔셔
>
> 봉

밤스이 안부 알고져 ᄒ노라 집안히 병환이 년락ᄒ여 효말이 막 ᄒ리니 다힝ᄒ여 ᄒ더니 새 덕이 어젓긔 져녁브터 알하 오늘은 병이 듕홀 ᄲᅮᆫ이[1] 아니라 의심도 업디 아니ᄒ여 녕감은 오늘 져녁의[2] 낙동 집으로 건너오시고 범이ᄂᆞᆫ ᄃᆞ려오고 다들 이시니 급급ᄒ기 ᄀᆞ이업고 덕손이도 그저 이시니 급급ᄒ기 ᄀᆞ이업서 ᄒ노라 유무ᄅᆞᆯ 막[3] 쓰노라 ᄒ니 슈경이 오나ᄂᆞᆯ 유무 보고 깃거ᄒ노라 내 이리 굿겨 이러ᄒᆞᆫ고[4] ᄀᆞ이 ᄀᆞ이업서 ᄒ며 외요셔 듯고 죽히 놀라며 넘 녀롤 ᄒ랴 가지가지 절박ᄒ여 ᄒ노라 은산이 가니 하 밧바 계유 뎍노라 삼월[5] 넘눇일 야 모

판독대비

번호	판독자료집	한국정신문화연구원 (2003 : 168)	한국학중앙연구원 편 (2009a : 305~307)
1	ᄲᅮᆫ이	뿐이	-
2	져녁의	져녁의	-
3	유무ᄅᆞᆯ 막	유무ᄅᆞᆯ막	-
4	이러ᄒᆞᆫ고	이러ᄒᆞᆫᄀ	-
5	삼월	십월	-

은진송씨 제월당 송규렴가 『선찰』 소재 언간 9-052

〈선찰-9-052, 1699~1700년, 안동김씨(어머니) → 송상기(아들)〉

판독문

> 감소 답셔

어제 오늘 년호야[1] 뎌그니 보고 본 듯 반갑기 ᄀᆞ이업ᄉ며 개창도 그만이나 나앗다 ᄒᆞ니 든
든 깃거ᄒᆞ노라 나는 옴이[2] 졈졈 퍼딜가 시브니 이런 근심이 업다 동하 너츌이나[3] ᄒᆞ여 ᄢᅥ서
보쟈 ᄏᆞ니와 아ᄆᆞ[4] 약도 효험을 보디 못ᄒᆞ니 ᄒᆞ고도[5] 시브디 아니ᄒᆞ다 창골 진ᄉᆞ는 하남의
오니 든든 반갑기롤 어이 다 ᄀᆞ을ᄒᆞ리 ᄒᆞ로롤 묵어 니일 가랴 ᄒᆞ니 ᄭᅮᆷ 가운대 일 ᄀᆞᆺ타야 츨
히 아니 보니만 못ᄒᆞ야 졀연 굿ᄇᆞ믈[6] 층냥티 못ᄒᆞ여 ᄒᆞ노라 덕손의 어마님은 옴죵으로[7] 어
제는 하 듕히 알ᄒᆞ니 더옥[8] 민망ᄒᆞ더니 오늘은 져기 나아시나 뉴로 극듕ᄒᆞ니 민망ᄒᆞ야 뵌다
날도 져믈고 밥ᄭᅢ라 디셔ᄒᆞ니 ᄀᆞᆸᄀᆞᆸᄒᆞ다 넘이일 모

판독대비

번호	판독자료집	한국정신문화연구원 (2003 : 169)	한국학중앙연구원 편 (2009a : 310~311)
1	년호야	연호야	–
2	옴이	요사이	–
3	너츌이나	너출이나	–
4	아ᄆᆞ	나ᄆᆞ	–
5	ᄒᆞ고도	ᄒᆞᄂᆞ뇨	–
6	굿ᄇᆞ믈	굿ᄇᆞ믈	굿ᄇᆞ믈
7	옴죵으로	옴죵을	–
8	더옥	더욱	더욱

은진송씨 제월당 송규렴가 『선찰』 소재 언간 9-053

〈선찰-9-053, 1700년, 안동김씨(어머니) → 송상기(아들)〉

판독문

> 감소 답셔

사룸 오나눌 뎌그니 보고 반갑기 ㄱ업스며 몸이나 편ㅎ니 깃브나 요스이는 더 다스 슈슈 심
난흔 일 성각ㅎ고 더욱 닛디 못ㅎ며 언제나 집의 와셔 편히 디낼고 ㅎ노라 면쳔 집의셔 쳔
쟝이 다드라시니 글로 더욱[1] 민망흔 일이 만하 홀가 념녀ㅎ노라 나는 흔가지로 무스히 디내
노라 밧바 이만 아마도 편히 디내여라 칠월 념삼일 모

판독대비

번호	판독자료집	한국정신문화연구원 (2003 : 170)	한국학중앙연구원 편 (2009a : 314)
1	더욱	더욱	더욱

은진송씨 제월당 송규렴가 『선찰』 소재 언간 9-054

〈선찰-9-054, 1700년, 안동김씨(어머니) → 송상기(아들)〉

판독문

> 감ᄉ 답셔

사름 오나눌 뎌그니 보고 든든 반기나 옹가 일이 심난ᄒ여 뎡티 못ᄒ여 ᄒ눈가 시브니 닛디 못ᄒ며 죽히 고로오랴[1] 보눈 듯ᄒ여 ᄒ노라 이리 와 돈녀갈 동 아디 못ᄒ고 돈녀가셔[2] 올 동 뎡티 못ᄒ엿눈가 시브니 더옥 닛디 못ᄒ노라 나는 년ᄒ여 무ᄉ히 디내되 쯤되 약으로 고로와 디내노라 부예 편지는 보왓노라 어제 은산이 가되[3] 몰라 유무도 못ᄒ고 서운ᄒ여 ᄒ노라 아마도 무ᄉ히 디내다가 떠나오나라 팔월 초오일 모

판독대비

번호	판독자료집	한국정신문화연구원 (2003 : 171)	한국학중앙연구원 편 (2009a : 317)
1	고로오랴	고로오냐	-
2	돈녀가셔	돈녀 가며	돈녀 가셔
3	가되	가듸	-

은진송씨 제월당 송규렴가 『선찰』 소재 언간 9-055

〈선찰-9-055, 1700년, 안동김씨(어머니) → 송상기(아들)〉

판독문

감수 답셔

사롬 오나눌 뎌그니 보고 든든 반갑기 ㄱ이업서 ᄒ며 몸은 무ᄉ히 디내나 옴으로 바리 듸듸
기[1] 고로온가 시브니 즉히 괴로오랴 닛디 못ᄒ며 교디도 쳔년ᄒ여 수이 오디 못ᄒ고 그런
졀박 고로온 일이 업서 들린다 나는 옴이 손의는 더 퍼뎌 가나 몸의는 그리 퍼디디 아니ᄒ
여시나 졈졈 퍼딜가 민망ᄒ다 강활은 년ᄒ여 ᄢ노라 반찬이야 업손 거슬 어이ᄒ리 즈연 됴
셕을 디내니 념녀 말고 잇거라 밧바 이만 팔월 십구일 모

판독대비

번호	판독자료집	한국정신문화연구원 (2003 : 172)	한국학중앙연구원 편 (2009a : 320~321)
1	듸듸기	듸듸기	-

은진송씨 제월당 송규렴가 『선찰』 소재 언간 9-056

〈선찰-9-056, 1699년, 안동김씨(어머니) → 송상기(아들)〉

판독문

감스 긔셔	
	봉

밤스이 날이 하 치오니 어이 디내는고 넘녀ᄒ노라 병환은 이제는 니러 ᄃ니니 다힝ᄒ나 하 듕히 알하시니 음식도 못 머고 하 패ᄒ여시니 민망ᄒᆫ 듕 졔ᄉ도 다둣고 됴리ᄅ 못ᄒ게 ᄒ여시니 민망ᄒ기 ᄀ이업다 나는 년ᄒ여 므스히 잇노라 강홰셔 온 조긔는 아니 왓다 게셔 니즌가 ᄒ노라 기셩 듕의 장 일허 무는 일이 잇느냐 길원의 족하 놈이 그 일족이라 ᄒ고 무는 거시 이셔 돈 셜흔 냥을 ᄒ여 주니 ᄯ 여슌 냥을 ᄒ여 달라 ᄒ다 ᄒ고 하 원억ᄒ니 그런 일도 스리 모ᄅᆫ 거슬 그리ᄒᆫ다 ᄒ고 아라지라 ᄒ니 덕노라 부예 갈 것 뎐ᄒ라 밧바 이만 아마도 편히 디내여라 납월 넘이일 모

판독대비

번호	판독자료집	한국정신문화연구원 (2003 : 173)	한국학중앙연구원 편 (2009a : 324~325)

은진송씨 제월당 송규렴가 『선찰』 소재 언간 9-057

〈선찰-9-057, 1700년, 안동김씨(어머니) → 송상기(아들)〉

판독문

> 감스 긔셔

날이 하 흉히 더오니 어이 디내는다 어제 하인이 와셔 가되 밧브고 가는 줄 몰라 유무도 못 ᄒ고 섭섭ᄒ여 ᄒ노라 밤스이 어이 디낸고 ᄒ노라 나는[1] 년ᄒ여 계유 디내나 날 덥기로 ᄎ마 견디디 못홀 ᄃᄉ호니 그러ᄒ기로 긔운이 비쳐 민망ᄒ다 뎨호탕은 왓거늘 먹노라 은산이 간다 ᄒ니 밧바 이만 뎍노라 아마도 극흔 더위예 조심ᄒ여 편ᄒ여라 뉵월 초ᄉ일 모

판독대비

번호	판독자료집	한국정신문화연구원 (2003 : 174)	한국학중앙연구원 편 (2009a : 328)
1	나는	나난	-

은진송씨 제월당 송규렴가 『선찰』 소재 언간 9-058

〈선찰-9-058, 1700년, 안동김씨(어머니) → 송상기(아들)〉

판독문

> 감ᄉ 긔셔

사룸 오나눌 안부 알고 깃거ᄒ며 흉흉 더위예 몸이나 무ᄉᄒ니 깃브나 이 일이 더오니[1] 사
룸이 샹홀가 시브고 실로 고롭기 ᄀ이업다 나는 계유 디내나 날마다 더위 못 견디기[2] 병의
셔 어려온 듯ᄒ며[3] 이리ᄒ기의 긔운이 슈습기 어렵다 이제는 음식 먹기나[4] 현증이나 다 업
슨 듯ᄒ나 더위로 졀박ᄒ다 어제 은산이 갈 제 유무ᄒ엿더니 본가 붕어는 왓거눌 아젹 밥의
회ᄒ여 먹엇노라 하 덥고 밧바 이만 아마도 조심ᄒ여 편ᄒ여라 뉵월 초오일 모

판독대비

번호	판독자료집	한국정신문화연구원 (2003 : 175)	한국학중앙연구원 편 (2009a : 331~332)
1	더오니	-	더으니
2	견디기	견듸기	-
3	듯ᄒ며	듓ᄒ며	-
4	먹기나	-	먹기 나

은진송씨 제월당 송규렴가 『선찰』 소재 언간 9-059

〈선찰-9-059, 1700년, 안동김씨(어머니) → 송상기(아들)〉

판독문

> 감소 긔셔

아젹 사룸 가거눌 유무ᄒ더니 본다 병환은 오눌은 아젹이나[1] 다ᄅ디 아녀 더 나은 듯ᄒ다
ᄒ니 그러 구러 졈졈 나으면 죽ᄒ랴 가지가지 하 곱곱ᄒ니 이런 시졀이 오눈 줄 모ᄅ샤[2] ᄒ
노라 우리눈[3] 년ᄒ여 므스ᄒ니 넘녀 말고 잇고 병환도 나아가눈가 시브니 그러 구러 져믄
사룸의 병이니 아니 수이 나으랴 하 넘녀롤 말고 네 몸이나 조심ᄒ여 잇다가 오면 죽ᄒ랴
너도 하 어득 심난ᄒ니 싱각도 못ᄒ려니와 반찬이 사려 ᄒ여도 아므것도 살 거시 업고 잡습
기의 민망ᄒ니 아므거시나 보내여라 하 밧브고 어득ᄒᄒ여[4] 그치노라 삼월 넘구일 모

판독대비

번호	판독자료집	한국정신문화연구원 (2003 : 176)	한국학중앙연구원 편 (2009a : 335~336)
1	아젹이나	아직이나	아직이나
2	모ᄅ샤	모ᄅ랴	모ᄅ랴
3	우리눈	오니눈	-
4	어득ᄒᄒ여	-	어득ᄒ여

은진송씨 제월당 송규렴가 『선찰』 소재 언간 9-060

〈선찰-9-060, 1700년, 안동김씨(어머니) → 송상기(아들)〉

판독문

```
감스 답셔                                    봉
```

사롬 오나눌 밤스이 안부 알고 깃거ᄒ노라 새 감스는 아뫼 오나 하 쳔연ᄒ니 그런 졀박ᄒ고
민망훈 일이 업스며 이둘도 그런 구노라 ᄒ니 거의 다 가시니 실로 답답훈 일이 업서 ᄒ며
고단이 잇는 일 싱각ᄒ고 ᄆ옴이 굿브다 창쓸 진스는 오눌 가니 섭섭 굿브기 ᄀ이ᄀ이업서
ᄒ노라¹ 아기내는 은산을 가시나 펑손의 아비는 그리 가셔 ᄒ로밤이나 자고 오려 ᄒ더니 녕
감게셔 가디 말라 ᄒ시고 걱졍을 ᄒ시니 ᄀ이업시² 섭섭이 녀겨 가니 애둛다 나는 개창은
훈가지로다 그 병의 근심을 어이ᄒ리 시브다 하 밧바 계유 덕노라 아마도 편히 디내여라 팔
월 념스일 모

판독대비

번호	판독자료집	한국정신문화연구원 (2003 : 171)	한국학중앙연구원 편 (2009a : 338~339)
1	ᄒ노라	ᄒ오나	-
2	ᄀ이업시	ᄀ이 업서	-

은진송씨 제월당 송규렴가 『선찰』 소재 언간 9-061

〈선찰-9-061, 1700년, 안동김씨(어머니) → 송상기(아들)〉

판독문

> 감스 답셔

사롬 오나눌 뎌그니 보고 반기며 편히 이시니 깃거ᄒ노라 나는 건너와셔 무스히 이시니 념
녀 말고 디내여라 아마도 역질로 절박ᄒ기 ᄀ이업서 ᄒ노라 오늘 부예 편지롤 보니 듕지 안
해 병이 ᄀ장 듕ᄒ가 시브니 놀랍기 ᄀ이업스며 념녀롭기 아므라타 업스며 혼자셔 곱곱ᄒ
여 ᄒ는 일이 ᄀ이업스며 됴셕을 츌호디 못ᄒ여 ᄒ는가 시브니 더옥 블샹ᄒ다 하 밧바 계유
덕노라 아마도 편히 디내여라 삼월 십스일 모

판독대비

번호	판독자료집	한국정신문화연구원 (2003 : 178)	한국학중앙연구원 편 (2009a : 342~343)

은진송씨 제월당 송규렴가 『선찰』 소재 언간 9-062

〈선찰-9-062, 1699~1700년, 안동김씨(어머니) → 송상기(아들)〉

판독문

> 감ᄉ 답셔

호셩이 오나눌[1] 뎌그니 보고 깃거ᄒ노라 나는 년ᄒ여 무ᄉ히 디내니 넘녀 말고 길히 몸이나
편히 오나라 밧바 이만 뎍노라 열엿ᄒ[2] 모

판독대비

번호	판독자료집	한국정신문화연구원 (2003 : 179)	한국학중앙연구원 편 (2009a : 345)
1	오나눌	오나날	오나날
2	열엿ᄒ	넘엿ᄒ	–

은진송씨 제월당 송규렴가 『선찰』 소재 언간 9-063

〈선찰-9-063, 1700년, 안동김씨(어머니) → 송상기(아들)〉

판독문

> 감소 답셔

사롬 오나눌 밤소이 안부 알고 깃거ᄒ며 몸이나 무ᄉ히 디내니 든든 깃거ᄒ노라 나는 무ᄉ
히 디내고 날이 이만이나 서눌ᄒ니 져그나 나은 둧ᄒ여[1] ᄒ노라 교디로 고로와ᄒᄂ 일 닛디
못ᄒ고 수이 오기도 ᄌ연 쳔연홀 거시니 죡히 심난ᄒ랴 닛디 못ᄒ여 ᄒ노라 밧바 긋치노라
아마도 몸이나 편히 디내여라 칠월 넘일 모

판독대비

번호	판독자료집	한국정신문화연구원 (2003 : 180)	한국학중앙연구원 편 (2009a : 347~348)
1	둧ᄒ여	둧ᄒ여	둧ᄒ여

은진송씨 제월당 송규렴가 『선찰』 소재 언간 9-064

〈선찰-9-064, 1700년, 안동김씨(어머니) → 송상기(아들)〉

판독문

> 감스 답셔

사룸 오나눌 더그니 보고 반가오며 무스히 디내니 깃거ᄒ노라 며느리는 집을 올마 가도 ᄒ
가지로 디내고 제 긔운[1]도 나날 낫다 ᄒ고 음식도 졈졈 나이 먹는다 ᄒ니 깃브기 아므라타
업서 ᄒ노라 부예도 그만이나 디내고 듕지 안해도 그만이나 ᄒ여 문의로 가더라 ᄒ니 듕지
어미 져그나 나을 거시니 깃거ᄒ노라 와셔 돈녀가면 ᄒ련마는 연고도 잇다 ᄒ고 예도 조촐
티 아니ᄒ 듯ᄒ니[2] 보와 가며 오과댜 ᄒ던 거시니 싱각ᄒ여 오과댜 ᄒ노라 요스이는 집마다
하 급ᄒ여들 눌쓰니 ᄀ이업서 뵈고 이졉도 영미 타 와셔 보리 ᄀ이업다 ᄒ고 돈 사셔 보리
풀려 ᄒ고 먹을 거슨 ᄀ이업고 환자나 영미나[3] 이제는 못 타 먹게 ᄒ엿다 ᄒ고 ᄀ이업서 ᄒ
니 쓱ᄒ여 뵌다 어제 부예 편지ᄒ여 보내엿더니 브디 수이 뎐ᄒ여라 밧바 이만 스월 십일일
모

판독대비

번호	판독자료집	한국정신문화연구원 (2003 : 181)	한국학중앙연구원 편 (2009a : 351~354)
1	올마 가도 ᄒ가지로 디내고 제 긔운	〔판독 안 됨〕	−
2	듯ᄒ니	듯ᄒ니	듯ᄒ니
3	영미나	연미나	−

은진송씨 제월당 송규렴가 『선찰』 소재 언간 9-065

〈선찰-9-065, 1700년, 안동김씨(어머니) → 송상기(아들)〉

판독문

> 감스 답셔

사롬 오나눌 뎌그니 보고 반기며 무스히 디내니 깃거ᄒ노라 병환은 이제는 졈졈 나으냥 ᄒ여 일을 혼다 ᄒ니 가지가지 깃브고 긔특ᄒ여 ᄒ노라 나는 년ᄒ여 무스히 디내노라 와 둔녀 가기는 망후 오려 ᄒ니 든든ᄒ여 ᄒ노라 하 밧바 그치노라 ᄉ월 십일일 모

판독대비

번호	판독자료집	한국정신문화연구원 (2003 : 182)	한국학중앙연구원 편 (2009a : 356)

은진송씨 제월당 송규렴가 『선찰』 소재 언간 9-066

〈선찰-9-066, 1700년, 안동김씨(어머니) → 송상기(아들)〉

판독문

> 감스 답셔

사름 오나눌 뎌그니 보고 무스히 디내니 깃거ᄒ노라 병환은 이제는 졈졈 낫고 음식도 졈졈
먹고 먹고 시븐 것도 이셔 싱각ᄒ는 거시 잇다 ᄒ니 그런 긔특훈 일이 업스며 깃브기 ᄀ이
업서 ᄒ노라 져믄 긔운이니 나날 나을 거시니 가지가지 다ᄒᆡᆼᄒ여 ᄒ노라 나는 년ᄒ여 무스
히 이시니 념녀 말고 디내여라 피졉은 집들도 사오납고 ᄒ다 ᄒ고 나디 아니시니 이 압히
아므랄 줄 모르고 민망ᄒ다마는 어이ᄒ리 밧바 이만 아마도 편히 디내여라 스월 초팔일 모

판독대비

번호	판독자료집	한국정신문화연구원 (2003 : 183)	한국학중앙연구원 편 (2009a : 358~359)

은진송씨 제월당 송규렴가 『선찰』 소재 언간 9-067

〈선찰-9-067, 1700년, 안동김씨(어머니) → 송상기(아들)〉

판독문

> 감수 답셔

사롬 오나눌 뎌그니 보고 무수히 이시니 깃거ᄒ노라 병환은 퇴열을 ᄒ여눌 모음의 싀훤ᄒ고 든든 다힝ᄒ여 ᄒ더니 아마도 몸이 수이 소복디 못ᄒ고 음식을 슬희여 혼다 ᄒ니 더 민망ᄒ더니 오늘은 밥을 쓸혀 퍽 먹다 ᄒ니 그러 구러 음식이나 ᄌ로 머그면 점점 ᄒ여 아니 나으랴 향교꼴로 가려 ᄒ더니 병인의 안부도 훈 바리나 멀면 듯기 ᄌ로 못홀 거시니 음식 먹는 일이나 더 듯고 가려 이시니 니일모리 즈음 가져[1] 혼다 그리 이셔 하 용녀롤 ᄒ니 만히 샹호가[2] 시버 가슴이 쁜ᄒ고 모음이 굿버ᄒ노라 하 밧바 그치며 아마도 몸이나 편히 디내여라 ᄉ월 초ᄉ일 모 부예 긔별은 다시 듯디 못홀려라

판독대비

번호	판독자료집	한국정신문화연구원 (2003 : 184)	한국학중앙연구원 편 (2009a : 362~363)
1	가져	가려	가려
2	샹호가	샹호가	-

은진송씨 제월당 송규렴가 『선찰』 소재 언간 9-068

〈선찰-9-068, 1700년, 안동김씨(어머니) → 송상기(아들)〉

판독문

> 감스 긔셔

사룸 오나눌 날 긔운도 사오나온디 무스히 디내니 깃거ᄒ나 유무롤 못 보니 섭섭ᄒ다 병인
은 음식 잘 먹고 졈졈 긔운이 나아 뒤깐의도 ᄃ닌다 ᄒ니 그런 긔특ᄒ고 다ᄒᆡᆼ 깃븐 일이 이
밧긔 업손 듯시버[1] ᄒ노라 나는 년ᄒ여 무스히 디내노라 언제나 와 ᄃ녀가려 ᄒ는고 ᄒ노라
부예 긔별ᄒᆫ 말 이시니 가는 유무 즉시 뎐ᄒ여라 하 밧바 그치노라 아마도 편히 디내다가
와 ᄃ녀 니거라 스월 십일 모

판독대비

번호	판독자료집	한국정신문화연구원 (2003 : 185)	한국학중앙연구원 편 (2009a : 366)
1	듯시버	듯 시버	듯 시버

은진송씨 제월당 송규렴가 『선찰』 소재 언간 9-069

〈선찰-9-069, 1699~1700년, 안동김씨(어머니) → 송상기(아들)〉

판독문

> 감스 답셔

은산이 오나눌 뎌그니 보고 든든ᄒ며 몸이나 편ᄒ니 깃거ᄒ노라 나는 밤의 ᄇ람 드러 긔운
이 편티 아니ᄒ더니 약도 먹고 됴리도 ᄒ니 즉시 나아 음식도 샹시ᄀ티 먹고 디내니 념녀
말고 디내여라 그 후도 그리 안자기[1] 고로온디 교디ᄒ나 서ᄅ[2] 의논도 못ᄒ고 심증 나 ᄒ며
고로온 일이 업서 ᄒ는 일 싱각ᄒ고 닛디 못ᄒ노라 무명은 즈시 바다노라 듕디룰 어이ᄒ는
고 미양 념녀ᄒ더니 넉넉ᄒ던가 이리 각각 ᄒ여시니 다ᄒᆡᆼ 깃브다 낙동 집은 즈식들을 닙히
디 못ᄒ여 ᄒ더니 싱광되다 밧바 그치노라 아마도 편히 디내다가 오나라

판독대비

번호	판독자료집	한국정신문화연구원 (2003 : 186)	한국학중앙연구원 편 (2009a : 369~370)
1	안자기	안 자기	–
2	서ᄅ	서로	–

은진송씨 제월당 송규렴가 『선찰』 소재 언간 9-070

〈선찰-9-070, 1700년, 안동김씨(어머니) → 송상기(아들)〉

판독문

> 감수 답셔

셔쳔셔 혼 유무 본 후 다시 긔별을 듯디 못호니 답답호기 아므라타 업서 호더니 사롬 오나
눌 덕으니 보고 반갑기 フ이업스나 몸이 셩티 못호고 하 패호엿는가 시브니 넘녀 フ이업스
며 사나흘 스이 엇더호니 영의나 온[1] 후나 쉬고 호여 나을가 호나 다스는 호고 쉬도 못호면
낫긴들 수이 홀가 시브디 아니호니 졀박호기 フ이업다 영의는 오늘이나 드러올가 호노라
셔울셔도 니 셔방이 그런 놀라온 병을 디내고 토열은 호엿다 호나 다시 엇더호고 하 놀랍고
넘녀로오니 ᄆ옴이 혼 줌은 호여 아므라타 업스며 다시 긔별도 듯디 못호니 굽굽호다 덕손
이도 오래는 아니 알타 호나 둥히 알하는가 시브고 드리라 가시나 길히 어이 올고 가지가지
넘녜 아므라타 업서 호노라 니 셔방집은 희산을 무스히 호고 제 긔운도 년호여 됴히 디내는
가 시브니 깃브기[2] フ이업다 나는 무스히 이시니 넘녀 말고 디내여라 부예셔 다시 긔별이나
드럿는가 무러 보와라 핫브고 심난호여 그치노라 삼월 초이틀 모

판독대비

번호	판독자료집	한국정신문화연구원 (2003 : 187)	한국학중앙연구원 편 (2009a : 373~375)
1	영의나 온	영의 나은	-
2	깃브기	깃ㅂ기	깃ㅂ기

은진송씨 제월당 송규렴가 『선찰』 소재 언간 9-071

〈선찰-9-071, 1700년, 안동김씨(어머니) → 송상기(아들)〉

판독문

> 감亽 긔셔
>
> 봉

두어 날 亽이 엇디 디내눈고 ᄒ며 날 긔운도 심히 사오나오니 닛디 못ᄒ여 ᄒ라 나눈 년ᄒ여 무亽히 디내고 효말이도 이제눈 음식도 잘 먹고 잇다 ᄒ니 그런 다힝 깃븐 일이 업서 ᄒ노라 며느리도 요亽이눈 나아 디낸다 ᄒ니 다힝ᄒ다 부예 긔별은 다시 드러눈다 예 와 보니 묘셕을 니우디 못ᄒ여 ᄒ다가 본관의셔 준 ᄲᆞᆯ 밧근 업서 ᄒ니 문의 영미도 죵시 못 어더 머그니 그런 통분ᄒᆫ¹ 일이 업서 ᄒ노라 놈들² 툴 제 투더면 훌 거술 그도 아녀다가 애둛다 슈경이 간다 듯고 밧바 잠 뎍노라 아마도 편히 디내여라 간지 댱이나 보내여라 삼월 이십오일 모

판독대비

번호	판독자료집	한국정신문화연구원 (2003 : 188)	한국학중앙연구원 편 (2009a : 378~379)
1	통분ᄒᆫ	특분ᄒᆫ	-
2	놈들	뉴들	-

은진송씨 제월당 송규렴가 『선찰』 소재 언간 9-072

〈선찰-9-072, 1700년, 안동김씨(어머니) → 송상기(아들)〉

판독문

> 감스 답셔

사룸 오나놀 뎌그니 보고 반기나 몸이 미양 셩티 못훈 둣ᄒ여 디내는가 시브니 죽히 고로오
랴 닛디 못ᄒ노라 나는 밤이면 잇다감 후리후리ᄒ여 므셔온 둣ᄒ여 디내나 미양은 그리 아
니ᄒ나 민망ᄒ다마는 관겨티 아니훈 둣ᄒ다 덕손이는 저만이나 수이 올가 ᄒ엿더니 제 안
해조차[1] 드리고 오려 ᄒ기의 더딘가 시브니 어이 출혀 오는고 넘녀 ᄀ이업다 예도 말금이
의심저이 알커눌 막 미여 내여시나 못 살가 시브니 블샹ᄒ기 ᄀ이업스며 주거도 감믈 거시
업스니 가지가지 블샹ᄒ고 늙도록 브리다가 죽게 되니 젼의[2] 하 ᄀ이업스니 좀 무명[3] 필이
나 보내여든 홋니블 ᄀ툰 거시나 ᄒ여 갈마 보내라 ᄒ고져 ᄒ노라 셔울 갈 것 보내니 경방
ᄌ 가는 듸[4] 보내되 밧븐 거시니 힝혀 수이 가느니 잇든 보내고 힝혀 믈 므드면 못 쓸 거시
니 브듸 조심ᄒ여 당부ᄒ여 보내여라 하 밧바 이만 뎍그며 아마도 일긔 사오나온듸 편히 디
내믈 브라노라 삼월 초뉵일 모 +[*]

판독대비

번호	판독자료집	한국정신문화연구원 (2003 : 189)	한국학중앙연구원 편 (2009a : 382~384)
1	안해조차	안해 조차	-
2	젼의	졍의	-
3	좀 무명	좀무명	-
4	듸	디	디

· · · · · · · · · · · · · · · · · ·
* 배접(褙接) 상태로 인해 뒷면 판독 불가

은진송씨 제월당 송규렴가 『선찰』 소재 언간 9-073

〈선찰-9-073, 1700년, 안동김씨(어머니) → 송상기(아들)〉

판독문

> 감수 답셔

사롬 오나눌 뎌그니 보고 든든흐며 무스히 디내니 깃거흐노라 나는 녑흐여 편히 잇노라 아
마도 오게 된[1] 거시니 언제 와셔 편히 이실고 일시도 닛디 못흐여 흐노라 부에 답장 오나든
즉시 보내여라 밧바 그치노라 아마도 편히 디내여라 칠월 념뉵일 모

판독대비

번호	판독자료집	한국정신문화연구원 (2003 : 190)	한국학중앙연구원 편 (2009a : 387)
1	된	될	될

은진송씨 제월당 송규렴가『선찰』소재 언간 9-074

〈선찰-9-074, 1700년, 안동김씨(어머니) → 송상기(아들)〉

판독문

> 감스 답셔

사롬 오나눌 뎌그니 보고 그지업스나 몸도 그리 편티 못ᄒ고 공亽ᄂ 점점 더으고 죽히 고롭
고 절박ᄒ더냐 일시도 닛디 못ᄒ며 가지가지 못 견듸여 ᄒᄂ 일을 보ᄂ 듯ᄒ여 ᄒ노라 이리
오기나 수이 와셔 ᄒ 쌔나 쉬게 ᄒ면 나을가 ᄒ노라 부예 인마ᄂ 출혀 보내려 ᄒ여시니 올
가 깃거ᄒ노라 나ᄂ 무스히 잇노라 밧바 잠 뎍노라 아마도 편히 디내다가 오나라 졍월 초칠
일 모

판독대비

번호	판독자료집	한국정신문화연구원 (2003 : 191)	한국학중앙연구원 편 (2009a : 390)

은진송씨 제월당 송규렴가 『선찰』 소재 언간 9-075

〈선찰-9-075, 1699~1700년, 안동김씨(어머니) → 송상기(아들)〉

판독문

> 감亽 답셔

사롬 오나눌 뎌그니 보고 반기며 밤亽이 무亽ᄒᆞ니 깃거[1] ᄒᆞ노라 병환은 ᄒᆞᆫ가지로 듕ᄒᆞ니 그
런 굽굽 애ᄌᆞᆺᄂᆞᆫ[2] 듯ᄒᆞᆫ 일이 업스며 어제ᄂᆞᆫ 다ᄅᆞᆫ 병과도 다ᄅᆞ니 토열이나 수이 ᄒᆞ여 나면 죽
ᄒᆞ랴 그만 ᄇᆞ라고 잇노라 구완도 냥반이 보디 못ᄒᆞ고 죵인들 져그나 이졋ᄒᆞᆫ 것들이 아니니
가지가지 졀박 굽굽ᄒᆞ다[3] 외요셔 용녀ᄒᆞᄂᆞᆫ 일이 더옥 굽굽ᄒᆞ다 보낸 반찬은 즈시 왓다 ᄆᆞ음
이 어득 심난ᄒᆞᆫ디 싱각인들 어이ᄒᆞ리 하 반찬이 업서 긔별ᄒᆞ고 닛디 못ᄒᆞ여 ᄒᆞ노라 하 밧바
그치노라 회일 모

판독대비

번호	판독자료집	한국정신문화연구원 (2003 : 192)	한국학중앙연구원 편 (2009a : 393~394)
1	깃거	깃브기	깃브거
2	애ᄌᆞᆺᄂᆞᆫ	-	애긋ᄂᆞᆫ
3	굽굽ᄒᆞ다	듕ᄒᆞ다	-

은진송씨 제월당 송규렴가 『선찰』 소재 언간 9-076

〈선찰-9-076, 1700년, 안동김씨(어머니) → 송상기(아들)〉

판독문

> 감스 답셔

사롬 오나눌 뎍그니 보고 반기며 일긔 심히 사오나온듸 무스히 디내니 깃브나 하 다스 고로 온가 시브니 죽히 졀박 심난ᄒ랴 닛디 못ᄒ여 ᄒ노라 덕손이ᄂ 닉일 간다 ᄒ나 어린거시 여러 날 길히 날 긔운은 심히 사오납고 어이 둔녀올고 넘녜 아므라타 업서 ᄒ노라 나는 년ᄒ여 됴히 디내노라 밧바 이만 뎍으며 날 긔운이 심히 사오나오니 조심ᄒ여 편히 디내여라 졍월 회일 모

판독대비

번호	판독자료집	한국정신문화연구원 (2003 : 193)	한국학중앙연구원 편 (2009a : 396~397)

은진송씨 제월당 송규렴가 『선찰』 소재 언간 9-077

〈선찰-9-077, 1700년, 안동김씨(어머니) → 송상기(아들)〉

판독문

```
┌─────────────────────────────────────┐
╎ 감수 답셔                            ╎
╎                          봉          ╎
└─────────────────────────────────────┘
```

사룸 오나눌 뎌그니 보고 반기며 무스히 이시니 깃거ᄒ노라 나도 년ᄒ여 무스히 잇고 효말
이도 이제는 나아 이시니 깃브기 아므라타 업서 ᄒ노라 볼셔 올가 기드리더니 수이 오마 ᄒ
여시니 기드리노라 졈졈 고로온 일도 만ᄒ고 문의게 슈육조차 본가 시브니 그런 통분ᄒ고
애둘온 일이 업서 ᄒ노라 보낸 것들 조시 바다 머그려 깃거ᄒ노라 밧바 이만 아마도 일긔
사오나온디 무스히 디내다가 오과댜 ᄒ노라 삼월 넘뉵일 모

판독대비

번호	판독자료집	한국정신문화연구원 (2003 : 194)	한국학중앙연구원 편 (2009a : 399~400)

은진송씨 제월당 송규렴가 『선찰』 소재 언간 9-078

〈선찰-9-078, 1700년, 안동김씨(어머니) → 송상기(아들)〉

판독문

> 감ᄉ 답셔

사람 오나눌 뎌그니 보고 반기며 몸이나 무ᄉ히 이시니 깃브나 병환으로 외요 이셔 넘녀과
용녀ᄒᄂ 일을 일시도 닛디 못ᄒ며 병인은 혼가지로 듕ᄒ다 ᄒ나 아젹 안부롤 드르니 잠깐
나아다 ᄒ니 알한 디 여러 날이 되여시니 그러 구러 졈졈 ᄒ여 나으면 죡ᄒ랴마ᄂ 느즌 후
엇더홀고 굽굽ᄒ기 아므라타 업스며 덕손이도 아히 거시 하 넘녀롤 ᄒ고 뎌리ᄒ여 디내니
어이 다 ᄀ을ᄒ리 피졉도 나셔 집은 좁고 여러 아히들ᄒ고 가지가지 형셰 측냥이 업고 덕손
의 어마님도 하 애롤 쓰니 가지가지 졀박 굽굽ᄒ 형셰 측냥티 못ᄒ여 ᄒ노라 나는 넌ᄒ여
무ᄉ히 잇노라 수이 올가 ᄒ더니 형셰 여러 가지로 어려워 못 올 거시니 섭섭ᄒ기 ᄀ이업서
ᄒ노 하 심난ᄒ여 그치며 아마도 몸이나 편히 디내믈 브라노라 삼월 넘구일 모

판독대비

번호	판독자료집	한국정신문화연구원 (2003 : 195)	한국학중앙연구원 편 (2009a : 403)

은진송씨 제월당 송규렴가 『선찰』 소재 언간 9-079

〈선찰-9-079, 1700년, 안동김씨(어머니) → 송상기(아들)〉

판독문

> 감소 답셔

사롬 오나눌 뎌그니 보고 든든 반갑기 ㄱ이업스며 몸이나 무스히 디내니 깃거ㅎ노라 새 감
스는 못 오리 ㅎ고 하 싱숑상숑혼 말이 이시니 그리 구다가 힝혀 그거시 못 오게 되면 어이
ㅎ리 시버 넘녀ㅎ며 ㄱ란 디 오라고 안자기도[1] 고롭고 집의 오기는 더옥 홀리 밧븐디 그런
고로온 일이 업서 일시도 닛디 못ㅎ여 ㅎ노라 나는 요스이는 긔운이 닉도히 나은 듯ㅎ니 져
그나 ㅎ려 ㅎ노라마는 옴이 점점[2] 퍼뎌 가니 긔 민망ㅎ다 밧바 그치노라 아마도 조심ㅎ여
편히 디내여라 팔월 십일일 모

판독대비

번호	판독자료집	한국정신문화연구원 (2003 : 196)	한국학중앙연구원 편 (2009a : 406~407)
1	안자기도	안 가기도	-
2	점점	-	점점

은진송씨 제월당 송규렴가 『선찰』 소재 언간 9-080

〈선찰-9-080, 1700년, 안동김씨(어머니) → 송상기(아들)〉

판독문

> 감소 답셔

덕손이 오나눌 덕으니 보고 반갑기 구이업스며 편히 디내니 깃거호노라 나는 혼가지로 디
내나 옴으로 실로 졀박호나 지리혼 병이니 도로혀 넘녀도 나디 아니호다 새 감소는 교디홀
긔약이 업스니 가지가지 옹식혼 일이 업스며 집의 올 길히 하 먼 둣호니 그런 답답혼 일이
업서 호노라 밧바 이만 구월 초뉵일 모

판독대비

번호	판독자료집	한국정신문화연구원 (2003 : 197)	한국학중앙연구원 편 (2009a : 409~410)

은진송씨 제월당 송규렴가 『선찰』 소재 언간 9-081

〈선찰-9-081, 1700년, 안동김씨(어머니) → 송상기(아들)〉

판독문

> 감스 답셔

은산이 둔녀오나눌 뎌그니 보고 반가오며 편히 이시니 깃브나 발의 옴으로 고온가 시브니
죽히 괴로오랴 닛디 못ᄒ노라 나도 손의 올라 고롭고 몸의도 볼기의 졈졈 퍼뎌 가니 민망ᄒ
다 강활은 달혀 시서 보려 ᄒ노라 감시 논박을 맛다 ᄒ니 새 감시나 수이 오면 죡ᄒ랴 ᄒ노
라 밧바 그치노라 아마도 편히 디내여라 팔월 십ᄉ일 모 +*

판독대비

번호	판독자료집	한국정신문화연구원 (2003 : 198)	한국학중앙연구원 편 (2009a : 412~413)

---

* 배접(褙接) 상태로 인해 뒷면 판독 불가

은진송씨 제월당 송규렴가 『선찰』 소재 언간 9-082

〈선찰-9-082, 1700년, 안동김씨(어머니) → 송상기(아들)〉

판독문

> 감수 답셔

사롬 오나눌 뎌그니 보고 깃거ᄒ며 무스히 이시니 든든ᄒ여 ᄒ노라 나는 날이 서눌ᄒ니 긔운이 져그나 나아 디내노라 약을 머근 후 더 나은 듯ᄒ니 약으로 그러ᄒᆫ가도 시브다 언제 교디나 ᄒ고 집의 도라와 편히 디낼고 시버 닛디 못ᄒ여 ᄒ노라 요스이 일뎡 손이 만히 가실 듯 시버 ᄒ노라 듕긔ᄒ고 죽히 뒤심심ᄒᆫ 일이 만ᄒ랴 보는 듯ᄒ다 밧바 그치노라 칠월 넘일일 모

판독대비

번호	판독자료집	한국정신문화연구원 (2003 : 199)	한국학중앙연구원 편 (2009a : 415~416)

은진송씨 제월당 송규렴가 『선찰』 소재 언간 9-083

〈선찰-9-083, 1700년, 안동김씨(어머니) → 송상기(아들)〉

판독문

```
감스 긔셔                          봉
```

밤스이 어이 디낸고 닛디 못ᄒ여 ᄒ노라 어제 유무는 본가 ᄒ노라 나는 무스히 이시나 옴이
점점 골기니 민망ᄒ기 ᄀ이업다 새 감스의 긔별은 다시 듯디 못ᄒ엿는가 그런 ᄶᆞᆨᄒ고 옹식
ᄒᆫ 일이 업스며 가지가지 죽히 심난ᄒ랴 닛디 못ᄒ여 ᄒ노라 말금이롤 무드려 ᄒ다 ᄒ고 제
ᄌᆞ식들이 누룩을 못 어더 ᄒ니 납쇠 가니 톄ᄌᆞᄒ여 주과댜 ᄒ나 듕긔 닷근 후 쓰기 사룸 납
쇠든 마라 그런 일도 슬 듯ᄒ다 밧바 이만 아마도 편ᄒ과댜 ᄒ노라 팔월 념구일 모

판독대비

번호	판독자료집	한국정신문화연구원 (2003 : 200)	한국학중앙연구원 편 (2009a : 418~419)

은진송씨 제월당 송규렴가 『선찰』 소재 언간 9-084

〈선찰-9-084, 1699년, 안동김씨(어머니) → 송상기(아들)〉

판독문

> 감스 답셔

사롬 오나눌 뎌그니 보고 편히 디내니 깃거ᄒ노라 나는 계유 무스히 년ᄒ여 잇노라 범돌이
도 됴히 이시니 깃브고 죽히 든든ᄒ며 글로 쇼일을 ᄒ니 더옥 다힝ᄒ다 니집은 게도 녁질이
드러눈디[1] 두어시니 글로 곱곱ᄒ다 부예 편지는 보왓노라 니방 놈이 죄는 무상ᄒ나 져년희
피졉 가실 젹도 극진이 져구지는 병환의나[2] ᄒ던 거시니 볼셔 형문 ᄒ[3] 최롤 마자시니 그만
ᄒ라 ᄒ면 엇더ᄒ리 인졍도도[4] 업서[5] 못홀 듯ᄒ여 긔별ᄒ노라 밧바 그치며 아마도 치온디
편히 디내여라 납월 초뉵일 모

판독대비

번호	판독자료집	한국정신문화연구원 (2003 : 201)	한국학중앙연구원 편 (2009a : 422~423)
1	드러눈디	드러눈듸	드러눈듸
2	병환의나	병환의 나	–
3	형문 ᄒ	형문ᄒ	–
4	인졍도도	–	인졍도
5	업서	업긔	–

은진송씨 제월당 송규렴가 『선찰』 소재 언간 9-085

〈선찰-9-085, 1700년, 안동김씨(어머니) → 송상기(아들)〉

판독문

> 감스 답셔

사룸 오나눌 더그니 보고 반기며 든든ᄒᆞ며 편히 디내니 깃거ᄒᆞ노라 나는 긔운은 ᄒᆞᆫ가지로
디내니 다힝ᄒᆞ나[1] 옴이 하 괴로오니 글로 졀박ᄒᆞ다 새 감스의 소문은 업스니 그런 쪽ᄒᆞ고
졀박ᄒᆞᆫ 일이 업서 ᄒᆞ노라 며느리도 수이 떠나게 되여시니 셥셥ᄒᆞ기[2] ᄀᆞ이업서 ᄒᆞ노라 밧바
이만 부예 편지는 보고 니 셔방도 왓다 ᄒᆞ니 든든ᄒᆞ여 ᄒᆞ노라 구월 초삼일 모

판독대비

번호	판독자료집	한국정신문화연구원 (2003 : 202)	한국학중앙연구원 편 (2009a : 425~426)
1	다힝ᄒᆞ나	다힝ᄒᆞ다	다힝ᄒᆞ다
2	셥셥ᄒᆞ기	셥셥ᄒᆞ기	셥셥ᄒᆞ기

은진송씨 제월당 송규렴가 『선찰』 소재 언간 9-086

〈선찰-9-086, 1700년, 안동김씨(어머니) → 송상기(아들)〉

판독문

> 감수 답셔

사룸 오나눌 뎌그니 보고 반기며 무스히 이시니 깃거ᄒ노라 병환은 어제브터 음식을 먹기
롤 졈졈 나이 ᄒ고 줌도 자고 긔운이 오늘 퍽 아 디낸다 ᄒ니 그런 깃븐 일이 어듸 이시리
겨믄 사룸이니[1] 언머 ᄒ여 소복ᄒ리 시버 다ᄒᆡᆼᄒ기 아므라타 업서 ᄒ노라 나도 무스히 디내
노라 향교꼴은 수이 가려 ᄒ더니 녕감이 가디 마다 ᄒ시니 어이ᄒ실디 아디 못ᄒ며 덕손의
어마님은 가고져 ᄒ나 그러 구르시니 뎡티 못ᄒ는가 시브다 부예셔는 그만이나 디내니 깃
브다 나귀 기룸은 귀예 녀ᄒ되 안족[2] 아디 못ᄒᆞᆯ다 하 밧밧바 그치며 아마도 편히 디내믈 ᄇᆞ
라노라 스월 초뉵일 모

판독대비

번호	판독자료집	한국정신문화연구원 (2003 : 203)	한국학중앙연구원 편 (2009a : 429~431)
1	사룸이니	사룸이어니	사룸이어니
2	안족	안즉	–

은진송씨 제월당 송규렴가 『선찰』 소재 언간 9-087

〈선찰-9-087, 1700년, 안동김씨(어머니) → 송상기(아들)〉

판독문

> 감亽 답셔

사롬 오나눌 뎌그니 보고 반기며 밤亽이 편히 디내니 깃거ᄒ노라 나는 무亽히 디내노라 아
젹 은산이 가뒤 일즉이 가니 가는 줄 몰라 유무도 못ᄒ고 섭섭ᄒ여 ᄒ노라 셔울 오라바님
편지롤 보니 참판이 쫄을 산후 불의예 주기다 ᄒ니 그런 참혹ᄒ 일이 업亽며 장의쫄 너희
집의 드리며 그리되다 ᄒ니 그런 측ᄒ고 쪽ᄒ 일 업서 들리기 ᄀ이업다 챵국이도 사회롤 주
긴가 시브니 그런 일이 업다 부예 편지는 즈시 왓다 밧바 그치노라 칠월 넘팔일 모

판독대비

번호	판독자료집	한국정신문화연구원 (2003 : 204)	한국학중앙연구원 편 (2009a : 434~436)

은진송씨 제월당 송규렴가『선찰』소재 언간 9-088

〈선찰-9-088, 1700년, 안동김씨(어머니) → 송상기(아들)〉

판독문

```
감亽 답셔
```

사룸 오나눌 뎌그니 보고 반기며 편히 디내니 깃거ᄒ노라 새 감亽는 오기 밋디 못ᄒ면 어이
홀고 그런 심난흔 일이 업서 ᄒ노라 다시 긔별이나 드럿는가 ᄒ노라 나는 혼가지로 디내노
라 죠흥은 얼굴을 보디 못ᄒ엿다가 보고 긔특흔 것ᄒ고 먹엇노라 밧바 그치노라 아마도 편
히 디내다가 오을[1] 브라노라 팔월 슌이일 모

판독대비

번호	판독자료집	한국정신문화연구원 (2003 : 205)	한국학중앙연구원 편 (2009a : 438~439)
1	오을	오믈	오믈

은진송씨 제월당 송규렴가 『선찰』 소재 언간 9-089

〈선찰-9-089, 1699년, 안동김씨(어머니) → 송상기(아들)〉

판독문

> 감스 답셔

면쳔 집 사룸 올 제 더그니 보고 깃거ᄒ며 사룸 오나ᄂᆞᆯ 더그니 보고 반기나 그리 다ᄉ 고로 온 일이 만ᄒ니 죽히 졀박ᄒ랴 닛디 못ᄒ노라 나는 무ᄉ히 잇노라 니 셔방집은 드러오니 든든ᄒ며 집이 ᄀᆞ득ᄒ여 ᄒ며 져희도 하 즐겨 ᄒ니 요ᄉ이ᄂᆞᆫ 병이 ᄃ라난 ᄃᆞᆺᄒ여 ᄒ노라 범이도 니일 보내게 되니 죽히 섭섭ᄒ랴 보ᄂᆞᆫ ᄃᆞᆺᄒ다 셜이 ᄒᆞ필겻ᄂᆞ디[1] 제곰셔 디내니 섭섭 결연 ᄆᆞ옴이 굿브다 디애 모ᄭᅵ도[2] 아희들ᄒ고 하 블샹이 잇더라 ᄒ고 니 셔방집이 니ᄅ거ᄂᆞᆯ 드르나 홀 일이 업ᄉ니 아므거시나 아희들이나 먹이게 보내여라 밧바 그치며 아마도 편히 디내여라 넘구일 모

판독대비

번호	판독자료집	한국정신문화연구원 (2003 : 206)	한국학중앙연구원 편 (2009a : 441~442)
1	ᄒᆞ필겻ᄂᆞ디	ᄒᆞ필 겻ᄂᆞ 디	ᄒᆞ필겻ᄂᆞ듸
2	모ᄭᅵ도	모셔도	-

은진송씨 제월당 송규렴가 『선찰』 소재 언간 9-090

〈선찰-9-090, 1699년, 안동김씨(어머니) → 송상기(아들)〉

판독문

> 감ᄉ 답셔

호셩이 온 후 안부 모ᄅ니 답답ᄒ더니 하인 오나ᄂᆞᆯ 뎌그니 보고 날이 심히 치온ᄃᆡ 몸은 무
ᄉ히 디내니 깃브기 ᄀᆞ이업ᄉ나 다ᄉ히기 졈졈 심훈가 시브니 괴롭기 못 견듸는가[1] 시브니
실로 못 견듸여[2] ᄒᄂᆞᆫ 일이 일시도 닛디 못ᄒ여 ᄒ노라 나ᄂᆞᆫ 년ᄒ여 계유 디나 효말의 어마
님이 자다가 알파 ᄒᄂᆞᆫ 거시 외감이라 ᄒ나 하 듕히 알ᄒ니 놀랍고 급급ᄒ기 ᄀᆞ이ᄀᆞ이업서
ᄒ노라 시방 약도 ᄒ고 ᄒ나 하 듕ᄒ니 수이 ᄒ릴가 시브디 아녀 졔ᄉ도 다ᄃᆞ라 오시고 가
지가지 급급ᄒ다 밧바 그치노라 납월 념일 모

판독대비

번호	판독자료집	한국정신문화연구원 (2003 : 207)	한국학중앙연구원 편 (2009a : 445~446)
1	견듸는가	견듸는가	견듸는가
2	견듸여	견듸여	견듸여

은진송씨 제월당 송규렴가 『선찰』 소재 언간 9-091

〈선찰-9-091, 1700년, 안동김씨(어머니) → 송상기(아들)〉

판독문

> 감스 답셔

사룸 오나눌 뎍그니 보고 반갑기 ㄱ이업스며 일긔 심히 사오나온디 무스히 디내니 깃거ᄒ
노라 나는 년ᄒ여 무스히 이시나 며느리도 씀질ᄒ다가 심히 알하 여러 날 음식도 못 먹고
알코 ᄒ니[1] 민망ᄒ고 념녜 젹디 아니ᄒ더니 효말이 졸연이 병을 어더 하 듕ᄒ니 아므 병인
줄은 모르고 곱곱ᄒ기 아므라타 업더니 어제는 젹이 나아 져녁밥도 퍽 먹고 나아다 ᄒ니 다
힝 깃브기 아므라타 업서 ᄒ노라 집의는 안즉 아므 제 갈 줄 뎡티 못ᄒ다 부예 병환도 나아
다 ᄒ니 다힝ᄒ기 ㄱ이업다 샹소는 막ᄒ니 ㄱ디 못ᄒ고 쏘[2] 샹소를 흗들 굴기 쉽디 못ᄒ 거
시니 족히 민망ᄒ랴 요스이들은 집마다 급ᄒ여 노 굴믄 사룸들이 만하 예 와 보채니 ㄱ이업
고 낙동 집도 하 급ᄒ여 ᄒ니 ㄱ이업다 훗 사룸 오는 디 조긔 무시나 보내여라 구리 조긔를
사다가 주되 마시 무상ᄒ니 먹디 못ᄒ다 밧바 그치며 아마도 몸이나 무스ᄒ여라 삼월 념삼
일 모

판독대비

번호	판독자료집	한국정신문화연구원 (2003 : 208)	한국학중앙연구원 편 (2009a : 449~451)
1	ᄒ니	ᄒᄒ니	-
2	쏘	〔판독 안 됨〕	-

은진송씨 제월당 송규렴가 『선찰』 소재 언간 9-092

〈선찰-9-092, 1700년, 안동김씨(어머니) → 송상기(아들)〉

판독문

> 감ᄉ 답셔

사롬 오나눌 뎍으니 보고 반갑기 ᄀ이업서 ᄒ나 몸이 편티 못ᄒᆫ가 시브니 죽히 고롭고 졀박
ᄒ랴 닛디 못ᄒ노라 밤ᄉ이ᄂᆞᆫ 엇더ᄒ니 뎍손이도 ᄒ마 길흘 나실 거시니 어이 올고 념녀 아
ᄆᆞ라타 업서 ᄒ노라 니 셔방은 퇴열은 ᄒ다 ᄒ나 다시 긔별을 모르니 답답ᄒ기 아ᄆᆞ라타 업
서 곱곱ᄒ여 ᄒ노라 나ᄂᆞᆫ 무ᄉ히 디내노라 부에 편지ᄒ여 보내니 뎐ᄒ고 게 긔별 다시 듯고
져 ᄒ노라 밧바 이만 아마도 일긔 사오납기 심ᄒ니 몸조심ᄒ며[1] 편ᄒ과댜 ᄒ노라 삼월 초삼
일 모

판독대비

번호	판독자료집	한국정신문화연구원 (2003 : 209)	한국학중앙연구원 편 (2009a : 454~455)
1	몸조심ᄒ며	몸 조심ᄒ여	몸 조심ᄒ며

은진송씨 제월당 송규렴가 『선찰』 소재 언간 9-093

〈선찰-9-093, 1699~1700년, 안동김씨(어머니) → 송상기(아들)〉

판독문

> 감亽 답셔

사롬 오나놀 뎌그니 보고 몸이나 무亽ᄒ니 깃브나 하 용녀롤 ᄒ여시니 만히 샹홀가 급급ᄒ기 아므라타 업서 ᄒ노라 병환은 밤브터 셜샤롤 혼다 ᄒ고 이제는 넘녀롭디 아니ᄒ다 ᄒ니 그 말이 올홀 쟉시면 죽ᄒ랴 그롤 다힝혼 둧ᄒ나 밋브디 아니ᄒ니 ᄆ음이 혼 줌은 ᄒ니 아므라타 못ᄒ다 하 밧바 그치노라 초일일 모

판독대비

번호	판독자료집	한국정신문화연구원 (2003 : 210)	한국학중앙연구원 편 (2009a : 458~459)

은진송씨 제월당 송규렴가 『선찰』 소재 언간 9-094

〈선찰-9-094, 1700년, 안동김씨(어머니) → 송상기(아들)〉

판독문

> 감ᄉ 답셔

사롬 오나눌 뎌그니 보고 든든ᄒ며 밤ᄉ이 무ᄉ히 디내 깃거ᄒ노라 나는 ᄒᆫ가지로 계유 디내고 낙동딕도 초사흘을 듀야롤 하 둥히 알ᄒ니 졀박ᄒ더니 오늘 파죵을 ᄒ니 잠깐 누거ᄒ니 져그나 낫다 반찬 아므 디[1] 어려오니 싱각 어이 니ᄅ ᄒ리 시브다 붕어는 다 ᄌᆞ시 왓다 하 밧바 계유 잠 뎍노라 아도 ᄒᆞ 더위예 조심ᄒ여 편ᄒ기만 ᄇ라노라 뉴월 십일일 모

판독대비

번호	판독자료집	한국정신문화연구원 (2003 : 211)	한국학중앙연구원 편 (2009a : 461~463)
1	디	듸	-

은진송씨 제월당 송규렴가 『선찰』 소재 언간 9-095

〈선찰-9-095, 1700년, 안동김씨(어머니) → 송상기(아들)〉

판독문

> 감亽 답셔

사롬 오나놀 뎌그니 보고 깃거ᄒ나 내 병으로 하 넘녀롤 ᄒ여시니 죽히 놀라 ᄆ옴이 올ᄒ랴
일시도 닛디 못ᄒ노라 나는 첫날은 하 어즐ᄒ고 긔운이 아니꼬오니 민망ᄒ더니 이튼날은
퍽 나은 듯ᄒ고 음식도 그리 슬티 아냐 먹으되 채 낫디 아니ᄒ여 몸이 셟고[1] 어즐ᄒᆫ 긔운이
대단티 아니ᄒ나 ᄣᆡᄣᆡ 어즐ᄒᆫ 긔운이 이시나 그리 못 견디게[2] 알픈 일이 업ᄉ니 하 근심을
마라 날은 덥고 그리ᄒ기야 고이ᄒ랴 ᄌ연 나날 아니 ᄒ리랴 보낸 것들은 ᄌ시 왓다 녕감
진지는 어제브터 피졉소의셔[3] ᄒ다 긔별 듯기 밧바 홀 거시니 잠 뎍노라 오월 순구일 모

판독대비

번호	판독자료집	한국정신문화연구원 (2003 : 212)	한국학중앙연구원 편 (2009a : 465~467)
1	셟고	-	셟고
2	견디게	견듸게	견듸게
3	피졉소의셔	피졉ᄀ의셔	-

은진송씨 제월당 송규렴가 『선찰』 소재 언간 9-096

〈선찰-9-096, 1700년, 안동김씨(어머니) → 송상기(아들)〉

판독문

> 감스 답셔

사롬 오나눌 유무 보고 그지업서 ᄒ노라 며느리는 오늘은 좀도 자고 긔운이 미이 낫다 ᄒ니
깃브기 ᄀ이업서나 고산딕이 사흘재 하 듕히 알는다 ᄒ니 증셰 슈샹ᄒ여 들리니 그런 쑥ᄒ
고 졀박ᄒ기 아므라타 업서 피졉을 올마 갈가 시브니 쑥ᄒ기 아므라타 업서 ᄒ노라 수 오려
ᄒ나 이리 뒤숭숭ᄒ니 민망ᄒ다 하 심난ᄒ여 그치노라 스월 십스일 모

판독대비

번호	판독자료집	한국정신문화연구원 (2003 : 213)	한국학중앙연구원 편 (2009a : 470)

은진송씨 제월당 송규렴가 『선찰』 소재 언간 9-097

〈선찰-9-097, 1700년, 안동김씨(어머니) → 송상기(아들)〉

판독문

> 감스 답셔

사롬 오나눌 뎌그니 보고 깃거ㅎ며 날 덥기 뉴다론듸[1] 무스히 디내니 깃브나 교뎌롤 고이ㅎ
거슬 어더다 ㅎ니 듯고 놀라온 둧ㅎ며 죡히 고론 ᄆ움이 이시랴 닛디 못ㅎ여 ㅎ노라 나는
년ㅎ여 무스히 디내노라 어제 니 셔방은 어이 간고 닛디 못ㅎ여 ㅎ노라 밧바 그치며 몸조심
ㅎ여 편히 디내다가 수이 오믈 ᄇ라노라 칠월 순팔일 모

판독대비

번호	판독자료집	한국정신문화연구원 (2003 : 214)	한국학중앙연구원 편 (2009a : 473)
1	뉴다론듸	뉴다론디	-

은진송씨 제월당 송규렴가 『선찰』 소재 언간 9-098

〈선찰-9-098, 1699~1700년, 안동김씨(어머니) → 송상기(아들)〉

판독문

```
감스 답셔
```

호싱이 온 후 긔별 몰라 ᄒ더니 영으로셔 가져오나눌 뎌그니 보고 깃거ᄒ노라 나는 년ᄒ여
무스히 이시니 넘녀 말고 됴히 와 영의 와 몸이나 쉬여 오나라 갓가이 오ᄂᆞᆫ 일이 든든ᄒᆞ ᄆᆞ
음이 아ᄆᆞ라타 업서 ᄒ노라 밧바 그치노라 십ᄉ일 모

판독대비

번호	판독자료집	한국정신문화연구원 (2003 : 215)	한국학중앙연구원 편 (2009a : 475~476)

은진송씨 제월당 송규렴가 『선찰』 소재 언간 9-099

〈선찰-9-099, 1697년, 안동김씨(어머니) → 송상기(아들)〉

판독문

> 승지 긔셔

긔별을 여러 날 모르니 답답ᄒ여 ᄒ더니 님지모[1] 오나눌 뎌그니 보고 반갑기 ᄀ이업ᄉ며 극한의 대되 무ᄉᄒ고[2] 혼인 신부례도 무ᄉ히 디내고 신부 ᄀ장 용ᄒ여 아롬다온가 시브니 그런 다힝 깃븐 일이 업ᄉ며 이 밧긔 더 깃븐 일이 이시리 다시곰 깃거ᄒ며 경스로와 제 ᄇ라는 사롬이오 내 집의는 큰사롬이니 든든ᄒ믈 다 못 뎍그나 이러셔 저룰 즉시 보디 못ᄒᄂ 일이 하 섭섭ᄒ니 ᄆ음이 굿버ᄒ노라 덕손이야 뎌 집의셔 아니 기리면 고이 ᄒ디 아므려도 저만은 못ᄒᄂ가 시브다 드르니 새집의셔 약간 거시나 ᄒ여 사람을 브리려 ᄒ다 ᄒ니 그런 부졀업ᄉᄂ 일을 ᄒ게 ᄒ며 예셔 디졉홀 일이나 ᄒ들 아니 어려오며 셔울과도 다르고 아니 어려오랴 형셰룰 싱각ᄒ고 쥰졀이 말라 나홀 것 아던가 애들와ᄒ노라 님지무[3] 간다 ᄒ니 안부나 알게 뎍노라 납월 초눇일 모

판독대비

번호	판독자료집	한국정신문화연구원 (2003 : 216)	한국학중앙연구원 편 (2009a : 479~480)
1	님지모	님지 모	–
2	무ᄉᄒ고	ᄆᄉᄒ고	ᄆᄉᄒ고
3	님지무	님지 무	

은진송씨 제월당 송규렴가 『선찰』 소재 언간 9-100

〈선찰-9-100, 1700년, 안동김씨(어머니) → 송상기(아들)〉

판독문

```
감스 답셔
```

사롬 오나눌 뎌그니 보고 반가오며 몸이나 편ᄒ니 깃거ᄒ노라 덕손이이ᄂ 기드리디 못ᄒ여
넘녜 구이업서 연고 이셔 못 오ᄂ가 ᄒ고 아니 날 ᄆ옴이 업서 ᄒ더니 그리 왓다 ᄒ니 깃브
기 구이업서 ᄒ며 제 안해조차 그리 왓다 ᄒ니 네 죽히 반겨ᄒ랴 보ᄂ 듯ᄒ고 든든ᄒ기 아
ᄆ라타 업서 ᄒ노라 나ᄂ 무스히 이시나 말금이 주그니 놀랍고 블샹ᄒ기[1] 아ᄆ라타 업스며
제 밤낫 ᄒᄃ 이셔 입뻬구지 잇다가 주그니 가지가지 참혹ᄒ고 막의 가 주그니 더옥 잔잉ᄒ
며 난녜도 막의 내고 하 힝낭도 블안ᄒ고 역질도 긔봉의 ᄌ식이 왓다가 역질을 시작ᄒ니 놀
랍고 극즁ᄒ니 아ᄒᄃ로 곱곱ᄒ기 구이업다 비졉 보낼 곳도 업고 아ᄆ리 홀 줄을 몰라 쏙ᄒ
여 ᄒ다 말금이 죽거눌 감영 가 어ᄃ다가 주마 ᄒ고 대동 ᄒ 필을 ᄯ어 감으라 ᄒ여시니 위
연ᄒ 무명 필이나 보내여라 부여 니방은 나아ᄂ가 시브니 다힝ᄒ다 하 밧바 그치며 아마도
편히 디내여라 삼월 십일일 모 +[*]

판독대비

번호	판독자료집	한국정신문화연구원 (2003 : 217)	한국학중앙연구원 편 (2009a : 484~486)
1	블샹ᄒ기	–	불샹ᄒ기

....
* 배접(褙接) 상태로 인해 뒷면 판독 불가

은진송씨 제월당 송규렴가 『선찰』 소재 언간 9-101

〈선찰-9-101, 1699~1700년, 안동김씨(어머니) → 송상기(아들)〉

판독문

> 감스 답셔

사롬 오나눌 뎌그니 보고 무스히 이시니 깃거ᄒ노라 며느리는 어제 쌍거미의 토열을 무스히 ᄒ고 이제는 긔운이 나아다 ᄒ니 그런 다힝 깃븐 일이 어듸 이시리 하 다힝ᄒ니 이 밧긔는 깃븐 일이 업순 둣ᄒ며 둣고 죽히 다힝 깃거ᄒ랴 ᄒ노라 하 깃거 오눌 새배나 사롬을 브럼 즉ᄒ더니마는 사롬이 올 거시라[1] 못 보내고 답답ᄒ여 ᄒ더니 사롬이 와셔 긔별을 들롤 거시니 져그나 누거ᄒ여 홀가 ᄒ노라 이후도 하 둥히 알하시니 두립기 ᄀ이업다 피졉도 향교로 가려 ᄒ다 ᄒ니 쟝의나 무스ᄒ면 죽ᄒ랴 쓸 것들도 업서 ᄒ고 가지가지 하 졀박ᄒ여 ᄒ니 민망ᄒ기 ᄀ이업다 무명은 즈시 왓다 그리 심난ᄒᆞᆫ듸[2] 긔별ᄒ기 졀박ᄒᆫ 거술 긔별ᄒ고 병ᄀ티 닛디 못ᄒ여 ᄒ노라 하 밧밧바[3] 그치노라 초이일 모

판독대비

번호	판독자료집	한국정신문화연구원 (2003 : 218)	한국학중앙연구원 편 (2009a : 489~491)
1	거시라	거시나	–
2	심난ᄒᆞᆫ듸	심난ᄒᆞᆫ듸	심난ᄒᆞᆫ듸
3	밧밧바	–	밧바

은진송씨 제월당 송규렴가 『선찰』 소재 언간 9-102

〈선찰-9-102, 1701년, 안동김씨(어머니) → 송상기(아들)〉

판독문

> 대스간 답셔

오늘 아젹 역즈 오는디 연기셔 훈 편지 보고 겟フ지 무스이 간 일 알고 다힝 깃부기 フ이업
다 늬일[1] 스이 드러갈 둧ᄒ니 어이 가며 간 후 무스ᄒ냐 넘녀 일시도 닛지 못ᄒ노라 나도
일양 그만이나 디내고 집안도 대되 무스ᄒ니 넘녀 말고 디내여라 봉모 형뎨도 와시며 잇기
는 어디 잇는다 신덥이 서어홀 거시니 닛지 못ᄒ며 농인과 훈가지로 잇느냐 밧바 잠 디셔
뎍히노라 아마도 년ᄒ야 됴히 잇거라 신[2] 지월 념칠일 모

판독대비

번호	판독자료집	한국정신문화연구원 (2003 : 219)	한국학중앙연구원 편 (2009a : 493~495)
1	늬일	-	늬일
2	신	식	-

은진송씨 제월당 송규렴가 『선찰』 소재 언간 9-103

⟨선찰-9-103, 1700년, 안동김씨(어머니) → 송상기(아들)⟩

판독문

```
┌─────────────────────────────────────┐
│  감스 답셔                            │
│                          봉          │
└─────────────────────────────────────┘
```

사룸 오나눌 뎌그니 보고 반기며 밤스이 무스ᄒ니 깃거ᄒ노라 며느리는[1] 그리 퍽 나아 디내
니 다힝ᄒ여 ᄒ더니 머리 귤히고 바느질ᄒ더라 ᄒ더니 긔운의 해로와 ᄯᅩ 알ᄒ니 놀랍고 념
녜 ᄀᆞ이업더니 밤의는 더 알타 ᄒ더니 느즌 후 음식도 퍽 먹고 긔운이 나아다 ᄒ니 깃브다
제 집의셔 이당의 어미 와시니 병인이 반갑고 든든홀 거시니 긔운도 나을가 ᄒ노라 둥지 안
해는 도로 알는다 ᄒ니 념녀롭기 ᄀᆞ이업고 제 싀어미 즉히 념녀ᄒ랴 ᄒ며 문의도 와셔 그러
ᄒ니 도로혀 므던ᄒ 듯ᄒ다 하 밧바 그치노라 수이 볼 거시니 든든ᄒ기 ᄀᆞ이업다 ᄉᆞ월 십삼
일 모

판독대비

번호	판독자료집	한국정신문화연구원 (2003 : 220)	한국학중앙연구원 편 (2009a : 498~499)
1	며느리는	며느리느	-

은진송씨 제월당 송규렴가 『선찰』 소재 언간 9-104

〈선찰-9-104, 1684~1701년, 안동김씨(할머니) → 송필환(손자)〉

판독문

요ᄉ이는 날 긔운이 심히 칩고 ᄒᆞ니 어이 디내는다 닛디 못ᄒᆞ며 쇠셔 ᄃᆞ녀오나놀 뎌그니 보
고 본 듯 반갑기 ᄀᆞ이업ᄉ며 몸이나 됴히 이시니 깃거ᄒᆞ노라 나는 계유 이시나 네 어마님이
훌터 나가니 섭섭 궂브기 ᄒᆞᆫ두 물이 아녀 가지가지 하 ᄆᆞᆷ이 아므라타 업ᄉ며 집은 다 뷘
듯ᄒᆞ여디고 아ᄒᆡ들ᄒᆞ고 집안히 호젓ᄒᆞ며 디속은[1] 뎡티 못ᄒᆞ니 언스는 모ᄅᆞ고 다시 보기ᄅᆞᆯ
뎡티 못ᄒᆞ니 ᄌᆞ연이 심시 사오납오나 안즉은 네 동싱들도 잇고 네 아바님도 이시니 그려도
든든ᄒᆞ거니와 ᄀᆞ을ᄒᆞ면 다 올라가고 너월이면 네 아바님도 갈 거시니 아마도 ᄆᆞᆷ을 뎡티
못홀가 시브니 어이ᄒᆞ며 늘근이 마치 아ᄒᆡ ᄀᆞᆺ트니[2] 서ᄅᆞ 다시 만나기ᄅᆞᆯ 더옥 밋디 못홀 것
ᄀᆞ트여 ᄒᆞ노라 몬졔 보낸 대구난은 반찬이 됴셕이면 ᄌᆞᆸᄌᆞᆸᄒᆞ더니 잡습고 깃브고 졍되여 열
번이나 일ᄏᆞ노라 거번의 호쵸는 니 셔방이 어더 보내더라[3] ᄒᆞ니 그런 귀ᄒᆞ고 고마온 일이
업서 ᄡᅳᆯ 적마다 졍되믈 일ᄏᆞᄅᆞ며 싱각ᄒᆞᆫ 일이 다시곰 고마와ᄒᆞ노라 유무나 ᄒᆞ고져 ᄒᆞ나 언
문 편지 ᄒᆞ노니 언문 □□ᄒᆞ더니 □□ 뎐ᄒᆞ여라 네 이 죡히 반기며 즐겨ᄒᆞ랴 보는 둧ᄒᆞ여
ᄒᆞ노니 ᄉᆞ연이 락락ᄒᆞ나 하 심난ᄒᆞ여 그치며 아마도 됴히 디내여라 이월 넘ᄉᆞ일 할미

판독대비

번호	판독자료집	한국정신문화연구원 (2003 : 221~222)	한국학중앙연구원 편 (2009a : 502~505)
1	디쇽은	디쇽은	디쇽은
2	ᄀᆞᆺ트니	ᄀᆞᆺ트니	ᄀᆞᆺ트니
3	보내더라	보내거나	–

은진송씨 제월당 송규렴가 『선찰』 소재 언간 9-105

〈선찰-9-105, 1684~1701년, 안동김씨(할머니) → 미상(손자)〉

판독문

전성이 든녀온 후 일졀이 긔별 모른니 답답ᄒ기 ᄀ이업서 ᄒ더니 구죵 오나눌 뎌그니 보고
서르 본 듯 반갑기 아므라타타[1] 업스며 안질도 ᄒ럿고 무스히 디내 깃브나 졔스도 다둣고
졀박ᄒ 일이 ᄀ이업손가 시브니 죽히 급급ᄒ여 ᄒ더냐 보는 듯 닛디 못ᄒ여 ᄒ노라 우리는
무스히 디내나 네 어마님 옴이 나은 듯ᄒ더니 요스이는 도로 듕ᄒ여 하 고롭고 못 견디여[2]
ᄒ니 보기의 급급ᄒ다 됴셕은 계유계유 디내고 보리 막 나야 무상ᄒ여 져년 벼과 ᄀ티여 뉵
월도 못 먹게 되엿고 시방 굴머ᄂ 사롬이 ᄀ득ᄒ니 ᄀ이업고 집안히셔도 반찬 살 의스롤 못
ᄒ니 됴셕이면 쏙ᄒ고 졀박ᄒ기 ᄀ이업다 공셰 가거눌 유무ᄒ더니 못 본가 ᄒ노라 군직 논
은 투라 ᄒ다 ᄒ니 탓ᄂ가 ᄒ며 흥졍을 ᄒ나 돈을 사나 내 ᄆ음더로 못ᄒ니 답답ᄒ다 힝혀
탓거든 돈이나 사 두어라 내 ᄆ음의ᄂ 녕감 니브실 거시 이졋ᄒ 거시 업고 ᄀ을 것도 졀박
ᄒ니 흥졍ᄒ여 올 것도 아니 만ᄒ랴마ᄂ 다시 긔별ᄒ여든 ᄒ게[3] ᄒ여라 이제ᄂ 녕감 +* 뉵
월 □□□ 할미

판독대비

번호	판독자료집	한국정신문화연구원 (2003 : 223)	한국학중앙연구원 편 (2009a : 508~510)
1	아므라타타	–	아므라타
2	견디여	견듸여	견듸여
3	긔별ᄒ여든 ᄒ게	긔별ᄒ여 든든ᄒ게	–

---

* 배접(褙接) 상태로 인해 뒷면 17행 판독 불가

은진송씨 제월당 송규렴가 『선찰』 소재 언간 9-106

〈선찰-9-106, 1684~1701년, 안동김씨(할머니) → 미상(손자)〉

판독문

요ᄉᆞ이 오래 긔별 모르니 답답ᄒᆞ기 ᄀᆞ이업ᄉᆞ며 날이 더오니 어이 디내ᄂᆞᆫ다 닛디 못ᄒᆞ여 ᄒᆞ노라 진성이 올 적 글시 보고 본 듯 반갑기 ᄀᆞ이업ᄉᆞ나 안질이 듕ᄒᆞ엿노라 ᄒᆞ여시니 넘녀 ᄀᆞ이업ᄉᆞ며 날이 덥고 죽히 고롭기 졀박ᄒᆞ랴 일시도 닛디 못ᄒᆞ노라 우리ᄂᆞᆫ 대되 모드니 든든ᄒᆞ기 측냥이 업서 집안히 ᄀᆞ득ᄒᆞ고 네 아바님이 와 안즈니 인간의 업손 일 ᄀᆞᄐᆞ며 든든ᄒᆞᆫ ᄆᆞ음이 금이 업스며 온갓 근심을 다 닛고 편히 누으나 안즈나 제 몸이 편ᄒᆞ여 뵈니 다ᄒᆡᆼ 깃거ᄒᆞ노라마ᄂᆞᆫ 너를 싱각ᄒᆞ니 ᄆᆞ음이 굿브고 네 싱각ᄒᆞ고 그립고 굿치ᄂᆞᆫ[1] 일이 하 닛치들 아니ᄒᆞ니 네야 더옥 굿치ᄂᆞᆫ도다 잔잉ᄒᆞ며 어느 시졀의 만나 볼고 ᄒᆞ며 올 ᄀᆞ을로나 올가 ᄒᆞ니 못 오리라 ᄒᆞ니 더옥 ᄀᆞ이업스며 사ᄅᆞᆷ의 죽사리ᄂᆞᆫ 아디 못ᄒᆞ니 다시 너를 보기를 어이 긔필ᄒᆞ리 부예 긔별도 드런 디 오라고 제 하 괴롭고 셜워ᄒᆞᄂᆞᆫ 일이 하 만ᄒᆞ니 잔잉ᄒᆞᆯ 만ᄒᆞ다 진성이 올 적 호쵸ᄂᆞᆫ 즈시 바다 쓰고 깃거ᄒᆞ노라 당기 업서 머리굿틀 미양 ᄀᆞ자 이시니 하 시름[2] 나와 돈 오 푼[3] 보내니 ᄀᆞᄂᆞᆫ 당기 사 보내여라 밧바 그치며 아마도 더위예 됴히됴히 디내여라 오월 초팔일 할미

판독대비

번호	판독자료집	한국정신문화연구원 (2003 : 224)	한국학중앙연구원 편 (2009a : 514~517)
1	굿치ᄂᆞᆫ	굿치ᄂᆞᆫ	-
2	시름	사름	-
3	나와 돈 오 푼	나와든 오르고	-

은진송씨 제월당 송규렴가 『선찰』 소재 언간 9-107

〈선찰-9-107, 1684~1701년, 안동김씨(할머니) → 송필환(손자)〉

판독문

> 덕손의게 답셔

사룸 오나눌 글시 보고 됴히 이시니 깃거ᄒ나 네 어마님이 황달을 어더 병이 비경ᄒᆞᆫ가 시브니 놀랍고 넘네 아ᄆᆞ라타 업서 ᄒ며 더 나은 일이 업손가 ᄒ며 그 병이 ᄎᆞ마 못 견딜[1] 병이니 더욱 닛디 못ᄒ여 ᄒ노라 오눌을 만나니 새로이 툭툭ᄒ여 ᄒ노라 젼의도 유무는 보되 알파 답장도 못ᄒ고 셥셥ᄒ여 닛디 못ᄒ여 ᄒ더니 네 글시ᄅᆞᆯ 보니 든든ᄒ여 ᄒ며 간지 죠희는 즈시 바다 쓰려 깃브고 네 졍셩을 귀ᄒ여 일ᄏᆞᆺ노라 밧브고 풀 쩔려 그치며 아마도 됴히 잇고 글 힘뻐 ᄒ여라 졍월 넘칠일 진조모[2]

판독대비

번호	판독자료집	한국정신문화연구원 (2003 : 225)	한국학중앙연구원 편 (2009a : 520~521)
1	견딜	견딜	견딜
2	진조모	징조모	–

은진송씨 제월당 송규렴가 『선찰』 소재 언간 9-108

〈선찰-9-108, 1699년, 안동김씨(할머니) → 은진송씨(손녀)〉

판독문

> 니 셔방집 답셔

요스이 오래 긔별 모르니 답답ᄒ기 ᄀ이업스며 날이 하 치오니 어이 디내는고 일시도 닛디 못ᄒ며 거번의 쇠셔[1] 가져온 유무 보고 반갑기 ᄀ이업스며 그때 됴히 디내니 깃거ᄒ노라 네 아바님은 감스롤 ᄒ여 오니 든든 귀ᄒ미 측냥티 못ᄒ며 가즉이 오니 셔울 벼슬의셔는 내 ᄆ음은 든든 다ᄒᆼᄒ나 하 보채는 고디 만ᄒ고 영도 하 무샹ᄒ여시니 가지가지 고로온 일이 만하 ᄒ니 실로 절박ᄒ기 ᄀ이업고 집이라 ᄒ고 오니 손은 무수ᄒ고 하 괴로와ᄒ다가 나다흘 무거 가나 말도 좋이 못ᄒ여 가니 그런 심증 난 일이 어이 이시리 가지가지 됴흔 일이 업서 ᄒ노라 너도 그리 와셔 든든이 디내다가 훌텨 오니 죽히 섭섭 결연ᄒ랴 닛디 못ᄒ며 장의꼴 집의 인ᄒ여 잇다 ᄒ니 혼자셔 어이 디내는고 닛디 못ᄒ며 아므됴로나 ᄂ려올가 ᄇ라다가 종시 못 오니 섭섭 ᄆ음이 하 굿브니 이번의 오디 못ᄒ여시니[2] 이제는 더욱 올 긔약이 업슬 거시니 못 어더 보고 주글 거시니 하 굿브니 아므라타 못ᄒ여 ᄒ노라 나는 이제도 방 안ᄒᆡ셔도 니러 ᄃ니기를 못ᄒ여 디내니 실로 고롭고 셟기 ᄀ이업고 네 어마님은 존장의 드러 몸이 고롭고 다ᄉᄒ기 ᄀ이업고 아ᄒᆡ들은 피졉 나 가ᄅ 뜻더[3] 두고 온가 일의 하 고롭고 못 견뎌여[4] ᄒ니 그런 절박흔 일이 어이 이시리 ᄀᆸᄀᆸ[5] 어딘 이시리 보기의 ᄀᆸᄀᆸᄒ고 나는 말ᄒ는 ᄀ샹이 되여시니 집안 형세 ᄀ이업고 보기의 ᄀᆸᄀᆸᄒ여 ᄒ노라 호셩이 간다 ᄒ나 글쓰기 어려워 계유 뎍으며 아마도 치위예 몸□□디 아니ᄒ니 조심 조심ᄒ여 디내여라 지월 넘칠 일 조모

판독대비

번호	판독자료집	한국정신문화연구원 (2003 : 226~227)	한국학중앙연구원 편 (2009a : 525~527)
1	쇠셔	영쇠띄	쇠셔
2	못ᄒ여시니	-	못ᄒ여시 니
3	피졉 나 가ᄅ 뜻더	피졉 나 가ᄅ뜻더	피졉 나가ᄅ 뜻더
4	견듸여	견듸여	견듸여
5	급급	급	-

은진송씨 제월당 송규렴가 『선찰』 소재 언간 9-109

〈선찰-9-109, 1678~1701년, 안동김씨(할머니) → 미상(손자)〉

판독문

네 삼촌 오나눌 더그니 보고 본 듯 반갑기 ᄀ이업스며 이런 치위예 됴히 이시니 깃거ᄒ노라
네 삼촌도 네 집의 와셔 이틀을 잇다가 왓노라 ᄒ니 네 아바님 훌텨 보내고 섭섭ᄒ여 ᄒ다
가 ᄯ 서운ᄒ여 ᄒ도다 일ᄏ노노라[1] 네 삼촌은 그리 가셔 둘포 이셔 굿겨 디내다가 과거도
죵시 못ᄒ고 오니 섭섭 애둛다 네 아자비 말을 ᄌ시 드르니 병환도 하 ᄀ이업던가 시브니
제 와셔 ᄒ가지로 디내건마ᄂ 무ᄋᆞᆷ이 서눌ᄒ고 가슴이 ᄯᆫᄒ여 ᄒ며 금부의 드던 말을 ᄌ시
드르니 눈믈이 나고 목이 몐 도[2] 됴가과[3] 므슴 원쉬런고 가슴이 ᄇᄌᄌᄒ여[4] ᄒ노라 네 어
마님은 초여둘애날 밤의 희산은 계유 무ᄉ히 ᄒ니 다힝ᄒ기롤 어어이[5] 다 ᄀ을ᄒ리마ᄂ 어
제 밤브터[6] 비롤 알코 명치 알래도[7] 알코 피가 원[8] 나디 아니ᄒ니 그러ᄒᄃ[9] 국도 잘 못 먹
ᄂ 듯ᄒ니 민망ᄒ다 윈더셔 듯고 념녀홀가 ᄒ노라 뎡남이 옴디 아니ᄒ여[10] 갈 거시니 다시
뎍으마 아마도 됴히 디내여라 초십일 할미

판독대비

번호	판독자료집	한국정신문화연구원 (2003 : 228)	한국학중앙연구원 편 (2009a : 530~532)
1	일ᄏ노노라	-	일ᄏ노라
2	몐 도	몐다	몐둣
3	됴가과	-	됴사와
4	ᄇᄌᄌᄒ여	ᄇᄌᄇᄌᄒ여	ᄇᄌᄇᄌᄒ여
5	어어이	-	어이
6	밤브터	밤보터	밤보터
7	알래도	알래 다	-
8	원	윤	윤
9	그러ᄒᄃ	그리ᄒᄃ	그리ᄒᄃ
10	옴디 아니ᄒ여	봄 거시니 ᄒ여	-

판독문

> ᄂᆡ 셔방집 답셔

오래 긔별 모ᄅᆞ니 답답ᄒᆞ며 그립기 ᄀᆞ이업서 미양 싱각ᄒᆞ고 굿븐[1] ᄆᆞ음과 네 디내는 일을
싱각ᄒᆞ고 어ᄂᆞ[2] ᄢᅢ 니즌 적 이시리 가지가지 답답ᄒᆞ고 가는 사ᄅᆞᆷ도 만나기 쉽디 못ᄒᆞ고 듀
야 섭섭 굿븐[3] ᄆᆞ음이 ᄀᆞ이업서 ᄒᆞ더니[4] 튱쥐셔 뎐ᄒᆞ여놀[5] 두 번 ᄒᆞᆫ 유무 보고 ᄯᅩ 오 쇼관
이[6] 죵 오ᄂᆞᆫ디 ᄒᆞᆫ 것 디[7] 어더 보고 서ᄅᆞ 만나 그립고 탐탐ᄒᆞᆫ 말을 ᄒᆞ는 ᄃᆞᆺ 반갑기 측냥이
업스며 깃브나 몸이 그리 셩티 못ᄒᆞ고 온갓 일을 당ᄒᆞ여 졀박 급급ᄒᆞ여 ᄒᆞ는 거동 보는 ᄃᆞᆺ
ᄒᆞ여[8] 닛디 못ᄒᆞ여 ᄒᆞ노라 연장ᄢᅢ 어이ᄒᆞ여 디ᄂᆡ고 미양 일ᄏᆞᆺ더니 네게[9] 당ᄒᆞᆫ 일은 그려도
출혀 더딘가 시브니 실로 깃브고 귀ᄒᆞ여 ᄒᆞ노라 보낸[10] 과즐은 ᄌᆞ시 바다 먹고 이런 거신들
나리 들리 ᄒᆞ고 두기 어려온ᄃᆡ 죡ᄒᆞᆫ 졍으로 이ᄅᆞᆯ 싱각ᄒᆞ고 보내여시랴 졍셩을 두굿겨 ᄒᆞ노
라 네 ᄉᆞ연을 보니 하 잔잉ᄒᆞ고 굿브니 눈믈이[11] 나며 어ᄂᆞ 시졀의 어더 보고 주그리 시버
ᄢᅢᄢᅢ 싱각ᄒᆞ고 그리오며 심ᄉᆡ 아ᄆᆞ라타 업서 ᄒᆞ노라 네 아바님 셩신도 다ᄃᆞ르니 네 싱각ᄒᆞ
고 굿치는 일이 블샹ᄒᆞ여 ᄒᆞ노라 튱쥐 가 요ᄉᆞᆫ ᄌᆞ즐ᄒᆞᆫ ᄃᆞᆺᄒᆞ여 더옥 굴과댜 시브기 ᄀᆞ이업
서 ᄒᆞ노라 하 잡말이 만ᄒᆞ고 잔잉들이면[12] 원간 이 참혹ᄒᆞ다 ᄒᆞ고 그런 말이 아니 간 ᄃᆡ 업
서 잇다 ᄒᆞ고 셔울도 잡샹 ᄀᆞ이[13] 만히 잇다 ᄒᆞ니 그런 구다가 참혹ᄒᆞᆫ 욕을 볼가 ᄒᆞ노라 ᄒᆞ
니 ᄆᆞ음이 ᄒᆞᆫ 줌은 ᄒᆞ며 아ᄆᆞ것 귀티 아니ᄒᆞ고 수이 굴면 죡ᄒᆞ랴 시븐들 권들 쉽더냐 급급
졀박ᄒᆞ다 ᄉᆞ연이 수 업스나 뎡 딕댱 간다 ᄒᆞ고 듯고 안부나 알가 하 깃거 뎍노라 아ᄆᆞ거시
나[14] 보내고 시브되 짐 브티기 어려워 못ᄒᆞ고 섭섭ᄒᆞ여 무명실 죠곰 가다 아마도 치위예 몸
셩ᄒᆞ여 디내여라 지월[15] 십ᄉᆞ일 할미 +*

....

* 배접(褙接) 상태로 인해 뒷면 판독 불가

판독대비

번호	판독자료집	한국정신문화연구원 (2003 : 229~230)	한국학중앙연구원 편 (2009a : 536~538)
1	굿븐	그 굿븐	-
2	어느	어는	-
3	굿븐	그 굿븐	굿븐
4	ᄒ더니	ᄒ노니	ᄒ노니
5	뎐ᄒ여눌	젼ᄒ여눌	-
6	오 쵸관이	오쵸관이	오 쵸관의
7	훈 것 디	훈 나 뎌	훈 ᄆ디
8	둣ᄒ여	둣 ᄒ여	둣 ᄒ니
9	네게	-	네 게
10	보낸	-	브디
11	눈믈이	눈믈이	눈믈이
12	잔잉들이면	쟝잉들이면	-
13	잡상 ᄀ이	잡상이	-
14	아모거시나	아ᄆ 거시나	아ᄆ 거시나
15	지월	비월	-

은진송씨 제월당 송규렴가 『선찰』 소재 언간 9-111

〈선찰-9-111, 1696년, 안동김씨(할머니) → 미상(손자)〉

판독문

익셕[1] 든녀오나눌 글시 보고 본 듯 반가오며 몸이나 무스히 디내니 깃거ᄒ노라 우리는 범돌
히도 그리 듕히 굿긴 후 나날 여샹ᄒ는 거시 아녀 미양 제 거동 여샹티 아녀 ᄒ고 네 아바
님도 죵긔로 하 미이 알하 굿겨 이제는 거의 완합ᄒ여시나 변변이 둔니디 못ᄒ고 하 파려ᄒ
여시니 민망ᄒᆫ디 벼슬도 ᄀ디[2] 못ᄒ니 하 미안ᄒ여 올라가려 ᄒ나 어이[3] 쳔연ᄒ니 민망ᄒ
여 스므날 후 가고져 ᄒ나 어이홀고 민망ᄒᆫ 가온대 새 튱쥐 가 하 어즈러이 잡말을 ᄒ다 ᄒ
니 그런 통분ᄒ고 즁 난 일이 업서 애둛다 네 아바님을 원간 이젼의 미편이 녀기는 일이 잇
던가 시브니 그런 인간이 어듸[4] 이시리 가지가지 통분ᄒ다 그리 아녀도 하 큰 고디니 힝혀
믄뎌 간 잘못ᄒᆫ 일이나 이셔 오란 후도 들먹이는 일이 이실가 미양 나는 념녀ᄒ던디 교디롤
잘못 어든가 ᄒ더니 아니 골랴 네 아자비는 과거 길흘 간다마는 하 츌티 못ᄒ게 ᄒ며[5] 가니
념녀ᄒ노라 스연 그지업스나 오라디 아녀 네 아바님 갈 거시니 그치노라 팔월 십뉵일 할미

판독대비

번호	판독자료집	한국정신문화연구원 (2003 : 231)	한국학중앙연구원 편 (2009a : 542~544)
1	익셕	뎌젹	–
2	ᄀ디	고디	–
3	어이	이리	이리
4	어듸	어ᄃ	어ᄃ
5	ᄒ며	ᄒ여	ᄒ여

은진송씨 제월당 송규렴가 『선찰』 소재 언간 9-112

〈선찰-9-112, 1660~1708년, 송규렴(삼촌) → 미상(조카)〉

판독문

> 텬안 아니
> 봉장

굿촌 듯 쇼식을 듯디 못ᄒ니 아모더 잇ᄂ 주ᄅ 모ᄅ니 미양 싱각ᄒ고 ᄆ옴만 굿브고 예 일
은 싱각ᄒ고 굿치더니 드ᄅ니 그리 왓다 ᄒ니 든든 반갑기 무궁ᄒ나 안부도 드ᄅ 길히 업ᄉ
니 답답ᄒ여 ᄒ노라 나ᄂ 몸은 계유 이시나 나히 만ᄒ니 쇽절업서 쇠ᄒ기ᄂ[1] 날로 ᄒ고 이
제ᄂ 귀 먹고 눈 어둡고 인간 ᄌ미ᄂ 업ᄉ디 싀골 고롭기ᄂ ᄀ이업ᄉ디 흉년은 히히 ᄀ이업
ᄉ디 올흔 인간의 업ᄉ 시절을 만나니 그 졀박 고롭기ᄅ 어이 다 뎌그리 실로 인간 지미 업
서 셰샹이 실로 관겨티 아니ᄒ여 ᄒ노라 형님겨오셔도 셔울보다가ᄂ 가족이 와 겨신 듯ᄒ
나 뵈올 길도 업고 문안도 ᄌ로 모ᄅ니 섭섭ᄒ며 이제ᄂ 긔력이 하 만히 쇠ᄒ여 겨시다 ᄒ
니 그런 ᄆ옴 굿븐 일이 업ᄉ며 서ᄅ 못 뵈ᄋ고 주글 거시니 그ᄅ 싱각ᄒ면 서ᄅ 슬ᄃ리 그
리ᄋ다가 주글 일이 더옥 셜워ᄒ노라 뎐쳔도 ᄌ득 잔약ᄒ 거시 이런 흉년을 만나 원노릇 ᄒ
기 죽히 어렵고 고로오랴 닛디 못ᄒ노라 젼의 셔울셔 ᄒ 유무 보고 본 듯 반갑기 ᄀ이업ᄉ
나 답쟝이나 ᄒ고져 ᄒ나 왕뇌도 좃디 아니ᄒ고 미양 밧브고 환빗ᄒ고 집안히 심난 다ᄉᄒ
매 닛디 아니ᄒ ᄒ나[2] 못ᄒ다가 이번은 승지 올라가니 계ᄅ 들러 갈 거시니 안부나 알고져
덕노라 션후 업ᄉ나 김 셔방집은 ᄌ득 잔잉ᄒ 인싱이 그 싀부모ᄅ 다 주기고 그 동싱들ᄒ고
그 가난을 ᄎ마 어이 겪ᄂ고 가지가지 네 브디 슬코 잔잉 셜워ᄒᄂ 일 어ᄂ 때 니ᄌ리 다시
곰 일ᄏ노라 그리 와시니 든든ᄒ기 각별ᄒ여 ᄒ노라 ᄉ연이 그지그지업ᄉ나 하 심난ᄒ여
그치며 이후나 ᄌ로 긔별이나 드ᄅ가 ᄒ노라 아마도 치위예 편히 디내과댜 ᄒ노라 시월 넘
뉵일 삼촌 회덕셔 +*

••••••••••••••
* 배접(褙接) 상태로 인해 뒷면 6행 판독 불가

판독대비

번호	판독자료집	한국정신문화연구원 (2003 : 232~233)	한국학중앙연구원 편 (2009a : 547~550)
1	쇠ᄒᆞ기ᄂᆞᆫ	처ᄒᆞ기ᄂᆞᆫ	-
2	아니ᄒᆞᄒᆞ나	-	아니ᄒᆞ나

■ 대상 언간

고령박씨가(高靈朴氏家)에 전하는 한글편지첩『先世諺蹟』에 수록된 한글편지 21건을 이른
다. 『선세언적』은 구당(久堂) 박장원(朴長遠, 1621~1671)의 8대손인 오야(梧野) 박영원(朴永
元, 1791~1854)이 그의 9대 조모(祖母)로부터 조모(祖母)에 이르기까지 7대 250년간에 걸친
문중 여성 11인의 한글편지를 모아 성첩(成帖)한 것이다(金一根, 1986/1991 : 81). 1976년 봄
에 김완진(金完鎭) 당시 서울대 교수가 통문관에서 발견한 것을 이후 서강대학교 도서관에서
입수하여 소장하고 있다.

■ 언간 명칭 : 고령박씨가『선세언적』언간

김완진(1972)에서 첩(帖)의 존재가 처음 소개된 이후 金一根(1986/1991)에서는 '先世諺蹟
(帖) 所載 諺簡'으로 명명하였고, 언간 전체를 역주(譯註)한 한국학중앙연구원 편(2005a)에서
는 '고령박씨『先世諺蹟』간찰'로 지칭하였다. 이 판독자료집에서는 기존의 명명 취지를 존
중하되 '고령박씨가『선세언적』언간'으로 명칭을 조정하고, 출전 제시의 편의상 약칭(略稱)
이 필요할 경우에는 '선세언적'을 사용하였다.

■ 언간 수량 : 21건

『先世諺蹟』에 수록된 한글편지는 총 21건이다. 이 판독자료집에서는 21건 모두를 수록하
되, 편지 번호는 기본적으로 한국학중앙연구원 편(2005a)에서 부여된 번호를 따랐다.

■ 원문 판독

김완진(1972)에서는 첩(帖)의 존재를 처음 소개하면서 01번, 09번, 11번, 12번 4건의 편지
에 대해 흑백 사진과 함께 판독문을 제시하였다. 이후 金一根(1986/1991)에서는 첩의 소개와
함께 01번, 09번, 11번 3건의 편지에 대한 판독문을 제시하였고, 한국학중앙연구원 편(2005a)
에서는 전체 21건에 대한 판독문을 주석 및 현대어역과 함께 제시하였다. 이 판독자료집에
서는 김완진(1972)과 金一根(1986/1991), 한국학중앙연구원 편(2005a)에서 이루어진 판독 사

항과 대비하여 차이가 있는 부분을 표로 제시하고 판독 결과를 대조해 보는 데 도움이 될 수 있도록 하였다.

■ 발신자와 수신자

발신자는 구당(久堂) 박장원(朴長遠, 1621~1671)의 어머니인 청송심씨(靑松沈氏, 1594~1674)를 비롯하여 박장원의 8대손인 오아(梧埜) 박영원(朴永元, 1791~1854)의 조모(祖母) 연산서씨(連山徐氏, 1756~1804)에 이르는 문중 여성 11인이다. 각 발신자마다 2건 내외로 편지가 고르게 분포되어 있다. 이들 편지는 아들이나 남편, 손자, 시아버지 등에게 보낸 것이어서 수신자 대부분은 박장원(朴長遠) 집안의 남성들이다. 다만 11번과 12번 편지는 시어머니인 여주이씨가 며느리 덕수이씨에게 보낸 것으로, 『선세언적』에 수록된 언간 중 유일하게 수신자가 여성인 편지에 해당한다. 이 판독자료집에서는 발신자와 수신자에 대하여 기본적으로 한국학중앙연구원 편(2005a)을 따르되 발수신자를 달리 추정하게 되는 경우에는 그 수정 내지 보완 사항을 해당 편지에 각주로 제시하였다.

■ 작성 시기

연대를 정확히 알 수 있는 편지는 01번(1660년), 02번(1670년), 04번(1681년), 09번(1706년), 11번(1726년), 12번(1727년), 13번(1704년), 18번(1760년), 19번(1761년), 20번(1795년) 등 총 10건이다. 나머지 11건은 발신일이 명확히 드러나지 않지만 발수신자의 생몰년과 편지 내용을 고려할 때 『선세언적』에 수록된 편지의 전반적인 작성 시기는 '1660~1803년' 사이로 잡을 수 있다. 이 판독자료집에서는 작성 시기에 대하여 기본적으로 한국학중앙연구원 편(2005a)을 따르되 작성 시기를 달리 추정하게 된 경우에는 그 추정 근거를 해당 편지에 각주로 제시하였다.

■ 자료 가치

수록되어 있는 한글편지의 수는 21건으로 많지 않으나 발수신자가 분명하고 연대도 비교적 분명히 드러나는 것들이어서 국어사를 연구하는 자료로서 그 가치가 높다고 할 수 있다. 특히 한 가문에서 7대 250년에 걸쳐 어머니와 아들, 할머니와 손자, 아내와 남편, 며느리와 시부모 등 가족 간의 여러 관계 속에서 작성된 것이기 때문에 관계에 따른 언어 양상을 살펴 볼 수 있는 자료이다. 뿐만 아니라 편지에 쓰인 글씨체는 한글 서체의 발달을 연구하는 서예사(書藝史) 자료가 될 수 있으며, 편지의 사연 속에 담긴 내용은 문학사(文學史), 생활사(生活史), 여성사(女性史), 복식사(服飾史) 등 다양한 분야의 연구 자료가 될 수 있다.

■ 자료 해제

자료의 서지 사항에 대해서는 김완진(1972)을 비롯하여 金一根(1986/1991 : 81~84), 한국학중앙연구원 편(2005a : 25~33)을 참조할 수 있다.

■ 원본 사항

- 원본 소장 : 서강대학교 도서관(청구기호 : 고서 선53)
- 필름 : 서강대학교 도서관 소장(※ 국립국어원 디지털 한글박물관 홈페이지에서 원본 이미지 열람 가능)
- 크기 : 38.5×28cm(첩의 크기)

■ 판독 사항

김완진(1972), 「「先世諺蹟」에 대하여」, 『국어국문학』 55~57합집, 국어국문학회, 129~142쪽.
　　　　※4건 판독

金一根(1986/1991), 『三訂版 諺簡의 研究』, 건국대학교출판부. ※3건 판독

한국학중앙연구원 편(2005a), 『조선 후기 한글 간찰(언간)의 역주 연구 3』, 태학사. ※21건 전체
　　　　판독

■ 영인 사항

김완진(1972), 「「先世諺蹟」에 대하여」, 『국어국문학』 55~57합집, 국어국문학회, 129~142쪽.
　　　　※4건 영인

한국학중앙연구원 편(2005b), 『조선 후기 한글 간찰(언간)의 영인본 1』, 태학사. ※21건 전체 영인

■ 참고 논저

김완진(1972), 「「先世諺蹟」에 대하여」, 『국어국문학』 55~57합집, 국어국문학회, 129~142쪽.

金一根(1986/1991), 『三訂版 諺簡의 研究』, 건국대학교출판부.

한국학중앙연구원 편(2005a), 『조선 후기 한글 간찰(언간)의 역주 연구 3』, 태학사.

한국학중앙연구원 편(2005b), 『조선 후기 한글 간찰(언간) 영인본 1』, 태학사.

황문환(2010), 「조선시대 언간 자료의 현황과 특성」, 『국어사 연구』 10호, 국어사학회, 73~
　　　　131쪽.

고령박씨가 『선세언적』 언간 01

〈선세언적-01, 1660~1663년*, 청송심씨(어머니) → 박장원(아들)**〉

판독문

녕감 전 답셔
　　　　　　　　　　근봉

여날 긔별 못 드르니 엇디 인눈고 분별이 그지업서 ᄒᆞ며 김셩으로셔 두 번 ᄒᆞᆫ 편지 보고 난 디¹ 오란² 편지라 반갑기 ᄀᆞ이업서 ᄒᆞ노라 드르니 비 편티 아녀³ ᄒᆞ더라 ᄒᆞ니 엇디 ᄃᆞ니던고 녑녀⁴ ᄀᆞ이업서 ᄒᆞ노라 예는 계유 숨만 이셔 듀야 편티 아니니⁵ 민망ᄒᆞ야 디내노라⁶ 날이 요ᄉᆞ이는 하 더오니 엇디 ᄃᆞ녀올고 분별이 ᄀᆞ이업다 아므려나 조심ᄒᆞ야 무ᄉᆞ히 ᄃᆞ녀오믈 ᄇᆞ라노라 그지업ᄉᆞ나 뎐뎐이라 이만 뎍노라 ᄉᆞ월 슌ᄉᆞ일 모 심⁷

판독대비

번호	판독자료집	김완진 (1972 : 139)	金一根 (1986/1991 : 237)	한국학중앙연구원 편 (2005a : 52~53)
1	보고 난 디	보고 난 긔	보고난 디	보고난 디
2	오란	오난	오난	-
3	비 편티 아녀	비편 되아셔	비편 되아셔	비 편 되아셔
4	녑녀	녑려	-	-
5	아니니	-	못	-
6	디내노라	답노라	너기노라	디닉노라
7	모 심	모심	모심	-

----

* 한국학중앙연구원 편(2005a : 26)에서는 '1649~1671년'으로 추정하고, 한국학중앙연구원 편(2005a : 55)에서는 '1671년 이전'으로 제시함. 그러나 수신자 표시에 "녕감"이라 하였고 박장원(朴長遠, 1621~1671)이 1660년 형조참판, 1662년 예조참판, 1663년 2월 이조참판이 되었다가 4월에 대사헌이 되었다. 따라서 이 편지의 작성 시기는 "녕감"이라 불릴 만한 직책에 있었던 1660~1663년으로 수정하였다.

** 편지 여백에 '朴長遠 字 仲久 号 久堂 光海君 四年 壬子(一六一二)生 高靈人 直長 煊의 子 丁卯 生員(仁祖五年 一六二七 十五歲) 丙子 大科(仁祖 十四年 一六三六 二十四歲) 胡亂 때문에 長遠 外祖 沈說과 더부러 入江都 修宣祖實錄 卒年 六十'이라는 기록과 '久堂 朴長遠의 母가 久堂에게 보낸 書信 沈說의 女', '貞夫人 靑松沈氏 手筆'이라고 적은 부기(附記)가 있다.

고령박씨가 『선세언적』 언간 02

〈선세언적-02, 1670년, 청송심씨(증조모) → 박성한(증손자)〉

판독문

요소이눈 긔별도 못 듣고 날이 하 치오니 엇디콤[1] 인눈 듀야 분별이 ᄀᆞ이업서 ᄒᆞ더니 사ᄅᆞᆷ 오나눌 뎌근 것 보고 본 듯 탐탐 반겨 다시곰 보고 대되 무ᄉᆞ히 이시니 깃거ᄒᆞ노라 예는 계유 숨은 이시ᄃᆡ 나는 병이 날로 더 듕ᄒᆞ니 듀야 알코 이제는 주글 날만 ᄇᆞ라노라 졔믈은 ᄌᆞ세 바다 디내오랴[2] 깃거ᄒᆞ노라 조뿔은 곳재 건너 두노라 통쳔셔 온 것 명태 닷 동[3]도 아니 왓고 대구 두 마리 싱합은 ᄒᆞ 다ᄉᆞᆺ도[4] 아니 왓다 히 진ᄒᆞ니 더욱 ᄆᆞᄋᆞᆷ이ᄂᆞ 미셥긔 ᄒᆞ노라[5] 젼년이 감동 디히ᄂᆞᆫ[6] 세 드러시니 쇠나 녀허[7] 먹게 단지예 봉ᄒᆞ야 간다 건시 ᄒᆞᆫ 뎝 감ᄌᆞ 다ᄉᆞᆺ 미어 자반[8] ᄒᆞ나 간다 그지업소ᄃᆡ 스디 못ᄒᆞ야 이만 쇼듀도 업고 블 펼 ᄉᆞᄅᆞᆷ도 업ᄉᆞ니 민망ᄒᆞ다 아ᄆᆞ려나 됴히들 잇거스라[9] 경슐 납월 념일 진조모[10]

판독대비

번호	판독자료집	한국학중앙연구원 편 (2005a : 56~58)
1	엇디콤	엇디곰
2	디내오랴	다시 오랴
3	닷 동	안동
4	ᄒᆞ 다ᄉᆞᆺ도	ᄒᆞ나도도
5	ᄆᆞᄋᆞᆷ이ᄂᆞ 미셥긔 ᄒᆞ노라	ᄆᆞᄋᆞᆷ이 ᄀᆞ이 셥거ᄒᆞ노라
6	디히ᄂᆞᆫ	니리ᄂᆞ
7	쇠나 녀허	니아녀허
8	감ᄌᆞ 다ᄉᆞᆺ 미어 자반	감근□□ 미어자반
9	잇거스라	인ᄂᆞ스라
10	진조모	징조모

고령박씨가 『선세언적』 언간 03

〈선세언적-03, 1670~1685년*, 해평윤씨(어머니) → 박심(아들)**〉

판독문

> 김셩손디 답
>
>   근봉

요스이 일졀 긔별 못 드르니 답답 민망ᄒ더니 하인 오나눌 뎍그니[1] 보고 본 듯 반기며 편히 드러가 이시니 깃거ᄒ노라 옛 병환은 이 사흘재는 대셰는 잠간 나으신 듯ᄒ고 아젹이면 퍽 나으시다가 오후면 아젹만 못ᄒ며[2] 무흔[3] 몸을 셜워ᄒ시고[4] 음식을 죽믈도 자시기를 아니 ᄒ시니 민망민망ᄒ기 ᄀ이업다 아므 알프신 ᄃᆡᆫ 줄도 모르고 가지가지로 급급ᄒ다 열아흐랜날[5] 스므날 년ᄒ여사 가거눌 유무ᄒ더니 갓더냐 홍딕은 스므날 민ᄃᆡ더[6] ᄒ여 가기는 너모 잘ᄒ고 가시더[7] 수이 오나지라 ᄒ더[8] 집안도 병환은 아므란 줄 모르고 계셔도 보내[9] 아직 보내디[10] 못ᄒ로다 ᄒ니[11] 아직 그저 이시니 보와온져 모려[12] ᄒ노라 뎐셔를 수이 보내여라[13] 졀양ᄒ여시니 그 조쏠 말이나 어더 쓰쟈 크니와 오면 더 슬홀가[14] 시브다 쇼쥬 ᄒ나토 업서디고 자실 거시 업스니 쇼쥬를 수이 오는 사름의 어더 보내여라 이 사름 즉시 사름 간다코 유무 맛ᄃᆞ니 이만 긔별ᄒ ᄂ 말란 긔별ᄒᆫ 째로[15] 사월 쵸로 아므려나 평ᄒ물 ᄇᆞ라노라 스월 념오일 모

---

* 한국학중앙연구원 편(2005a : 64)에서는 '1670~1674년'으로 추정하였으나 이것은 오류인 듯하다. 한국학중앙연구원 편(2005a : 61, 각주 4)의 내용에 따라 1670~1685년으로 제시하였다.
** 편지 여백에 '久堂의 夫人 尹元之의 女', '贈貞敬夫人 海平尹氏 手筆'이라고 적은 부기(附記)가 있다.

판독대비

번호	판독자료집	한국학중앙연구원 편 (2005a : 61~63)
1	덕그니	덕으니
2	못ᄒ며	못ᄒ셔
3	무혼	부혼
4	셜워ᄒ시고	셜워ᄒ시나
5	열아흐랜날	열아흐래날
6	믿ᄃ디	믿ᄃ되
7	가시디	가시되
8	ᄒ디	ᄒ되
9	계셔도 보내	계셔 도보 내
10	보내디	보내지
11	ᄒ니	ᄒ여
12	보와온겨 모려	보와온겨모겨
13	보내여라	보니여라
14	슬홀가	슬풀가
15	ᄍ대로	ᄊ로

고령박씨가 『선세언적』 언간 04

〈선세언적-04, 1681년, 해평윤씨(할머니) → 박성한(손자)〉

판독문

> 삼쟈의게

요스이 긔별 못 드르니 봄 치위예 엇디 인는고 넘녀 ㄱ이업서 ㅎ노라 예셔 여러 번 사름 가
더니 본다 요스이는 엇디 디내는고 닛든 못ㅎ되[1] 브람이 업서 ㅎ노라 이리 오난 디 다숫 둘
이 못ㅎ되[2] 삼 년이나 흔 둣ㅎ고 두로[3] 그리오니 못 견딜가 시브다 길히나 가죽흔 디면 죡
ㅎ랴 간만 간다 ㅎ더니 엇디 ㅎ고 온다 뫼히나 어든가 못 어드가 아므란 줄 모르니 답답ㅎ
다 찬역은 김쳔 가 그저 인ᄂ냐 됴히나 인ᄂ가 두 고드로 눈화 주고 죡히 민망흔 일이 만ㅎ
랴 닛디 못ㅎ여 ㅎ노라 슈한도 흔가지로 보와라 어득ㅎ니 말도 다[4] 니저 이만 뎍노라 아므
려나 무스히 디내믈[5] 브라노라 신유 원월 십팔일 할미

판독대비

번호	판독자료집	한국학중앙연구원 편 (2005a : 66~67)
1	못ㅎ되	못ㅎ되
2	못ㅎ되	못ㅎ되
3	두로	두르
4	말도 다	말는다
5	디내믈	지닉믈

고령박씨가 『선세언적』 언간 05

〈선세언적-05, 1629~1673년*, 청주한씨(아내) → 박빈(남편)**〉

판독문

답샹장	근봉

ᄀᆡ별 모ᄅᆞ와 ᄉᆞ모 극ᄒᆞᄋᆞᆸ다니 급쟝이[1] 오와ᄂᆞᆯ 뎍ᄉᆞ오시니 보ᄋᆞᆸ고 반갑ᄉᆞ오며[2] 날이 극한이 온ᄃᆡ 뫼오셔 평안ᄒᆞ오신 일 아ᄋᆞᆸ고 몬ᄂᆡ 깃ᄉᆞ와 ᄒᆞᄋᆞᆸᄂᆞ이다 스므ᄒᆞᄅᆞᆫ날 문안 가ᄂᆞᆫ 사ᄅᆞᆷ의 옷ᄃᆞᆯ을 보ᄂᆡᄋᆞᆸ더니 갓ᄉᆞᆸ던가 ᄒᆞᄋᆞᆸ 우리ᄂᆞᆫ 무ᄉᆞ히 잇ᄉᆞᆸ 술은 비저시ᄃᆡ[3] 날이 치워 일졀 수이 되디 아니니 이번 못 보ᄂᆡ오니 댱듕 미처 못 가게 ᄒᆞ여시니 민망ᄒᆞᄋᆞᆸ 건ᄃᆡᄂᆞᆫ[4] 오ᄂᆞᆯ ᄡᅳ니 후인의 ᄆᆞᆯᄅᆡ여[5] 보ᄂᆡ오리이다 댱옷ᄀᆞ옴은 보ᄅᆞᆷ씌 어마님씌로 보ᄂᆡ엿ᄉᆞᆸᄂᆞ니이다 면화ᄂᆞᆫ 죄 ᄒᆞ여 올니니 닐굽 근 두 냥이ᄋᆞᆸ 댱옷ᄀᆞ옴 치마ᄀᆞ옴 ᄂᆞ려오면 지어 보ᄂᆡ려 ᄃᆡ령ᄒᆞ엿ᄉᆞᆸ 씌ᄃᆞᆯ은 ᄎᆞᄌᆞ신가 ᄒᆞᄋᆞᆸᄀᆡ 셩부 보ᄂᆡ기 밧바 기ᄃᆞ리ᄋᆞᆸ 오ᄂᆞᆯ 사ᄅᆞᆷ 간다 ᄒᆞ오니 밧바 이만 댱듕 평안이[6] 들러ᄉᆞ 만이 오실가 ᄇᆞ라ᄋᆞᆸ 시월 념육일 아ᄂᆡ 셔

판독대비

번호	판독자료집	한국학중앙연구원 편 (2005a : 70~72)
1	급쟝이	급챵이
2	반갑ᄉᆞ오며	반ᄀᆞᆸᄉᆞ오며
3	비저시ᄃᆡ	비저시되
4	건ᄃᆡᄂᆞᆫ	건되ᄂᆞᆫ
5	ᄆᆞᆯᄅᆡ여	ᄆᆞᆯ뢰여
6	평안이	편안이

* 한국학중앙연구원 편(2005a : 73)에서는 '1673년 이전'으로만 되어 있으나 발신자인 청주한씨(淸州韓氏, 1629~1715)의 생몰년(1629~1715)과 수신자인 박빈(朴鑌, 1629~1674)의 생몰년을 고려하여 이 편지의 작성 시기를 1629~1673년으로 추정하였다.

** 편지 여백에 '久堂의 子婦 鑌의 夫人', '淑人 淸州韓氏 手筆'이라고 적은 부기(附記)가 있다.

고령박씨가 『선세언적』 언간 06

〈선세언적-06, 1629~1671년*, 청주한씨(아내) → 박빈(남편)〉

판독문

> 답상장

몬졔 편지 보오니 아바님 니질이 극듕ᄒ오시다 ᄒ옵고 그 후 긔별 모ᄅ와[1] 밤낫 급급 민망
ᄒ오니 ᄆᆞᄋᆞᆷ을 잡디 못ᄒ옵다니 사ᄅᆞᆷ 오와눌 편지 보옵고 잠깐 우연ᄒ오시다 ᄒ오니 깃브
오미 ᄀᆞ이ᄀᆞ이업ᄉ오며 인ᄒ여 요ᄉᆞ이 수일간 더 낫ᄌᆞ오신가 ᄒ오며 ᄆᆞᄋᆞᆷ이 죠곰 누거 ᄒ
오이다 아마도 날마다 문안을 모ᄅᆞ오니 답답기 ᄀᆞ이ᄀᆞ이업ᄉ오이다 뫼츠라기과[2] 도요란 거
슬 어더 자바든 쏘[3] 사ᄅᆞᆷ을 보내려[4] ᄒ옵거니와 도요란 새도 잇고 믈올히도 도요라 ᄒ오니
하인들이 분간티 못ᄒ여 ᄒ옵 나는 믈의 올히라 ᄒ옵노이다[5] 게져슬 보내라 ᄒ오신다 ᄒ오
니 져슨 관겨티 아니ᄒ오ᄃᆡ[6] 긔운이 낫ᄌᆞ오셔 녜롤 싱각ᄒ오신가 ᄒ와 즐겁ᄉ오이다 회복
이[7] 긔쳑이 업ᄉ오니 오눌곳 아니 오면 유족이롤 보내오려[8] ᄒ옵 아므려나 나날 소복ᄒ오시
믈 듀야 ᄇᆞ라오며 뫼셔 겨시니 그로 올ᄉ오시랴[9] ᄒ옵 녀남의 양식도 늬일[10] 보내오리이다
슌ᄉ일 아니 셔

* 한국학중앙연구원 편(2005a : 73)에서는 '1673년 이전'으로만 되어 있으나 발신자인 청주한씨(淸州韓氏, 1629~1715)
의 생몰년과 수신자인 박빈(朴鑌, 1629~1674)의 생몰년, 그리고 편지 내용 중 '아바님'이 나오므로 아버지 박장원
(朴長遠, 1621~1671)의 생몰년 등을 고려하여 이 편지의 작성 시기를 1629~1671년으로 추정하였다.

판독대비

번호	판독자료집	한국학중앙연구원 편 (2005a : 75~76)
1	모르와	모로와
2	뫼츠라기과	뫼츠라기와
3	쏘	산
4	보내려	보닉려
5	ᄒᆞᆸ노이다	ᄒᆞᆸᄂᆞ이다
6	아니ᄒᆞ오듸	아니 ᄒᆞ오더
7	회복이	최본이
8	보내오려	보내오져
9	올스오시랴	□스오시랴
10	늬일	느일

고령박씨가 『선세언적』 언간 07

〈선세언적-07, 1680~1692년, 남양홍씨(아내) → 박성한(남편)*〉

판독문

> 답샹장

긔별 모르와 듀야 답답 용심호올 추 초닷샌날 나온 뎍스오시니 보옵고 일긔 사오납스온디 긔운이 그만이나 무스호오신가 시브오니 다힝 깃브와[1] 호오며 난 디 오란 편지 오니 그 후 쇼식을 모르오니 답답 넘녀롤 어이 다 뎍스오리잇가 새문밧 편지롤 보오니 한식 미처 오신 다 호오니 셔울도 호마 와 겨오신가 모르와 답답호오며 병환이 위둥호여 겨오시다 호오니 듯줍고[2] 급급 민망호오몰 어이 다 뎍습 증세 엇디호여[3] 둥호오시다 호옵눈고 아므라훈 줄 을 모르오니 더옥 급급 안이 툴 둧시브오이다[4] 요스이 시령 곳블을 어더 그리 둥호오신가 이 급급호오몰 어이 간호옵 그스이 날포 되여스오니 위연호오신가 이리 안자셔 가지가지 급급호오니 아마도 못 견디올가[5] 시브다 호오며[6] 하 급급호와 관노롤 급급 보내오니 병환 주시 긔별호오쇼셔 하 급급호오니 이놈이 드러가는 날이라도 날이 이르옵거든 죠곰 뎍어 급급 보니오쇼셔 아마도 급급호여 못 견디올소이다[7] 이런 째 즉시 못 간 줄이 애돌아훈돌 쇽졀 잇습[8] 나도 그 돌님[9] 곳블을 어더 이리 민이 알습고 어린것 제マ티 알흐니 더옥 어득 호오이다 스므나흔날 길흘 대되 나오니 녀쥐マ지 가셔 추동이나[10] 드리고[11] 셔울을 가오져[12] 호옵느이다 스연이 만스오나 하 어득호고 심난호오니 잠 뎍스오며 아므려나 병환이 낫주오 시다 듯주오몰 듀야 브라옵느이다 브디 이놈 즉시 답장 뻐 즉즉 보내오쇼셔[13] 그스이 간댱 이[14] 무룬 듯시브오이다[15] 삼월 십뉵일 야 홍

---

* 편지 여백에 '久堂의 孫婦 聖漢의 夫人', '淑人 南陽洪氏 手筆'이라고 적은 부기(附記)가 있다.

판독대비

번호	판독자료집	한국학중앙연구원 편 (2005a : 79~82)
1	깃브와	깃브다
2	듯줍고	듕쇽도
3	엇디ᄒᆞ여	잇서 ᄒᆞ여
4	톨 둣시브오이다	홀 듯 시브오이다
5	견디올가	견듸올가
6	ᄒᆞ오며	ᄒᆞ오셔
7	견디올소이다	견듸올ᄂᆞ이다
8	쇽졀 잇습	쇽졀업습
9	그 돌님	그들닛
10	ᄎᆞ동이나	ᄎᆞ 돈이나
11	드리고	드리고
12	가오져	가오려
13	보내오쇼셔	보니오쇼셔
14	간댱이	간단이
15	ᄆᆞ론 둣시브오이다	ᄆᆞ른 듯 시브오이다

고령박씨가 『선세언적』 언간 08

〈선세언적-08, 1680~1692년, 남양홍씨(아내) → 박성한(남편)〉

판독문

이리 오니 좋으나 먹을 일이 어렵ᄉ오니 댱단의[1] 긔별ᄒ여 아므거시나 가져오나야 견디게 ᄒ여숩 좁뿔 ᄀ튼 거시나 잇ᄉ던가 몰나 ᄒ옵 며조를 녀쥐셔 어더 왓더니 쟝이[2] 급ᄒ니 즉 시 듬기쟈 ᄒ오나 소곰이 업서 ᄒ올 ᄎ 녀쥐 혹관덕이 무명 사 달나 ᄒ고 돈을 주거놀[3] 가 져와숩더니 혹 무명을 어들 일 잇ᄉ오니잇가 무명을 어더 주고 그 돈을 쓰고져 시브오이다 발인 수이 ᄒ게[4] 되면 티뎐이[5] 급히 되여ᄉ오니 미리 죠용ᄒ여셔 ᄒ고져 ᄒ오니 엇더ᄒ오 니잇가 알고 녀쥐룰 긔별ᄒ고져 시브와 덕숩 등의 유쳥으로[6] 쏙ᄒ옵더니 유쳥을[7] 두엇노라 ᄒ오시니 다힝ᄒ오이다 돈 ᄒ 돈이 업ᄉ니 므어슬 의지를 ᄒ올고[8] 민망ᄒ옵 내 몸이 이러ᄒ 오니[9] 더옥 쥬변을 못ᄒ게 되여시니 가지가지 괴롭기 ᄀ이업ᄉ오이다 무명 금은 싀골다히 는 져기 낫다 ᄒ옵더이다 셔울의셔 닉도히 나은 줄은 모르올너이다

판독대비

번호	판독자료집	한국학중앙연구원 편 (2005a : 84~86)
1	댱단의	당단의
2	쟝이	쟝이
3	주거놀	주거늘
4	ᄒ게	하게
5	티뎐이	티뎐이
6	유쳥으로	유쳔으로
7	유쳥을	유쳔을
8	의지를 ᄒ올고	의질ᄒ올고
9	이러ᄒ오니	이리 ᄒ오니

고령박씨가 『선세언적』 언간 09

〈선세언적-09, 1706년, 해주정씨(아내) → 박성한(남편)*〉

판독문

샹장 디평 아니	근봉

창뇽이[1] 오온 후 날포 긔별 모로와 넘녀 깁스오며 요스이는 날이 하 덥스오니 긔운이나 평
안ᄒ오신 일 아옵고져 ᄒ옵ᄂ이다 예는[2] 오늘 제스룰[3] 못ᄌ와 디내옵고 새로이 졍식[4] 슬프
와[5] ᄒ옵ᄂ이다 새문의셔과 회동셔과[6] 유집도 나왓스오니[7] 든든ᄒ와[8] 디내옵ᄂ이다 하인들
가올 적 관복과 옷들을 지어 보내여습더니 무스히나 갓다가 드럿는디 하 애뻐 ᄒ야[9] 보내여
스오니 혹 일스올가 일넘의 브리옵디[10] 못ᄒ와 ᄒ옵ᄂ이다[11] 뎐뎐 왕니오 블관ᄒ오나[12] 민
어 조긔 편포 게 업손 거시라 ᄲᅡ 보내옵ᄂ이다[13] 뎐뎐이라 이만 뎍습[14] 병슐[15] 스월 입일일
아현 셔[16]

. . . .

* 편지 여백에 '淑人 海州鄭氏 手筆'이라고 적은 부기(附記)가 있다.

판독대비

번호	판독자료집	김완진 (1972 : 141)	金一根 (1986/1991 : 237~238)	한국학중앙연구원 편 (2005a : 88~90)
1	챵농이	-	-	챵농이
2	예는	-	예도	-
3	졔ᄉ롤	졔ᄉ를	-	-
4	졍시	졍셔	-	-
5	슬프와	-	슬호와	-
6	새문의셔과 회동셔과	새문의셔와 회동셔와	-	새문의셔과 히동셔과
7	나왓ᄉ오니	다 왓ᄉ오니	-	-
8	든든ᄒ와	둘ᄒ와	-	-
9	하 애뻐 ᄒ야	ᄒ여 취ᄒ야	-	-
10	브리옵디	부리옵디	-	-
11	ᄒ옵ᄂ이다	ᄒ옵ᄂ이다	-	-
12	왕늬오 블관ᄒ오나	왕늬오 불관ᄒ오나	왕늬 오블관ᄒ오나	-
13	ᄲᅡ 보내옵ᄂ이다	싸 보내옵ᄂ이다	-	ᄲᅡ보내옵ᄂ이다
14	덕습	덕숨	-	-
15	병슐	-	병술	-
16	아현 셔	아현셔	-	-

고령박씨가 『선세언적』 언간 10

〈선세언적-10, 1690~1700년, 삭녕최씨(아내) → 박광수(남편)*〉

판독문

수이 일간 뫼ᄋᆞ오셔 평안ᄒᆞ오신 일 아옵고져 ᄒᆞ오며 죵을 게ᄀᆞ디[1] ᄃᆞ녀오라 하인 홈ᄭᅴ 보내
보내얏ᄉᆞ더니 아바님겨셔 순챵 와 겨오시더라 순챵만 ᄃᆞ녀왓ᄉᆞ오니 게별 모ᄅᆞ와 ᄒᆞ옵 아바
님겨셔도[2] 셔울 힝ᄎᆞ롤 급피 뎡ᄒᆞᄋᆞ오시다[3] ᄒᆞ오니 날이 덥ᄉᆞ오니 어이 득달ᄒᆞ오실고 민망
ᄒᆞ와 ᄒᆞ옵ᄂᆞ이다 어제 간 편지의 집 잡기 말ᄉᆞᆷ 주시 ᄒᆞ얏ᄉᆞᆸ고 윤도 오라바님 편지예 주시
ᄒᆞ시니 의논ᄒᆞ야 긔별ᄒᆞ시옵 건넌 ᄆᆞ올이 블안ᄒᆞ기로 넘녀되여 그러ᄒᆞ옵 총망 그치옵 오월
초삼일 최

판독대비

번호	판독자료집	한국학중앙연구원 편 (2005a : 92~93)
1	게ᄀᆞ디	계오니
2	아바님겨셔도	아바님겨셔는
3	뎡ᄒᆞᄋᆞ오시다	뎡ᄒᆞ오오시다

---

* 편지 여백에 '崔綺翁의 女 久堂의 曾孫婦 光秀의 夫人', '淑人 朔寧崔氏 手筆'이라고 적은 부기(附記)가 있다.

고령박씨가 『선세언적』 언간 11

〈선세언적-11, 1726년, 여주이씨(시어머니) → 덕수이씨(며느리)*〉

판독문

덕은 글시 보고 에엿븐 얼굴을 디ㅎ야 보ᄂᆞᆫ 듯 든든[1] 반기며 이리 아득히[2] 이셔 즉시[3] 보디 못ᄒᆞ니 섭섭 답답ᄒᆞ기롤[4] 어이 다 덕으리 사돈 병환이 지금 차복디 못ᄒᆞ오셔 가비압디[5] 아니신가 시브니 넘녀[6] ᄀᆞ이업ᄉᆞ며 네 즉히 졀박ᄒᆞ여 ᄒᆞ랴 더옥[7] 일시도 닛디 못홀다[8] 듀야 ᄇᆞ라고 기ᄃᆞ리던 ᄆᆞ음의 너롤[9] 종시[10] 보디 못ᄒᆞ니 답답 굼거오믈 견디디[11] 못ᄒᆞ니 날이나 츈화ᄒᆞ고 병환 수이 낫ᄌᆞ오셔[12] 수이 보기롤[13] ᄇᆞ라며 아마도[14] 뫼와 평안히 디내기롤[15] ᄇᆞ라노라 병오 납월 념이일 고 홍쥐 편지ᄂᆞᆫ[16] 뎐ᄒᆞ고 답장 조초[17] 맛다 보내마

판독대비

번호	판독자료집	김완진 (1972 : 140)	金一根 (1986/1991 : 238)	한국학중앙연구원 편 (2005a : 95~97)
1	보ᄂᆞᆫ 듯 든든	보ᄂᆞᆫ듯 듯듯	-	
2	아득히	아득히	-	
3	즉시	-	즌시	
4	섭섭 답답ᄒᆞ기롤	섭섭답답ᄒᆞ기를	섭섭답답ᄒᆞ기롤	-
5	가비압디	가븨압디	가븨압디	
6	넘녀	넘려	-	-
7	더옥	더욱	더욱	
8	못홀다	못ᄒᆞ노라	못ᄒᆞ노라	
9	너롤	너를	-	
10	종시	종시	즌시	
11	견디디	견듸지	-	
12	낫ᄌᆞ오셔	-	낫줍셔	-
13	보기롤	보기를		
14	아마도	아가ᄂᆞᆫ		
15	평안히 디내기롤	편안히 디내기를	편안히 디내기롤	편안히 디니기롤
16	편지ᄂᆞᆫ	편질	편지도	편질
17	답장 조초	답장조초	답장조츠	답장조초

* 편지 여백에 'ㅇ誤也 李邦鎭의 女 久堂의 高孫婦 春榮의 夫人', '淑人 驪州李氏 手筆'이라고 적은 부기(附記)가 있다.

고령박씨가 『선세언적』 언간 12

〈선세언적-12, 1727년, 여주이씨(시어머니) → 덕수이씨(며느리)〉

판독문

새히예 뫼옵고 만복훈 일 알고져 ᄒ며 히 밧고여 날포 되여시더 긔별도 듯디 못ᄒ니 답답 섭섭ᄒ고 요ᄉ이ᄂᆞᆫ[1] 사돈 병환은 가감이 엇더ᄒ오신고 긔별도 듯줍디 못ᄒ니 이리 답답 념녀[2] ᄀᆞ이업다[3] 불셔 히가 밧고이디 볼 길히 업스니 이리 답답 섭섭ᄒ며 니월노[4] 드려오랴 ᄒ디 거긔 병환이 채 낫디 못ᄒ야 겨오시면 네 ᄶᅥ나오기ᄅᆞᆯ 절박ᄒ야 홀 거시매 이리 결ᄶᅡᆫ을 못 ᄒ고[5] 이셔 답답ᄒ니 훗 왕ᄂᆡ예 병환 가감을 브디[6] 즈시 긔별ᄒ여라 마춤 뎐뎐 가는 사ᄅᆞᆷ 잇다 ᄒᆞ매 안부나 알냐 잠 뎍으며 셰후 날 나[7] 심히 치우니 뫼옵고 내내[8] 평안홈 ᄇᆞ라노라 뎡미 원월 초칠일[9] 싀모

판독대비

번호	판독자료집	김완진 (1972 : 140)	한국학중앙연구원 편 (2005a : 99~100)
1	요ᄉ이ᄂᆞᆫ	요ᄉ이는	-
2	념녀	렴려	-
3	ᄀᆞ이업다	ᄀᆞ이 없다	ᄀᆞ이 업다
4	니월노	니월은	-
5	결ᄶᅡᆫ을 못 ᄒ고	결단을 못ᄒ고	결단을 못ᄒ고
6	브디	부디	-
7	날 나	날아	-
8	내내	-	ᄂᆡᄂᆡ
9	초칠일	쵸칠일	

고령박씨가 『선세언적』 언간 13

〈선세언적-13, 1704년, 안동권씨(며느리) → 박성한(시아버지)*〉

판독문

문안 알외옵고 일긔 가지록 극열ᄒ오니 요ᄉ이ᄂ 평티 못ᄒᄋ오신[1] 긔휘 엇더ᄒᄋ오시니잇가[2] 일졀 문안도 모ᄅ오니 답답 복모 일시도 부리옵디 못ᄒ와 디내오며 피졉을 나 겨ᄋ오셔[3] 긔휘 엇더ᄒᄋ오시니잇가[4] 문안이나 아옵고 ᄇ라옵ᄂ이다 뎌젹 아현으로셔 사ᄅᆷ 가옵거ᄂᆯ 샹셔 알외와ᄉ옵더니 감ᄒ오신가 ᄒ옵ᄂ이다 식도 창동의 졔ᄉ 디내오려 드러와ᄉ와 호동 형님도 와 겨오시고 디되 못ᄌᆫ 든든ᄒ오나 졔ᄉᄅᆯ 디니오니 새로이 슬프온 듕 한마님 긔휘 지금 차복디 못ᄒᄋ오시니[5] 민망 졀박ᄒ오믈 어이 다 알외오리잇가 알올 말ᄉᆷ 감ᄒᄋ오심[6] 졋ᄉ와 이만 알외오며 극열의[7] 내내[8] 긔후 안녕ᄒᄋ오심[9] ᄇ라옵ᄂ이다 갑신 칠월 초삼일 식 샹셔

판독대비

번호	판독자료집	한국학중앙연구원 편 (2005a : 102~104)
1	못ᄒᄋ오신	못ᄒ오오신
2	엇더ᄒᄋ오시니잇가	엇더ᄒ오오시니잇가
3	겨ᄋ오셔	겨오오셔
4	엇더ᄒᄋ오시니잇가	엇더ᄒ오오시니잇가
5	못ᄒᄋ오시니	못ᄒ오오시니
6	감ᄒᄋ오심	감ᄒ오오심
7	극열의	극열
8	내내	너니
9	안녕ᄒᄋ오심	안녕ᄒ오오심

. . . .

* 편지 여백에 '淑人 安東權氏 手筆'이라고 적은 부기(附記)가 있다.

고령박씨가 『선세언적』 언간 14

〈선세언적-14, 1762~1767년*, 안동권씨(할머니) → 박경규(손자)〉

판독문

> 손즈 답

간 디 날포 되니 섭섭 못 닛줄어니[1] 글시 보고 본 둣 반기며 됴히 이시니 든든 다힝ᄒ디[2] 공부도 그리 챡실치 못ᄒ디 번요ᄒᆞᆫ 집의 가 날포 겻기ᄂᆞᆫ 일 민망터니 문의로[3] 수이 가려노라 ᄒᆞ여시니 게 가셔나 챡실히 지을가 다힝ᄒ다 진스ᄂᆞᆫ 써나간 디 날포 되고 간 후 긔별도 듯디 못ᄒ니 답답더니 무스히 가셔 두로 도라 너일 오ᄂᆞᆫ가 시부니 든든 다힝ᄒ다 여긔ᄂᆞᆫ 구상도 나아셔 샹ᄒ고[4] 무스ᄒ디[5] 형님긔셔 홍쥐 상스 긔별 들으시고 비턱ᄒ오시니 불샹 ᄀᆞ이 업다 부침말은 챡실ᄒ량이면 무명 필이나[6] 보내여 무엇 ᄒ여[7] 오고 시부니 가ᄂᆞᆫ 사ᄅᆞᆷᄃᆞ려도 잘ᄒ여다가 줄가 뭇고 네 쳐남ᄃᆞ려도 허소치 아니ᄒ여 챡실히 ᄒ여다가 줄가 ᄌᆞ시히 의논ᄒ여 의심 업스리라 ᄒ거든 올 째 그 사ᄅᆞᆷ을 보고 도라가셔 보낼 거시니 만치 아닌 거시니 부디 잘ᄒ여 달나고 맛초고 와셔 의논ᄒ여 보내쟈 브치ᄂᆞᆫ 셩쥐셔 다ᄉᆞᆺ ᄌᆞ로 왓ᄂᆞᆫ디 이 뉴가 세히매 ᄒ나 보낸다 형님긔셔ᄂᆞᆫ 밤이라 답장 못ᄒ신다 니현 긔별 듯디 못ᄒ니 답답ᄒ며 이 편지나 보내여 보게 ᄒ여라 구상이ᄂᆞᆫ 아부지 애씨ᄂᆞᆫ 보고 시부디 아니코 하아부지 보고 시부다 ᄒ니 웃노라 편지 너허 온 당즁을 진동한동 푸러 보고 아무것도 아니 왓다고 셩내여 하아부지 편지나 날나고 우니 모다 ᄒᆞᆫ ᄎᆞ례 우섯다 셔강 답장 보내여시니 무스ᄒᆞᆫ 긔별 알고 깃부다 내내 됴히 디내고 공부나 챡실히 ᄒ기를 ᄇᆞ라노라 십칠 야 조모

---

* 한국학중앙연구원 편(2005a : 110)에서는 1760~1768년으로 추정함. 그러나 편지 중에 나오는 '구상'이 박종순(朴種淳, 1762~1808)의 아명이므로 적어도 박종순이 태어난 해인 1762년 이후에 작성된 편지임을 알 수 있다. 편지 중의 '형님'은 발신자인 안동권씨(安東權氏, 1686~1768)의 형님인 여주이씨(驪州李氏, 1684~1767)를 가리키는데 여주이씨는 1767년 2월 14일에 졸하였으므로 이 편지의 작성 시기는 1762년부터 1767년까지로 추정하였다.

판독대비

번호	판독자료집	한국학중앙연구원 편 (2005a : 107~109)
1	닛줄어니	닛줄너니
2	다힝ᄒ디	다힝ᄒ되
3	문의로	은의로
4	나아셔 샹ᄒ고	나아 셔샹ᄒ고
5	무스ᄒ디	무스ᄒ되
6	무명 필이나	모명필이나
7	무엇 ᄒ여	무엄ᄒ여

고령박씨가 『선세언적』 언간 15

⟨선세언적-15, 1762~1785년*, 덕수이씨(아내) → 박춘영(남편)**⟩

판독문

```
힝츠 입납
                          근봉
```

힝츠 들러 나오신[1] 후 긔별 모르오니 날이 그동안 됴하스오니 무스히 가오시고 엇지 디니오시며 갈망골은 니일 가오시는가 답답 념이오며[2] 경산셔 ㅎ오신 편지는 보옵고 굿은[3] 즉시 주엇다 ㅎ옵 우리는 아히은 다 잘 잇스오되 구샹의 안부 지금 못[4] 드러 그립스오며 가니 고약을 니일 보내랴 ㅎ오니 도라와야 구샹 긔별 듯게 ㅎ여숩 쇠돌 가오니 덕스오며 평안히[5] 도라오시기 브라옵ᄂ이다 이월 넘뉵일 니

판독대비

번호	판독자료집	한국학중앙연구원 편 (2005a : 112~113)
1	힝츠 들러 나오신	힝차들 써나오신
2	념이오며	념이 오며
3	굿은	□온
4	못	굿
5	평안히	편안히

----

* 한국학중앙연구원 편(2005a : 114)에서는 '1785년 이전'으로 추정함. 그러나 편지 중 나오는 '구샹'이 박종순(朴種淳, 1762~1808)의 아명이므로 이 편지가 적어도 박종순이 태어난 1762년 이후에 작성된 편지임을 알 수 있다. 또 수신자인 박춘영(朴春榮, 1711~1786)의 생몰년과 '이월 넘뉵일'이라는 발신일 표시를 함께 고려하여 이 편지의 작성 시기를 1762~1785년으로 추정하였다.
** 편지 여백에 'ㅇ誤也 李錫心의 女 朴敬圭의 夫人', '贈貞夫人 德水李氏 手筆'이라고 적은 부기(附記)가 있다.

고령박씨가 『선세언적』 언간 16

〈선세언적-16, 1784~1790년*, 덕수이씨(어머니) → 박경규(아들)〉

판독문

> 쳥양의게

금쇠[1] 쩌나보내고 하인 다시 오기 기드렷더니 의외 하인 오고 무스히 디니눈 안부 아니 싀훤 깃부다 날이 비 오게 ㅎ여시니 길희셔 묵는다 ㅎ고 닉일 못[2] 들가 시부다 예도 일양 잘 디니며 진스집 희산 긔미 업다 진스눈 합고의[3] 올나 못 ㅎ고 오늘 긔동의 가 자고[4] 식후 나와 삭갑 만나고 어느날 쏘 급히 갈 줄 모르니 민망ㅎ다 쭐니 오죽히 굴그냐[5] 너고 샹이 됴치 못ㅎ고 못 내여 쓰고 건에 사고 고ㅎ니 동서 온다니 이봉의 フ로 다엿 마 보니면 깃불다 이봉의 죄상은 괘심ㅎ나 도시[6] 미련ㅎ여 냥반이 무엇 둣다고[7] 됴히 녁여 그리ㅎ여시니 둥히 알코 나시니 브터 둥히 치죄 말고 본이나 뵈여라[8] 섭섭 잠 덕는다 빅지 다 쩌시니 보내여라[9] 칠월 십이일 모 대단 치죄ㅎ면 샹뎐 원ㅎ여[10] 됴히 녁이다가 블샹ㅎ니 감ㅎ여라

---

* 한국학중앙연구원 편(2005a : 118)에서는 1783~1790년으로 추정함. 그러나 박경규(朴敬圭, 1744~1791)가 청양현감이 된 것이 1784년 5월 23일이고, 덕수이씨(德水李氏, 1711~1791)가 세상을 떠난 것이 1791년 5월 14일이라는 것을 고려하여 이 편지의 작성 시기를 1784~1790년으로 추정하였다.

판독대비

번호	판독자료집	한국학중앙연구원 편 (2005a : 115~117)
1	금쇠	금디
2	못	ㅈ
3	합고의	합합의
4	긔동의 가 자고	거동의 가자고
5	굴그냐	굴그랴
6	도시	드시
7	돗다고	들다고
8	뵈여라	비여라
9	보내여라	보니여라
10	원ᄒ여	원ᄒ며

고령박씨가 『선세언적』 언간 17

〈선세언적-17, 1783~1790년, 덕수이씨(할머니) → 박종순(손자)〉

판독문

진슨의게

날포 긔별 다시 업스니 답답 기드리며 여긔 편지는 년ᄒ여 보아실 거시니 외오셔 념녀ᄒ는 일 도로혀 민망ᄒ다 그동안 뫼시고 엇지 잇느니 비 오고 졸연 과히 치워시니 옷도 엷고 곳불이 응당 드러시리라 둘이 밧고이니 날 가기만 기드린다 사돈 긔운은 엇더ᄒ신고 힝역은 엇지ᄒ오실고 졈은 딕 치미는 거슨 덜훈가 쎄텨 오시기 어렵ᄉ오실 거시니 식보나 ᄒ오셔야 길히셔 큰일 나리라 나는 수일재도[1] 술 덜니고 범졀이 ᄎᄎ 나아갈 쟉시는 먹기는 상히나 다르지 아니나 쾌히 낫지 아니키 괴롭다 네 부다니는 나아셔도 굴신이 임의[2] 보이지 아니라 이졔 쇼지 니일은 드러갈 거시니 쇼식 듯게 ᄒ여시니 죽히 기드리랴 좃그만년 모여 됴히 잇고 조년 가 볼 적 아즈미끠셔 이거시 개냐 사롬이냐 그리ᄒ는디 너는 무어시라 ᄒ니 사롬이라 ᄒ엿노라 ᄒ고 소문을 ᄎᄎᄒ니 웃노라 싱원님 수일 후 쩌나가랴 좀은 아직도 그 서러져 가는 심ᄉ 하 긋치시니 그런 악연호 일 어듸 이리 삭ᄉ로 아긔니[3] 가니 잠 덕으며 됴히 디내기[4] ᄇ란다 구월 초일일 조모

판독대비

번호	판독자료집	한국학중앙연구원 편 (2005a : 120~122)
1	수일재도	수일 제도
2	임의	엄이
3	아긔니	가긔니
4	디내기	디니기

고령박씨가 『선세언적』 언간 18

〈선세언적-18, 1760년, 경주이씨(며느리) → 박춘영(시아버지)〉

판독문

아바님 젼 답샹술이

근봉

문안 알외옵고 셜한의 긔후 안녕ᄒ오신 문안 아옵고져 브라오며[1] 뎌젹 죵 오옵ᄂ디 하셔 밧
ᄌ와 보옵고 그째 긔후 안녕ᄒ오신 문안 아옵고 하졍의 더옥 다힝 못내 알외와 ᄒ옵ᄂ이다
알외올 말ᄉᆷ 하감ᄒ오심 젓ᄉ와 이만 알외오며 내내 긔톄[2] 안녕ᄒ오심 브라옵ᄂ이다 경진
원월 십팔일[3] ᄌ부 술이

판독대비

번호	판독자료집	한국학중앙연구원 편 (2005a : 124~125)
1	브라오며	브라으며
2	긔톄	긔쳬
3	십팔일	팔일

고령박씨가 『선세언적』 언간 19

〈선세언적-19, 1761년, 경주이씨(며느리) → 박춘영(시아버지)〉

판독문

문안 알외옵고 사룸 오와눌 하셔 밧즈와 보옵고 일긔 덥스온디 긔후 안녕ㅎ오신 문안 아옵고 하졍의 다힝 못내 알외와[1] ㅎ오며 병보션 쓰지는 즈시[2] 밧즈왓습ᄂ이다 그리슨 하교대로 푸올가[3] ㅎ옵ᄂ이다[4] 즈부는 요스이는 낫즈와 디내옵ᄂ이다 알외올[5] 말숨 하감ㅎ오심 젓스와 이만 알외오며[6] 내내 긔체 안녕ㅎ오심 ᄇ라옵ᄂ이다[7] 신스 스월 초일일 즈부 술이

판독대비

번호	판독자료집	한국학중앙연구원 편 (2005a : 127)
1	알외와	알이와
2	즈시	즈□
3	푸올가	고을가
4	ㅎ옵ᄂ이다	ㅎ옵나이다
5	알외올	알이올
6	알외오며	알이오며
7	ᄇ라옵ᄂ이다	ᄇ라옵나이다

고령박씨가 『선세언적』 언간 20

〈선세언적-20, 1795년, 연산서씨(어머니) → 박종순(아들)〉

판독문

```
평수 답
                              봉
```

거월 십 이십날 편지 석 장 초수일 낭쳥집으로 어더 보고 답장 부치고 또 편지 기두리더니
거월 념이일 편지 므손 쟝계편인지 십칠일 만의 편지 어더 보니 신긔 반갑고 겸ᄒᆞ야 몸이
무스ᄒᆞ게 지니노라 ᄒᆞ여시니 다힝다힝 깃부기 ᄀᆞ이업스며 개시는 쥬야의 념녀가 되고 엇지
지나칠 거시미 민망터니 편지 수연 보니 다힝ᄒᆞ디[1] 봘 홍졍은 엇지 되여 ᄀᆞ는다 뭇츤 긔별
다시 듯지 못ᄒᆞ니 이리 굼굼히 왕닉예 그런 극한의 감긔나 업는가[2] 념녀 노히들 아니ᄒᆞ니
집의셔도 ᄒᆞᆫ가지로 지니고 슈쳑 오늘이야 오니 고젹ᄒᆞ던 집안이 웃음이[3] 졀노 나 고젹ᄒᆞᆫ 줄
을 닛고 든든ᄒᆞ나 안질 슈쳑은 오늘부터 죠곰 낫고 증이는 고극ᄒᆞ니 민망ᄒᆞ고 이리도 더ᄒᆞᆫ
일은 업스디 낫지 아니ᄒᆞ니[4] 민망히 증낭은[5] 아니된다 ᄒᆞ되 셰후 즉시 ᄯᅥ나올 둣ᄒᆞ디 셰후
치위도 하 무셔우니 그 가히는 더홀 둣 이러ᄒᆞ면 못 ᄯᅥ날 거시니 날셰[6] 보아 가며 ᄯᅥ나오게
ᄒᆞ고 이 편지 가노라면 길희셔 볼 둣히 졔스도 수오일 격ᄒᆞ야 겨오시니 년년의[7] 심수 형용
치 못ᄒᆞ던디[8] 올흔 ᄒᆞᆫ가지로 못 지내옵게시니[9] 미리 섭섭 다 못 뎍니 을묘 원월 초팔일 야
모

판독대비

번호	판독자료집	한국학중앙연구원 편 (2005a : 130~132)
1	다힝ᄒ디	다힝ᄒ되
2	업논가	업슨가
3	웃음이	유유이
4	아니ᄒ니	아니하니
5	증낭은	증□은
6	날셰	날 셰
7	년년의	념녀의
8	못ᄒ던디	못ᄒ던되
9	지내읍게시니	지너읍 계시니

고령박씨가 『선세언적』 언간 21

〈선세언적-21, 1775~1803년*, 연산서씨(어머니) → 박종순(아들)〉

판독문

날포 길히 엇지 가는고 넘녀 노히들 아니ᄒ며 오늘은[1] 드러가려니와 써난 후 날이 그리 칩지 아니ᄒ니 다힝ᄒ며 쳬증이나 업는가 아들은 대되 므스ᄒ고 부인 젹괴는[2] 죵시 쾌히 낫지 아니ᄒ니 민망ᄒ여 뵈니 문안[3] 하인 가더니 아니 오니 오늘 ᄉ이나 올가 기드리니 문안[4] 하인 간다기 잠 뎍으며 므스히 쉬이 오기 기드리니 십월 넘구일 모

판독대비

번호	판독자료집	한국학중앙연구원 편 (2005a : 134~135)
1	오늘은	오늘은
2	젹괴는	젹괴는
3	문안	문 안
4	문안	문 안

* 한국학중앙연구원 편(2005a : 136)에서는 '1803년 이전'으로 추정함. 그러나 발신자인 연산서씨(連山李氏, 1756~1804)가 박경규(朴敬圭, 1744~1791)의 재취이고, 초취인 경주이씨(慶州李氏, 1742~1775)의 생몰년을 고려하면, 1775년 이후에 작성된 편지로 볼 수 있다. 또 연산서씨가 졸한 1804년 3월 이전에 마지막 10월은 1803년이기 때문에 이 편지의 작성 시기는 1775년부터 1803년까지로 추정하였다.

• 신창맹씨가 『자손보전』 소재 언간 •

20건

■ **대상 언간**

　신창맹씨가(新昌孟氏家)의 한글 서첩(書帖)『子孫寶傳』에 수록되어 있는 34건 중 한글편지 20건을* 이른다. 『자손보전』은 맹지대(孟至大, 1730~1793)의 고조비(高祖妣)로부터 맹흠구 (孟欽耉, 1805~?)의 아내에 이르는 7대에 걸쳐 맹씨가(孟氏家) 내외(內外) 여인의 국문(國文) 수적(手蹟)을 모아 자손들에게 교훈으로 전하고자 성첩(成帖)한 것이다. 이 서첩은 당초에 맹지대가 성첩(成帖)하고 그 종손(從孫) 맹흠구가 후에 다시 보충하여 장선(粧繕)한 것인데(金一根, 1986/1991 : 76), 1980년대 숙명여자대학교 박물관에서 입수하여 현재는 숙명여자대학교 도서관에서 소장하고 있다.

■ **언간 명칭 : 신창맹씨가『자손보전』소재 언간**

　서첩(書帖)을 처음 소개한 金一根(1986/1991 : 74~77)에서는 대상 언간을 '子孫寶傳(帖) 所在 諺簡'으로 명명하였다. 이후 한국학중앙연구원 편(2005a)에서는『자손보전』에 수록된 한글 자료 전체를 역주(譯註) 대상으로 하면서 34건 모두를 포괄하기 위하여 '신창맹씨『子孫 寶傳』수적'으로 지칭하였다. 이 판독자료집에서는 34건 가운데 한글편지 20건만을 대상으로 하였기 때문에 '신창맹씨가『자손보전』소재 언간'으로 명칭을 조정하고, 출전 제시의 편의상 약칭이 필요할 경우에는 '자손보전'을 사용하였다.

■ **언간 수량 : 20건**

　『子孫寶傳』에는 총 34건의 글이 수록되어 있다. 34건 중에는 조리법(調理法,) 노비 문서, 조장(弔狀) 성격의 글, 이백(李白)의 시 「蜀道難」의 번역문, 행장(行狀)과 지문(誌文) 등 한글편지가 아닌 것도 상당 부분 포함되어 있다. 이 판독자료집에서는 한글편지에 해당하는 20건만을 수록하되, 편지 번호는 한국학중앙연구원 편(2005a)에서 서첩의 수록 순서에 따라 부여된 번호를 그대로 따랐다.

---

* 서첩에서 따로 분리되어 전해진 1건을 포함하면 모두 21건에 이른다(金一根, 1986/1991 : 76). 이 1건은 金一根 (1986/1991 : 235~236)에 '補19'로 그 판독문이 소개된 바 있다.

■ 원문 판독

金一根(1986/1991)에서는 『子孫寶傳』을 처음 소개하면서 20건 중 발신자별로 8인(人) 9건의 편지를 선별(選別)하여 판독문을 제시하였다(4번, 5번, 8번, 13번, 16번, 17번, 25번, 27번, 28번). 이후 한국학중앙연구원 편(2005a)에서는 金一根(1986/1991)에서 판독한 9건을 포함하여 『자손보전』에 수록된 자료 34건 전체의 판독문을 주석 및 현대어역과 함께 제시하였다. 이 판독자료집에서는 한글편지 20건을 대상으로 金一根(1986/1991) 내지 한국학중앙연구원 편(2005a)에서 이루어진 판독 사항과 대비하여 차이가 있는 표로 제시하고 판독 결과를 대조해 보는 데 도움이 될 수 있도록 하였다.

■ 발신자와 수신자

한글편지 20건의 발신자는 맹지대의 할머니 완산이씨(完山李氏, 1664~1732)로부터 맹흠구의 어머니 전주이씨(全州李氏, 1778~1843)에 이르기까지 3대에 걸친 신창맹씨 집안의 여성들이다. 당초의 성첩자(成帖者) 맹지대와 관련한 발신자는 맹지대의 할머니 완산이씨 2건, 종조모(從祖母) 성산이씨(星山李氏, 1681~1767) 1건, 외할머니 달성서씨(達城徐氏, 1669~1750) 1건, 어머니 전의이씨(全義李氏, 1716~1774) 2건, 넷째 고모 황 도정댁(黃都正宅, 1689~1764) 1건, 다섯째 고모 서 봉조댁(徐奉朝宅, 1690~1776) 6건, 제수(弟嫂) 달성서씨 1건 등이다. 서첩을 후대에 보충한 맹흠구와 관련한 발신자는 맹지대의 아내 연안김씨(延安金氏, 1729~1764) 3건, 맹흠구의 어머니 전주이씨(全州李氏, 1778~1843) 5건 등이다. 한글편지 20건의 수신자는 성첩자(成帖者)인 맹지대와 맹흠구, 맹지대의 큰아들 맹심원(孟心遠, 1750~?) 등 맹지대를 중심으로 한 집안 남성들인데, 맹지대로 추정되는 편지가 가장 많다. 이 판독자료집에서는 발신자와 수신자에 대하여 기본적으로 한국학중앙연구원 편(2005a)을 따르되 발수신자를 달리 추정하게 되는 경우에는 그 수정 내지 보완 사항을 해당 편지에 각주로 제시하였다.

■ 작성 시기

연대를 정확히 알 수 있는 편지는 04번(1704년)과 16번(1774년), 17번과 18번(1772년), 20번(1769년), 25번(1758년)의 6건 정도에 불과하다. 나머지는 모두 발수신자의 생몰년을 통해 추정할 수밖에 없는데 편지 대부분이 18세기의 것이고 전주이씨(어머니)가 아들 맹흠구에게 보낸 28~32번 편지가 1815~1843년 사이로 추정되는 19세기 초반의 것이다. 따라서 서첩에 수록된 한글편지 20건의 전반적인 작성 시기는 '18세기 초반~19세기 초반' 정도로 포괄할 수 있다. 이 판독자료집에서는 편지 각각의 작성 시기에 대하여 기본적으로 한국학중앙연구원 편(2005a)을 따르되 작성 시기를 달리 추정하게 된 경우에는 추정 근거를 해당 편지에 각주로 제시하였다.

■ 자료 가치

수록된 한글편지의 수는 20건으로 많지 않으나 발수신자가 분명하고 연대도 18세기 초반부터 19세기 초반으로 집중되어 국어사를 연구하는 자료로 가치가 높다. 특히 한 가문에서 모자간(母子間), 조손간(祖孫間), 숙질간(叔姪間) 등 다양한 관계 사이에 오간 편지들이기 때문에 관계에 따른 언어 양상을 살펴볼 수 있고, 사대부 가문의 일상에 대한 세세한 기록이 들어 있어 당시의 시대상과 사회상을 엿볼 수 있는 자료이기도 하다. 편지에 쓰인 글씨체는 한글 서체의 발달을 연구하는 서예사(書藝史) 자료가 될 수 있으며, 편지의 사연 속에 담긴 내용은 문학사(文學史), 생활사(生活史), 여성사(女性史), 복식사(服飾史) 등 다양한 분야의 연구 자료가 될 수 있다.

■ 자료 해제

자료의 자세한 서지 사항에 대해서는 金一根(1986/1991 : 74~77)과 한국학중앙연구원 편(2005a : 34~42)을 참조할 수 있다.

□ 원본 사항

- 원본 소장 : 숙명여자대학교 도서관(청구기호 : CL-VA081 자손보 자)
- 필름 : 숙명여자대학교 도서관 소장
- 크기 : 36.1×28.5cm(첩의 크기)

■ 판독 사항

金一根(1986/1991), 『三訂版 諺簡의 硏究』, 건국대학교 출판부. ※ 9건 판독

한국학중앙연구원 편(2005a), 『조선 후기 한글 간찰(언간)의 역주 연구 3』, 태학사. ※ 서첩에 수록된 34건 모두 판독(34건 중 한글편지는 20건)

■ 영인 사항

淑明女子大學校 博物館(1996), 「子孫寶傳」, 『朝鮮朝女人의 삶과 생각』, 207~245쪽. ※ 서첩에 수록된 34건 모두 영인(판독문 없이 영인 자료만 수록)

한국학중앙연구원 편(2005b), 『조선 후기 한글 간찰(언간) 영인본 1』, 태학사. ※ 서첩에 수록된 34건 모두 영인(34건 중 한글편지는 20건)

■ 참고 논저

金一根(1986/1991), 『三訂版 諺簡의 硏究』, 건국대학교 출판부.

淑明女子大學校 博物館(1996), 「子孫寶傳」, 『朝鮮朝女人의 삶과 생각』, 207~245쪽.

한국학중앙연구원 편(2005a), 『조선 후기 한글 간찰(언간)의 역주 연구 3』, 태학사.

한국학중앙연구원 편(2005b), 『조선 후기 한글 간찰(언간) 영인본 1』, 태학사.

황문환(2010), 「조선시대 언간 자료의 현황과 특성」, 『국어사 연구』 10호, 국어사학회, 73~131쪽.

신창맹씨가 『자손보전』 소재 언간 04

〈자손보전-04, 1704년, 완산이씨(어머니) → 맹숙주(아들)*〉

판독문

아기게[1]

너롤 쪄나 보내니[2] 모지 처엄으로 먼리 쪄나니 못 닛는 졍은 닐러 알 일이 아니니 다시 뎍디 아니ᄒ거니와 네 내 독ᄌ로 쏘 혹양ᄒ미 간고ᄒ 스태우 집과 달라 됴히 ᄌ라기로 셰티롤 아디 못ᄒ여 냥반의 글이 귀ᄒ며 녜의넘티 듕ᄒ 줄을 오히려 네 아디 못ᄒ여 볼셔 나히 십삼 셰 되니 혼ᄎ 셩인이 머디 아녀시니 어미 그리온 졍은 싱각 말고 스댱이란 거슨 홀롤 슈혹ᄒ여도 죵신토록 공경ᄒ는 거시니 공경ᄒ고 조심ᄒ며 버릇업손 샹된 말 ᄒ여 외오 녀기게 말며 좀심ᄒ여 챡실이 비화 션비 도롤 일티 아니미 ᄌ식의 효되니 너[3] 룡빅고 두계량을 아라실 거시니 집의셔 내게 일의ᄒ던 버릇슬 말고 온유ᄒ며 ᄌ연ᄒ여 말ᄉᆷ과 거롬을 쳔쳔이 ᄒ여 브듸 네 급거ᄒ 셩품을 ᄀ다드며[4] 고티기롤 ᄇ라노라 알로라 ᄒ니 어더롤 엇디 알논다 일념이 브리이디 아녀라 너년 이ᄊ에 모지 됴히됴히 만나 보기롤 기드리노라 힝혀 네 술 먹으리라 싱심도 술 먹디 말고 음식이 식셩의 맛게 ᄒ더냐[5] 잡것 드려 허비ᄒ여 먹디 마리 내[6] 병이 날포 이러코 내 유모년이 지금 못 ᄒ려 힝뎐 못 보내니[7] 후의 보내리[8] 날이 치운ᄃ 몸조심ᄒ여 됴히됴히 디내여라 네 인ᄉ 미평ᄒ기[9] 심ᄒ다 녕감이 슌력을 낫다 말도 잇닷[10] 말도 업스니 네 편지 두루 다 뎐코 이 무궁ᄒ 잡셔찰은 미처 못 뎐코 신 쳠디는 네 스댱인가 시브니[11] 이지[12] 뎐ᄒ여 답장 맛다 후편의 보내마[13] 내 말을 브듸 닛디 말고 심심ᄒ여도[14] 글말이나 뭇고 젹이[15] ᄎ며 시름 노릇ᄒ기 브듸 말믈 ᄇ라노라 모셔롤 모화 간슈ᄒ고 일티 마라 년ᄒ여 됴히 잇거라 갑신 구월 삼십일 모 네 글시 쓰던 죠희와 붓을 보내랴[16] 말랴[17] 글시도 노디 말고 뻐라 네 편지 글시 긔괴ᄒ다

* 편지 여백에 '祖妣 貞夫人 完山李氏 手蹟 夫人 甲辰生 壬子沒 享年 六十九 以下 貞夫人 手蹟'이라고 적은 맹지대(孟至大, 1730~1793)의 부기(附記)가 있다.

판독대비

번호	판독자료집	金一根 (1986/1991 : 231~232)	한국학중앙연구원 편 (2005a : 174~177)
1	아긔게	–	아긔개
2	보내니	보닉니	보닉니
3	너	네	–
4	ᄀ다드며	ᄀ다드미	–
5	ᄒ더냐	ᄒ더니	–
6	내	–	닉
7	못 보내니	못보내니	못 보닉니
8	보내리	보닉리	보닉□□
9	미평ᄒ기	미령ᄒ기	미령ᄒ기
10	잇닷	잇단	–
11	시ᄇ니	시ᄇ니	시ᄇ니
12	이지	어지	–
13	보내마	–	보닉마
14	심심ᄒ여도	–	삼삼ᄒ여도
15	젹이	–	젹어
16	보내랴	보닉랴	보닉랴
17	말랴	–	말라

신창맹씨가 『자손보전』 소재 언간 05

〈자손보전-05, 1705~1731년, 완산이씨(어머니) → 맹숙주(아들)〉

판독문

요ᄉ이 무ᄉᄒ냐 듀야 일념의 니ᄌ 스이 업고 희쥐 가실 적텨로 나ᄃ니고 요란히 구ᄂ가 글 아니 닐ᄂ가 듀야 넘녀 일시도 니ᄌ 스이 업고 오ᄂ 가ᄂ 사롬이 업서 쇼식도 ᄌ로 모ᄅ니 답답 넘네 무궁무궁ᄒ며 왕녀의 편지도 아니니 다른 일은 담디 아니코 언문 아니 ᄡ기ᄂ 비 홧ᄂ다 답답도 아니ᄒ냐 글이나 착실히 닑고 나ᄃ니기나 아니ᄒᄂ다 칼은 뎌젹 무ᄅ니 못 미처 밍그랏다 ᄒ더니 옛 힝낭의 역질로 통티 못ᄒ기로 엇디 ᄒᄂ디 네 답답ᄒ여 홀 일 분 별ᄒ노라 내 병은 통셔ᄂ 나ᄋ디 바히 음식을 못 머그니 경대ᄃ려 무러 달라 ᄒ여 가감냥격 산 세 복 머그디 죠곰도 ᄡᆷ과 음식 먹기 낫디 아니코 수삼일간은 목ᄆ ᄅ기 더 심ᄒ여 어지 언양ᄃ려 최 거ᄉ의 무러 달라 ᄒ엿더니 아직 긔쳑 업다 손도 곡각기디 못게 붓고 삼만은 염병을 ᄒ여 오늘 토열ᄒ되 어룬 죵이 업서 츌막 못ᄒ여 하 뒤심심ᄒ여 잠 덕으며 네 져고 리 ᄒ나 네 아바님 홋것[1] 가니 진걸이 맛뎌 ᄌ시 티보ᄒ여 허고 나디 아니케 ᄒ라 ᄒ고 브 디브디 나ᄃ니디 말고 글 비호고[2] 유 비쟝이 권당이니 홀디ᄒ여 버릇업시 슈욕 말고 후디ᄒ 여 드리고 잘 잇고 왕녀의 유무ᄒ여라 풀 쩌러 겨요 덕노라 ᄉ월 초삼일 모 이 보과 거번 보과 다 올려보내여라[3] 네 글이 미거미거ᄒ니 듀야 ᄆ옴의 걸려 굽굽 속이 죤다

판독대비

번호	판독자료집	金一根 (1986/1991 : 232~233)	한국학중앙연구원 편 (2005a : 180~183)
1	홋것	-	ᄒ것
2	비호고	-	비ᄒ고
3	올려보내여라	올려 보내여라	올려 보ᄂ여라

신창맹씨가 『자손보전』 소재 언간 07

〈자손보전-07, 1681~1767년*, 성산이씨(종조모) → 미상(손자)**〉

판독문

츈한의[1] 평안호 일 알고 든든 깃브나[2] 우환이 도로 못호여 쏘 피접 낫다 호니 죽히 민망민망호랴 넘녀 ㄱ이ㄱ이업다 다힝으로[3] 심난홈 닛디 못호다 덥니블[4] 엇디호여 올고 넘녀 층냥업고 혼인은 ㄱ린[5] 날 젹 그 엇디어 주릭 홀디 뒤심난뒤심난호다[6] 임대도[7] 아직 잇기 비덧더니[8] 블의 가니 결연결연 섭기 ㄱ이ㄱ이업다 눈 감감 감감 겨유 잠 이번은 과거호기[9] 브라노라 넘삼 죵조모

판독대비

번호	판독자료집	한국학중앙연구원 편 (2005a : 192~193)
1	츈한의	초소한익
2	든든 깃브나	즐거오나
3	다힝으로	□힝으로
4	덥니블	덥닙모
5	ㄱ린	ㅅ린
6	뒤심난뒤심난호다	뒤심난 심난호다
7	임대도	엄대도
8	비덧더니	미덧더니
9	과거호기	다시 호기

....

 * 한국학중앙연구원 편(2005a : 194)에서는 1767년 이전으로만 제시하였으나 이 편지의 발신자인 성산이씨(星山李氏, 1681~1767)의 생몰년을 고려하여 1681~1767년으로 추정하였다.
** 편지 여백에 '季從祖妣 淑人 星山李氏 手蹟 夫人 辛酉生 丁亥沒 享年 八十七'이라고 적은 맹지대(孟至大, 1730~1793)의 부기(附記)가 있다.

신창맹씨가 『자손보전』 소재 언간 08

〈자손보전-08, 1750년*, 달성서씨(외할머니) → 맹지대(외손자)**〉

판독문

손즈의 답장

돌포 네 글시도 보지 못하니 답답 그립더니 일쳔[1] 오나눌 덕으니 보고 반가오나 셩치 못ᄒ
여라 ᄒ여시니 넘녀 ᄀᆞ이업다 나는 이제도 완인이 못 되여 지내니 괴롭다 내 사랏다가 네
아둘 낫는 양 볼 줄 어이 아라시리 도로혀[2] 고이훈 둣시브고 긔특긔특ᄒ다 너도 네 형과[3]
ᄒᆞᆫ가지로 와 과거도 보고 죽어 가던 한미도 보고 아둘도 보고 겸필[4] 와 둔녀가게 ᄒ여라 수
연 남으나 쉬 올 둧ᄒ고 어득ᄒ니 긋치며 됴히 잇다가 오게 ᄒ여라 삼월 초십일 외조모

판독대비

번호	판독자료집	金一根 (1986/1991 : 233)	한국학중앙연구원 편 (2005a : 195~196)
1	일쳔	-	일원
2	도로혀	도로허	-
3	형과	형가	-
4	겸필	겸히히	-

* 한국학중앙연구원 편(2005a : 197)에서는 1750년 이전으로만 되어 있으나 편지 내용 중에 '한미도 보고 아둘도 보고'라고 하였으므로 맹지대(孟至大, 1730~1793)의 아들이 태어난 이후에 작성된 편지로 볼 수 있다. 맹지대의 큰 아들 맹심원(孟心遠, 1750~?)은 1750년에 태어났고, 달성서씨(達成徐氏, 1669~1750)가 사망한 해 또한 1750년이므로 발신 연도를 1750년으로 추정하였다.
** 한국학중앙연구원 편(2005a : 195~196, 각주 6)에서는 수신자를 맹지대나 그의 형제 중 확신할 수 없다고 하였으나 金一根(1986/1991 : 176)에 따라 맹지대로 수정하였다. 편지 여백에는 '外祖妣 淑人 達城徐氏 手蹟 夫人 己酉生 庚午沒 享年 八十二'라고 적은 맹지대(孟至大, 1730~1793)의 부기(附記)가 있다.

신창맹씨가 『자손보전』 소재 언간 10

〈자손보전-10, 1773~1774년*, 전의이씨(어머니) → 맹지대(아들)**〉

판독문

주셔 답

간 후 긔별 모르니 답답[1] 넘이러니[2] 일로셔 온 편지 바다 긋재[3] 므스ᄒ고 길히도 대단 연고
업시 간 일 다힝 깃브며 관쥬인[4] 갈 제 편지ᄒᆞ엿더니 보냐 죵이나 불셔 보내쟈 ᄒᆞᆫ 거시 일
이 되들 아녀 겨요겨요 이제야 브리며 그ᄉᆞ이 긱괴 오죽ᄒᆞ며 더위 오시 절박ᄒᆞᆷ 듀야 브리오
지 못ᄒᆞ다 챵의 겹바지 젹삼 옷거슨[5] ᄒᆞ여 보내며 젹삼을[6] 겨요 ᄒᆞ고 숩거술 못 ᄒᆞ여 보낼
가 ᄒᆞ엿더니 뵈 잇다 ᄒᆞ기 글노 ᄒᆞ여 보내며 쇼챵옷 업시ᄂᆞᆫ 챵의 닙기 어려올 거시매 모시
미처 사든 못ᄒᆞ고 다시 올가 쟝ᄉᆞ를 기드리나 긔쳑은 업고 ᄒᆞᆯ 길 업셔 곱동 쇼챵오술 몬져
보내니 아직 닙게 ᄒᆞ여라 죠곰 젹은들 어이ᄒᆞ리 미조차 쟝ᄉᆞ나 오면사 ᄒᆞ게[7] ᄒᆞ여시디 미ᄉᆞ
의 갑시 대강 업스니 답답ᄒᆞ다 챵의도 이번이 어려올 거신디 어이ᄒᆞᆯ지 답답ᄒᆞᆫ 일이이로다
지긔 어ᄂᆞ 째 될고 졔ᄉᆞᄒᆞ고 어려오미 만하 쏙ᄒᆞ며 나는 요ᄉᆞ이야 져기 나으디 이제도 긔
비별치[8] 못ᄒᆞ고 아직도 쾌ᄒᆞᆯ 날이 머러시니 ᄎᆞ마 답답ᄒᆞ다 ᄉᆞ식넘 이제야 나 구미 죠곰 나
오나[9] 므양 먹고 보ᄂᆞᆫ 거슨 지리ᄒᆞ니 쏙ᄒᆞ다 한지[10] 참혹ᄒᆞ니 니두 셩계[11] 난감ᄒᆞᆯ 일 말 아니
나더니 이제야 이풍은 ᄒᆞᆯ 만치 의외 비 오니 농인은 셔두ᄒᆞ여 눌치ᄂᆞᆫ디[12] 죵싴 어즐[13] 요란
이 극진ᄒᆞ여 일변 우감 난다 ᄉᆞ연이 만만ᄒᆞ더니[14] 다 닛치여 못ᄒᆞ며[15] 어ᄂᆞ 긔나[16] 올 둣ᄒᆞ고
긔나[17] 알게 ᄒᆞ여라 내 죠곰 나은 후 아희들이 다 알ᄂᆞᆫ디 온온[18] 사흘을 알ᄂᆞᆫ디 대통대통ᄒᆞ
더니 죠곰 낫들[19] 아니ᄒᆞ던 거시 못 견디여 ᄒᆞ니 보기 잔잉 굽굽ᄒᆞ다 ᄉᆞ연 지리 그치며 내
내 므스ᄒᆞ다가 오기를 ᄇᆞ란다 니집의게 편지 쓰기 어려워 못ᄒᆞ다 닐어라[20] 십일일 모 ᄒᆞ며
두 다리를 알하 굴신을 못 ᄒᆞ고 듀야 누언 지 닷새 되여 죠곰도 낫든 아니ᄒᆞ고 잠시 안 +

----

* 한국학중앙연구원 편(2005a : 205)에서는 1774년 이전으로만 제시하였으나 수신자를 '주셔'로 표현하고 있으므로
  맹지대(孟至大, 1730~1793)가 주서(注書)를 지내던 시기에 작성된 편지로 볼 수 있다. 승정원일기에 따르면, 1773
  년(영조49) 윤3월 24일 기사에 '李宗燮有頉代, 以孟至大爲假注書'라고 나타나므로 맹지대가 가주서(假注書)가 된
  1773년부터 1774년 사이에 작성된 편지로 볼 수 있다.
** 한국학중앙연구원 편(2005a : 205)에서는 편지의 수신자를 맹지대나 그의 형제로 추정하였으나 한국학중앙연구원
  편(2005a : 38)의 내용에 따라 맹지대로 추정하였다. 편지 여백에는 '先妣 淑人 全義李氏 手蹟 妣 丙申生 甲午沒
  享年 五十九'라고 적은 맹지대(孟至大, 1730~1793)의 부기(附記)가 있다.

판독대비

번호	판독자료집	한국학중앙연구원 편 (2005a : 201~203)
1	답답	갑갑
2	념이러니	념 이러니
3	굿째	굿쩌
4	관쥬인	관속인
5	옷거슨	옷기슨
6	젹삼을	젹슴을
7	오면사 ᄒ게	오면 사 ᄒ게
8	긔 빅별치	긔별치
9	나오나	나으나
10	한지	환지
11	니두 싱계	니외싱재
12	눌치논디	눌치요거
13	죵싀 어즐	죵싀이즐
14	ᄉ연이 만만ᄒ더니	ᄉ연 이만 이만 ᄒ더니
15	못ᄒ며	못ᄒ여
16	긔나	긔일
17	긔나	긔일
18	온온	□온
19	낫들	낫□들
20	닐어라	닐너라

신창맹씨가 『자손보전』 소재 언간 11

〈자손보전-11, 1730~1774년*, 전의이씨(어머니나 할머니) → 미상(아들이나 손자)〉

판독문

경부

그리 쩌나가니 허우럭 섭섭훈 듕 엇지들 가는고 넘이며[1] 오늘 아촘 안개 므셔오니[2] 가는 길
도 그런가 넘 인다 아므려나 이번 과거도 브듸 흐고 오게 홈 브란다 네 딕[3] 빈혀 간 김 아
므거시나 흐여 주면 죠흘다[4] 즉금 샹례 혹간 이러타 관겨흐냐 죠고마훈 거슬 이번 사 보내
면 죠흘 듯흐다 내내 그스이 므스들 흐고 과거 출입 평안평안이들 흐기 브란다 팔일

판독대비

번호	판독자료집	한국학중앙연구원 편 (2005a : 206~207)
1	넘이며	넘 이며
2	므셔오니	무셔오니
3	네 딕	녜적
4	죠흘다	죠흘다

* 한국학중앙연구원 편(2005a : 205)에서는 1774년 이전으로만 제시하였으나 발신자인 전의이씨(全義李氏, 1716~
1774)의 생몰년과 수신자 맹지대(孟至大, 1730~1793)의 생몰년을 고려하여 1730~1774년으로 추정하였다.

신창맹씨가 『자손보전』 소재 언간 13

〈자손보전-13, 1730~1764년*, 신창맹씨(넷째 고모) → 맹지대(조카)**〉

판독문

봄 일긔 사오나온디 뫼와 평안흔 안부 알고 든든 반가옴 ᄀ이업스되 겨을의[1] 아히롤[2] 굿긴[3] 일 참혹[4] 잔잉홈 ᄀ이업스며[5] 우리는 져년[6] 녀롬브터 이째ᄀ지 우힝으로[7] 디내고 나도 셩치 못ᄒ여 디내니[8] 민망홈 어이 다 측냥ᄒ리 스연 남으되 총망 잠 내내[9] 뫼와[10] 평안ᄒ여라 삼촌

판독대비

번호	판독자료집	金一根 (1986/1991 : 233~234)	한국학중앙연구원 편 (2005a : 215~216)
1	겨을의	셔울의	–
2	아히롤	아희롤	
3	굿긴	굿신	–
4	일 참혹	일참혹	
5	ᄀ이업스며	ᄀ이업스되	ᄀ이 업스며
6	져년	져년	–
7	우힝으로	우환으로	–
8	디내니	–	디너니
9	내내	너너	너너
10	뫼와		모다

---

* 한국학중앙연구원 편(2005a : 217)에서는 1764년 이전으로만 추정하였으나 이 판독자료집에서는 편지의 수신자를 맹지대로 판단하였으므로 맹지대(孟至大, 1730~1793)의 생몰년과 편지의 발신자인 맹지대의 넷째 고모(황운하의 처) 신창맹씨(1689~1764)의 생몰년을 고려하여 이 편지의 작성 시기를 1730~1764년으로 추정하였다.

** 한국학중앙연구원 편(2005a : 217)에서는 수신자를 '황씨가 조카'라고만 하였으나 金一根(1986/1991 : 176)을 따라 맹지대로 추정하였다. 편지 여백에 '四姑母 貞夫人 黃都正宅 手蹟 夫人 己巳生 甲申沒 享年 七十六'이라고 적은 맹지대(孟至大, 1730~1793)의 부기(附記)가 있다.

신창맹씨가 『자손보전』 소재 언간 15

〈자손보전-15, 1762~1776년*, 신창맹씨(다섯째 고모) → 맹지대(조카)**〉

판독문

노염이[1] 네 업손 듯ᄒ니 어이ᄃᆞᆯ 디내ᄂᆞ니 나는 의외 평강이[2] 지상을[3] ᄒ니 신관이 즉시 나기로 그 더위예 급급히[4] 오니 어이 측냥을 ᄒ리 ᄒ마 주글 번ᄒ여 주글 번 살 번 올나오니 그런 욕이 어이 이시리 죠희도 다 바ᄃ면 넉넉홀 거시로디 글노 돈을 사마 ᄡ니 나믄 거시 업더니 신관이 이룰 보내여시니 다ᄅᆞ니 보디 못ᄒ여셔 공쥐[5] 죵 와시니 급급 보내며 열 냥 식 가지고 쟉어도 두어라 열홀날 왓더니 어지브터 음식도 못 먹고 □…□ 십오일 삼촌 미망인

판독대비

번호	판독자료집	한국학중앙연구원 편 (2005a : 221~222)
1	노염이	노염
2	평강이	ᄧᅩ 감이
3	지상을	ᄌᆞ상을
4	급급히	급히
5	공쥐	공뒤

....

* 한국학중앙연구원 편(2005a : 223)에서는 1776년 이전으로만 되어 있으나 이 편지의 발신자인 맹지대(孟至大, 1730~1793)의 다섯째 고모 신창맹씨(1690~1776)의 생몰년과 신창맹씨의 남편 서종급(徐宗伋, 1668~1762)의 생몰년을 고려하여 1762~1776년으로 수정하였다.

** 한국학중앙연구원 편(2005a : 223)에서는 수신자를 서명천(徐命天, 1720~?)으로 추정하였으나 발신자가 자신을 '삼촌 미망인'이라 하였고 金一根(1986/1991 : 176)에서도 맹지대(孟至大, 1730~1793)로 파악하였으므로 이 편지의 수신자를 맹지대로 추정하였다. 편지 여백에는 '五姑母 貞敬夫人 徐奉朝宅 手蹟 夫人 庚午生 丙申沒 享年 八十七'이라고 적은 맹지대(孟至大, 1730~1793)의 부기(附記)가 있다.

신창맹씨가 『자손보전』 소재 언간 16

〈자손보전-16, 1774년, 신창맹씨(다섯째 고모) → 맹지대(조카)*〉

판독문

아ᄋ님 상ᄉ는 하 쳔만 의외니 툭툭 슬픈[1] 밧 다시 뎍을 말이 업ᄉ며 너히 망극망극 셜워ᄒ
는 거동 보는 덧[2] 더옥 슬허ᄒ노라 편지나 뎍고 젼위ᄒ여 죵을 브리려 ᄒ엿더니 신녕셔 인
마 와셔 며ᄂ리를 ᄃ려가려 ᄒ매 관하인만 보내디 못ᄒ여 내 죵을[3] ᄃ려가기로 지금 위장을
못 ᄒ고 셥셥 괴알ᄒ며 나는 므스 일 이리 댱슈ᄒ여 히로 신구ᄒ디 지금 굿디[4] 못ᄒᄂ 일
흉악ᄒᆫ[5] 일 어이 이시리 눕붓그려[6] ᄒ노라 장ᄉ는 어ᄂ 끠로[7] 디내ᄂ니 아므려나 년ᄒ여 부
디흠 ᄇ라노라 갑오 삼월 초칠일 삼촌 미망인

판독대비

번호	판독자료집	金一根 (1986/1991 : 234)	한국학중앙연구원 편 (2005a : 224)
1	슬픈	슬흔	슬흔
2	보ᄂ 덧	보ᄂ듯	보난 덧
3	죵을	죵(죵)을	죵을
4	굿디	굿디	굿디
5	흉악ᄒᆫ	흉알ᄒᆫ	−
6	눕붓그려	눕 붓그려	눕 붓그녀
7	끠로	−	끠로

* 한국학중앙연구원 편(2005a : 223)에서는 수신자를 서명천(徐命天, 1720~?)으로 추정하였으나 발신자가 자신을 '삼
촌 미망인'이라 하였고 金一根(1986/1991 : 176)에서도 맹지대(孟至大, 1730~1793)로 파악하였으므로 이 편지의 수
신자를 맹지대로 추정하였다.

신창맹씨가 『자손보전』 소재 언간 17

〈자손보전-17, 1772년, 신창맹씨(여동생) → 맹지대(오빠)*〉

판독문

세후 날이 자고 새여 약약히[1] 칩스오니 거느리오셔 평안ㅎ오신 문안 아옵고져 ㅎ오며 겨올의 족하가 쏠의[2] 신녜 미처 오마 ㅎ기로 기드리더니 긔척 업스 섭섭ㅎ오며 나홋드 ㅎ나[3] 병을 보아도 너년을[4] 기드릴가[5] 시브디 아녀 이 죵을 보내오나[6] 첫 길히오[7] 반빙한 듯ㅎ니 어이 갈고[8] 넘이옵[9] 계유계유[10] 덕스오며 츈한의[11] 내내 평안ㅎ오심 브라옵[12] 임진 원일 동성 미망인

판독대비

번호	판독자료집	한국학중앙연구원 편 (2005a : 226~227)
1	약약히	알히
2	쏠의	쓴이
3	나홋드 ㅎ나	나호다ㅎ나
4	너년을	너쏘□
5	기드릴가	기드린가
6	보내오나	보내오랴
7	첫 길히오	첫□□
8	갈고	간고
9	넘이옵	넘 이옵
10	계유계유	겨유 겨유
11	츈한의	혹한의
12	브라옵	브ᄅ압

---

* 한국학중앙연구원 편(2005a : 228)에서는 수신자를 서종섭으로 추정하였으나 편지의 작성 시기와 서종섭(徐宗燮, 1680~1734)의 생몰년을 고려할 때 맞지 않는다. 이 판독자료집에서는 발신자가 본인을 '동생 미망인'이라 밝히고 있으므로 수신자는 오빠인 맹지대(孟至大, 1730~1793)로 추정하였다.

신창맹씨가 『자손보전』 소재 언간 18

〈자손보전-18, 1772년, 신창맹씨(다섯째 고모) → 맹지대(조카)*〉

판독문

념 등 글시 보고 반갑고 신원의 뫼와 평안ᄒᆞᆫ[1] 안부 알고 깃브기 ᄀᆞ이업다 신녜 젼[2] 오마 ᄒᆞ니 기ᄃᆞ리며 나는 병이 괴괴ᄒᆞ여 돌포 지팅ᄒᆞ기롤[3] 기ᄃᆞ리디 못ᄒᆞ니[4] 오ᄂᆞᆯ 죽다[5] 인ᄃᆡ[6] ᄃᆞ을ᄒᆞ니[7] 죽ᄒᆞ랴마는 듀야 알키 민망타 손ᄌᆞ롤[8] 보다니 긔특 귀ᄒᆞ기 측냥업ᄉᆞ며 아ᄃᆞᆯ이 어ᄂᆞ 집의 귀홀 것 아니로ᄃᆡ 우리 가문의 아ᄃᆞᆯ 더옥 ᄂᆞ믜 업시 귀ᄒᆞ다 졍과를 ᄒᆞ여 노코 보낼 길 업서 아젹 연듁 먹은 듯ᄒᆞᆫ[9] 죵을 보내엿더니[10] 이 죵 올 줄[11] 모론 줄 애둛다 ᄉᆞ연 어득 계유[12] 뎍으며 내내 무양홈 ᄇᆞ라노라[13] 임진 원월 십오일 삼촌 미망인

판독대비

번호	판독자료집	한국학중앙연구원 편 (2005a : 229)
1	평안ᄒᆞᆫ	평안한
2	젼	필
3	지팅ᄒᆞ기롤	지탱ᄒᆞ기롤
4	못ᄒᆞ니	못하니
5	죽다	든다
6	인ᄃᆡ	인제
7	ᄃᆞ을ᄒᆞ니	ᄃᆞᄃᆞᄒᆞ니
8	손ᄌᆞ롤	손ᄌᆞ를
9	듯ᄒᆞᆫ	듯혼
10	보내엿더니	보니엿더니
11	올 줄	올둘
12	계유	겨유
13	ᄇᆞ라노라	ᄇᆞᄅᆞ노라

....

* 한국학중앙연구원 편(2005a : 230)에서는 수신자를 서명천(徐命天, 1720~?)으로 파악하였으나 발신자가 본인을 '삼촌 미망인'이라 하였으므로 이 판독자료집에서는 수신자를 맹지대(孟至大, 1730~1793)로 추정하였다.

신창맹씨가 『자손보전』 소재 언간 20

〈자손보전-20, 1769년, 신창맹씨(다섯째 고모) → 맹지대(조카)*〉

판독문

온 녀룸 ᄀᆞ으내 괴별을 모르니 답답 섭섭기 ᄀᆞ이업ᄉᆞ나 우환의 골몰ᄒᆞ고 노패ᄒᆞ기[1] 날노 심ᄒᆞ야 편지 쓸 길히 업서 지금 쳔연ᄒᆞ니 못 닛는 보람도[2] 업고 졍의 범연ᄒᆞᆫ 듯 어느 ᄱᅵ 니ᄌᆞ리[3] 나는 아기놈이 병이 듕ᄒᆞ야 근위 깁ᄒᆞ니 수이 ᄒᆞ리기도 어렵고 아마도 죵신지진이 된가 굽굽 잔잉ᄒᆞ고 녀룸 ᄀᆞ으내 뉴 업손 가난의 지쳐 아마도 오래 못 살리 ᄆᆞᆺ죡하 북빅이[4] 의외 상츌ᄒᆞ니[5] 가운이[6] 망극ᄒᆞ고 ᄉᆞᄉᆞ 참달ᄒᆞ니[7] 늙거야[8] 이런 일 어디 이시리 날과 못 밧곤 줄[9] 애둛고 셟다 올 츄슈는 실긔 아니ᄒᆞ냐[10] 조부모 쳔장은[11] 엇디 디니온고 먼니셔 간 삭고[12] 슬프고 너 근노ᄒᆞᆫ 일 못 닛노라 ᄋᆞ쇼[13] 우환은 업느냐[14] 녀룸의[15] 졀션[16] 어더거늘[17] 너 오기로 늦ᄎᆞ로 주랴[18] ᄒᆞ얏더니 긔쳑 업스니 편지 뻐 보내고져 ᄒᆞ나 실노[19] 편지 쓰기 어려워 못 보내더니 히 묵거 되니[20] 보니니 우습고[21] 너도 우이 너길 일 보는 듯ᄒᆞ다 올노는 못 올[22] 거시니 다시 못 볼가[23] ᄆᆞ음 굿브다[24] ᄉᆞ연 ᄀᆞ득ᄒᆞ나 총총[25] 겨요 뎍노라 내내 뫼옵고[26] 거느려 편안편안ᄒᆞ기[27] ᄇᆞ라노라 긔튝 십월 념일일[28] 삼촌 미망인

---

* 한국학중앙연구원 편(2005a : 242)에서는 수신자를 서명천(徐命天, 1720~?)으로 파악하였으나 발신자가 본인을 '삼촌 미망인'이라 하였으므로 이 판독자료집에서는 수신자를 맹지대(孟至大, 1730~1793)로 추정하였다.

판독대비

번호	판독자료집	한국학중앙연구원 편 (2005a : 239~240)
1	노패흐기	느려 흐기
2	못 닛는 보람도	모 오는 브람도
3	니즈리	니흐리
4	북빅이	숙빅이
5	상츌흐니	상츔흐니
6	가운이	가은이
7	참달흐니	참간흐니
8	늙거야	늙기야
9	날과 못 밧곤 줄	□□□□□□
10	올 츄슈는 실긔 아니흐냐	올□□□□□ 흐냐
11	조부모 쳔장은	□□□□은
12	간 삭고	손겨고
13	너 근노흔 일 못 닛노라 ㅇ쇼	너즈노흔인모오느라ㅇ습
14	업느냐	업스냐
15	녀룸의	녀룸이
16	졀션	젼션
17	어더거눌	어더 흔
18	주랴	두랴
19	실노	설오
20	묵거 되니	믁거되니
21	우습고	오습고
22	올	온
23	못 볼가	못 본다
24	ᄆᆞᆷ 굿브다	ᄆᆞᆷ속 보다
25	춍춍	춍춍
26	뫼읍고	ᄆᆞᆷ도
27	편안편안흐기	편안 편안흐긔
28	념일일	염일일

신창맹씨가 『자손보전』 소재 언간 25

〈자손보전-25, 1758년, 달성서씨(아랫동서) → 밀양박씨(윗동서)*〉

판독문

문안 알외옵고 일긔 어즈럽수온더 긔운 엇더ᄒ오신 문안 아옵고져 ᄇ라오며 셰환ᄒ와 둘포
문안 모르오니 하졍의 셥셥 복념 아ᄆ라타 업수와 ᄒ옵ᄂ이다 아히들도 다 죠히 잇습ᄂ이
잇가 싀골은 역질이 흔타 ᄒ오니 남녀 브리옵디 못ᄒ와[1] ᄒ옵ᄂ이다 알외올[2] 말슴 감ᄒ오심
지번ᄒ와 이만 알외오며 내내 긔후 평안ᄒ옵심 ᄇ라옵ᄂ이다 무인 이월 넘이일 뎨 셔 샹셔[3]

판독대비

번호	판독자료집	金一根 (1986/1991 : 234)	한국학중앙연구원 편 (2005a : 277~278)
1	못ᄒ와	-	뭇ᄒ와
2	알외올	-	알의올
3	뎨 셔 샹셔	뎨 셔생 셔	뎨셔 샹서

....

* 한국학중앙연구원 편(2005a : 279)에서는 발신자를 달성서씨(達成徐氏, 1738~1762)로, 수신자를 달성서씨의 윗사
람으로만 추정하였다. 이 판독자료집에서는 발신자가 본인을 '뎨 셔'라고 적고 있으므로 아랫동서인 달성서씨가
윗동서인 밀양박씨(密陽朴氏, 1718~1750)에게 보낸 것으로 추정하였다.

신창맹씨가 『자손보전』 소재 언간 26

〈자손보전-26, 1755~1764년, 연안김씨(어머니) → 맹심원(아들)*〉

판독문

스람[1] 올 적 돌포 만의 글시 보고 반갑기 ᄀᆞ이업고 새희예 됴히 이시니 깃브기 ᄀᆞ이업다 그
후 긔별 모르니 엇디 잇는다 글이나 탹실히[2] 닑어라 네 덜[3] 나둔닌다 ᄒᆞ여 겨시니 ᄆᆞᄋᆞᆷ을
잡으면 죽히 깃브랴 예는 무ᄉᆞᄒᆞ니 깃브다 아모커나 쉬이 볼 거시니 내내 그ᄉᆞ이 됴히됴히
이시믈 ᄇᆞ라노라[4] 십삼일 모

판독대비

번호	판독자료집	한국학중앙연구원 편 (2005a : 281)
1	스람	스남
2	탹실히	챡실히
3	네 덜	네덜
4	ᄇᆞ라노라	ᄇᆞ라ᄂᆞ라

* 편지 여백에 '亡室 淑人 延安金氏 己酉生 甲申歿 淂年 三十六 以下 淑人 筆'이라고 적은 맹지대(孟至大, 1730~
1793)의 부기(附記)가 있다.

신창맹씨가 『자손보전』 소재 언간 27

〈자손보전-27, 1750~1764년*, 연안김씨(어머니) → 맹심원(아들)〉

판독문

경린이

아현 종 오는디 긔별 드르니 든든호나 네 귀 밋티 도든 거시 그스이 엇더혼고 넘녀 측냥업다 네 옷 주패[1] 보는 듯 넘녀 노히디 아니혼다 브디 나둔니디[2] 말고 조심호여라 우희 종이 간다 호니 편지 뻐 보내랴 호더니 못 가니 이제야 보낸다 셰젼 종 보내마 스연 다 못 호노라 십이일[3]

판독대비

번호	판독자료집	金一根 (1986/1991 : 234~235)	한국학중앙연구원 편 (2005a : 283~284)
1	주패	주래	–
2	나둔니디	–	나〻니디
3	십이일	–	임이일

---

* 한국학중앙연구원 편(2005a : 284)에서는 1793년 이전으로 추정하였으나 이 판독자료집에서는 발신자 연안김씨(延安金氏, 1729~1764)와 수신자 맹심원(孟心遠, 1750~?)의 생몰년을 고려하여 1750~1764년으로 추정하였다.

신창맹씨가 『자손보전』 소재 언간 28

〈자손보전-28, 1815~1843년, 전주이씨(어머니) → 맹흠구(아들)*〉

판독문

아들의 답

천득 편 글시 보고 반갑기 측냥업스며 길히 무스이 드러간 일 긔특ᄒ며 너을 쪠쳐[1] 보내고 집이 다 빈 듯 허우럭 날포 되니 암암 그립기 근졀ᄒ나 네 공부를 위ᄒ여 둘 거시니 브디 노지 말고 착실이 ᄒ고 쟉난 말아 일싱 쳐엄으로 부모을[2] 쩌나 잇시니 못 잇치고 미거ᄒ 거동을 홀가 넘녀롭다 현암 동니 블안ᄒ다 ᄒ니 가지 말고 누의 올 적 길히 주막의셔 잠간 만나 보고[3] 즉시 쩌나게 ᄒ여라 망회간 인마을 보내라 ᄒ더니 동니 블안ᄒ니 초싱 보내라 ᄒ기[4] 초팔일 보낸다마는 죵도 업고 비힝도 업고 엇디 올 넘녀롭다[5] 년산 올 적 둔녀오게 ᄒ여라 일힝 올 적 브디 쥬인 딕의[6] 폐 되지 아니케 ᄒ여라[7] 홀 니 올[8] 거시니 잠간 보고 죠곰도[9] 지체 말게 ᄒ여라 춍급 스연 다 못 ᄒ니 내내 공부 착실이 ᄒ고 무양ᄒ기 ᄇ란다 즉일 모

판독대비

번호	판독자료집	金一根 (1986/1991 : 235)	한국학중앙연구원 편 (2005a : 286~287)
1	쪠쳐	쩌쳐	–
2	부모을	부모올	–
3	만나 보고	–	만나ᄇ고
4	ᄒ기	–	하기
5	올 넘녀롭다	올럼 괴롭다	–
6	쥬인 딕의	–	쥬인딕이
7	ᄒ여라	하여라	
8	홀 니 올	홀너올	
9	죠곰도	죠곰	

---

* 편지 여백에 '先妣 恭人 全州李氏 手蹟 先妣 戊戌生 癸卯卒 享年 六十六'이라고 적은 맹지대(孟至大, 1730~1793)의 부기(附記)가 있다.

신창맹씨가 『자손보전』 소재 언간 29

〈자손보전-29, 1815~1843년, 전주이씨(어머니) → 맹흠구(아들)〉

판독문

아둘의게

무망의 죵 오늘[1] 네 글시는 못 보니 섭섭ᄒ나 심한 극한의 년일[2] 무양ᄒᆫ 일 다힝ᄒ며 거번 너의 아바님겨오셔 흉ᄒᆫ 일긔예 회환 안녕이 ᄒ오시니 다힝ᄒ고 겸ᄒ여 글시 보고 더옥 반갑기 측냥업스나 녕집[3] 모즈을 보내니 허우럭ᄒ기는[4] 니르도[5] 말고 학슈 거동 날포 될스록 눈의 발펴 못 견디게시나[6] 이런 치위을 당ᄒ여 엇디 견디는고 참아 블샹ᄒ다 너도 업스니 더옥 집이 다 븬 듯 심난ᄒ다 요스이는 안질 쾌히 낫지 못ᄒ다 ᄒ니 어이 그러ᄒ고 심난 념녀 노이지 아니ᄒ다 그러톳 공부도 착실이 못ᄒ는가[7] 시브니 민망ᄒ다 념후나 오랴느냐 예는 요스이 감긔로 다 공극ᄒ니 그열ᄒ다 수연 가득ᄒ나 어득[8] 심난 이만 긋친다 수연 션후 업스나 십스일 졔스니 ᄒ 모양 업시 디내오니 더옥 한심ᄒ다 너도 업고 두루 심난ᄒ다 내내 무양ᄒ다 수이 오기 ᄇ란다 즉일 모

판독대비

번호	판독자료집	한국학중앙연구원 편 (2005a : 290~291)
1	오늘	오ᄂ눌
2	년일	연일
3	녕집	녕집
4	허우럭ᄒ기는	허우럭ᄒ이는
5	니르도	이롤
6	견디게시나	견디게 사난
7	못ᄒ는가	못ᄒ는 상
8	어득	더옥

신창맹씨가 『자손보전』 소재 언간 30

〈자손보전-30, 1815~1843년, 전주이씨(어머니) → 맹흠구(아들)〉

판독문

아기 부 답

글시 보고 반기며 거번 그 치위예 엇지 가는 넘녀 노이지 못ᄒ더니 셩혼가 시브니 다힝ᄒ다
졔갑은 어제 읍니 가 단녀 오늘¹ 형셰 오며 ᄇ로 가노라² 하직ᄒ고 가니 이 치위예 엇지 갈
고 블샹 아연ᄒ다 너 못 보고 가니 셥셥ᄒ다더라 담비쟝은 보내나 다른 반찬도 못 ᄒ여 보
내니 싹ᄒ다 눈은 죠곰 낫다 즉일 모

판독대비

번호	판독자료집	한국학중앙연구원 편 (2005a : 293~294)
1	오늘	오ᄂᆞ고
2	ᄇ로 가노라	보도 가져와

신창맹씨가 『자손보전』 소재 언간 31

〈자손보전-31, 1815~1843년, 전주이씨(어머니) → 맹흠구(아들)〉

판독문

아히 보아라

거번 가던 날 죵일 비롤 맛고 갓다 ᄒ니 오죽ᄒ여시며 오기롤 기드려더니 아니 오니 넘녀 측냥업더니 너의 쳐남 병환 긔별 드ᄅ니 그런 놀나온 넘녀 어이 다 뎍으리[1] 사돈겨오셔 오 죽 심녀ᄒ오시랴[2] 그ᄉ이 죠곰 나으며[3] 미음이나 ᄌ시ᄂ냐 ᄒ□ +

판독대비

번호	판독자료집	한국학중앙연구원 편 (2005a : 296)
1	어이 다 뎍으리	업다 뎍으되
2	심녀ᄒ오시랴	심녀ᄒ오시며
3	나으며	나으셔

신창맹씨가 『자손보전』 소재 언간 32

〈자손보전-32, 1815~1843년, 전주이씨(어머니) → 맹흠구(아들)〉

판독문

아기 부 답

거번 글시는 즉시 보고 탐탐 반갑기 측냥업ᄉ며 요ᄉ이는 체증 낫다 ᄒ니 ᄆ음이 죠곰 노이고 경지년 모셩이 잇시니 깃브다 대흥 긔별 드르니 녕질 병 낫다 ᄒ오니 긔특ᄒ다 샹[1] 승지는 상ᄉ 나시다 ᄒ니 참혹ᄒ나 거번 드르니 구슬 놈이 병 만븐[2] 위즁ᄒ다[3] ᄒ니 놀납고 블샹ᄒ고 며느리 ᄒ 걱졍ᄒ니 심난ᄒ다 냥식은 두 말[4] 보낸다 십삼 일즉[5] 오게 ᄒ여라[6] 아기는 두통 요ᄉ이는 죠곰 낫다 즉일 모

판독대비

번호	판독자료집	한국학중앙연구원 편 (2005a : 298~299)
1	샹	신
2	병 만븐	병만은
3	위즁ᄒ다	위듕ᄒ다
4	말	물
5	십삼 일즉	십삼일 즉
6	ᄒ여라	ᄒ거라

• 추사가 언간 •
45건

■ 대상 언간

추사(秋史) 김정희(金正喜) 가문을 통해 전해진 한글편지 95건 중, 추사의 한글편지 40건을 제외한 45건을 이른다. 이들 편지는 추사를 중심으로 상하 5대(代)에 걸쳐 쓰인 것으로, 추사의 조모 해평윤씨(海平尹氏, 1729~1796) 13건, 추사의 외조모 한산이씨(韓山李氏, ?~1807) 2건, 추사의 생부 김노경(金魯敬, 1766~1837) 23건, 추사의 생모 기계유씨(杞溪俞氏, 1767~1801) 3건, 추사의 계제(季弟) 김상희(金相喜, 1794~1873) 2건, 추사의 서종손(庶從孫) 김관제(金寬濟, 1870~1912) 1건이 있다. 이 가운데 추사 조모 해평윤씨 6건, 추사 자당 기계유씨 3건, 추사 생부 김노경 11건, 추사 계제 김상희 2건, 추사 서종손 김관제 1건 등 총 23건은 金一根(1982a, b)에서 처음 소개하였고, 이후 예술의전당 서울서예박물관(2002)에서 혜경궁(惠慶宮) 홍씨(洪氏, 1735~1815) 1건을 추가로 소개하였다. 여기에 2006년 12월 27일부터 2007년 2월 25일까지 예술의전당 서울서예박물관에서 '추사 김정희 서거 150주기 특별전'을 열면서 추사가의 한글편지 45건을 모두 전시하였다. 이때 김노경 12건, 해평윤씨 7건, 한산이씨 2건이 추가되었는데 한산이씨 2건은 해평윤씨의 편지로 소개되었다. 전시된 45건 중 개인이 분산 소장하고 있는 김노경의 편지 3건을 제외하면 나머지 42건은 현재 국립중앙박물관에서 구입하여 소장하고 있다.

■ 언간 명칭 : 추사가 언간

대상 언간을 처음 발굴·소개한 金一根(1982a, b)에서는 '秋史家의 한글 편지들'로 명명하였다. 이 판독자료집에서는 기존의 명명 취지를 계승하여 '추사가 언간'으로 명칭을 삼고, 출전 제시의 편의상 약칭이 필요할 경우에는 '추사가'를 사용하였다.

■ 언간 수량 : 45건

추사 김정희의 후손가에 전해 오던 한글편지 중, 추사를 제외한 다른 이들의 한글편지는 현재까지 45건에 이른다. 이 판독자료집에서는 2006~2007년 '추사 김정희 서거 150주기 특별전'에 전시된 한글편지 45건 모두를 수록하되, 현재 준비중인 김일근·이병기·이종덕·

황문환(근간)에 따라 01~45의 편지 번호를 새로 부여하여 수록하였다*.

■ 원문 판독

전체 45건 중 23건은 金一根(1982a, b)에서 처음 소개되었다. 소개 당시 23건은 발수신자에 대한 고증과 함께 간단한 주해(註解)까지 이루어졌으나, 다만 일반 독자를 위하여 판독문의 표기를 현대 철자로 바꾼 탓에 국어사나 다른 분야의 일차 자료로 적극 이용될 수 없었다. 이에 23건 중 김노경 2건, 해평윤씨 2건, 김상희 2건, 김관제 1건, 기계유씨 2건 등 총 9건은 김일근·황문환(1998~2000)에서 재판독과 함께 역주(譯註)가 다시 이루어졌다. 이 판독자료집에서는 김일근·황문환(1998~2000)의 판독 사항과 대비하여 차이가 있는 부분을 표로 제시하고 판독 결과를 대조하는 데 도움이 될 수 있도록 하였다.

■ 발신자와 수신자

발신자는 혜경궁 홍씨, 추사의 조모 해평윤씨, 추사의 생부 김노경, 추사의 생모 기계유씨, 추사의 계제 김상희, 추사의 서종손 김관제 등이다. 이들이 보낸 한글편지는 남편, 아내, 누이, 형수, 아들, 며느리 등 다양한 가족 구성원을 수신자로 하였다. 45건 각각의 발신자, 수신자, 발수신 관계는 이병기(2013 : 228~230)에 표로 제시된 바 있지만, 이 판독자료집에서는 현재 준비중인 김일근·이병기·이종덕·황문환(근간)의 수록 내용에 따라 특별한 언급 없이 일부를 수정하여 제시하였다.

■ 작성 시기

이들 편지의 작성 시기는 가장 이른 것이 1754~1757년 사이에 쓰인 혜경궁 홍씨의 편지이고, 가장 늦은 것이 추사의 서종손 김관제가 1839년에 쓴 편지이다. 따라서 추사가 언간의 전반적인 작성 시기는 18세기 중반에서 19세기 중반에 걸친 것으로 볼 수 있다. 45건 각각의 대략적인 작성 시기가 이병기(2013 : 228~230)에 표로 제시된 바 있지만, 이 판독자료집에서는 현재 준비중인 김일근·이병기·이종덕·황문환(근간)의 수록 내용에 따라 특별한 언급 없이 일부를 수정하여 제시하였다.

....

* 이병기(2013 : 228~230)에도 45건의 목록과 함께 연번(連番)이 부여된 바 있다. 이와 비교하면 01번과 45번이 서로 자리를 바꾸는 등 배열 순서가 다르므로 유의할 필요가 있다.

■ 자료 가치

　18~19세기 추사를 중심으로 다양한 세대(世代)의 가족 구성원들 사이에 수수되어 밀집도
가 높은 자료라 할 수 있다. 편지의 사연 속에 담긴 내용은 국어사(國語史), 문학사(文學史),
생활사(生活史), 여성사(女性史), 복식사(服飾史) 등 다양한 분야의 연구 자료가 될 수 있다.

■ 자료 해제

　자료의 서지 사항에 대해서는 김일근(1982a, b)과 이병기(2013 : 228~230) 및 현재 준비중
인 김일근·이병기·이종덕·황문환(근간)을 참조할 수 있다.

■ 원본 사항

- 원본 소장 : 국립중앙박물관(42건) 및 개인
- 필름 : 국립중앙박물관 소장
- 크기 : 24.6×17.3cm(31번, 35번), 28.9×43.5cm(02번) 등

■ 판독 사항

金一根(1982a), 「秋史家의 한글 편지들(上)」, 『文學思想』 114, 396~416쪽. ※ 20건 판독(단 판독문
　　　　　 의 표기를 현대 철자로 바꾸어 놓았음)

金一根(1982b), 「秋史家의 한글 편지들(下)」, 『文學思想』 115, 377~381쪽. ※ 13건 판독(단 판독문의
　　　　　 표기를 현대 철자로 바꾸어 놓았음)

김일근·황문환(1998), 「金魯敬(秋史 父親)이 아내와 어머니에게 보내는 편지(1791년)」, 『문
　　　　　 헌과해석』 5, 문헌과해석사, 64~71쪽. ※ 2건 판독

김일근·황문환(1999a), 「어머니 海平尹氏(秋史 祖母)가 아들 金魯敬(秋史 父親)에게 보내는
　　　　　 편지」, 『문헌과해석』 6, 문헌과해석사, 61~68쪽. ※ 2건 판독

김일근·황문환(1999b), 「金相喜(秋史 季弟)가 아내와 누이에게 보내는 편지(1831년)」, 『문헌
　　　　　 과해석』 7, 문헌과해석사, 75~83쪽. ※ 2건 판독

김일근·황문환(1999c), 「庶弟 金寬濟가 嫡兄 金翰濟(秋史 孫)에게 보내는 편지(1897년)」, 『문
　　　　　 헌과해석』 9, 문헌과해석사, 58~64쪽. ※ 1건 판독

김일근·황문환(2000), 「아내 杞溪兪氏(秋史 母)가 남편 金魯敬(秋史 父)에게 보내는 편지」, 『문헌과해석』 10, 문헌과해석사, 80~90쪽. ※ 2건 판독

김일근·이병기·이종덕·황문환(근간), 『秋史家의 한글편지』. ※ 45건 모두 판독

■ 영인 사항

金一根(1982a), 「秋史家의 한글 편지들(上)」, 『文學思想』 114, 396~416쪽. ※ 7건 영인(작은 흑백 사진)

金一根(1982b), 「秋史家의 한글 편지들(下)」, 『文學思想』 115, 377~381쪽. ※ 5건 영인(작은 흑백 사진)

예술의전당 편저(1991), 『한글서예변천전』, 예술의 전당. ※ 3건 영인(66~68쪽)

예술의전당 서울서예박물관(2002), 『朝鮮王朝御筆』, 한국서예사특별전 22. ※ 1건 영인(181쪽)

김일근·이병기·이종덕·황문환(근간), 『秋史家의 한글편지』. ※ 45건 모두 영인

■ 참고 논저

金一根(1986/1991), 『三訂版 諺簡의 研究』, 건국대학교 출판부.

金一根(1982a), 「秋史家의 한글 편지들(上)」, 『文學思想』 114, 396~416쪽.

金一根(1982b), 「秋史家의 한글 편지들(下)」, 『文學思想』 115, 377~381쪽.

金一根(2004), 「秋史家 한글 文獻의 總括과 學的 價値(槪要)」, 『秋史한글편지展 세미나 논문집』, 예술의전당 서울서예박물관, 4~8쪽.

김일근·이병기·이종덕·황문환(근간), 『秋史家의 한글편지』.

김일근·황문환(1998), 「金魯敬(秋史 父親)이 아내와 어머니에게 보내는 편지(1791년)」, 『문헌과해석』 5, 문헌과해석사, 64~71쪽.

김일근·황문환(1999a), 「어머니 海平尹氏(秋史 祖母)가 아들 金魯敬(秋史 父親)에게 보내는 편지」, 『문헌과해석』 6, 문헌과해석사, 61~68쪽.

김일근·황문환(1999b), 「金相喜(秋史 季弟)가 아내와 누이에게 보내는 편지(1831년)」, 『문헌과해석』 7, 문헌과해석사, 75~83쪽.

김일근·황문환(1999c), 「庶弟 金寬濟가 嫡兄 金翰濟(秋史 孫)에게 보내는 편지(1897년)」, 『문헌과해석』 9, 문헌과해석사, 58~64쪽.

김일근·황문환(2000), 「아내 杞溪兪氏(秋史 母)가 남편 金魯敬(秋史 父)에게 보내는 편지」,

『문헌과해석』 10, 문헌과해석사, 80~90쪽.

박병천(2004), 「추사가의 언간서체 형성과 조형성 비교 고찰」, 『秋史한글편지展 세미나 논문집』, 예술의전당 서울서예박물관, 25~48쪽.

박정숙(2012), 「추사의 모친 기계유씨의 생애와 글씨세계」, 『月刊 書藝』 통권 366호, 127~131쪽.

예술의전당(1991), 『한글서예변천전』, 우신인쇄.

예술의전당 서울서예박물관(2002), 『朝鮮王朝御筆』, 한국서예사특별전 22.

이병기(2013), 「추사가 한글편지의 국어학적 고찰」, 『國語學』 66, 國語學會, 197~231쪽.

이종덕(2007), 「추사가(秋史家) 한글편지」, 추사선생서거 150주기 특별전(2007.1.20) 學藝講話 자료집, 예술의전당 서울서예박물관.

황문환(2007), 「조선시대 언간 자료의 부부간 호칭과 화계」, 『藏書閣』 17, 한국학중앙연구원, 121~139쪽.

황문환(2010a), 「조선시대 언간 자료의 현황과 특성」, 『국어사 연구』 10, 국어사학회, 73~131쪽.

황문환(2010b), 「근대국어 'ᄒᆞᆸ'체의 형성 과정과 대우 성격」, 『國語學』 58, 國語學會, 29~60쪽.

추사가 언간 01

〈추사가-01, 1754~1757년, 혜경궁홍씨(올케) → 화순옹주(시누이)〉

판독문

츄긔 고르디 못ᄒ온디 긔후 평안ᄒ오신 문안 아읍고져 ᄇ라오며 오래 봉셔도 못 ᄒ읍고 나
가읍션 디도 둘포 되오니 암암 그립ᄉ와 ᄒ읍다니 뎍ᄉ오시니 밧ᄌ와 보읍고 뵈읍ᄂ 듯 든
든 못내 반갑ᄉ와 ᄒ오며 원손 남미ᄂ 됴히 잇습ᄂ이다 빙궁

추사가 언간 02

〈추사가-02, 1775년, 해평윤씨(숙모) → 김노직(조카)〉

판독문

의외 슈찰을 보고 ᄉ연을 보니 하 희연 망측ᄒ니 속담의 ᄌ식을 비록 나ᄒ나 그 속을 모른
다 ᄒ미 오늘 ᄭ듯니 자니 인ᄉ 도리 명낭ᄒ 줄 샹히 탄복ᄒ다가 홀연이 내가 실셩치 아닌
젼 자니게 밍낭ᄒ 말을 ᄌ식드려 ᄒ엿겟나 져롤 샹히 경계ᄒ노라 여긔져긔 쳥문을 딩계ᄒ
라 경계ᄒ 말인들 계가 거긔 가셔 그리 ᄒ 줄 아랏던들 내가 져드려 경계나 ᄒ엿나마는 내
반싱 붉기로 ᄌ부ᄒ더니 친ᄌ식의 위인을 오히려 몰나시니 블민블민ᄒᄆᆯ 한탄ᄒᆯ 쑨 아냐
자니 졈지 아닌 나희 우리의 관곡후등이 ᄒ여 ᄉ촌이라도 사람 되과져 ᄒ 말이 내가 심복
고마이 알거든 져는 희 다 진 ᄃᆡ 와셔 마당의셔 무슨 말인지도 모르고 다시 뭇는 일도 업고
ᄆ양 늣게 자고 져의 모친 슉식도 술피지 아닛는다 경계ᄒ 말이 졔게 무어시 알프관ᄃᆡ 고리
망샹을 부린가 시브니 내가 오십지년이 되고 십ᄉ의 김시 문의 드러와 대쇼가 등 거의 말의
걸닌 일이 업더니 명되 야릇ᄒ여 만년의 ᄌ식의 덕으로 무안을 보고 자니 졈지 아닌 나희
여긔 와 무슨 말이나 ᄒ ᄃ시 되야시니 ᄀ이업고 무안ᄒ기 ᄂᆡ 눗츨 ᄶᆞᆨ는 듯ᄒ니 분이 ᄶᆡ놀
고 흉격이 막혀 샹인을 ᄆᆡ이 쳐 보내고 시브ᄃᆡ 샹복 등이오 내 근녁이 모자라 못ᄒ니 용녈
ᄒ기 이러히 자니 분괴ᄒ ᄆᆞ음 보는 듯ᄒᄃᆡ 말 단ᄉ는 분졍 져주의 과격ᄒ 소리니 내 ᄆᆞ음
을 모르는 일이오 명닌 ᄒ여는 자니 블너 준칙ᄒᆯ 일이로ᄃᆡ 졈지 아닌 사람이 여긔 잇고 ᄂᆞᆷ
도 붓그럽고 죠용이 ᄭ짓고 희혹ᄒ고 경계ᄒ여 협익ᄒ고 지각 업손 아희 먄망스러온 거술
혐의 두지 말고 셰셰히 ᄭ짓고 ᄀᆞ르칠 영유딕딕의는 아니 ᄒ엿노라 ᄒ고 자니도 그런 말 말
고 듯덥허 휘지ᄒ여 ᄇ리고 죠용이 블너 진졍으로 ᄭ짓고 경계ᄒ는 나도 이리 분ᄒ여 내 일
도 졈지 아니코 자니 일도 ᄂᆞᆷ이 의심ᄒ고져도 고이ᄒ 사람이 되니 요란ᄒ여 쓸 ᄃᆡ 업닉 일
쟝을 간화가 ᄶᆡ노라 ᄉ연도 엇디 ᄒᄃᆡ 못ᄒ고 쎠시니 ᄒ 삼ᄉ 일 지난 후 ᄒ번 만나보기 ᄇ
라닉 아희 쇼견이 요란ᄒ 줄을 오히려 몰나시니 스스로 붓그러워 +

추사가 언간 03

〈추사가-03, 1775년, 해평윤씨(숙모) → 김노직(조카)〉

판독문

향념 둥 글월 든든ᄒ고 내가 반싱 풍상이 눔의 업ᄉ나 일싱 근신ᄒ기를 공분ᄒ고 아ᄒ들를 경계ᄒ야 고이ᄒᆫ 사람이나 되지 말고져 원ᄒ다가 명닌의 인ᄉ 블샹 암약 블츙ᄒᆫ 언ᄉ로 자 ᄂ게 촉ᄒ고 ᄌ모의게 누가 되니 밤이 갈ᄉ록 분ᄒ고 졀통졀통 친ᄌ의 쇼견이라도 측냥홀 길 업ᄉ니 분긔 등 ᄌ셔이 힐문도 못 ᄒ고 이 ᄆ음으로는 내가 져를 다시 대면ᄒ여 졉담홀 니 업술 거시니 큰 아ᄒᆡᄃ려나 언근이 엇디 나며 된고 아라 오라 ᄒᆞᆨ 져도 붓그리고 분ᄒ 여 갈 ᄆ음 업다 ᄒ니 샹ᄒᆡ 자니를 친ᄌᄃᆯ강치 귀듕이 넉이다가 내 쇼싱ᄌ로 인ᄒ여 이런 무안ᄒᆫ 일 볼 줄 ᄭᅮᆷ이나 ᄭᅮ엇겟나 본디 젹샹ᄒ고 격화ᄒᆫ 사람이 엇디 분ᄒᆫ디 과연 병이 더 쳐 이리 신고ᄒ니 아들의 효를 보앗니 자니 편지ᄒ다 뉘우ᄎ디 그러치 아냐 만일 흐리고 눅 은 사람이면 그 긔별 아니ᄒ면 내가 엇디 알며 져를 ᄭ질너 다시 싱의치 못ᄒ게 ᄒ엿겟나 몬져 긔별ᄒᆫ 줄 과연 쾌히 그러나 졔가 블순 두 ᄌ의 그릇 듯고 요망을 ᄲᅥ럿시나 엇더ᄏ ᄒ 엿ᄂ지 어ᄂ 시이 자니 귀의 과히 가게 ᄒᆫ 거슨 가간 다언이 알 만ᄒ니 고인의 인 ᄶᅳ를 위 쥬ᄒ고 자니가 집안 듕쟝이라 너그럽고 인셔ᄒ야 혐의 주지 말고 죠용이 보고 ᄭ짓고 ᄀᄅ 쳐 화협ᄒ기를 위쥬ᄒ쇼 졔 복심이 블인은 아니로디 이번 일은 내 명도라 ᄒ니 심곡을 셔어 ᄒ 부ᄉ로 펼 길 업고 조곰 진졍ᄒᆫ 후 만나고져 ᄒᆫ 말이니 자내 ᄯᅳᆺ도 응당 그러ᄒ리 쳔쳔이 수이 만나시 화긔를 ᄯᅳᆫ코 내 심당을 요동ᄒ여 졍치 못ᄒ더니 슈찰을 보니 자니 경쟝홀 도리 감탄ᄒ나 아ᄒ 먀욱ᄒᆫ 지각을 알 길 업셔 이 심셩 풀 길 업니

추사가 언간 04

〈추사가-04, 1791년, 해평윤씨(어머니) → 김노경(아들)〉

판독문

녕의 답셔

어제 어두온 후 회편 글시 보고 든든 반기되 빗쳐 가셔 년ㅎ야 평안ㅎ냐 그리 가니 섭섭 그립다 여긔는 금쳔 감긔로 알ㅎ니 민망ㅎ고 슈안도 오놀 편지 보니 비롤 맛고 가셔 알노라 ㅎ야시니 민녀[1] ᄀ이업다 나는 슈침 아니 혼다 너희 쟝인은 플녀[2] 오게 되니 깃브더라 너희 딕은 어제 창동 가셔 수일 ᄉ이 온다 ᄉ연 슈슈 그치며 그ᄉ이 평안평안이 디내다가[3] 수이 오게 ㅎ야라 즉일 모

판독대비

번호	판독자료집	김일근 · 황문환 (1999a : 63∼64)
1	민녀	민려
2	플녀	플려
3	평안평안이 디내다가	평안 고이 긔거다가

추사가 언간 05

〈추사가-05, 1792년, 해평윤씨(어머니) → 김노경(아들)〉

판독문

> 쳠졍 답셔

더위예 쩌나보내고 엇디 갓는고 념녀 측냥업더니 회편 글시 보고 무스히 드러갓는가 시브니 탐탐 반갑고 깃브나 더위로 알노라 ᄒᆞ야시니 념녀 ᄀᆞ이업다 어린것들은 잘 잇다 ᄒᆞ니 깃브나 명희 모는 요스이 감긔로 알는다 ᄒᆞ니 곳둑ᄒᆞᆫ 긔온의 오죽ᄒᆞ랴 놀납고 념녀 ᄀᆞ이업다 여긔도 대단ᄒᆞᆫ 연고는 업스나 고이ᄒᆞᆫ 감긔로 졍닌도 대통ᄒᆞ고 최ᄋᆞ도 대통ᄒᆞ더더니 수일재 죠곰 위연ᄒᆞᆫ 듯ᄒᆞ디 쾌히 낫디 못ᄒᆞ고 경인도 어제부터 대통ᄒᆞ니 거긔도 아희들 조심ᄒᆞ게 ᄒᆞ야라 댱단 편지는 보내니 보고 홍 쥬부집 보게 보내여라 댱단 우숨바탕된 일 긔괴 우숩다 판관은 어제 ᄂᆞ려갓느냐 채 낫디 못ᄒᆞ디 ᄂᆞ려가 엇덜고 념녀 측냥업다 뇽경은 올나가셔 어디 잇는고 섭섭 닛디 못ᄒᆞ디 ᄎᆞ마 셔역 극난ᄒᆞ여 ᄯᆞ로 편지 못ᄒᆞ니 섭섭ᄒᆞᆫ ᄉᆞ연 뎐ᄒᆞ고 됴셕이면 제가 더 싱각ᄒᆞ는 줄 엇디 알니 ᄉᆞ연 슈슈 그치며 내내 평안ᄒᆞ고 판관 환관 태평이 ᄒᆞᆫ 긔별 듯기 ᄇᆞ란다 뉵월 초십일 모

〈추사가-06, 1792년, 해평윤씨(어머니) → 김노경(아들)〉

판독문

그리 올나간 후 긔별 모른니 어제 어느 째 드러간고 긔별도 모른니 답답 념녀 ㄱ이업다 그
리 가 오늘 슉샤ᄒ고 창동 가 돈녀왓느냐 그리 가셔 보니 병든 샹인의 거동과 경경들이 오
죽ᄒ랴 네 심ᄉ 보는 둧ᄒ다 어린것들은 잘 잇느냐 너희 딕은 엇디 부디ᄒ며 병이나 아니
낫느냐 듀야로 념녀가 측냥업다 방집의 염병ᄒ는 것들이 다 드럿다 ᄒ니 저희도 냥반이 냥
식 되도 못 되니 나갈 길흔 업고 거긔 모혀 잇는가 시브니 블샹은 ᄒ거니와 궁 갓가이 두든
못홀 거시니 브듸 가 내여보내고 동내라도 슈샹흔 거시 잇는가 신틱ᄒ여 임쟝 블너내게 ᄒ
야라 김 션달 도라오거든 내 약 ᄆ드던 질화로 놉은 것 어디 두엇는고 무러보아 ᄯ 환약 ᄆ
드라 보내여라 ᄉ연 슈슈 이만 내내 평안ᄒ야라 십뉵일 모

추사가 언간 07

〈추사가-07, 1792년, 해평윤씨(어머니) → 김노경(아들)〉

판독문

쳠졍 답셔

어제 범산 오나눌 글시 보고 탐탐 반기고 더위예 무스ᄒ고 어린것들 잘 디낸다 ᄒ니 긔특
깃브다 챵동셔는 어제 장ᄉ 조초 디내고 가디록 망극 툭툭ᄒ여 ᄒ랴 보는 듯 보는 샹 일ᄏ
ᄅ며 요ᄉ이는 샹인의 병은 엇더ᄒ니 여긔도 대되 평안들 ᄒ니 깃브고 뎡희도 잘 이시나 글
을 초마 넑기 슬회여ᄒ니 답답다 나는 오눌을 당ᄒ니 영모지회 ᄀ이업고 너희 형뎨도 처음
으로 쩌나 디내고 민집 형뎨롤 싱각고 더욱 심ᄉ 뎡티 못ᄒ것다 뉴슈는 올나가니 든든ᄒ랴
일ᄏ고 디낸다 너희 딕도 업고 안동딕이 소문 드르니 제 집의 가 돈을 갓다가 쓴가 ᄒ니 져
런 ᄀ이업손 일 잇ᄂ냐 즉금은 뉴슈도 가고 판관도 올나와실 거시니 돈이 아니 쓰일가 시브
냐 아모려도 됴변ᄒ야 주어라 거번은 안동딕 편지의 네가 반찬 업서 밥을 아니 먹는다고 황
숑ᄒ야라 ᄒ얏기 우셧다 ᄉ연 남으나 죠금 알파 네 형의게도 못 ᄒ고 그친다 내내 됴히됴히
잇거라 넘일 모

〈추사가-08, 1793년, 해평윤씨(시어머니) → 기계유씨(며느리)〉

판독문

사룸 오나눌 글시 보고 무젼 혹열의 무스훈 안부 알고 탐탐 반갑기 그지업스나 뉴슈가 깁흔 머리룰 알는다 ᄒ니 더위로 그런가 더위 길희 빗치는 일 아쳐롭고 용녀[1] 측냥업다[2] 수일 스이는 엇더ᄒ니 쳠졍은 무스ᄒ고 어린것 병은 엇더ᄒ니 여긔도 겨요 무스들 ᄒ나 한염이[3] 고이ᄒ니 사룸의 더위 ᄒ는[4] 거손 인스가 되고 곡셕이 말이 아니 된가 ᄒ니 ᄀ이업다 ᄀᆽ독훈 디 공관이 되니 더옥 휘휘ᄒ고 써나갈 날은 박두ᄒ엿눈디 아므리 녜방이 잇다 ᄒ여도 뉴슈 올나간 후 삼졀헌 ᄒ인이[5] 별[6] 스환ᄒ는[7] 일 업고 어제 져녁 졍닌이가[8] 윤집 쇠아ᄌ비 길쳥의 하쳐ᄒ얏기 나가랴 ᄒ는디 스령 ᄒ나히 업고 쵸롱도 업셔[9] 걱졍ᄒ는디 엇디 출혀 간다 말이니 아마도 이 더위예 가맛 속의 숨이 걸녀[10] 갈가 시브디[11] 아니ᄒ니 다시 퇴일ᄒ야 갈 밧 홀 일 업다 윤득은[12] ᄂ려오며 샤랑[13] 편지 아니 맛다 온 일 용녈ᄒ고[14] 졀통 쾌심ᄒ다 스연[15] 슈슈 그치며 내내 무스ᄒ기 ᄇ란다 슈원의 병은 엇더ᄒ니 용녀[16] 측냥업다[17] 계튝[18] 뉵월 초구일 모

판독대비

번호	판독자료집	김일근·황문환 (1999a : 65~67)
1	용녀	용려
2	측냥업다	측량업다
3	한염이	한념이
4	더워 ᄒᆞᆫ	더위ᄒᆞ는
5	삼졀헌 ᄒᆞ인이	〔판독 안 됨〕
6	별	〔판독 안 됨〕
7	ᄉᆞ환ᄒᆞᆫ	사환ᄒᆞᆫ
8	졍넌이가	졍님이가
9	업서	업기
10	걸녀	걸려
11	시브디	시브지
12	윤득은	윤집은
13	샤랑	샤쟝
14	용녈ᄒᆞ고	용렬ᄒᆞ고
15	ᄉᆞ연	사연
16	용녀	용려
17	측냥업다	측량업다
18	계튝	계축

추사가 언간 09

〈추사가-09, 1793년, 해평윤씨(시어머니) → 기계유씨(며느리)〉

판독문

한염이 가디록 고이ᄒ니 평안들 ᄒ냐 어린거손 수일 ᄉ이 분감이 엇더ᄒ고 안동딕 각통으로 알는다더니 그ᄉ이는 엇더ᄒ고 가디가디 용녀 측냥업다 뎡닌은 쩌나가셔 날이 도로 더우니 어제 어느 째 엇디 드러간고 허우록 섭섭 닛디 못ᄒ도다 그ᄉ이 왕니 이시디 하 덥고 셔역도 가디록 어려워 편지도 못 ᄒ고 섭섭 도로혀 웃는다 바든 날 져그나 견디여 갈 만ᄒ면 과연 임의 올나갈 길히니 대졍ᄒ야 아니 가랴마는 가마 속의 아희들ᄒ고 갈 길 업서 칠일 못 가니 경의 혼인을 브디 보랴던 거슬 죵시 못 보니 섭섭 굼굼ᄒ고 경의 셩적ᄒ고 긴단장ᄒ여 동니연ᄒᄂ 거동을 못 보니 섭섭 졀통졀통 애돕기 측냥업다 십구일 졔ᄉᄂ 님박ᄒ니 념념의 참졀 통박ᄒᆫ 둥 안동딕이나 그ᄉ이 와셔 출히ᄂᄂ가 엇디 출히ᄂᄂ고 외오셔 닛디 못ᄒ다 졈동은 위경은 면ᄒ야시나 죵시 쇠훤이 낫디 못ᄒ기 두어셔도 힝츠 째 ᄯ라갈 길 업고 두엇다가 더치면 놀난 졍신이 지금 채 진졍티 못ᄒ더 걱졍ᄒ기 슬희여 몬져 올녀보낸다 짐이나 몬져 보내고 시브디 항 여숫 가기 아모것도 못 보내고 진말 ᄒᆫ 말 보낸다 여긔도 윤집 셜샤들 당근 대단ᄒ고 경오 최희 션샤도 대단튼 아냐도 쾌히 낫디 못ᄒ니 답답다 ᄉ연 슈슈 그치며 내내 평안들 ᄒ기 ᄇ란다 문안하인 오ᄂ디 글시ᄂᄂ 즈시 보아시며 단바귀ᄂᄂ 고이ᄒ다 뉵월 십삼일 싀모 슈디 힝담 보내니 그 힝담 속의 경희 옷 보낸다 디동 혼인의 니블ᄀ음 보낸다

〈추사가-10, 1793년, 해평윤씨(시어머니) → 기계유씨(며느리)〉

판독문

관인 회편 안동딕 글시 보고 탐탐 반갑고 요스이는 나아 그리 왓다 ᄒ니 다힝 깃브다 창동
딕은 그스이 도라왓는가 몰나 답답ᄒ고 어린거슨 분감이 잇다 ᄒ더니 수일 스이 더 나아 디
내느냐 졔스도 지격ᄒ니 아으라히셔 디내게 되니 더옥 톡톡 통악ᄒᆫ 셜옴이 구곡의 스뭇출
ᄯᄅᆷ이로다 엇디 출혀 디낼고 넘녀 측냥업스며 여긔도 대되 일양 디내고 아희들 셜샤도 쾌
히 나으니 다힝ᄒ나 오늘 갈 날인디 죵시 못 가니 섭섭 애둛고 수일재는 나즌 더위도 식젼
져녁과 밤은 츄리럭ᄒ디 바든 날 발힝ᄒ더면 됴홀 거슬 애둛고 답답 화증 난다 웃집 혼인도
스오 일 격ᄒ니 든든 두굿거오디 사라 안자 제 혼인 못 보쟈 ᄒ기는 의외니 아니 고이ᄒ고
판관 너외 ᄆᆞᄋᆞᆷ원들 죽히 곱곱 무미히 넉이랴 가디가디 섭섭 굼굼 졀통ᄒ다 집안사롬은 안
동딕 밧근 아모도 내미러 보리가 업스니 더옥 애둛다 판관은 어제 올나왓느냐 하동 쇼식은
몰나 답답ᄒ더니 제 편지 보니 지금 니각디 못ᄒ고 그저 알는다 ᄒ니 변변 먹든 못ᄒ고 오
죽ᄒ랴 보는 듯 ᄎ마 블샹 가슴 알플 ᄯᄅᆷ이로다 하동 사롬 느려온다 ᄒ니 보낼 거슨 업스
나 자반 낫 포육이나 어더 보내쟈 ᄒ얏더니 그도 못 보내고 편지도 못 ᄒ고 바르 느려간 일
섭섭 ᄀ이업다 거번 ᄶᅡᆨ기젹삼 보내라 ᄒ얏더니 브졀업스니 보내지 말고 대감 쳥포 쓴 거시
나 왕녀예 보내여라 어제 쳥지 져린 것 보내엿더니 잘 갓더냐 스연 슈슈 그치며 닌니 무스
들 ᄒ야라 안동딕 최희 모가 보앗노라 ᄒ야시니 제 죽히 반겨 ᄒ야시랴 일ᄏᆞᆮ는다 졈동 갈
적 편지 슈지 힝담의 혼인의 무명 아쳥 니블ᄎ 보내엿더니 즉시 뎐홀 것 아니냐 십칠 싀모

추사가 언간 11

〈추사가-11, 1793년, 해평윤씨(시조모) → 신씨(손자며느리)〉

판독문

> 손부 답셔

힝츳 편 글시 보고 만나 말인 듯 탐탐 반기나 그리 알는다 ᄒ니 븬 집의 혼자 브리쳐 이셔 엇디 잇는고 념녀 듀야 닛디 못ᄒ고 그ᄉ이는 나아 디내느냐 여기도 아듕이 태평ᄒ니 깃브 나 나도 조금 셜샤로 알프니 괴롭다 뉴슈 삼 형뎨는 길희 무ᄉ히 드러오니 깃브고 반기나 써나던 날 파쥐 슉참을 ᄒ랴다가 파쥐 목ᄉ가 시긔예 그날 죽엇기 게셔 못 자고 풍우를 므 릅쓰고 댱단으로 오니 삼ᄉ경이나 되어 자고 드러와셔 감긔로 어제는 굼굼ᄒ니 겁이 나더 니 오늘은 죠곰 위연ᄒᆫ 듯ᄒ니 그런 괴힝ᄒᆫ 일 어디 이시리 너일 노인잔치의 빗치게 되니 민망타 노인잔치ᄒ는디 쥬졀헌 쓸희 부계ᄒ고 챠일 치고 너일 노인들 드러올 적 삼 형뎨 삼 문 밧긔 가 마자 드러오는디 쥬인들이 관복ᄒ고 ᄉ비ᄒ야 마자 드러온다고 긔구 범빅이 하 금죽 장ᄒ니 너희들 못 보는 줄 애둛고 졀통ᄒ다 하동셔 비가 이제야 왓다 ᄒ니 션쥬가 왓 더냐 디졉은 엇디ᄒ엿는고 네가 ᄉᆞᄉ의 애쓰는 거동 잔잉 블안ᄒ다 션편의 소음이 왓다 ᄒ 니 몃 근인고 몬져 소음 다듬는 디 주면 근수를 긔별ᄒ면 소음 다듬는 갑슨 즉시 보내마 ᄋ 분드려 닐너 하동 가는 며조 덩이 쏙쏙이 셰고 소음 ᄒᆫ 셤 댱무드려 닐너 브디 보내게 ᄒ야 라 안동셔는 엇디 사랏다 ᄒ느니 편급ᄒ여 대감 상침 징속옷 ᄆ론 것 보내니 덕챵 쳐 주어 귀귀 느러지지 말고 상침도 고이고이 ᄒ고 속속이 지어 보내라 ᄒ야라 실 갑 두 돈 보내고 죄옴실은 보낸다 ᄉ연 편급 그치며 내내 무ᄉᄒ야라 이 속보다는 압뒤 품 두 푼식 주리라 ᄒ여라 이십뉵 싀조모

추사가 언간 12

〈추사가-12, 1793년, 해평윤씨(시조모) → 신씨(손자며느리)〉

판독문

> 손부의게

어제 힝츠 편 편지흐얏더니 보앗느냐 판관과 뉵경 우듕 떠나 오놀도 비가 이리 오니 춘비롤 맛고 드러가 관겨티 아닌가 넘녀 좀든 밧 닛디 못흐것다 어제 보낸 거슨 다 각각 뎐흐얏는 가 즉히 걱정을 흐야시랴 넘녀 구이업다 창동딕은 집을 올맛다 흐느냐 하동 션쥬는 와셔 돈 은 업고 엇디 졉흐고 넘녀 측냥업다 소옴은 미처 못 다듬아실 거시니 션편 못 보내나 돈 흔 냥 어더 보내니 된쟝 너 돈 지령 엿 돈의치만 사셔 브디 비로 보내고 방셕 흐나 보내고 폿 셔 말 보내니 비로 가는 것 며조덩이 혜고 소금 흔 셤과 불긔 주시 뎍어 션쥬 맛뎌 보내게 흐고 거번 판관 집의 뵈보 보낸 것 이 보 즉즉 추자 보내여라 집의는 당을 둠가느냐 수연 총총흐여 이만 뎍으며 내내 무스흐야라 시월 아비롤 급급 초성으로 하동 보내랴 흔다 비로 는 이것흐고 며조 소금 당만 보내여라 기즘과 방셕 션쥬 주며 비 마치디 말고 가져가라 당 부흐야라

추사가 언간 13

〈추사가-13, 1793년, 해평윤씨(어머니) → 김노경(아들)〉

판독문

글시 보고 친히 보는 듯 탐탐 반갑고 더위예 평안ᄒ니 다힝 다힝ᄒ나 어린것 복학으로 ᄆ이
알는다 ᄒ니 죽히 급급 애롤 쓰랴 놀납고 넘녀 측냥업다 침이나 마치ᄂ냐 판관은 음식을 못
먹노라 ᄒ야시니 어이 그런고 급급 용녀 측냥업다 여긔도 대되 무ᄉᄒ니 깃브다 고장의 일
은 됴모지인이오 병도 너모 고이ᄒ니 필경 넘녀는 ᄒ야 올녀보내쟈 ᄒ디 혼자 보내지 못ᄒ
고 결판티 못ᄒ다가 블의 그 고이혼 거동을 보니 경참ᄒ고 팔십지년의 긔스롤 ᄒ고 갈 냥혼
거슨 혼 가디도 못 쓰니 그런 몹슬 팔즈가 어디 이시리 네 형이 ᄀ듀 빗은 만혼디 쏜 걱졍
이 되니 그런 무안혼 일 어디 이시리 뉵경은 온다 ᄒ니 날마다 기드리더니 너일이나 쩌난다
ᄒ니 이둘의 무더 ᄇ리더면 됴흘 거슬 애돏다 돈 두 냥만 ᄒ면 올 거시니 네가 출혀 줄 것
아니냐 므슨 대ᄉ라 여러 날 둘가 시브니 날 어두어디면 구석구석 도라 보이고 업히여 나가
던 모양 눈의 ᄇ려 ᄀ듀혼 정신이 다 쌔졋다 판관딕 편지의 셔울셔는 수져집 살 길 업셔 ᄒ
더니 네가 ᄒ기롤 여긔셔 적비단 둘 사셔 신 짓는 것 보니 곱더라고 ᄒ니 수져집 ᄀ음 사
보내라 ᄒ야시니 나는 여긔 온 후 가쥭신도 본 일 업더니 아니 보고 말은 어이 ᄒ얏ᄂ니 미
심 질질 이틀을 두고 잡아 드리니 그 비단이야 이 집 쏠의 혼인원들 무어시라 쓰리 여긔 밋
디 말고 셔울 션편의 고운 장단이나 금견이나 사셔 ᄒ라 ᄒ여라 네가 혼자셔 그적긔 보채이
는 일 도로혀 웃는다 ᄉ연 슈슈 그치며 내내 무ᄉ 무ᄉᄒ기 ᄇ란다 회일 모

추사가 언간 14

〈추사가-14, 1794년, 해평윤씨(시어머니) → 기계유씨(며느리)〉

판독문

긔별 몰나 답답 일콧더니 어제 이경 째 윤득 오나눌 글시 보고 탐탐 반기고 뉴슈는 그 더위
룰 므릅쓰고 겨요 드러가 문안ᄒ고 빗치니 알는 ᄃ나 업는가 넘녀 ᄀ이업고 그날 져녁째 드
러갓다 ᄒ니 그 더위예 길홀 빗쳐 가셔 즉히 샹ᄒ랴 아쳐롭고 답답 넘녀 ᄀ이업다 어린거슨
지금 낫디 못ᄒ고 침도 못 마친다 ᄒ니 굽굽 넘녀 닛디 못ᄒ것다 여긔도 다 무ᄉᄒ나 날도
듀야 쯸ᄒ니 이리 더우면 아마도 갈 길 업ᄉ니 스므날 휘나 다시 틱일ᄒ면 됴홀 듯 아마도
가다가 막힐 듯ᄒ다 쳔신은 말 드르니 하 어히업ᄉ니 회초간 ᄯ 일가 돈을 엇쟈 말이니 명
갑도 지촉ᄒ다니 굽굽다 내가 홋속거슬 닙어도 이리 못 견디니 가마 속의 모시 겹바디도 더
위 못 닙게시니 아래방 셔답뉴 속의나 내 듕동 속것 잇는가 ᄌ시 어더 품 고쳐 ᄒ여 가기
미처 브ᄃ 보내고 아래방 블근 함의 ᄶᆨ기젹삼 드러시니 ᄒ나를 영덕 드어쳐 ᄒ야 달나 ᄒ야
라 즉즉 보여라 뉴슈는 ᄂ려오랴는가 몰나 답답ᄒ다 슈슈 그치며 내내 평안ᄒ야라 싀모

추사가 언간 15

〈추사가-15, 19세기, 미상(어머니) → 호순 부 내외(딸과 사위)〉

판독문

> 호슌 부 닉외 겸
>
> 봉

기드리고 조이던 초 회일 회편의 닉외 글시 보고 든든 반기고 그수이 시봉 일양이니 만힝 깃브고 어린것 그만치라도 동졍이 이시니 디힝디힝ᄒ다 그수이는 초초 더 나으냐 넘녀 동동ᄒ며 경튝지일이 수일이 격ᄒ오시니 든든 희귀ᄒ옴 눔의 업습는 듯 경힝경힝ᄒ랴 일쿳고 우리 ᄆᆞ음도 든든ᄒ나 ᄋᆞ환과 너희 빅시 아니 드러오시는 일 민망 답답ᄒ랴 깃깃든 못ᄒ고 애쓰는 샹 아처롭고 일쿳는다 아히 대세 낫다 ᄒ여도 ᄆᆞ음 노흘 길 업스니 조심ᄒ고 음식 조심을 더 각별이 ᄒ여라 실셥될가 민망ᄒ고 며느리도 년ᄒ여 빗치니 민망 넘녀되며 나는 담체도 죠곰 낫고 일양이나 나으리겨오셔 쳬괴로 거복ᄒ오셔 디내오시니 민망ᄒ며 황육은 양지두와 죠곰 어더 보내나 예도 사랴 ᄒ니 극난ᄒ여 버그인 쟝ᄀᆞ지 가셔 산 거시 노샹 약 쇼ᄒ니 ᄀᆞ이업고 다수마는 업더라 ᄒ여 못 어더 보내고 답답다 실빅ᄌᆞ 죠곰 보내고 준시 이십 기 쟛 아조 박고 건시와 ᄒᆞᆫ 접수로 보낸다 빅병 말나 ᄒ기 뿔 셔 말 보낸다 죠곰 넉넉 보내고 시브나 가져갈 길 업셔 못 ᄒ고 구일 편은 급히 보내랴니 못 ᄒ고 답답ᄒ다 졍과 두 그릇 연사 ᄒᆞᆫ 동고리 새오젓 하란 죠곰 겻드려 ᄒᆞᆫ 항 보낸다 치마 보내나 모힌 곳 닙엄죽지 아니ᄒ니 답답ᄒ다 이 져고리 닙어 보아 엇던고 ᄌᆞ시 보고 좌도와 셥 아래와 딘동 ᄌᆞ시 보아 훗편 긔별ᄒ여라 수수 등 어린것 실셥될가 넘녀 노히디 아니ᄒ다 ᄉᆞ연 등하의 계요 이만 덕으니 뇌와 태평이 디내옵고 수이 오기 ᄇᆞ란다 이월 초이일 모

추사가 언간 16

〈추사가-16, 19세기, 미상(어머니) → 호순 부 내외(딸과 사위)〉

판독문

호순 부 너외 겸

봉

호순 부 답

훌처 가니 섭섭 결회 측냥업고 회편 고디ᄒ더니 글시 보니 든든 반갑고 무스이 드러간 일 다힝다힝ᄒ나 너희 친후 미령ᄒ오시고 며리도 셩치 못ᄒ다 ᄒ니 답답 넘녀 ᄀᆞ이업고 어린 것 병은 하 놀나오니 엇더타 홀 길 업다 그스이 가감 엇더ᄒ니 유도도 업ᄂᆞᆫ 어린거시 날포 그러ᄒ고 근녁이 붓치여 갈 길 잇ᄂᆞ냐 너의 쇼견의ᄂᆞᆫ 신음ᄒᄂᆞᆫ 듕 잔득 쳬ᄒ여 덧친가 보니 즉시 기롬이나 잘 ᄯᆞᆯ혀 먹이데면 시부다 셜샤ᄂᆞᆫ 엇더케 ᄒᄂᆞ니 만일 운긔 갓흐면 잉부로 숑구숑구 여러 가지로 넘녀가 무궁ᄒ니 답답 심신을 졍치 못ᄒ겟다 셩도의게 무러 사ᄅᆞᆷ을 ᄯᅩ 보내나 회보롤 엇디 기드리어 심난심난ᄒ다 그러툿 ᄒ니 경스의 날이 임박ᄒ오시나 깃븐 줄도 모르고 범졀의 너의 너외 애쓰는 일 민망민망ᄒ다 의복은 되엿ᄂᆞ냐 두루 넘녀뿐이요 너희 ᄌᆞ당겨오셔도 감구지회가 새롭ᄉᆞ오신 듕 우환지 그러ᄒ니 더욱 경황업ᄉᆞ오실 일 민망ᄒ다 너의 빅시긔셔는 아직 쇼식이 업나 보니 넘녀가 오죽ᄒ랴 스스의 답답ᄒ다 황육도 엇기가 극난흔가 보니 죡히 답답ᄒ랴 닛지 못ᄒ고 예셔도 죠곰 어더 보내려 ᄒ다만은 여의이 될지 답답다 치마ᄂᆞᆫ 후렴ᄒ엿더니 프르나 다듬으니 훗편 보내마 나는 일양이오 약도 그디로 먹는다 심요 다 못 ᄒ니 어린것 감세 잇는 회보 ᄇᆞ란다 죠급히 너무 애쓰지 마라 너마쟈 병 날가 넘일다 즉일 모

추사가 언간 17

〈추사가-17, 1791년, 기계유씨(아내) → 김노경(남편)〉

판독문

쩌나오시던 날 비 와스오니 엇디 득달ᄒᆞ오신고 문안 모르오니 답답 념녀 무궁ᄒᆞ오며 년ᄒᆞ
여 긔운 엇더ᄒᆞ오신 문안 아옵고져 ᄒᆞ오며 장동셔는 어마님겨오셔는 그스이 져기 낫스오셔
디내오시니 츅슈ᄒᆞ옵더니 오늘 조반 후 도로 못ᄒᆞ오셔 침도 맛스오시디 낫스오시디 못ᄒᆞ오
시다 ᄒᆞ오니 졈졈 근녁이[1] 패ᄒᆞ오시는 일 하졍의도 급급 민망ᄒᆞ옴 측냥업습고 외오 겨오셔
쵸려 오죽ᄒᆞ오시려 브리옵디 못ᄒᆞ오며 뎍소 문안은 무스히 도비ᄒᆞ오신 편지 오늘이야 왓스
오니 든든ᄒᆞ옵고[2] 그려도 년노의 그리 낭패는 아니ᄒᆞ오시다 ᄒᆞ오니 다힝ᄒᆞ오며 편지 와습
기 보내옵ᄂᆞ이다 나는 요스이도 낫들 못ᄒᆞ여 디내오니[3] 민망ᄒᆞ옵고 홀연 수일재 감긔 고극
ᄒᆞ여 실음을 ᄒᆞ여 말을 통치 못ᄒᆞ오니 ᄎᆞ마 괴롭습고 수이 못 나으면 못 견듸올 듯[4] 시브오
이다 뎌째 의복의 보션을 아니 보내여습기 보내옵ᄂᆞ이다 어마님 환후도 져러ᄒᆞ오시고 혼인
째도 되오니 오래 믈너[5] 잇습기 황숑도 ᄒᆞ옵고 굼겁스와 오늘ᄂᆞ일[6] 가려 ᄒᆞ옵더니 ᄯᅩ 이러
ᄒᆞ오니 수일이나 보아 가려 ᄒᆞ오나 불안[7] 죄롭스옴 아므라타[8] 업스와 ᄒᆞ옵ᄂᆞ이다 방 난 후[9]
경복이가 가올가 ᄒᆞ여습더니 장동셔 ᄂᆞ려가라 ᄒᆞ오신다 ᄒᆞ옵기 뎍스오며 년ᄒᆞ여 긔운 일양
디내오심 ᄇᆞ라옵ᄂᆞ이다 팔월 이십오일 야 유 샹장

판독대비

번호	판독자료집	김일근 · 황문환 (2000 : 84~86)
1	근녁이	근력이
2	든든ᄒ옵고	든든ᄒ고
3	디내오니	디니오니
4	듯	둣
5	믈너	몰내
6	오늘ᄂ일	오늘 너일
7	블안	불안
8	아므라타	아모라타
9	방 난 후	병난 후

추사가 언간 18

〈추사가-18, 1791년, 기계유씨(아내) → 김노경(남편)〉

판독문

수일 전 인편의 회셔는 보오신가 모르와 ㅎ오며 그스이 긔운 엇더ㅎ오시니잇가 브리옵디 못ㅎ오며 장동셔는 두 분 톄후 일양이오시니 츅슈ㅎ옵고 아즈바님겨오셔 년ㅎ여 잘 디내오신다 ㅎ오니 더옥 깃브오며 여긔셔는 긔댱 사름 어제 또 보내여스오나 □한ㅎ여 엇디 오오실디[1] 민망ㅎ오이다 □□이 가져온 츄후ㅎ오신 회셔롤 총총이 겨유 황잡히 뻐 보내여습더니 잘 가스오며 엇디 보오신고 ㅎ옵ᄂ이다 나는 오늘 가려 ㅎ여습더니 어마님겨오셔 니일 오라 ㅎ여 겨오시기 니일 가려 ㅎ오며 명희는 드려가려 ㅎ오나 히고 지금 낫디 아니ㅎ오니 민망ㅎ오이다 경복은 장동셔 ᄂ려가라 ㅎ오신다 □□ 오라[2] ㅎ오니 보내오며 번은 어느 날 나오신고 일ㅋㅌ줍ᄂ이다 의복은 그스이 닙스오신가 모르와 ㅎ옵고 둣겁디 아니ㅎ옵던가 넘이옵 말숨 지리 이만 긋즈오며 년ㅎ여 긔운 평안ㅎ오심 브라옵ᄂ이다 넘팔일 유 샹장[*] 경복 가관을 시겨 주랴면 만히 드릴 거시 아니라 냥반이 젼브터 옷 한 가지 뻐 ㅎ여 준 일 업스오니 인ㅎ여 겸ㅎ여 옷가지나 되게 ㅎ여 주면 죠흘 듯ㅎ오니 그 돈 넉 냥이 그도 냥반의게셔 □ □시오니 다 쥬오리잇가마는 일홈이 되먹는 거시오니 냥반이 이제 다시 다만 이삼 냥이라도 다 주어 보태여 옷가지나 ㅎ여 닙고 가관을 ㅎ게 ㅎ면 죠흘 듯ㅎ와 이리 뎍스오나 엇디 너기오실고 즈뎌ㅎ오며 실노 이런 스연이 슬스와 마쟈 ㅎ여습더니 마디못 이리ㅎ오며 그 유모롤 내여보내랴디 여긔도 이번 두 번 길 출혀 보내고 여가가 업ᄂ디 저는 져리 가련노라 셔도오니 뎌견도 ㅎ여습거니와 그리 보내기도 어렵고 저도 그리는 못 가게엿노라 인스블셩으로 뎌리 안즈스오니 아모려도 돈냥이나 주어 보내올디 달니 츄이홀 길히 업스오니 엇디ㅎ올고 하 답답 이리 쓰오나 도로혀 블안 답답ㅎ오이다

....

* 이 이하 '경복 ~ 답답ㅎ오이다' 부분은 김일근·황문환(2000)에서 판독되지 않았다.

판독대비

번호	판독자료집	김일근·황문환 (2000 : 87~88)
1	오오실디	오오신디
2	☐☐ 오라	☐☐☐☐☐라

〈추사가-19, 1792년, 기계유씨(아내) → 김노경(남편)〉

판독문

수일간 긔운 엇더ᄒᄋ오신 문안 아옵고져 ᄇ라오며 예는 어마님겨오셔 일양이오시니 하졍의
도 민망ᄒ오며 넘일 일복이 오온 후 이일 경복 보내오려 ᄒ여ᄉ옵더니 아바님겨오셔 오슬 회
마의 브쳐 보내기가 엇더ᄒ니 경복을 두엇다가 ᄒ가지로 보내라 ᄒ오시기 기ᄃ려 오늘이야
쩌나가오니 그 젼 기ᄃ려 겨오실 일 일ᄏᄌ오며 예는 인이가 알한 ᄃ 사흘의 오날 발반 시
초ᄒ오니 긔특ᄒ오ᄃ 형님겨오셔는 길도 못 가오시고 어마님겨오셔도 ᄌ연 근노 되오시니
민망 답답ᄒ오며 김의셔 올흔 나 만흐니도 다 ᄒ다고 미역은 피졉 나란다 ᄒ오시고 너일 집
으로 가라 ᄒ오시니 가려 ᄒ오나 도로혀 우습ᄉ오이다 집의셔 온 칙 가옵ᄂᄃ 두 권은 아ᄌ
바님겨오셔 미조차 보내마 긔별ᄒ라 ᄒ오시옵기 이십ᄉ 권 가옵ᄂ이다 오슬 어ᄂ 날 닙ᄉ
오실디 벗ᄉ오신 후 혹 인편이 잇ᄉ오면 즉시 올녀 보내오시면 죠ᄉ올 듯ᄒ오이다 창동셔
어루신니겨오셔는 날노 긔운이 못ᄒ오며 시방은 수일 ᄉ이 노샹 졀곡을 ᄒ오시고 증후가
극히 비경ᄒ오시다 ᄒ고 계환 혼자 져리 쵸황ᄒ여 ᄒ오니 ᄉ졍의 ᄀᄀ흐오미 아므라타 업
ᄉ오이다 ᄉ연 지리 이만ᄒ오며 내내 긔운 일양 디내오시기 ᄇ라옵ᄂ이다 싱무명 두 자 경
복만 뎍ᄉᄂ이다 이십삼일 야 유 샹장

추사가 언간 20

〈추사가-20, 1774~1787년, 김노경(동생) → 미상(누나)〉

판독문

거번 공간은 주시 밧주와 도로혀 웃숩수오며 요수이 뫼오셔 긔후 엇더ᄒ오신이잇가 복모 브리옵지 못 ᄒ오며 오늘 셩신 다례 되오시디 뎨는 참수도 못 ᄒ오니 하졍의 챵결ᄒ온 듕 어마님 셩신이 머지 아니ᄒ여 겨오시 쟉히 뫼옵고 듯듯이들 지내오랴 외외셔 일컷ᄌ오며 뎨는 셩후의 처음으로 쩌나 지내오니 하졍의 굼굼ᄒ옵고 경연ᄒ온 말숨 어이 다 알외오리 잇가 이번은 형제 다 모다 지내지 못ᄒ오니 관수로 잇는 이야 져러타 엇디ᄒ오리잇가마는 녕외의 황낙히 계시니롤 싱각ᄒ오니 이런 조흔 날을 마나 더옥 싱각이 나오며 두 분 형님 외임은 다만 감츅ᄒ올 분이오나 열쳔의 먼 길을 가시는 일 복녀 측냥업수오며 졔는 무수ᄒ 오나 염병 두로막이 속의 고젹히 안주수오니 도로혀 어히가 업수오이다 최희는 편지 ᄒ 번 을 아니 ᄒ오니 믭기 측냥업수오며 셩신은 다닷숩고 굼굼ᄒ옵기 이리 알외오니 아자마님내 갓치 하감ᄒ오심 ᄇ라옵ᄂ이다 십팔일 뎨 샹셔 가셔가 것봉이 업숩기 ᄒ 속의 너허 보내오 니 누의님 보오시고 흉보고 웃지 마오쇼셔 졍닌은 무수히 드러오옵고 녕힝도 안녕이 득달 ᄒ오신 일 깃브오나 누의님 편지를 보오니 새로이 샹회가 되옵ᄂ이다

추사가 언간 21

〈추사가-21, 1766~1788년, 김노경(손녀사위) ➜ 광산김씨(장조모)〉

판독문

사ᄅᆞᆷ 오와ᄂᆞᆯ 하셔 밧ᄌᆞ와 보ᄋᆞᆸ고 든든ᄒᆞ오되 환후 일양이오신가 시브오니 하졍의 념녀 ᄇᆞ리ᄋᆞᆸ지 못ᄒᆞ오며 손셔는 거번의 덧업시 ᄃᆞᆫ녀오오니 셥셥ᄒᆞ오이다 하송ᄒᆞ오신 것슨 ᄌᆞ셔이 밧ᄌᆞ와ᄉᆞᆸᄂᆞ이다 즉일 손셔

〈추사가-22, 1791~1793년, 김노경(남편) → 기계유씨(아내)〉

판독문

샹장

사롬 오옵눈듸 뎍스오시니 보옵고 듯듯 반갑스오며 수일간 긔운 엇더ᄒ시옵 그스이 대고쥬
계스 지나오시니 쟉히 시로와 ᄒ시랴 일커줍 나는 더위와 음식과 모긔와 다 못 견딜 듯ᄒ오
니 ᄎ마 민망ᄒ옵 시긔는 간뎡ᄒ여시나 학질이 쪼 셩ᄒ다 ᄒ오니 위퓌ᄒ옴 엇디 다 뎍슙 이
회편 나러보내시옵 만일 못 미처 썰아시면 말이 아니 될 거시 부듸 보내옵 인편이 미양 잇
눈 것과 달나 과시곳 ᄒ면 어렵습 쟝인끠 샹셔ᄒ눈듸 비러 줍시샤 ᄒ눈 게 이시니 혹 잇즈
오실지라도 엿즈오시고 주시거든 옷보의 한듸 너허 보내옵 더위 이만 그치옵 廿七日 南齋
청챵의와 보션은 바다슙 버슨 보션과 보 보내옵

추사가 언간 23

〈추사가-23, 1791년, 김노경(남편) → 기계유씨(아내)〉

판독문

의외 사롬 오와놀 글월 보읍고 든든ᄒ와[1] ᄒ오나 뇌후의 죵긔쳐로 나 겨오시다 ᄒ오니 셩농
이나 아니홀 듯시브읍 외오셔 넘녀[2] 가이업ᄉ오며 온 놈이 편지의는 경복의 동싱이라 ᄒ고
저는 아ᄌ비라 ᄒ니 엇지ᄒ여 족패가[3] 그러ᄒ온고 고이ᄒ읍 나는 니졈은 져기 나ᄒ나 번을
날가 ᄒ엿ᄉ읍더니 ᄯᅩ 수일을 못 날 연고가 잇ᄉ오니 어늬 ᄶᅢ 쏙 날 줄 모르오니 참노라 ᄒ
면[4] 빅발이 오리 젼 날 듯ᄒ읍 경복은 오늘 옷보 주어 올녀[5] 보내여ᄉ읍[6] 부대 즉시 ᄲᅡ라 보
내읍[7] 번 어늬[8] 날 날 줄 모르고 친환도 낫지 못ᄒ오시니 초민ᄒ온 듕 십구일 졔ᄉ도 년년
이 이 벼슬로 ᄒ여 못 참ᄉᄒ오니 통할ᄒ옴[9] 어이 다 뎍ᄉ 뇌후의 낫 거시 마이 대단홀 듯
ᄒ거든 즉시 가라앗즐 약을 브치고 힝여 덧나게 ᄒ여셔는 큰일이 날 거시니 브대 조심ᄒ읍
독이 잇고 근이 잇거든 즉시 의원이 어더 보고 힝여 괴이ᄒ 잘약[10] 브쳐 덧내디[11] 마읍 이
하인이 즉시 ᄯᅥ나기 총총 이만 뎍ᄉ 辛亥 七月 念一 想樓

판독대비

번호	판독자료집	김일근·황문환 (1998 : 66~67)
1	든든ᄒ와	동동ᄒ와
2	넘녀	넘려
3	족패가	족해가
4	ᄒ면	하면
5	올녀	올려
6	보내여ᄉ읍	보너여ᄉ읍
7	보내읍	보너읍
8	어늬	어느
9	통할ᄒ옴	통한ᄒ옴
10	잘약	잡약
11	덧내디	덧내긔

추사가 언간 24

〈추사가-24, 1771~1793년, 김노경(남편) → 기계유씨(아내)〉

판독문

답샹장

어제 경복 오옵는디 글월 보옵고 든든ᄒ오나 쟝모 병환이 더ᄒ오시고 게셔도 도로 더ᄒ시다 ᄒ오니 더고나 됴셥을 못 ᄒ시기 그러ᄒ신가 시브니 민망ᄒ옵 밤ᄉ이는 엇더ᄒ오시고 게셔도 엇더ᄒ옵 조승은 니질이 더ᄒ다 ᄒ옵 감긔로 더ᄒ다 ᄒ옵 나는 의외의 괴이ᄒᆫ 싱병을 어더 왼풀을 쓰지 못ᄒ고 조곰 운신을 ᄒ면 쑤시고 켜이여 꼼쟉 못ᄒ고 누은 지가 칠팔일이 되여 지내오니 졀인ᄒᆫ 중 음식 범졀이나 ᄒ고 아마도 못 견딜 듯ᄒ여 심화만 셩ᄒ고 집편지를 보면 어마님겨오셔와 형님겨오셔 감환이 대단ᄒ오시다 ᄒ오니 더옥 심녀가 쓰이옵 쟝인겨오셔 거번 하셔ᄒ여 겨오시기 답셔를 알외올디 집 편지를 쓰고 나오니 다시 쓸 길이 업셔 붓슬 잡아다가 도로 노코 모 쓰오니 아오시게 ᄒ옵 게셔 져리 도로 알ᄒ신다 ᄒ오니 혹 감열이 거번터로 속으로 드는 날이면 대픠홀 거시니 드르니 황필이를 거긔셔 달여 오고쟈 ᄒ오니 혹 오거든 진믹이나 ᄒ여 보옵 다른 이 싀골 의원 가튼 거슨 혹 온다 ᄒ여도 부대부대 보지 말옵 더고나 감긔예는 잘못ᄒ면 큰일이 날 거시니 브디브디 조심ᄒ고 보지 마옵 초칠일

추사가 언간 25

〈추사가-25, 1791~1793년, 김노경(남편) → 기계유씨(아내)〉

판독문

야간 어마님 환후 엇더ᄒ오시고 게셔 알ᄒ시ᄂᆞᆫ 듸ᄂᆞᆫ 엇더ᄒ시ᅌᅵᆸ 약은 년ᄒ여 자시ᅌᅵᆸ 나는 무스히 오니 깃브ᅌᅵᆸ 올 ᄊᆡ 쳔담복 말을 아조 닛고 못 가져와ᄉᆞ옵기 ᄯᅩ 사ᄅᆞᆷ을 젼위ᄒ여 보내오니 이 회편 보내ᅌᅵᆸ 젼의 닙든 거시 품이 좁을 듯ᄒ니 내여 좁거든 형님 것시나 그리 아니 커든 누의님ᄭᅴ 빌여 보내여도 조홀가 시브ᅌᅵᆸ 만일 ᄲᅡ지 못ᄒ여시랴면 ᄒᆞ로만 ᄒᆞ면 헐 거시니 경복이 관듸 주어 보낼 제 갓치 주여 사흔날 ᄶᅥ내여 보내고 이블 만ᄒ거든 이놈 회편의 브ᄃᆡ브ᄃᆡ 주여 보내ᅌᅵᆸ 관듸도 관듸여니와 이거시 졔일 시급ᄒ니 조곰 못 미츠면 그런 낭픽가 이실가 보ᅌᅵᆸ 넘이일 직직 다시 ᄉᆡᆼ각ᄒ니 일이 아무러홀 줄 모로니 쳔담복을 이 회편 브듸브듸 브듸브듸 보ᄂᆡ옵

추사가 언간 26

〈추사가-26, 1791년, 김노경(아들) → 해평윤씨(어머니)〉

판독문

뎌덕 원군 회편의 하셔 밧즈와 보옵고 환후 덕이 낫즈와 지내오시는가 시브오니 하졍의도
다힝 깃브오며 수일간톄후 엇더ᄒ오신 문안 아옵고져 브라오며 누의님 참쳑 보오신 일은
그런 고이ᄒ고 애둛ᄉ오온 일 어이 잇ᄉ오리잇가 아모리 즈궁이¹ 죠치 못ᄃᆞ ᄒ온들 쓸가지
보젼을 말나 ᄒ는 듸 어듸 이실가 시브옵 아모리 쳘셕이라도 못 견딜 거시오니 즉금 누의님
모양 엇더ᄒ엿단 말이옵 더고나 환후 둥 구회롤 ᄒ오실 거시니 하졍의 넘녀² 노히지 아니ᄒ
오며 주는 무ᄉ ᄒᆞ오디 입병으로 괴로이 지내오니 민망ᄒ오며 슈안 그별은 그ᄉ이 잇ᄉᆞ는이
잇가 안셩셔 초칠일 사람 보내여 겨오시기 문안은 듯즈와ᄉ오며 고기롤 보내여ᄉ오더 샹ᄒ
여 못 먹어ᄉ오니 도로혀 웃습ᄂᆞ이다 거번 하교ᄒ오신 말ᄉᆞᆷ은 즈시 보와ᄉ오며 마춤 ᄒᆞᆫ 말
이 어룬가지 아오셔 이리 ᄒᆞ여 겨오시니 걱졍이나 아니ᄒᆞ여 겨오신지 숑민ᄒᆞᆯ믈 어이 다 알
외오리잇가 그러ᄒ오나 잇졔란 셰샹 사ᄂᆞ히롤³ 다 감가 갓히여⁴ 아모란 줄을 모르고 아모
말도 못 ᄒᆞ오면 원희롭지 아니ᄒᆞᆯ 듯ᄒ오니 도로혀 웃습ᄂᆞ이다 번은 셔로 밀오고 아니오려
ᄒ오니 졀박ᄒ오며 니집은 쟝무의 집으로 피졉 낫다 ᄒ오니 산긔나 잇ᄉᆞᆸ난이잇가 최희는
셩ᄒ오니잇가⁵ 죵죵 넘이올소이다 알외올 말ᄉᆞᆷ 무궁ᄒ오되⁶ 편망ᄒᆞ여 이만 알외옵ᄂᆞ이다

판독대비

번호	판독자료집	김일근·황문환 (1998 : 68~70)
1	즈궁이	자궁이
2	넘녀	넘려
3	잇졔란 셰샹 사ᄂᆞ히롤	잇졔 판셰 샹사 ᄂᆞ히롤
4	다 감가 갓히여	다감가 ᄀᆞ히여
5	셩ᄒ오니잇가	셩ᄒ오이잇가
6	무궁ᄒ오되	무궁ᄒ오더

추사가 언간 27

〈추사가-27, 1791~1793년, 김노경(남편) → 기계유씨(아내)〉

판독문

야간 뫼오셔 긔운 엇더ㅎ시옵 어마님겨오셔 황후 졈졈 낫ㅈ와 겨오신지 모로와 답답 복녀
측냥업ㅅ오며 졍닌은 이 치위의 엇디 가눈고 보눈 듯ㅎ옵 나눈 이졍은 ㅎ여 드러와시나 져
무도록 얼고 밤풍노롤 쐬여 이리 알프오니 민망ㅎ옵 젹삼 소것 보내옵 즉시 밧으시옵 나눈
이리 와 떠나 괴셰롤 ㅎ오니 더고나 마음이 죠치 아니ㅎ옵 넘삼일 남지 직등

추사가 언간 28

〈추사가-28, 1788~1793년, 김노경(남편) → 기계유씨(아내)〉

판독문

> 샹장

두어 날 스이 두 분 긔후는 엇더ᄒ오시고 뫼오셔 평안ᄒ시옵 나는 이리 와 과거는 당ᄒ고
보름을 참로라 ᄒ면 어러올 듯ᄒ옵 옷슨 벗서 보내오되 겹져구리 아직 두엇슙 옷 발긔는 뼈
눌을 주어 계시옵 에는 온 일 업스니 그 우엣 일이옵 아희들은 엇지 잇슙 허리띄 쉬 졉어
보내옵 이십일 〔수결〕

추사가 언간 29

〈추사가-29, 1822년, 김노경(시아버지) → 미상(며느리, 질녀, 서녀)〉

판독문

> [봉인]　며느리 딜녀 셔녀들 겸

그스이 여러 슌 글시는 든든ᄒ며 이동안 대되 무양들 ᄒ고 홍역 여증은 다 쾌복ᄒ여 태평
지내ᄂ냐 쫙이 남미ᄂᄂᆫ 잘 잇고 쫙의 작난은 엇더ᄒ여 가며 지각이나 더 열녀 가는지 잠든
밧 엇지 니즈리 홍진은 죵시 아니 ᄒᄂᆫ가 시브니 그러타 말고 부디 조심을 ᄒ여라 나는 예
가지 무스이 오고 진스도 잘 오니 다ᄒᆡᆼᄒ다 즉금은 도강을 ᄒ랴 ᄒ니 오날 이후는 쇼식도
막힐 닐 애연ᄒ기 이를 것 업다 윤집은 그져 잇ᄂ냐 호동 우환은 더 나하 지내ᄂᆫ가 념이로
다 총총 이만 뎍으니 그스이 태평ᄒ기 ᄇ란다 임오 지월 념오일 구

추사가 언간 30

〈추사가-30, 1828년, 김노경(시아버지) → 미상(며느리)〉

판독문

승지 딕 형뎨 즉젼 긔영 평신	봉

> 두 며느리게

글시들 보고 그스이 극극한의 무양들 흐니 깃부며 쏙툴도 무탈흐다 흐니 긔특흐다 일긔 혹
한흐고 역질도 대치흐다 흐니 부디 죠심들 흐여라 나는 요스이는 죠곰 나아 지니나 오늘도
멀니 쩌나 지니고 챵녕도 아득히 쩌나 지니고 교관도 밋쳐 못 왓스니 섭섭흐다 그만 젼한다
무즈 납월 십칠일 구

추사가 언간 31
〈추사가-31, 1830년, 김노경(시아버지) → 미상(며느리)〉

판독문

여긔는 셔울과 달나 모구흘 제 변변이 업고 두루막이와 토슈를 다 느비거스로 슬되 나려온
두루막이와 토슈들이 다 흰 거스로 흐여 잠간 더럽워지니 젼의 짓튼 회식으로 두루막이 토
슈들이 엇들 거시오 두루막이는 얄은 셰누비 입듯 날근 거시 잇든 거시니 아니 보내니 엇진
일이니 이 압회 흐나 지여 보내고 토슈는 어렵지 아니흔 거시 얄은 것 둑거온 것 흔 벌식
염식을 하 열게 말고 짓튼 빗스로 흐여 보내면 나려온 흰 토슈와 서금막여 찌면 과동은 넉
넉흐게다

추사가 언간 32

〈추사가-32, 1831년, 김노경(시아버지) → 미상(며느리)〉

판독문

글시 보고 든든ᄒ다 인편 후 일긔 연ᄒ여 고이ᄒ니 대되 평안ᄒ고 아ᄒ들도 조히 잇ᄂ냐 쏙이 형졔은 엇더ᄒ여 가ᄂ니 넘이로다 드르니 교관딕이도 태긔가 잇다 ᄒ니 이런 디ᄒᆼᄒᆫ 일 어듸 이시리 그러나 즉금은 노산이 되여 가니 각별 음식브치라도 더 조심ᄒ고 지내게 ᄒ라 쳔 리 밧긔 걱졍을 식이면 엇덜가 보니 나는 일양 잘 지내니 넘 마라 딕교의 병은 아직 소복이 못 되엿나 보니 답답ᄒ다 거른 등 나러온다 말이 엇진 말이니 긔별도 ᄒ거니와 아이 못 ᄒ 줄노 너의들이라도 일너나 슝현셔는 요ᄉ이 와셔 겨오시ᄂ냐 방샤는 엇더ᄒ고 잡삽기는 엇지ᄒ시ᄂ고 넘이로다 셩득 병이 엇더키 못 온다 ᄒᄂ니 그놈의 일이 아마 부릴 길 업스니 아조 내쩌러 ᄇ리ᄂ 조케시니 ᄌ시 알아 보아라 악남 실노 걱졍만 되지 나러와 쓸 듸 업스니 ᄶᆨᄒ다 신묘 이월 십팔일 구

추사가 언간 33

〈추사가-33, 1831년, 김노경(시아버지) → 미상(며느리, 손녀, 서녀)〉

판독문

> 며느리 손녀 셔녀 겸답

인편의 글시들 보고 든든 밧기며 이스이 여러 날이 되니 년ㅎ여 대되 무양ㅎ고 교관딕은 몸이 븨지 아니혼듸 됴셥이나 잘ㅎ고 제졀이 관겨치 아니ㅎ냐 넘이로다 나는 젼 모양대로 이시니 명완혼 일 고이ㅎ고 날이 졈졈 더워 가니 아마 겨을과 달나 넘녀된다 셔울 집과 강의셔는 다 혼가지로 지내고 꽉의 종형제는 엇더ㅎ니 요스이 역질이 단닌다 ㅎ니 넘녀되기 측냥업고 날은 이리 더워 가니 더고나 마음이 노히지 못혼다 보낸 의복과 찬합 등쇽은 바다 노코 의복은 더워 무이 어렵더니 이제는 날이 더워도 지별가 보다 어괴는 북어가 극귀ㅎ고 셤몸들은 아니 스 먹지 아니ㅎ기 오러 맛슬 잇게 되엿더니 옷 거슬 먹으니 개위가 쾌히 되니 다른 것도 말고 이 압 북어를 만이 쑤두려 가즈미 나거든 여름의 두고 먹을 만치 어더 보내고 새오젓도 여긔는 졀귀ㅎ니 여름 두고 찌개를 ㅎ여도 큰 항 ㅎ나만 조흔 거스로 사셔 이 압 비길이 이실 거시니 부처라 셩득은 므삼 병이 이쩨가지 못 온다 말이니 삼스 식이 되도록 아니 나흐면 죽을 병잇가 보고 죽을 병가트면 드러눕듯 아니ㅎ고 단니기는 엇진 일이니 밧그로도 긔별ㅎ거니와 아조 부티지 말고 어셔 내쩌려 집안의 브티지 말개 ㅎ여라 사롬이 인졍이 일분 이시면 그려ㅎ며 참병이랑이면 냥반의 눈 말 피ㅎ고 밧드로는 단니는 그런 병이 어듸 이시리 두 분 누의님겨오셔도 이쩨가지 못 힝츠ㅎ신가 보니 무슴 연고가 이셔 그러ㅎ냐 신교 초시 과경은 신긔 긔특ㅎ니 이를 말이 업고 노인이 오쥭 조하ㅎ시랴 뵈옵는 듯ㅎ다 안질노 셔역 길게 못 ㅎ고 이만혼다 신묘 삼월 넘칠일 구

추사가 언간 34

〈추사가-34, 1831년, 김노경(시아버지) → 미상(며느리, 서녀)〉

판독문

> 며느리 셔녀 겸장

사롬 오눈듸 글시를 보고 든든ᄒ나 디교덕이 그리 본병으로 알코 디교의 병도 가븨웁지 아니케 지내다 ᄒ니 놀납고 넘녀 측냥업스며 챵녕덕은 친가 대고를 만낫다 ᄒ니 놀납고 참혹 블샹ᄒ기 측냥업다 그스이 ᄯ 날이 오러니 우환들은 다 나하 지내고 대쇼 제가는 다 무스ᄒ고 아희들이 다 잘 인느냐 드르니 셔울 역질이 셩ᄒᆫ다 ᄒ니 툴 일이야 넘이로다 ᄶᅡᆨ쇠는 요스이 가으로 나갓다 ᄒ니 엇더ᄒ고 제 어미도 잘 잇느냐 나도 안질과 이챵은 나히 지내나 교관이 그스이 낙샹을 ᄒ여 이대가지 여샹치 못ᄒ니 의원은 업고 이런 답답ᄒᆫ 일 업다 셔역이 죵시 어려워 이만ᄒᆫ다 신묘 뉵월 넘팔일 구

추사가 언간 35

〈추사가-35, 1831년, 김노경(시아버지) → 미상(며느리)〉

판독문

치소부치 듕 나려온 거슨 아직 써 가려니와 아조 업눈 거시 셕이눈 예셔 어들 길 업고 마른
버섯과 마른 숑이 받거리 등믈이 어들 길 업스니 어더 보내고 일젼 챵녕의 셩일의 만두를
ᄒᆞ여 먹으니 모밀은 먹믈 드려 노ᄒᆞ니 갓고 침치가 업셔 변변이 되지 아니ᄒᆞ엿시니 이 압
인편의 빅면을 조곰 어더 보내고 빅면 만그는 법을 긔별ᄒᆞ면 맛드로 보쟈마는 잘될지 모르
겟다 갓 우거지를 져년의는 만히 보내여 과동ᄒᆞ엿거니와 올도 조곰 어둑이 어더 보내여랴
셕이 버섯도 쓸 만큼 어더 보내고 교관 올나가는디 호쵸 말 긔별ᄒᆞ엿더니 보내느냐

추사가 언간 36

〈추사가-36, 1831년, 김노경(시아버지) → 미상(며느리)〉

판독문

년ᄒᆞ여 인편의 편지 보고 든든ᄒᆞ며 겨올이 밧셔 되니 대되 무ᄉᆞᄒᆞ고 아희들도 잘 잇ᄂᆞ냐 교관딕 어린거슨 잘 자라고 성각이 졈졈 나 가ᄂᆞ냐 나는 조히 이시니 념 마라 딕교은 온다기 아니 날 넘녀가 업더니 온 후 보니 소료와는 다르고 요ᄉᆞ이 먹기와 식관이 마이 나ᄒᆞ니 내 ᄆᆞ음도 노히거니와 일긔는 이리 치워지고 향븍ᄒᆞ여 가는 일 ᄆᆞ음의 노히지 아니ᄒᆞ다 교관은 드르간 후 무ᄉᆞᄒᆞᆫ가 보니 깃부며 슝현셔는 요ᄉᆞ 계졀이 엇더ᄒᆞ시다 ᄒᆞᄂᆞ니 딜녀들도 다 무ᄉᆞᄒᆞ고 챠동 우환과 미동 굼는 법은 엇지ᄒᆞ여 지내며 안산과 지산셔도 다 무ᄉᆞᄒᆞ다 ᄒᆞᄂᆞ냐 난동셔는 연고도 업고 집을 올마다 ᄒᆞ니 어린 아희는 무ᄉᆞᄒᆞ고 글ᄌᆞ이나 갈으치ᄂᆞ냐 뉵희는 봄 이후 편지 ᄒᆞᆫ 쟈를 아니 ᄒᆞ니 시로이 무슴 겁이 나셔 아니ᄒᆞᄂᆞ나 이 쇼지는 그ᄉᆞ이 성각나는 딕로 쓴 거시기 보내나 그ᄉᆞ이 더러 온 것도 이시니 알아 ᄒᆞ여랴 신묘 십월 십일구

추사가 언간 37

〈추사가-37, 1831년, 김노경(시아버지) → 미상(며느리, 셔녀, 손녀)〉

판독문

[봉인]	며느리 셔녀 손녀들 보아라

이동안 긔별 못 듯고 섭섭ᄒ기 엇지 다 ᄒ리 어늬듯 듕동이 되니 대되 다 태평 지내고 아희들이 다 잘 눈냐 뎌교는 무스이 드러가고 범졀이 관겨치 아니ᄒ나 이째가지 긔별 모로니 답답ᄒ다 나는 무스ᄒ고 챵녕도 잘 이시니 넘 마라 오늘은 슈우의 허비ᄒ올 날이 되니 다들 모히여 새로이 지내는 일 넘이며 잇힛씨 여겨 이날을 보내니 심회 일을 것 업다 초이일 숑현 싱신의는 너희 듕 누고 가 뵈완느냐 조반이 뉘가 츌여 드리며 아득이 싱각만 간졀ᄒ다 요ᄉ이는 졔졀이 엇더ᄒ시니 이 말 발ᅧ ᄒ쟈다가 민양 죵요 못 ᄒ며 덕년은 나려와 뎌가지는 졍셩긋 ᄒ니 그도 사름잇가 ᄒ며 거번 올녀고 기를 ᄡᅥ 홀이고 감토 ᄒ나를 주니 조하 빙긋빙긋 웃는 모양이 그 몰골이라도 아 참혹지 아녀 뵈니 웃는다 ᄒᆫ가지로 귀향 온 한 찰방은 그 모양을 보고셔 울 모양이오 마이 무던ᄒ다 ᄒ니 사름의 소견이 뎌러ᄒ고나 졔 ᄌ식들은 셔울 두어시니 엇지ᄒ느니 옷시나 덥드시 ᄒ여 주엇느냐 옛 사름이 ᄒ되 져도 쏘ᄒᆫ 사름의 ᄌ식이니 가이 잘 디졉ᄒ라 ᄒ고 쳔 리의 모ᄌ를 쎄쳐 난호니 아므리 죵의 ᄌ식이라도 그 졍니가 아니 블샹ᄒ냐 ᄉ연 무궁ᄒ되 그친다 신묘 지월 ᄉ일 구

추사가 언간 38

〈추사가-38, 1831년, 김노경(시아버지) → 미상(며느리, 서녀)〉

판독문

[봉인]	며느리 셔녀 겸

사롬 오나놀 글시 보고 든든 반기며 이스이 대되 무스ᄒ니 더옥 깃부다 나는 젼과 한가지로 지내되 셜샤가 즈죠 나 도슈는 잣지 아녀도 날마 슫치지 아니ᄒ니 괴롭다 디교는 쳔 니 원졍의 무스히 도라가니 든든ᄒ기 이를 것 업다 요스이 역질이 셩ᄒ다 ᄒ니 미역ᄒ 아ᅌᆞ들 일 니야 심이 노히지 아니ᄒ니 각별 조심ᄒ고 이도안 바롬은 조심ᄒ여라 짝쇠 모양 즉금은 엇더ᄒ여 가ᄂ니 내년은 열네 살이 되ᄂᆫᄃᆡ 그러도 셩각이 나고 무슴 묘리가 이셔 뵈ᄂᆞ냐 숑현셔는 범졀이 무이 나하 지내오시ᄂ가 시브니 경힝이 측냥업다 그스이 나와 겨시드랴 ᄒ니 오릭것만 출입은 ᄒ셔도 관겨치 아니ᄒ시니 더옥 다힝ᄒ기 일을 것 업다 보낸 거들은 즈시 바다 두고 쓰를 거시니 깃부거니와 올녀보내ᄂᆞᆫ 거슬 다 조슈ᄒ여 바드랴 수수 스연 이만 그친다 신묘 지월 회일 구

추사가 언간 39

〈추사가-39, 1832년, 김노경(시아버지) → 미상(며느리, 손녀, 서녀)〉

판독문

<table>
<tr><td>〔봉인〕</td><td>며느리 손녀 셔녀 겸</td></tr>
</table>

새희가 되되 잇더가지 긔별 몰나 답답ᄒ더니 한인 오나눌 글시들 보고 대되 신원이 대길ᄒ니 든든ᄒ다 나는 요ᄉ이야 셜ᄉ도 죠곰 낫고 뎨졀이 ᄒ가지로 지내나 요통이 죵ᄉ 쾌치 못ᄒ니 괴롭기 측냥업다 집이셔는 두 번 졔ᄉ와 념일 싱신이 지나오시니 새롭ᄉ온 심회 엇지다 젹으리 온양셔는 그런 병상이 어듸 이시리 노친 시하의 참독ᄒᆫ 졍지를 참아 붓슬 드러 쓰리 져믄 사롬 므슴 병으로 필경 일을 만나는고 놀납고 참혹ᄒᆫ 심회를 졍치 못ᄒ며 더고나 고가의 져런 모양이 엇듸 이시리 너도 졍지를 싱각ᄒ면 외외셔 오작ᄒ랴 넘이로다 죽산딕 어린것도 필경 구치 못ᄒᆫ가 보니 조손이 얼굴도 모르고 어느듯 참보를 드르니 더욱 악착ᄒ고 내가 셰상이 참아 고롭다 넝 모는 환갑이 되니 오죽 든든ᄒ며 니집 형제의 졍니를 싱각ᄒ니 그 모양의 환갑을 지팅ᄒᄂᆫ 일 아마 빅셰나 술냐다 보다 아직가지 잘 머고고 슈편를 ᄒ여랴 여긔ᄂᆫ 아직 별일은 업ᄉ나 덕년의 됴셕 ᄒ여 주ᄂᆫ 거시 아니 조키야 ᄒ랴마ᄂᆫ 아모리 ᄒ여도 맛시 과ᄒ여 셥싱지도의ᄂᆫ 조흔 줄 모르겟다 말이 무궁ᄒ되 총총 그친다 임진 졍월 념눅일 구

추사가 언간 40

〈추사가-40, 1832년, 김노경(시아버지) → 죽산박씨(며느리)〉

판독문

일전 황이 가는듸 편지는 보앗느냐 인편의 글시들 보고 든든ᄒ나 드르니 딕교딕이 친정의
근힝ᄒ다 ᄒ니 병환이 관겨치나 아니ᄒ신가 머지 아니ᄒ 길이라도 엇지 가 단녀올고 이리
넘이로다 요ᄉ이는 꽉쇠가 엇더ᄒ엿너니 병이나 업고 잘 인냐 지각은 전보다 나하 가는냐
나도 이ᄉ이는 젹이 나하 지내나 올 너름을 예셔 경과홀 일이 망연ᄒ다 겨울 버슨 옷들은
이졔야 보내니 모구들과 ᄒ듸 보내거니와 잘 가져나 갈지 마삭군이 착실ᄒ다기 보내거이와
마음의 노히지 아니ᄒ다 등거리의 단쵸는 엇지 다라기 압 단쵸가 ᄒ번 기이년 후 ᄲ지지 아
니ᄒ여 단쵸가 다 상ᄒ엿시니 이 압희는 죠곰 서운이 ᄒ여 보내여라 셔역 괴로와 그친다 임
진 삼월 넘일 구

추사가 언간 41

〈추사가-41, 1832년, 김노경(시아버지) → 미상(며느리, 손녀, 서녀)〉

판독문

며느리 손녀 셔녀 겸

교관 오논디 글시들 보고 년호여 무양들 혼 일 깃부다 온양 길은 무스이 단녀완나 보니 든 든호나 정경이 오쟉호랴 노친니 긔운 엇지 부지호실고 념이로다 관쳔셔는 쟝스가지 지내고 샹인도 병환이나 아니 나 계시냐 셔울은 감긔가 대치호엿더라 호니 디교가 그만치나 나하 지내논 일 든든호며 너의는 알치나 아니호고 녕 모논 요스이 엇지 잇느니 짝쇠논 요스이도 한가지로 지낸다 나흔 졈졈 만하 가고 져런 민망흔 일 어대 이시리 십팔일 이십일 년호여 수우의 허비홀 날이 되나 나는 삼 년쩌 어긔 와 이날은 지내니 통회 일은 거시 업다 나는 요스이 일양 지내니 념 마라 일긔는 졈졈 더워 가고 쇠고기는 틔여 긔가 업시 지내니 괴롭 다 무궁호나 셔역이 차마 어려와 이만 혼다 임진 오월 념오일 구

추사가 언간 42

〈추사가-42, 1832년, 김노경(시아버지) → 죽산박씨(며느리, 서녀)〉

판독문

> [봉인]   며느라와 두 니집 겸셔

그수이 인편이 오리 막히여 섭섭ᄒ더니 셩득 오는 듸 글시 보고 든든ᄒ나 듸교딕이 죵시 소복을 못 훈가 시브니 엇지ᄒ여 그러ᄒ고 아마 원긔가 썩 셔들 못ᄒ나 보니 민망ᄒ고 챵녕딕은 파의가 된가 시브니 섭섭ᄒ기는 져마작ᄒ고 복둥이 블평훈가 보니 무삼 약이나 ᄒ여야 이 압이라도 ᄇ랄 거시니 답답ᄒ다 그동안 날포 되니 계졀이 엇더ᄒ니 념이로다 나는 아직 일양 지내나 셰식은 다 가고 죵일 듯는 거시 희풍 소릭나 집을 흔드는 듯ᄒ니 아무리 안즈셔 이락은 다 잇고 초목쳐로 안자시려 ᄒ여도 아니 되고 셩일 지내나 ᄎ마 듯기가 슬희여 못 견딕들 ᄒ다 넘늄 졔수가 당ᄒ오시니 올혼 엇지나 지내옵는고 너도 병들고 즉금은 시졔도 아니 지내고 마치 괴졔 밧 업습는듸 힝혀 죵이 ᄌ식 ᄒ나이라도 블결ᄒ는 일 이실 보아 동동ᄒ며 쳔 니 밧긔셔 또 이날을 지내려 ᄒ니 망극 통할훈 밧 무삼 말을 ᄒ리 딜녀 등 편지 ᄒ나이 아마 윤집의 편지 가트니 든든ᄒ나 올혼 져 흉년을 당ᄒ여 아마도 살아날 길 업슬 거시니 져를 엇지ᄒ며 진수도 니질 후 소셩을 못 훈가 보니 넘녀 측냥업다 다른 집의셔는 다 일양 지내느냐 요소이 신교셔는 엇지 지내오시며 그 괴수가 오죽ᄒ시랴 식식이 엇지 편ᄒ리 니집을 어리거슬 즉시 굿깃가 시브니 악챡ᄒ기 이를 것 업다 졔 어미가 병이나 아니 나고 요소이 집의나 왓느냐 녕변 딕의는 쟝수가지 지내오시고 우졸가지 지나신 지 달이 발셔 지나신니 통확ᄒ기 일을 업다 이희가 다 가고 새희 지격ᄒ니 괘셰들이나 대평ᄒ여라 임진 납월 십팔일 구

추사가 언간 43

〈추사가-43, 1831년, 김상희(남편) → 죽산박씨(아내)〉

판독문

| 〔봉인〕 | 빅슈시 젼 샹답셔 | 근봉 |

그스이는 오릭 긔별 모르와 답답ᄒᆞᆸ더니 인편의 덕으시니 보옵고 든든ᄒᆞ오나 그스이 편치
못ᄒᆞ야 지내시고[1] 형님겨오셔 티단 펴치 못ᄒᆞ오시고 아ᄌᆞ마님겨오셔도 본병환을 미령ᄒᆞ오
시다 ᄒᆞ오니 이런 즁일스록 우환이나 업셔야 견디올데 이러들 ᄒᆞ오니 민망ᄒᆞ오며 요스이는
대되 쾌복ᄒᆞ오시고 졔졀 일양ᄒᆞ오시니잇가 여긔는 친후 범졀 일향 안녕ᄒᆞ오시니 축슈ᄒᆞ오
며 지내는[2] 말숨과 범빅은 아ᄌᆞ마님끠 ᄒᆞ온 샹셔의 ᄌᆞ시 ᄒᆞ얏스오니 아니 보오시옵마는 딱
ᄒᆞᆫ 일이 만스오니 민망ᄒᆞᆸ 버스신 옷과 닉 옷 올녀보내는[3] 것 다 발긔티로 ᄌᆞ시 바드시게
ᄒᆞᆸ 니집 형졔도 쟐 잇고 큰니집은 연ᄒᆞ야 어듸 잇습 보쟌야도 응당 쟝[4] 가 이슬 듯[5] 얄믭
습 셔역 극난 겨유 이만 뎍습 뉵월 이십팔일 샹희 챵녕딕 슈시겨오셔는 친졍[6] 디고을 만나
시다 ᄒᆞ오니 놀납스옴[7] 엇지[8] 다 뎍습

판독대비

번호	판독자료집	김일근 · 황문환 (1999b : 78~79)
1	지내시고	지닉시고
2	지내는	지닉는
3	올녀보내는	올려 보닉는
4	쟝	장
5	듯	돗
6	친졍	친편
7	놀납스옴	놀랍스옴
8	엇지	〔판독 안 됨〕

추사가 언간 44

〈추사가-44, 1831년, 김상희(오빠) → 미상(서매)〉

판독문

인편의 글시 보고 든든ᄒ며 일양 깃부고[1] 그ᄉᆞ이 너의 모친 그리 셩치 못ᄒᆞ야 지내시다[2] ᄒᆞ니 넘녀[3] 측냥업ᄉᆞ며[4] 요ᄉᆞ이ᄂᆞᆫ 쾌히 나으시냐 형님겨오셔도 니졈과 본증로 디단 펼치 못ᄒᆞ시다 ᄒᆞ니 놀납기[5] 측냥업ᄉᆞ며[6] 즉금은 쾌히 낫ᄌᆞ오신지 외오셔 긔별은 ᄌᆞ로 드를 길 업고 답답 견될 길 업슬 ᄲᅮᆫ이로다 큰 니집은 여름의 연ᄒᆞ야 어딕셔 지내엿ᄂᆞ니[7] 틱기나 잇ᄂᆞ냐 여긔ᄂᆞᆫ 친후 범졀 일양ᄒᆞ오시고 안환과 니즐도 다 쾌복ᄒᆞ야 지내오시니[8] 다힝ᄒᆞ오며 덥기와 쟝마도 심ᄒᆞ디 졔졀이 관겨치 아니ᄒᆞ오시니 이을 축슈ᄒᆞ옵ᄂᆞᆫ다 찬도 범빅은 아즈마님 샹셔의 ᄌᆞ시 ᄒᆞ야시니 아니 보면 알냐마ᄂᆞᆫ[9] 졔일 쇠고기 ᄭᅡ둙의[10] 이리 민망ᄒᆞ다 나ᄂᆞᆫ 그ᄉᆞ이 낙샹을 ᄒᆞ야 허리를 닷쳐 쏨작을 못ᄒᆞ더니 슈일이야 지팡이를[11] 집고 긔동ᄒᆞ나 죵시 여샹ᄒᆞ지[12] 못ᄒᆞ니 ᄶᆞ다 내[13] 옷 오ᄂᆞᆫ데 본즉 횡젼을 둘만 보내여시니[14] 여긔셔 ᄲᆞᆯ기도 극난ᄒᆞᆯ ᄲᅮᆫ 아니라 왼 여름의 횡젼 둘노 엇지 신ᄂᆞ니 싀딕[15] 슈시겨오셔ᄂᆞᆫ 친뎡 디고을 만나시다 ᄒᆞ니 놀납고[16] 악연ᄒᆞ옴 엇지 다 ᄒᆞ리 아희들을 다 잘 잇고 ᄶᆞ쇠 쟉난은 더ᄒᆞ지나 아니ᄒᆞ냐 편지 여러 쟝 어려워 겨유 그친다 뉵월 넘팔일 형

판독대비

번호	판독자료집	김일근·황문환 (1999b : 80~81)
1	일양 깃부고	일양이웁고
2	지내시다	지닉시다
3	념녀	념려
4	측냥업ᄉ며	측량 업ᄉ며
5	놀납기	놀랍기
6	측냥업ᄉ며	측량 업ᄉ며
7	지내엿ᄂ니	지닉엿ᄂ니
8	지내오시니	지닉오시니
9	알냐마ᄂ	얄랴마ᄂ
10	싸듥의	싸드리의
11	지팡이를	지팡이룰
12	여샹ᄒ지	녀샹ᄒ지
13	내	닉
14	보내여시니	보닉여시니
15	식딕	싯딕
16	놀납고	놀랍고

〈추사가-45, 1897년, 김관제(庶弟) → 김한제(嫡兄)〉

판독문

兄主前 上書

복미심 ᄎ시의 긔쳬후 만안ᄒ오시고 디소딕 뎨졀리 만강ᄒ시읍ᄂ잇가 복모 간졀ᄒ오며 셔뎨ᄂᆫ 별고 읍ᄉ오나 형니 와셔 ᄂ리 셩치 못ᄒ오니 보기 답답ᄒ읍고 뎨딕의[1] 장ᄉ난 아직 즁폄으로[2] 이달 이십일일 써ᄉ오나 그 역 치품쳐라 괴롭ᄉ오며 산지을 또 구ᄒ오나 다 창피 창피ᄒ읍고 읍난 것션 만습고 웃지 슐ᄌ 말리 안이 나오며 쏘 각쳐의셔 통혼ᄒ오나 합당치도 못ᄒ온 즁 언니 일가 ᄒ나 보아 쥬난 스람 읍습고 혼져 어린것덜 다리고 슐 일 싱각ᄒ올ᄉ록 가심만 답답ᄒ읍고 예산으로 불시 가고 십ᄉ오나 ᄒ인과 다소 식구가 부얼 먹고 ᄉ오며 형님계셔ᄂᆫ 젼과 갓트시면 그리 ᄒ련만은 그도 못 되읍고 누구을 의지ᄒ고 ᄉ오며 죽은 스람 역시 시집 구경 못 ᄒ고 유훈을 먹어ᄉ오니 불상ᄒ고 남의 이목으로 ᄒ여도 곳 운구ᄒ여야 올ᄉ온디 사력니 운구홀 슈 읍ᄉ와 이리ᄒ온 일인디 남은 혹 시비도 더러 ᄒ오니 남을 디ᄒ와 말홀 슈 읍시 붓쓰럽습나이다 혼쳐 ᄂ난 디로 곳 지취을 ᄒᄌ ᄒ오니 각씌와 스모을 좀 보니 쥬시읍소셔 여기셔 만난 스모가 읍습고 씌도 어렵ᄉ오니 뎨계 맛질 것셔로 곳 보니 쥬시읍소셔 뉵월이 졸곡이온디 길이 멀어 긔별ᄒ오니 아조 할마님 지방 ᄒ 장 써셔셔 상ᄌ의 녀 보니 쥬시읍소셔 부졔을 지ᄂᄌ ᄒ오니 부딕 고츅ᄒ오시고 ᄒ 장 써 보니 쥬시기 쳔만[3] 복츅복츅이오며 □…□ 졍유 ᄉ월 이십뉵일 셔뎨 관졔 상셔

판독대비

번호	판독자료집	김일근·황문환 (1999c : 60~61)
1	뎨딕의	뎨집의
2	즁폄으로	즁평으로
3	쳔만	쳔만

• 의성김씨 학봉 김성일가 언간 •

167건

■ 대상 언간

안동(安東) 금계(金溪)의 학봉(鶴峰) 김성일(金誠一) 종가(宗家)에 전하는 한글편지 중 한국학중앙연구원 편(2009a)에 수록된 167건*을 가리킨다. 이 편지들은 1985년에 한국학중앙연구원(당시 한국정신문화연구원)에서 수집하여 정리하고 35mm 크기의 마이크로필름으로 촬영한 바 있어 한국학중앙연구원에 당시의 마이크로필름이 보관되어 있다.

■ 언간 명칭 : 의성김씨 학봉 김성일가 언간

대상 편지는 한국학중앙연구원 편(2009a, b)에 처음 소개되면서 '의성김씨 김성일파 종택 한글 간찰'로 명명되었다. 이 판독자료집에서는 이들 편지가 학봉(鶴峰) 김성일(金誠一, 1538~1593)의 후손가(後孫家)에서 오간 편지인 점을 반영하여 '의성김씨 학봉 김성일가 언간'으로 명칭을 조정하고, 출전 제시의 편의상 약칭이 필요할 경우에는 '김성일가'를 사용하였다.

■ 언간 수량 : 167건

총 167건 가운데 1건(065번)은 한문편지와 한글편지가 함께 같은 종이에 적힌 것이다(아버지가 아들에게는 한문편지를, 며느리에게는 한글편지를 쓴 것인데 편지의 내용은 대동소이하다). 그러나 이 판독자료집에서는 한문편지를 제외하고 한글편지만을 수록 대상으로 삼았다. 167건 가운데 '001번' 편지는 김광찬(金光燦)이 사망 직전에 아내에게 당부한 유언(遺言) 성격의 글이다. 본래 한문으로 작성된 것을 아버지 김주국(金柱國)이 며느리에게 전하기 위하여 한글로 번역하여 적고, 이어서 죽은 아들에게 말하는 형식으로 그 전후의 사연을 밝힌 뒤, 며느리 진성이씨에게 당부하는 말을 술회(述懷) 형식으로 덧붙여 놓았다. 따라서 엄밀한 의미에서 보면 편지가 아니라고도 할 수 있으나, 죽은 아들 광찬(光燦)을 수신자로 하여 편지 형식을 취한 부분이 있음을 고려하여 이 판독자료집에서는 편지에 포함하여 다루었다.

....

* 연구진이 최근 조사한 바에 의하면 이 167건 외에도 20세기 초까지의 편지로 추정되는 한글편지가 100여 건이 더 전한다. 이 100여 건은 대부분 김진화와 여강이씨 및 그의 자녀들과 며느리를 중심으로 발수신 관계가 추정되는 것들이다. 향후 연구진에서는 추가로 발견된 편지를 포함하여 새로 역주서를 준비할 예정이므로 편지 전체의 보다 자세한 서지 사항 등은 이 책을 참조할 수 있을 것이다.

■ 원문 판독

한국학중앙연구원 편(2009a, b)에서 처음 소개하면서 167건 전체에 대한 흑백 사진과 판독문을 함께 제시하였다. 이 판독자료집에서는 기존 판독문을 편지 원본과 대조하여 재검토하고 차이가 있는 부분을 표로 제시하여 판독 결과를 대조해 보는 데 도움이 될 수 있도록 하였다.

■ 발신자와 수신자

총 167건 중 발신자가 구체적으로 파악되는 것은 107건이고 나머지는 발신자와 수신자의 관계만 파악될 수 있다. 발신자는 김진화(金鎭華, 1793~1850)를 중심으로 증조부 김주국(金柱國, 1710~1771), 조부 김광찬(金光燦, 1736~1765), 아내 여강이씨(驪江李氏, 1792~1862)*, 며느리 진성이씨(眞城李氏, 1825~1888)** 등이고, 수신자는 발신자의 아내, 며느리, 남편, 시아버지, 아들, 딸 등 집안 내 가족 구성원이 대부분이다. 이 판독자료집에서는 발신자와 수신자에 대해 기본적으로 한국학중앙연구원 편(2009a)에서 밝힌 내용을 따르되 일부 편지는 족보 검토 등을 통해 특별한 언급 없이 수정하여 제시하였다.

■ 작성 시기

1번 편지만 18세기 후반(1765년, 1767년)에 해당되고, 나머지의 작성 시기는 대체로 1829년으로부터 1850년에 이르는 19세기 전반기에 집중되어 있다. 10건 정도는 1861~1883년의 것으로 추정되기 때문에 전체적인 작성 시기는 '18세기 후반~19세기 후반' 정도로 잡을 수 있다. 이 판독자료집에서는 각 편지의 작성 시기에 대해 기본적으로 한국학중앙연구원 편(2009a)에서 밝힌 내용을 따르되 일부 편지는 족보 검토 등을 통해 특별한 언급 없이 수정하여 제시하였다.

■ 자료 가치

19세기 경상도 지역의 방언(方言)을 잘 반영하고 있어 국어사(國語史) 내지 방언사(方言史) 자료로서 가치가 높다. 또한 김진화를 중심으로 당시 반가(班家)의 집안 운영과 생활상을 면

---

 * 회재(晦齋) 이언적(李彦迪, 1491~1553)의 후손인 이원상(李元祥, 1762~1813)의 딸이다.
** 퇴계(退溪) 이황(李滉, 1501~1570)의 후손인 이만억(李萬億, 1804~1855)의 딸이다.

밀히 살필 수 있어 생활사(生活史), 여성사(女性史), 문화사(文化史), 복식사(服飾史), 음식사(飲食史) 등 다양한 분야의 연구 자료가 될 수 있다.

■ 자료 해제

자료의 자세한 서지 사항에 대해서는 한국학중앙연구원 편(2009a)을 참고할 수 있다.

□ 원본 사항

- 원본 소장 : 안동(安東) 금계(金溪) 의성김씨 학봉 김성일 종택(宗宅) 운장각(雲章閣)
- 마이크로필름 : 한국학중앙연구원 소장(MF 35-3715, 3716)
- 크기 : 12×37cm(36번), 33×88cm(39번) 등

□ 판독 사항

한국학중앙연구원 편(2009a), 『조선후기 한글 간찰(언간)의 역주 연구』 6, 태학사. ※ 167건 전체 판독

□ 영인 사항

한국학중앙연구원 편(2009b), 『조선후기 한글 간찰(언간) 영인본』 3, 태학사. ※ 167건 전체 영인 (흑백)

□ 참고 논저

박병천·정복동·황문환(2012), 『조선시대 한글편지 서체자전』, 한국학중앙연구원 어문생활사연구소, 다운샘.

주영하(2013), 「안동의 아내가 전라도 남편에게 보낸 장류」, 『인문학자, 조선시대 민간의 음식상을 차리다』, 한식세계화를 위한 조선시대민간음식고문헌 심포지엄 발표논문집, 89~104쪽.

최전승(2012), 「19세기 전기 경북 사회방언 발달 과정에서 개별성과 보편성에 대한 일고찰—

『의성김씨 김성일파 종택 한글간찰』을 중심으로」, 『교과 교육 연구』 6, 전북 대학교 교과 교육 연구소, 277~375쪽.

한국학중앙연구원 편(2009a), 『조선후기 한글 간찰(언간)의 역주 연구 6 - 의성김씨 김성일파 종택 한글 간찰』, 태학사.

한국학중앙연구원 편(2009b), 『조선후기 한글 간찰(언간) 영인본 3 - 의성김씨 김성일파 종택·전주이씨 덕천군파 종택 한글 간찰』, 태학사.

의성김씨 학봉 김성일가 언간 001-1

〈김성일가-001-1, 1765년, 김광찬(남편) → 진성이씨(아내)〉

판독문

긔녀셔 안흘 주는 글

흔 병이 ㅂ랄 거시 업서 일만 가지 일이 모도 아니 녕위ㅎ야 셩닙ㅎ려던 계귀 구롬ㄱㅌ치 헷 거스로 도라가니 가히 탄식홈믈 이긔랴 내 죽으무로써 흔 말고 능히 내 뜻을 니어 일 괴 육 귀룡이룰 보젼ㅎ야써 내 슈쇄 못 흔[1] 나믄 업을 니으면 내 죽어도 눈을 ㄱ무리라 부로골 논 은 곳 내 주긔 미득흔 거시라 토품이 됴코 소츌이 우리 집 두어 둘 냥식니나 될 거신즉 이 논이 실노 우리 집 흔 모 막을 거시라 디디 죵ㅈ죵손이 젼ㅎ야 빅디라도 가히 써여 내지 못 홀 거시오 궁골 논도 비록 내 삿다 홀지라도 쏘흔 가히 써여 내지 못홀 거니니[2] 논곳 써면 그나마 다론 박젼박퇴 다 미들 거시 업쓰미오 그나마 놋졈 논 오삼개 자리와 턱장 남 돌고 개 밧츤 유뮈 독히 거론홀 배 아니오 봄파일 새 밧츤 쳐가 깃득으로 산 거시니 자녀 셩젼은 가히 스스로 ㅎ고 슈횐즉 죵믈노 들 거시니 풀거나 쩨거나 홀 거슨 아니라 내 뜻을 톄렴ㅎ 면 현뷔라 이룰 거시오 흔갓 죽은 날만 부르지져 가스룰 도라보지 아닌즉 내의 ㅂ라미 아니 로라 을유년 월 일 김 탹셔

판독대비

번호	판독자료집	한국학중앙연구원 편 (2009a : 37~39)
1	못 흔	못튼
2	거니니	거시니

의성김씨 학봉 김성일가 언간 001-2

〈김성일가-001-2, 1765년, 김주국(아버지) → 김광찬(아들)〉

광찬아 네 어느 날 이룰 써 준다 네 병이 윤이월 스물사흘나흘 즈음의 더ᄒ니 날ᄃ려 이로 더 문지 이시니 휘의 보실나 ᄒ고 인ᄒ야 후ᄉ로 내게 이ᄅ니 이거시 스믈사흔날 쓴 거시로 다 통지라 네 안해 네 죽던 날 내여 뵈이니 곳 삼월 초뉵일이라 익고 앗갑다 필혹이[1] 됴곰 도 호란치 아냐 예샹ᄒ뇨 네 안해 엇지 직ᄒ여 봉힝치 아니리오 통지통지 삼월 초뉵일 오시 죽지 못ᄒ 아비는 피눈물 쓯고 굿히 스노라

판독대비

번호	판독자료집	한국학중앙연구원 편 (2009a : 39)
1	필혹이	필혹이

의성김씨 학봉 김성일가 언간 001-3

〈김성일가-001-3, 1767년, 김주국(시아버지) → 진성이씨(며느리)〉

초상 적 창황 간의 잠간 보고 삼상 후 정희 삼월 열나흔날 다시 츠자 보니 아자아자 글시는 완연ᄒ다 소위 오삼 논은 제 산 거시디 제 임동 시예 날ᄃ려 최대를 주노라 ᄒ던 말은 며느리도 드럿고 납돌고개[1] 밧 서 마지기는 며느리 산 거시니 알 배 아니오 봄파일 새 밧 일곱 마지기는 거능긔 것 이매훈[2] 거시니 쳐변 깃득이라 며느리 싱젼 츠지ᄒ다가 늉의 ᄌᆞᄌᆞ손손이 승등 위로 젼ᄒᆞᆯ 거시오 궁골 논 닷 마지기는 제 산 거시니 내 알배 아니나 실노 그 논곳 아니면 다른 거시 의지 업스매 당초의 내 무이 굥드려 당만ᄒ엿더니 제 것 쓰고 준 거시러니 제 쩌지 말난 말이 올코 부로골 논 ᄒᆞᆫ 셤직기는 빅쉰 냥 준 거시디 젹년 굥드려 내 사려다가 못 삿더니 제 사매 긔특ᄒᆞ야 가슈내 도지 마은 냥 찬견의 슉신 돈 셔흔 냥 김싱개 밧 군 도[3] 셔흔 냥 실즉 빅 냥은 내 보탠 쟉시어니와 이 논 당만ᄒᆞᆫ 후로는 냥식은 의법 나오니 제 빅디라도 종물노 두리라 ᄒᆞ미 올ᄒ니라[4] 내 됴모의 싀여질 줄 모ᄅᆞ매 다시 차자 보고 셔ᄅᆞ물 춤고 번녁ᄒᆞ야[5] 며느리 보과져 ᄒ노라 정희 삼월 열나흔날 미스 부는 두 번 쓰노라

판독대비

번호	판독자료집	한국학중앙연구원 편 (2009a : 39~41)
1	납돌고개	납들고개
2	거능긔 것 이매훈	거능긔 것이 매훈
3	밧군 도	밧군도
4	올ᄒ니라	올ᄒ리라
5	번녁ᄒᆞ야	번덕ᄒᆞ야

의성김씨 학봉 김성일가 언간 002

〈김성일가-002, 1833년, 김진화(남편) → 여강이씨(아내)〉

판독문

답샹쟝

셔울셔 보낸 흐인 왓슬 듯흐오나 인편 업셔 집의 편지도 볼 길 업스니 답답흐올 추 셩년이
오며 수셔 밧즈와 신긔 탐탐흐온 듯 아희들 더리고 그만흐신가 시부오니 다힝이오며 적은
집들 무스흐니 다힝흐오나 보연의 복제 가이업고 내압홀 가셔 아니 왓다 흐니 무엇 터로 쵸
샹 후의 즉시 아니 오는고 이곳은 그만흐고 영문 길도 무스히 도른왓습 고을은 폐읍이오 박
황이라 볼 거슨 업스오나 그려도 내힝 더려다가 굼기고 벗기든 아닐 거시니 뇩칠 년을 셔루
쩌낫다가 한데로 모히면 이거시 셰샹이 아니읍 팔월 망후 염젼으로 날을 바다 샤판과 내힝
을 흐면 됴홀 듯흐읍 샹가미는 북곽 슉문의 집의 잇는 계샹 거술 비러 오고 독가마는 계남
잇는 거술 둘을 다 비러다가 흐나흔 쥬익가 후남을 안타고[1] 흐나흔 보연이가 츠돌을 안타
대[2] 그거는 샥갓 가마라스[3] 될 듯흐읍 거월 염팔일의 근이와 관흐인 보내엿더니 그스이 우
슈의 엇지 드러갓는가 계슈는 샤명일 밧기 봉흐는 규려 업스니 칠셕의는 제물 업슬 듯흐오
나 졍니 셥셥흐와 거번 제물 보내엿스니 칠셕 밋쳐 가기나 갓는동 염녀되읍 의셩이 더리로
내일이나 모레나 샤람과 말과 보내려 흐읍 그편의 오금이 가는 계슈와 계남 보냇는 불샹흔
셰슈 보내려 흐읍 챵연은 갈 데가 업셔 외가로 온다 흐니 부대 잘 거두어 음식 과히 머기지
말고 병내게 마읍 고을노 더려올낫 말은 아니 된 말이읍 예는[4] 희풍이 셴 고지라 아희들 염
녀 만습 셩년의[5] 말을 드른니 츠돌이가 파려 터라 흐니 부대 개 바리나 메기읍 내일 인편의
쏘 편지 붓칠 거시오 이만 쵸쵸 적습 초삼일 김

판독대비

번호	판독자료집	한국학중앙연구원 편 (2009a : 46~48)
1	안타고	안 타고
2	안타대	안 타대
3	샥갓 가마라스	샥 갓가 마라스
4	예논	녜논
5	셩년의	셩연의

의성김씨 학봉 김성일가 언간 003

〈김성일가-003, 1829년, 아주신씨(아내) → 김진형(남편)〉

판독문

샹장

보힝으로 쳘 니 힝역을 엇지 잘 ᄒ오실고[1] 염녀 침식의 부리온 시 업ᄉ오며 평안히 닙셩ᄒ
오시고 노독이나 업ᄉ오신가 답답 굼겁ᄉ오이다 이곳은 셋 집 무고ᄒᅌᆸ고 아ᄌ바님 써나ᅌᆸ
시니 허우럭 섭섭ᄒᄋ오며 원힝 안녕히 득달ᄒᄋ오시기 ᄇ라ᄋ오며 아희[2] 죵형제 무양ᄒᄋ오니 긔
특ᄒᄋ오이다 힝ᄌᆺ도 부죡ᄒᄋ온 거슬 군숙들 아니시던가 민망ᄒᄋ오이다 오산 창옷 보션 힝젼
한삼 가ᅌᆸᄂᆞ이다 덕스옴 어득 이만이ᄋᆸ 내내[3] 평안ᄒᄋ오시고 소망을 일우ᄋᆸ기 ᄇ라ᄋᆸᄂᆞ이다
동셩도 써ᄂᆞᆫ다 ᄒᅌᆸ더니 ᄒᄆᆞ ᄀᆞᆺ습ᄂᆞᆫ가 굼겁ᄉ오이다 긔튝 십월 초삼일 신 샹장[4] 푼젼 업습
ᄂᆞᆫ디 민망ᄒᄋ오나 ᄯᅡᆫ머리 빈혀 업ᄉ니 졀박 칠팔 푼 주고 ᄒᄂᆞ 사 오시ᄋᆸ

판독대비

번호	판독자료집	한국학중앙연구원 편 (2009a : 52~53)
1	잘 ᄒ오실고	엇지엇지ᄒ오실고
2	아희	아희
3	내내	니니
4	신 샹장	신샹

의성김씨 학봉 김성일가 언간 004

〈김성일가-004, 1832년, 여강이씨(아내) → 김진화(남편)〉

판독문

샹장

영득이 도라온 후 다시 아득ᄒ오니 쥬야 답답 넘녀 침식이 블안ᄒ오이다[1] 일긔 화창ᄒ온디
년ᄒ와 긔듕 긔운 일양으로 안녕ᄒ옵셔 쳠샹이나 아니ᄒ옵시고 음식 즈시기 엇더ᄒ옵시니
잇가 긴고ᄒ시ᄂ 소문 답답 익탁ᄒ오나 일호도 그 슈발을 못 ᄒ고 잇ᄉ오니 한심한심 형셰
졀통 ᄀ이업ᄉ 몸이 곤다 ᄒ시니 약효가 이셔 그러ᄒ온가 엇더ᄒ여 그러신고 답답 두립ᄉ
오이다 반촌 시긔나 업ᄉ 시졀도 ᄒ 위름ᄒ오니 수란 두립ᄉ오이다 약은 ᄒ 졔롤 즈시고 ᄒ
졔ᄂ 돈 업서 못 즈실다 ᄒ신다 ᄒ오니 급급 아모리 돈이 업짜고 덜 즙ᄉ와 엇디ᄒ옵 돈 닷
냥을 보내오니 ᄆ즈 즙ᄉ와 보시ᄋᆸ 아모죠록 ᄒ여도 병환은 고쳐 신샹이 반셕 ᄀᆺ즈오면 무
ᄉ 걱졍이 잇ᄉᆸ 예도 츠돌이[2] 무양기 되여 츙실ᄒ오니 긔특긔특 보비롭ᄉ오나 험찰 난감ᄒ
오니 민망ᄒ오며 아비ᄂ 고을에 고을ᄒ여 일산 밧고 온다고 온[3] 사ᄅᆷ드려 즈랑을 ᄒ오니 이
리 웃ᄉ 거번 제게 젹어 보내신 걸 일너 듯기오니 의법 더 반기고 감동을 ᄒᄂ 듯ᄒ오니 알
시롭ᄉ오이다 후남 삼 형뎨 무양ᄒ오나 쥐ᄂ 면죵을 노샹 내오니 졀박ᄒ오며 두 져근집들
무고ᄒ오니 깃부오나 건네ᄆ을 시긔 민망민망 댱쳔 딕이셔도[4] 큰집이로 츌피ᄒ오니 수란수
란ᄒᆸ 계남도 거번 니랑이 무슨 병 디단 졀박하다 ᄒ오니 놀나온 심신 진졍 못 ᄒ여 사ᄅᆷ
보내엿더니 그만ᄒ더라 ᄒ오니 든든 긔특 밧사돈긔셔 하회 가시ᄂ[5] 길 니왕의 드시니 든든
ᄒ오나 셔롭고[6] 불샹불샹[7] ᄀ련ᄀ련ᄒ 거ᄉ 어듸로 간고 원억원억 제 쳘빙 젼의 ᄒ 번 ᄂ려
와 계셔 울러도 못 주실 듯ᄒ오니 불샹불샹[8] 잔잉잔잉 ᄀ련ᄒ 것도 잇ᄉᆸ 챵년은 즈룹업시[9]
큰다 ᄒ오니 가련가련 츠마 싱각지 못ᄒ올소이다 즉금은 날셰 의법 덥ᄉ오니 누비옷시 아
니 가ᄉ오니 졀박졀박 누비져구리와 모시 푸른 챵의 ᄒ나흔 아니 와ᄉ오니 게 잇ᄂ가 아니
와시니 고이ᄒᆸ 누비바디 겹바지 져구리[10] 덕삼 푼른 챵의 흰 챵의 아니 입ᄂ다 ᄒ오나 아
지 못 보내ᄋᆸ 도포ᄂ 관디롤 쓰더 지으니 아니 될 듯ᄒ 걸 쳔쭉의나[11] 이어 ᄒ오니 뒷고든
군막이[12] 업서 아니 될 거슬 짠[13] 거슬 싱기롤 갓게 ᄒ여 다혀시나 맛기나 마즐동 아니 될
걸 ᄒ오니 맛것찬을 듯 민망ᄒᆸ ᄀ득ᄒ오나 어득 이만 내내 틱평틱평 쾌츠ᄒ옵심 츅슈츅

슈ᄒ옵ᄂ이다[14] 임진 ᄉ월 초구일 니

판독대비

번호	판독자료집	한국학중앙연구원 편 (2009a : 57~60)
1	블안ᄒ오이다	불안ᄒ오이다
2	ᄎ돌이	ᄎ돌
3	온	고을
4	댱쳔 딕이셔도	댱쳥딕이셔도
5	가시ᄂ	갓ᄂ
6	셔롭고	시롭고
7	블샹블샹	불샹불샹
8	블샹블샹	불샹불샹
9	ᄌ룹업시	ᄌ룸 업시
10	져구리	겹져구리
11	쳔쪽의나	젼쪽의나
12	군막이	군무이
13	딴	단
14	츅슈츅슈옵ᄂ이다	츅수츅슈ᄒ압ᄂ이다

의성김씨 학봉 김성일가 언간 005

〈김성일가-005, 1832년, 여강이씨(아내) → 김진화(남편)〉

판독문

샹장

계남으로 와 희룡이 가는디 편디 부쳐습더니 보와 계시옵 오래 막히오니 답답 넘녀 층냥 못
ᄒᆞ오며 일기 점점 덥ᄉᆞ온디 괴롭ᄉᆞ오신 긔운 쳠샹이나 아니ᄒᆞ옵셔 ᄎᆞᄎᆞ 향감ᄒᆞ와 일양이시
옵 음식은 ᄌᆞ시디 못ᄒᆞ고[1] 곤긔예 깅기롤 못 ᄒᆞ오심 곱곱 두립ᄉᆞ온 용녀 아모라타 못 요ᄉᆞ
이는 구미 죠곰 나으신가 씀즉잔은 나믈을 싱각ᄒᆞ시디 그걸 못 어더 줍ᄉᆞ오시니 답답 언제
나 면ᄒᆞ실고 실노 귀찬귀찬ᄒᆞ오이다 예는 ᄎᆞᆺ돌 무양 츙완ᄒᆞ고 지각은 어룬 ᄀᆞᆺᄒᆞᆫ 일 만ᄉᆞ오
니 긔특긔특 아비ᄒᆞᆫ테 편디ᄒᆞ기로 조희 붓즐 주고 가르치면 ᄉᆞ마 ᄒᆞ오니 우숩고 긔졀긔졀
경시오나 못 보시는 줄 졀통졀통 이둛습고 ᄀᆞ을에 온다 ᄒᆞ며 타년ᄒᆞ오니 국양이 하히 ᄀᆞᆺᄌᆞ
오니 보비롭ᄉᆞ오이다 쥬아 삼 형뎨 무양ᄒᆞ고 두 겨근집들 무ᄉᆞᄒᆞ오니 다힝ᄒᆞ오나 년의 귀
졋은 ᄉᆞ향을 여허도 낫디 아니오니 졀박 고딜이 될 ᄃᆞᆺᄒᆞ옵 금호 호인졍 아ᄌᆞ마님 샹ᄉᆞ ᄀᆞ이
ᄀᆞ이업습고 유촌 아ᄌᆞ바님 선산 가 계시다가 우환 긔별 듯고 급급히 오시니 볼셔 일을 당ᄒᆞ
여 모ᄌᆞᆷ분 임죵을 못 ᄒᆞ시고 달녀들며 막혀 ᄒᆞ르밤을 인ᄉᆞ롤 모르시고 황황ᄒᆞ시던 소문 참
혹참혹 한심 ᄀᆞ이업습고 이 넘ᄉᆞ일이 장ᄉᆞ라 긔별 와ᄉᆞ와 아ᄌᆞ바님은 졀의 가시고 무간니
라 어제 하인 보내여습 하회셔 나일[2] ᄯᅥ나신다 오늘 긔별ᄒᆞ여시니 아ᄌᆞ바님 편지롤 못 맛다
보내오니 민망ᄒᆞ옵 여름옷 모도 보내오나 모슈 ᄒᆞᆫ삼 두 거리는 게 잇ᄂᆞᆫ가 일흔가 예도[3] 아
니 와ᄉᆞ오니 고이ᄒᆞ옵 쇼챵옷 셋 젹삼 셋 모시 겹져구리 쇽것 셋 겹바지 ᄒᆞ나 힝젼 둘 보션
ᄒᆞᆫ 거리 가옵 반찬굿도 못 보내오니 답답ᄒᆞ옵 약은 다시 시죽ᄒᆞ여 계시옵 아모려나 수이 마
자 ᄌᆞ시고 신양 거근ᄒᆞ시기 ᄇᆞ라옵 ᄀᆞ득ᄒᆞ오나 급급 이만 내내 긔듕 신샹 틱평틱평ᄒᆞ신 쇼
식 ᄇᆞ라옵ᄂᆞ이다 금호 문부롤 이월의 ᄒᆞ옵고 슌슌 잇고 긔별 못 ᄒᆞ여습더니 아라 계신디 죄
롭ᄉᆞ오이다 계남 긔별 그 후 아득ᄒᆞ오니 축쳐 심회 지향 못 역딜은 ᄉᆞ위ᄒᆞ고 창년이롤 싱각
ᄒᆞ오니 ᄉᆞ마ᄉᆞ마 두립습 이 ᄆᆞ의도 역딜 드다 ᄒᆞ오니 더고나 통신을 못 ᄒᆞ올소이다 여긔 모
시 쳥포 ᄒᆞ나히 잇ᄉᆞ오니 ᄯᅳ더 ᄎᆞᆺ돌이 챵옷시나 ᄒᆞ여 입히고 시부오나 혹 슬더 이실가 못ᄒᆞ
오니 입힐 것 업ᄉᆞ오니 민망ᄒᆞ옵 모시 쇼챵옷 ᄒᆞ나흔 다 ᄊᆞ러져시니 올여름도 모자롤 ᄃᆞᆺ 졀

박흥옵 임진 스월 넘일일 니

판독대비

번호	판독자료집	한국학중앙연구원 편 (2009a : 65~68)
1	못흐고	못하고
2	나일	나 일
3	예도	예눈

의성김씨 학봉 김성일가 언간 006

〈김성일가-006, 1832년, 여강이씨(아내) → 김진화(남편)〉

판독문

답샹장

스렴 아모라타 업스올 추 셔울 하인 오다 흐오니 쌈작 놀납기 충냥 못 이어 뎍스오심 보오
니 식식 괴롭스오신 증환 추추 감세 계시다 흐오니 든든 경시 이밧 업스오나 굿득 빗치시는
둥 병막 젹간을 손조 흐신다[1] 흐오니 즉죽 두립스옴 츈빙을 임훈 둣 원은 지속이 업고 졈졈
괴로운 고역만 흐시니 답답 녹을 노르시옵 일긔는 졈졈 그악흐고 의복은 츨츨치[2] 아니코 여
름 경과롤 엇디흐실고 절박절박흐옵 영쳔으로 부친 편디는 이젹 못 보신 둣 고이흐옵 희용
의 즈식 가는디 부친 편디 보와 계시옵 예도 대쇼가 무스흐나 건네 어린것 발반 삼 일의 고
약히 봇치오니 스글 술난흐옵 추돌은 무양 충실흐고 글 줄 이르고 글시 셩벽히 흐고져 흐흐
나 다잡아 ᄀ라치디 못흐니 답답 익들스오니 원을 득실을 브러여 급훈 거시 아니라 쳔금 굿
훈 추돌의 몸의 이훈[3] 거시라 시가 급급 째가 급흐나 ᄆᄋᆷ디로 못 흐오니 엇디흐옵 년들 삼
형데 무양흐고 남희 비ᄋ환 시죽홀 쩌는 아조 못 먹더니 즉금은 줄 먹고 샹도 죠곰 나으니
심녀 마옵 계남 긔별도 아득흐더니 이 하인 편 드르니 창년[4] 무양 충실흐나 역딜 근지예 이
셔 걱정흐니 불샹불샹 가슴 알히옵 딜부도 셩셩치 아니흐니 알시로오나 터근 둣흐오니 긔
특흐옵 흐 답답흐오니 뷘 사롬이나 보내 보고져 흐오나 농시가 되니 엇디홀동 급급흐옵[5] 영
쳔으로 쇼챵옷 보션 두 거리 붓쳣더니 가슴 보션이 업눈 둣 민망 보션 두 거리 가옵 총총
이만 내내 긔듕 긔운 안녕흐옵심 축슈축슈흐옵 반찬도 못 보내고 고초댱도 보낼 길 업서 못
보내오니 답답흐옵 이 하인은 바짝 마른 쎠라 몹시 머겨 보내오니 절박흐옵 뵈 젹삼 가옵
고쵸댱 죠고만은 한 항 보내옵 넘칠일

판독대비

번호	판독자료집	한국학중앙연구원 편 (2009a : 72∼75)
1	손조 ᄒ신다	순조ᄒ신다
2	츨츨치	출출치
3	이혼	이 혼
4	창년	창연
5	급급ᄒ옵	급급ᄒ옵

의성김씨 학봉 김성일가 언간 007

〈김성일가-007, 1832년, 여강이씨(아내) → 김진화(남편)〉

판독문

샹장

틱봉이 도라오며 덕스오신 것 □□□ 긔운[1] 첨샹은 업스오심 듯ᄌ와 든든 쳔ᅙᅵ이오나 골믈[2] 다스ᄒᆞ신 벼슬을 ᄒᆞ와 골믈골믈[3] 쥬야 여가 업시 경과ᄒᆞ시ᄂᆞᆫ 일 답답 그러고 빗치시다가 병환이 나실 ᄃᆞᆺ 절박절박 두립스오이다 셔울 흉년은 더ᄒᆞ와 쥬인은 ᄒᆞᆫ 씩식 ᄒᆞ여 드린다 ᄒᆞ니 답답 뎐에 스셔 잡스와도 굴무시지 마옵고 병환이나 아니 내옵시기 츅슈ᄒᆞᆸ 빗즌 그리 진다 ᄒᆞ시나 엇지ᄒᆞᆸ 줍스오시ᄂᆞᆫ 거시 올숩 예도 츠돌 무양ᄒᆞ니 긔특긔특ᄒᆞ오나 아희들과 일신 감긔 고극ᄒᆞ오니 괴롭숩고 의셩딕 순산 싱녀ᄒᆞ오니 싀훤ᄒᆞ오나 소망이 아니오니 셥셥 산모도 잡증 바히 업디 아니ᄒᆞ오니 절박ᄒᆞᆸ 계남도 거월 회일 통ᄒᆞ여 니랑과 사돈계셔 쾌 추ᄒᆞ시다 ᄒᆞ오니 다ᄒᆡᆼ다ᄒᆡᆼ 창년은[4] 드러와 졋을 아니 먹고 츙실타 ᄒᆞ오니 긔특긔특 블샹블 샹ᄒᆞᆸ[5] 창의와 비즈 아직 못 미쳐 못 보내오니 답답ᄒᆞᆸ 거번 츠돌이 신은 거시 제게는 크 고 후남의게 므즈나 돈 업서 다시 스셔 보낼 도리 업고 엇디ᄒᆞᆯ고 종형뎨 다[6] 신이 업스니 민망 돈돈이나[7] 어더 보내고 시부나 아직 업서 못 보내옵 말슴 ᄀᆞ득ᄒᆞ오나 급급 이만 내내 긱듕 긔운 안녕ᄒᆞᆸ심 츅슈츅슈ᄒᆞᆸ 원은 지속이 업고 경과ᄂᆞᆫ 견딜 도리 업스오신 일 답답 언제나 셔울을 면ᄒᆞ실고 절박절박ᄒᆞᆸ 십월 십일일

판독대비

번호	판독자료집	한국학중앙연구원 편 (2009a : 79~81)
1	□□□ 긔운	보오니 긔운
2	골믈	골믈
3	골믈골믈	골믈골믈
4	창년은	창연은
5	블샹블샹ᄒᆞᆸ	불샹불샹ᄒᆞᆸ
6	종형뎨 다	종형뎨가
7	돈돈이나	돈이나

의성김씨 학봉 김성일가 언간 008

〈김성일가-008, 1833년, 여강이씨(아내) → 김진화(남편)〉

판독문

올 보리는 풍년이라 ᄒ나 반작은 이뎐 ᄌᄎ고 집이셔 본파일 서 마지기 가라더니 닷 섬을 쑤 드리니 일촌이 우리롤 득풍이라 ᄒ나 입쑬이 업스니 삼시예 헤푸니 민망 밀도 두어 섬이나 남으나 국슈롤 그리 죠하ᄒ시는 걸 몃 히지 국슈 ᄒ 번을 못 ᄌ시고 허지발노 업시 ᄒ니 졀 통졀통 익식ᄒ나 쑬이 업스니 무간너라 쓰나 눈의 ᄀ싀 본 듯 ᄎ마 졀통졀통ᄒ옵 원은 올 닉로는 아모리[1] ᄒ여도 홀다 ᄒ시나 뉴월이 다하시니 하늘님 덕분으로 뉴월의나 ᄒ시면 싀 훤 쾌활홀 듯ᄒ오나 엇더홀고 답답 녹을 노라옵[2] 이 하인 비 와 ᄉ홀이나 유ᄒ나 보리밥 고 기 업시 먹기오니 가셔 흉을 홀 듯ᄒ옵 고기 손 죠희는 ᄎ돌의 글시옵 그걸 편지라고 보내 라 ᄒ옵 후남의 편지는 돌여 가며 웃고 보내옵

판독대비

번호	판독자료집	한국학중앙연구원 편 (2009a : 84~85)
1	아모리	아ᄆ리
2	노라옵	ᄂ라옵

의성김씨 학봉 김성일가 언간 009

〈김성일가-009, 1833년, 여강이씨(아내) → 김진화(남편)〉

판독문

샹장

셔울 하인 편 가온 편디는 흐마 보와 계시옵 언제 써나 메츤날 도임을 흐오시고 더위 길 비
치신 히나 업수오셔 긔운 안녕흐옵시고 신도지초의 관수의 시글러온 일이나 업수오며 셔울
고초를 쳔은으로 면흐시고 씀즉잔은 고을이라도 이져는 면흐여 나오신 일 싀훤싀훤 쾌흔
경수 세샹의 혼조온 듯 즐겁수오나 역역 비회 갈 발 업습 예셔 메츨 길이나 되는고 닝힝 젼
의 집으로 못 오실다 흐오니 민망흐옵 예도 츠돌 무양흐고 아즈바님 병환 츠츠 나으시니 다
힝다힝 게셔 인마 오면 즉시 써나려 흐오나 희평 졔수롤 뭇디 못흐고 가지 못흘 듯 엇디흘
나는디 년이는 제 싱슉모 문부흐고 가더니 아직 못 와수오나 또 복을 만나니 민망흐옵 아히
들 셩흐나 환형흐오니 알시롭습 도임흐신 소문 즉시 듯디 못흐오니 굼굼흐옵 져근집들 무
고흐니 다힝다힝 계남 긔별 드르니 창으 무양흐나 역딜 스위흐여 셔긔[1] 공돌이 되거든 보내
려 흐오니 예도 이돌만 넘기면 공돌이 될 듯흐오나 다시 엇더흘디 칠월 회간 임하 닝힝 갈
쎄 드리고 와 들여[2] 흐오니 블샹[3] 원통원통흔 거슨 어디로 가고 져러흐고 블샹블샹[4] 외조부
고을의 갈는다 자랑흔다 흐니 드려가면 죠체마는 저의 집의셔 아니 보낼 거시고 너모 어린
것 드려가기도 둥난흘 듯흐옵 니 셔방도 여롬내 푸려타 흐니 고이습 고을은 가 보시니 엇더
흐옵 의복 가다나 흐여도 쇽디 마시옵 셔울셔 모시옷 흐는디 슌 도덕을 마자시니 졀통졀통
흐옵 싱모시 젹삼 쇽것 흐려 흐시더니 지어 입으신가 아니 지엇거든 쇽것셰 열셕 주 들고
젹삼의 아홉 주이 드니 그리 시기옵 그을옷슨 보내지 마옵 뵈옷 쩌러져 못 입을 듯흔 것 보
내옵 쓰더 스려 흐옵 거번 보션 날셰 벳뉘 못 보와 못 기워 시 보션 흔 거리 가옵 금슈 하
인 치숑 못 답답 셰마 내여 틔여 보내오니 마셰는 게셔 주어 보내실 듯 걱졍스럽습 아모려
나[5] 긔별 수이 듯줍기 브라옵 춍춍 이만 긋치오며 긔듕 긔운 안녕흐시기 츅슈츅슈흐옵ᄂᆞ이
다 헌 보션은 후인 보내려 흐옵 계수 뉵월 넘오일 니 그 고을이 원이 잠시 ᄆᆞᄋᆞᆷ을 놋치 못
흔다 흐오니 걱졍이 만수올 듯 졀박졀박 칠셕 졔수는 지내오려 흐오나 그동안 고을 인편이
업수올 듯흐옵

판독대비

번호	판독자료집	한국학중앙연구원 편 (2009a : 90~93)
1	셔긔	여긔
2	들여	둘여
3	블샹	불샹
4	블샹블샹	불샹불샹
5	아모려나	아ᄆ려나

의성김씨 학봉 김성일가 언간 010

〈김성일가-010, 1830년, 여강이씨(아내) → 김진화(남편)〉

판독문

샹쟝

권쇠 보내온 후 아득아득 막히오니 일야의 답답 용녀 녹을 듯ᄒᆞ오며 더위는 혼창[1] 셩열이
되오니 엇디엇디 견디옵시는고 쥬야 용여 아모라타 못ᄒᆞ올소이다 그려도 대단 별증이나 업
ᄉᆞ오시고 직둥 긔운 안녕ᄒᆞ옵시고 잡수오시기나 엇더ᄒᆞ옵시며 쏘 변을 드러가시다 ᄒᆞ옵시
더니 언제ᄭᆞ지 계신고 날은 그악그악히 덥습고 년년 더위 되오면 견디지 못ᄒᆞ시던 일 역역
브리온[2] 시 업소오며 허증은 다시 관겨찬으신가 음식은 못 잡소오시고 그러고 ᄒᆞ시다가 허
증이 나실가 두루 ᄌᆞ죽훈 넘녀 침식이 블감ᄒᆞ오나[3] 유익ᄒᆞ온 디 업소오니 답답ᄒᆞ옵 예도 다
란 우환 업ᅳᆸ고 츤돌 무양 튱실ᄒᆞ옵고 지각 날노 괴샹괴샹 못할 말이 업소오니 긔절긔절 더
위라도 ᄌᆞ롭업시[4] 무양ᄒᆞ오니 긔특긔특 보비오나 이 뉵칠월을 무ᄉᆞ히 어셔 지내오면 무ᄉᆞ
걱정 이실고 후남 형데 무양ᄒᆞ오나 더위예 달ᄒᆞ여 그러훈디 푸려ᄒᆞ오니 알시롭습고 쥬ᅌᆞᄂᆞᆫ
더위 드럿난지 노 비 알코 셩찬으니 믭습 이곳도 올 여름은 셔증 발죽ᄒᆞᄂᆞᆫ 일 업시 졔년과
아조 다라니 아마 겨울에[5] 먹던 약효온 듯 신긔ᄒᆞ옵 아ᄌᆞ바님 슉딜 평안ᄒᆞ시고 시집이도 고
부 일양이나 건네는 쾌돌 졋[6] 못 먹고 푸려ᄒᆞ고 셜샤도 ᄒᆞ고 아마 올 여름에 쏘 걱정을 만
히 시길 샹부라니[7] 졀박습 계남집도 져는 셩ᄒᆞ나 어린것 이증[8] 잔샹타 ᄒᆞ더니 엇더훈동
답답ᄒᆞ옵 니 셔방 부ᄌᆞ분이 다 오시다 ᄒᆞ오니 다ᄒᆡᆼᄒᆞ오나 안사돈 희산 아직 긔쳑 업소오신
듯 졀박ᄒᆞ옵 여름옷손 각금 엇디 ᄲᅡ라 입으시는고 무비 근노 걱정이 되옵시는 줄 굽굽ᄒᆞ옵
권쇠는 언제 드러가ᅀᆞᆸ던고 오손 마즌가 여름오시 츨츨치 못ᄒᆞ오니 엇디 견디실고 답답ᄒᆞ옵
집안은 갈수록 어셜푸고 긔강 업소오니 이러코 엇디 견디올고 일일이 삼츄 ᄀᆞᆺᄒᆞ니 답답ᄒᆞ
옵 집 쇼식도 오래 듯디 못ᄒᆞ시고 넘녀와 ᄋᆞᆺ소옵심 굽굽[9] 분명 츈쳔 인편이 이동안 이실 듯
부치옵 특쳘이는 ᄂᆞ려가ᅀᆞᆸ 예산 소문 드러ᅀᆞᆸ 동싱은 간동 아니 간동 모라니 답답 그후 사름
도 보내여 볼 슈 업소오니 남의 이목의 고이코 인졍의도 ᄀᆞ이업ᅳᆸ 말ᄉᆞᆷ 남ᄉᆞ오나 지리ᄒᆞ와
이만 내내[10] 그악 더위예 직둥 긔운 안녕ᄒᆞ옵신 긔별 듯ᄌᆞᆸ기 츅슈ᄒᆞᅌᆞᆸᄂᆞ이다 보션도 이번은
못 기워 보내오니 후인 보오려 ᄒᆞ옵 뉵월 십일일

판독대비

번호	판독자료집	한국학중앙연구원 편 (2009a : 98~101)
1	혼챵	혼챵
2	브리온	부리온
3	블감ᄒ오나	불감ᄒ오나
4	ᄌ룹업시	ᄌ룸 업시
5	겨울에	겨울에
6	졋	귓
7	샹ㅂ라니	샹 ㅂ라니
8	어린것 이증	어린 것이 증
9	급급	급급
10	내내	너너

의성김씨 학봉 김성일가 언간 011

〈김성일가-011, 1830년, 여강이씨(아내) → 김진화(남편)〉

판독문

상장

여러 둘을 쇼식을 듯즈올 도리 업스오니 답답 아니 날 ᄆᆞ옴이 다 나고 쥬야 이돌는 듯ᄒᆞ옵더니 츈쳔으로 덕스오신 것 이샹 싀훤ᄒᆞ옵고 그악 더위예 쳠샹 업시 일양이옵심 든든 이런 경스 어디 비ᄒᆞ옵 그후 돌이 너머스오니 노념이[1] 더 심ᄒᆞ온디 년ᄒᆞ와 쳠졀 업스오며[2] 긔운 일양 평안ᄒᆞ옵시니잇 쳘 이 밧 안자 집의 소문도 듯지 못ᄒᆞ시고 노이 심녀ᄒᆞ오심과 집의 쳐진 권쇽 무룰 노르시오니 일일이 삼츄 ᄀᆞᆺᄒᆞ오니 답답ᄒᆞ옵 비위 샹ᄒᆞ여 음식을 아조 못 잡스오신다 ᄒᆞ오니 답답 그러고 지내시다가[3] 허증이나 발ᄒᆞ시면 엇디홀고 두루 용녀 엇디 다 층냥ᄒᆞ옵 예도 츠돌 날노 낫고 아희들 셩ᄒᆞ고 아즈바님 슉딜 평안 무양ᄒᆞ오니 다힝ᄒᆞ고 의셩 덕 당월ᄒᆞ오니 심녀되옵고 쇄돌 쳑골쳑골노 죽어 죽어 가오니 졀박 요란ᄒᆞ옵 일신도 여룸내[4] 셩ᄒᆞ오니 다힝ᄒᆞ옵 봉더집 셩ᄒᆞ고 빗혀 긋칠 것 계 보내엿다 ᄒᆞ오니 수이 보내시나 ᄂᆞ려오실 ᄊᆡ 가지고 오시옵 구월즈음 보내려 ᄒᆞ옵 나라 쟝스 후 오시려 ᄒᆞ옵시니 든든ᄒᆞ오나 즈칙이나 업스올가 동관의 소의ᄂᆞᆫ 통분ᄒᆞᆫ[5] 일이옵 계남집은 수이 오려 ᄒᆞ니 반갑습 고을 오ᄂᆞᆫ 다 게 이시니 츠렵옷순 오신 후 입으실 듯ᄒᆞ니 아니 보낼 듯ᄒᆞ옵 옷들도 못 가져와스오니 념후 사룸을 보내려 ᄒᆞ옵 제복 포ᄂᆞᆫ 예안 두고 아직 못 오고 츠돌 부치 들고 죠하 아비 보내엿다 줌시 노치 아니오니 웃습 나라 경상들은 층층 참혹참혹ᄒᆞ옵신 듕 셰손 아기 노 부ᄅᆞ지지고[6] 찻는 경샹 차악 ᄀᆞ이업습 급급 이만 내내 티평티평 안낙ᄒᆞ옵시다가 수이 오옵시기 ᄇᆞ라옵ᄂᆞ이다 보션 두 거리 남초 보내옵ᄂᆞ이다 칠월 십이일

판독대비

번호	판독자료집	한국학중앙연구원 편 (2009a : 105~108)
1	노념이	노염이
2	업스오며	업스오셔
3	지내시다가	지니시다가
4	여룸내	여룸니
5	통분호	통분홀
6	부른지지고	부른지고

의성김씨 학봉 김성일가 언간 012

〈김성일가-012, 1834년, 여강이씨(아내) → 김진화(남편)〉

판독문

샹장

일젼 인편의 덕소오심 보오니 식식 괴롭소오신 긔운 쳠샹은 업소와 그만ㅎ시다 ㅎ오니 든
든 즐겁소온 경소 무엇시 비ㅎ옵 영믄[1] 댱계ᄂ 호마 올나가와 결단이 나와 ㅎ마 셔울을 쩌
나신가 그동안 쏘 남의게 조이신 일 답답ㅎ옵 사돈긔셔 셔울 가신다 ㅎ더니 그동안 아니 와
계시옵ᄂ니 셔방은 힝지 업서 못 오ᄂᄂ 듯 졀통ㅎ옵 아듕은 무소ᄒ고 초돌 거동 나으니 긔특
ㅎ옵 창풍 냥반 시드믈그[2] 아ᄌ바님 쩌나가시니 셥셥ㅎ옵 언졔 소이 환관을 ㅎ실 듯ㅎ옵 일
긔 션션ᄒᄃ 아모려나 평안히 득달ㅎ옵심 쳔만 ᄇ라옵ᄂ이다 넘일일ᄂ니

판독대비

번호	판독자료집	한국학중앙연구원 편 (2009a : 111~112)
1	영믄	영문
2	시드믈그	시드믈고

의성김씨 학봉 김성일가 언간 013

〈김성일가-013, 1834년, 여강이씨(아내) → 김진화(남편)〉

판독문

샹장[1]

뻐나신 후 일셰 졸한ᄒᆞ오니 쳠샹이나 아니시고 긔운 일양이옵시니잇가 빗치고 인셩의 달ᄒᆞ여 븐명[2] 히 디단ᄒᆞ실 닷 넘녀 ᄂᆞ죽지 아니ᄒᆞ옵 아듕은 무ᄉᆞᄒᆞ고 츳돌 일양 글 이르고 무양ᄒᆞ오니 긔특ᄒᆞ옵 영남 갓던 하인 삼쳑딕 니힝의 온다더니 이젹지 쇼식이 업ᄉᆞ오니 고이고 이ᄒᆞ옵 동졍이[3] 손님은 댱딜ᄒᆞ더니라고 아리 디통디통ᄒᆞ고 오늘이 ᄶᅩ 직이라 ᄒᆞ며 동헌 방에 거쳐롤 ᄒᆞ오니 민망 ᄀᆞᆸᄀᆞᆸᄒᆞ옵 멋츤날 ᄉᆞ이 환관을 ᄒᆞ실고[4] 아모려나[5] 평안히 회환ᄒᆞ옵심 ᄇᆞ라옵 날셰 풍우 괴샹괴샹ᄒᆞ오니 엇디 오실고 슷그라ᄒᆞ옵[6] 명쥬 보션 가옵 갑오 십월 넘일일 니

판독대비

번호	판독자료집	한국학중앙연구원 편 (2009a : 115~116)
1	샹장	샹쟝
2	븐명	분명
3	동졍이	동졍 이
4	환관을 ᄒᆞ실고	환관ᄒᆞ실고
5	아모려나	아ᄆᆞ려나
6	슷그라ᄒᆞ옵	슷그라ᄒᆞ옵

의성김씨 학봉 김성일가 언간 014

〈김성일가-014, 1834년, 여강이씨(아내) → 김진화(남편)〉

판독문

샹장

밤스이 긔운 일양이옵시고 오늘 영문꺼지 득달ᄒ옵시니잇가 치위 힝츳 넘녀 무궁ᄒ옵 아ᄃᆞᆯ
은 무스ᄒ옵고 츤돌 글 빈호고 글시 스노라 ᄒ오니 긔특 안의 ᄌ오니 장난 민망ᄒ옵 대호롤
자바 오늘 온다 ᄒ오니 다힝ᄒ옵 환관은 몃츤날스 ᄒ실 ᄃᆞᆺᄒ온고 평안히 회환ᄒ옵심 ᄇᆞ라
옵ᄂᆞ이다 갑오 지월 십이일 니 츤돌은 글이 아니 나오니 편디 못 훈다 ᄒ옵

판독대비

번호	판독자료집	한국학중앙연구원 편 (2009a : 119)

의성김씨 학봉 김성일가 언간 015

〈김성일가-015, 1840년, 여강이씨(아내) → 김진화(남편)〉

판독문

샹장

수일 막히오니 답답 넘녀 층냥 못 ᄒ오며 일긔 갈스록 칩스오니 병환 더웁신 듯 그스이 긔운 엇더ᄒ옵시며 보원이나 ᄒ옵시는가 아모려나 병환 쾌복ᄒ옵신 긔별 고디고디ᄒ옵 음식 즙스오시기 나으시고 허증 덜ᄒ신가 두립스온 용녀 층냥 못 ᄒ오며 웁스는 걱정이 덜ᄒ시옵 손들 쎄다히는 이 일양인 듯 졀박 괴로오심 답답ᄒ옵 셔울집도 셩ᄒ오며 한들 긔별 게셔나[1] 드릇신가 아득 답답 나일이나 아히놈들이나 보내려 ᄒ옵 이곳은 별우 업습고 츤돌 무양 긔특ᄒ오나 인돌 헌듸 죵시 그러ᄒ오니 졀박 쥐부르음은 거친즉 노[2] 난다 ᄒ오니 그디로 쳐미여 두옵 후남은 셩ᄒ옵 가신 후 ᄌ시ᄒ 긔별 듯지 못ᄒ오니 답답 명녹이 병들고 ᄒ 답답ᄒ여 규셕이 보내옵 니집은 밤마다 썰고 알는 소문 졀박 이곳 길을 아지 못ᄒ오니 수일 회갑 보고 뉵칠일간 이리 드려올 밧 업스오니 회편 긔별ᄒ시옵 봉졍 나무는 셜굴이라고 아무도 기두롤 아니ᄒ오니 민망습 나무 미롤 이둘 니로 밍그라 보내시면 죠흘 듯 곡셕 둔 것 쥐 먹는다 소동ᄒ니 민망습 댱 담을 소금을 거번 ᄒ시던 말솜디로 ᄒ시려거든 늣잔이 담으면 죠흘 듯 부디 쉽스리 ᄒ시옵 혹시 쳥숑을 수이 쩌나시면 그런 거슨[3] 미리 ᄒ면 죠흘 듯ᄒ옵 노시 콩이 업서 ᄒ마 여러 말 쑤어 먹이오니 졀박ᄒ옵 지리 이만이옵 내내 긔운 쳠졀 업스와 안녕ᄒ옵심 츅슈 츅슈ᄒ옵ᄂ이다 경ᄌ 원월 념일 니 법흥 회갑에 어믈이나[4] 스셔 하인 보내시옵 그러타고 ᄌ식의 낫출 볼 밧 업스오니 엇디ᄒ옵 ᄒ 답답ᄒ여 규셕 보내려[5] ᄒ옵더니 하인 오며 덕스오심 보오니 긔운 죵시 향감 못 ᄒ옵시고 희소 민망민망ᄒ오신 긔별 답답 놀납스온 넘녀 층냥 못 ᄀᆞᆸ[6] 두립오니 언제나 쾌츠ᄒ옵실고 ᄀᆞᆸ[7] 요량 못 ᄒ옵 인돌 헌듸는 복근이게 오늘 무러 보내고 규셕은 게 가 단녀오게[8] 보내옵 경쥬 길흔 마지못ᄒ여 ᄒ 열흘 가 보고져 ᄒ옵더니 슌간 날을 보와 보내마 ᄒ시니 싀훤ᄒ오나 두루 심회 갈 발 업습

판독대비

번호	판독자료집	한국학중앙연구원 편 (2009a : 123~125)
1	게셔나	계셔나
2	거친즉 노	거친 죽노
3	거손	거술
4	어믈이나	어물이나
5	보내려	보니려
6	급급	급급
7	급급	급급
8	단녀오게	단여오게

의성김씨 학봉 김성일가 언간 016

〈김성일가-016, 1840년, 여강이씨(아내) → 김진화(남편)〉

판독문

샹장

수일 스이 긔운 엇더엇더ㅎ옵시며 셔울집도 그만ㅎ옵 궁겁스온 넘녀 층냥 못 ㅎ올소이다
예는 아희들 무양ㅎ오니 긔특ㅎ오나 동희 수일 알흐니 고이ㅎ옵 남희는 초팔일 오려 ㅎ더
니 날이 죠찬타 ㅎ오니 나소아 오려 ㅎ여습 스당 문은 오늘 고쳐스오나 봉졍 나무 베러 가
려 ㅎ오나 부비 만히 들 돗ㅎ고 담비 업스오니 민망ㅎ옵 한들 곳던 힝츠 오놀스 와스오니
하인 급히 도라가옵기 수주 덕습 내내 긔운 안녕ㅎ옵심 츅슈츅슈ㅎ옵 경쥬 길 언제 쩌나시
옵 빗치오실 돗 민망ㅎ옵 이월 회일 니

판독대비

번호	판독자료집	한국학중앙연구원 편 (2009a : 129)

의성김씨 학봉 김성일가 언간 017

⟨김성일가-017, 1841년, 여강이씨(아내) → 김진화(남편)⟩

판독문

환관ᄒᆞᆸ신 지 날포되오나 아득ᄒᆞ오니 답답 용녀 층냥 못 ᄒᆞ오며 그 치위예 밋쳐 가옵시노
라 분명 더치옵신 듯 급급[1] 즈쥬 ᄒᆞ오며 그후 날포 되여스오니[2] 노독이나 풀이옵셔 괴운 첨
졀 업스와 일양이옵시고 읍스의나 거졍이 업스오시니잇가 아으라 두립스온 넘녀 아모라타[3]
못ᄒᆞ오며 셔울집도 셩ᄒᆞᆸ 둘포 공관의 무한 긴고ᄒᆞ온 일 오죽ᄒᆞᆸ 잇지 못ᄒᆞ오며 읍너 시
기 간졍이 되여습 시졀도 예와 드라오니 두루 수란ᄒᆞᆸ 요스이는 진지 즈시기 나으신가 반
찬도 못 스 보내오니 답답ᄒᆞᆸ 이곳은 각기 더쳐 일신에 스오 일이나 인셩블셩[4] 알습고 죠
곰 낫스오나 쇠진 괴롭스오며 초돌은 어제 긔별 듯즈오니 셩케 잇다 ᄒᆞ오니 긔특ᄒᆞ오나 제
댱모 희산ᄒᆞ고 무탈다 ᄒᆞ오니 다힝 저도 오래 보내 두고 졀박ᄒᆞ오나 여긔 시기 대란ᄒᆞ오
니 게는 편타 ᄒᆞ기 져근 듯 잇다가 오라 ᄒᆞ엿더니 그 집이 산고 잇다 ᄒᆞ오니 이 ᄆᆞᆫ 아직
무스ᄒᆞ오니[5] 드리러 오늘 사ᄅᆞᆷ 보내옵 인돌은 등간의 노[6] 무셥다 ᄒᆞ더니 요스이는 죠곰 낫
스오나 ᄑᆞ려 졀박ᄒᆞᆸ 니집도 졋졔 헌디 완합이 아니 되고 법홍셔는 시기 대란ᄒᆞᆫ디 어린것
들 드리 잇기 어렵다고 오라 ᄒᆞ여스오나 아히들 ᄒᆞ나도 업시 다 보내고 견딜 길이 업스올
듯 아직 못 가게 ᄒᆞ여스오나 후남은 제 싀집이셔[7] 이 ᄆᆞ이 블안ᄒᆞ고[8] 도뢰 셩ᄒᆞᆫ 디 업스니
보내 듕난타 ᄒᆞ오니 그럴 듯ᄒᆞᆸ고 쏘 치위롤 아지 못ᄒᆞ오니 셰후로 오라 할 밧 업습 한들
집은 블고[9] 슨 듯 ᄒᆞᆫ 집의[10] 보내고 일념 박혀 못 견디올 듯 긔별도 듯지 못ᄒᆞ여 약을 스무
쳡을 치와 지어 보내여스오나 개셔[11] 지어 보내려 ᄒᆞ시든[12] 약 수이 보내시면 이어 먹으면
죠홀 듯ᄒᆞᆸ 들셩 아즈마님 상스 나시[13] ᄀᆞ이업스오며 고을 폐가 거포거포 되올 듯 민망ᄒᆞ
옵 동지 졔스는 못 지내옵고 긔스는 지방으로 지내오시니 민망ᄒᆞᆸ 졔틴는 믈건은[14] 업시
돈 두 양식 가지고는 어늇이 다 비스고 셩냥도 홀 길 업스오니 요량ᄒᆞ여 보시옵 실과는 대
초 밧 집이 잇는 것 업스오니 민망민망 빅자말이나 밤말이나 보내시면 다른 거슨 사셔 셔도
슬 듯ᄒᆞᆸ 동지 졔스 못 지내오니 그 돈으로 예안 갓던 승교군 셕 양 주고 쳔녹 옷ᄀᆞ음 ᄒᆞᆫ
필 스니 모즈라오니 졀박ᄒᆞᆸ 무명 금은 졈졈 비스오니 급급ᄒᆞᆸ[15] 명쳘은 제 집이 갓다가
이자야 와스오니 보내옵 적사옴 남스오나 어득 이만이오며 내내 긔후 쳠졀 업스와 안녕ᄒᆞ

옵심 축슈ᄒᆞ옵ᄂᆞ이다 통대구 치직만 ᄒᆞᆫ 것 ᄒᆞᆫ 마리 젓 다마시나 알도 아니 비고 곤이[16] 콩 만 ᄒᆞ오니 우숩숩 그러나마 즈실가 보내옵 된쟝 거번 한 항 보내여숩더니 가슙 쳥숑 경산이 가 나으리 계신 쩌 기름 엇미나 ᄒᆞ다 ᄒᆞ던지 죠곰만ᄒᆞᆫ 병의 반병은 ᄒᆞ더니 ᄒᆞ마 다[17] 혀고 업소오니 두 양에 원시 그러ᄒᆞᆫ지 허무허무ᄒᆞ옵 초잘이나 모흔 것 보내시옵 후남이도 초이 나 주려 ᄒᆞ시더니 한집과 형뎨게 보내시옵 신츅 지월 초십일 니

판독대비

번호	판독자료집	한국학중앙연구원 편 (2009a : 133~138)
1	급급	급급
2	되여ᄉᆞ오니	되엿ᄉᆞ오니
3	아모라타	아ᄆᆞ라타
4	인싱블싱	인싱불싱
5	무ᄉᆞᄒᆞ오니	무ᄉᆞ하오니
6	듕간의 노	듕간으 노
7	싀집이셔	싀집의셔
8	블안ᄒᆞ고	불안ᄒᆞ고
9	블고	볼 고
10	집의	집이
11	개셔	게셔
12	ᄒᆞ시든	ᄒᆞ거든
13	나시	나서
14	물건은	물건은
15	급급ᄒᆞ옵	급급ᄒᆞ옵
16	곤이	간이
17	ᄒᆞ마 다	ᄒᆞ마다

의성김씨 학봉 김성일가 언간 018

〈김성일가-018, 1837년, 여강이씨(아내) → 김진화(남편)〉

판독문

샹장

훌쳐 써나시니 허우력 어셜푸온 듯 일긔 츠오니 급급[1] 념녀 층냥 못 ᄒᆞᆸᄋᆞᆸ더니 ᄋᆞᆸ니거지
평안히 가오신 긔별 든든ᄒᆞ오나 머지 아니ᄒᆞ오나 엇디 득힝ᄒᆞ실고 민망ᄒᆞᆸ 이곳은 쳔만
싱각 밧 동성의 흉음 와ᄉᆞ오니 한심한심 ᄌᆞ골할반지통 금억지 못ᄒᆞ올 밧 져 노친 경샹이 엇
더ᄒᆞ올고 원통원통 집이 일죠의 그리되ᄋᆞᆸᄂᆞᆫ 일 통악통악ᄒᆞᆸ ᄋᆞᆸᄉᆞᆫ 그리 아녀 걱졍이 만
ᄒᆞ신디 옥년의 소문 괘심괘심 술졈이 쩔이ᄋᆞᆸ 그년 아조 죽이ᄋᆞᆸ 급급 이만이ᄋᆞᆸ

판독대비

번호	판독자료집	한국학중앙연구원 편 (2009a : 141~142)
1	급급	급급

의성김씨 학봉 김성일가 언간 019

〈김성일가-019, 1847년, 여강이씨(아내) → 김진화(남편)〉

판독문

샹장

하인들 써난 지 오러오니 그스이 □□□□□□ 더[1] 쳠샹이나 아니ᄒᆞ옵셔 일양이옵시고 음식 잡스오시기 죠곰 나으신가 봉 모 병은 그스이 감셰 잇습신가 여승치 아비 봉쥰이롤 이 믈겁의[2] 오라 ᄒᆞ실 거시오니 답답[3] 념녀 측양 못 ᄒᆞ올 밧 돌포[4] 심녀 모손ᄒᆞ시도록[5] □이오심[6] 급급[7] 두립스오니 아모려나[8] 그 병이 ᄎᆞᄎᆞ 감셰 잇스오면 즉ᄒᆞ오리마는 급급[9] 졀박졀박 어셜푸오시니 민망민망 심녀 녹을 듯ᄒᆞ오이다 초돌도 일양 셩ᄒᆞ오며 우환의 심녀 졀박ᄒᆞ오나 그려도 부즈분이 샹의ᄒᆞ시니 나은[10] 듯 다ᄒᆡᆼᄒᆞ 봉쥰은 써나려 급급히 인마롤 기ᄃᆞ리오나 아니 드러오니 믈에[11] 치퓌롤 ᄒᆞ온지 하인이 병이 드러 그런동 모르니 노새롤 타고 가다가 만나거든 ᄐᆞ고 가도 써나려 날뛰오나 이 믈겁의[12] 하인이 온 후 믈[13] 소문을[14] 듯고 써나제 그러고 가다가 엇덜동 모르고 와락 써나지 못ᄒᆞ게 ᄒᆞ오니 오늘이나[15] 기ᄃᆞ려 보고 써나려 ᄒᆞ오나 슌흥 의원은 쳔녹이 가더니 화졔롤 가져오고[16] 의원의 말이 제약을[17] 스면 효험을 볼 거시니 념녀 마라 ᄒᆞ더라 ᄒᆞ오니 이 약을 급히 지어 먹여 보시옵 돌포[18] 그러고 익롤 스시고 심녀롤 ᄒᆞ시니 비위 샹ᄒᆞ여 진지도 아조 못 잡스오시는[19] 듯 급급[20] 아모려나[21] 비위 도라오실 약이나 즈시고 음식을 즈실 도리롤 ᄒᆞ시옵 쳘 이[22] 밧 긱지 우환을 당ᄒᆞ여 무한무한 익스오시다가 큰 병환이 나신[23] 듯 이탁이탁ᄒᆞ옵 동소리는[24] 무가 긱이 되여 아모ᄃᆡ도 이실 ᄃᆡ 업시니 여긔 와 두어 둘 이시려[25] ᄒᆞᆫ다거든 그리ᄒᆞ라 ᄒᆞ엿더니 거번의 저의 집이 가셔 옷 ᄒᆞ여 입고 오려 ᄒᆞ고 가더니 간 후 소문[26] 드르니 무댱으로 가려 ᄒᆞ더라 ᄒᆞ오니 그스이 간 법이라 ᄒᆞ오니 하마 가온지 혈마 가며 우리롤 그이고 가리마는 아지 못ᄒᆞ오니 답답 아니 가슙 그쳑 업스오니 고이ᄒᆞ옵 집은 무고ᄒᆞ옵 봉쥰이 저는 못 써나고 화졔롤 먼져 보내오니 저는 인마 오는 ᄃᆡ로 써나려 ᄒᆞ오나 비 이리 오니 제일 믈이[27] 념녀 더 되오니 답답[28] 수란수란ᄒᆞ옵 급급 이만이오며 아모려나[29] 병환 아니 내옵시기 츅슈츅슈ᄒᆞ옵 급급 초돌의게 편지 못 ᄒᆞ옵 뎡미 뉵월 초오일 니

판독대비

번호	판독자료집	한국학중앙연구원 편 (2009a : 145~148)
1	그ᄉ이 □□□□□ 뎌	그 ᄉ이의
2	이 믈겹의	이을 겁의
3	답답	단단
4	돌포	돌로
5	모손ᄒ시도록	무모ᄒ시도록
6	□이오심	니 썰이오심
7	곱곱	급급
8	아모려나	아므려나
9	곱곱	급급
10	나은	나을
11	믈에	문에
12	믈겹의	물겁의
13	믈	물
14	소문을	소문을
15	오늘이나	오는 이나
16	가져오고	가져오나
17	제약을	제액을
18	돌포	돌로
19	잡ᄉ오시ᄂᆞᆫ	잡ᄉ오시신
20	곱곱	급급
21	아모려나	아므려나
22	쳘 이	쳔이
23	나신	나실
24	동소리ᄂᆞᆫ	동ᄆ리ᄂᆞᆫ
25	돌 이시려	드리시려
26	소문	소문
27	믈이	물이
28	답답	단단
29	아모려나	아므려나

의성김씨 학봉 김성일가 언간 020

〈김성일가—020, 1847년, 여강이씨(아내) → 김진화(남편)〉

판독문

춘근이와 부젼의 소의 졀통 쾌심ㅎ오나 엇디ㅎ옵 제 샹젼이 둘포 누어시니 그것들이 더고나[1] 괴괴ㅎ온 듯ㅎ옵 이놈 올 쩍 잔과 슈져 수디로 와ᄉ오나 열흔 위 졔ᄉ의 수져이 ᄒᆞᆫ 단식이오니 술도 ᄒᆞᆫ 가락이 못 ᄎᆞᆫ는 거ᄉ[2] 본디 거시 이시니 치와 ᄉᆞ올 듯ㅎ오나 져은 모양이 다르오니 ᄒᆞᆫ 모이나 더 ᄒᆞ더면 죠흘 듯ㅎ옵 잔과 수져 모양이 이샹ㅎ옵 슈동기에 포젼 너마지기가 풀나 ᄒᆞ는 거시 믈[3] 넘녀도 업고 극품이라고[4] 일빅뉵십 양을 달나 ᄒᆞ디 홍졍을 ᄒᆞ려 ᄒᆞ려 ᄒᆞ면 싹글 듯ㅎ다고 근이가 딕이셔 ᄉᆞ실동 긔별ㅎ시라 ᄒᆞ오니 이 말이옵 포젼이 업ᄉᆞ이 졀박ㅎ오니 ᄉᆞ면 죠흘 듯ㅎ오나 고을이 ᄇᆞᆰ삭 물나ᄉᆞ오니 엇디ㅎ게ᄉᆞᆸ 졀통ㅎ옵 댱을 보내라 ᄒᆞ오니 된댱 말인지 찌져나 줍ᄉᆞ오실가 된댱이 나을 듯 ᄒᆞᆫ 항아리 고초댱 두부댱 ᄒᆞᆫ 항식 가옵 봉믈은[5] 보내신 딕로 다 와슙

판독대비

번호	판독자료집	한국학중앙연구원 편 (2009a : 151~152)
1	더고나	더구나
2	거ᄉ	거술
3	믈	물
4	극품이라고	극품이라고
5	봉믈은	봉믈은

의성김씨 학봉 김성일가 언간 021

〈김성일가-021, 1847년, 여강이씨(아내) → 김진화(남편)〉

판독문

답샹장

이놈 온 후 날포 되오니 엇더ᄒᆞ오신고 넘녀 측냥 못 ᄒᆞ올 ᄎᆞ 하인 닷치오며 덕ᄉᆞ오심 순순
반갑ᄉᆞᆸ고 ᄌᆞ시 보오니 이 극열의 일양토 못ᄒᆞ옵셔 두통과 셜샤 대단대단ᄒᆞ오심 급급[1] 놀납
ᄉᆞ온 용녀 엇더타 못 식식이로 심녀ᄅᆞᆯ 모손토록 ᄒᆞ옵시다가 병환이 나 계시니 엇디엇디ᄒᆞ
올고 답답 두립고 인탁인탁 쳘 이 밧 계시나마 신샹이나 평안ᄒᆞ옵시면 경시올 ᄃᆞᆺ 그후 ᄒᆞ마
일슌이 너머ᄉᆞ오니 즉시 향감ᄒᆞ옵셔 진지 잡ᄉᆞ오시기 나으시며 관청의 죠셕 진지을 혼다
ᄒᆞ오니 본디 관청 음식을 못 ᄌᆞ시던 거시오니 견디시기 난감ᄒᆞ옵실 ᄃᆞᆺ 답답 절박절박 봉 모
도 즉금은 위경은 면ᄒᆞ여 이저는 밥을[2] 죠곰식 먹고 그만ᄒᆞ다 ᄒᆞ오니 다힝ᄒᆞ오나 쳬증과 대
하증은 그치기 어렵다 ᄒᆞ시니 절박ᄒᆞ오나 다란 증이 ᄎᆞᄎᆞ 나으면 젼쳐로 나을 ᄃᆞᆺᄒᆞ오나 넘
녀 노흘 길은 업습 ᄎᆞ돌도 복통과 셜샤로 걱정ᄒᆞ옵심 급급[3] 그만ᄒᆞ다 ᄒᆞ오니 다힝 경ᄉᆞ오나
올 더위 ᄒᆞ 그악ᄒᆞ오니 더위에 샹ᄒᆞ여 그러ᄒᆞ온 ᄃᆞᆺ 민망민망 다시나[4] 관겨치 아니오면 즉ᄒᆞ
오리마는 져는 의식의 편ᄒᆞ다 ᄒᆞ오니 긔특ᄒᆞᆸ 읍ᄉᆞ의도 심녀 업지 아니신디 둘포 우환의
가하는 더 지은[5] ᄃᆞᆺ 심녀 민망민망ᄒᆞ오이다 이곳은 여름내 셩ᄒᆞ옵고 눈 붓든 증도 업ᄉᆞ오니
아마 순흥 의원의 약효온 ᄃᆞᆺᄒᆞᆸ 며ᄂᆞ리도 병수 업ᄉᆞ오니 긔특ᄒᆞ오나 무셔워ᄒᆞᄂᆞᆫ 증은 아
마 샹쳑의 샹흔 ᄃᆞᆺ 다란 거슨 무셔온 일이 업다가 ᄆᆞ을의셔 사ᄅᆞᆷ이 죽엇다 ᄒᆞ면 그 만이[6]
무셔워 샹직을 여러을 드리고 ᄌᆞ고 오리면 덜ᄒᆞ오니 제 어린 ᄣᅵ 제의 조부모와 초산 영감
상ᄉᆞ ᄣᅵ 샹흔 ᄃᆞᆺᄒᆞ오니 아마 무슨 약쳡이나 먹여 보면 죠흘 ᄃᆞᆺᄒᆞᆸ 봉쥰도 요ᄉᆞ이는 제 어
미 죠곰 낫다 ᄒᆞ오니 ᄆᆞ음을 노코 무양ᄒᆞ오니 긔특ᄒᆞ오나 봉화 의원을 즉금 가보려 ᄒᆞ옵ᄂᆞᆫ
거슬 아직 급훈 우환이 아닌 거슬 이 극열의 가노라 병 낼 거시니 이둘이나 지내거든 가보
라 ᄒᆞ여ᄉᆞᆸ더니 거긔셔 순순 가보라 ᄒᆞ시는 거슬 못 가게 혼다고 걱정ᄒᆞ며 수이 가려 ᄒᆞᆸ
져근집도 무고ᄒᆞ옵고 한들 긔별 ᄃᆞᆺᄌᆞ오니 져히 남미 셩타 ᄒᆞ오니 긔특ᄒᆞᆸ 인동 사ᄅᆞᆷ 보내
여 도라오며 드르니 그만들 ᄒᆞ나 져는 현긔 죵죵 발짝ᄒᆞ여 셩셩찬은 ᄃᆞᆺ 절박 못 잇치옵고
님각도 호쳘 모 셩셩치 못ᄒᆞ다 ᄒᆞ오니 곳곳이 심화 나옵고 부믈이[7] 돈 양도 업시[8] 너모 허

무ᄒ오니 제 그리 무안타 ᄒᆞᆸ 경쥬는 가지록 여앙이 미진ᄒ여 ᄯᅩ 희평 족하 죽은 악부가 와ᄉ오니 차악차악 블샹블샹ᄒ올[9] 밧 팔십지년 노친니 가지가지 욕경을 보는 일 한심한심 ᄎᆞ마 원통원통ᄒᆞᆸ 집안 권쇽이 몹시 지낸다 걱정ᄒ시니 ᄀᆞᆸᄀᆞᆸ[10] 무엇터러 그리 한심히 지내게 ᄒ여ᄉᆞ 아모래도 반찬 업시는 아니 먹어ᄉ오나 죵들이 과이 부언을 ᄒᆞ는 이 잇는 듯ᄒᆞᆸ 돈은 무엇시 다[11] ᄊᆞ고 몹시 지내ᄂᆞ냐 ᄒ시니 ᄎᆞ마 죄롭ᄉᆞ 며ᄂᆞ리가 효성이 지극ᄒᆞ오니 먹도록 ᄒ오니 무엇터러 그러케 지내게 ᄒ여ᄉᆞ 돈은 슌슌 오는 거시 먹기분 아니라 니힝의 쇼쇼히 스이는 ᄃᆡ 만습고 부ᄌᆞ분 누비옷 네 가지예 여덜 양 돈이 들고 길삼 ᄌᆡ나 ᄒ니 그 갑 쥬미[12] 쇼쇼히 스이는 ᄃᆡ 만ᄉᆞ오니 넉넉지[13] 못ᄒᆞ오나 반찬 굿찬코 먹으면 직분의 올코 시시로 쇠고기도 ᄉᆞ 먹ᄉᆞ오니 념녀 마시ᄋᆸ 하계 겻사돈 집이[14] 명지 갑시 모시 ᄉᆞ셔 보내마 ᄒ고 이적 아니 오니 져 집이셔 급히 입으려 ᄒᆞᄂᆞᆫᄃᆡ 답답 무안무안ᄒᆞᆸ 후편의나 잇지 마시ᄋᆸ 금호 졔ᄉᆞ가 칠월 넘이일인ᄃᆡ[15] 이번의 졔터가 아니 와ᄉ오니 게셔 보내려 ᄒ시ᄂᆞᆫ가 이리 와 집이 죵을 보내려 ᄒ오면 이번의 아니 와시니 민망습 샹방ᄶᆞ 두 편 울은 단단이 ᄒᆞᆸ 올 보리는 한심한심ᄒᆞ오니 민망ᄒᆞᆸ고 갑연의 남인은 게셔 주신 돈으로 보리 풀고 헷가리 ᄉᆞ셔 집을 지으라 ᄒ신다 ᄒ니 져ᄃᆞ려는 그 돈으로 집을 지으라 말ᄉᆞᆷ 아니ᄒ시고 다른 ᄃᆡ 집이 나거든 고목을 ᄒ면 돈을 주마 ᄒ시더라 ᄒ오나 돈을 ᄲᅵ아ᄉᆞ 두엇다가 오늘 당에 보리 밧고 나무 ᄉᆞ셔 집을 지으라 시기오나 그놈의 샹이 일도 ᄒ여 먹글 것 ᄀᆞᆺ지 아니ᄒ오니 그 거ᄉᆞ 권쇽으로 냥반의 집은 희가 되ᄋᆸ 말ᄉᆞᆷ 남ᄉ오나[16] 이만이오며 내내 블평ᄒᆞᆸ신[17] 긔운 ᄎᆞᄎᆞ 향감ᄒᆞᆸ신 긔별 수이 듯ᄌᆞᆸ기 고ᄃᆡᄒᆞᆸᄂᆞ이다 뎡미 뉵월 념칠일 니

판독대비

번호	판독자료집	한국학중앙연구원 편 (2009a : 157~162)
1	급급	급급
2	밥을	밤을
3	급급	급급
4	다시나	다시 나
5	지은	지올
6	만이	말이
7	부믈이	부물이
8	업시	없시
9	블샹블샹ᄒᆞ올	불샹불샹ᄒᆞ올
10	급급	급급
11	무엇시 다	무엇시다
12	주미	주니
13	넉넉지	낙낙지
14	곗사돈 집이	뎡지 집이
15	넘이일인디	넘오일인디
16	남스오나	남사오나
17	블평ᄒᆞ옵신	불평ᄒᆞ옵신

의성김씨 학봉 김성일가 언간 022

〈김성일가-022, 1847년, 여강이씨(아내) → 김진화(남편)〉

판독문

답샹장	
	근봉

봉쥰은 쩌나보내고 섭섭ㅎ옵고 츠돌이도 쩌나려 ㅎ여스오니 그스이 쩌는지 두 아히 엇디
득달ㅎ고 넘녀 무궁ㅎ올 츠 닷치오니 쇠흰쇠흰 이어 덕스오심 보오니 셜즁 왕왕이 훌치옵
시고 근녁 범절이 엄엄 여지업스오신디 여샹ㅎ신 날이 업습고 식미 아조 모릭시니 더고나[1]
긔운 수습이 어려오실 듯 답답 두립스온 용녀 아모라타 못 그리고 빗치시다가 큰 병환이 나
실 듯 급급[2] 봉 모 병은 위경은 면ㅎ다 ㅎ오나 아직도 싱긔 못 ㅎ고 누어 지낸다 ㅎ오니 답
답 무슨 병이 그디도록 ㅎ온고 젠들 오죽 못 견디오며 둘포 죽스리를 치오니 무한 심녀와
울화 나실듯 급급[3] 못 잇치옵고 두립스오나 수이 나을 거시오니 현마 죽기스 아니ㅎ올 거시
오니 약치나 잘ㅎ시옵 봉쥰은 무스히 드러가온지 제 어미 병이란 말 듯고 놀나 거동 더 못
ㅎ엿는 거술 길히 빗쳐 더 그릇되여실 듯 노독이나 업시 성ㅎ옵 제 어미게 이저는 나을 듯
긔특 유관ㅎ옵 이곳은 성ㅎ고 며느리 무양 긔특긔특 져근집들 무고 각 곳 아히들 성타 ㅎ오
나 인돌은 오고 져워[4] 못 견딘다 ㅎ오니 수이 인마 보내여 드려오려 ㅎ옵 즉금은 글이 낫고
향후지심이 난다 ㅎ오니 다힝ㅎ옵 이 인마의 쐐돌 가려 ㅎ오니 엇더나 ㅎ올동 봉 모는 병이
그러ㅎ고 아모도 업시 엇디 견디실고 답답 쏘 복의 쳡을[5] 드려다가 둘 듯ㅎ거든 드려다가
두시옵 요량ㅎ여 ㅎ시옵 법젼집 긔별 아직 듯지 못 굼굼ㅎ옵 계남 계수도 구월 보름날이오
니 티샹이오니 무릭실 듯ㅎ고 님각 장스도 구월 망후로 지낸다 ㅎ옵 인동집은 성ㅎ나 죵 업
시 쳔역 못 견디 ㅎ는디 쇠누의 혼인 구월 십구일 지낸다 ㅎ오니 어득어득 죽노라 못 견디
ㅎ오니 졀박 못 잇쳐 어렵습 한들집은 동지둘이 산월이나 회산을 게셔 ㅎ다가는 죽을 거시
니 집이 와 ㅎ여지라 ㅎ니 엇디ㅎ올고 졀박ㅎ오나 오라 홀 밧 업스오니 요량ㅎ여 보시옵 츠
돌은 노독이 디단홀 샹부릭오나[6] 거동은 나아스오나 음식 졀곡ㅎ오니 민망 엇쩔고 넘녀 무
궁무궁ㅎ옵 하인 먼져 ㅎ나 간다[7] ㅎ오니 이만 그치오며 내내 긔듕 블평ㅎ옵신[8] 긔후 쳠졀

이나 업스오심 축슈축슈ᄒᆞ옵ᄂᆞ이다 거번 누바지는 봉쥰의 옷 힝담에 녀어 보내여습 이저는 고을이 되여스오니 우환이나 ᄎᆞᄎᆞ 나아 완인이 되오면 경시올 듯ᄒᆞ옵 츳돌이롤 둘포 두고 ᄆᆞᄋᆞ믈 부치다가 홀젹 ᄶᅦ쳐 써나보내고 섭섭 진정 못 ᄒᆞ옵실 듯 답답 저도 못 견듸 ᄒᆞ오니 급급[9] 봄에 가려 ᄒᆞ옵 뎡미 팔월 십삼일 니 샹장

판독대비

번호	판독자료집	한국학중앙연구원 편 (2009a : 168~171)
1	더고나	아모나
2	급급	급급
3	급급	급급
4	져워	치워
5	복의 쳡을	봄의 쳡은
6	샹ᄇᆞ르오나	샹 ᄇᆞ르오나
7	간다	갓다
8	블평ᄒᆞ옵신	블평ᄒᆞ옵신
9	급급	급급

판독문

날수롤 싱각ᄒ오니 ᄒ마 초상은 쳐실 듯ᄒ오나 엇디 와 넬고 제 갈 ᄊ 다시 볼 것 ᄀᆞᆺ잔타 ᄒ더니 필경 죽어 나으리롤 알드리 속이는 일 익탁익탁 무슨 뒤셰롤 ᄒ여 ᄊ나보내오며 못 당홀 경계롤 당ᄒ여 뒤뭉쳐 홀 스러 보내시고 엇디엇디 견디실고 제가 십 년을 너머 편토록 밧드다가 쳘 이 긱지예 가 그덧지 속는고 아모려나 ᄎᆞ아 집이나 도라와 죽어시면[1] 이더지 익탁 답답ᄒ오리 제 신셴들 남의 ᄌᆞ식 어더 가지고 며느리는 보도 못ᄒ고 아들은 뉵칠 삭은 그리다가 필경 샹면을 못 ᄒ고 죽어진 일 블상블상[2] 봉쥰이 허위는 샹 블상블상ᄒ오나[3] 죽 는 거시 참절참절[4] 원통ᄒ고 졔일에 홀 스러 보내고 엇디 견디시며 의지 쥬착이 업슨ᄂᆞᆫ 듯 병도 악착악착 그더지 몽창스러온고[5] 답답 심신이 요량 업스오나 위션 둘포 그 이롤 녹이시 다가 병환이 나실 거시오니 겻ᄒᆡ 아모도 잇는 이 업고 엇디엇디ᄒ올고 길이나 죠곰 ᄀᆞ죽ᄒ 면 오히려 나을 듯 엇디엇디ᄒ오며 의복인들 뉘 알고 스스의 망창망창 츠돌이나 ᄊ나잔이 ᄊᆞᆫ들 나을 거술 아모도 업손 ᄊ 망창망창ᄒ오니[6] 츠돌이가 제 도라와 노독이나 풀녀시면 도 로 올나가제마는 어제 드러와 오늘 ᄯᅩ ᄊ나날 길 업ᄉ와 못 가며 어룬이 그 이롤 그리 스다가 무슨 지경의 갈 줄 몰롤다 못 견디 우오니 절박ᄒ옵 상구는 분명 즉시 ᄊ나온 듯ᄒ오니 언 제 ᄉᆡ이 ᄊ나ᄂᆞᆫ고 죠케 가셔 죠케 못 오고 그 모양으로 올 줄 엇디 알고 블상블상[7] 원통원 통 늣겁습 의복은 아직 입을 거시나 잇습 ᄭᅮ밀 거슨 다 보내시면 구며[8] 보낼 듯ᄒ옵 상구롤 ᄃᆞ리고 오리가 이셔야 홀 거술 아모도 가리 업스오니 동소리롤 오다가 만나 ᄃᆞ리고 오나 직 히 드러가 ᄃᆞ리고 오나 보내고 쇄돌은 져근덧 잇다가 오나 오늘 ᄊ나보내오나 우슈나 업시 드러간동 답답ᄒ옵 아모려나 병환 더치시지 마옵시기 츅슈츅슈ᄒ옵[9] 뎡미 팔월 십ᄉᆞ일 니

판독대비

번호	판독자료집	한국학중앙연구원 편 (2009a : 175~177)
1	죽어시면	죽엇시면
2	블샹블샹	불샹불샹
3	블샹블샹ᄒ오나	불샹불샹ᄒ오나
4	참졀참졀	참졀
5	몽창스러온고	몽창스러운고
6	츳돌이나 쩌나잔이쩐들 나을 거술 아모도 업슨 쎡 망창망창ᄒ오니	〔판독 안 됨〕
7	블샹블샹	불샹불샹
8	구며	쑤며
9	츅슈츅슈ᄒ옵	츅슈ᄒ옵

의성김씨 학봉 김성일가 언간 024

〈김성일가-024, 1847년, 여강이씨(아내) → 김진화(남편)〉

판독문

샹장

일긔는 점점 선선ᄒᄋ오니 엄엄ᄒ신 긔운의 더 여지여지업ᄉ오실 듯 답답 두립ᄉ온 용녀 무어시 비ᄒ올고 그려도 더치시지나 아니ᄋᆸ셔 그만ᄒᄋᆸ신가 일일 그러코 엇디엇디 견디실고 석 돌지 셜샤롤[1] ᄒ시며 약도 아니 ᄌ신가 죵시 낫지 아니ᄒ시니 엇더려 그러ᄒ신고 음식은 훈 술을 ᄌ시지 못ᄒ시고 허역 긋틱 피가 ᄲᆫ진다 ᄒ오니 각식 병환이 다 듕증이ᄋᆸ시니 엇디엇디ᄒ올고 이저는 훌젹 다 보내여시니 블샹ᄒ기야[2] 형언ᄒ여 다 홀 슈 업ᄉ오나 엇디ᄒᄋᆸ ᄆᆞ음을 굿게 ᄒ여 이즈실 도리롤 ᄒ시고 약이나 ᄒ여 ᄌ시고 병환이 나아 계셔야 견디실 거술 쥬착 업ᄉ오신 ᄆᆞ음을 위로ᄒ리 업ᄉ오니 엇디ᄒ올고 이탁이탁 두리워 정신이 건궁의 날녀[3] 견딜 슈 업ᄉ오니 ᄌ식 닉외 이ᄉᄂᆫ 모양 아쳐롭고 답답ᄒᄋᆸ 그ᄉ이나 엇더신고 이댱이 ᄆᆞ을 듯ᄒᄋᆸ 산양 어룬이 가신다 ᄒ오니 말이나 ᄒ시면 위로가 되실가 쾌돌은 병수 업시 걱졍이나 아니 시기ᄋᆸ 철이 업ᄉ오니 엇딜고 ᄎ돌은 심녀가 틱산 ᄀᆞᄌ오니 심녀 알시롭ᄉᆸ 봉쥰도 아직거지는 병은 아니 내여ᄉ오나 노독 대단홀 듯 졀박ᄒᄋᆸ 급급ᄒ오니 이만 그치오며 내내 병환 덧치지 아니ᄒᄋᆸ신 쇼식 고디고디ᄒᄋᆸᄂᆞ이다 구월 초팔일 니 돔 조림 죠곰 가오나 샹치 아니ᄒ올지 즐당도 샹ᄒ여 가실 듯ᄒ오니 답답ᄒᄋᆸ

판독대비

번호	판독자료집	한국학중앙연구원 편 (2009a : 180~182)
1	셜샤롤	셜ᄉ롤
2	블샹ᄒ기야	불샹ᄒ기야
3	날녀	날여

의성김씨 학봉 김성일가 언간 025

〈김성일가-025, 1847년, 여강이씨(아내) → 김진화(남편)〉

판독문

편디는 계남으로 부쳐스오나 집이 만흐여 이거슨 소밤으로 보내옵 기고기 말유운 것 멋 죠
르온[1] 것 ᄀᆞ르 보내옵 아희들은[2] 무양흐옵 뵈옷슨 이후 옵ᄂᆞ니로나 부칠 밧 업슙 기고기롤 보
내오나 엇디 죡만흐여 줍스오실고 답답ᄒᆞ게도 샹흐니 못 보내고 반찬 업시 즈시ᄂᆞᆫ 경과 절박
절박ᄒᆞ옵

판독대비

번호	판독자료집	한국학중앙연구원 편 (2009a : 185)
1	죠르온	죠르은
2	아희들은	아희들

의성김씨 학봉 김성일가 언간 026

〈김성일가-026, 1847년, 여강이씨(아내) → 김진화(남편)〉

판독문

답샹장

오리 긔별 듯줍지 못ᄒ오니 답답 넘녀 측냥 못 ᄒ올 츳 하인 오오며 슈찰 신긔 반갑ᄉ고 즈시 보오니 그려도 ᄒ 모양이오심 다힝ᄒ오나 잠 못 즈고 음식 못 즈시기 일양이시라 ᄒ오니 그러ᄒ고 엇디 병환이 아니 나실고 답답 의탁 두립ᄉ온 용녀 아모라 못ᄒ오며 영문셔 하인 쩌나다 ᄒ오니 환관ᄒ옵셔[1] 희나 업ᄉ오신가 즈쥬 ᄒ오니 이왕에ᄂ 걱정이 업ᄉ던 듯 갈ᄉ록 촉쳐의 못 견디실 노릇시오니[2] 엇디엇디ᄒ올고 불샹[3] 원통ᄒ 거ᄉ 어듸 비겨 늣기ᄂ고 갈ᄉ록 불샹불샹[4] 앗갑고 익삭익삭 아ᄉᆸᄉ오니[5] 졀통졀통 쇽졀업시 짜소옥의 깁히깁히 갈무려 브리오니[6] 원통원통 제 흔젹 즈최가 깃친 듸 업ᄉ오니 불샹불샹[7] 가련가련 통악통악ᄒ옵 아희들도 빗치여 환형들 ᄒ오나 병은 아니 내여ᄉ오니 다힝ᄒ옵고 뫼ᄂ 광둥ᄒ여 보니 쟝히 죠하 보인다 ᄒ오니 다힝ᄒ옵 이곳도 병수 업ᄉ고 며느리 무양ᄒ오나 즈연 골믈[8] 수선의 환형ᄒ오니 알시롭고 져근덧 근친이나 시기려 ᄒ오니 아히가 허락을 아니 ᄒ오니 급급[9] 이곳지 아직 셩ᄒ고 한들집이 넘간 오려 ᄒ오니 져근덧 보내쟈[10] ᄒ고 무쟝셔도 져근덧 보내라 ᄒ여 계시다 소겨도 만이[11] 불쳥이오니[12] 답답ᄒ 아히오니 이후 편 쑤쥼을 ᄒ시옵 ᄒ 알시로와[13] 그러고 ᄒ니 말을 아니 드ᄅ니 답답ᄒ옵 인돌은 제 누의가 이리 와도 인돌은 두라 ᄒ다 ᄒ오니 수일 후 보내려 ᄒ옵 져근집들 무고ᄒ고 이번 장ᄉ의 무한 근고ᄒ옵고 시종이 츨츨ᄒ오니[14] 고이ᄒ옵고 풍슈ᄂ 막쟝 후 가려 ᄒ다 ᄒ오니 고이ᄒ옵 각 곳 아희들 긔별 듯지 못 답답 인동은 엇더ᄒᄂ지 쟝집의 싀누의 혼인이 넘ᄉ일이라 ᄒ오니 죵이나 보내려 ᄒ오나 쟛치여 졀박ᄉᆸ 샹쥬 너외 셜워 셜워ᄒᄂ 샹 불샹불샹ᄒ오나[15] 병들 아니 너여ᄉ오니 긔특ᄒ옵 시 샤랑으로[16] 너려 날을 보니 보름날이 죠타 ᄒ오니 망일 내려 ᄒ오나 불샹[17] 어셜푸옵 짜로 난 후ᄂ 찬가나 주어 샹식을 지내게 ᄒ옵 니방집이 지극히 ᄒ다 ᄒ오니 긔특 고맙ᄉ오나 이번은 수선ᄒ오니 실픠도 당만치 못 후편의 ᄒ려 ᄒ옵 의복은 미드리 업시 브려 둘 슈 업ᄉ오나 유렴ᄒ 것 업ᄉ오니 못 ᄒ오니 답답 도리 샹이 아니 되옵 겨을에[18] 입으실 동옷시나 지어 보내고 져오나 못 급급[19] 셔양목 삼긴 것 잇다 ᄒ오니 보내시면 지어 보

낼 듯ᄒᆞᆸ 적삼이 둘이라 ᄒᆞ오니 부죡ᄒᆞᆯ 듯 적삼 한삼 드라 보내오니 입으시ᄋᆞᆸ 이곳은 병수
는 업ᄉᆞᆫ 거슬 아ᄒᆡ들이 걱정ᄒᆞ고 그러고 긔별ᄒᆞ여 근노롤 ᄒᆞ시게 ᄒᆞ오니 민망ᄒᆞᆸ 츈근
은 이젹 갓치엿다 ᄒᆞ오니 치위예 못ᄒᆞᆯ 일이오니 그만ᄒᆞ여 노ᄒᆞ시면 죠ᄒᆞᆯ 듯ᄒᆞᆸ 그만ᄒᆞ여
도 제 죄ᄂᆞᆫ 알 듯ᄒᆞ고 부젼이도 소조가 블샹ᄒᆞᆸ[20] 제 샹젼 업고 제 셔방도 업시 신거리도
어더 신지 못ᄒᆞ오니 블샹ᄒᆞ니[21] 노하 보내시ᄋᆞᆸ 제 소힝이 고이ᄒᆞᆫ 거시면 도망을 ᄒᆞ여 갈 거
시고 이다오면 이실 거시니 노쳬 여러 둘 가도키로 낫게ᄉᆞᆸ 요악ᄒᆞᆫ 것들 악심만 더 먹은 듯
ᄒᆞᆸ 쇄돌이도 약 먹ᄂᆞᆫ다 ᄒᆞ오니 병이 잇ᄉᆞᆸ 가히 힝식 그리 미거ᄒᆞ니 졀박ᄒᆞᆫ 일이ᄋᆞᆸ 산양
어룬은[22] 평안ᄒᆞ시고 걱정이나 더 아니ᄒᆞ시ᄋᆞᆸ[23] 한들집 산월은 동지둘이라 ᄒᆞ오니 산곽 서
너 단ᄒᆞ고 미여기나 가무치나 보내시ᄋᆞᆸ 어득ᄒᆞ오니 이만 그치오며 내내 아모려나[24] 병환이
나 아니 내오시기 축슈축슈ᄒᆞᆸᄂᆞ이다 뎡미 십월 십ᄉᆞ일 니

판독대비

번호	판독자료집	한국학중앙연구원 편 (2009a : 188~193)
1	환관ㅎ옵셔	환관ㅎ옵셔
2	노르시오니	노라시오니
3	블샹	불샹
4	블샹블샹	불샹불샹
5	아숩ᄉ오니	아숩ᄉ오니
6	브리오니	부리오니
7	블샹블샹	불샹불샹
8	골믈	골물
9	굽굽	급급
10	보내쟈	보냐쟈
11	만이	만
12	블쳥이오니	불쳥이오니
13	ㅎ 알시로와	ㅎ 안시로와
14	츌츌ㅎ오니	출출ㅎ오니
15	블샹블샹ㅎ오나	불샹불샹ㅎ오나
16	샤랑으로	사랑으로
17	블샹	불샹
18	겨을에	겨울에
19	굽굽	급급
20	블샹ㅎ옵	불샹ㅎ옵
21	블샹ㅎ니	불샹ㅎ니
22	어룬은	어른은
23	아니ㅎ시옵	아니하시옵
24	아모려나	아ᄆ려나

의성김씨 학봉 김성일가 언간 027

〈김성일가-027, 1847년, 여강이씨(아내) → 김진화(남편)〉

판독문

샹장[1]

긔별 듯즈온 지 흔 둘이 추오나 아득아득 막히오니 답답 넘녀 측냥 못ᄒᆞ오며 일셰 와락 졸
한ᄒᆞ오니 더고나[2] 엇더ᄒᆞ신 줄도 모르오니[3] 일야 두립고 깁흔 용녀 녹을 듯 요ᄉᆞ이는 줍ᄉᆞ
오시기 엇더ᄒᆞ시며 잠 못 즈시기 덜ᄒᆞ신가 못 즈시고 잠 못 즈시는 거시 큰 병이오니 답답
치위 되면 ᄒᆞ라 여샹ᄒᆞ신 날이 업ᄉᆞ오신디 관쳥 음식 쳠만 마치고 더운 믈[4] 흔 그릇 밧들
이 업시 엇엇디 견디실고 스스의 블샹코[5] 아ᄉᆞᆸᄉᆞ오니[6] 엇디ᄒᆞ올고 절통절통 그려도 병환
이나 아니 내옵셔 일양이옵시고 의복은 두터온[7] 거슬 ᄒᆞ여 입으신가 두루 수란 심녀 즈즐
듯ᄒᆞ오며 쾌돌 산양 어룬도 그만ᄒᆞ여 걱졍이나 아니 시기옵 관ᄉᆞ의 걱졍이나 업ᄉᆞᆸ 이곳은
셩ᄒᆞ옵고 초돌 너외도 무양ᄒᆞ오니 긔특ᄒᆞ오나 용암 냥졔 대단ᄒᆞ오니 건네 므의도 알는 이
잇잇다 ᄒᆞ오니 위름ᄒᆞᆸ 봉쥰은 요ᄉᆞ이는 허증[8] 괴샹 식미도 다지 아니ᄒᆞ고 먹고 나면 허긔
진다 ᄒᆞ오니 절박 넘녀되옵고 유교집 셩코 셰간ᄉᆞ리 즈미 못니 의수ᄒᆞ나[9] 긔특ᄒᆞ오나 제 즈
쟝을 모하 노코 늣거이 스러지고 헛부오니 원통원통 곰손이[10] 블샹ᄒᆞᆸ[11] 져근집들 무고 다
힝ᄉᆞᆸ 인돌은 오늘 보내오니 날이 치워 속는 듯 못 잇치고 고초흔 일 알시롭고[12] 블샹ᄒᆞᆸ[13]
봉쥰니 셰간은 고방 셰간과 다란 거ᄉᆞ[14] 다 옴겨 가고 안방 다락의 농 셰간은 아직 두어ᄉᆞᆸ
초돌은 공부 즈이나[15] ᄒᆞ려 ᄒᆞ나 좌우지로 약갑시야 무어시야 졸이여 못 견디 ᄒᆞ오니 급
급[16] 풍슈도 과등을[17] 시기려 ᄒᆞ오니 의복도 쏘 ᄒᆞ여 입힐 듯 절박ᄒᆞᆸ고 겨을[18] 두터운 옷
한 불이나 지어 보내올 듯ᄒᆞ오나 그도 못 ᄒᆞ고 슉믹이온 듯[19] 급급ᄒᆞᆸ[20] 호쳘 모도[21] 티기
삭포 된다 ᄒᆞ오니 깃부지 아니코 한들집 드려오려 ᄒᆞᆸ다가 시긔 와락 퍼지오니 둥난 못 드
려오니 게셔 엇디ᄒᆞ올고 답답 인동은 사ᄅᆞᆷ 보내엿더니 아직 못 도라와ᄉᆞᆸ 님쳥각 장ᄉᆞ는 구
월의 지내여ᄉᆞᆸ 말ᄉᆞᆷ 남ᄉᆞ오나 지리 이만이오며 내내 긔듕 긔운 쳠졀이나 업ᄉᆞ오심 축슈 축
슈ᄒᆞᆸᄂᆞ이다 무실이 갓다 ᄒᆞ오니 유관ᄒᆞ올지 패심ᄒᆞᆸ 집이는 젹쇠 업셔 절박ᄒᆞ오니 젹쇠
룰 실코 소물케 ᄒᆞ나 치여 보내시면 요긴ᄒᆞ올 듯 구리 동ᄉᆞ 젹쇠 ᄒᆞ나 셔올[22] 인편의 ᄒᆞ나
ᄉᆞ셔 보내시옵 며느리 이 말 ᄒᆞ라 ᄒᆞ오니 긔별ᄒᆞᆸ 뎡미 십월 회일 니

판독대비

번호	판독자료집	한국학중앙연구원 편 (2009a : 198~202)
1	샹장	샹쟝
2	더고나	더구나
3	모르오니	모로오니
4	더온 믈	더운 물
5	블샹코	불샹코
6	아숩스오니	아숩스오니
7	두터온	두터운
8	허증	패증
9	의수호나	의사호오
10	곰손이	금손이
11	블샹호읍	불샹호읍
12	알시롭고	안시롭고
13	블샹호읍	불샹호읍
14	거손	거슬
15	공부 주이나	공부나
16	굽굽	급급
17	과등을	과능을
18	겨을	겨울
19	호오나 그도 못 호고 슉믹이온 둧	〔판독 안 됨〕
20	굽굽호읍	급급호읍
21	호쳘 모도	호쳘니도
22	셔올	셔울

의성김씨 학봉 김성일가 언간 028

〈김성일가-028, 1847년, 여강이씨(아내) → 김진화(남편)〉

판독문

긔별 듯즈온 지 오리 되오니 답답 넘녀 측냥 못 흐올 츠 하인 닷치오며 덕스오심 밧즈와 신긔 반갑스오며 즈시 보오니 치위예 긔운 일양토 못흐와 복통 대단대단흐옵신 둣 셜샤롤[1] 비 알흐실 쩌마다 여러 슌을 흐신다 흐오니 엇디 그러실고 답답 인탁 두립스온 용녀[2] 무어시 비흐옵 그럿톳 흐시나 권속이[3] 흐나 브라코 잇는 이 업스오니 답답 복통이 그러시니 구미는 점점 더 못흐시니 줍스오실 길 업고 잠 못 즈시고 빗치시는 경과 곱곱[4] 제가 이셔시면[5] 이덧 망창흐게습 갈스록 익삭익삭 졀통흐오니 시일노 싱각 더 흐오니 통악흐옵 쐐돌은 무슨 병이온고 고이고이 가셔 병수나 업시 셩흐면 걱졍이나 아니실 거슬 도로혀 걱졍만 시기고 저로 흐여[6] 고음 그릇도 가급 못 흐시는 둣 답답 그러타고 엇디흐옵 그려도 어룬이 그리 평안치 아니시니 고음이나 흐여 죠곰 즈시고 양즙이라도 죠셕으로 흐여 줍스와 긔운을 붓들[7] 도리롤 흐시제 그져 계시다가 긔운이 진픠흔 후 엇디흐옵 괴로오실지라도 분부롤 흐여 보원을 흐여 보시면 나을 둣흐오니 부디 그리흐시옵 쥬착 업시 안즈 의복 음식의 아는 이 업스오니 인탁인탁흐오이다 이곳은 올겨을은[8] 그만흐옵고 초돌도 병수 업고 살지든 못흐오나 신식은 셩흐고 일셩 아푸다 흐는 일 업스오니 미련흐오나 무당셔 걱졍흐시고[9] 병이 잇거든 숨기지 말고 긔별흐라 흐신다 흐오니 아무 병도 업스오디 흔 가지 병은 거번의 긔별흐여시니 다른 병은 업다 흐오니 웃습고 신식의 병긔 업습고 초초[10] 거동이 낫스오니 너모 넘녀흐여 잇스지 마시옵 며느리도 감긔 고극더니 즉금은 낫스오니 긔특흐오나 한들집 시긔로 못 드려오고 요스이는 마이 쳥졍이 된[11] 둣흐니 드려오려 흐니[12] 당월 잉부 둥난타 아니 보내고 쏘 졈을 흐여 보니 드려오지 말나 흐니 둥난흐여 못 드려오고 산후 즙믈은[13] 유렴흐여 보내여스오나 게셔 온 것 즉시 보내려 흐옵 한들집이 오거든 며느리 보내려 흐엿더니 못 오니 저는 아모도 업는 거슬 보내기 어렵다 흐오니 엇디 홀동 호쳘 어미롤 져둣 오면 보내고 접스오나 의논흐여 흐오리이다 며느리도 아모도 업시는 아니 가려[14] 흐오니 웃습 김치 맛 견믤[15] 만흐오니 보내오나 가노라면 변홀 둣흐옵 성물이 댱의 스셔 하인 흐나 묵혀[16] 보내려 흐옵 즈쥬[17] 핫이블[18] 내여 덥습고 갓져구리 제 거슬 입지 못흐고 죽고 이족지[19] 입으려

ㅎ오니 보기 슬코 불상불상ㅎ옵[20] 냥모 풍츠나 ㅎ나 ㅅ셔 주시면 죠흘 듯ㅎ옵 김치 ㅎ 항가옵 아모려나[21] 의원을 보고 약을 ㅎ여 즈시고 수이수이 향감ㅎ옵신 쇼식 고디고디ㅎ옵ᄂ이다 츠돌의 갓씬 긔별ㅎ엿다 ㅎ오나 갓씬 업서 걱졍ㅎ옵 김치 항아리 두엇다가 육댱이나 담가 보내시옵 뎡미 지월 십ᄉ일 니 봉쥰은 슌흥 의원 보아 옵 약 지으러 가더니 아직 못 도라와습

판독대비

번호	판독자료집	한국학중앙연구원 편 (2009a : 207~210)
1	셜샤롤	셜ᄉ롤
2	용녀	용려
3	권속이	정속이
4	곱곱	급급
5	이셔시면	니셔시면
6	ㅎ여	하여
7	붓들	붓들
8	올겨을은	올 겨울은
9	걱졍ㅎ시고	걱졍ㅎ시고
10	츠츠	그시그시
11	된	될
12	ㅎ니	ㅎ오니
13	즙믈은	즙믈은
14	가려	가리
15	견딀	견딜
16	묵혀	뭇혀
17	즈쥬	즈주
18	핫이블	핫이불
19	이쪽지	이것지
20	불상불샹ㅎ옵	불샹불샹ㅎ옵
21	아모려나	아ᄆ려나

의성김씨 학봉 김성일가 언간 029

〈김성일가-029, 1847년, 여강이씨(아내) → 김진화(남편)〉

판독문

긔별 갓 드럿다 ㅎ오나 이둘이 ㅎ마[1] 일망이 너머스오나 엇더ㅎ신 줄 모르오니 답답 아으라 용녀 측냥 못 ㅎ올 밧 쑴즈리[2] 어즈러오니 낙낙 넘녀 엇더타 못ㅎ오며 일긔 졸한ㅎ오니 년ㅎ와 블평[3] 긔후 쳠졀이나 업스오셔 그만ㅎ옵시고 복통 엇더ㅎ시옵 복통이 아마 슈토로 그러신 둣 답답 이탁이탁 두립스오나 면ㅎ실 도리 업스오니 답답 어셔 무댱이나 쩌나시면 나을 둣 급급[4] 댱댱호 긴 밤의 잠을 못 즈시고 음식 못 줍스오시니 병환이 졀노 나실 밧 업스오니 엇디엇디ㅎ올고 그저 두립스오니 집이라도 도라오시면 싀훤ㅎ올 둣ㅎ옵 쐐돌의 병도 근위 심샹치 아니온 둣 졀박 무비 심녀만 가쳠을 ㅎ오니 급급ㅎ옵[5] 이곳은 올겨을은[6] 그젼 ㄳ치 한속ㅎ는 증 업시 셩ㅎ오니 ㄱ을의 먹은 약효온지 츠돌 니외 무양ㅎ오니 긔특ㅎ오나 봉쥰 셩셩치 아니녀 의원 보고 약 열다섯 쳡 지어 먹스오나 허긔 즈로 지고 허증될다 걱정ㅎ오니 의원의 말이 보원을 ㅎ고 젼우골고롤 ㅎ여 먹으라 ㅎ라 ㅎ오디[7] 셰시 쩌나 쇠롤 잡혀 ㅎ여 먹을가 ㅎ오나 엇디ㅎ여 내올고 민망 유교집 셩ㅎ고 시 샤랑방이[8] 치워 구들을 고쳐 즉금은 온돌이오니 겨을에[9] 칩든 아니오니 다힝ㅎ옵 며느리 보내기는 츠돌이가 아모도 집이 졀믄이[10] 업시 어려오니 아모라도 ㅎ나 와야 보내려 ㅎ오니 호쳘 어미롤 드려오려 ㅎ니 밧사돈이 윤즁 ㄳ치 알는다 ㅎ오니 그도 무셔우니 오라 못 ㅎ여스오나 보와[11] 요량ㅎ여 보내려 ㅎ옵 한들은 아직 산고 업고 인돌 셩타 ㅎ옵 인동은 다시 긔별 둣지 못 답답ㅎ옵 져 근집들 무고ㅎ고 풍슈는 겨을[12] 나고 나으리 오시면[13] 보고 가려 잇는 거슬 다시 편지나 ㅎ잔코 이러톤 말 아니ㅎ엿다 걱정ㅎ고 동복 직쵹ㅎ오니 무명 두 필이나 스려 ㅎ오나 우션 훈 필 바든 것 바지나 ㅎ려 ㅎ옵 경광 셔원 엽히 이샹훈 ㄱ지 잇다 ㅎ오나 엇더ㅎ올던동 모르오나 지안은 대단타 ㅎ옵 명녹이거지 보내고 엇디 견디시려 보내신고 급급[14] 짐군 충츠ㅎ여 가지고 수이 보내려 ㅎ옵 무명 도포 고쳐 지어시나 그 도포가 본디 잘못 몰나 무이 좁고 모양이 아니 되여스오니[15] 셔양목을 스셔 도포롤 ㅎ나 댱만ㅎ면 죠흘 둣ㅎ옵 고은 무명은 쉽지 아니오니 셔양목이 나을 둣ㅎ옵 셔양목 치마 훈 ㄱ음 열훈 자만 스셔 주시옵 싱고기는 문어 네 가리 방어 훈 마리 가오나 샹치 아니ㅎ올지 넘녀되옵 믄어는[16] 줍스오실 쩌 씨긋지

시셔 믈을[17] 쓰리고 잠간 드리쳐 제 몸이 죠곰 오글 듯ᄒ거든 건져 쩨져 초지령의 줍ᄉ오시
옵 아니 데치면 마시 업고 데치면 마시 나오니 마니 삼지 말고 좀간 쩨쳐 ᄌ시옵 갓 밋동
가오니 가늘게 ᄉ으라 ᄒ여ᄉ[18] 마시 나오니 잘게 ᄉ으라 ᄒ라 ᄒ시옵 갓치ᄂ 믈을[19] 쌀쌀
쓰려 부으면 마시 죠흐니 그리 시기옵 말슴 남ᄉ오나 지리 이만이오며 의원을 보와 약이나
ᄌ시고 복통 나으시고 쳠졀이나 업ᄉ와 셰후 힝ᄎ ᄒ옵시기 츅슈ᄒ옵ᄂ이다 셩광어 죠리와
죠곰 가오니 줍ᄉ오시옵 무명 도포 자리 져구리 가오니 입으시옵 뎡미 지월 십팔일 니

판독대비

번호	판독자료집	한국학중앙연구원 편 (2009a : 216~220)
1	ᄒ마	하마
2	쑴ᄌ리	쑴자리
3	블평	불평
4	곱곱	급급
5	곱곱ᄒ옵	급급ᄒ옵
6	올겨을은	올 겨울은
7	ᄒ오디	ᄒ오며
8	샤랑방이	사랑방이
9	겨을에	겨울에
10	졀믄이	졀문이
11	보와	보아
12	겨을	겨울
13	오시면	보시면
14	곱곱	급급
15	되여ᄉ오니	되어ᄉ오니
16	믄어ᄂ	문어ᄂ
17	믈을	물을
18	ᄒ여ᄉ	하여ᄉ
19	믈을	물을

의성김씨 학봉 김성일가 언간 030

〈김성일가-030, 1847년, 여강이씨(아내) → 김진화(남편)〉

판독문

슈토의 상훈 디는 셩유황 뭉치 탕긔만 훈 뭉치롤 믈드멍의[1] 여허 두고 그 믈노[2] 음식을 히 먹고 슴니도[3] 그 믈노[4] ᄒ여도 황니가 별노 아니 나고 슈토의 상훈 디 이샹타 ᄒ니 그리ᄒ 여 보시고 황은 믈에[5] 담가도 녹는 일 업고 다시 건져 아모 디 서도[6] 관겨찬타 ᄒ옵 츈근이 는 노하 겨시옵 부젼의 졍세 블샹ᄒ오니[7] 노ᄒ시옵 아직 보기는 도망홀 싱각 업서 보이오나 엇더홀동 모른오나 블샹습[8] 슌님도 셩ᄒ고 츙셩이[9] 잇습 부젼이는 고목을[10] 젼쥬셔 ᄒ고 여 긔 와 쏘 고목은[11] ᄒ엿더니 못 보시다 ᄒ니 일훈갓 황숑ᄒ여 ᄒ옵

판독대비

번호	판독자료집	한국학중앙연구원 편 (2009a : 224~225)
1	믈드멍의	믈드멍의
2	믈노	믈노
3	슴니도	슘니도
4	믈노	믈노
5	믈에	믈에
6	아모 디 서도	아모 디서도
7	블샹ᄒ오니	불샹ᄒ오니
8	블샹습	불샹습
9	츙셩이	픔셩이
10	고목을	그믐을
11	고목은	그믐은

의성김씨 학봉 김성일가 언간 031

〈김성일가-031, 1847년, 여강이씨(아내) → 김진화(남편)〉

판독문

올 무명은 술년술년이오니 종들 입힐 것도 업스오니 엇디ᄒ올지 수란ᄒ옵고 ᄎ돌 온 후는
제가 반찬 가지나 스셔 준 후는 흐푼 돈도 슬 디 잇다 달나 ᄒ면 변통성이 업스오니 그려도
슬 디는 바히 업습 나무 거슬 더러 추이ᄒ여 슨 것 갑하 달나 ᄒ니 제게는 슬 돈이 업는 거
슬 보쳔다 ᄒ오니 곱곱고[1] 이불도 며ᄂ리 밧바 홀 스이 업스오니[2] 남을 시겨숩더니 집이셔
아니코 남 시긴다 갑술 줄 의시 업스오니 답답 후편 돈양이나 주시면 이 비즐 버슬 듯ᄒ옵
예는 용암과 건넨마의 시긔 잇다 ᄒ오니 위름ᄒ옵 병환은 그러ᄒ시고 점점 심동이 되면 견
디실 도리 더 괴롭고 못 견디실 거시오니 병탈이나 ᄒ고 오시면 나을 듯ᄒ오나 임의로 못
ᄒ오니 답답ᄒ오이다

판독대비

번호	판독자료집	한국학중앙연구원 편 (2009a : 227~228)
1	곱곱고	급급고
2	스이 업스오니	시이 업스오니

의성김씨 학봉 김성일가 언간 032

〈김성일가-032, 1847년, 여강이씨(아내) → 김진화(남편)〉

판독문

답샹장

오리 막히오니 답답 넘녀 측냥 못 ㅎ올 추 하인들 닷치오며 슈찰 밧ㅈ와 탐탐 신긔신긔 ㅈ시 보오니 치위예 년ㅎ와 그려도 대단 첩절은 업ㅅ오시나 복통 죵시 낫지 아니ㅎ옵신 일 답답 복통 셜샤[1] 일양 그러ㅎ시고 잠 못 ㅈ시고 그러고 몃몃 돌지 빗치옵시니 분명 큰 병환이 나실 듯 이탁이탁 두립ㅅ온 용녀 아모라타 못ㅎ오니 수란수란 경과ㅎ시ᄂ 도리 답답 그러텃 허증은 댱 드올[2] 거시오나 더운[3] 믈도[4] 한 그롯 ㅎ여 드릴 거시 업ㅅ오니 엇지엇지 견디실고 그런져런 걸 싱각ㅎ오면 죽것 블샹코[5] 이삭이삭 아습ㅅ오니[6] 갈ᄉ록 졀통졀통 이탁이탁ㅎ옵 쐐돌은 병 드다 ㅎ더니 그더지 씌여 고이고이한 듕병 잇ᄂ 년을 가족히 혼다 ㅎ오니 한심한심[7] 제 힝시 그러ㅎ온들 제야 그리 조심될 거시 이셔 크게 일을 내지 못ㅎ시고 제 ᄆ옵디로 방약무한 거동 한심한심 졀통 괘심괘심 제가 칙방에 가 이셔 그러고 폐단을 치고 유익한 일 업시 겨만 시기고 하인 쳠시예 무안 늠스러오니 졀통졀통 분ㅎ옵 거번의 용이가 와셔 아릿집셔 무르니 기싱년들이 칙방 마리방의 메엿게 단이며 노더라 ㅎ니 형님이 그런 일을 알 양이면 그놈을 잡아다가 동헌 골방에[8] 두지 못ㅎ여 그저 잇ᄂ고 ㅎ더라 ㅎ오니 분명코 무ᄉ 일이 이시면 원망 건몸인[9] 듯 무실이가 동심ㅎ고 그런 줄 더 졀통졀통 분ㅎ옵 이곳은 셩ㅎ더니 이돌이[10] 들며[11] 젼의 알턴 증 반짝ㅎ온[12] 듯 댱 희황지졀 두통 괴롭ㅅ오니 졀박졀박 며느리 보내고 의지 업ᄂ[13] 듯 근노도 업지 아니오니 졀박졀박 호쳘 모 드리러 보내여ᄉ오나 그 집이셔 졍월이 제 산월이니[14] 내 근심을[15] 보내기 어렵다 ㅎ고 아니 보내려 ㅎ오니 그만이 두ㅈ ㅎ여도 야ᄒ가 말을 아니 듯고 드리러 보내여ᄉ오나 올동 모ᄅ옵[16] ㅊ돌 형뎨 셩ㅎ오니 긔특ㅎ오나 심녀 만한 거동 알시롭ㅅ옵[17] 봉쥰도 약효도 잇ᄉ오니 다힝ㅎ오나 허증은 왕왕이 든다[18] ㅎ오니 민망ㅅ옵 유교집 셩코 의법 ㅎ오니[19] 다힝ㅎ옵 며느리도 간 후 무ᄉ타 ㅎ오니 긔특ㅅ옵고 한들집은 희산ㅎ고 초칠 젼의 피우 나셔 삼칠 지내여ᄉ오나[20] 별증은 별노 업ᄉ나 음식 다라 먹지 못ㅎ고 두통 잇다 ㅎ오니 무ᄉ 병을 낼 듯 답답ㅎ옵 인동은[21] 하인 보내엿더니 그만들 ㅎ시다 ㅎ니 다힝ㅎ오나 제 골믈[22] 잔샹잔샹 알히옵 반찬도

장 어긔여 못 스 보내오니 굽굽[23] 각 곳의 간 하인 도라갈 디 보내오려 ᄒᆞ옵 희황 즈시 못
이만이오며 내내 긔듕 긔후 쳠졀이나 업스와 졍초의 쩌나오옵시기[24] 고딕ᄒᆞ옵ᄂᆞ이다

판독대비

번호	판독자료집	한국학중앙연구원 편 (2009a : 232~236)
1	셜샤	셜사
2	드올	두올
3	더운	겨운
4	믈도	물도
5	블샹코	불샹코
6	아숩ᄉ오니	아숩ᄉ오니
7	한심한심	훈심훈심
8	골방에	글방에
9	건몸인	건목인
10	이둘이	이질이
11	들며	돌며
12	반짝ᄒᆞ온	반짝ᄒᆞ올
13	업ᄂᆞᆫ	업손
14	산월이니	산월이이
15	근심을	즈식을
16	모ᄅᆞ옵	못ᄒᆞ옵
17	알시롭습	안시롭습
18	든다	죽다
19	의법 ᄒᆞ오니	의방ᄒᆞ오니
20	삼칠 지내여ᄉ오나	〔판독 안 됨〕
21	인동은	안동은
22	골믈	골물
23	굽굽	급급
24	쩌나오옵시기	쩌나오옵시기

의성김씨 학봉 김성일가 언간 033

〈김성일가-033, 1847년, 여강이씨(아내) → 김진화(남편)〉

판독문

답샹장[1]

긔별 듯즈온 지 날포 되오니 답답 명녹 도라오기만 기드리옵더니 드러오며 뎍스오심 즈시 보오니 대단 쳠샹은 업스오시나 복통 일양이오신 일 답답 그러툿 ᄒ시니 음식 줍습지 못ᄒ시고 밤 경과롤 ᄒ시니 허증은 들 거시고 아모도 미음 ᄒ 그릇 드리리가 업스오니 답답 넘녀 츈빙을 듸디온 듯 두립습고 관소의도 걱정 업지 아니온 일 굽굽[2] 아모려나[3] 이직을 ᄒ시거나[4] ᄇ리고 오시거나 ᄒ면 나을 듯 수이 힝츠나 ᄒ시면 쇠훤ᄒ올 둣ᄒ오나 침션비가 달노 셔울길 ᄒ시기 쉬옵다 ᄒ시니 무슨 일이온지 수란수란 넘녀 측냥 못 ᄒ오니 일이나 순히 되여 ᄇ리고 오시기 츅슈ᄒ옵ᄂ이다 이곳은 거번 날포 알ᄉ옵고 요스이는 낫ᄉ오나 문밧글 내가 못 보오니 졀박ᄉ오나 호쳘 모 온다 온다 ᄒ며도 긔쳑 업스오니 민망 초돌은 거동 수쳑ᄒ오니 엇디 그러냐 ᄒ여도 관겨찬타 ᄒ더니[5] 인돌의 말을 드르니[6] 형님 ᄇ이[7] 헌듸도 아니고 썹질이 버서지고 믈이[8] 흐르는 것갓치[9] 번즐번즐ᄒ더라 ᄒ오니 무슨 증인동 답답ᄒ여 므르니[10] 치질 종유로 그러ᄒ니 무슨 약을 ᄒ니 낫난다 ᄒ오나 넘녀되오니 굽굽ᄒ옵고[11] 인돌은 셩ᄒ오나 집이 오리 두엇다가 희 이실가 넘녀오나 그려도 즉금은 의법 낫습고 넘혹ᄒ기 낫ᄉ오니 다힝ᄒ옵 며느리도 간 후 셩타 ᄒ오니 긔특ᄒ오나 셰후 드려오려 ᄒ오니 알시롭 습[12] 져근집들 무고ᄒ옵고 구산소 ᄑ묘ᄂ[13] 명년의 년운이 업서 이둘 넘구일 ᄑ묘롤 ᄒ시려 ᄒ오니 수란 ᄀ이업습 문계는 졍초의 간다 ᄒ옵 한들집은 박실노 피우 가 이셔 별 탈 업시 삼칠 지내여시나 슈챵 터열 잔샹타 ᄒ오니 졀박ᄒ옵 인동은 셩타 ᄒ나[14] 골물의 쩌져 잔샹 잔샹ᄒ온 일 알시롭습고[15] 부믈[16] 으수이 아니ᄒ오면 무안ᄒ다 부탁부탁ᄒ옵고 유즈ᄒ고 싱 각을 부디 보내[17] 달나 ᄒ오며 샹쥬님 비위 샹ᄒ여 즈시게 보내라 부탁부탁ᄒ여습 아릭 젼 편으로 드르니 장소ᄂ[18] 졍월에 즉시 지내려 ᄒ신다 ᄒ고 약과[19]ᄒ고 졍과나 ᄒ여 보내라 ᄒ여ᄉ오니 홀 듯ᄒ거든 ᄒ여 주시옵 유교집 므스ᄒ오나[20] 봉쥰 셩셩치 아니ᄒ 샹 졀박ᄒ옵 육미탕은 즉금 먹으니 엇더ᄒ온지 굽굽ᄒ옵[21] 셔양목은 곱도 못ᄒ나마 셩ᄒ면 죠홀 거술 샹 ᄒ 거시 온 너분 광판의 모도 궁기 쓰러져시니 ᄀ튼 갑술 주고 헌걸 밧기 졀통ᄒ오니[22] 도

로 보내오니 이것 바다드린 하인을 내주시고 셩코 고은 거슬 바다드리라 ᄒ시옵 이러타고[23]
갑슬 덜 주어시면 통분찬으나 ᄀᆞᆺ흔 갑 주고 삭아 바져 궁기[24] 숭숭흔 걸[25] 갓다 주기는 아
모란 줄 모르고 바드리라 ᄒ고 그런 걸 갓다 드리오니 괘심괘심ᄒᆞ오니 내여주시옵 셔양목
이 비치 보하게[26] 흰 셔양이 단단ᄒᆞ오니 빗곳ᄀᆞᆺ치[27] 흰 셔양목을 바다드리라 ᄒ시옵 시긔는
간졍이[28] 되엿더니[29] 변춘의 ᄯᅩ 알는다[30] ᄒᆞ오니 수란ᄒᆞ옵 아히죵은 두루 구ᄒᆞ여도 아직은
업스오니 답답 며ᄂᆞ리도 게 가 두루 구ᄒᆞ려 ᄒᆞ오니 혹 봄 즈음의나 이실동 아직은 업스니
졀박졀박 만녜 보내고 슌미 즈식 낫코 샹직 업서 답답ᄒᆞ옵 초열흘긔나 ᄯᅥ나시면 날셰나 엇
더ᄒᆞ올지 넘녀 측냥 못 부ᄃᆡ 날셰을 보와 ᄯᅥ나시옵 지리 이만이오며 아모려나[31] 신년의는
근심 걱졍 업시 만슈무강ᄒᆞ옵심 츅슈츅슈ᄒᆞ옵ᄂᆞ이다 뎡미 납월 념오일 니

판독대비

번호	판독자료집	한국학중앙연구원 편 (2009a : 242~246)
1	답샹장	답샹쟝
2	ᄀᆞᆸᄀᆞᆸ	급급
3	아모려나	아ᄆᆞ려나
4	ᄒᆞ시거나	하시거나
5	ᄒᆞ더니	하더니
6	드ᄅᆞ니	드로니
7	블이	불이
8	믈이	물이
9	것갓치	것것치
10	므ᄅᆞ니	무ᄅᆞ니
11	ᄀᆞᆸᄀᆞᆸᄒᆞᄋᆞᆸ고	급급ᄒᆞᄋᆞᆸ고
12	알시롭ᄉᆞᆸ	안시롭ᄉᆞᆸ
13	ᄑᆞ묘ᄂᆞᆫ	ᄑᆞ묘도
14	ᄒᆞ나	ᄒᆞ오나
15	알시롭ᄉᆞᆸ고	안시롭ᄉᆞᆸ고
16	부믈	부물
17	보내	보내여
18	장ᄉᆞᄂᆞᆫ	상ᄉᆞᄂᆞᆫ
19	약과	약긔
20	므ᄉᆞᄒᆞ오나	무ᄉᆞᄒᆞ오나
21	ᄀᆞᆸᄀᆞᆸᄒᆞᄋᆞᆸ	급급ᄒᆞᄋᆞᆸ
22	졀통ᄒᆞ오니	원통ᄒᆞ오니
23	이러타고	이러라고
24	궁기	궁기궁기
25	결	거술
26	보하게	보히게
27	비곳ᄀᆞᆺ치	뵈곳ᄀᆞᆺ치
28	간졍이	간졍니
29	되엿더니	되엿다니
30	알ᄂᆞᆫ다	잇ᄂᆞᆫ다
31	아모려나	아ᄆᆞ려나

의성김씨 학봉 김성일가 언간 034

〈김성일가-034, 1847년, 여강이씨(아내) → 김진화(남편)〉

판독문

돈양이나 슬 더 잇거든 츠돌으게 어더 스라 ㅎ시나 제 손의 쥔 거슬 엇디 줄가 시부ㅇ 돈양
식이나 삼기면 셰목 필이나¹ 스 두엇다가 샹답을 주면 넉여 답답ㅎ오나 엇디ㅎ오ㅂ 셰목이²
지헐ㅎ오니 졀통ㅎ오ㅂ 셔양목은³ 너뷔예 고루고루 다 쓰러져시니 하인의 소의가 경샹도 양
반이라고 업수이 넉여 그런 걸 스 드린 줄 분ㅎ여 도로 보내오나 보내신 걸 도로 보내오니
블안블안ㅎ오나⁴ 하인의 버릇 괘심ㅎ여 보내ㅇᄂ이다 거번 계ᄂ 샹치 아니코 가ᄉ던가 방
어 샹ㅎ여 속으신 줄 답답ㅎㅇ 셧박지니 츠돌 죠하 먹ᄉ오니 공싱ㅎㅇ

판독대비

번호	판독자료집	한국학중앙연구원 편 (2009a : 250~251)
1	셰목 필이나	셰묵 필이나
2	셰목이	셰묵이
3	셔양목은	셔양묵은
4	블안블안ㅎ오나	불안불안ㅎ오나

의성김씨 학봉 김성일가 언간 035

〈김성일가-035, 1848년, 여강이씨(아내) → 김진화(남편)〉

판독문

반찬도 아모것도 못 ᄉᆞ 보내오니 답답 구젹 ᄒᆞᆫ 항아리 가오니 ᄌᆸᄉᆞ오실지 요ᄉᆞ이ᄂᆞᆫ 잡ᄉᆞ오시기 죠곰 낫ᄌᆞ오신가 구미 그덧ᄒᆞ신 모양 뵈ᄋᆸ고 ᄋᆡ탁 두립ᄉᆞ오니 아모려나[1] 음식이나 구미롤 아라 ᄌᆸᄉᆞ오시고 근역이 나시면 무슨 걱정 잇ᄉᆞ오리 낙낙히 이셔 역역 ᄋᆡ스여 어렵ᄉᆞ오이다 말숨 ᄀᆞ득[2] 남ᄉᆞ오나 지리 이만이오며 아모려나[3] ᄀᆡ듕 긔운 쳠샹 업ᄉᆞ와 만안ᄒᆞᄋᆸ신 긔별 고ᄃᆡ고ᄃᆡᄒᆞᄋᆸᄂᆞ이다 예셔 ᄯᅥ나실 ᄯᅴ 이블보 거죽에[4] 솜 보 내여오라 ᄒᆞ오니 상포로 지은 보을 내여가습더니 오쳔셔 이블이 도ᄅᆞ와도 쥬막 놈의[5] 보의 ᄉᆞ 왓고 그 보은 ᄀᆞ을거지 직히 가실 듯ᄒᆞ오나 이번의 보이 아니 와시니 하인의게 일흔 듯 졀통졀통ᄒᆞᄋᆸ 예 잇ᄂᆞᆫ 의복은 ᄲᆞ며 보내오려 ᄒᆞ오니 며ᄂᆞ리 온 후 지어 보내오리이다

판독대비

번호	판독자료집	한국학중앙연구원 편 (2009a : 254~255)
1	아모려나	아ᄆᆞ려나
2	ᄀᆞ득	그득
3	아모려나	아ᄆᆞ려나
4	이블보 거죽에	이불보 거죽에
5	이블이 도ᄅᆞ와도 쥬막 놈의	이불이 도ᄅᆞ와 도쥬막 놈의

의성김씨 학봉 김성일가 언간 036

〈김성일가-036, 1848년, 여강이씨(아내) → 김진화(남편)〉

판독문

구미예 당훈 거술 아모것도 못 보내오니 답답 구졋 댱식 이젹 아니 오니 급급 간방어[1] 훈
말리 가오나 샹치[2] 아니ᄒᆞ온지 민망ᄒᆞᆸ 주지나 두엇 부쳐 보내시옵 조희 어더 스니 괴롭ᄉᆞᆸ
대야 양푼은 이놈 무겁다 ᄒᆞ오니 졔퇴 하인 수이 올 듯ᄒᆞ오니 그 하 편 보내려 두어ᄉᆞᆸ 보션
두 거리 주막이[3] 젹삼 가옵 인동집 복챵옷ᄀᆞ옴[4] ᄉ 보내려ᄒᆞ여 계시니 오거든 보내라 ᄒᆞ오
나 잇잔으신가[5] 그런져런 심녀 민망ᄒᆞᆸ 호쳘 모ᄂᆞᆫ 가려 ᄒᆞ오나 입을 거시 업ᄉᆞ오니 모시즈
이나 주시면 덕삼이나 ᄒᆞ여 입고 가려 ᄒᆞ오니 이 말 ᄒᆞ여 달나 ᄒᆞ오니 ᄒᆞᆸ

판독대비

번호	판독자료집	한국학중앙연구원 편 (2009a : 257~258)
1	급급 간방어	급급간 방어
2	샹치	상치
3	주막이	두막이
4	복챵옷ᄀᆞ옴	북챵옷 ᄀᆞ음
5	잇잔으신가	잇잔으실가

의성김씨 학봉 김성일가 언간 037

〈김성일가-037, 1848년, 여강이씨(아내) → 김진화(남편)〉

판독문

답샹장

쩌나신 지 일망이 넘스오나 회보 듯즈올 길 업스오니 쥬야 답답 념녀 아모라타 못ᄒᆞ올 츠 하인 오오며 듕노의셔 덕스오신 것 보오니 젼쥬거지는 평안히 가시다 ᄒᆞ오니 든든 경스 충 냥업스오나 환관ᄒᆞᆸ셔 츄을 노ᄒᆞ시면 노독이 나을[1] 듯 급급[2] 두렵스온 용녀 녹을 듯 아모 려나 병환이나 아니 내시고 평안평안이 계시고[3] 삼월이나 무스히 넘기오면 나을 듯 말을 아 니ᄒᆞ나 간댱은 노 마롤 듯 답답ᄒᆞᆸ고 그러터라 뫼시고 잇ᄂᆞᆫ 이가 잇스오면 이덧ᄒᆞ오리마 ᄂᆞᆫ 쳘 이 타향의 즈식도 ᄒᆞ나히[4] ᄯᆞ라가[5] 잇지 못ᄒᆞ고 혼자 외로오니 안즈 계신[6] 일 한심한 심 죽은 거슬 싱각ᄒᆞ오니 더고나[7] 원통원통 앗갑고 졀통졀통ᄒᆞᆸ 이곳은 셩ᄒᆞ오나 초돌 십 삼일 쩌나가오니 집 안 다 븨온 듯 헤헤 졀박ᄒᆞ오나 과거나 ᄒᆞ여 가지고 오면 죽ᄒᆞ오리마ᄂᆞᆫ 엇덜고 조입 며느리도 셩ᄒᆞ고 호쳘 모도 드러와 잇스오나 노 알코 셩셩치 아니오니 졀박 한들집 보낸 후 긔별 듯지 못 답답 가기롤 슬희ᄒᆞᄂᆞᆫ 거슬 보내오니 불샹불샹[8] 걸녀 걸녀[9] 못 견디오나 그 집이셔 그여 잡아 가니 홀 체 업시 보내고 졀통졀통 박혀 박혀 어렵슙 인동 집은 엇던동 예셔도 쇼식을 모ᄅᆞ오니 답답 못 잇칩 져근집들 무스ᄒᆞ고 소호집 근친ᄒᆞ고 쫘돌 과거의 거러가오니 무비 초돌의 걱정이오니 엇디ᄒᆞᄂᆞᆫ지 민망ᄒᆞᆸ 초돌의 과거는 쏘 방ᄒᆞ로온 일이 잇ᄂᆞᆫ 듯 무신 삼월 십칠일 니

판독대비

번호	판독자료집	한국학중앙연구원 편 (2009a : 261~262)
1	나을	나올
2	급급	급급
3	계시고	게시고
4	ᄒ나히	하나히
5	ᄯᅡ라가	따라가
6	계신	계실
7	더고나	더구나
8	블샹블샹	불샹불샹
9	걸녀 걸녀	걸여걸여

의성김씨 학봉 김성일가 언간 038

〈김성일가-038, 1848년, 여강이씨(아내) → 김진화(남편)〉

판독문

샹답 줄 무명 열석 시 호 필 열두 시 호 필 열혼 시 세 필 열 시 호 필 모도 여섯 필이고 용이 가져온 무명 열석 시 호 필 열두 시 호 필 두 필이 변변이 곱지 못호오더 슬 만호오니 두어슙 두 필은 파라 돈을 바다 집이셔 스려 호오니 고은 셰목을 스면 두석 냥 보틱여스 될 듯호오니 스 보아야 알 듯호옵 치마ㄱ옴도[1] 호 죽을 치와시나 반믈은[2] 봄의 믈이[3] 곱지 못호여[4] 칠월 즈음 횟믈[5] 곱거든 드리려 호오니 다듬도 못 민망 ㄱ는 치마ㄱ옴[6] 둘 보내오니 갈믹 옥식 짓게 드려 곱게 다듬아 보내시옵 누비바지 거죽 홀 것 잇스오나 안이 업서[7] 못 호오니 둥목을 호 필 스 보내시면 누비바지 겹바지 허리쯰 안 여흘 듯호옵 누비는 여기셔 달나 호느니[8] 이시니 누비 갑시나 보내시면 예셔 시기려 호옵 모시 겹바지 고댱이 홀 모시롤 유려호시거든 보내시옵 요량호여 홀 듯호옵 예셔 유럼호 거시 열 필이오니 둥목 열 필은 더 스려 호시니[9] 게셔 고은 셰목필이나 서너 필 더 스고 둥목은 열 시 아홉 시 되는 것 사게 호고 셰목 둥목 통히 열 필을 스게 호시옵 갈믹 치마 둘 호나은 샹 주고 호나은 후남이 줄 거시옵

판독대비

번호	판독자료집	한국학중앙연구원 편 (2009a : 266~267)
1	치마ㄱ옴도	치마 ㄱ옴도
2	반믈은	반물은
3	믈이	물이
4	못호여	못호며
5	횟믈	횟물
6	치마ㄱ옴	치마 ㄱ옴
7	업서	없서
8	호느니	호오니
9	호시니	호더니

의성김씨 학봉 김성일가 언간 039

〈김성일가-039, 1848년, 여강이씨(아내) → 김진화(남편)〉

판독문

답상장

하인 도라간 후 다시는 아득아득[1] 막히오니 답답 넘녀 녹을 듯 시절 소문은 위름ᄒᆞᆸ고 낙낙히 혼자 계신 어룬을 싱각ᄒᆞ오니 심신이 건궁의 씌이온 듯 소스라[2] 이냥이 물나 죽을 듯 긔별도 듯지 못ᄒᆞ오니 더고나[3] 답답 수란수란ᄒᆞ올 ᄎᆞ 하인 닷치오니 싀훤 슈찰[4] 밧ᄌᆞ와 신긔 탐탐 ᄌᆞ시 보오니 블평[5] 긔운 죵시 향감 못 싁싁 여샹 시 업ᄉᆞ오시고 슈족과 ᄃᆞ리 블인ᄒᆞ시고[6] 죵긔 죵시 낫지 아니ᄒᆞᆸ시다 ᄒᆞ오니 답답 구미 아조 변ᄒᆞ여 ᄒᆞᆫ 홉어치롤 못 ᄌᆞ시고 허증은 ᄌᆞ로 드러 못 견디시ᄂᆞᆫ디 미음도 ᄒᆞᆫ 그릇 ᄌᆞ시게 못ᄒᆞ여 드린다 ᄒᆞ오니 답답 엇디엇디 견디실고 근녁은 여지여지업ᄉᆞ오시고 그러고 빗치옵시나 ᄒᆞ낫 ᄌᆞ식도 짜라가 뫼시지 못ᄒᆞ오니 무지 공청의 밤낫으로 혼자 안자 지낼 일이 역역 못 견디 ᄒᆞ오시기 엇디 아니 그러ᄒᆞᆸ시리 답답 이탁이탁 졀통 앗갑고 블샹ᄒᆞ오나[7] 엇디ᄒᆞᆸ 그러키 죵이나 ᄒᆞᆫ 년 두더면 그려도 미음 것흔 거시라도 ᄌᆞ시게 ᄒᆞ올 거슬 고이고이ᄒᆞᆫ 음식의 비위가 잔득 샹ᄒᆞ여 더 못 ᄌᆞ시는 듯 급급[8] 두립ᄉᆞ온 용녀 츈빙을 듸디온 듯 아모려나 무양이나 ᄶᅥ나시면 경시올 듯 츅슈츅슈ᄒᆞᆸ더니 이직도 못 ᄒᆞ게 헤정젹을 치고 돈은 노은이라[9] 호령이 샹풍ᄒᆞ고 욕 편지가 노 온다 ᄒᆞ오니 졀통졀통 그러ᄒᆞ고 급졔ᄒᆞ여 무어시 쓸고[10] ᄉᆞᄉᆞ의 무슨 죄가 이셔 욕을 ᄒᆞᄂᆞᆫ고 고이고이ᄒᆞᆸ고 보내란 영을 어긔면 더 츄냥홀 거시 업ᄉᆞ올 거시니 엇디엇디ᄒᆞ오며 오쳔 냥 가하는 벗지 못ᄒᆞ고 엇디ᄒᆞ올고 고을은 망덕이 되고 한심ᄒᆞ온디 고이ᄒᆞᆫ 비 소문이 위름위름ᄒᆞ오니 게는 더고나[11] 바다ᄀᆞ이오니 엇디엇디ᄒᆞ올고 그 비가 동희에 ᄯᅩ 잔득 왓다 인심 소동 홍홍ᄒᆞ오니 젼슈이 모혀 안자시면 아모리 ᄒᆞ여도 겁 업ᄉᆞ오나 그저그저 이탁이탁 몰나지올 듯ᄒᆞᆸ 이곳은 요ᄉᆞ이는 셩ᄒᆞ고 며느리 ᄂᆡ외 무양ᄒᆞ오나 푸려들 졀박 용담집도 그만ᄒᆞ오나 가히도 므슨[12] 병이 잇는 아히오니 민망[13] 황구ᄉᆞ물고을 먹이라 ᄒᆞ오니 ᄒᆞᆫ 져룰 ᄒᆞ여 먹여ᄉᆞ오나 엇더ᄒᆞ올지 인돌은 ᄒᆞ 못 견디 져근듯 와지라 ᄒᆞ오니[14] 일젼의 ᄃᆞ려오니 푸려ᄒᆞ오ᄃᆡ 무양ᄒᆞ오나 슈창 모는 목에 물이[15] ᄶᅧ며 시시 한속ᄒᆞ고 알코 목을 두루 젹이도[16] 못혼다 ᄒᆞ오니 고이고이 죽을 병을 짐는 듯 그듕 이스는 도리 한심한심 블샹[17] 미쳐 미쳐 어렵숩 봉쥰 이동안 긔식 업고 만신이 아푸다 ᄒ오니 졀박 봉ᄃ집은 가슴을 알하 홀ᄂᆞᆫᄃᆡ 답답 망조히 지내고 죠곰 낫ᄉ오나 쾌튼 아니ᄒ오니 민망 블샹코[18] 아릿집 무고ᄒ오나 졀화지경이[19] 되오니 굴머 죽게ᄂᆞᆫ 못 ᄒ고 그게 모도 츄돌의 걱졍 심녀오니 답답 무을 효샹은 갑을년이나 다르잔은ᄃᆡ 시계가 아조 업ᄉ니 돈을 가지고도 파라 먹을 슈 업다 ᄒ오니 고이ᄒ 시졀이온 듯 집이도 양ᄃ지경이[20] 나오니 답답ᄒ오나 효샹들에[21] 졀박ᄒ옵 호쳘 모ᄂᆞᆫ 초칠일 보내옵고 쇼상 어제 지내오니 츄돌 갓다가 어제 와숩 졔ᄉ의 무르실가 ᄒ 모가[22] 고족[23] 긔ᄃ리옵던 거슬 몰라 계신 듯 무류ᄒ옵 약은 와ᄉ오나 며ᄂᆞ리나 먹이면 죠흘 거슬 늘근이롤 먹으라 ᄒ시니 민망ᄒ옵 보내신 것 다 와ᄉ오나 가리모시ᄂᆞᆫ 아니 와시니 고이ᄒ옵 그 방어ᄂᆞᆫ 샹ᄒ다고 소금을 만히 간을 쳐시니 물에 담가 퇴렴을 ᄒ여 좁ᄉ오시더면 나을 거슬 ᄍ 못 즈신[24] 일 민망숩 구졋 댱식 와 ᄉᆞᄉ오나[25] 마시 변변찬으니 졀통숩 말슴 남ᄉ오나 지리 이만이오며 아모려나 진지롤 강작ᄒ여 좁ᄉ오시고 쳠졀이나 업ᄉ오시기 츅슈츅슈ᄒ옵ᄂᆞ이다 법셩 쳠ᄉᆞᄂᆞᆫ 언제 오ᄂᆞᆫ고 법셩으로 더 심녀ᄒ시ᄂᆞᆫ 일 답답ᄒ옵 무신 오월 십일 니 구졋 ᄒᆞᆫ 항 초숩

판독대비

번호	판독자료집	한국학중앙연구원 편 (2009a : 271~276)
1	아득아득	아득
2	소스라	스스라
3	더고나	더구나
4	슈찰	수찰
5	블평	불평
6	블인ᄒ시고	불인ᄒ시고
7	블샹ᄒ오나	불샹ᄒ오나
8	굽굽	급급
9	노은이라	노을이라
10	쓸고	슬고
11	더고나	더구나
12	ᄆ손	무손
13	민망	〔판독 안 됨〕
14	와지라 ᄒ오니	와 지라ᄒ오니
15	몰이	ᄆ이
16	두루젹이도	두루적이도
17	블샹	불샹
18	블샹코	불샹코
19	졀화지경이	졀화 지경이
20	양디지경이	양대 지경이
21	효샹들에	효샹들에
22	호 모가	호모가
23	고족	그족
24	ᄌ신	ᄌ실
25	ᄉᄉ오나	술 사오나

의성김씨 학봉 김성일가 언간 040

〈김성일가-040, 1848년, 여강이씨(아내) → 김진화(남편)〉

판독문

샹장[1]

의외 쏘 하인 오며 대강 듯즈오니 외인쪽으로 모도 블인ㅎ와[2] 민망ㅎ신 줄 답답 의원이 왓다 ㅎ오니 약치나 잘ㅎ와 수이수이 향감ㅎ시기 츅슈츅슈ㅎ오며 관亽의 두루 심녀ㅎ옵심 굽굽ㅎ온디[3] 집이 안잔 권쇽거지[4] 병 드러 걱정시기ᄂᆞᆫ 줄 답답ㅎ옵 이곳은 우년ㅎᆫ 병이 그리 대단튼 아니오나 노 한속증이 가감 업시 다시나 ㅎ더니 어제부틈 한속증은 낫ᄉ오나 종시 기환치 아니ㅎ여 팔다리 골절은 쉬시ᄂᆞᆫ 듯 져리고 무겁ᄉ오니 괴롭ᄉ오나 방 안 거동은 ㅎ옵고 인삼 보내신 것 먹ᄉ오니 수이 쾌히 날 거시오니 걱정 마옵쇼셔 ᄎᆞ돌은 입이 의법 낫ᄉ와 음식 먹ᄉ오니 긔특ㅎ옵 기나 쏘 잡혀 먹이려 ㅎ옵 총총 이만이옵

판독대비

번호	판독자료집	한국학중앙연구원 편 (2009a : 280~281)
1	샹장	샹쟝
2	블인ㅎ와	불인ㅎ와
3	굽굽ㅎ온디	급급ㅎ온디
4	권쇽거지	젼쇽거지

의성김씨 학봉 김성일가 언간 041

〈김성일가-041, 1848년, 여강이씨(아내) → 김진화(남편)〉

판독문

답샹장[1]

수일 막히오니 답답ᄒᆞ올 ᄎᆞ 하인 오며 덕ᄉᆞ오심 보오니 긔운 쳠샹은 업ᄉᆞ오시고 헌듸 그만ᄒᆞᄋᆞᆸ심 든든 경ᄉᆞ 층냥 못 ᄒᆞ오나 손들게 빗치여 난감ᄒᆞ오신 일 답답 졀박졀박 언제나 이직이나 ᄒᆞ시면 싀훤ᄒᆞ올 ᄃᆞᆺ ᄀᆞᆸᄀᆞᆸᄒᆞ오며[2] 셔울집도 그만ᄒᆞ온 ᄃᆞᆺ 다힝 ᄎᆞ돌 무양 긔특ᄒᆞ오나 장난ᄒᆞᄂᆞᆫ[3] 일 민망ᄉᆞᆸ 이곳은 그만 인돌 이증은 낫ᄉᆞ오나 입은 일양이오니 답답 의원은 한들셔 묵엇ᄂᆞᆫ지 아직 아니 와ᄉᆞ오니 민망 ᄯᅩ 고ᄃᆡ 가려 ᄒᆞᆫ다 ᄒᆞ오니 말유ᄉᆞ ᄒᆞ제마ᄂᆞᆫ 말을 드롤동 괴믈ᄒᆞᄋᆞᆸ[4] 니집도 노샹 알코 죽을 형상이오니 민망ᄉᆞᆸ 한들 긔별 드르니 뉴랑이 시시로 말이 예도[5] 나오고 다ᄉᆞᆸ 밤을 세 번식 먹ᄂᆞᆫ다 ᄒᆞ오니 긔특 저ᄂᆞᆫ 칩고 아픈[6] 증 예 이실 ᄯᅴ보다가 더ᄒᆞᆫ ᄃᆞᆺᄒᆞ오니 알시롭고[7] 못 잇치ᄋᆞᆸ 봉ᄃᆡ집도 헌듸 와 셩ᄒᆞᆫ 날 업ᄉᆞ오니 졀박 아ᄌᆞ바님긔셔도 학증 깅발 비경타[8] ᄒᆞ오니 민망ᄉᆞᆸ 죠희 업ᄉᆞ오니 편지ᄂᆞᆫ 심ᄒᆞᆫ 집이 졀박 빅지 권이나 보내시ᄋᆞᆸ 보내신 것 ᄌᆞ시 와ᄉᆞ오나 담비ᄂᆞᆫ 아니 와ᄉᆞ오니 드리잔ᄋᆡ[9] 못 온 ᄃᆞᆺᄒᆞᄋᆞᆸ 말과 되 잇지 마시고 쑤이시ᄋᆞᆸ 화인말 ᄒᆞ나히오니 외쳐 타작의 못 가니 속ᄂᆞᆫ ᄃᆞᆺᄒᆞᄋᆞᆸ 급급 이만이ᄋᆞᆸ 내내 긔운 안녕ᄒᆞᄋᆞᆸ시기 축슈ᄒᆞᄋᆞᆸ 진유쳥은 의원 주려 두어ᄉᆞᆸ 쳥진유 고등어 쳥어 명틔 더덕 와ᄉᆞᆸ 오월 념구일 니

판독대비

번호	판독자료집	한국학중앙연구원 편 (2009a : 284~286)
1	답샹장	답샹쟝
2	굡굡ᄒ오며	급급ᄒ오며
3	쟝난ᄒ는	쟝난하는
4	괴믈ᄒᆞᆸ	괴물ᄒᆞᆸ
5	예도	녜도
6	아푼	아픈
7	알시롭고	안시롭고
8	비경타	비셩타
9	드리잔익	듸리잔익

의성김씨 학봉 김성일가 언간 042

〈김성일가-042, 1847년, 여강이씨(아내) → 김진화(남편)〉

판독문

답샹장

명녹 오며 덕소온 것 보오니 헌듸 종시 낫지 아니ᄒᆞ옵셔 아 대단홀[1] 샹이라 ᄒᆞ옵시니 답답
두립소온 용녀 측냥 못 옹담을 못 어더 약도 못 ᄒᆞ시ᄂᆞᆫ[2] 일 굽굽[3] 엇디ᄒᆞ올고 아모려나 수
이 나으시면 무슨 걱정이 잇소오리잇가 손은 견듸지 못ᄒᆞ게 들고 엇지 견듸실고 민망민망
원은 올믈 가망이 업다 ᄒᆞ시니[4] 억댱이 믄어지옵[5] 셔울집 츤돌 무양 긔특ᄒᆞ옵 이곳은 그만
인돌의 입은 이몸은[6] 빗치 셩션ᄒᆞ오나 시 쑬은 별노 나온[7] 줄 모ᄅᆞ오니 굽굽ᄒᆞ옵[8] 니집은
ᄒᆞᆫ 모양으로 알ᄒᆞ니 민망 뉴실은 약 먹어도 낫지 아니코 더 알는다 ᄒᆞ오니 답답 예셔 약이
나 잉편으로 먹여 보더면 엇덜넌고 블샹블샹[9] 못 견듸 쓰어[10] 간 일 절통절통 돈 ᄒᆞᆫ 푼 업
서 뉴랑 보원도 못 ᄒᆞ고 경과 절박다 ᄒᆞ니 그런 원은 ᄒᆞ여야 무엇ᄒᆞ고 의구히 가는ᄒᆞ고 못
견듸기는 더ᄒᆞ고 엇디 견딀고 답답ᄒᆞ옵 보내신 것 즈 왓습 총총 이만이옵 인삼은 도로 와
ᄉᆞ신니 도로 줄 듯ᄒᆞ옵 환약 오와습 도트마리 ᄒᆞ나 날틀 ᄒᆞ나 왕이 ᄒᆞ나 즈이 ᄒᆞ나 숫 와습
왕이 테가 너무 적어 못 슬 듯ᄒᆞ옵 당말 견양 보내옵 참되 보내오나 되가 본듸 크오니 죠곰
못ᄒᆞ게 짜이옵 댱되는 죠곰 넉넉ᄒᆞ게 ᄒᆞ옵 초구일 니 고초댱 ᄒᆞᆫ 항 가옵

판독대비

번호	판독자료집	한국학중앙연구원 편 (2009a : 290~292)
1	대단홀	디단홀
2	못 ᄒ시ᄂ	못ᄒ시ᄂ
3	굽굽	급급
4	ᄒ시니	ᄒ오시니
5	믄어지옵	문어지옵
6	이몸은	이목은
7	나온	나올
8	굽굽ᄒ옵	급급ᄒ옵
9	블샹블샹	불샹불샹
10	ᄭᅴ어	ᄭᅴ어

의성김씨 학봉 김성일가 언간 043

〈김성일가-043, 1848년, 여강이씨(아내) → 김진화(남편)〉

판독문

답샹장[1]

죵들 보낸 후 쇼식이 업ᄉᆞ오니 일야 답답 념녀 녹고 ᄌᆞ즐 듯 아모려나 그만ᄒᆞ신 긔별 하ᄂᆞᆯ긔 축슈ᄒᆞ올 ᄎᆞ 이놈 닷치오니 싀훤 이어 뎍ᄉᆞ오심 탐탐 신긔신긔 반갑ᄉᆞ옴 엇디 다 긔록ᄒᆞ올고 ᄌᆞ시 보오니 요ᄉᆞ이ᄂᆞᆫ 병환 그만ᄒᆞᄋᆞᆸ시고 음식을 잡ᄉᆞ오신다 ᄒᆞ오니 싀훤 경ᄉᆞ 층냥 못 노기 두 년이 드러와 반찬을 저의 손으로 ᄒᆞ여 드리니 잡ᄉᆞ오고 비위ᄅᆞᆯ 경ᄒᆞ신[2] 듯ᄒᆞ오니 그년들 고맙ᄉᆞᆸ 아모려나 강작ᄒᆞ여 잡ᄉᆞ오시고 ᄎᆞᄎᆞ 여샹ᄒᆞᄋᆞᆸ시면 므ᄉᆞᆫ[3] 걱정 잇ᄉᆞᆸ 그려도 즉금은 소셰도 ᄒᆞ시고 긔동을[4] ᄒᆞ신다 ᄒᆞ오니 즐거온 경ᄉᆞ 엇디 다 긔록ᄒᆞ올고 아모려나 이직을 못 ᄒᆞ시나마 고을에ᄂᆞᆫ ᄇᆞ리고 오시면 싀훤ᄒᆞ올소이다 대촌이도 셩ᄒᆞ고 수이 보내려 ᄒᆞ시니 가고 오고 폐단이 되오니 민망민망 ᄎᆞ돌이가 제 못 가니 ᄒᆞ 답답ᄒᆞ여 보내고 노 ᄋᆡᄅᆞᆯ 스다가 싀훤 죠하ᄒᆞ오니 긔특ᄒᆞᄋᆞᆸ 이곳은 셩ᄒᆞ고 ᄎᆞ돌 형뎨 무양 다ᄒᆡᆼᄒᆞ오나 며ᄂᆞ리 초ᄉᆡᆼ의 올흔팔에 대죵이 나 파죵ᄒᆞ여시나 완합이 쉽지 아녀 즉금은 거의 완합지경이 되여시나 헌듸난 팔 아릿마듸 ᄂᆞ려와 콩낫막곰[5] ᄒᆞᆫ 거시 도다 ᄀᆡᄀᆡ히 아푸고 두창 ᄃᆡ단 온 머리 셩ᄒᆞᆫ ᄃᆡ 업ᄉᆞ오니 ᄀᆞᆸᄀᆞᆸ[6] 절박절박 환형환형ᄒᆞ오니 잔샹잔샹 알시롭ᄉᆞᆸ고[7] 용담집은 초십일 보내오니 섭섭 악연 심회 요량 못 계셔 칠월 제 싀어믜 졔 ᄯᅴᄂᆞᆫ 올[8] 거시니 그ᄯᅴ 더위가 즉금보다가 더ᄒᆞᆯ 거시니 오라 ᄒᆞ니 ᄎᆞ돌이 ᄃᆞ려다가 주고 오노라 우슈의 무한 속아ᄉᆞ오나 ᄒᆡ업ᄉᆞ오니 다ᄒᆡᆼᄒᆞᄋᆞᆸ 계남은 ᄯᅩ 경쥬 최 진사 신부의 ᄉᆡᆼ싀아비 될 양반이 셔울 가 ᄀᆡᆨᄉᆞᄒᆞ여 ᄂᆞ려온다 ᄒᆞ오니 계남 일이 망창망창ᄒᆞ고 우리 혼인 일이 말이 아니 되오니 답답ᄀᆡ 무던이 혼인을 등ᄃᆡᄒᆞ면 우리ᄂᆞᆫ 무간ᄂᆡ 기ᄃᆞ릴 슈 업ᄉᆞ니 우리ᄂᆞᆫ 다른 ᄃᆡ 지낼 밧 업다 ᄒᆞ더라고 용담집ᄃᆞ려[9] 젼ᄒᆞ라 ᄒᆞ엿더니 사돈의 말이 아모리 ᄒᆞ던지 봄의 혼인은 지낼 거시니 념녀 마라 ᄒᆞᆫ다 ᄒᆞ니 엇지 요량ᄒᆞ고 ᄒᆞᄂᆞᆫ 말동 모ᄅᆞᄋᆞᆸ 져근집들 무고ᄒᆞ나 셔울은 낙방ᄒᆞ고 절에 가 잇더라 ᄒᆞ오니 ᄌᆡᆨ믈만[10] 퍼붓고 그려도 아니 오고 이시니 엇딘 일인동 ᄉᆞᄉᆞ의 못 견될 노라시ᄋᆞᆸ 쏠몽의 과거 샹쾌ᄒᆞ오나 저의 부모 못 보ᄂᆞᆫ 일 ᄀᆞ이업고 제 동ᄉᆡᆼ들도 모ᄅᆞᄂᆞᆫ 일 블샹블샹[11] 원통ᄒᆞᄋᆞᆸ 님각은 셩타 ᄒᆞ나 한들은 영감긔셔 초졈 후 셔감 민망 근녁은 여지여지업스오시다호니 민망호옵고 인동은 오월 이후 아득 답답호옵 봉쥰은 셩호더니 초졈[12] 두 직 알코 환형환형호니 졀박 유교집 무양호옵 인돌은 와 이시니 제 형으게 나으나 못희질가 넘 녀되옵 츳미는 내가 그젼의 드르니[13] 궁구탕 여나무 첩 먹으면 아희 산이 나오고 스더라 호 더니 그걸 먹이라 호여도 고지듯지 아니호고 의원의 약을 먹어 효험 업고 죽여 부리오니 블 샹[14] 차악차악홀 분 아니라 우션 아수아 두 손을 민듯 못 견디고 옛 죵이 졀죵이 되니 그도 고이호옵 모슈도 슌슌 슈응이 이리 만호니 도라오신다 호여도 빗을 엇디호실 줄 모릭시는 디 그런 걱졍 민망민망호옵마는 샹답 줄 필 모슈와[15] 치마ᄀ옵 흔 필 스십 쳑이나[16] 되는 것 아조 필노 반믈을[17] 드려 보내시면 죠흘 듯 다홍 드릴 모시 흔 필은 흰 디로 보내시면 죠흘 듯호옵 덕스옴 남스오나 지리 이만이오며 아모려나[18] 잡스오시고 츳츳 향감호옵신 쇼식 츅 슈츅슈호옵[19] 속것 지으라 보내신 뵈 속것 지어 보내오나 며느리 팔을[20] 못 스오니 보션 못 기워 걱졍 걱졍호옵 박겨[21] 쇼창옷슨 뉘 거신동 편지에 아니호여 계시나 츳돌의 거시옵 어 룬의 것 젹어 그러옵 무신 뉵월 십팔일 니

판독대비

번호	판독자료집	한국학중앙연구원 편 (2009a : 297~302)
1	답상쟝	답샹쟝
2	졍흥신	졍흥실
3	므손	무손
4	긔동을	거동을
5	콩낫막곰	콩낫막금
6	굽굽	급급
7	알시롭습고	안시롭습고
8	졔 쩌는 올	졔쩌 흐올
9	드려	다려
10	지믈만	지물만
11	블샹블샹	불샹불샹
12	초졈	포젼
13	드르니	드로니
14	블샹	불샹
15	줄 필 모슈와	줄 모슈와
16	스십 쳑이나	스십 젼이나
17	반믈을	반믈을
18	아모려나	아므려나
19	츅슈츅슈흐옵	츅슈흐옵
20	팔을	팔은
21	박져	반져

의성김씨 학봉 김성일가 언간 044

〈김성일가-044, 1848년, 여강이씨(아내) → 김진화(남편)〉

판독문

답샹장

무망의 하인 닷치오니 놀납습고 이어 뎍스오심 보오니 죵긔 대단대단ᄒ시고 글노 한슉ᄒ시
고 식식이로 디단 디단이 알ᄒ시ᄂᆫ 일 답답 놀납ᄉ온 넘녀[1] 아모라타 못ᄒ올 밧 인돌이로
ᄒ와 더구나 걱졍ᄒ시니 병환을 더치옵시ᄂᆫ 일 답답 언제나 우환이 긔계가 될고 실노 급급[2]
건궁의 씌이온 듯 헌듸 약은 더러 ᄒ실 듯ᄒ오나 죵시 그러ᄒ시니 엇더려 그러ᄒ온고 의탁
의탁 두립습 츳돌과 니아ᄂᆫ 다 무ᄉᄒ온 듯 긔특ᄒ옵 예ᄂᆫ 인돌의 입몸은 셩ᄒ던 디ᄂᆫ 누른
모시 ᄯᅩ 박이고 입몸이 터진 겻히 거시 ᄯᅩ 마자 터지오니 엇더ᄒ려 뎌러ᄒ온고 의탁의탁ᄒ
오나 하르잇틀의 나을 길 업고 약은 의원의 시긔ᄂᆫ 약을 ᄒ면 나을가 여겨 거머리ᄂᆫ 못 부
쳐스오나 즉금은 방약이나마 ᄒ여 볼 밧 업습 병환은 그러ᄒ신디 이거스로 걱졍 심녀롤 ᄒ
와 더ᄒ신 일 답답ᄒ옵 규셕은 만신 챵질이고 병이 고이타 ᄒ더니 무ᄉ히 드러간 듯 다힝습
법홍 민실 ᄲᅮ리ᄂᆫ 약에 드ᄂᆫ 줄 몰나 말유치 아녓다[3] ᄒ옵 밧사돈이 어제[4] 와 계셔 그러고
ᄒ옵 호쳘은 셜샤[5] 그만ᄒ오나 잔샹ᄒ옵 급급 이만이옵 아모려나 헌듸 수이 나으시기 츅슈
ᄒ옵 보내신 것 ᄌ시 와습 쇠머리 가쥭 돔댱 은어 돈 셕 냥 탕약 환약 ᄌ시 와습 뉵월 넘오
일

판독대비

번호	판독자료집	한국학중앙연구원 편 (2009a : 307~309)
1	넘녀	넘넘
2	급급	급급
3	아녓다	아엿다
4	어제	이제
5	셜샤	셜사

의성김씨 학봉 김성일가 언간 045

〈김성일가-045, 1848년, 여강이씨(아내) → 김진화(남편)〉

판독문

답샹장

하인 도라간 후 오릐 막히오니 답답 념녀 아모ᄅᆞ타[1] 못ᄒᆞ올 ᄎᆞ 하인 닷치오며 슈찰 밧ᄌᆞ와 탐탐 반갑ᄉᆞ오며 ᄌᆞ시 보오니 극열의 년ᄒᆞ여 쳠졀은 업ᄉᆞ와 ᄎᆞᄎᆞ 그만ᄒᆞᄋᆞᆸ신 긔별 든든 경ᄉᆞ 측양 못 ᄒᆞ오나 날셰 이리 지악 덥ᄉᆞ오니 그ᄉᆞ이나 엇더ᄒᆞᄋᆞᆸ신고 념녀 노힐 시 업ᄉᆞ오니 아ᄆᆞ려나 그만그만ᄒᆞᄋᆞᆸ셔 수이 무당을 ᄯᅥ나시기 축슈축슈ᄒᆞᄋᆞᆸ 이곳은 여름내 병수 업ᄉᆞ오나[2] 며ᄂᆞ리 헌ᄃᆡ 괴샹괴샹 약을 무러 먹여도 낫들 아니ᄒᆞ고 올흔팔에 거ᄉᆞᆫ 완합이 되여시나 외인팔에 ᄯᅩ 크게 작얼ᄒᆞ오니 답답 ᄋᆡ탁ᄋᆡ탁 념녀 측냥 못 의원을 ᄃᆞ려다가 보이쟈 ᄒᆞ니 아희가 의원이 와 슬ᄃᆡ업다고 제 증녹ᄒᆞ여 가지고 가셔 의원과 난만 샹의ᄒᆞ여 약을 내엿다고 열다섯 쳡을 지다가 먹이고 오지탕을 ᄒᆞ여 씻고[3] 그리ᄒᆞ니 약효온지 외인팔에 대단ᄒᆞ던 거시 삭아지오니[4] 공싱공싱 경ᄉᆡ오나 두창은 아직도 ᄎᆡ 낫지 아니오나 두창 처엄 날 ᄯᆡ부틈 방풍풍정산을 먹이쟈 ᄒᆞ니 야희가 못 먹이게 ᄒᆞ오니 아니 먹여ᄉᆞᆸ더니 즉금 지어 먹이오리이다 멀이 안ᄌᆞ 제 셩찬타 긔별 드ᄅᆞ시고[5] ᄋᆡ스ᄋᆞᆸ시ᄂᆞᆫ 일 답답ᄒᆞ오나 즉금은 낫게 드러시니 너모 념녀 마시ᄋᆞᆸ 집이 사ᄅᆞᆷ인들 ᄆᆞ음이야 헐우ᄒᆞ오리마ᄂᆞᆫ 노 ᄋᆡ당이 말나 못 견ᄃᆡ여ᄉᆞᆸ ᄎᆞ돌 형데 무양ᄒᆞᄋᆞᆸ더니 아릐 여가 요ᄉᆞ이 밧 업다고 한들 영감 뵈오려 가더니 못 도라와 편지를 맛다가[6] 보내ᄋᆞᆸ 수일 후 도라오려 ᄒᆞᄋᆞᆸ 인돌은 셩ᄒᆞ고 노지 아니오니 이저ᄂᆞᆫ 그젼 모양과ᄂᆞᆫ 팔결이 되여시니 사ᄅᆞᆷ이 될 ᄃᆞᆺ 헤엄 든 일이 만ᄉᆞ오니 긔특ᄒᆞᄋᆞᆸ 져근집들 무고 봉ᄃᆡ집 념오일 근친ᄒᆞ려 ᄒᆞ오니 블샹ᄒᆞᄋᆞᆸ[7] 법흥 한들 무고타[8] ᄒᆞ오나 인동은 아득아득ᄒᆞ오니 답답 못 잇치고 ᄆᆡ쳐 ᄆᆡ쳐 어렵ᄉᆞᆸ 계남 혼인은 ᄯᅥ러질가 념녀를 ᄒᆞᄂᆞᆫᄃᆡ 엇디 아니 지낼 ᄃᆞᆺᄒᆞᄋᆞᆸ ᄂᆡ년 봄의 지내마 ᄒᆞ더라 ᄒᆞᄋᆞᆸ 샹답은 유렴ᄒᆞᆫ 것 적어 보내오니 보시ᄋᆞᆸ ᄃᆞ리도 ᄉᆞ 온 거시 무던ᄒᆞ오나 자른 것 ᄒᆞᆫ두 달이 더 ᄉᆞ면[9] 넉넉ᄒᆞᆯ ᄃᆞᆺᄒᆞ오나 당만ᄒᆞ여만 지면[10] 엇더ᄒᆞ올지 모시 북포나 게셔 ᄒᆞ시제 그나마 미비ᄒᆞᆫ 거ᄉᆞᆫ 돈이 와시니 명지 삼뵈 듕목 ᄉᆞ려 ᄒᆞᄋᆞᆸ 모시 겹바지 ᄒᆞ려 ᄒᆞ니 안 굴근 모시 업ᄉᆞ니 못 민망ᄉᆞᆸ 겹져구리 모시ᄂᆞᆫ 의법 가는 거술 세 ᄀᆞ음이나[11] ᄶᅡ로 ᄉᆞ셔 보내시ᄋᆞᆸ 졔긔 져 ᄒᆞᆫ 모 가ᄋᆞᆸ 침쳑 결음 보내ᄋᆞᆸ 무당 ᄌᆞ이집 이ᄌᆞ 와 ᄀᆞᆺ

ᄒᆞᆸ더이다[12] 봉쥰 니외도[13] 셩ᄒᆞ오니 긔특ᄒᆞᆸ 블샹ᄒᆞᆫ[14] 쇼샹이 지격ᄒᆞ오니 어ᄂᆞ ᄉᆞ이 온고 블샹블샹[15] 원통 앗갑ᄉᆞᆸ 쇼샹에 쳘빙을 ᄒᆞᄂᆞᆫ가 삼년을 주려 ᄒᆞ십 아희들게 긔별을 ᄒᆞ여야 아올[16] ᄃᆞᆺ 년ᄉᆞ도[17] 일가의셔 그런 법이 업다 말수 잇스오니 졀박ᄒᆞᆸ 슌임은 셩치 아니타 ᄒᆞ오니 걱졍시기올가 민망ᄉᆞᆸ 그거시라도 겻히 이시니 나으실 거시오니 다ᄒᆡᆼᄒᆞᆸ 돈은 다 와스오며 봉믈[18] 가지가지 다 와ᄉᆞᆸ 대야는 계남 용담집 대야오니 보내려 ᄒᆞᆸ 집이 거슨 아닙 말슴 지리ᄒᆞ오니 이만입 내내 긔듕 긔운 쳠졀이나 업ᄉᆞ와 만안ᄒᆞᆸ심 츅슈츅슈ᄒᆞᆸᄂᆞ이다 댱이 어긔오니 반찬것도 못 ᄀᆞᆸᄀᆞᆸᄒᆞ오이다[19] 보ᄂᆡ 주십 무신 칠월 십ᄉᆞ일 ᄂᆡ[20]

판독대비

번호	판독자료집	한국학중앙연구원 편 (2009a : 313~318)
1	아모르타	아모을 파
2	업스오나	없스오나
3	씻고	싯고
4	삭아지오니	살아지오니
5	드르시고	드로시고
6	맛다가	밧다가
7	블샹ᄒᆞᆸ	불샹ᄒᆞᆸ
8	무고타	무스타
9	달이 더 ᄉᆞ면	단 이더시면
10	댱만ᄒᆞ여만 지면	댱만ᄒᆞ여 만지면
11	ᄀᆞ음이나	ᄀᆞ음이나
12	ᄌᆞ ᄒᆞᆸ더이다	굿ᄒᆞᆸ더이다
13	니외도	니외ᄂᆞᆫ
14	블샹ᄒᆞᆫ	불샹한
15	블샹블샹	불샹불샹
16	ᄒᆞ여야 아올	ᄒᆞ여야아 올
17	년ᄉᆞ도	년ᄉᆞᄂᆞᆫ
18	봉믈	봉물
19	ᄀᆞᆸᄀᆞᆸᄒᆞ오이다	급급ᄒᆞ오이다
20	ᄂᆡ	〔판독 안 됨〕

의성김씨 학봉 김성일가 언간 046

〈김성일가-046, 1848년, 여강이씨(아내) → 김진화(남편)〉

판독문

답샹장[1]

용의 편 뎍ᄉ오신 슈찰 보오니 영문 힝ᄎ 후 더위를 범ᄒ여 대단이 평안치 못ᄒᆞᆸ시다 ᄒᆞᆸ시니 답답 념녀 녹ᄉ올 ᄃᆞᆺ 슌임 온다 ᄒ오니 나ᄂᆞᆯ 기ᄃ리오ᄃᆞ 긔쳑 업ᄉ오니 더고나[2] 념녀 측냥 못 ᄒ올 ᄎ 이것들 닷치오니 쇠훤 이어 슈찰 밧ᄌ와 신기신기 반갑ᄉ와 슬피오니 블평[3] 긔후 죵시 향감 못 ᄒᆞᆸ셔 잠 못 ᄌᆞ시고 진도[4] 바히 못 줍ᄉ오신다 ᄒ오니 급급[5] 두립ᄉ오나 낙낙 요원히 긔별도 ᄌᆞ로 듯줍지 못ᄒᆞᆸ고 용녀 측냥 못 ᄀᆞᄉ이나 엇더ᄒᆞᆸ시며 약효나 잇ᄉᆞᆫ이잇가 그저그저 답답ᄒᄋ오이다 이곳은 그만 며ᄂᆞ리 헌ᄃ 두창 쾌ᄎᄒ오니 다힝다힝 긔특ᄒ오니 념녀 마십 ᄎᆞ돌 형뎨 무양 긔특 과시 공부 여가 업ᄉ오나 셔울을 보면[6] 그리 가 쏘 셔울노 가노라 ᄒ면 게셔 여러 날 유토 못ᄒ고 ᄯ어나 셔울노 가노라면 노독도 풀이잔코 빗치여 무릉ᄒᆞᆫ 거시 큰 병을[7] 내고 과시도 변변이 못 볼 ᄃᆞᆺ 셔울 길은 못 ᄒ고 안동은 보려 ᄒ오니 저 온가 감감 기ᄃ립시다가 낙막 섭섭ᄒ여 ᄒᆞ실 ᄃᆞᆺ 민망민망ᄒᄋ오이다 봉쥰 ᄂᆡ외 무양ᄒ오나 블샹[8] 원통ᄒᆞᆫ 졔ᄉ 격일ᄒ오니 어ᄂ ᄉᆞ이 죽은 날이 도라온고 가련가련 블샹블샹[9] 원통 앗갑고 아ᄉᆞᆸᄉ오니[10] 더 원억원억[11] 봉쥰 셜워 셜워ᄒᄂᆞᆫ 샹 블샹블샹ᄒᆞᆸ[12] 며ᄂᆞ리 증녹은[13] 모호히 ᄒ여 걱졍ᄒᆞᆯ 일 답답 졔라고[14] 며ᄂᆞ리 골믈ᄒ오니[15] 다홈의 가는 하인 편 ᄌᆞ시 ᄒ오리이다 져근집들 무고 봉ᄃᆡ집 구일 가오니 블샹[16] 아희들 긔별 셩셩ᄒᆞ니 업고[17] 한들집 목의 믜이 셔[18] 시시 더홀 ᄯᆡᄂᆞᆫ 목을 구푸리지 못ᄒ고 아프다 ᄒ오니 죽을병을 짐ᄂᆞᆫ ᄃᆞᆺ 잔샹잔샹 박ᄒᆡᆸ 인돌이가 과거 구경을 ᄒ려 ᄒ오니 당긔 궁초 당긔 ᄉ 달나 원이오니 ᄒ나 ᄡᅥ여 후인 보내시면 죠홀 ᄃᆞᆺ 거번 혼슈 발긔예 길 ᄉᆞ마 남을 이저시니 남슈화쥬 셕 ᄌᆞ만 더 뎍ᄋᆞ십 슌임은 계실 동안 두시면 그려도 나으실 거슬 답답ᄒᆞᆸ 눈임은 와시니 ᄃᆞ리고 잘 것 업셔 걱졍ᄒ다가 유관ᄒᆞᆸ 긔별ᄒ신 ᄃᆡ로 ᄒ려 ᄒᆞᆸᄂᆞ이다 급쵹 이만이 오며 아모려나 ᄎᆞᄎᆞ 향감ᄒᆞᆸ셔 쾌ᄎ 여샹ᄒᆞᆸ신 긔별 고ᄃᆡ고ᄃᆡᄒᆞᆸᄂᆞ이다 열합 내고기 이 열합은 마시 죠ᄒ니[19] 보냅 퉁누고 잘 왓습

판독대비

번호	판독자료집	한국학중앙연구원 편 (2009a : 323~326)
1	답샹쟝	답샹쟝
2	더고나	더구나
3	블평	불평
4	진도	자도
5	곱곱	급급
6	보면	보 쏘
7	병을	냥을
8	블샹	불샹
9	블샹블샹	불샹불샹
10	아ᄉᆞ오니	아숩ᄉᆞ오니
11	원억원억	원악원악
12	블샹블샹ᄒᆞᆸ	불샹불샹ᄒᆞᆸ
13	증녹은	종놈은
14	졔라고	졔라고
15	골믈ᄒᆞ오니	골물ᄒᆞ오니
16	블샹	불샹
17	업고	잇고
18	ᄆᆞ이 셔	ᄆᆞ 이셔
19	죠흐니	조흐니

의성김씨 학봉 김성일가 언간 047

〈김성일가-047, 1848년, 여강이씨(아내) → 김진화(남편)〉

판독문

샹장

인편 후 날포 되오니 답답 용녀 측냥 못 ᄒ오며 일긔 선선ᄒ오니 년ᄒ와 블평ᄒ옵신[1] 긔후 더 첨졀이나 업ᄉ와 ᄎᄎ 향감ᄒ옵셔 음이나 낫게 줍ᄉ오시고 잠을 자시ᄂ가 쳘 이 밧 긱지예 죵도 ᄒ나 업시 계옵시ᄂᆫ 일 답답 이직도 비가망이고 언제나 도라오실고 빅발 쇠년의 무ᄉᆫ 쳬로 ᄉ고무친ᄒᆫ 곳의 혼자 계오셔 일덕만 단히시ᄂᆫ고 급급[2] 두립고 의탁의탁ᄒ오이다 이곳은 셩ᄒ고 ᄎ돌 형뎨 무양ᄒ오니 긔특 과거 임박ᄒ오니 초시나 ᄒ오면 싀훤 경ᄉ올 듯 조이옵 며ᄂ리 셩ᄒ오나 외인쩍[3] 발목의 모긔 문 거시 버셔졋더니 그걸노 파샹풍을 ᄒ여 수일을 대통ᄒ고 나으나 다리와 볼이 부어 민망ᄒ더니 ᄎᄎ 나ᄌ시나 병긔 되기 쉽다 ᄒ오니 넘녀롭습 봉쥰 ᄂᆡ외 무양 다ᄒᆡᆼ 블샹ᄒᆫ[4] 졔를 지내오니[5] 원통원통 봉쥰은 소상의 복을 모도 벗고 도포롤 입ᄂᆫ 법이라 변복을 ᄒ라 ᄒ니 제 ᄆᆞ음의 삼년 복을 입으려 ᄒ오니 변복은 못 ᄒ고 년ᄒ여 입고 쳘빙도 아니ᄒ여ᄉ오니 ᄌᆡ식 일흠이 씀즉ᄒ오니 긔특ᄒ옵 져근집들 무고 임각 한들 무고ᄒ나 슈챵 모ᄌᆞᄂᆫ 셩치 아니오니 못 잇치고 미쳐 미쳐 어렵습 뉴랑은 우도 의령으로 과거 보러 갓다 ᄒ옵 인동은 하인 보내여 오ᄂᆞᆯ즈음 드러올 듯ᄒ옵 며ᄂ리 증녹은 ᄌᆞ시 ᄒ여 보내옵 올 년ᄉᄂᆞ 풍년이라 ᄒ오나 우리ᄂᆫ 모도 봉답이오니 뫼골은 볼 것 업다 ᄒ오니 졀통 목화ᄂᆫ 대풍이라 냥에 니십[6] 근식 무신 팔월 십뉵일 ᄂᆡ

판독대비

번호	판독자료집	한국학중앙연구원 편 (2009a : 330~333)
1	블평ㅎ옵신	불평ㅎ옵신
2	급급	급급
3	외인쏙	외인쪽
4	블샹훈	불샹한
5	지내오니	지너오니
6	니십	이십

의성김씨 학봉 김성일가 언간 048

〈김성일가-048, 1848년, 여강이씨(아내) → 김진화(남편)〉

판독문

> 답샹장
>
> 근봉

추추 오는 디로 듯즈오니 대단 첨샹은 업스오시나 노샹 괴롭고 아니 아푼 날이 업다 흐시니 더고나[1] 환절 써라 그러흐온 듯 음식 못 줍스오시고[2] 잠 못 즈시고 그러코 노 빗치옵시니 허긔는 노샹 지고 엇디엇디 견디실고 답답 두리온 용녀 충냥 못 언제나 브리고 오실고 급 급[3] 이댱이 물나 못 견디올 듯 무실이써지고 오고 명녹이는 언제 드러갓던고 그스이 더 견 디기 어려워실 듯 민망민망흐옵 이곳은 셩코 며느리 무양 츄돌 형뎨 과거의 빗치고 도라와 헐슉흐오니 졀박 아쳐롭스오나 졍호 길이라 써나오나 가셔[4] 걱졍이나 아니 시기올동 이 스 룸은 아므리[5] 아조[6] 아푸단 말 아니코 혼자 알흐니 슬피시옵 인돌도 오늘 보내오니 집이 다 비여 답답흐옵 과거는 혹 가망 수[7] 이실가 고디고디흐여습더니 지오니 졀통졀통 졔야 이제 아니토 순이 혈마 못 흐오리마는 쳘 이 밧긔 안자 감감 기드리옵시다가 낙막 섭섭흐여 흐실 일 답답흐옵 혼슈 흥졍은 믈식도[8] 고이코 가지수가[9] 업서 못 쓰고 도회 써 시 믈건을[10] 가 져온다 도회 써 쓰려 아니 써스오니 필경 변변치 못흐올 듯 민망슴 명쥬 챵의ㄱ음은 명쥬 고은 걸 부러 예안 가 맛추앗더니 익이지 아니흐얏다 아니 와시니 이번은 못 보내오니 답답 후편의 보내오리이다 명명쥬 서너 필 구흐라 흐신 거슨 용이가 명쥬롤 만히 쳐 가지고 간다 고 그놈의게 부탁흐엿다 흐오니 넘간의 간다 흐옵 셔등의 흐신 말슴은 시기는 디로 흐려 흐 옵 계남은 창년이[11] 풀에 디종을 내여 흔 들이나 누어 지내엿다 흐오니 잔샹잔샹 과거 보려 그리 혀도던 거시 못 보고 첨병을[12] 흐다 흐오니 알시롭슴[13] 계남 사돈의 병에 등역을 구흐 는 거술 이저 계실 듯 후편의 등역을 보내시옵 호쳘 모즈는 셩타 흐나 한들집 목에 물은[14] 죽을병을 짐는 듯 슈챵은 감챵 대단코 잇스는 스연 알알히고 박히옵 인동집은 산월이 졍월 즈음 되는디 오려고 드려가라 져리흐오니 둥난흐더라 어룬이 집이 계신 터이면 걱졍 업스 오나 엇덜고 요량흐여 보고 긔별흐시옵 경쥬도 굿히 족하 죵형뎨 와스오니 반갑고 노친 엄엄호시다 호오니 구이업습고 원통원통훈 삼년이 지격호오니 블샹블샹[15] 늣겁습 며느리는 청금됴경탕 다 먹어스오나 엇던동 민망습 봉쥰 니외 무양 긔특호옵 봉더집이 갈 쩌 셰목 훈 필 두고 가며 무댱 보내여 반누이나 싱모시나 훈 필 밧고와[16] 달나 무실이게 보내라 호는 거슬 무실이드려 그 말 호니 관가의 그런 것 보내면 하인 내여 주고 밧고와 드리라 분부롤 호면 저히 호고 스 드리기는 관가 돈으로 호니 보내지 말고 슌젼이 훈 필 스 주고 그거슨[17] 혼구로 두라 호더라 호오니 못 보내고 두어스오니 훈 필 스 주게 호시옵 말숨 지리 이만이 오며 아므려나[18] 병환 덧치지 마옵시고 그만호시기 축슈축슈호옵고 야히 무스히 득달호여 히 업스온 긔별 고디고디호옵 청쟝은[19] 마시 변변치 못호오나 보내오니 줍스오실가 죠고만 치 보내옵 무실이 올 쩌 양푼 호나 와숩 무신 구월 초칠일 니

판독대비

번호	판독자료집	한국학중앙연구원 편 (2009a : 337∼341)
1	더고나	더구나
2	줍스오시고	즛스오시고
3	곱곱	급급
4	쩌나오나 가셔	쩌나 오라가셔
5	아므리	아모리
6	아조	아도
7	가망 수	가망슈
8	믈싁도	믈싁도
9	가지수가	가지 수가
10	물건을	물건을
11	창년이	창연이
12	쳠병을	쳠병은
13	알시롭숩	안시롭숩
14	몰은	무은
15	블샹블샹	불샹불샹
16	밧고와	밧고아
17	그거슨	그거슬
18	아므려나	아모려나
19	청쟝은	쟝은

의성김씨 학봉 김성일가 언간 049

〈김성일가-049, 1848년, 진성 이씨(아내) → 김흥락(남편)〉

판독문

샹장

써나시며 일긔 고이ᄒ오니 념녀 무궁ᄒ오며 길희 희[1] 업시 평안이 득달ᄒ오셔 노독 업ᄉ와
신샹 일양ᄒ오시고 아바님 긔톄후 만안ᄒ옵시며 살옥 죄인은 그ᄉ이 ᄎᄌ 걱졍 업ᄉ오신가
오작 슐안ᄒ오리 민망ᄒ오며 쳔 니[2] 밧긔 부ᄌᄉ분 샹봉ᄒ와 즐겨 ᄒ오실 일 든든 다ᄒᆡᆼᄒ오나
집은 홀연이[3] 비여 젹막 날이 만ᄉ올ᄉ록 더 졀박ᄒ오이다[4] 녜도[5] 어마님 일양 ᄒ 모양이오
시고 그 밧 일양ᄒ옵 고을 다ᄉ의 집안 외뎡이 업ᄉ오니 민망ᄒ오며 시월의 칩긔 젼 회녕ᄒ
시옵 하게는 우고 답답 일일의 못 잇치옵고 그리온 ᄉ뎡 졈졈 참기 어렵습 말솜 ᄀ득ᄒ오
나[6] 슈요 이만이오며 내내 평안ᄒ오시고 편이 드러가신 긔별 쉬이 듯기 고ᄃᆡᆼᄒ옵ᄂ이다 아
모것시나 ᄒ고 져운 소쳥 말ᄒ고 져워도 분명 잇져 부시고 신쳥 아니ᄒ실 거시오니 아니ᄒ
옵ᄂ이다[7] 무신 구월 십삼일

판독대비

번호	판독자료집	한국학중앙연구원 편 (2009a : 345~346)
1	길희 희	길희
2	쳔 니	천리
3	홀연이	홀년이
4	졀박ᄒ오이다	졀박ᄒ오이다
5	녜도	녜ᄂ
6	ᄀ득ᄒ오나	그득ᄒ오나
7	아니ᄒ옵ᄂ이다	아니ᄒ옵ᄂ이다

의성김씨 학봉 김성일가 언간 050

〈김성일가-050, 1848년, 여강이씨(아내) → 김진화(남편)〉

판독문

답샹장[1]

츳돌 쩌나보내고[2] 날셰[3] 구즐 샹이오니 답답 엇디 무스히 드러간 회편 드롤고 넘녀 무궁ᄒ
올 ᄎ 오는 하인 만나고 샹쥬거지 무스히 가더라 ᄒ오니 다힝ᄒ옵고 이어 덕스오심 보오니
일긔 선선ᄒ온디 년ᄒ와 긔운 디단 쳠졀은 업스오시나[4] 쇼쇼히 댱 괴롭스오시고 시로이 음
식 못 줍스오시고 잠 못 자시고 경과ᄒ신다 ᄒ오니 답답 ᄯᅩ 엇디 그러신고[5] 이탁이탁 두립
스온 용녀 엇더타 못 ᄒ옵고 이는 그걸스 다 흔덕인다 ᄒ오니 더고나[6] 닷든ᄒ 것 못 줍숩고
스스이 경과 답답 엇디ᄒ올고[7] 이모스와[8] 못 견더오나 낙낙히 이셔 홀 슈 업스오니 굽굽[9]
답답ᄒ옵 츳돌은 무스히[10] 드러가 부ᄌ분 반겨ᄒ실 듯 든든ᄒ오며 길희 임응호가 ᄯᅡ라가오
니 다힝 ᄆ음이 노히옵[11] 이곳은 셩ᄒ고 며느리도[12] 무양ᄒ오니 긔특ᄒ오나 집이 다 븨온
듯 졀박ᄒ옵 인돌은 제 형과 ᄒ날 가는디 저룰 먼져[13] 보내고 제 형은 난 후 쩌낫더니 제
역의 도로 왓는디 믈이이[14] 만하 비 부리기는 적고 그저 건네기는 깁허 무셥다고 한스코 믈
에[15] 못 들게 ᄒ더라 도라와스오니 알시롭고[16] 이슨 일 불상[17] 오늘 보내오니 알시롭습마
는[18] 집이 제 형도 업는디 이셔 유익지 아니ᄒ오니 보내오나 못 잇치옵 며느리 헌듸는 낫기
예 낫다 ᄒ제 무슨 ᄆ음으로 아니 나은 걸 낫다 ᄒ게숩 팔월 초싱의 발목의 모긔 무러 가려
오니 끌거[19] 그거시 덧나 파샹풍을 ᄒ여 알코 발과 ᄃ리가 부엇더니 즉시 나아 ᄃ니는 걸
명녹이가 허무한 말을 그리 놀라시게 엿ᄌ와시니[20] 민망ᄒ옵 증녹은 명녹이 갈 적 편지 소
옥의 드럿더니 소록인가 넉여 못 보신가 민망민망ᄒ옵 술옥 죄인을 일타 ᄒ오니 그스이 ᄎ
ᄌ온가 익식익식[21] 놀납스오니 엇지되올고 ᄇ리고 오시기야 어렵스오리마는 취리나 ᄒ오면
엇디ᄒ올고 답답 넘녀 측냥 못 ᄒ올소이다 챵의 명쥬는 집이 명쥬가 ᄀ음이 ᄎ지[22] 못ᄒ여
예안 일품 명쥬룰 ᄒ 필 구ᄒ여 두 ᄀ음을 ᄒ려 ᄒ여숩더니 예안 명지 아직 아니 와시니 ᄒ
ᄀ음 집이 것만 보내오니 믈을[23] 드려 보내시면 지어 보내올 거시니 보내시옵 예안 명쥬는
토쥬ᄀᆺ치 나아시니 금이 여덜 양이라 ᄒ오니 그 명쥬는 스셔 두엇다가 오술 ᄒ여 입으으시
게 스셔 두려 ᄒ오니 여덜 냥 갑손 ᄂ리와보내시고 그 집이 명쥬 토쥬 아롱쥬 팔 것 ᄒ 필

잇다 ᄒᆞ오니 갑손 ᄒᆞᆫ 필의 아홉 냥이라 ᄒᆞ오나 스셔 이블이나²⁴ ᄒᆞ면 죠흘 듯 요량ᄒᆞ여 갑
슬 보내시면 죠흘 듯ᄒᆞ옵 즙댱을 그리 싱각ᄒᆞ시는 일 답답 거번 간 즙댱 마시 죠치 못ᄒᆞ오
니 급급²⁵ 즙댱을 뭇고 이내 비 와 거름이 식어 그리되오니 답답ᄒᆞ옵 즙댱²⁶ 메쥬 죠곰 남
은 것 보내오니 시겨 줍ᄉᆞ오실가 보내옵 슌임은 올 ᄹᅥ 몰게 ᄂᆞ려져 풀마듸작이 ᄭᅵ여졋더니
그거시 덧나 알는다 ᄒᆞ오나 약을 ᄒᆞ여도 낫들 아니는다 ᄒᆞ니 졀박 뉵임은 슌임의 뉵쵼도 본
디 아니고 ᄆᆞ을에 단이며 졍지 답스리질이나²⁷ ᄒᆞ고 읍ᄂᆡ 노방쳥으로 나단이며²⁸ 노던 거시
라 냥반의 집이 드러안ᄌ 못 견듸여 가려 ᄒᆞᄂᆞᆫ 듯ᄒᆞ오나 고년의 소의 괘심괘심 제 본디 아
니 오려 ᄒᆞ여시면 져를 우력으로 가라 ᄒᆞ실가 시졉 ᄀᆞᆺᄒᆞᆫ²⁹ ᄆᆞ음으로³⁰ 오려 ᄒᆞ여 와 가지고
오던 이튼날부틈 무당으로 도로 간다 소문이 듯기던이 즉금은 부안 제 오라비게로 가려 ᄒᆞ
며³¹ 동싱을 그리고³² 엇디 슬리 ᄒᆞᆫ다 ᄒᆞ오니 옷가지도 ᄒᆡ 입힐³³ ᄆᆞ음이³⁴ 업스오니³⁵ 져구
리나 ᄒᆞ나 ᄒᆡ 입혀 보낼 밧 업스오나 남인이나³⁶ 졍회 막기면³⁷ 딜홀동 젼탕 제 셔방을 싱
각ᄒᆞ여 그러ᄒᆞ온 듯ᄒᆞ옵 샹답 줄 다듬이 것흔 것도 만코 며ᄂᆞ리 ᄎᆞ미 업고 못 견듸 ᄒᆞ오니
슌임을 혼인³⁸ 지낼 동안 드러와 이셔 다드미나 ᄒᆞ고 ᄃᆞ리고 바질이나 ᄒᆞ면 넉여 드러오라
ᄒᆞ여스오나 나ᄋᆞ리긔셔 분부랄 그러고³⁹ᄒᆞ시면 쳥념홀 샹이 나을 듯ᄒᆞ옵 부젼은 노 간다
ᄒᆞ더니 엇디 될넌동 붓드러 이슬 것 아니오니 ᄡᅳᆫ ᄆᆡ ᄀᆞᄌᆞ오니⁴⁰ 졀통ᄒᆞᄒᆞ옵 혼슈는 도회 ᄶᅥ
ᄡᅳ려 ᄒᆞ오나 비단은 불슈단 영쵸단이 업다 ᄒᆞ오니 고약ᄒᆞᆫ 걸 영쵸단 불슈단이라 ᄒᆞ면 스던
ᄉᆞ롬들이 속은 듯 필경 변변치 못ᄒᆞᆫ 걸 ᄒᆞᆫ 듯ᄒᆞ옵 혹시 셔울 인편의 갈미 슈건 이득이⁴¹ 스
셔 주시옵 치마의 드리게 ᄒᆞ여습 봉쥰 사랑의 드러와 잇고 너외 무ᄉᆞᄒᆞ오니 다힝ᄒᆞ옵 올 무
명은 그리 댱타 ᄒᆞ오나 우리는 서 마지기도 못ᄒᆞ게 가라 변변치 못ᄒᆞ오니 답답 도리원 박부
년의 집이셔 그젼의 무명을 ᄒᆡ마다 가져오더니 병오년부틈 틸목을 보내라 ᄒᆡ도 이럿탄 말
아니ᄒᆞ오니 올흔 무명 풍년이이 열 피 ᄂᆡ이만 달이라⁴² 분부ᄒᆞ여 인비ᄌᆞ롤⁴³ ᄒᆞ여 후일 보
내시옵 졀통습고 그리ᄒᆞ오면 죠흘 듯ᄒᆞ옵 비ᄌᆞ나 부쳐 두엇다신니 ᄎᆞ돌 온 후 바다도 그리
ᄒᆞ시옵 며ᄂᆞ리 증녹 이번의 ᄯᅩ ᄒᆞ여 보니오니 쪽쪽이 ᄎᆞᄌᆞ⁴⁴ 보시옵

판독대비

번호	판독자료집	한국학중앙연구원 편 (2009a : 352~358)
1	답샹쟝	답샹쟝
2	써나보내고	써나 보이고
3	날셰	날셰
4	업스오시나	없스오시나
5	그러신고	그러실고
6	더고나	더구나
7	엇디ᄒ올고	엇디ᄒᆞᆸ고
8	이모스와	이모사와
9	ᄀᆞᆸᄀᆞᆸ	급급
10	무스히	무사히
11	노히ᄋᆞᆸ	노히ᄋᆞᆸ고
12	며ᄂᆞ리도	며ᄂᆞ리 이도
13	먼져	먼저
14	ᄆᆞ이이	믈이이
15	믈에	믈에
16	알시롭고	안시롭고
17	블샹	불샹
18	알시롭습마ᄂᆞᆫ	안시롭습마ᄂᆞᆫ
19	쓸거	글거
20	엿ᄌᆞ와시니	엿ᄌᆞ와시이
21	익식익식	익식익식
22	츠지	춋지
23	믈을	믈을
24	이블이나	이불이나
25	ᄀᆞᆸᄀᆞᆸ	급급
26	즙댱	즉댱
27	답스리질이나	담스리질이나
28	노방쳥으로 나단이며	노방쳥으로나 단이며
29	시졉 ᄌᆞᆺᄒᆞ	시 졉 ᄌᆞᆺᄒᆞ
30	ᄆᆞ음으로	ᄆᆞ음으로
31	ᄒᆞ며	ᄒᆞ여

번호	판독자료집	한국학중앙연구원 편 (2009a : 352~358)
32	그리고	드리고
33	입힐	입일
34	므음이	므옴이
35	업스오니	없스오니
36	남인이나	남 일이나
37	정회 막기면	정회 반기면
38	혼인	휴일
39	분부랄 그러고	분부랄 그리
40	궃ᄌ오니	궃ᄌ오니
41	이득이	이든이
42	달이라	단이라
43	인비ᄌ롤	일 비ᄌ롤
44	ᄎᄌ	증시

의성김씨 학봉 김성일가 언간 051

〈김성일가-051, 1848년, 여강이씨(아내) → 김진화(남편)〉

판독문

샹장	
	근봉

먼져 도라간 하인들은 ᄎᆞᄎᆞ 드러가실 ᄃᆞᆺᄒᆞ오나 예셔도 다시 긔별 듯ᄌᆞ올 길 업ᄉᆞ오니 답답 용녀 ᄎᆞᆨ냥 못 ᄒᆞ오며 일긔ᄂᆞᆫ 졸한ᄒᆞᄋᆞᆸ고 환후 더치ᄋᆞᆸ시기나 아니ᄒᆞᄋᆞᆸ시고 ᄎᆞᄎᆞ 약효ᄅᆞᆯ 보ᄋᆞᆸ셔 긔운 일양이ᄋᆞᆸ신가 낙낙히 이셔 두리온 심녀 녹ᄉᆞ올 ᄃᆞᆺ 아희ᄅᆞᆯ 보내시고 헤헤 진졍 못 ᄒᆞᄋᆞᆸ시기 졈졈 더ᄒᆞ실 ᄃᆞᆺ ᄀᆞᆸᄀᆞᆸ[1] 엇디엇디 견ᄃᆡ실고 아모려나 병환이나 그만ᄒᆞ시면 그려도 나으시제마ᄂᆞᆫ 혼자 그러고 경과ᄒᆞ시니 견ᄃᆡ실 도리 더 괴롭ᄉᆞ실 거시오니 답답 셰후 되거든 즉시 ᄂᆞ려오시면 싀훤 경ᄉᆞ올 ᄃᆞᆺᄒᆞᄋᆞᆸ 읍ᄉᆞ의 걱정이나 다시 업ᄉᆞᆸ 두루 조이ᄋᆞᆸᄂᆞᆫ[2] 심녀 ᄎᆞᆨ냥 못 요ᄉᆞ이ᄂᆞᆫ 음식 ᄌᆞᆸᄉᆞ오시기 엇더엇더ᄒᆞ시ᄋᆞᆸ 통대구졋 담은 것 ᄌᆞᆸᄉᆞ오실[3] ᄃᆞᆺᄒᆞᄋᆞᆸ 내ᄌᆞᆼ 간 문어ᄂᆞᆫ 샹히지 말 차게 두고 샹찬게 가져 가라 ᄒᆞ여ᄉᆞ오나 분명 샹ᄒᆞ여실 ᄃᆞᆺ ᄀᆞᆸᄀᆞᆸᄒᆞᄋᆞᆸ[4] 이곳은[5] 수일지 감긔 괴롭ᄉᆞᆸ고 아희ᄂᆞᆫ 노독 업시 ᄂᆡ외 셩ᄒᆞ오니 긔특긔특 제 오니 집안 그득 온갓[6] 일이 다 근긔[7] 잇ᄉᆞ오니 다힝다힝ᄒᆞᄋᆞᆸ 져근집도 그만 각 곳 아희들 긔별 날포 듯지 못 궁겁ᄉᆞᆸ 막네ᄂᆞᆫ[8] 머리 언치려 제 아비 와 ᄃᆞ려가오니 져년[9] 머리 언치고 아희년 일흠 업시 엇디ᄒᆞ올고 민망민망ᄒᆞᄋᆞᆸ ᄌᆞᆼ ᄑᆞᄂᆞᆫ[10] 이 잇다 ᄒᆞ오나 갑시 샹업다 ᄒᆞ니 아희가지도 드잔으 엇디될동 두어 ᄀᆞ지나 말ᄒᆞᄋᆞᆸ 무실이 간다 ᄒᆞ오나 무어시 유익ᄒᆞ올고 그저그저 답답ᄒᆞᄋᆞᆸ 망극ᄒᆞᄋᆞᆸ신 졔ᄉᆞ도 지격ᄒᆞᄋᆞᆸ시니 희희 통박 ᄀᆞ이업ᄉᆞᆸ고 외오 안자 싀롭ᄉᆞ오신 지통 억제 못 ᄒᆞᄋᆞᆸ심 ᄀᆞ이업ᄉᆞᆸ 긔별은 언제 듯ᄌᆞ올고 예안셔 녹용이 잇다 ᄒᆞᆫ다고 하인 보내다[11] ᄒᆞ오나 못 미처 와ᄉᆞ오니 이번 못 보내오니 ᄀᆞᆸᄀᆞᆸ[12] 오면 하인 보내려 ᄒᆞᄋᆞᆸ 큰 양푼 둘은 망글엿다[13] ᄒᆞ더니 아니 오니 이즈신 ᄃᆞᆺ 후편의 ᄎᆞᄌᆞ 보내시면 죠흘 ᄃᆞᆺᄒᆞᄋᆞᆸ 무실이 밤에 와 싀비 간다 ᄒᆞ오니 이만이ᄋᆞᆸ 아모려나 진지나 낫게 ᄌᆞᆸᄉᆞ오시고 긔운 ᄎᆞᄎᆞ 향감ᄒᆞᄋᆞᆸ신 긔별 고ᄃᆡ고ᄃᆡᄒᆞᄋᆞᆸᄂᆞ이다 무신 지월 념일 니

판독대비

번호	판독자료집	한국학중앙연구원 편 (2009a : 364~366)
1	급급	급급
2	조이옵논	조이옵신
3	즙스오실	즈스오실
4	급급ᄒ옵	급급ᄒ옵
5	이곳은	인동은
6	온갓	온갓
7	근긔	근거
8	막녜논	막례도
9	져년	져연
10	픗논	파눈
11	보내다	보내라
12	급급	급급
13	망글엿다	만글엿다

의성김씨 학봉 김성일가 언간 052

〈김성일가-052, 1849년, 여강이씨(아내) → 김진화(남편)〉

판독문

답샹장

긔별 아득 요원ᄒ오니 쥬야의 답답 넘녀 녹을 둣ᄒ올 ᄎ 의외 믈한[1] 긔편의 덕ᄉ오심 ᄌ시
보오니 년ᄒ여 긔운 디단 쳠샹은 업ᄉ오시나 날마다 십 이허의 왕ᄂᆝ ᄒ시며 죠셕도[2] 제쌔예
ᄌ시지 못ᄒ시ᄂᆫ디 쥬인은 졍답지 못ᄒ니 경과지도는 그덧ᄒ시고 귀실은[3] 디고[4] 인역을 감
당 못 ᄒ와 신관 긔뷔 여지여지업ᄉ오실 둧 답답ᄒ올 밧 이 댱댱 긴 희예 요긔도 못 ᄒ시고
엇디 견디시리 그리고 ᄒ시다가 병환을 내실 둧 이탁이탁ᄒ오나 푼젼을 보내지 못ᄒ고 이
시니 답답 귀찬귀찬 그리고 경과ᄅᆞᆯ ᄒ시며 집의 사ᄅᆞᆷ을 궐념ᄒ시니 민망민망 이저부리고
싱각지 마시ᄋᆸ 아모리 터라 초돌을 죽을 먹일 줄 아니오니 넘녀 마시ᄋᆸ 예도 초돌 무양ᄒ고
듕간의 음식 넘ᄒ더니 즉금은 다라 먹고 츙실ᄒ오니 긔특긔특 약도 지어 올 거슬 이젹 권의
ᄅᆞᆯ 드려오지 못ᄒ여 쳔연ᄒ오니 답답ᄒ더니 거번의ᄉ 갓가ᄉᆞ로[5] 셰마ᄅᆞᆯ 내여 드려다가 보
니오니 미음의 먹으면 과히 슬이 지니 말고 스믈탕의 먹이면 슬도 과히 아니 지고 낫치 혈
긔 화식이 날 거시니 그걸 ᄒ여 먹이면 당히 죠흘다 ᄒ니 스믈탕을 싸려 시죽ᄒ여ᄉ오나 무
수히 오리 먹을 둧 민망ᄒ고 쥐도 겨으니 담ᄎᆞ치 두 드리로 오르락ᄂᆞ리락 비로도 들고 간
곳마다 곰ᄂᆞᆫ 둧이 아푸고 두통도 잇고 면죵 겨으니 반호 곳 업시 그러ᄒ니 의원을 보니 근
위 깁다고 탕약 스믈다ᄉᆞᆺ 쳡을 졔겨 졔 지어 주마고 넘오일 ᄎᆞ자가라 ᄒ니 ᄎᆞᄌ다가 즉시
시죽ᄒ려 ᄒ고 아ᄌᆞ바님도 스무 쳡 짓고 봉디집 집밀ᄒ니 복병 괴샹ᄒ여 티긔 업고 티긔 잇
다 ᄒ여도 십 삭을 보티ᄅᆞᆯ 못 홀다 ᄒ니 ᄯᅩ 약 이십[6] 쳡을 겨겨여시니 일시에 다 먹으려 ᄒ니
엇딘 아ᄒᆡ들이 병이 그리 만ᄒᆞᆫ고 고이ᄉᆞᆸ 건네[7] 시집이 다 그만ᄒ고 시긔도 업ᄉ니 다힝ᄒᄋᆸ
창의ᄀᆞᆷ은 무얼 주고 ᄉ신고 졈심 굴무시며 바ᄂᆞ질거지 갑슬 드릴 일 답답 창의예 이십팔
쳑이면 넉넉 ᄃᆞ니 한삼 힝젼거지 넉넉이 될 둧ᄒ나 몃[8] ᄌᆞ이나 되ᄂᆞᆫ고 셜혼석 ᄌᆞ이나 되면
넉넉홀 둧ᄒᄋᆸ 오ᄂᆞᆯᄉ 편지 와 ᄂᆡ일 ᄯᅩ 간다 ᄒ니 급급 이만 내내 티평티평ᄒ옵신 긔별 수
이 듯기 ᄇᆞ라ᄋᆸ 티봉이[9] 올 젹 오ᄉᆞᆫ 다 와ᄉ나 동옷ᄉ 아니 와ᄉᆞᆸ 삼월 념일

판독대비

번호	판독자료집	한국학중앙연구원 편 (2009a : 370~373)
1	믈한	물한
2	죠셕도	조석도
3	귀실은	귀신은
4	디고	되고
5	갓가셕로	갓가지로
6	약 이십	약이 십
7	건네	건내
8	몃	멋
9	틱봉이	틱용이

의성김씨 학봉 김성일가 언간 053

〈김성일가-053, 1849년, 여강이씨(아내) → 김진화(남편)〉

판독문

써나시던 모양 싱각ㅎ오니 분명 길희셔 병환을 더치옵시옵실 듯 넘녀 측냥 못 ㅎ오니 회편
듯줍지 못 답답 녹수올 듯ㅎ올 츠 명녹 닷치오며 슈찰 밧ㅈ와 신긔신긔 반갑ㅅ오며 ㅈ시 보
오니 필경 길희셔 병환을 더치옵셔 목이 부어 대단대단ㅎ와 의원거지 보고 그더도록 ㅎ옵
시던 줄 ㅈ쥬 놀납ㅅ옴 엇더타 ㅎ올고 그만그만ㅎ여 환관은 ㅎ여 계시나 노독 대단ㅎ옵신
디 쏘 영광 술인[1] 사관으로 가신다 ㅎ옵시니 그리 빗치고 병환등 쏘 더치옵실 듯 답답 의탁
의탁 두립ㅅ옴 측냥업ㅅ오니 벼술도 귀찬귀찬 죠반셕죽을 ㅎ여도 집이 안즈시면 편ㅎ실 듯
길흔 낙낙고 ㅈ식 ㅎ나도 가 뫼시리 업ㅅ오니 급급[2] 엇디엇디ㅎ올고 그ㅅ이 ㅎ마[3] 도라
와 계실 듯 환관 후 대쳡이나 업ㅅ오신가 분명 츠츠 밀인 여희 덕지 아니옵실 듯 급급[4] 그
저그저 두립ㅅ오이다 이곳도 그만ㅎ오나 며느리 보내고 허우럭 어설퍼 못 견듸오니 아희는
오월 슌망간 드려오려 ㅎ오나 저[5] 집이셔 여름이나 내고져 넉이오니 서너 둘 언마[6] 가리마
는 집이 븨고 이고지 ㅈ로 성치 아니오니 민망ㅎ옵 아희 형뎨 성ㅎ오나 츠돌 약 먹으니 음
식도 긔ㅎ는 것 만코 쇠고기 못 먹ㅅ오니 민망 인돌은 한들 윤긔로 즉시 못 보니고 이둘 초
싱의 보내려 ㅎ오니 녕감긔셔[7] ㅅ빈 문집 교졍ㅎ는 디 가시고 아니 계시다 ㅎ오니 못 보여
니일이나 보내려 ㅎ오나 제 누의 업고 뉘게 의지를 ㅎ올고 슈창도 성찬타 ㅎ오니 무슨 증인
지 불샹불샹[8] 가련가련흔 거시 제 어미는 어듸 간고 갈수록 원통원통 불샹코[9] 앗가오니 촉
쳐의 간댱이 녹녹고 투는 듯 어서 모라오면 죠홀 듯 호쳘 어미는 즉시 가고 호쳘은 법흥 홍
역이 드러 피우로 아직 여긔 잇스오나 ㄱ죽히[10] 홍역 들면 다른 디로 보낸다 ㅎ옵 져근집도
무고ㅎ나 아ㅈ바님 대종을 내여 대단대단ㅎ시더니 즉금은[11] 완합지 아니타 ㅎ오니 모도 계
밍의 걱정이오니 절박숩 인동 긔별 초싱의 듯고 다시 아득 답답 농시오니 스룸도 못 보내오
니 답답 어린것 의수홀 듯 궁겁숩 하계도 며느리 성ㅎ고 계남도 무양타 ㅎ니[12] 다힝 웃동성
이 나으리긔 모슈 창의 보션 와스오니 보내옵ㄴ이다 시졀은 쏘 풍년이 질 듯 보리도 면흉될
다 ㅎ나 마달 밧즌 시도 업술다 ㅎ옵마는 현마 그덧ㅎ오리잇가 집안 용도는 크고 아희 심녀
답답 알시롭숩[13] 단오와 십구일 졔틱는 ㅎ마[14] 써나온지 님쳥각 대샹이 십ㅅ일이오니 이번

은 죠곰 가의ᄒ여 무르시면 시부옵 초상 장ᄉ 쇼상을 다 뭇지 못ᄒ여시니 이번은 삼상이 막 가오니 무르시면[15] 시부오나 병환이나 더ᄒ시면 엇디 가급ᄒ실고 계남도 샹답의 모시 두 필이 가시니 부죡ᄒᆯ 거시오니 모시필이나 ᄒ고 돈양이나[16] 편지 답을 ᄒ시옵 며ᄂᆞ리 어리오니 바ᄂᆞ질 갑시나 ᄒ라 주시옵 시속이 그러ᄒ오니 요량ᄒ여 ᄒ시옵 봉쥰은 다시 소문 업습마는 인ᄌ 저의 과궐의만이 모도 우리만이라[17] ᄒ오니 졀통졀통ᄒ옵 슌임은 보내려 ᄒ오나 나으리 편지예 보내라 ᄒ신 일 업ᄉ오니 이번 못 보내오니 견딜 도리 어렵거든 긔별ᄒ시면 보내올 듯ᄒ옵 긔유 윤ᄉ월 넘오일 니

판독대비

번호	판독자료집	한국학중앙연구원 편 (2009a : 378~382)
1	슬인	신아
2	급급	급급
3	ᄒ마	하마
4	급급	급급
5	저	제
6	언마	엇마
7	녕감긔셔	영감긔셔
8	블샹블샹	불샹불샹
9	블샹코	불샹코
10	ᄀ죽히	그죽히
11	즉금은	즉금도
12	ᄒ니	ᄒ오니
13	알시롭습	안시롭습
14	ᄒ마	하마
15	무르시면	무루시면
16	돈양이나	돈 냥이나
17	모도 우리만이라	모ᄃ 우리만이라

의성김씨 학봉 김성일가 언간 054

〈김성일가-054, 1849년, 여강이씨(아내) → 김진화(남편)〉

판독문

오니 홀 길 업서 이리져리 팔십 양을 다여 주려 ᄒ니 풍식이 죠곰 나으나 능쥬셔 혼슈ᄂ[1]
온다 ᄒ니 능쥬셔 혼인이 이리 급ᄒ 줄은 모르고 즉금 긔별ᄒ다 ᄒ여도 그동안의 못 올 거
시니 혼슈롤 고을을 밋어셔ᄂ 낭퍼 볼 거시니 말나 ᄒ니 혼슈롤 댱만ᄒ여 달나 ᄒ여시니 그
러면 댱만치 말나 긔별ᄒ여ᄉ 될다 급급히 빅근이 보낸다 ᄒ오니 날뛰ᄂ 거동 고이고이 제
적분 ᄀᆞᆺ잔으니 고이고이ᄒᄋᆸ 고을은 바삭 마른디 져러고 ᄒ오니 병환 더치실 듯 답답ᄒ오
이다 아히 과거ᄂ 감시 착실히 보고 동당은 보지 말나 ᄒ더니 제가 동당을 볼 밧 업다 ᄒ오
니 적면 상디 못 볼난 말은[2] 어려오니 보라 ᄒ여도 아니 보면 장히 죠하홀 샹이오니 절통절
통 예쉰이 다 추록 과거롤 못 ᄒ고 이저도 아히ᄂ 과거도[3] ᄆᆞᆷ을 노코 과거롤 못 보게 ᄒ
ᄂ 일 통운통운[4] 이번의 제 혼자 가니 아모려나 대과롤 ᄒ면 싀훤 셜치올 듯 경쥬 족하[5] 쥬
셔가 와셔 저ᄃ려 동당을 착실히 보라 ᄒ고 너ᄂ 가만이 드러 안ᄌᆞ도 셔울 사룸의 공논이[6]
너롤 시길 거시니 부디 착실히 보라 ᄒ오나 이 사룸은 과거의 죠곰 비루ᄒ 일은 아니ᄒ려
ᄒ오니 민망민망 쥬셔의 말은 즉금 과거ᄂ 통두롤 아니코ᄂ 못 ᄒ니 춧ᄂ 이 잇거든 통두롤
ᄒ라 ᄒ니 저ᄂ 제 ᄆᆞᆷ 가지고ᄂ 그 즈슨 못 ᄒ다 ᄒ오니 민망민망 제 말이 아젼이 날 모
르게 ᄒ여 주면 홀 슈 업ᄉ나 알고 ᄒ여 줄 가망 업다 ᄒ오니 영감긔셔 그 주션을 가르쳐
보내시면 죠흘 듯ᄒᄋᆸ 올에 과거롤 ᄒ면 싀훤ᄒ올소이다 빅근은 순셤이와 작부시겨 두려
ᄒ신다 ᄒ오니 보내ᄋᆸ 말ᄉᆞᆷ 남ᄉᆞ오나 이만 내내 긔후 쳠샹이나 업ᄉᆞ오신 긔별 츅슈츅슈ᄒ
ᄋᆸ

판독대비

번호	판독자료집	한국학중앙연구원 편 (2009a : 387~389)
1	혼슈는	츈슈는
2	못 볼난 말은	못 볼 냥반은
3	과거도	과거는
4	통운통운	통분통분
5	족하	족하
6	공논이	공놈이

판독문

답샹장 아릿집이셔 어제 나와시나 편지 못 훈다 호옵	근봉

명녹 온 후 회편이 업스오니 옛 긔별도 전홀 슈 업습고 오래 긔별 모르오니 답답호올 츳 하인 오오며 슈찰 탐탐 신긔 반갑스와 즈시 보오니 요스이는 식식 위증은 그만호시나 손가락 아푼 증과 발가락 아푼 증은 엇디 그러신고 답답 익탁익탁 두립스온 용녀 아모라타 못 병환의 효험 보신 의원의게 무러 지리치 아녀 나오시게 호시옵 무지한 소견의도 큰 병환이온 둧 호오니 답답 글노 음식 못 잡스오시고 잠도 못 즈신다 호오니 엇디엇디호올고 답답호옵 그 스이나 엇더호시옵 죵의롤 보시던지 아모리 호시나마 수이수이 나으시기 축슈축슈호옵 무당집도 지금은 완인이 된 일 싀훤호옵고 어린년 츙실 즁믈[1] 동탕케 삼겻다 호오니 아들이나 되지 아니코 쏠노 난 줄 절통절통호오나 엇디호옵 난 다이 병수나 업시 무양호면 긔특호올 둧호옵 이곳은 셩호오나 아히 쩌나던 날부틈 풍일 괴샹괴샹호오니 답답 넘녀 녹을 둧호오나 쇼식을[2] 드룰 길 업스오니 침식이 블안호오나[3] 과일을 지내오니 엇던고 이번이나 참방을 호오면 죽호오리마는 조이는 심녀 측냥 못 호올 둧호온 듕 천만천만 싱각 밧 어스가 십뉵일 밤듕에 읍닉 츌도호고 십칠일 아즈바님 즈부러 나왓다 호오니 그시 놀납던 말솜 엇디다 호게습 자갸 신샹은 말 말고 조상과 부모님긔 누덕이 엇더호오며 동싱 족하롤 낫출 싯기옵는 줄 통운통운[4] 한심한심호오니 혼신이 넉시 업는 둧 계밍이 아니 보눙[5] 줄 오히려 공싱공싱호오나 긋치 엇디 되올지 수두 상티호오니[6] 우리라도 고을노 나가셔 아니 보더면 나을 넌 둧 자부러 브로 산녁호는 산샹으로 달녀드는디 자갸는 그 하인들 못 미처 온 스이 집이 볼일이 이셔 막 드러오며 그것들이 쏫츳와 나오라 호는 거슬 나가든 아니코 안방의 드러안즈시니 무한무한 곤욕이 측냥이 업더니 추닉롤 잡아가셔 여러히 모히니 하인들은 드러가시나 다라나쟈 호여도 가다가 붓들이면 더 남식스러오니 드러가 죄롤 당턴지 엇디호던지 드러가 당호는 거시 낫다 호며 드러가니 어스는 예쳔 고을에 일이 나 밤듕에 예쳔으로 가고

쥬인의 잇다 ᄒᆞ오나 이런 망신이 어디 이실고 한심한심 영장도 필경 못 보온[7] 듯ᄒᆞ오니 죽은 것 블샹블샹[8] 가련가련 싱ᄉ 신명이 고이고이ᄒᆞ온 줄 원통 앗갑ᄉᆞ 이 하인은 그날 돌녀보낼 거슬 져 일 결미롤 보고 긔별ᄒᆞᄂᆞ 거시 올타 ᄒᆞ기 녀려 날 묵으니 기ᄃᆞ리실 듯 답답ᄒᆞ옵 며ᄂᆞ리ᄂᆞᆫ 그 면종이 덧나 대단대단 큰일이 날 번ᄒᆞ고 요ᄉᆞ이ᄂᆞᆫ 완합이 되오니 다힝다힝 인돌은 제 형이 ᄯᅥ나던 날 보내고 제 ᄯᅥ나시나 장ᄉᆞ와 한식 졔ᄉᆞᆯ 의 아니 올 길 업ᄉᆞ와 ᄃᆞ리러 보내여습 호쳘 어미ᄂᆞᆫ 정월 십ᄉᆞ일 희산ᄒᆞ고 위블[9] 날 잡증은 업ᄉᆞ나 종시 긔환치 못ᄒᆞ여 신고신고ᄒᆞ고 음식 못 먹고 긔운을 수습지 못ᄒᆞ더니 수일지 문밧긔나 나간다 ᄒᆞ오나 졋지 아조 긋쳐져 ᄒᆞᆫ 방울 비최도 아니ᄒᆞᆫ다 ᄒᆞ오니 답답 엇디 견ᄃᆡᄂᆞᆫ고 못 잇치고 인동집 쇼식 오래 듯지 못 오려 ᄒᆞᄂᆞᆫ 거슬 역딜 필녁되거든 긔별ᄒᆞ마 ᄒᆞ여시나 본촌 역딜 봄내 빗칠 듯 이 마ᄋᆞᆫ 다ᄒᆞ여시나 아직 아니 ᄒᆞᆫ 집 만타 ᄒᆞ오니 답답 삼산딕 아들 역딜 후 더침에 긋기오니 노인들 경샹 말이 못 된다 ᄒᆞ오니 ᄌᆞ손도 공참ᄒᆞ옵 인돌은 넘일 와 무ᄉᆞ하옵 약은 시죽ᄒᆞ려 ᄒᆞ옵 경슐 이월 넘일 니 샹장

판독대비

번호	판독자료집	한국학중앙연구원 편 (2009a : 394~398)
1	즁믈	즁믈
2	쇼식을	쇼식은
3	블안ᄒᆞ오나	불안ᄒᆞ오나
4	통운통운	통분통분
5	보ᄂᆞᆼ	보닌
6	샹티ᄒᆞ오니	샹긔ᄒᆞ오니
7	보온	보올
8	블샹블샹	불샹불샹
9	위블	위불

의성김씨 학봉 김성일가 언간 056

〈김성일가-056, 1850년, 여강이씨(아내) → 김진화(남편)〉

판독문

넘늄일 옥관즈을 다라 계시다 ᄒ오니 희한호 경스롤 집안 권속은[1] ᄒ나도 못 보오니 졀통졀
통 한심ᄒ오나 수이 힝츠 오시면 뵈올 듯ᄒ오니 셥셥 ᄀ이업습 싀 며느리 신녜는 삼월 십일
일이오나 임의 오실 터이오니 오신 후 ᄒ올 듯ᄒ옵 스당 고사도 영감긔셔 오신 후 ᄒ다 못
ᄒ여스오니 봄의 오실 터이오나 과거 결미롤 보고 오시려 ᄒ시니 느져지올 듯 과일은 지내
여스오나 엇더ᄒ온지 조이옵고 아희가 분명 어스게 욕을 보다 ᄒ면 혹 초시롤 ᄒ엿다 ᄒ
여도 ᄇ리고 올가 넘녀되옵 어스는 아릭스 와 죄인을 ᄃ스리디 냥반은 아직 뭇지 아니ᄒ다
ᄒ오나 대칼 쓰워 옥의 ᄂ리오라 ᄒ여 어스 오기 젼에 칼을 스고 옥 겻희 쥬인[2] 졍코 안치
고 칼흔[3] 버섯다 ᄒ오나 그 욕경이 엇더ᄒ옵 그저그저 조션 부모 동싱의 누덕이 엇더ᄒ옵
한심한심 ᄒ ᄀ이업스오니 아니 보더면 나을 듯 오늘도 긔쳑 업스오니 죵들 다 드러가시나
쇼식이 업스오니 답답 이 하인 보내려 ᄒ오니 아직 두라 ᄒ다 ᄒ오니 못 보내니 그 하인 병
드러 가려 ᄒ나 어제 결단이 난다 ᄒ거든 두엇더니 오늘도 쇼식이 업스오니 냥반은 치도 아
니ᄒ다 ᄒ니 잡아 두고 욕경만 보이려 그러ᄒ온 듯 졀통졀통ᄒ옵[4] 문 겨시는 편지 답장의
무어시라 ᄒ온지 아직 아모 말도 아니ᄒ옵 져근집 혼슈는 ᄒ 벌이라 대심화 내더라 ᄒ옵 옵
니 부비는 뉘 당ᄒ오며 나오면 동당 길 쩌날 거시오니 지믈은[5] 어듸셔 소다지옵 그저그저
귀찬귀찬ᄒ옵 만일 슉딜이 다 초시롤 ᄒ면 광경이 이실 거시니 엇디홀고[6] 즉금 급졔는 손의
준 닷시 날뒤더니 이러ᄒ오니 그도 수란수란 아희가 과수가 벗쳐시면 무슨 묘리 이실 듯ᄒ
옵 제가 이번의 못 ᄒ면 버석그럴 거시니 쳔덕으로 이번이나 ᄒ옵기 츅슈츅슈ᄒ옵 옵ᄂ는
어제스 필경 형문 열둘을 맛고 쥬인으로 나오다 ᄒ니 한심한심 미나 아니 맛즐가 넉여습더
니 필경 그 욕경을 보니 무슨 쳬온고 통운통운ᄒ오나[7] 눌을 한홀고 그저 ᄀ이업습 그듕에
집으로도 아니 오고 의셩 동당 보려 간다 ᄒ오니 갈스록 힝지 민망습고 동당은 긔여이 혼다
ᄒ오니 만일 초돌이가 동당 초시롤 혼다 ᄒ여도 광경이 이실 거시니 답답 죠흘 도리롤 아희
게 긔별ᄒ시옵 한식 졔티 아니 와 가쳔 큰 졔스의 낭픽ᄒ여 건어 스 스다 ᄒ오니 민망ᄒ옵
말솜 지리ᄒ오니 이만 내내 블평ᄒ신[8] 긔운 안녕ᄒ옵심 츅슈ᄒ옵 이 하인 오늘스 보내오나

읍니셔 아니 나왓다 ㅎ니 편지 업습 이월 넘뉵일

판독대비

번호	판독자료집	한국학중앙연구원 편 (2009a : 404~408)
1	권쇽은	젼쇽은
2	쥬인	즉일
3	칼혼	칼은
4	졀통졀통ㅎ옵	졀통ㅎ옵
5	지믈은	지뭘은
6	엇디홀고	엇디ㅎ고
7	통운통운ㅎ오나	통분통분ㅎ오나
8	블평ㅎ신	불평ㅎ신

의성김씨 학봉 김성일가 언간 057

〈김성일가—057, 1850년, 여강이씨(아내) → 김진화(남편)〉

판독문

답샹장[1]

하인 올가 감감 기드리오나 긔쳑 업스오니 무슨 년고나 잇눈가 넘녀 즈쥬 ᄒ올 츠 하인 닷
치오니 싀훤 이어 슈찰 밧즈와 황홀 반갑스와 즈시 보오니 츈일이 괴샹ᄒ온ᄃᆡ 년ᄒ와 대단
쳠샹은 업스오심 든든 즐겁스오나 관ᄉ의 골몰ᄒ옵신ᄃᆡ[2] 노 츌입이[3] ᄌᆞᆽ시고 겸관을 ᄒ여[4]
왕닉ᄒ시니 포병ᄒ신 신샹 괴롭스오실 ᄃᆞᆺ 민망민망 두립습고 졀박ᄒ옵 무댱집은 엇디 그러
ᄒ온고 다 무병이나 ᄒ오면 다힝ᄒ올 ᄃᆞᆺ 어린년 댱군 ᄀᆞᆺ고 ᄒ마[5] 뒤려 혼다 ᄒ오니 구간이
셕디ᄒ고 일되오니 ᄉᆞᄉᆞ 졀통ᄒ옵 이곳은 셩ᄒ오나 혼 집안의셔 슈슈히 날뒤오니 수란수란
셔울 긔별 듯지 못 답답 먼져 온 과힝들게 드르니 감시 지고 동당 보려 ᄒ나 지면 즉시 ᄶᅥ
나오려 ᄒ더라 ᄒ오니 동당을 엇디 ᄒ기 쉽스오며 이번 동은 ᄒ여도 졔게 못홀 일이오니 ᄒ
쾌다 시부도 아니ᄒ오나 ᄶᅥ나며 날셰 그덧ᄒ오니 대병지여의 무슨 병을 내눈 ᄃᆞᆺ 답답 넘녀
빅츌ᄒ오니 안즈 견디지 못ᄒ옵더니 무스히 드러가 히 업고 음식 잘 먹고 거동 낫다 ᄒ오니
긔특긔특 그 밧 무어시 경스올고 수일간 드러올 ᄃᆞᆺᄒ옵 동당은 ᄯᅩ 지온 ᄃᆞᆺ 과거룰 ᄒ면 긔
별ᄒ마 ᄒ여시나 이적 쇼식이 업스오니 헛거시온 ᄃᆞᆺ 일변 셥셥ᄒ고 영감겨오셔 고족희[6] 기
드리옵시다가 과히 셥셥ᄒ여옵실 ᄃᆞᆺ 민망ᄒ오나 이후 편히 잘 볼 ᄶᅥ 이스올 거시니 과히 셥
셥히 넉지[7] 마시옵 졔나 무스 득달ᄒ오면 싀훤 경스올 ᄃᆞᆺᄒ옵 며느리도 셩ᄒ오나 틔긔 업스
오니 답답 실노 고이고이ᄒ오니 엇디ᄒ올고 의탁 심녀 녹스올 ᄃᆞᆺ 인돌은 무양ᄒ옵고 약은
시죽ᄒ여 먹습고 눈의 여ᄒ나 약 먹기 젼부틈[8] 눈 죠곰 낫스오나 여허습 져근집도 그만 아
즈바님 초시 ᄒ오니 다힝ᄒ오나 이번이나 결과룰 홀지 어셔[9] 결미룰 ᄒ여야 아희가 과거나
ᄆᆞ음을 노코 보제 히히 져러ᄒ오니 졀박ᄒ옵 돈인들 어듸셔 소다지옵 지물은[10] 믈ᄀᆞᆺ치[11] 드
오니 엇디엇디 당ᄒ며 견디실고 이번은 돈 열 냥 셔울 갈 힝지 혼다 ᄒ오나 그거시 계요 올
나갈 힝지 되니 돈 훈푼 업시 견딜 슈 업스니 고을셔 즉시 돈을 올녀보내라 ᄒ엿다 ᄒ오니
원이 귀찬귀찬 일싱 공믈만[12] ᄒ오나 말이나 곱게 ᄒ올가 ᄉᆞᄉᆞ이 괴롭습 집이눈 아히 갈 ᄶᅥ
돈을 셕 냥을 주고 가며 고을 사룸이 올 거시니 소금도 밧고 졔스 지내고 ᄒ라 ᄒ더니 이월

둘에 하인은 아니 오고 졔ᄉᆞ의 절박절박 츄이ᄒᆞ여 지내ᄋᆞᆸ고 갑하사오나 남의 소견의은 우
리 집은 돈이 석고[13] 포빅 고기예 뭇첫다 ᄒᆞᆫ다 ᄒᆞ오나 통운토[14] 아니ᄒᆞ오되 술난ᄒᆞ여 어렵
삽 지ᄎᆔ 혼인 야단을 치더니 ᄉᆞ월 초이일노 지낸다 ᄒᆞ오니 돈은 가져가시나 엇더케 ᄒᆞ던동
필경 모도 덜 ᄒᆞ여 노코 더 믈일[15] 듯ᄒᆞ고 자갸ᄂᆞᆫ 가고 눌을ᄀᆡ 아기ᄅᆞᆯ 치일고 아희 못 견ᄃᆡ
제[16] 그 돈으로 ᄃᆞ릐ᄂᆞᆫ 아니 ᄉᆞ고 ᄃᆞ릐ᄂᆞᆫ 계ᄆᆡᆼ이 미슈ᄒᆞ라[17] ᄒᆞᆫ다 ᄒᆞ며 계ᄆᆡᆼ이 시겨 ᄉᆞ일[18]
샹이오니 ᄉᆞᄉᆞ이 괴롭고 통운통운[19] 혼슈 남치마 써 왓다 ᄒᆞᄋᆞᆸ 시 며ᄂᆞ리 신힝은 ᄉᆞ월 스무
날이 죠흐나 싀아바니게 쥬당이 이시나 잠간 피ᄒᆞ라 ᄒᆞ더라 ᄒᆞᄋᆞᆸ 계남셔ᄂᆞᆫ 길이블ᄀᆞᄋᆞᆷ[20]
ᄌᆞ쥬 드리러 보내엿다 ᄒᆞ나 아직은 아니 와삽 용담집도 신힝 ᄃᆞ리고 오려 ᄒᆞ여삽 창년도 셔
울 갓다가 어제 도라와시나 환형ᄒᆞ엿다 ᄒᆞ오니 알시롭삽[21] 호쳘 모ᄂᆞᆫ 졋몸술 대통ᄒᆞ다 ᄒᆞ오
니 민망 인동은 엇더ᄒᆞ온지 댱낭은 거러 청도 갓다가 의셩거지 와시나 여면ᄒᆞ더라 ᄒᆞ오나
알시롭삽[22] 슈창은 요ᄉᆞ이 드러오다 ᄒᆞ오나 가련가련 블샹블샹[23] 신힝이라 저희 형뎨 오려
ᄒᆞ오나 슈창 오려 말이 업ᄉᆞ오니 블샹블샹[24] 원통원통 측쳐 원굴지한이 오장을 흔드ᄂᆞᆫ 듯
통악통악ᄒᆞᄋᆞᆸ 졔슈ᄂᆞᆫ 다 죠슈ᄒᆞ여 밧삽고 각 곳 봉믈[25] 다 전ᄒᆞ고 인동 것 오늘 보내여삽
돈도 각각 다 난화 보내고 져근집이 열 냥 돈 보내고 석 냥은 두어삽 인동집은 역딜 아직
청정이 못 되여시니 ᄉᆞ월 신힝 미처나 오라[26] ᄒᆞ여삽 봉ᄃᆡ집은 봄의[27] 못 오니 절박ᄒᆞᄋᆞᆸ 말
솜 ᄀᆞ득 남ᄉᆞ오나 지리ᄒᆞ와 이만이오며 내내 ᄀᆡ듕 긔후 만강ᄒᆞᄋᆞᆸ심 축슈축슈ᄒᆞᄋᆞᆸᄂᆞ이다 아
모것도 못 보내오니 답답ᄒᆞᄋᆞᆸ 취ᄆᆡᄂᆞᆫ 이월의 죽ᄉᆞ오니 블샹ᄒᆞ고[28] 슌임이 블샹ᄒᆞᄋᆞᆸ[29] 빅근
이ᄂᆞᆫ 가덧 마덧 당ᄀᆡ드러 금슬이[30] 그덧ᄒᆞᆫ 거시 병은 엇디 그런고 그넌 즉금은 낫ᄉᆞ온지 이
ᄆᆡ 며ᄂᆞ리 죽을가[31] ᄋᆡ스니 웃삽 힝ᄎᆞ ᄉᆞ월 초싱에 오실가 알게 ᄒᆞ시ᄋᆞᆸ 경슐 삼월 초십일
니 샹장[32]

판독대비

번호	판독자료집	한국학중앙연구원 편 (2009a : 414~419)
1	답샹쟝	답샹쟝
2	골믈ᄒᆞᆸ신더	골믈ᄒᆞᆸ신더
3	노 츌입이	노츌입이
4	ᄒᆞ여	ᄒᆞ셔
5	ᄒᆞ마	ᄒᆞ가
6	고족희	고죡히
7	넉지	약약지
8	먹기 젼부틈	먹기면부틈
9	홀지 어셔	홀지어셔
10	지믈은	지믈은
11	믈ᄯᅵ치	믈ᄯᅵ치
12	공믈만	공믈만
13	석고	섯고
14	통운토	통분토
15	믈일	믈일
16	견디제	견디 제
17	미슈ᄒᆞ라	미슉ᄒᆞ라
18	ᄉᆞ일	소일
19	통운통운	통분통분
20	길이블ᄀᆞ옴	길이블 ᄀᆞ옴
21	알시롭습	안시롭습
22	알시롭습	안시롭습
23	블샹블샹	불샹불샹
24	블샹블샹	불샹불샹
25	봉믈	봉믈
26	미처나 오라	미처 나오라
27	봄의	복의
28	블샹ᄒᆞ고	불샹ᄒᆞ고
29	블샹ᄒᆞᆸ	불샹ᄒᆞᆸ
30	금슬이	금술이
31	죽을가	죽을가
32	샹쟝	샹쟝

의성김씨 학봉 김성일가 언간 058

〈김성일가-058, 1850년, 여강이씨(아내) → 김진화(남편)〉

판독문

거번 고 목스[1] 올 쩌 셔울 편지 왓눈디 쟈갸는 동당을 흐마 희시니 츠돌이는 동당을 보지 말나 흐엿다 흐오니 고이고이 일싱 츠돌이룰 도회도[2] 못 보시러 날뛰더니 이저는 과거의 드러 쟈갸게 방희된다고 츠돌이룰 아조 보도 못흐게 흐신 심슐이 통악통악 졀통졀통 제 말이 동당은 아니 볼 길은 업스니 보려 흐나 초시룰 흐기 엇디 쉬오리마는 만일 초시룰 흐여도 셔울셔 초시룰 흐엿다 흐면 저는 병탈흐고 회시룰 아니 보려 흐오니 흐기야 엇지 미드리마는 져희 흐신 일 통분통분흐옵 이 하인이 대구룰 먼져 와 짐을 쐐돌의 쥬인의[3] 두고 오다 흐니 편지에 무솜 말솜을 흐신지 분명 쪄여 보와신 듯 츠돌은 하인이 도리원셔 만나다 흐오니 흐마 드러가실 듯흐옵 봉쥰 니외 무양 긔특흐옵 풍슈는 거번의 학가산으로 셥밧거지 가 보와시나 흔 곳도 지졈흔 곳 업다 흐오니 민망코 도라와 여러 날 되여시나 일양 드리룰 알 눈다 흐오니 민망민망 인마가 수이 오면 쇠훤흐올 듯흐옵 계남셔 대야 고칠 거시 와시나 이 번 못 보내오니 후편의 집이 큰 양푼과 보내올가 긔별흐오니 보내라 흐시면 보내오리이다 덕스옴 긋득흐오나 수란 이만이오며 아모려나 빗치옵신 노독 업스와 만안흐옵신 긔별 수이 듯줍기[4] 고디고디흐옵 봉믈은[5] 즈시 밧다스오나 이 하인이 힝지 업셔 돈 닷 돈을 먹엇다 흐옵 계 드리 여섯 드리 가옵

판독대비

번호	판독자료집	한국학중앙연구원 편 (2009a : 425~427)
1	고 목스	고목스
2	도회도	굿회도
3	쥬인의	즉일의
4	듯줍기	듯습기
5	봉믈은	봉믈은

의성김씨 학봉 김성일가 언간 059

〈김성일가-059, 1850년, 여강이씨(아내) → 김진화(남편)〉

판독문

답샹장

하인 올가 기드리올 츠 닷치오니 싀훤 이어 슈찰 밧즈와 신긔 반갑스와 즈시 보오니 년호와 대단 쳠졀은 업스오시나 손가락 아푸신 증 왕왕이 발작호시눈 일 굽굽[1] 두립스올 밧 댱 드러안줄 스이 업시 겸관의다가 각 고을 스관으로 들 스이 업시 빗치옵시니 병환이 나실 둧 답답 용녀 춘빙을 듸디온 둧 원스리 남은 호화롭고 죠타 호오나 일신이 모손토록 골믈코[2] 괴롭스오시니 무어시 죠습 권속이 쳘 이 밧 각각 갈녀[3] 이셔 낙낙 답답호오이다 무댱집도 셩호고 어린것 춤실호온 둧 긔특 그것시 삼겨 그련호 긱회룰 위로호올 둧 긔특긔특옵 스월 슌간 쩌나시려 호옵시니 스무날 신힝 미쳐 드러오실 둧호오니 도라가시기 더위롤 범호올 둧 민망민망 느려오실 김에 경샹도로[4] 올무시면 싀훤호올 둧 툑슈호오나 엇디 무옴과 ㅈㅈ 올고 굽굽호오이다[5] 이곳은 셩호옵고 아히 어제 드러와스오나[6] 환형 거머 거머호여스오니 답답 아쳐롭스오나 이저는 집이 와시니 싀훤싀훤호오디 그 여러 번 과거 다 지고 쩌나오다 가 삼일졔 보롬날 본다 호니 도로 드러가 열흘이나 더 이셔 무한무한 곡경을 호고 내죵은 부젼의 집이 가 쑬을 파라 부젼이 시겨 밥을 지어 먹으니 음식을 먹게 호여 주니 견듸여시 나 삼일졔가 어늬 날 되눈지 날만 보내고 이실 길 업서 오려 호니 물 업고 돈 업고 홀 도리 업더니 안 셔방이 돈을 디여 주이 쥐만 호 물 호 바리[7] 스셔 트고 힝지호여 가지고 와스오 니 잔샹잔샹 셔울 가 남으게 졸녀 댁벽슈롤[8] 당호고 졸약호여 스눈 거시 비여 냥이 스엿다 호며 이저는 데여 다시눈 셔울 아니 가려 호오니 웃습 님각 니랑은 거러 동힝을 호여 잔샹 잔샹이 속고 드리가 다 부엇다 호며 호가지 와 즈고 오놀 가습 며느리도 셩호오니 긔특호오 나 티긔 업스오니 이탁이탁 증녹을 호여 보내라 호시기 쏘 호여 보내오나 엇더호올지 답답 호옵 인돌도 무양호고 눈도 요스이눈 낫스오니 약효온 둧호옵 아릿집도 무고 과거는 초시 호여 십구일 쩌나가고 댱가눈 초이일이오니 죽눈 것만 블샹블샹[9] 원통호졔[10] 모도모도 호 화롭고 죠하호눈 샹 보기 슬코 가쇼롭스오나 샹답 우리 샹답의셔 못호 일 업시 호고 미비호 것 이저는 계밍이 와시니 모도 담당이 되니 스스이 견딀 슈 업고 광암집 즈식 남미롤 다 죽여 브리고 실셩을 ᄒᆞ여 다려가라 ᄒᆞ여시니 닉월 초칠일 발졍ᄒᆞ여 보내엿다 ᄒᆞᆸ 호철이 어미 산후 ᄒᆞᆫ 둘이나 신고신고ᄒᆞ다가 이러 단인다 ᄒᆞ오나 졋지 업서 어린것 드리고 경과ᄒᆞᄂᆞᆫ 소문[11] 졀박ᄒᆞᆸ고 인동집 긔별은 아득ᄒᆞ오니 답답 거번 고을 하인 인동으로 가ᄂᆞᆫ듸[12] 스월 십삼일 오라 ᄒᆞ엿스나 역딜을 보와 다시 긔별ᄒᆞ마 ᄒᆞ여시나이져ᄂᆞᆫ 이 ᄆᆞᆫ은 다ᄒᆞ여시나 변촌의 두어 집이나 즉금 ᄒᆞ니 그것 다ᄒᆞ면 업술 듯ᄒᆞ오나 다시 엇덜동 쾌쳥이 되거든 오라 긔별을 인동으로 ᄒᆞᆯ 거시니 영감긔셔 그리오시려 ᄒᆞ여 계시니 드리고 오시면 죠흘 듯ᄒᆞ오나 엇덜동 이둘 닉ᄂᆞᆫ 다ᄒᆞᆯ 거시니 스월은 공둘이 되오니 오실 ᄯᆡ 못 드리고 오신다 ᄒᆞ여도 스월 넘후로 오게 ᄒᆞ시고 오시ᄋᆞᆸ 신힝은 스무날이오나 즉금 한창 어둡된 ᄯᆡ오니 잔치가 모양이 업스올 듯 유과ᄂᆞᆫ 즉금 다 ᄒᆞ오나 약과ᄂᆞᆫ 고을셔 ᄒᆞᆫ 스십 닙 ᄒᆞ여 보내시ᄋᆞᆸ 일가 사롬 돈이[13] 몰른[14] ᄯᆡ 잘 어더 먹울다[15] ᄒᆞᆫ다 ᄒᆞᆸ 봉믈은[16] 쪽 다 왓다 ᄒᆞᆸ 경옥고ᄂᆞᆫ 아희가 먹으면 죠흘 듯ᄒᆞ오나 져ᄂᆞᆫ 쇼년이[17] 먹으면 희롭다 아니 먹을나 ᄒᆞ오니 급급ᄒᆞᆸ[18] 년슈의 슬 걸 무어술 ᄒᆞ올고 대강 요량여 보내시ᄋᆞᆸ 경쥬가 난다 ᄒᆞ오니 그리 올무시면 우호로 영광이ᄋᆞᆸ시고 겹겹 죠스올 듯ᄒᆞ오나 엇더ᄒᆞ올고 답답ᄒᆞᆸ 슈창은 셩타 ᄒᆞ오나 블상블상[19] 아희들 오려 ᄒᆞ여도[20] 져ᄂᆞᆫ ᄒᆞᆫ 말이 업스오니 원통원통 고이고이[21] 앗갑습 덕스옴 남스오나 지리 이만이오며 내내[22] 긔운 쳠졀 업스와 수이 ᄯᅥ나오ᄋᆞᆸ시기 츅슈츅슈ᄒᆞᄋᆞᆸᄂᆞ이다 경슐 삼월 념오일 니

판독대비

번호	판독자료집	한국학중앙연구원 편 (2009a : 432~436)
1	급급	급급
2	골믈코	골믈코
3	갈녀	갈여
4	경샹도로	경샹도로
5	급급ᄒᆞ오이다	급급ᄒᆞ오이다
6	드러와ᄉᆞ오나	드러와사오나
7	바리	마리
8	댝벽슈롤	대변슈롤
9	블샹블샹	불샹 불샹
10	원통ᄒᆞ제	원통하제
11	소믄	소문
12	가는더	가슬 더
13	사룸 돈이	사룸들이
14	몰른	ᄆᆞ른
15	먹을다	먹을가
16	봉믈은	봉믈은
17	쇼년이	쇼열이
18	급급ᄒᆞ옵	급급ᄒᆞ옵
19	블샹블샹	불샹블샹
20	ᄒᆞ여도	오려도
21	고이고이	ᄀᆞ이ᄀᆞ이
22	내내	너너

의성김씨 학봉 김성일가 언간 060

〈김성일가-060, 1850년, 여강이씨(아내) → 김진화(남편)〉

판독문

아희는 노독 알는 일 업스오나 긔픠호여 엄엄호오니 엇디 복골홀고 수란수란 나나 드나 근
노는 만호고 답답호옵 며느리 증녹은[1] 쪽쪽이 호여 보내오니 즈시 의논호시옵 고을은 바삭
마른디 돈은 허다히 스이고 쏘 겨울노 올이라 호오니 고을 돈을 짓든 못호고 어듸로 소다질
고 답답 그저그저 브리고 오시면 셜치올 닷호옵 옴지 못호시거든 フ을에나 브리고 오시려
호시니 쇠훤호오나 오히려 머온 닷호옵 후실 샹답이 고을이 아니면 무명 두 필도 아니호여
줄 즈리가[2] 져리 야단으로 츠리는 거시 고을이 아니옵 언덕의 날뛰는 닷[3] 남치마는 의성 동
당에 가 쩌 오고 비단 브래[4] 져리 호나 쩌 오고 돈은 그렁져렁 다 스고 올나갈 쩌는 힝지
훈푼 업서 댱기리 돈을 넉 양을 내여 가지고 산양 과군이 셔울셔 아희게 돈을 열 양을[5] 츄
이호여 갓닷 말 듯고 산양 가 그 돈을 바다 가지고 간다 호더니 엇지훈지 과거롤 호여 노흐
면 이져는 산틱[6] 문어지는 닷 지믈이[7] 들 거시니 엇디엇디 감당호실고 그저그저 답답 집이
도라오시면 버르슬 고칠 닷 졀통졀통호옵 계남 며느리 노랑 져구리 인이 못 희 주오니 민망
호옵

판독대비

번호	판독자료집	한국학중앙연구원 편 (2009a : 441~443)
1	증녹은	증녹을
2	즈리가	자리가
3	날뛰는 닷	날뛰는 닷 닷
4	비단 브래	비단보래
5	열 양을	열 냥을
6	산틱	산희
7	지믈이	지물이

의성김씨 학봉 김성일가 언간 061

〈김성일가-061, 1850년, 여강이씨(아내) → 김진화(남편)〉

판독문

근봉 샹쟝		근봉

그덧 엄엄ᄒᆞᆸ신 모양으로 ᄯᅥ나시니 답답 넘녀 측냥업ᄉᆞ온 듕 댱마도 ᄒᆞ 괴샹괴샹ᄒᆞ오니 길희셔 낭핀 무수ᄒᆞ올 쓴¹ 아녀 분명 병환을 더쳐 계ᄋᆞᆸ실 ᄃᆞᆺ ᄌᆞ쥬 넘녀 녹ᄉᆞ올 ᄃᆞᆺ ᄯᅥ나신 지 수순이 넘ᄉᆞ오나 쇼식을 아올 길 업ᄉᆞ오니 쥬야 울울 두립ᄉᆞ온 용녀 츈빙을 듸더온 ᄃᆞᆺ 입셩은 그ᄉᆞ이 ᄒᆞ여 계ᄋᆞᆸ신² ᄃᆞᆺᄒᆞ오니 일이 무ᄉᆞ히 되온지 답답 언제 쇠훤ᄒᆞᆫ 긔별 듯ᄌᆞ올고 이탁이탁 이거시 무슨 수익이온고³ 이편 고을노 ᄒᆞ여 당ᄒᆞ여도 통분ᄒᆞ올ᄃᆡ 무단이 횡익의 이 넘졍의 댱마는 그덧ᄒᆞ고 병은 만흔 냥반이 무슨 쳬온고⁴ ᄉᆞᄉᆞ의 졀통졀통 분ᄒᆞᆸ 그려도 긔운 더 쳠샹이나 아니ᄋᆞᆸ셔 그만그만ᄒᆞᆸ시고 잡ᄉᆞ오시기 엇더엇더ᄒᆞᆸ시니잇가⁵ 급급⁶ ᄌᆞ쥬 ᄒᆞᆸ 능쥬 긔별은 무스타 ᄒᆞᆸ 어린거시 이시니 ᄆᆞᆷ 노히들 아니ᄒᆞᆸ 이곳은 셩습고 계밍도 혈슉ᄒᆞᆫ 거동 낫지 아니ᄒᆞᆫ 거슬 초십일 경광으로 가오니 집이 다 비온 ᄃᆞᆺ 어셜퍼 못 견듸올 ᄃᆞᆺ 시 며ᄂᆞ리 비 오고 믈이⁷ 만ᄒᆞ 초이일 니외롤 보내엿더니 인돌 댱마의 막혀 어제ᄉᆞ 와ᄉᆞ오니 쇠훤ᄒᆞᆸ 며ᄂᆞ리도 셩ᄒᆞ오나 골믈의⁸ 즛짜들녀 죵시 거동 낫들 아니ᄒᆞ오니 알시롭고⁹ 칠월 ᄉᆞ이 근친 보내려 ᄒᆞᆸ 증학 모도 묵더위 복발ᄒᆞ여 셩셩찬으니 졀박고 증학 무양ᄒᆞ오니 긔특ᄒᆞᆸ 호쳘 모 어린것 으수이 나은 ᄃᆞᆺᄒᆞᆫ 거슬 보내엿더니 가니 거긔 졋 어더 먹던 ᄃᆡ 병드러 졋 그쳐져 업다 ᄒᆞ오니 잔샹잔샹ᄒᆞᆸ 져근집도 그만 각 곳 영젼ᄒᆞ오니 쇠훤ᄒᆞᆸ 관인은 가려 몸브림ᄒᆞ고¹⁰ ᄯᅥ나가ᄋᆞᆸ 말슴 ᄀᆞ득 남ᄉᆞ오나 셔울 계신동¹¹ 고을노 가신동 알지 못ᄒᆞ와 이만이ᄋᆞᆸ 아모려나¹² 빗치ᄋᆞᆸ시던 희 업ᄉᆞ와 긔운 더치ᄋᆞᆸ시지나 아니ᄒᆞᆸ신 쇼식 듯ᄌᆞᆸ기 고듸고듸ᄒᆞᆸᄂᆞ이다 아모것도 못 보내오니 답답ᄒᆞᆸ 경술 뉵월 십삼일 니

판독대비

번호	판독자료집	한국학중앙연구원 편 (2009a : 446~448)
1	썐	쎤
2	계옵신	계옵실
3	수익이온고	수익이올고
4	쳬온고	쳬올고
5	엇더엇더ᄒᆞᆸ시니잇가	얻더얻더ᄒᆞᆸ시니잇가
6	ㅎᄀᆞ	급급
7	믈이	물이
8	골믈의	골물의
9	알시롭고	안시롭고
10	몸브림ᄒᆞ고	몸부림ᄒᆞ고
11	계신동	계실동
12	아모려나	아ᄆᆞ려나

의성김씨 학봉 김성일가 언간 062

〈김성일가-062, 1850~1862년, 진성이씨(아내) → 김흥락(남편)〉

판독문

집안의 신 업스와 답답 반져름신 다 써러젓습고 고은신은 이스디[1] 샹쳑의 당치 아니ㅎ오니
반져름신 어마님도 업습고 지깁여 보니시고 어마님 감토 업스오니 답답ㅎ오이다

판독대비

번호	판독자료집	한국학중앙연구원 편 (2009a : 451)
1	이스디	이스되

의성김씨 학봉 김성일가 언간 063

〈김성일가-063, 1845년, 김진화(아버지) → 의성김씨(셋째 딸)〉

판독문

계죠 어미 보아라

긔별 아득 막히고 그스이 하인이나 보내여 보려 ᄒ대 인동집 우환 이러ᄒ기로 만수가 무심
ᄒ야 일ᄌ 셩식을 통치 못ᄒ고 지내니 졀통ᄒ다 이ᄉ이는 어린것 그만ᄒ고 네 헌데 더ᄒ지
아니ᄒ고 뉴랑 알턴 것 그만ᄒ고 영감 긔운 엇더ᄒ시고 그나마 우환들 취평되얏는가 염녀
노히지 아니ᄒ다 예는 너에 어마님도 알코 지내고 ᄎ돌 그 감긔로 슈삼 일 고통고통ᄒ고 인
동집 유죵 곰기도 아니ᄒ고 졋쏙지 싹으로 쁜쁜ᄒ고 당긔이고 얼골은 귀형이 되고 약은 아
무리 ᄒ야도 효험 업고 만실 우환이 밋칠 것 ᄀ트니 귀츤귀츤ᄒ다 ᄎ돌이나 그스이 보내려
ᄒ대 이리 대단히 알ᄒ니 나아셔 쇼셩이나 ᄒ면 보낼ᄭㅏ 집의 힝낭 역스를 시쟉ᄒ야 젹슈공
권으로 큰닐을[1] ᄒ다가 우환이 이러ᄒ니 아마도 즁지ᄒᆞᆯ 듯 심난ᄒ다 맛츰 하 셩원의 인편의
두어 ᄌ 젹으니 회편의 안부 아쟈 이만 젹는다 을ᄉ 이월 념칠일 부

판독대비

번호	판독자료집	한국학중앙연구원 편 (2009a : 453~454)
1	큰닐을	큰일을

의성김씨 학봉 김성일가 언간 064

〈김성일가-064, 1841년, 김진화(아버지) → 의성김씨(둘째 딸)〉

판독문

호철 어미 보아라

그스이 뫼시고 무스ᄒ냐 나는 그만ᄒ다 우리 집은 엇더ᄒ고 인돌이를 열훗날노[1] 죠두ᄒ려
고 의원 내여 보낸다 호철이도 갓치 ᄒ량으로 ᄒ엿더니 의원의 말이 그스이 알ᄒ다 ᄒ니 아
직 못 홀 거시니 죵ᄎ 죵두ᄒ게 ᄒ라 ᄒ니 그 말대로 홀 밧 업다 인돌을 이달 내로 시겨야
네가 집으로 갈 거시니 그리 알아라 나는 열엿싯날이나 가게 ᄒ엿다 쟝낭을 더리로 인마 보
낸다 니 셔방은 무스이 갓는동 염녀된다 눈삼월 초구일 부

판독대비

번호	판독자료집	한국학중앙연구원 편 (2009a : 456~457)
1	열훗날노	열흘 날노

의성김씨 학봉 김성일가 언간 065

〈김성일가-065, 1837~1841년, 김진화(시아버지) → 진성이씨(며느리)〉

판독문

소동남글 근의 집 녑헤 산기슬과 밧 가희 두들게[1] 시무대 산 쫙으로 비슥비슥 뉩혀 심거라
바루 심으면 쥭느니라 즈즐즈즐흔 대 죠흐니라 가리쥴노 시무대 근이더러 신칙신칙ᄒ여라

판독대비

번호	판독자료집	한국학중앙연구원 편 (2009a : 461)
1	두들게	두둘게

의성김씨 학봉 김성일가 언간 066

〈김성일가-066, 1765년, 김주국(시아버지) → 진성이씨(며느리)〉

판독문

> 댱즈부 긔셔 〔수결〕

슈요댱단이 불셔 날 제 졍ᄒ 쉬 이시니 인녁으로 못 ᄒ고 ᄉ셩이 경듕이 현현ᄒ니 일편되이 싱각홀 배 아니라 ᄒ갓 그음업슨[1]긔골 셔름만 머금고 쇽졀업손 심ᄉ만 샹희와 내 몸의 벽벽이 ᄒ염 즉ᄒ 직분을 싱각지 아니ᄒ고 몸을 샹희오고 병이 골슈의 드러 ᄌ러 명을 못춤이 ᄀ장[2] 어얼고 텬식ᄒ[3] 닐이니 네 가댱이[4] 임죵 시 졍녕히 뉴언이 범연치 아니ᄒ거늘 네 쏘 그리ᄒ려노라고 ᄒ야시니 엇지 그리 후일을 아니 싱각ᄒᄂᄂ다 쳥상이[5] 실노 사라 부졀업손 이도 잇거니와 그려도 사라나 빅지예 집을 몰골ᄒ야 후ᄉ롤 니어 터 업손 집을 의지ᄒ면 부지업시 명을 굿쳐 일됴 셜음만 잇ᄂ니 예셔는 여러 층 낫거든 ᄒ물며 어린 ᄌ녀들이 안젼의 버러 아븨 존몰을 몰라도 어미롤 의지ᄒ야 셩츄홀[6] 도리 잇고 집 형셰 ᄀ이업ᄉ나 그려도 그리 셜게 길녀내든 아닐 거시오 쳔금 ᄀᄐᆞᆫ 귀류이 잘 길너 ᄀᄅ치면 집이 도로 복고 흥긔ᄒ기롤 긔약홀 거시니 네 소임이 엇지 듕치 아니리오 너곳 지팅ᄒ면 집이 듀인[7]이 잇고 져 것들이 내 집 아희로 됴토록 크ᄅ거니와 너 ᄒ 몸이 업고 싱각ᄒ야 보아라 무듀공당에 빅만신 허여진디[8] 위혈 업손 셔넛 언 빙아리[9] ᄀᄐᆞᆫ 게 위혈 업시 서의 셔름만 품고[10] 셩댱을 흔돌 흔업손 통원이 엇더만 ᄒ며 제 일싱 집 이르혀려 ᄒ던 ᄯᆺ지 더옥[11] 애둘고 헛되미 이만 애둘고 불샹ᄒ 닐 잇ᄂ냐 아직 우리 두 늘근이 이시니 집이 듀인 잇ᄂ 닷ᄒ거니와 우리 언마 살며 사다 셰샹 닐 열 ᄒ밧 더 알냐 집 형셰 더 닐기ᄂ 어려워도 너곳 이시면 더 패튼 아닐 거시니 져 업손 후ᄂ 네 ᄒ 몸이 큰 집 존망 흥태[12] 유듀 무듀 모도 당ᄒ여시니 부디 널니 싱각ᄒ야 제 ᄯᆺ을 이루게 ᄒ여라 아모리 살녀노라 ᄒ여도 병이 깁흔 후ᄂ 이지 못ᄒᄂ니[13] ᄒ번 앗자근 후ᄂ 만시[14] 다 헷거시라 말노 다 이르지 못ᄒ야 이리 젹노라 압히 어두어 이만 긋친다 을유 뉵월 열사흔날 싀부ᄂ 혈읍셔 ᄒ노라

판독대비

번호	판독자료집	한국학중앙연구원 편 (2009a : 464~466)
1	그음업슨	흠 업슨
2	ㄱ장	가장
3	텬식훈	편식훈
4	네 가댱이	네가 댱이
5	쳥상이	쳥상이
6	셩취홀	셩취홀
7	듀인	쥬인
8	허여진더	허여진 더
9	빙아리	벙아리
10	픔고	픔고
11	더옥	더옥
12	흥태	〔판독 안 됨〕
13	못ᄒᆞ느니	못하느니
14	만식	만석

의성김씨 학봉 김성일가 언간 067

〈김성일가-067, 1838년, 김진화(시아버지) → 진성이씨(며느리)〉

판독문

아뎡호 얼굴 낫비 보고 도라오며 눈의 버러 닛지 못ᄒ며 밤ᄉ이[1] 치위 더ᄒ니 사돈 두 분
긔후 만안ᄒ오시고 뫼셔 틱평ᄒᆫ가 낫측 헌듸 긔시 더치 아닌가 암암 못 닛치기 엇지 다ᄒ리
우리ᄂᆞᆫ 무ᄉᆞ히 도라오고 일실 무ᄉᆞᄒ고 모혀 서로 경ᄉᆞ 그지업ᄉ나 박실 우환 필경 낙틱ᄒ
시다니 삭막 엇지 다ᄒ리 도라와 즈고 나니 ᄆᆞᆷ 더 당그이니 수이 갓가이 가면 참지 못
가[2] 볼 듯 내내[3] 뫼시고 틱평ᄒ기 지원일다 무슐 납월 초삼일 싀부 시쇽 상답은 바히 모르
ᄂᆞᆫ 듯ᄒ니 우습다

판독대비

번호	판독자료집	한국학중앙연구원 편 (2009a : 469~470)
1	밤ᄉ이	밤밤이
2	가	다
3	내내	너너

〈김성일가-068, 1848년, 김진화(시아버지) → 진성이씨(며느리)〉

판독문

며느라 네가 병이 그러ᄒᆞ대 내 가[1] 보들 못ᄒᆞ고 그 쇼문 듯고 졍신이 건공의 ᄯᅵ여 아무려도
못 견딜다 그ᄉᆞ이는 엇더ᄒᆞ냐 팔의 ᄶᆡ[2] 완흡이 되엿스며 두챵은 엇더ᄒᆞ냐 음식이나 먹ᄂᆞ냐
본대 먹지 못ᄒᆞ던 거슬 병이 드러 더구나 못 먹을 거시오 기 쌀이도 아니 잡아먹인 듯ᄒᆞ니
내가 ᄯᅱ여갈 도리 이시면 가고 져오나 엇지ᄒᆞᆫ듯 말이냐 그나마 대도는 그만들 ᄒᆞ고 하계 긔
별이나 드럿ᄂᆞ냐 나는 그만ᄒᆞ다 먼져 간 하인[3] 그ᄉᆞ이 드러갓는지 회편이 긔한이 업스니 답
답ᄒᆞ다 네 동곳은 은쟝이가 쟐ᄒᆞᄂᆞ 거시 업셔 믠드지[4] 못ᄒᆞ얏스니 가을의 믠드라 보내대 본
대 가지온 동곳은 쇼옥이 비여 은이 얼마 될 거시 아니니 그거는 허러 쓰지 말고 그대로 두
고 시로 ᄒᆞ나 치일나 ᄒᆞ다 집의 이실 적의는 납비녀를 머리예 ᄭᅵ고 잇다가 츌입이나 홀 적
의 은비녀를 ᄭᅵ만 죠흘 듯 납비녀 ᄒᆞ나 □□□ □□ 보내□ □□□ □□□□ □나 보□□
□□[5] 갈미려 두고 큰 손이나 오거던 내야 쓰고 손이 가거던 갈미리고 그리ᄒᆞ여라 내 갓슬
적의 모슈필 무명필 두고 왓더니 그거슨 갈미려 두어도 죠흘 거시오 네가 입을 거시 업거던
모슈나 ᄒᆞᆫ 필 내야 입어라 아희□ 아희는[6] 아무거시나 쥐고 펼 쥴 모르고 싀어미는 쳔황씨
반고씨오 네가 죠슈족을 못 ᄒᆞᄂᆞ 거슬 내가 잇고 지내니 ᄎᆞ마 걸니여 못 견딜다 무신 칠월
초십일 싀부 봉대집 소호집의게 쓸[7] 길 업셔 답쟝 못 ᄒᆞ니 그 말 젼ᄒᆞ여라

판독대비

번호	판독자료집	한국학중앙연구원 편 (2009a : 473~475)
1	내 가	내가
2	팔의 쩨	팔의쩨
3	하인	흐인
4	믿드지	미드지
5	□□□ □□ 보내□ □□□ □□□□ □나 보□□ □□	은 비녀 흐나 보낸다 찍여라 노리기도 흐나 보내니 네가
6	아히□ 아히눈	아히아히눈
7	쓸	슬

의성김씨 학봉 김성일가 언간 069

〈김성일가-069, 1848년, 김진화(시아버지) → 진성이씨(며느리)〉

판독문

> 며느리 답셔
> 한들집 답셔 못ᄒ니 걸닌
> 다

〔봉투 후면〕 반지그르시가 무어시냐 다시 긔별
　　　　　ᄒ여라

하인 오며 편지 보니 그ᄉ이 너에 싀모친 그만ᄒ나 너는 오른쪽 무릅히 시고 알푼 증이 ᄯ
복발ᄒ니 이거슬 엇지ᄒ든닷 말이냐 그거시 중증이니 증녹을 ᄯ 하야 보내여라 방은 분명 출
쩌시오 올봄의 보니 네 방이 ᄯ지게 되여[1] 덜걱덜걱ᄒ던 거시니 그ᄉ이 아리목이 ᄯ졋슬 거
시니 지쳑의 잇는 샥불이를 씨겨 곳치 못ᄒ고 그더로 지내니 가업다 안헤셔는 긔단 못 ᄒ야
곳치여 내지 못ᄒ거니와 봉쥰이더러나 그 말을 ᄒ면 곳쳐 줄 걸 우이 그리ᄒ느냐 하계 우환
듯기예 염녀되니 샤돈 내외분 젹샹ᄒ신 간쟝의 오작[2] 심녀ᄒ시리 민망민망ᄒ다 나는 병이
왕복이 무샹ᄒ야 겨를 보낸 후 두 번을 덧쳐 민망이[3] 지내고 쳘 니 타향의 혼ᄌ 안ᄌ 겨럴
보내고 시시로 뉘잇치며[4] 점점 심약ᄒ야 견대기 어렵다[5] 션운샤의 불공은 ᄒ려 ᄒ다 이직
은 언제 홀 쥴 모르고 이국 비는 벌셔 두 번ᄶ 지내야 가니 위름위름ᄒ다 씨 갑 열 냥 의복
ᄎ 삼십 냥 보내니 부대 고부 의복 ᄒ야 입어라 너에 싀모 치이 의복 ᄒ나 아니ᄒ야 입고
다락 국게 두엇다가 반은 일코 반은 아니 쓸 데 써셔 업시ᄒ면 다시는 돈도 업고 의복 ᄒ
가지 못 ᄒ야 입을 거시니 네가 갈미려 두고 신실혼 샤롬을 씨겨 셰목과 명쥬를 샤셔 입게
ᄒ여라 내 의복 홀 셔양목은 좋ᄎ 샤셔 보내마 내 의복의 챵의예 멧 ᄌ 들고 쇼챵의예 멋
ᄌ 들고 두루막이예[6] 멋 ᄌ 들고 바지예 멋 ᄌ 드는 거슬 젹어 보내여라 모도 쏙으나 쏙는
닷 말을 ᄒ면 이방의 계집이 원망홀 듯ᄒ기의 도젹이 긔게 물닌 ᄎ거치 지낸다 총총 젹는다
용의 명쥬 갑슨 집의셔 얼마를 범ᄒ야 쎳는고 긔별을 다시 ᄒ여ᄉ[7] 예셔 보내게 ᄒ엿다 ᄌ
리쪄고리는 지엇스나 얄게얄게 ᄒ나 이시면 죠을다 얼푼 일월이 슈이 가면 너에 내외를 볼
거시니 죠흘다 늌임의 일은 졀통졀통 보내여라 그년을 죽이게 ᄒ엿다 아히죵을 두 구나 셰

구나 구ᄒᆞ야 놋코ᄉ 내가 돈은 암ᄆᆡ가 든다 ᄒᆞ여도 당홀 거시니 아무려나 구ᄒᆞ야 보아라 슌
임을 내여 보내나마 긔미 업시 ᄒᆞ여라 무신 지월 십뉵일 싀부 유교집의게 밧바 답쟝 못ᄒᆞ다

판독대비

번호	판독자료집	한국학중앙연구원 편 (2009a : 479~482)
1	되여	되어
2	오쟉	으쟉
3	민망이	민망이도
4	뉘잇치며	뉘잇치여
5	어렵다	어졉다
6	두루막이예	두루마기예
7	ᄒᆞ여ᄉ	하여ᄉ

의성김씨 학봉 김성일가 언간 070

〈김성일가—070, 1849년, 김진화(시아버지) → 진성이씨(며느리)〉

판독문

며느리 긔셔

그스이 너에 싀모친 더 쳠졀이나 업고 너도 무양ㅎ고 아히 형졔[1] 이송쳔셔 무스이 잇다 ㅎ
ᄂ냐 나도 약 먹고 죠곰 그만ㅎ나 병이 삼십 년 고질이라 엇지 낫기를 바롤쏘 거슌 두 번
온 편지를 이젹지 내가 보아 내지 못ㅎ야 그져 두고 아직 아니 보앗시니 편지예 무슨 긴ᄒ
말을 ㅎ엿스면 낭픿다 호쳘 어미 편지도 보들 못ㅎ엿다 언문 편지 한 쟝을 보게나 편지 ᄒ
쟝을 쓰고[2] 나면 샹긔를 대단이 ㅎ며 만신지졀이 쫏는 듯ㅎ기의 그러ㅎ다 총총 이만 젹으며
이번 보내는 하인은 녹용 구ㅎ로 왓다고 그리 말을 내졔 달리 갓닷 말을 말게 ㅎ여라 의셩
덕과 마알의셰 의심홀 거시니 그리 말을 ㅎ게 ㅎ여라 긔유 납월 초칠일 싀부

판독대비

번호	판독자료집	한국학중앙연구원 편 (2009a : 485~486)
1	형졔	형졔
2	쓰고	스고

〈김성일가-071, 1847년, 여강이씨(어머니) → 김흥락(아들)〉

판독문

계밍 답셔

오리 아득 막히니 답답 넘녀 녹을 듯 잇칠 시 업술 츠 하인 오며 즉시 탐탐 반기고 슬피니
너의 어룬긔셔 대단 쳠졀은 업스오시나 쇼쇼 여샹 시 업스오시다 ᄒ시니 답답 두리온[1] 용녀
측냥 못 ᄒ며 너도 병수는 업스냐[2] 그릇되엿다 ᄒ시니 곱곱[3] 넘녀 노흘 슈 업스니 아모려나
음식 다라 먹 츙실ᄒ기 지원지원이며 치질은 더튼 아니ᄒ고 신으리 의원 시기던 약을 ᄒ여
본가[4] 굼굼 봉쥰 모 병은 고이고이 무슨 병이 그런고 답답 너의 부즈 걱정걱정 심녀ᄒ시는
일 답답ᄒ고 병즈가 둘포[5] 그러니 즉 못 견디리 못 잇치며 의원은 보와 보내니 약효나 이시
면 죽ᄒ리 시부다 어미는 초싱의 셜증을 만나 수삼 일 대단이 홀치고 기슈 못 홀너니 요스
이는 그만ᄒ나 며느리 쪼 깅발홀 듯ᄒ니 답답 당실 어제 쩌나보내니 허우럭 섭섭홀 분 아니
라 인마의 걱정걱정 물게 낭픽ᄒ여 셰마 셰 필을 니니 돈이 언마가[6] 들노 힝지와 통ᄒ여 열
양이나[7] 드는디[8] 집이 돈이 틱업시 모즈로 근의게 츄이ᄒ여 힝지 봉쥰의 돈과 둘히 열 양이
나 쑤어시니 오는[9] 돈으로[10] 갑제마는 술난 심신 졍치 못ᄒ니 진졍 못 홀 듯 견디기 어렵고
인돌도 셩타 ᄒ니 다힝ᄒ나 긴고 못 견디 ᄒ는 일 블샹[11] 못 잇친다 네 여룸옷 올흔 다 쩌러
져 셩흔 것 가려 보내니 게셔 무얼 ᄒ여 입은가 아수올[12] 듯흔 걸 보내라 ᄒ면 보내마 보션
힝젼 간다 호 모도[13] 그만 죠희 업셔 못 견디 ᄒ니 쥬지나 부쳐 두엇식 주어라 홀 말이 만
ᄒ더니 다 잇고 즉시 못 흔다[14] 어둑[15] 이만 그치며 내내 뫼옵고 틱평틱평ᄒ고 너의 어룬의
게 지극 졍답고 즈비롭게 ᄒ여라 오월 십일일 어미

판독대비

번호	판독자료집	한국학중앙연구원 편 (2009a : 489~491)
1	두리온	두리운
2	업스나	업시나
3	곱곱	급급
4	본가	볼가
5	돌포	돌로
6	언마가	얼마가
7	양이나	냥이나
8	드는덕	들되
9	오논	오늘
10	돈으로	돈을
11	블샹	불샹
12	아수올	아수울
13	호 모도	호모도
14	홀 말이 만흐더니 다 잇고 즈시 못 흐다	〔판독 안 됨〕
15	어둑	어득

의성김씨 학봉 김성일가 언간 072

〈김성일가-072, 1847년, 여강이씨(어머니) → 김흥락(아들)〉

판독문

계밍 답셔[1]

하인 오고 쏘 온다 ᄒ니 감감 기드려도 긔쳑 업스니 넘녀되더니 어제스 드러오니 싀훤 이어
덕은 것 탐탐 거동을 디흔 듯 귀코 반갑기 엇디 다 측냥ᄒ리 술피니 긱지예 뫼옵고 네 신샹
무양 다식ᄒ다 ᄒ니 긔특긔특 과홉기 그 밧 업고 너의 어룬 긔운 별쳠은 업스오시다 ᄒ니
든든 경스 측냥업스나 봉쥰 모의 병은 일양 가감이 업다 ᄒ니 답답 넘녀 측냥업스니 어룬의
심녀 여승ᄒ시며 네 겻흐로 잇쓰니 기 오쪽ᄒ리 그스이 다시 엇더ᄒ며 너의 어룬 병환 더치
읍실 듯 답답 두립고 네 치질은 나은가 여긔셔 가져간 약은 ᄒ여 본가 거근을 못 ᄒ여 엇디
홀고 넘녀 노히지 아니ᄒ니 음식 일양 다라 먹는다 ᄒ니 잘 먹고 거동 복골ᄒ면 죽ᄒᄒ리마
는 봉 모 병 그덧ᄒ니 수란 심녀ᄒ여 못홀 듯 급급ᄒ다 관스의나 걱정이 업스오신가 두루
넘녀된다 어미도 셩ᄒ더니 일젼의[2] 셜샤롤 만나 디단이 지내고 약 지어 먹고 즉시 나으니
넘녀 마라 며느리도 분 여러 직 알ᄒ니 답답 넘녀되더니 즉금은 나으니 긔특 다란 년고 업
스니 다힝 니힝으로 무한 심녀ᄒ다가 계요 셰마 셰 필을 내여 무스히 다려다가 주고 도라와
시니 싀훤ᄒ나 집이 다 빗 듯 고부 안즈 젹막ᄒ니 졀박 못 견딜 듯 쐐돌이 직히 드려다가
주고 어제 도라왓다 져근집들 무고ᄒ고 닙각 노인 샹스 밤스스이 나시다 ᄒ니 ᄀ이업고 집
이 너도 업고 요스이는 조희도 오는 일 업스니 지쵹도 뭇지 못ᄒ니 민망 훗편의 뭇게 ᄒ여
라 한들은 무스ᄒ고 인돌[3] 셩ᄒ나 영감 히져 가시고 박실 보내여 글 짓고 이르고 쟝난 못
ᄒ고 의법 낫다 ᄒ니 긔특ᄒ나 긘고 블샹ᄒ나[4] 그러고 단이는 거시 엇디 고쵸롤 면홀고 양
식 가지고 쏘 수일간 사름 보내려 ᄒ다 한들집 경과 잔샹ᄒ나 엇디ᄒ리 가슴 알힐 분일다
집안은 고을셔 돈이 노[5] 오고 무어시 어려우리마는 네 이실 찌 당히 보아시니 알 듯ᄒ고 니
힝의 마셰 힝지 열 양을 더 셔시니 이번 온[6] 돈 열 냥 갑고 나무기 스려 ᄒ다 요스이는 졋
도 일병 아니 보내니 봉쥰 경과 시기니 졀박 후편의는 졋시나 ᄒ고 며역이나 흔두 단 보내
여라 조희 업셔 졀박 주지나 더러 부쳐 보내여라 빅스의 네 무심ᄒ니[7] 민망타 너희 어룬의
게 드러 즈비롭고 졍답게 도란도란 우환의 잇쓰고 음식도 아니 즈실 거시니 부디 간겸ᄒ여

즈시게 ᄒ고 부디 즈비롭게 그러라 그러라 네 ᄒ 무심ᄒ기 ᄆ음이 노히잔잔의 이 말일다 하계도[8] 어린 아기[9] 죵두 잘 시고 시로이 졀통 못 견ᄒ신다니[10] 그이업다 홀 말 ᄀ득ᄒ나[11] 지리ᄒ니 이만일다 내내 뫼옵고 부즈 신샹 틱평틱평ᄒ고 봉 모[12] 병 나은 쇼식 ᄇ란다 네 보션 ᄒ 거리 너 어룬 보션 ᄒ 거리 간다

판독대비

번호	판독자료집	한국학중앙연구원 편 (2009a : 496~499)
1	계밍 답셔	〔판독 안 됨〕
2	일젼의	일젼의
3	인돌	인동
4	블샹ᄒ나	불샹ᄒ나
5	돈이 노	돈이ᄂ
6	이번 온	이번은
7	무심ᄒ니	무신ᄒ니
8	하계도	하계ᄂ
9	아기	아시
10	견ᄒ신다니	경ᄒ신다니
11	ᄀ득ᄒ나	ᄀ득하나
12	봉 모	봉쥰 모

의성김씨 학봉 김성일가 언간 073

〈김성일가-073, 1847년, 여강이씨(어머니) → 김흥락(아들)〉

판독문

계밍 보아라

먼져 간 하인들 흐마 다 드러갓는가 인마 다치기 감감 기두리더니 내죵 하인 함긔 와시니
우환 너누록흔[1] 긔별 쇠훤쇠훤 다힝다힝흐다 지리흔 댱마 더위예 너의 어룬 괴운 쳠샹이나
아니흐옵셔 일양이옵시고 너도 그러고 빗쳐 흼 업시 무양흐고 음식 다라 먹는가 념녀 노힐
시 업다 봉 모의 병은 감셰이셔 즉금은 엇더흐고 아모려나 츠츠 완인이 되면 죽흐리 스고무
친흔 긱지예 그런 익회 어디 이시리 그만흐다니 쇠훤타 우리도 그만흐니 념녀 마라 며느리
도 요ᄉᆞ이는 셩흐고 봉쥰도 이룰 스다가 이져는 너누록흐여[2] 신식이 도라오니 긔특흐다 져
근집들 무고 깃부나 흔들 긔별 오래 듯지 못 답답흐여 오늘 죵 보내고 이룰 칙 보내라 흐긔
보내엿다 영감은 도라오신지 댱마도 흔 지리흐니 지쳑도 통치 못흘다 하계도 안사돈 초졈
진포[3] 민망흐시다 흐니 졀박흐다 하계는 아쳑은 삼월의 네 이실 ᄯᅢ 본 거슬 이쟈야 쏘 아쳑
밧다 흐니 그런 소리 고이흐다 장인긔 편지나 죵죵 흐고 간지 츅식이나 흐고 두루마리나 흐
고 죵죵 흐면 죠흘다 네 누의들[4] 죠희 업서 흐니 두루마리 덩이식이나 흐고 편지나 흐여라
우리는 올 보리 한심한심 밧작 보리 통흐야 닷 셤도 될 것 ᄀᆞ지 아니흐니 한심한심 말이 못
된다 집이 거슨[5] 아직 못 두드럿다 우환이나 지식이 되거든 굴근 모시 흔 필만 스셔 믈드
려[6] 보내여라 내가 뵈치마 무거워 못 입으니 굴짠흔 거슬 주면 샹착 치마 흐여 입게 흐여라
잇는 거슨 가느니 졀박흐니 이 말일다 인돌이도 쇼창옷 뵈롤 스셔 흐나 흐여 보내여시나 여
벌 업스니 굽굽흐다[7] 흘 말 ᄀᆞ득흐나 지리흐니 이만일다 내내 다라 먹고 부ᄌᆞ 티평티평흔
쇼식 지원지원흔다 보낸 것 다 왓다 봉딕집게 죠희나 흐고 편지 흔번 흐여라 네 잇던들 죠
희나 초이나 더러 어디 써실 거슬 하계 아즈바님 말[8] 그러타 웃는다 댱실 간 후 쇼식을 듯
지 못흐니 답답흐다 뉵월 초칠일 어미

판독대비

번호	판독자료집	한국학중앙연구원 편 (2009a : 504~506)
1	너누룩혼	너누룩혼
2	너누룩ᄒ여	너누룩ᄒ여
3	진포	직포
4	누의들	누이들
5	거손	거슬
6	믈드려	믈드려
7	급급ᄒ다	급급ᄒ다
8	말	입

의성김씨 학봉 김성일가 언간 074

〈김성일가-074, 1847년, 여강이씨(어머니) → 김흥락(아들)〉

판독문

계밍 답셔

이놈 오며 뎍은 것 보니 그시 부즈 일양인 일 경스 측냥업더니 쏘 하인 오며 글시 바다 탐
탐 반갑기 모지[1] 더훈 둣 수업시 반기고 슬피니 그만타[2] 못 너의 어룬겨읍셔[3] 두통과 셜샤
디단디단ᄒ읍시다 ᄒ니 답답 놀나온 용녀 아모라타 못 그스이 그만ᄒ읍신가 낙낙히 안즈
이탁 두리온 넘녀 측냥 못 ᄒ며 너도 셩셩치 아니ᄒ여 복통과 셜샤 디단이 지내다 ᄒ니 답
답 셔열에 샹ᄒ여 그런 둣 곱곱[4] 너의 어룬[5] 걱정ᄒ시ᄂ 일 답답ᄒ다 아모려나 부즈 틱평틱
평ᄒ시면 무슨 걱정 이실고 봉쥰 모의 병은 싱도의 든 일 긔특 과ᄒ오나[6] 아직도 소셩은 아
득훈 일 졀박 답답ᄒ다. 어미ᄂ 여롬내 셩ᄒ니[7] 넘 말고 잘 잇다가 오너라 올 여롬은 눈 붓
ᄂ 증도 업고 며느리 지극훈 효셩으로 잘 먹고 긔운이 졔년보다가ᄂ 나으니 며ᄂ리가 너보
다가ᄂ 나은 둣 긔특 과ᄒ고 저도 병수 업스니 다힝ᄒ나 그릇되니 졀박ᄒ다 져근집들 무고
ᄒ고 님각은 네 누의 셩셩찬타 ᄒ니 졀박고 한들은 인돌 남미 무양타 ᄒ니 긔특ᄒ나 네 누
의 근노 심녀 만흔디 밐흥 잔샹타[8] ᄒ니 더고나[9] 엇디 슬고 답답ᄒ다 인동도 최녹 보보내여
도라오며 드르니 무스ᄒ나 댱실 현긔 왕왕이 괴샹타 ᄒ니 못 잇친다 우리 지내ᄂ 도리 한심
타 ᄒ니 잘 먹지 못ᄒ여도 반찬은 스 먹고 지내ᄂ 거술 명녹의 구젼인 둣 넉넉이 못 서도
돈이 슌슌 오니 엇디 먹잔코 업시홀 둣ᄒ니 잘 먹고 편히 이시니 넘녀 마라 슈동에 포젼 너
마지기예 일빅예쉰 냥 달ᄂᄂ 밧치 일둥인디[10] 풀나고 ᄒ다 ᄒ니 죠하들이나 고을이 잣치여
홀 슈 업슬 둣 졀통ᄒ더라 졔긔 수져이 훈 단식이이[11] 웃위예 스읍ᄂ 수져가 갓더면 죠홀
거술 져리 모양이 다르니 져 훈 모만 더 이시면 웃위예 차릴 거술 모양이 다르니 졀통ᄒ다
잔도 죠코 수져 일품일다 소쳥은[12] ᄒ려 ᄒ니 긔특ᄒ다 홀 말 만ᄒ나 보기 어려올[13] 거시라
이만이다 내내 부즈 틱평틱평ᄒ다가 오게[14] ᄒ여라 경쥬ᄂ 쏘 희평이 죽은 악부가 와시니
블샹블샹[15] 차악차악[16] 엇딘 집이 그디도록 ᄒ고 원통원통 팔십지년[17] 노친의 소쳐 그런 욕
경을 보시ᄂ 일 통악통악ᄒ다 한들 사름 내일 보내려 ᄒ다 봉쥰의 부담 농 굿훈 것 희 달나
ᄒ니 훈 바리 희 주어라 제 집 쳔신 못 ᄒ고 반평싱 단일 거시니 평싱 가지고 단이게 ᄒ여

주어라 이놈이 돈 석 양[18] 가져왓다 거번 봉쥰 드리러 왓던 하인이 돈 두 양[19] 추이ㅎ여 가
시니 츠즈 보내여라 뎡미 뉵월 넘칠일 어미

판독대비

번호	판독자료집	한국학중앙연구원 편 (2009a : 511~515)
1	모지	무지
2	그만타	그만 파
3	어룬겨읍셔	어른겨읍셔
4	곱곱	급급
5	어룬	어른
6	과ㅎ오나	과호우나
7	셩ㅎ니	셩셩ㅎ니
8	믹흥 잔샹타	딕맥 흉쟉 샹타
9	더고나	더구나
10	일등인디	일등 잇되
11	단식이이	단식 일일
12	소쳥은	소형은
13	어려울	어려울
14	오계	오계
15	블샹블샹	불샹불샹
16	차악차악	차막차악
17	팔십지년	팔십 지닌
18	양	냥
19	양	냥

의성김씨 학봉 김성일가 언간 075

〈김성일가-075, 1847년, 여강이씨(어머니) → 봉쥰(아들)〉

판독문

봉쥰 보아라

홀쳐 쩌나보내니 섭섭 혼 엽히 쩌러지는 듯 진졍 못 ᄒ며 날셰나 죠하 무스히 득달혼 쇼식 언제 드롤고 야희도 쩌나시면 닷칠가 감감 기드리더니 어졔스 무히 드러오니 싀훤싀훤 반갑고 너롤 등노의셔 못 만나니 집이 무슨 년괴 이셔 못 오는가 넘녀롤 ᄒ며 왓다 ᄒ니 엇디 외짝이롤 ᄒ여 못 만는 듯시부다 긔별 드러야 싀훤혼 일 업스니 답답 나오리긔셔 여샹 시 업스오시고 네 어미 병 아직도 거두롤 못 ᄒ고 말이 말이 못 된다 ᄒ니 답답ᄒ고 네 가셔 보고 죽히 놀나여시리 급급[1] 졀박졀박ᄒ다 너도 그러고 급히 쏘차가셔 노독이나 업는가 못 잇친다 우리도 혼 모양이이 다힝다힝ᄒ다 ᄀ득ᄒ나 하인 먼져 가려 ᄒ니 수쥰 덕는다 아모 러나 틱평틱평ᄒ고 네 어미 쾌츠혼 쇼식 지원지원혼다 쇄돌 가려 혼다니 네게 나을 듯시부 다 급급 다 못혼다 급ᄒ니 네 어미게 편지 못 내일 ᄒ마

판독대비

번호	판독자료집	한국학중앙연구원 편 (2009a : 518~519)
1	급급	급급

의성김씨 학봉 김성일가 언간 076

〈김성일가-076, 1848년, 여강이씨(어머니) → 김흥락(아들)〉

판독문

계밍 보아라

너롤 써나보내니 집이 다 븨고 허우럭 어설퍼 못 견디나 무스히 드러간 긔별 브라더니 의외 무댱 하인 오며 드라니 너롤 샹쥬셔 만나 덕은 것 반겨 보니 겟거지는 무스히 가다 ᄒᆞ니 다 힝ᄒᆞ나 날셰 노샹 비 올[1] 샹이이 게나 아니 그런가 넘녀 무궁무궁ᄒᆞ다 ᄒᆞ마 드러간 듯ᄒᆞ니 무스히[2] 득달ᄒᆞ여 희 업고 부즈 만나 탐탐히 반기시는 일 든든 너의 어룬[3] 쳠졀 업스오시고 너롤 만나 죠하ᄒᆞ시는 일 공싱 깃부나 술옥 죄인을 일타 ᄒᆞ니 그스이 ᄎᆞᄌᆞᆫ가 놀납기 측냥 못 벼술 써러지는 거슨 무셥잔으나 춰리나 홀가 넘녀 측냥 못 홀다 어미는 셩ᄒᆞ고 며느리도 무스ᄒᆞ나 인돌 그날[4] 제녁의[5] 도로 왓거든 ᄆᆞ르니[6] 믈이[7] 만하 못 건넬네라 쳘네쳘네 와시니 우숩고 절박ᄒᆞ다 봉쥰 사량의[8] 와 잇고 셩ᄒᆞ니 깃부다 츄슈는[9] 수일지 ᄒᆞ다 용의 명지는 두 필에 나은 거슨 넉 양 여덜 돈이고 흉흔 것슨 넉 냥 너 돈이라 ᄒᆞ니 두 필에 아홉 냥 두 돈이라 ᄒᆞᆫ다마는 흔 필은 보내여도 옷 거죽은 못 홀 듯ᄒᆞ니 동옷 안이 업셔 못 ᄭᅮ며시니 동옷 안 여코 져구리 안 여ᄒᆞ려 두고 보낸다 무셥뒥 명지가 그려도 거죽을 홀 듯ᄒᆞ니 맛다 보낸다 예안 명쥬 여덜 냥 달나 ᄒᆞᄂᆞᆫ 것 극픔이라[10] ᄒᆞ니 갑시 되지 아니ᄒᆞ니 후편의 갑슬 보내여라 스셔 너 어룬 오슬 지을 거시니 그리ᄒᆞ여라 네가 써나니 집안일이 모도 허튼 삼가리 ᄀᆞᆺ고 못 견딜 일이 무수ᄒᆞ니 민망민망ᄒᆞ다 남촌집이 모시 치마ᄀᆞ옴 어더 달나 네게 긔별ᄒᆞ라 ᄒᆞ니 잇지 말고 흔 ᄀᆞ옴 어더 주게 ᄒᆞ여라 ᄀᆞ득ᄒᆞ나[11] 다 못 ᄒᆞ다 내내 긔듕의 부즈 분 퇴평퇴평ᄒᆞ옵시기 츅원츅원ᄒᆞ다 무우와[12] 여긔 소금을 보내라 ᄒᆞ오니 이번은 만히 못 보내여 일곱 낫치고 비ᄎᆞᆫ 샹쥬 가 스셔 가게 ᄒᆞ엿다 무우는[13] 아직 오릭 둘 거슨 샹홀 거시라 이후 오는 하인 편 이삼십 보낼 거시니 김치 다마 무더 두게 ᄒᆞ여라 무신 구월 십팔일 어미

도리원 박부년의게[14] 무명 열 피 ᄂᆞ이나 달이라 인비ᄌᆞ롤 맛다 보내여라 그리ᄒᆞ면 죠홀다

판독대비

번호	판독자료집	한국학중앙연구원 편 (2009a : 523~526)
1	비 올	비올
2	무스히	낫 스히
3	어룬	어른
4	그날	그 말
5	제녁의	제 역의
6	므르니	무르니
7	믈이	물이
8	사랑의	사랑의
9	츄슈ᄂᆞᆫ	츄수ᄂᆞᆫ
10	극품이라	극품이라
11	ᄀᆞ득ᄒᆞ나	ᄀᆞ득하나
12	무우와	무와
13	무우ᄂᆞᆫ	무ᄂᆞᆫ
14	박부년의게	박부 년의게

〈김성일가-077, 1848년, 여강이씨(어머니) → 김흥락(아들)〉

판독문

계밍 답셔

너롤 써나보내고 허우럭 허허 져믈 곳 업순 심신 진졍 못 ᄒ고 날셰는 죠흐니 잘 갈 ᄃᆺ하나 회편 고디홀 ᄎ 이놈 오며 덕은 것 보니 길히 무수히 득달ᄒ여 히 업고 너의 어룬 병환 민망민망 그후 다시 쇼식 알 길 업스니 답답 념녀 빅츌ᄒ니 하인 초승의 보내마 ᄒ여시나 긔쳑 업스니[1] 고이고이 념녀 측냥 못 ᄒ[2] ᄎ 닷치니 이어[3] 글시 탐탐 반겨 술피니 뫼옵고 무양무양ᄒᆫ 줄 긔특긔특ᄒ나 너의 어룬 병환 죵시 미류ᄒ시ᄂ[4] 일 답답 두립고 네 잇스ᄂ[5] 일 졀박졀박 그등 ᄒ마 도라올 ᄯᅥ 되여[6] 가니 엇디 써날고 답답 졀박졀박ᄒ다 어미는 셩ᄒ더니 거번 풍두것치 삼소 일 알코 나으니 다힝ᄒ고 며느리도 셩ᄒ나 ᄌ연 걱졍이 만흐니 환형 민망 인돌도 무양ᄒ고 글도 이르니 다힝ᄒ나 픠려ᄒ니 고이코 샤랑방 치위 괴샹ᄒ여 요ᄉᆞ이는 간을 막으니 낫다 ᄒ다 각 곳 다 무ᄉᆞ타 ᄒ다 한들은 팔월 넘후 하인 보내엿더니 영감긔셔 담증 챵황이 지지내고 그만ᄒ다 ᄒ시나 다시 듯지 못 답답 슈창은 못 드러올 ᄃᆺᄒ고 철우 등구날 혼다 ᄒ더니 엇던동 어득고[7] 편지 부쳣더니 아직 듯지 못홀다 져근집도 그만 이건 셕남 길 이젹 못 ᄒ여 발발광혼다 올 무명은 그렁져렁 그만이이니[8] 져 죵놈들 셰홀 엇디 홀고 답답ᄒ고 ᄊᆡ도 게셔 순순 봉홀 ᄃᆺᄒ면 ᄒ제마는 즉금 ᄊᆡ ᄒᆫ 말의 여덜 돈식 ᄒ나 죠곰 이시면 대방을 넘굴다[9] ᄒ니 엇디ᄒ며 ᄭᅮᆯ도 댱ᄉ 와 ᄒᆫ[10] 식긔예 여덜 돈식 주고 마의셔 ᄉᆞ시나 수의ᄂᆫ 돈 업셔 못 밧다시니 민망ᄒ다 대초도 한심한심ᄒ니 일년 졔ᄉᆞ의 무얼 슬고 답답ᄒᄒ고 무우ᄂᆫ[11] 킈여 오니 ᄲᅮ리가 색씨손가락막곰[12] ᄒ니 김치 다무나 으ᄉᆞ혼 김댱 될 길 업스니 답답 댱에 굴근 무우 ᄒᆫ[13] 바리예 닷 돈을 너머 혼다 ᄒ니 답답ᄒ다 임응호ᄂᆫ 인 이 아니 오고 게셔 포롤 보내여ᄉ 임응호으게 긔별홀 ᄃᆺᄒ나 아니 와시니 눌더러 지향ᄒ야 돈 달나 ᄒ노[14] 급급ᄒ다[15] 안동 원은 간다 소문 잇다 급급 이만일다 내내 뫼옵고 무양무양ᄒ다가 수이 오기 원일다 보낸 것 즉시 왓다 눈에 약은 와시니 여허 보려 혼다 눈은 노샹 그러ᄒ니[16] 답답ᄒ다

판독대비

번호	판독자료집	한국학중앙연구원 편 (2009a : 531~534)
1	업스니	업시니
2	못 ᄒ	못홀
3	이어	아이
4	미류ᄒ시ᄂ	미류ᄒ시온
5	읻스ᄂ	희스ᄂ
6	되여	되어
7	어득고	아득고
8	그만이이니	그만일니
9	넘굴다	넘군다
10	댱스 와 혼	댱스와 혼
11	무우ᄂ	무ᄂ
12	색씨손가락막곰	색씨손가락막금
13	무우 한	무 한
14	ᄒ노	홀고
15	급급ᄒ다	급급ᄒ다
16	노샹 그러ᄒ니	괴샹히 ᄒ니

의성김씨 학봉 김성일가 언간 078

〈김성일가-078, 1848년, 여강이씨(어머니) → 김흥락(아들)〉

판독문

> 계밍 답셔
>
> 봉

금슈 하인 편 적은 것 보니 무스히 드러가 히 업다 ᄒ니 긔특ᄒ나 다시 아득 막히니 답답
넘녀 녹을 듯 넘후 하인 보내마 ᄒ여시니 초셩의나 올 듯ᄒ되 긔쳑 업스니 무숨 년고나 이
셔 못 보낸가 넘녀 빅츌ᄒ니 잠을 일울 길 업술 ᄎ 하인 닷치며[1] 뎍은 것 탐탐 반겨 술피니
년ᄒ여 너의 어룬긔셔 대단 쳠졀은 업스오심 든든 경ᄉ나 쇼쇼 미양은 업지 아니오심 곱곱[2]
두립고 너도 노독 업시 그만ᄒ 일 다힝다힝ᄒ나 수이 오려 ᄒ니 너 어룬 못 견디 ᄒ실 일
곱곱[3] 민망민망ᄒ다 어미는 셩코 며누리 무양 긔특ᄒ나[4] 너희 형뎨롤 다 보내고 집이 다 븨
고 어셜퍼 못 견딜다 져근집도 무고 쐐돌 도ᄒᄒ여 복시 어제라 ᄒᄒ니 ᄒᄒ엿눈지 창연도 도
ᄒᄒ여 복시 길 드러시니 긔특긔특 힝지 닷 냥 봇틱 주니[5] 져의 집이셔 돈을 못 추이ᄒ여
니 쥬셔가 읍니 와 츄이히 주려 왔더니 ᄒ 푼 못 츄이ᄒ고 계요 아홉 양을[6] 가지고 가다 ᄒ
니 부죡홀다 걱졍ᄒ더라 계남셔 일품 담비 ᄒ 짝을 풀녀 ᄒ니 무댱 긔별ᄒ여 스려 ᄒ거든
모시 ᄒ 필을 스셔 달나 ᄒ니 혀미 드눈[7] 터의 모시롤 스셔 줄 밧 업술 듯ᄒ다 그 집이 인
동 혼인 지월 초ᄉ일이라 ᄒ니 혼인의 모시필이나 부조롤 ᄒ여도 무방홀 듯ᄒ다 집안일이
어수선ᄒ니 답답 너 오기 고디ᄒ나 너의 어룬 못 견딜 일 싱각ᄒ니 겨을이나[8] 나고 오면 시
부다 쳡쳡ᄒ나 수란 이만일다 내내 무양무양ᄒ다가 오기 ᄇ란다 온 거슨 주시 와 십월 십일
어미

판독대비

번호	판독자료집	한국학중앙연구원 편 (2009a : 538~540)
1	닷치며	다치며
2	급급	급급
3	급급	급급
4	긔특ᄒ나	긔특하나
5	주니	주어
6	양을	낭을
7	혀미 드ᄂ	혀 미드ᄂ
8	겨울이나	겨울이나

의성김씨 학봉 김성일가 언간 079

〈김성일가-079, 1861년, 여강이씨(어머니) → 김흥락(아들)〉

판독문

계밍으게

보낸 후 날셰 이러ᄒ니 못 오ᄂᆞᆫ 듯ᄒ나 쩌칠가 ᄌᆞ쥬 넘녀 측냥 못 홀 ᄎ 천만천만 몽미 밧 영감 상ᄉ 나시다 ᄒ니 둘포 위듕ᄒᆞ옵시나 그려도 회츈을 ᄒᆞ옵실 줄 ᄇᆞ라옵다가 원통 ᄀᆡ이 업ᄉ고 상쥬 병 더칠가 ᄌᆞ쥬 넘녀 측냥 못 너도 남의 집 가 여러 날 되니 분명 쳠병을 홀 듯 굽굽 두립다 그ᄉᆞ이 엇던고 넘녀 녹을 듯ᄒ니 오늘이나 오ᄂᆞᆫ가 풍일 고이ᄒ니 넘녀된다 ᄉᆞ험은 어제 법홍거지 간다 ᄒ더니 오늘 드러간 듯 초상의 옷가지도 못 ᄒ고 보션 편의 둘 히 보내엿다 우리도 그만ᄒ다

판독대비

번호	판독자료집	한국학중앙연구원 편 (2009a : 543~544)

의성김씨 학봉 김성일가 언간 080

〈김성일가-080, 1841~1862년, 여강이씨(어머니) → 김흥락(아들)〉

판독문

계밍 보아라

보낸 지 수일 되니 더치지나 아니혼가 넘녀되고 의원도 그날 못 오다 ᄒ니 어제나 왓는가 의원의 손지가 윤증혼다 ᄒ니 그도 넘녀롭고 등난ᄒ며 약을 의논ᄒ여 내여 병이나 낫게 ᄒ여라 반찬도 못 가지고 가셔 음식은[1] 엇지 먹는고 댱 어긔니 아모것도 못 ᄒ 보내 답답ᄒ다 우리도 ᄒ 모양이이 넘녀 마라 음식 ᄒ려 ᄒ니 고기 업서 급급[2] 영계 ᄒ나 잡아 탕ᄒ려 ᄒ더니 썰유워 못 ᄒ 보내니 답답 무안무안 늠스럽다 구젓 너는 못 먹어도 손이나[3] 먹어도 죠곰 보낸다 나일 드리러 가려 혼다 졀에도 사롬 죽다 ᄒ니 혹 시긔나[4] 아닌가 위퇴ᄒ다 김치 죠곰 간다

판독대비

번호	판독자료집	한국학중앙연구원 편 (2009a : 547~548)
1	음식은	음식을
2	급급	급급
3	손이나	손이나
4	혹 시긔나	혹시 긔나

의성김씨 학봉 김성일가 언간 081

〈김성일가—081, 1833~1835년, 여강이씨(어머니) → 김흥락(아들)〉

판독문

츳돌 보아라

날포 막히니 답답 그리운 념녀 침식간 잇지 못홀 츳 하인 오며 대강 드라니 무양히 잇다 ᄒ니 긔특긔특ᄒ나 글을 못 비혼다[1] ᄒ니 엇디 그러ᄒ니 부디 노지 말고 걱졍시기지 말고 잘 비호고 글이 댱진ᄒ여 과거롤 수이 ᄒ여 부모 성전의 영화롤 보게 ᄒ여라 너 아바님 긔후 미류ᄒ오심 곱곱[2] 두립고 너아도 그만 다힝타 우리도[3] 아히 남미 무양 긔특 어미는 풍두 으실 죽도록 알코 그만ᄒ나[4] 괴롭다 말이 ᄀ득ᄒ나 이만일다 노지 말고 글 잘 이르고 무양히 잇다가 오게 ᄒ여라 네 바지 간다 입어라 즉일 어미

판독대비

번호	판독자료집	한국학중앙연구원 편 (2009a : 550~551)
1	비혼다	비혼다
2	곱곱	곱곱
3	우리도	우리ᄂ
4	그만ᄒ나	그만하나

의성김씨 학봉 김성일가 언간 082

⟨김성일가-082, 1841~1862년, 여강이씨(어머니) → 김흥락(아들)⟩

판독문

계밍이 보아라

간 후 무스히 잇다 ᄒ니 다힝ᄒ나[1] 방이 칩더라 ᄒ니 믄구무나[2] 바르고 이시면 나을 듯 식
스는 먹게 ᄒ는가[3] 못 잇친다 슈듀 무스ᄒ여 걱졍 아니 시기는가 우리도 그만ᄒ나[4] ᄒ게 안
사돈긔셔 윤증으로 어제 나흘지 난다 ᄒ니 ᄌ쥬 놀납다 며느리 이스는 거동 졀박ᄒ다 셔울
편지 오늘 보내엿다 도목은 시긔 이셔 편지 못 ᄒ다 ᄒ더라고 영쥰이가 그러고 ᄒ더라 ᄒ니
분명 그 집이셔 뉘 알키 편지ᄅᆞᆯ 아니ᄒᆞᆫ[5] 듯ᄒ나 편지 셔 보내니 논벌이 잇는 산직이나 보내
여 그 집이 알커든 편지 맛지[6] 말고 오라 ᄒᄒ여라 양식 술 ᄒ 말 가중 몃 복기[7] 간다[8]

판독대비

번호	판독자료집	한국학중앙연구원 편 (2009a : 552~553)
1	다힝ᄒ나	다힝ᄒ다
2	믄구무나	문구무나
3	ᄒ는가	하는가
4	그만ᄒ나	그만ᄒ다
5	아니ᄒᆞᆫ	아니한
6	맛지	밧지
7	몃 복기	맛복기
8	간다	갓다

〈김성일가-083, 1853~1862년, 여강이씨(어머니) → 김흥락(아들)〉

판독문

계밍으게

쩌나던 날부틈 풍일 고이고이 스흘을[1] 니 일세 괴샹괴샹ᄒ니 네 감긔 더친 디 그 ᄇ람을 소여 분명코 더쳐실 듯 답답 이탁이탁 집이 안즈시나[2] 안줄 경이 업스니[3] 하인들이나 도라오면 소문[4] ᄃ롤 듯 어제는 올 듯ᄒ나 긔쳑 업스니[5] 스흘에 못 드러간 듯 답답 넘녀 빅츌ᄒ니 엇디엇디ᄒ고 그려도 무스히 드러간가 드러가 희가 비경홀 듯 답답 넘녀 엇디 다 말ᄒ리 아모려나 그만그만ᄒ여 의원이나 보고 약을 먹고 낫게 ᄒ면 무순 걱졍 이시리 쥬가도 층층 일양이시고 셩문 모즈 셩ᄒ고 너도 음식 먹기 더 못ᄒ든 아니ᄒ가 갑부는 ᄒ마 그리 와실 듯ᄒ이나 묵혀 도라 보내여라 아히들 쎈말이[6] 되여 답답ᄒ니 부디 수이수이 오게 ᄒ여라 우리는 ᄒ 모양이고 다른 걱졍 업스나[7] 아릿집 왕니 졀믄이들[8] 날마다 왕니ᄒ니 ᄀ죽든 아니ᄒ고 못 견디 ᄒ고 어졔 초례 무스히 지내고[9] 신낭 비샹비샹 듬치는 아조 업고 벽벽 쥰슈ᄒ고 단단 지각 드러 보이이[10] 괴특 영감 죠하죠하ᄒ니 다힝ᄒ다 슈듀은 아직 통치 아니ᄒ다 ᄒ나 동댕이치는 듯 나도 어졔 대례 보고 즉시 와시나 며늘닉는 그리홀 길 업고 민망 샹근은[11] 무한 약치ᄒ여 윤증은 아니 되여시나[12] 거름 거를 슈 업다 ᄒ니 지젹거려 죠리ᄒ여 어제 가려 ᄒ더니 혼인의 ᄉ환ᄒ고 오늘 가나 기ᄃ려실 듯 곱곱[13] 아모려나 그만그만ᄒ여 약효나 보와 낫게 ᄒ여 가지고 수이수이 오기 원일다

판독대비

번호	판독자료집	한국학중앙연구원 편 (2009a : 557~559)
1	ᄉᅙᄋᆯ을	ᄉᅙᄋᆯ은
2	안ᄌᆞ시나	안자시나
3	업시니	업시니
4	소문	소문
5	업시니	업시니
6	쎄말이	셍 만이
7	업시나	업ᄉᆞ나
8	졀믄이들	젼믄이들
9	지내고	지니고
10	보이이	보이니
11	샹근은	샹쥬은
12	되여시나	되어시나
13	급급	급급

의성김씨 학봉 김성일가 언간 084

〈김성일가-084, 1844~1862년, 여강이씨(어머니) → 김승락(아들)〉

판독문

인돌 보아라

홀 스러 보내고 헤헤 심회 진졍 못 가셔 발 알키 낫다 ㅎ니 긔특ㅎ나 긔별 아득ㅎ니 답답
너히 셔히 노 눈의 버러 그립고 못 잇치며 요ᄉ이ᄂᆞᆫ 남미 무양ㅎ고 슈창 무양 츙실ᄒᆞᆫ가 부
디 슈창이 희롭게 말고 글 잘 이르고 쟝난 말고 오졸ᄒᆞᆫ 사롬이 되게 ㅎ여라 어미도 이동안
은 그만ㅎ니 다힝코 네 형도 셩ㅎ니 깃부다 네 보션 못 기워 보내니 답답 헌것 보내니 죵들
시겨 기워 달나 ㅎ여라 홀 말 만ㅎ나 이만일다 무양무양히 잘 잇고 글 잘 비호고 부디 걱졍
ㅎ시게 마라 ᄎᆞ마 블안블안ㅎ니[1] 너도 넘치롤 출혀 부디 걱졍이나 아니ㅎ시게 ㅎ면 죠흘다

판독대비

번호	판독자료집	한국학중앙연구원 편 (2009a : 562~563)
1	블안블안ㅎ니	불안불안ㅎ니

의성김씨 학봉 김성일가 언간 085

〈김성일가-085, 1841~1849년, 여강이씨(어머니) → 김흥락(아들)〉

판독문

훌쳐 보내고 허우럭 혜혜 진졍 못 홀 밧 간 후 아득히 막히니 답답 아히놈들이나 보내 보려
ᄒ며 어득 수선훈 일 만ᄒ니 못 보내고 답답홀 ᄎ 무망의 하인 오며 뎍은 것 보니 일긔 고
이훈디 년ᄒ여 긱듕 병수 업ᄂ 일 다힝 긔특ᄒ나[1] 식미 죵시 다지 아니훈 ᄃ 졀박 넘녀된다
공부는 챡실히 훈다[2] ᄒ니 다힝ᄒ나 너모 이슥도록 경야 마라라 너모 과히 그런 거슨 과흡
도 아니ᄒ다 사돈 긔운 쳠졀 업ᄉ오시나 신음즁 일양이오심 급급[3] 밧사돈 힝ᄎ 나가읍시니
손이 쥬인질ᄒᄂ 듯 며ᄂ리도 엇디 셩셩치 아니타 ᄒ시니 고이고이 넘녀되며 방이나 더워
훈고 업ᄂ가 이블[4] 열러 어려올[5] 듯 보낸다 우리는 너의 어룬거셔 너 간 후 이시로 ᄒ라 긔
환훈 날 업ᄉ오신 듕 왕왕 더 디단ᄒ시니 급급[6] 어졔부틈 더 괴롭고 담이 가슴의 응결ᄒ여
밤 경과 더 못 견디 ᄒ시니 답답[7] 두립고[8] 어미도 누운 일 업ᄉ나 셕잔셕잔 약약 괴롭고 셰
샹이 지리코 귀찬ᄒ니 언졔 모ᄅ고 업셔질고 네 누의들 ᄒ나 셩ᄒ니 업고 한들집 잡증은[9]
업ᄉ나 쇼쇼훈 증이 댱니 병근이 될 듯 약은 먹여시나 엇더홀지[10] 어린거슨 츙실ᄒ니 긔특
다 쫴돌 아니 오고 표더는 잔샹이 알는다 ᄒ니 졀박다 수란 이만 그치며 내내 긱듕 너외 무
양무양ᄒ다가 수이수이 오게 ᄒ여라 즉일 어미

판독대비

번호	판독자료집	한국학중앙연구원 편 (2009a : 565~567)
1	긔특ᄒ나	긔특ᄒ다
2	ᄒ다	한다
3	곱곱	급급
4	이블	이불
5	어려올	어려울
6	곱곱	급급
7	답답	단단
8	두립고	두립다
9	한들집 잡증은	한들집 증은
10	엇더홀지	엇더혼지

의성김씨 학봉 김성일가 언간 086

〈김성일가-086, 1846년, 아주신씨(장모) → 김흥락(사위)〉

판독문

> 김 셔방 젼

하 오래 막히오니 이듕도 답답 굼굼ᄒ올 ᄎ 무망의 하인 닷치오며 니어 젹슨오신 것 바다 탐탐 반갑습고 즈시 슬피오니 츄긔 의연히 셜녕이옵ᄂᄃ 년일 사돈 긔후 쇼쇼 엄엄ᄒᄋᆸᆷ심 민망 뢰신 쵸례 오죽ᄒ실가 뢰옵셔 신샹 동긔 이젹 완합 못 수랄 엄엄ᄒᆫ 일 놀납습고 즉 괴 롭스오시며 ᄯᆯ은 싱각 밧 그 흉한 병을 엇지 질머연고[1] 익식 즈쥬 홀 분 슈터예ᄂ 희로올 ᄃᆺ 급급[2] 병은 못 견ᄃᄂ 거시 엇지 견ᄃᄂ고 무어슬 먹어스 수이 니각홀지[3] 수란수란ᄒᆞᆸ 무당의 안후도 동동 ᄒ오며 듕간의 무슨 증환 블평ᄒ여[4] 지나옵신 소문 즈쥬 놀납습고 수이 환ᄎᄒᆞᆸ실 ᄃᆺ 든든ᄒ옵 그 밧 겻사돈 각 ᄃᆨ 일양이옵심 힝이옵 쳐모ᄂ 대단[5] 탈 업ᄉ나 친 구가로 잇ᄶ 당ᄉ와 신구디통이 남녀ᄉ[6] 아니옵고 밧긔셔ᄂ[7] 삼 형뎨분 금안금안ᄒ시나 오 날 의셩 길 ᄯ 나시려 ᄒ옵 말ᄉᆷ 다쳡ᄒ나 셕어득 산난 겨요 이만 내내[8] 뢰옵셔 신샹 쾌소 여샹ᄒ시고 ᄯᆯ의 질양 감셰 잇ᄂ 소식 디망이옵 병오 팔월 십일일 쳐모

판독대비

번호	판독자료집	한국학중앙연구원 편 (2009a : 570~572)
1	질머연고	질미ᄂ고
2	급급	급급
3	니각홀지	니감홀지
4	블평ᄒ여	불평ᄒ여
5	대단	더단
6	남녀ᄉ	남여ᄉ
7	밧긔셔ᄂ	밧긔셔도
8	이만 내내	이만이만

의성김씨 학봉 김성일가 언간 087

〈김성일가-087, 1847년, 의성김씨(장모) → 김진화(사위)〉

판독문

> 김 무당 젼
> 답봉장   근봉

희포[1] 셩식이 낙낙ㅎ오니 반셩반스 듕이오나 시시 싱각곳[2] 도라오오면 아으라니 그립고 아
득ㅎ온 원념 무궁ㅎ옵던 츠 무망 하인 닷치오며 이어 만만 슈찰 밧ㅈ와 탐탐 반갑습기 그리
옵던 안면을 다시 만나온 듯 그지업스오나 수지 헛부오이다 ㅈ시 술피오니 쳔 니 긱지에 외
로오신 신샹 대단 쳠졀은 업스오심 쳔힝 그지업스오디 ㅈ연 관스 듕디ㅎ오신 심녀 괴롭스
오시기 엇디 아니 그러시리잇가 별가는 게셔 져 드려다가 그동안 의지되온다 ㅎ엿고습다
가[3] 싱각 밧 그 지경을 당ㅎ오셔 긔시 차악 블샹ㅎ오미[4] 오죽ㅎ오며 금계 긔별 아득ㅎ오심
두루 심녀 뵈옵는 듯 일ㄹ습ㄴ이다[5] 이곳 쳐모는 갈스록 죄 역 듕ㅎ와 수년 니[6]에 딘스의
형뎨 참경을 순포 당스오니 애고애고 이런 집안 소요 졍지 어디 잇스올고 속졀업시 숭ㅇ진[7]
통스만 드라[8] 깁히깁히 갈무리ㅎ옵고 그러도 완명이 되와 슉식이 여구ㅎ오니 앗갑고 원통
원통 블샹블샹[9] 일일 촉스의[10] 심댱이 촌촌 긋는 듯 그러도 ㅈ식이나 이시면 현마 엇지ㅎ
옵[11] 제 아름다온 셩힝 효우을 어느 곳[12]의 져ㅂ리고 이더지 속이는고 앙앙 분골ㅎ오미 하
늘을 씨치올 듯 통악ㅎ오이다 손부 졍지 소쳐 갈스록 블샹[13] 보기 슬습고 그듕 노[14] 알코 디
니오니 알시롭습고 회갑 모즈도 잔잉 가련가련 회갑도 튱실티 못ㅎ오니 앗쳐롭고 긔오[15] 형
뎨도 셩쇼치[16] 못 환형환형 민망 공니 형뎨도 제 형 업손 후 못 견디 하 심댱을 녹이오니
거동 수쳑수쳑[17] 앗쳣롭고 제 형은 우다히 길 나간 지 달니 거의되 엇지[18] 왕반ㅎ올지 듀야
원념 노히디 아니옵고 그 밧 가니 별우 업스오나 촌념 대란이오니 위름ㅎ오니이다 말숨 남
스오나 어둑 비요 이만 긋ㅈ오며[19] 졈졈 심동의 쳘니[20] 긱지예 외로오신 신샹 태평ㅎ옵신
회보 언제 듯ㅈ올고 낙낙 요원ㅎ오이다 갓초 근념ㅎ여[21] 보니신 것 ㅈ시 밧ㅈ와 블안ㅎ오이
다[22] 바히 답됴 업시 빈슈 홍심[23] 업스이다 고이ㅎ온 보션 도로 무안 낫 업스오이다 뎡미
디월 초스일 쳐모 미망 김

판독대비

번호	판독자료집	한국학중앙연구원 편 (2009a : 576~579)
1	회포	회포
2	싱각곳	싱각 곳
3	ᄒᆞ엿고습다가	ᄒᆞ엿노습다가
4	블샹ᄒᆞ오미	불샹ᄒᆞ오미
5	일ᄌᆞ습ᄂᆞ이다	일 ᄌᆞ습ᄂᆞ이다
6	수년 니	수열니
7	슝ᄋᆞ진	슝ᄋᆞ신
8	통ᄉᆞ만 드라	통ᄉᆞ 알드리
9	블샹블샹	불샹불샹
10	일일 촉ᄉᆞ의	일촌 니의
11	엇지ᄒᆞ읍	엇디ᄒᆞ읍
12	곳	ᄌᆞ
13	블샹	불샹
14	그듕 노	그 듕노
15	긔오	거오
16	셩쇼치	셩셩치
17	수쳑수쳑	슈쳑슈쳑
18	거의되 엇지	거의 되엇지
19	긋ᄌᆞ오며	긋사오며
20	쳘니	쳐오니
21	근념ᄒᆞ여	글념ᄒᆞ여
22	블안ᄒᆞ오이다	불안ᄒᆞ오이다
23	훙심	흔심

의성김씨 학봉 김성일가 언간 088

〈김성일가-088, 1855년, 아주신씨(장모) → 김흥락(사위)〉

판독문

답봉 장장[1]

인편은 년속ᄒ오나 쟝병의 잠시 와 지내오니 슌슌 잇지 아니시고 져리 우시ᄂ[2] 일 고맙습기 다 못 ᄒ오며 의외 편 젹스옵신 것 밧ᄌ와 이듕이오나[3] 반갑스옴[4] 다 못 ᄒ오며 일긔 조한 ᄒ온대 시후 톄력 대쳠은 아니 겨옵시고 만통이옵고 슉당[5] 톄력 일양ᄒ옵심 깃부오며 뫼옵셔 긔운 식식 심녀 듕 그만ᄒ옵신 일 다힝다힝 동긔도 동형도 편ᄒ온지 궁겁습고 ᄌ식은 큰 병은 업스온 일 깃부오나 미유 죽은 일 참혹 상긔ᄒ옵[6] 쳐모는 반신블슈[7] 될 모양 신수 고이고이 슈침 후 별단[8] 희ᄂ[9] 업ᄂ 닷ᄒ오나 거동이 어ᄂ디 되올지 일신이 이닷 야릇ᄒ오니[10] 억만 구회 견될[11] 슈 업습ᄂ이다 하인 부례 뭇ᄌ오신[12] 일 감스감스ᄒ옵 ᄯᆞᆯ의 신부례[13] 턱일 왓스오나 병은 그러디 무상ᄒ옵고[14] 뉘가 추려 보내올고 가슴 가온대 챵검이[15] 셧도ᄂ 닷 임긔ᄒ여 겻거스로[16] 면이 잇ᄌ올[17] 닷 미리 긔별ᄒ옵ᄂ이다 담비 한 발 보내옵ᄂ이다

판독대비

번호	판독자료집	한국학중앙연구원 편 (2009a : 582~583)
1	쟝쟝	쟝쟝
2	우시는	오시는
3	이듕이오나	이 듕이오나
4	반갑스옴	반갑스오고
5	슉댱	슉댱
6	샹긔ᄒ옵	샹긔ᄒ옵
7	반신블슈	반신 불슈
8	별단	발단
9	희논	티논
10	야릇ᄒ오니	야듯ᄒ오니
11	구회 견뎔	긔후도 알
12	뭇ᄌ오신	못 ᄒ오신
13	신부례	신부례
14	무샹ᄒ옵고	아니 셩ᄒ옵고
15	챵검이	챵심이
16	졋거스로	것거스로
17	면이 잇ᄌ올	만이 앗ᄌ올

의성김씨 학봉 김성일가 언간 089

〈김성일가-089, 1867년, 선성김씨(장모) → 김응모(사위)〉

판독문

김 셔방 젼 봉뎡

이동안 아득 막히오니 반싱 듕도 일넘 답답 그립고 암암ᄒ오나 날 갓흔 쳐모를 엇디[1] 와 보기 쉬우리마는 그려도 ᄂᆞᆫ 아달 겸 사회라 싱각 간졀 셩셩ᄒ더이다[2] 쳥화의 녕일 사돈 두 분 신환 쳠샹이나 업ᄉ오며[3] 침슈 딘반니 여샹ᄒ오시며 싱졍도 사돈 두 분 안녕ᄒ오시며 손월을[4] 디닉시니[5] 남녀 간[6] 슌슌 무탈 소완ᄒ오신디 밧사돈 힝ᄎᆞᆨᄒᆞ옵신 말슴 듣든 신긔ᄒ옵ᄶᅥ니 이젹 그젹 업ᄉ오시니 무슨 ᄉᆞ고 잇ᄉᆞᆸᄂᆞᆫ가 ᄉᆞ렴 간졀ᄒᆞᆸ 뫼오셔 관듕 어엿부오신 신샹 평안 츙윤ᄒ오시고 그 밧 각 딕 안녕들 ᄒ오시며 용암 츈과 두루 일양이시고 촌염은 긔 뎨되여 쳥졍ᄒᆞ온가[7] 굼굼 ᄌᆞ시 알고져 ᄒᆞᄒᆞᆸᄂᆞ이다 예ᄂᆞᆫ ᄂᆞ으리 디쳠은 업ᄉ오시ᄂᆞ 엄엄 환탈 염식 졀박 일신은 삼월 망간부터 시작ᄒᆞ여 죽어 ᄉᆞ다[8] ᄶᅦ치니 약약 져난 졀곡 슈쳑ᄒᆞ니 심화 ᄂᆞ고 동긔 각 딕 연고ᄂᆞᆫ 업ᄉ시고 마을도 쳥졍ᄒᆞ니 든든 ᄒᆞᆫ번 와셔 단녀가시옵[9] 밋ᄉᆞᆸᄂᆞ이다 말리 남오나 안흔 쓸 길 업셔[10] 그치오니 층층 안녕ᄒ오신 회보 츅슈ᄒᆞᆸ고 부디[11] 오시옵 큰 챵오슨 말가터니마는[12] ᄶᅵ스니 이리 고약ᄒᆞ니 감무리 무든 닷[13] 뎨겨리 걱졍ᄒᆞ오나 엇디ᄒᆞᆸ 그디로[14] 이이부실 밧 업ᄉᆞᆸ 부디 오시옵 인마 보니려 ᄒ다가 말 업셔 ᄒᆞ인만 보니오니 졀박ᄒᆞᆸ 졍묘 ᄉᆞ월 십구일 쳐모

판독대비

번호	판독자료집	한국학중앙연구원 편 (2009a : 587~589)
1	엇디	엇지
2	성성ᄒ더이다	섭섭ᄒ더이다
3	업스오며	업스오셔
4	슨월을	ᄉ월을
5	디니시니	지니시니
6	남녀 간	남여간
7	청정ᄒ온가	청정ᄒ오신가
8	ᄉ다	사다
9	단녀가시옵	다녀가시옵
10	업서	업시
11	부디	부듸
12	말가터니마ᄂ	말가하니마ᄂ
13	닷	듯
14	그디로	그리토

의성김씨 학봉 김성일가 언간 090

〈김성일가-090, 1850~1862년, 아주신씨(장모) → 김흥락(사위)〉

판독문

> 김 셔방 젼
> 봉장

인편은 업지 아니오나 쟝[1] 우환의 넉술 일코 지내오니 이맛 것도 아조 굿잡고 지내오니 섭
섭 괴탄이오며 일셰 츄긔의 반ᄒ오니[2] 사돈 긔후 만안ᄒᆞ옵셔 진반 범졀이 더 못ᄒᆞ신 이리나
업ᄉᆞ옵시며 뫼옵셔 긔온[3] 평안ᄒᆞ와[4] 식치나 줄ᄒᆞ옵시ᄂᆞᆫ가 갈ᄉᆞ록 허다 심여 여복ᄒᆞ옵시리
잇가[5] 샹샹 일ᄀᆞᆺᄌᆞ와[6] 지내오며 슉당[7] 톄력 만안ᄒᆞ옵시고 이동질도[8] 그만ᄒᆞ온지 셔신도 굿
잡고 지내오니 섭섭ᄒᆞ오며 이곳은 위연 다친 파리[9] 일양 스지 못 괴롭습고 법젼 쫄의 병 반
년[10]이 넘도록 그 허리 무상 약효 업셔 지리지리 여지업는 모양 이틱이틱ᄒᆞ오며 쇠동싱 두
루[11] 일양 달실 딕의도 그만ᄒᆞ옵 ᄒᆡ져 ᄌᆞ식의[12] 슌산 싱남ᄒᆞᆫ 긔별 쇠횐ᄒᆞ온대 ᄯᅩ 산운 ᄉᆡ누
의 단산지망의 아들 나은 긔별 ᄀᆞᆺ초[13] 다ᄒᆡᆼ다ᄒᆡᆼᄒᆞ오이다 말ᄉᆞᆷ 남ᄉᆞ오나 우환의 쟝[14] 심신이
건공의 ᄯᅳ여[15] 지내오니 이만이오며 내내 뫼옵셔 긔온[16] 평안ᄒᆞ옵신 회보 츅원이올소이다
즉일 쳐모 신 춍이 ᄒᆞ나[17] ᄌᆞ셰 보시옵

판독대비

번호	판독자료집	한국학중앙연구원 편 (2009a : 592~594)
1	쟝	장
2	반ᄒᆞ오니	발ᄒᆞ오니
3	뫼ᄋᆞᆸ셔 긔온	외오셔 긔운
4	평안ᄒᆞ와	만안ᄒᆞ와
5	여복ᄒᆞᄋᆞᆸ시리잇가	여북ᄒᆞᄋᆞᆸ시리잇가
6	일ᄀᆞᆽᄌᆞ와	일 긋ᄌᆞ와
7	슉당	슉댱
8	이둉질도	이죵 외조도
9	파리	사리
10	반년	반연
11	두루	두로
12	희져 ᄌᆞ식의	희져 튝의
13	ᄀᆞᆽ초	긋트
14	쟝	장
15	건공의 ᄯᅳ여	가긍의 드여
16	긔온	긔운
17	ᄒᆞ나	ᄒᆞ니

의성김씨 학봉 김성일가 언간 091

〈김성일가-091, 1847년, 진성이씨(며느리) → 김진화(시아버지)〉

판독문

아바님 전 샹술이

근봉

문안 알외옵고 문안 듯즈온 지 오리 되오니 하졍의 우러와 깁스온 복모 일시도 노히올 적 업스올 추 하인 닷치오며 하셔 밧드와 황공 반갑숩고 즈셰[1] 뵈옵스오니 긔톄후 식식 영일이[2] 업숩고 근녁[3] 범졀이 달노 더 못ᄒ오신 일 익탁익탁 용녀 아모라타 업숩고 일긔 졸한ᄒ오면 졈졈 더 엇지 견디오실고 낙낙히 우러와 두로 용녀 아모라타 업스오이다 즈부는 어마님 긔톄후 엄엄 여지업스오시니 쏘 쳠졀이나 업스오실지 두립스온 용녀 측냥업스오이다 도련님 형뎨분 평안들 ᄒ시나 신식들 엄엄ᄒ오니 민망ᄒ옵고 댱스도 평안이 안댱[4]ᄒ옵고 일셰[5] 갈스록 온화ᄒ오니 듁은 사람의 인심 덕이온 듯 아니 일노나니 업숩고 이져는 속졀업시 ᄯ속의 깁히깁히 간무리옵고 속졀업순 고시 되옵는 줄 원통원통 무슨 나히 만스와 하마 시여지온고 갈스록[6] 앗갑숩고 늣겁스오이다 그 밧 별고 업숩고 샹듀들도 부지ᄒ와 지니오니 다힝ᄒ옵고 즈부도 셩스오나 두로 슐안ᄒ오니 졀박ᄒ오며 무명은 올흔 참흉이 되와 한심한심 다권의 졀박졀박ᄒ오이다 알외올 말숨 하감ᄒ옵심 졋스와 이만 알외오며 너니 긔톄후 강녕ᄒ옵심 복츅ᄒ옵ᄂ이다 슈션ᄒ와 보션도 못 기워 보니옵고 젹삼 한삼[7] 다라 가옵ᄂ이다 가왜 업던 추 맛 바다 쓰옵ᄂ이다[8] 뎡미 십월 십스일 즈부 술이

판독대비

번호	판독자료집	한국학중앙연구원 편 (2009a : 597~599)
1	ᄌ셰	ᄌ셰
2	영일이	넝일이
3	근녁	근역
4	ᄒ오니 민망ᄒ옵고 댱슈도 평안이 안댱	〔판독 안 됨〕
5	일셰	일세
6	갈ᄉ록	갈사록
7	한삼	한 감
8	쓰옵ᄂ이다	스옵ᄂ이다

의성김씨 학봉 김성일가 언간 092

〈김성일가-092, 1847년, 진성이씨(며느리) → 김진화(시아버지)〉

판독문

아바님 전 샹술이
근봉

문안 알외옵고[1] 긔별 듯즈온 지 달이 거의오니 하졍의 우러와 깁亽온 복모 측냥 못 ᄒᆞ옵고[2] 셔쳔을 향망ᄒᆞ오면 아득 쳔이룰 즈음 쳣亽오니 낙낙히 우러와 학발 존안이 의희 그립습고 굿부온 하졍과 시시[3] 초창 심회 지향 업亽오며 하인들 오오며 하셔 밧드와 황공 탐탐 반갑습기 뫼와 하교을 듯줍는 듯 한업시 반기옵고 즈셰 뵈옵亽오니 긔톄후 하르 여샹ᄒᆞ오실 적 업습고 이달 드오며 더ᄒᆞ옵시지나 아니ᄒᆞ신지 이탁이탁ᄒᆞ옵고 복통과 셜亽 그덧ᄒᆞ옵시고 그딩도록 홀치옵시고 진지는 아쥬 졀곡졀곡ᄒᆞ시고 근녁 슈습을 엇지엇지ᄒᆞ옵실고 답답 일긔는 졈졈 심동이 되옵고 누가 미음 한 그랏신들 잡게 ᄒᆞ여 듸리올가 구미는 아쥬 업습고 관쳥 음식의 견듸옵실 도리 갈亽록 어렵亽오시니 엇지엇지ᄒᆞ올고 역역히 우러와 답답ᄒᆞ온 하졍 측냥업亽오며 그亽이 졈졈 나으오셔 진지 잡습기와 긔운 범졀이 엇더ᄒᆞ옵시니잇가 아으라 용녀 아모라타 업亽오니 어셔어셔 일월이 가와 명월의는 환턱을 ᄒᆞ오실 거시오니 쉬이 뵈올 일 미리 든든 즐겁습고 그亽이 안녕이 겨옵시다가 환턱ᄒᆞ옵시기 츅슈츅슈ᄒᆞ옵ᄂᆞ이다 소호 아즈바님긔셔도 평안치 못ᄒᆞ신 일 민망ᄒᆞ옵고 산양 노인긔셔도 안녕ᄒᆞ신지 즈부는 어마님 긔톄후 쳠졀 업亽와 안녕ᄒᆞ옵시니 든든 경亽 엇지 다 알외오리 다힝ᄒᆞ옵고 그 밧 무고ᄒᆞ옵고[4] 샹방의 드러와 공부ᄒᆞ오니 공부 여일ᄒᆞ옵고 착실착실ᄒᆞ온 듯ᄒᆞ오며 샹쥬 내외 부지ᄒᆞ옵고 셰간 지미롭亽오니 일일의[5] 죽은 사람만 원통원통 셰간과 이녁 쓰던 것 완년이 버럿亽오나 임지는 흔젹이 업亽오니 통악통악ᄒᆞ옵고 즈부도 독감으로 고통고통ᄒᆞ옵고 그만ᄒᆞ오나 희황 괴롭습고 졀박ᄒᆞ오이다 각 곳 긔별도 아직은 무고ᄒᆞ옵고 도련님도 가셔 편타ᄒᆞ오나 긱고 못 잇치옵ᄂᆞ이다 하계도 우고 쩌날 젹 업다 ᄒᆞ오니 亽졍의 두립습고 그립亽온 심회 그음업습고 가보올 기한이 업亽오니 민망ᄒᆞ오며 삼촌들 봉물 밧즈와 황송ᄒᆞ와[6] ᄒᆞ옵고 조하들 ᄒᆞ옵는 듯 모도 근념근념ᄒᆞ시니 병환등의 쳠샹이 되옵실 듯 불안불안 죄롭습고

간지 밧즈와 편지지 어더 쓰옵기 극눈호올 츳 밧즈와 쓰옵고 황송호오며 혹 은당이[7] 안치옵
거든 은가락지 자그만호게 호 거리 호와 씨오면 시부오나 그런 거시 다 근노가 되오실 거시
오니 그만두시옵소셔 도포자리 져고리 가옵ᄂ이다 하계셔 일품 담비 아바님긔 듸리려 벌셔
위호여[8] 두엇습다가 열 발 보내라 왓습ᄂ이다 알외옴 쳡쳡호오나 보시기 지리호올 듯 이만
알외오며 아모려나 강녕호와 뎡초의 환퇵호옵시기 쳔만 고더 ᄇ라옵ᄂ이다

판독대비

번호	판독자료집	한국학중앙연구원 편 (2009a : 604~607)
1	알외옵고	알외옵고
2	못 호옵고	못호옵고
3	하졍과 시시	하졍 다시다시
4	무고호옵고	무스호옵고
5	일일의	일ᄉ의
6	황송호와	황공호와
7	혹 은당이	혹은 쟝이
8	위호여	위하여

의성김씨 학봉 김성일가 언간 093

〈김성일가-093, 1847년, 진성이씨(며느리) → 김진화(시아버지)〉

판독문

> 아바님 전 샹술이
>
> 근봉

문안 알외옵고 긔별 드라온 지 달포 아득 막히오니 답답 낙낙히 우러와 아으라 용녀 일시도 노히올 적 업습고 일긔 졸한ᄒ오니 년ᄒ와 긔톄후 쳠졀이나 업소와 진반[1] 범졀이 엇더ᄒ옵시니잇가 잡소오시기 조곰 나으신가 점점 심동이 되오면 더 엇지 견디오실고 갈소록 길은 낙낙ᄒ옵고 문안도 즈로 드라올[2] 슈 업습고 낙낙히 용녀 측냥 못 ᄒ오며 고을의 다란 걱정이나 업습고 안녕이 지니옵시는가 아득 모라오니 답답ᄒ오이다 의복은 일양 잘 밧드와 맛ᄀ즈신가 두로 우러와 일시도 부리옵지 못ᄒ올소이다 아모려나 평안이 지니옵심 복망이올소이다 즈부는 어마님 긔력 긔운 범졀이 젹픠 엄엄ᄒ옵시니 두립습고 쳠졀은 업소오시나 듀야 두립습고 그 밧 별고 업소오며 도련님도 어데 보니오니 허우럭 셥셥 못 잇치옵고 샤랑이 빌나 ᄒ와 공부을 못 홀다 샹방의 드러오고 즈부는 안방의 드러와 잇습고 시긔 디단ᄒ오니 두립소와 민망 조심되오며 아희년 아조 업소오니 아모려도 동을 스 가지고스 견디올 ᄃᆺ 동 업셔 난감난감ᄒ옵고 동들 번거리 알아 눕고 슌미 즈식 나코 분옥이 내여보내고[3] 졀박만에 일시을 안즐[4] 스이[5] 업소오니 길삼[6]도 못 ᄒ올 ᄃᆺ 무명도 업습고 졀박ᄒ오며 안밧 샹쥬 편습고 감게[7] 시기오니 신산토 아니ᄒ옵고 쳔년만 녁여[8] 지미롭게 댱만ᄒ여 두고 업셔지온 일 추마 원통원통 가이업습고 지미 ᄀ득ᄒ오이다 알외올 말슘 만소오나 슈란ᄒ오니 이만 알외오며 내내[9] 긔톄후 만안ᄒ옵심 복튝ᄒ옵ᄂᆞ이다 심동이 되여 ᄀ오나 아바님 의복을 유렴 못 ᄒ오니 이리 답답 이탁ᄒ오이다 뎡미 지월 초일일 즈부 술이

판독대비

번호	판독자료집	한국학중앙연구원 편 (2009a : 611~614)
1	진반	〔판독 안 됨〕
2	드라올	드르올
3	내여보내고	외여 보니고
4	안즐	안 둘
5	스이	사이
6	길삼	길삭
7	감게	각셔
8	넉여	익여
9	내내	너니

〈김성일가-094, 1848년, 진성이씨(며느리) → 김진화(시아버지)〉

판독문

아바님 오실 적 의복을 한 불이나 가지고 오시면 집의¹ 와 겨셔 입으실 옷 얄게 한 벌 짓스
오니 만히 ᄀ지고 와 짐만 되옵고 부절업스올 둣ᄒ오이다 집안의 화긔【반샹】가² 아조 업스
오니 혹시 열람의 큰일을 치나 열람의 시시로 내여 먹어도 희롭잔코 나무 집안의는 다 잇는
가 시부오나 우리는 그런 거시 업스오니 답답ᄒ와 이번의 과거 갈 적의 겨요 쳥을 드러 둣
터온 분원 빅화 반샹긔³ 두어 울⁴ 스 오려 ᄒ옵더니⁵ 필경은 아니 스 왓스오니 민망ᄒ오나
돈은 물것치 쓰이여 그러ᄒ온 둣 ᄯᅩ 일양 돈 들 모칙이 잇스오니 이져스 그런 것도 싱의 못
ᄒ온 둣ᄒ오이다 집안의 가왜 드는 것 업셔 못 견디올 둣 뎡월의 보내신 것 병영 가 맛츄여
온 가왜도 아죠 아니 드오니 민망 무댱⁶ 겻실 적 뎐쥬의 가 스⁷ 보닉신다 ᄒ 쥬석 다리 ᄒ
가왜 병오년의 온 것 이젹지 잘 드러 쓰옵더니⁸ 셧쌀의 우환 적의 익 분픠 둥 일코 뎡월의
온 것 둘 다 아니 드오니 답답 오실 적의 뎐쥬 드시거든 쥬석 다리 ᄒ고 미우 실코 쇠 조흔
가왜을 하나 스 가지고 오시면 조홀 둣ᄒ오이다 뎐쥬 실쳡 고은 게 난다 ᄒ오니 두엇 스 오
시면 시부오이다 져년의 푸른 실쳡 아바님 가져온 것 둘인디 ᄒ나흔 샹답의 쥬고 ᄒ나흔 법
흥 형님 ᄀ져ᄀ고 ᄌ부는 이젼의 셔모 잇슬 적 쥬던 것 다 쩌러지고 업스오니 젼쥬셔 실쳡
을 믿드라 판다 ᄒ오니 두엇 스 오면 슬 둣ᄒ오이다

판독대비

번호	판독자료집	한국학중앙연구원 편 (2009a : 617~619)
1	집의	집의셔
2	화긔【반샹】가	화긔가 반샹
3	반샹긔	반샹 긔
4	두어 울	두어을
5	힝옵더니	힝압더니
6	무댱	무쟝
7	뎐쥬의 가 ᄉ	뎐쥬셔 가ᄉ
8	쓰옵더니	스옵더니

의성김씨 학봉 김성일가 언간 095

〈김성일가-095, 1848년, 진성이씨(며느리) → 김진화(시아버지)〉

판독문

아바님 젼 샹술이

문안 알외옵고 먼저 하인 쪄날 적도 술이 못 알외옵고 섭섭 죄롭숩고 하인 닷치오며 하셔
밧즈와 황공 못내[1] 뵈옵숩고 즈셰 슬피오니 긔톄후 쳠졀이[2] 쪄나올 젹 업숩고 근녁 범졀이
졈졈 쇠삭[3] 여지업스오신 문안 그져 두립숩고 쳔 니[4] 밧 용녀 측냥업스오오며 언제 뵈올고
긔편은 쉽지 아니ᄒ옵고 싱각ᄒ오면 아득 심회 그지업스오며 일셰 셜넝이오니[5] 더 슐안ᄒ
오이다 즈부는 어마님 일양이오시고 도련님 형뎨분 그만은 ᄒ시나[6] 혈슉들 ᄒ온디[7] 과거 임
박ᄒ오니 아득 조이오며 그 밧 그만ᄒ시고 하계도 일양오나 두로 우고[8] 민망 어느덧[9] 슉모
소긔 지내오니[10] ᄀ이업스오이다 즈부도 헌듸 그만ᄒ옵더니 쏘 파샹풍 ᄒ고 졀박ᄒ오이다
눈임은 잘 와 이스나 내내[11] 댱구ᄒ올지 거두옵기ᄉ 헐우ᄒ오리만은 엇더ᄒ올지 증뇩은 명
뇩 가올 젹 ᄒ오려 ᄒ옵ᄂ이다 알외올 말ᄉ 하감ᄒ옵심 젓ᄉ와 이만 알외오며 아모려나 만
안ᄒ옵심 복튝ᄒ옵ᄂ이다

판독대비

번호	판독자료집	한국학중앙연구원 편 (2009a : 622〜623)
1	못내	못니
2	쳠졀이	쳠졀이
3	쇠삭	〔판독 안 됨〕
4	쳔 니	쳔리
5	셜넝이오니	셜엉이오니
6	그만은 ᄒ시나	그만ᄒ시나
7	ᄒ온디	ᄒ오니
8	우고	오고
9	어느덧	어나덧
10	지내오니	지니오니
11	내내	니니

의성김씨 학봉 김성일가 언간 096

〈김성일가-096, 1849년, 진성이씨(며느리) → 김진화(시아버지)〉

판독문

> 아바님 젼 샹술이
>
> 근봉

문안 알외옵고 긔별 듯ᄌ왓다 ᄒ와도 일월이 넘ᄉ오니 답답 깁ᄉ온 복모 측냥업습고 더위도 젼고의[1] 쳐음인 듯ᄒ오니 곳득 화긔로 못 견ᄃ ᄒ오시ᄂᆞᆫᄃᆡ 졀셰ᄂᆞᆫ 이덧ᄒ옵고[2] 쳠샹ᄒ옵신[3] 일이나 업ᄉ오신가 고약히 몽변ᄒ오니 낙낙히 향ᄒ와 ᄌ쥬[4] 두립ᄉ온 하졍 측냥 못 ᄒ와 ᄒ올 ᄎ 하인 오오며 하셔[5] 밧드와 황공 젓ᄉ와 뵈옵ᄉ오니[6] 긔톄후 디단 쳠샹ᄒ오셔 포만ᄒ신 증환과 각식으로 그덧ᄒ오신 둥 구미ᄂᆞᆫ 슌뎐 쩌러져 바히바히 못 잡습고 허증과 그덧 민망히 지내옵시ᄂᆞᆫ[7] 문안 듯ᄌ오니 답답 더위ᄂᆞᆫ 이덧ᄒ옵고 엇지엇지 견ᄃ오시ᄂᆞᆫ고 봄의 와 겨슬 젹도 진지 잡습ᄂᆞᆫ 도리가 져년과 당찬ᄒ와 아조 구미가 업ᄉ오신ᄃᆡ 일양 그러시면 긔운 근녁은 졈졈 더 못ᄒ오실 듯 두립ᄉ온 용녀 측냥 못 ᄒ올 듯 그ᄉ이 졈졈 감셰 겨오시니잇가 졔일 아쥬 진지을 잡슈와 내시지 못ᄒ오니 긔운 근녁을 튼튼 하감당을[8] 못 ᄒ오실 듯 엇지ᄒ올고 은진은 엇지 그디도록 ᄒ신고[9] 각식으로 답답ᄒ오이다 그러탓 칙방의 이녁 집 권속이 가 안ᄌ슬가 뉵십지년의 ᄉ고무친 타향의 각식으로 괴로오신 ᄃᆡᄂᆞᆫ 만습고 그져 민망민망 엇지 다 알외오리잇가 내아의도 녈고 업습고 의외 국샹[10] 참혹 한심 ᄀ이업습기 측냥 못 ᄒ올 듯 아바님 그듕 병환은 더 쳠샹이 되실 듯 답답 훈심ᄒ오이다 ᄌ부ᄂᆞᆫ 어마님 긔후 쳠졀은 업ᄉ오시나 더위예 엄엄ᄒ시니 두립습고 형뎨분 다 봉평 가 겻ᄉ오니 집안은 황연히 뷔옵고 밤을 당ᄉ오면 더 젹젹ᄒ온ᄃᆡ 둥은 데리고 잘 것 만문치 아니옵고[11] 경과 난감난감ᄒ오니 졀박졀박ᄒ옵고[12] 그 밧 무고 뎌근딕의도 무고ᄒ시고 각쳐 그만ᄒ오나 인동은 하인 보니고 회편 업ᄉ오니 굼굼ᄒ옵고[13] 하계도 온 후 아득 못 잇치옵고[14] 좃치[15] 못ᄒ온 심경들 녁녁히[16] 더옥 ᄀ이업습고 한심 통악통악 딘당도[17] 물너지올 듯 셰샹이 엇지 그디도록 늣거올[18] 줄 쑴의나 싱각ᄒ왓스리 쳔되도[19] 너모 편혹ᄒ온 듯 통분통분ᄒ오이다 그 병듕의도 마양 아바님 말ᄉᆞᆷ ᄒ옵고[20] 싱냥을 ᄒ거든 능쥬 긔별ᄒ여 우골고[21] 부탁ᄒ여 먹을려[22] ᄒᆞ옵고 하는 말이 우리 두 집 시 뎡분은 친구 듕 읏씀일인[23] 거술 듕간의셔 헛트러뎌니 아모려도 다시 회복ᄒᆞ려 ᄒᆞ옵던[24] 말이 오히려 귀ᄀᆞ의 머무러스오나 속절업시[25] 고인이 되온 일 조물이 그러ᄒᆞ올가 불샹불샹ᄒᆞ오이다 ᄌᆞ부도 온 후 셩ᄉᆞ오나 더위 경과 괴롭습고 집안은 갈스록 어셜푸오니[26] 일싱 슝안슝안ᄒᆞ오이다 음식 발긔ᄂᆞᆫ ᄌᆞ셰이 젹어 보니오나 졔일 구미가 도라와 겨스 빅스 음식을 맛슬 알아 잡습졔 아조 구미ᄂᆞᆫ 봄붓터 쩌러져스오니 젼혀 그 못 당홀 악경과 쳔 니의 우환 긔별 후 더 못ᄒᆞ오신디 인ᄒᆡ 그 여독을 벗지 못ᄒᆞ오신 ᄃᆞᆺᄒᆞ오니[27] 그후의 근녁이 슌뎐 더 모손ᄒᆞ신[28] 쥴 한심ᄒᆞ옵고[29] 언졔 쾌복ᄒᆞ오신 문안 슈이 듯ᄌᆞ올고 ᄌᆞ쥬[30] ᄒᆞ와 견딜 슈 업ᄉᆞ오이다[31] 막막 어려온 쩌오니 무어스로 구미을 붓쳐 잡ᄉᆞ오실고 집의 인편 잇셔도 아모것도 잡ᄉᆞ올 거슬 못 보니옵고[32] 답답 ᄋᆡ모습ᄉᆞ오이다[33] 슌님은 팔월 데ᄉᆞ 후 진작 보니올 ᄃᆞᆺᄒᆞ오이다 알외올 말ᄉᆞᆷ 지리ᄒᆞ오니 이만 알외오며 내내[34] 환후 쾌ᄎᆞᄒᆞ옵신 문안 복튝복튝ᄒᆞ옵ᄂᆞ이다[35] 긔유 뉵월 십구일 ᄌᆞ부 슐이

판독대비

번호	판독자료집	한국학중앙연구원 편 (2009a : 628~631)
1	젼고의	젼젼의
2	이덧ᄒᆞ옵고	이덧ᄒᆞ옵고
3	쳠샹ᄒᆞ옵신	쳠샹ᄒᆞ옵신
4	ᄌᆞ쥬	ᄌᆞ듀
5	하셔	ᄒᆞ셔
6	뵈옵ᄉᆞ오니	뵈옵ᄉᆞ오니
7	지내옵시ᄂᆞᆫ	지니옵시ᄂᆞᆫ
8	튼튼 하감당을	튼튼ᄒᆞ 감당을
9	ᄒᆞ신고	ᄒᆞ실고
10	국샹	극샹
11	아니옵고	아니옵고
12	졀박졀박ᄒᆞ옵고	졀박졀박ᄒᆞ옵고
13	굼굼ᄒᆞ옵고	굼굼ᄒᆞ옵고
14	잇치옵고	잇치옵고
15	춋치	듯치
16	녁녁히	넘넘히
17	딘당도	된당도

번호	판독자료집	한국학중앙연구원 편 (2009a : 628~631)
18	늣거올	늣거울
19	천되도	쳔리도
20	ᄒᆞᆸ고	ᄒᆞᆸ고
21	우골고	우골우골
22	먹을려	먹을여
23	웃씀일인	웃씀일언
24	ᄒᆞᆸ던	ᄒᆞᆸ던
25	쇽졀업시	쇽졀업시
26	어셜푸오니	어셜푸오나
27	둣ᄒᆞ오니	둣하오니
28	모손ᄒᆞ신	모즈ᄒᆞ신
29	한심ᄒᆞᆸ고	한심ᄒᆞᆸ고
30	ᄌᆞ쥬	ᄌᆞ듀
31	업ᄉᆞ오이다	업ᄉᆞ오니다
32	보닙고	보니옵고
33	이모습ᄉᆞ오이다	이무습ᄉᆞ오이다
34	내내	닉닉
35	복튝복튝ᄒᆞᆸᄂᆞ이다	복튝복튝ᄒᆞᆸᄂᆞ이다

의성김씨 학봉 김성일가 언간 097

〈김성일가-097, 1850년, 진성이씨(며느리) → 김진화(시아버지)〉

판독문

> 아바님 젼 샹술이
>
> 근봉

문안 알외읍고 편후 달이 넘스오니 답답 깁스온 복모 일시도 부리읍지 못ᄒ올 추 하인 오오며 하셔 밧ᄌ와 황공 뵈읍스오니[1] 긔톄후 식식 쳠증환 인희 겨오셔 근녁 범졀이 쇠삭 여지 업스오신 문안 듯줍고 이탁 두립스온 경녀 측냥 못 ᄒ오며 식미는 엇더ᄒ오시고 잡숩기 조곰 나으시니잇가 두로[2] ᄌ시 아옵고져 ᄒ옵ᄂ이다 그 밧 일양ᄒ옵고 신으도[3] 툥실ᄒ온 일 긔특ᄒ오이다 슌님이도 셩스온지[4] 졔 시어미 블시의[5] 죽스오니 불샹ᄒ오며 괴질것치[6] 들니면 죽는 병이 스방의 쏜말니엿다 ᄒ오니 위름 무셥스오이다[7] ᄌ부는 어마님 그만ᄒ시나 엄엄ᄒ오시니 두립습고 계남 아ᄌ바님 디녕 ᄀᆞᆺ습다가 어데 왓스오나 슈쳑ᄒ오니 민망습고 ᄌ부는 그만ᄒ오나 허다 슐안ᄒ온 일 만스오니 졀박ᄒ오이다[8] 어스가 안동 츌도ᄒ여 관츳가[9] 모도 나와 져근딕의 달녀드러 아ᄌ바님 잡부러 왓다 잡아가려 위름ᄒ 욕셜과 그 광경이 엇더타 형언ᄒ오리 고만의 음지 양지 편 샹하가 구경군으로 밀니엿고 어마님을 승로 타고 ᄂᆞ려오시라 ᄒ오셔 급히 가시는 경상과 셰샹의 이런 남식스러온[10] 일이 다시 업스온 듯 긔시 광경을 엇지 다 형언ᄒ올고 음ᄂ 가신 지 삼 일이 되오나 아직 결미 업습고 어사가 츌도ᄒ엿다가 어디 나가 아직 아니 드러왓다 ᄒ오나 무스이 된다 ᄒ오나 엇지 되올동 무스이 되와 나와도 우시[11] 망신인 듯ᄒ오나 본가의셔는 아조 셔단 업스오신 줄 알고 당신도 주으도[12] 슈참ᄒ 긔식이 업다가[13] 그러 구오니[14] 그져 한심한심 이런 긔별이 가오니 아바님 드르시면 오작ᄒ실가 추마 ᄀᆞ이업스오이다 과일을 지녀오니 엇던지 이런 광경을 아니 보올 쥴 두로 다힝ᄒ오이다 이듬의 영댱이 내일이오나[15] 쏘 송쳑이 잇다 ᄒ오니 엇지 되올동 불샹ᄒ 인싱 편이 뭇치이도 못ᄒ오니 불샹ᄒ오이다 알외올 말슴 하감ᄒ옵심 젓스와 이만 알외오며 내내[16] 긔톄후 만안ᄒ옵심 복튝ᄒ옵ᄂ이다 어데스 결미 나 욕을 당ᄒ시고 음ᄂ 아직 아니 나와 겻습ᄂ이다 그져 ᄀᆞ이업스오이다

판독대비

번호	판독자료집	한국학중앙연구원 편 (2009a : 636~638)
1	뵈옵亽오니	뵈옵亽오니
2	두로	도로
3	신ᄋ도	신ᄋ논
4	셩亽온지	졍亽 온 지
5	블시의	불시의
6	괴질것치	고질 것치
7	무셥亽오이다	무겁亽오이다
8	졀박ᄒ오이다	졀박ᄒ오이다
9	관ᄎ가	관차가
10	남시스러온	남시스러운
11	우시	무시
12	주ᄋ도	추호도
13	업다가	업다 다
14	그러 구오니	그러ᄒ니
15	내일이오나	닉일이오나
16	내내	닉닉

〈김성일가-098, 1850년, 진성이씨(며느리) → 김진화(시아버지)〉

판독문

> 아바님 젼 샹술이
>
> 근봉

문안 알외옵고 문안 듯ㄴ온 지 일망이 넘ᄉ오니 듀야 깁ᄉ온 하졍 측냥 못 ᄒ올 듯ᄒ올 ᄎ
하인 오오며 하셔 밧ᄌ와 황공 탐탐 반갑ᄉ옵고 밧드러 술피오니 긔톄후 여샹시 업ᄉ와 근녁
범졀이 진퍽 여지업ᄉ옵고 손 알푸오신 증환 고험이 무샹ᄒ옵신 듕 다ᄉ 골몰골몰ᄒ오셔 좌
우로 나단니옵시는 경과 괴롭ᄉ기 오작오작ᄒ오시리잇가 우러와 일시도 부리옵지 못ᄒ시온
듕 병환은 그덧ᄒᄋ오시니 답답 두립ᄉ온 하졍 측냥 못 ᄒ올소이다 아바님은 히포 긱듕의 그
리 괴로이 지내오시며[1] 집안 권속과 동셩을 각ㄱ이 먹이고 입히시는 터이오나 다 집의 편이
안ᄌ 특ᄉ의 덕틱을 모라오니 만ᄉ오니 셰샹 인심을 측냥치 못ᄒ올 듯 졈졈 더 졀통졀통ᄒ
온 말ᄉᆷ 엇지 다 ᄒ올고 그져 쉬이[2] 집으로 도라와 겨오시면 나으실 듯 무산 톄로 일셩 나
무 뒤만 거두시며[3] 그럴지라도 다 그러신 줄이나[4] 아오면 현마 엇지ᄒ오리만은 원망 쳘쳔
ᄒ 소문 ᄎ마 졀통ᄒ오이다 올ᄒᆡ는 버리시고 도라오시게 ᄒ시면 경ᄉ올 듯ᄒ오이다 내아의
도[5] 무고ᄒᄋ옵고 슌님이도 셩ᄉ온지[6] 시어미 죽고[7] 불샹ᄒ오이다 ᄌ부는 어마님 긔후 쳠졀
은[8] 업ᄉ오시니 경ᄉ 측냥업ᄉ옵고 ᄌ부도 슈육[9]이 무양ᄒ오니 다ᄒᆡᆼᄒ오며 그 밧 그만ᄒ옵고
뎌근틱의도 무고ᄒ시고[10] 다ᄒᆡᆼ 길도 쩌나 겨오시나 엇지 되올지 갈ᄉ록 할양업시 지물이 들
샹이옵고 샹답도 그 돈을 가지고 반도 아니 댱만ᄒ옵고 다 업시ᄒ옵고 미슈은 얼마가 된지
모르게 더 댱만ᄒ여 쎠 두고 가시며 모도 댱만ᄒ라 ᄒᄂ는 듯 그져 졀박ᄒ오이다 신ᄒᆡᆼ도 졈졈
ㄱ즉ᄒ오나[11] 두셰 업ᄉ온 모양 민망ᄉ옵고 형님니[12] 쩍 와[13] 녀지[14] 못 답답 녁딜도[15] 홍역으
로 긔한 업ᄉ오니 신ᄒᆡᆼ 밋쳐 엇지되올지[16] 답답ᄒ오이다 하계는 어버의니 아오로[17] 일쳔 심
녀 ᄎ마 한심한심 듯기 슬ᄉ와 어렵ᄉ오이다 달실 오촌 지샹후[18] 아바님 아니 물으신 듯 그
리 다ᄉ다ᄉ 골몰ᄒ시오니 그런 일을 엇지 아시오리 칙방의는 아모도 업습고 엇지 아니 그
리ᄒ오실고 답답ᄒ오이다 쉬이 쩌나오시려 ᄒ시오니 다ᄒᆡᆼ 든든 즐겁ᄉ옴 측냥 못 ᄒ오나

한창 곤긔의 엇지 와 녀실고 두로 용녀되옵ᄂᆞ이다 알외올 말ᄉᆞᆷ 하감ᄒᆞ옵심 젓ᄉᆞ와 이만 알외오며 긔톄후 그만ᄒᆞ오셔 쉬이 떠나오시기 축원ᄒᆞ옵ᄂᆞ이다 과ᄒᆡᆼ도 도라오오니 다ᄒᆡᆼᄒᆞ오나 신싁 무셥ᄉᆞ오니 민망ᄒᆞ오이다 경슐 삼월 넘오일 ᄌᆞ부 ᄉᆞᆯ이

판독대비

번호	판독자료집	한국학중앙연구원 편 (2009a : 643~645)
1	지내오시며	지닉오시며
2	쉬이	쉬
3	거두시며	기루시며
4	쥴이나	듈이나
5	내아의도	닉아의도
6	셩ᄉᆞ온지	션ᄉᆞ온지
7	쥭고	듁고
8	쳠졀은	쳠졀은
9	슈육	슈뉵
10	무고ᄒᆞ시고	무ᄉᆞᄒᆞ시고
11	ᄀᆞ즉ᄒᆞ오나	그득ᄒᆞ오나
12	형님니	형님긔
13	썩 와	썩와
14	녀지	여지
15	녁딜도	역긔도
16	엇지되올지	엇지 되온지
17	어버의ᄂᆞ 아오로	어버의 미아오돗
18	지상후	지샹 후

의성김씨 학봉 김성일가 언간 099

⟨김성일가-099, 1829년, 의성김씨(첫째 딸) → 김진화(아버지)⟩

판독문

아바님 젼 샹술이

근봉

문안 알외옵고 날포 막히오니 슈요ᄒᆞ온 듕이오나 술드리 그립습고 굿부올 ᄎᆞ 어루신너 오실 젹 하셔 밧ᄌᆞ와 탐탐 희한 반갑습기 달포 그리옵던 부녀 만나온 듯 반갑ᄉᆞ오나 노ᄒᆞ니 슈지라 셥셥 굿부오며 ᄌᆞ시 아오니 츈화의 년ᄒᆞ와 긔듕 외로오신 긔톄후 만안ᄒᆞ옵시고 환졀 ᄯᅥ 되오니 식식 쳠졀이나 업ᄉᆞ오신가 술드리 그립습고 굿분 심회 굿짝 운쳔만 ᄇᆞ라 ᄆᆞᆷ 요량 업ᄉᆞ오이다 아바 아바 ᄉᆞ월의 오실여¹ ᄒᆞ시니² 반갑고 든든ᄒᆞ오나 무익습 부디부디 부녀 만나 반기ᄉᆞ이다 이곳 식은 큰어루신너 회힝ᄎᆞᄒᆞ옵시니 든든 즐겁ᄉᆞ오며 어루신너계셔도 평안ᄒᆞ옵시며 쇠동싱들 무양 식도 됴히 잇ᄉᆞ오니 만힝이올소이다 니 셔방은 그만ᄒᆞ옵고 금계ᄂᆞᆫ 보너려 ᄒᆞ오시나³ 아바 아니 계시고 긴치 아녀 못 보너시고 아바 오시면 보너려 ᄒᆞ옵ᄂᆞ이다 금계 긔별 어졔 드르니 져근집⁴ 환후들⁵ 일양이고 ᄎᆞᄋᆞᄂᆞᆫ 졈 긔졀 일신 긔화 ᄀᆞᆺ다 ᄒᆞ오니 든든 즐겁ᄉᆞ오이다 알외올 말슴 쳡쳡 남ᄉᆞ오나⁶ 급급 쓸⁷ 길 업서 그치옵 원촌 참판 ᄃᆡᆨ으로 붓치니 보실지 부디 슈이 오시기 극원이올소이다 긔튝 삼월 스물엿신날 녀식 술이

판독대비

번호	판독자료집	한국학중앙연구원 편 (2009a : 649~651)
1	ᄉᆞ월의 오실여	ᄉᆞ위도 이으실려
2	ᄒᆞ시니	ᄒᆞ오니
3	ᄒᆞ오시나	ᄒᆞ오이다
4	져근집	져근ᄃᆡᆨ
5	환후들	환후 등
6	남ᄉᆞ오나	남사오나
7	쓸	슬

〈김성일가-100, 1831년, 의성김씨(첫째 딸) → 김진화(아버지)〉

판독문

아바님 전 샹술이	
	근봉

문안 알외옵고 오래 문안 막히오니 하정의 우러와 답답하온 복모 부리옵지 못ᄒᆞ와 ᄒᆞ올 ᄎ 하인 오와 ᄒᆞ셔 밧ᄌᆞ와 슬피오니 셔슙의 년ᄒᆞ와 무산 증환으로 긔톄후 마이 블평ᄒᆞ오시던 가[1] 시부오니 듯ᄌᆞ와 울울 두립습고 진지 잡습기도 못ᄒᆞ시고 엄엄ᄒᆞ오신 근력 샹샹ᄒᆞ와 두 립ᄉᆞ오이다 식은 ᄃᆡ도 일양이오나 밧긔셔는 무산 증으로 삼ᄉᆞ 일지 괴로와 ᄒᆞ오시고 아히 들도 셩셩치 아니ᄒᆞ고 며ᄂᆞ리도 거번 열 쳡 약은 현효[2] 잇ᄂᆞᆫ 듯ᄒᆞ옵더니[3] 이번 이십 쳡 약 은 먹으니 효험도 잇ᄂᆞᆫ 줄 모ᄅᆞ고 음식 먹지 못 거동 수쳑ᄒᆞ오니 싱냥이나 ᄒᆞ거든 먹이더면 죠흘 거ᄉᆞᆯ 익탁ᄒᆞ오며 챵ᄋᆞᄂᆞᆫ 장난과 범졀이[4] 비샹비샹ᄒᆞ오니 긔특긔특 보비롭고 경ᄉᆞ 측 냥업ᄉᆞ오이다 쳔ᄉᆞ 단ᄉᆞ 다 무고ᄒᆞ오니 다힝ᄒᆞ오이다 올 모믹은 말할 것 업고 참흉인ᄃᆡ ᄯᅩ 츄ᄉᆞ도 가물과 츙지 괴샹괴샹ᄒᆞ니 만코 더살년이 될다 ᄒᆞ고 가역은 ᄒᆞ려 ᄒᆞ다가 보리 볼 것 업셔 무간ᄒᆡ이라 번화나 ᄒᆞ려 ᄒᆞ오나 아모려도 양식은[5] ᄒᆞᆯ 도리 바히 업고 팔 ᄃᆡ도 업고 ᄒᆞ 나 번화도 아니 ᄒᆞ여셔는 사름도 비를 맛고 못 사려니와 우션 사당이 모도 새여 두 짝 장 안ᄒᆡ 물이 그득이 들고 도벽ᄒᆞᆫ 거시 다 ᄶᅥ러지고 사우 문을 열고 보오니 비 새여 빈 ᄒᆞᆫ 곳 이 업스니 익탁익탁 불시의 고유도 아니코 다란 ᄃᆡ 뫼시ᄂᆞᆫ 수 업셔 도로 유지로 쌀고 덥고 겨요 비를 피ᄒᆞ여 계시오나 이번의 그 익식ᄒᆞ온 말을 엇지 다 측냥ᄒᆞ오리잇가[6] 그듕의 봄의 양식을 파노라 남의 집의와 샹놈의 집의 가 곡셕을 파라 오니 거긔[7] 빈ᄃᆡ가 무더와 온 안방 과 듕방과 사랑방과 모도 빈ᄃᆡ니 아마도 못 사라 ᄯᅥ날 밧긔 수가 업스니 온 방 벽을 모도 치고 다시 ᄒᆞ려 ᄒᆞᆸ 말ᄉᆞᆷ 하감ᄒᆞ옵심 젓ᄉᆞ와 이만 알외오며 내내 긔톄 만안ᄒᆞ오심 복튝ᄒᆞ 옵ᄂᆞ이다 이런 말ᄉᆞᆷ ᄒᆞ오면 ᄯᅩ 쑤둥ᄒᆞ실 듯ᄒᆞ오나 셕쇠를 졔믈 굽게 다리롤 일곱이나 ᄒᆞ게 큰 거ᄉᆞᆯ ᄒᆞ나만 ᄒᆞ고 자반 굽게 대엿 달이 젹쇠 ᄒᆞ나 장만ᄒᆞ오셔 보내시ᄋᆞᆸ 보션 ᄒᆞᆫ 거리 가 옵ᄂᆞ이다 신묘 칠월 초삼일 ᄌᆞ식 술이

판독대비

번호	판독자료집	한국학중앙연구원 편 (2009a : 655~658)
1	블평ᄒ오시던가	불평ᄒ오시던가
2	현효	현효가
3	돗ᄒ옵더니	닷ᄒ옵더니
4	범절이	빗쳐 도이
5	양식은	양식을
6	측냥ᄒ오리잇가	측양ᄒ오리잇가
7	거긔	거의

의성김씨 학봉 김성일가 언간 101

〈김성일가-101, 1832년, 의성김씨(둘째 딸) → 김진화(아버지)〉

판독문

> 아바님 젼 샹술이
>
> 근봉

문안 알외읍고 틱봉이 도라오기 고디ᄒ올 ᄎ 드러오오며 하셔 밧ᄌ와 ᄌ시 슬피오니 긔톄후 만타[1] 못 슈족 간조ᄒ읍신 증환 복발ᄒ읍심 듯ᄌ와 놀납ᄉ옴 측냥 못 ᄒ읍 그후 날포 되오니 향모 간졀 부리읍디[2] 못ᄒ오며 일긔 괴샹이 고라지 아니ᄒ온디 다ᄉ 듕 년ᄒ와[3] 긔톄후 만안ᄒ읍셔 불평ᄒ읍신 대 쾌ᄎ ᄒ읍시며 범졀이 엇더ᄒ시읍 죠셕지되[4] 경과 오즉디[5] 아니오심 무익히 잇치올 젹 업ᄉ오나 ᄉᄉ의 졀통 졀통ᄒ읍 두 인이 일 듕식을 ᄒ고 아바님 경과 그덧ᄒ오심[6] ᄎ마ᄎ마 듭듭ᄒ오이다 식은 어마님 □환[7] 고극ᄒ읍시고 ᄎ돌 무양ᄒ고 아ᄌ바님 긔운 일양ᄒ읍시니 든든[8] 아ᄌ마님 슌산ᄒ엿ᄉ오나 소망의 ᄀᆺ디 못ᄒ오니 졀통졀통ᄒ읍 아ᄒ들 무양ᄒᄒ니 다힝 오라바님 헌듸 완합지경 되니 다힝ᄒ오이다 셔산 아ᄌ바님 복직ᄒ읍시니 든든 아바님과 ᄀᆺ치 가 겨실 일 든든ᄒ읍 계남은 쳘우들 ᄒ엿는가 시부나[9] 불샹 가련ᄒ 챵연은 무양타 ᄒ오니 다힝ᄒ오이다 알외올 말ᄉᆷ 쳡츌ᄒ오나 단문 이만 알외오며 상한의 내내 긔톄후 만안ᄒ읍신 문안 츅슈츅슈ᄒ ᄒᄒ읍ᄂ이다 임진 십월 열이튼날 식 술이

판독대비

번호	판독자료집	한국학중앙연구원 편 (2009a : 662~663)
1	만타	안타
2	부리옵디	부리옵지
3	년ㅎ와	연ㅎ와
4	죠셕지되	죠셕 지되
5	오죽디	오속디
6	그덧ㅎ오심	그리 더ㅎ오심
7	□환	증환
8	든든	듈
9	시부나	시브나

의성김씨 학봉 김성일가 언간 102

〈김성일가-102, 1833년, 의성김씨(둘째 딸) → 김진화(아버지)〉

판독문

아바님 젼 상술이 봉

〔봉투 후면〕 날셰 이러ᄒᆞ옵기로 ᄉᆡ 보션은 못 기워 보ᄂᆡ옵
ᄉᆡ 금보션 두 거리 기워 보ᄂᆡ옵ᄂᆞ이다

문안 알외옵고 그리로 힝ᄎᆞᄒᆞ옵신 후 문안 아득ᄒᆞ오니 듀야의 답답ᄒᆞ온 향념 근졀 부리온 시 업ᄉᆞ올 ᄎᆞ 하인 다치오며 이어 하셔 밧ᄌᆞ와 술피오니 힝ᄎᆞ 후 별쳠 업ᄉᆞ오셔 그러ᄒᆞ옵신 일 든든 경ᄉᆞ롭ᄉᆞᆸ기 어ᄃᆡ 비ᄒᆞ오리잇가 도임ᄒᆞ옵셔 쏘 영문 길 ᄒᆞ옵시다 ᄒᆞ오니 그ᄉᆞ이 하마 도라와 계실 듯ᄒᆞ옵 그ᄉᆞ이 쎄치옵셔[1] 긔톄후 만안ᄒᆞ옵시니잇가 두루 굼겁ᄉᆞ와 ᄒᆞ옵ᄂᆞ이다 ᄌᆞ식은 어마님계옵셔 별양ᄒᆞ옵신 병환은 업ᄉᆞ오시나 아ᄌᆞ바님 거번 무슨 병환이온지 죠곰 낫더니[2] 쏘 시작ᄒᆞ오니 무슨 병환이온고 답답ᄉᆞᆸ고 신음신음ᄒᆞ옵시니 졀박ᄒᆞ옵고 ᄎᆞ돌은 무양 츙실ᄒᆞ오니[3] 든든ᄒᆞ옵고 각 집 그만ᄒᆞ오니 다힝ᄒᆞ오며 ᄌᆞ식도 여러 남ᄆᆡ 무병ᄒᆞ오니 다힝이옵고 그 밧 그만들 ᄒᆞ오니 만힝이오며 계남 긔별 듯ᄌᆞ오니 창연 무양 츙실타 ᄒᆞ오니 다힝ᄒᆞ오나 원슈 이ᄣᅵ를 당ᄒᆞ여 불샹코 늣거운 ᄯᅩᆼ상이 머지아니ᄒᆞ오니 원통원통 무슨 나이 만ᄒᆞ여 그러ᄒᆞᆫ고 아바님 고을을 ᄒᆡ겟다 ᄒᆞ오면 오족 조하ᄒᆞ리만은 아득히 모라ᄂᆞᆫ고 어ᄂᆞ 곳의 비겨 늣기고 늣기ᄂᆞᆫ고 불상ᄒᆞᆫ들 무엇ᄒᆞ오리잇가 역질이 잇다고 창연을 이리 다려오려 ᄒᆞ엿ᄉᆞᆸ더니 홀연간의 ᄌᆞ식이 시두를 시작ᄒᆞ여 못 다려오니 불상홀 ᄲᅮᆫ이옵 알외옴 남ᄉᆞ오나 다ᄉᆞ 듕 술피오심 지리ᄒᆞ와 이만 알외오며 내내 긔톄후 안녕ᄒᆞ옵신 문안 튝슈튝슈ᄒᆞ옵ᄂᆞ이다 계ᄉᆞ 칠월 초여드랜날 ᄌᆞ식 술이

판독대비

번호	판독자료집	한국학중앙연구원 편 (2009a : 667~668)
1	쎄치옵셔	쎄치옵신 져
2	낫더니	낫낫더니
3	츙실ᄒᆞ오니	튱실ᄒᆞ오니

의성김씨 학봉 김성일가 언간 103

〈김성일가-103, 1847년, 의성김씨(둘째 딸) → 김진화(아버지)〉

판독문

> 아바님 전 샹슬이
>
> 근봉

문안 알외읍고 돌포 슬이도 못 알외오니 엇지 ᄌ식이라 ᄒ올고 여러 슌 하셔 밧ᄌ와 뵈왓습고 날셰 졈졈 치위 되오니 긔톄후 쳠샹ᄒ읍신 일이나 업ᄉ오신가 쳔 니 밧 낙낙ᄒ온 원녀 아모라타 못ᄒ올 분 셔모의 죽엄은 돌포 그덧ᄒ다 ᄒ오나 약효로 그리 늣거울 줄 ᄯᅳᆺᄒ지 아니ᄒ엿습더니 지고 마ᄎ¹ 바려 어느 ᄉ이 깁히깁히 뭇는다 ᄒ오니 원통원통 불샹불샹 그리 늣거울넌가 불샹불샹ᄒ읍고 아바님 엇지 경과ᄒ시는고 쳔 니 밧 경과의 식ᄉ롤² 밧드ᄂ니³ 업시 관청 음식을 엇지엇지 견듸읍실고⁴ 병환은⁵ ᄌᄌ시고 뉘가 그러케 밧ᄃ올고 싱각ᄒ오며 답답 아모려나 병환이나 아니 나시기 츅쳔츅쳔ᄒ읍ᄂ이다 식은 쳔만 몽미 밧 싀조모 상ᄉ롤 당ᄉ와 장ᄉ까지 니오시니 허우럭 늣겁ᄉ온 디통 엇지 다ᄒ오며 밧어루신니 여롭니 이 기리 복통 왕왕이 녀샹ᄒ신 날 업ᄉ오니 답답 두립습고 호쳘 부ᄌ도 환탈ᄒ오니 졀박ᄒ오이다 금계는 별우는 업ᄉ온가 시부오니 든든ᄒ오이다 알외올 말ᄉᆷ 남ᄉ오나 졍신 어둑ᄒ오니 이만 알알외오며 내내 긔톄후 만안ᄒ읍신 문안 복츅ᄒ읍ᄂ이다 올흔 초상 당습고 장ᄉ 지니고 어둑어둑ᄒ오니 슬이도 알외읍지 못 죄송⁶ 섭섭ᄒ읍ᄂ이다 졍미 구월 십이일 식 슬이

판독대비

번호	판독자료집	한국학중앙연구원 편 (2009a : 671~673)
1	지고 마ᄎ	짐마ᄎ
2	경과의 식ᄉ롤	경과 의식ᄉ롤
3	밧드ᄂ니	밧드오니
4	견듸읍실고	견듸읍신고
5	병환은	병화은
6	죄송	죄송

의성김씨 학봉 김성일가 언간 104

〈김성일가-104, 1847년, 의성김씨(넷째 딸) → 김진화(아버지)〉

판독문

> 아바님 젼 샹슬이
>
> 근봉

문안 알외옵고 하인 도라가온 후 다시 아득ᄒ오니 쥬야 우러와 빅수쇠안이 의희 그리워 잠
젼[1] 잇잡지 못ᄒ오며 엄동의 년ᄒ와 긔톄후 별 쳠샹이나 업수옵신지 오미일야의 불이지 못
ᄒ오며 진지 잡스시기와[2] 근력 슈습이 엇더ᄒ옵신고 츠마츠마 남쳔을 우러러 친안이 아으
라 그리워 못 견더올소이다 쾌돌은 지금도 잇고 무양ᄒ오며 관스의 걱정이나 덜ᄒ옵신지
치위는 극심ᄒ옵고 뉘긔 의식을 맛지신고 일념의 잇잡지 못ᄒ오며 이직이나 ᄒ시면 죠흘
듯ᄒ오이다 식은 무슨 슈익으로 쳔쳔 몽미 밧 쇠조의 샹ᄉ룰[3] 당ᄉ오니 망창코 한심한심 티
산지틱이[4] 일조일셕지간의 창희가 업친 모양이오니 이 어인 일이온고 츠마츠마 한심 가이
업수온 듕 셩졍 후풍을 쳔고 긔한 업시 여희오니 앗갑습고 갈스록 사랑도 솟는 듯ᄒ더니 식
의 박복ᄒ미라 북두 갓흔 은이룰 어ᄂ 곳의 가 밧즈올고 원통원통 늣겁고 가이업스올 밧 어
ᄂ 셰월의 다시 한을 시술고 통악통악ᄒ오며 칠십 당연ᄒ신 안노인 가이업습고 만실 비황
듕 엄엄ᄒ시고 가력은[5] 불승ᄒ온더 붓어루신니 심녀 보옵기 민망ᄒ옵고 녀식도 병은 아니
낫스오나 상가 골믈 시진 괴롭고 슬푸오이다 말슴 쳡쳡ᄒ오나 이만 알외오며 내내 티평 만
강ᄒ옵신 문안 복츅ᄒ옵ᄂ이다 뎡미 납월 초칠일 식 슬이

판독대비

번호	판독자료집	한국학중앙연구원 편 (2009a : 677∼678)
1	잠 젼	잠젼
2	잡스시기와	줍스시기와
3	샹ᄉ룰	샹ᄉ룰
4	티산지틱이	티산지틱이
5	가력은	가련은

의성김씨 학봉 김성일가 언간 105

〈김성일가-105, 1847년, 의성김씨(넷째 딸) → 김진화(아버지)〉

판독문

아바님 전 샹술이

근봉

이져는 그만ᄒᆞ오니 스힝이오나 날이 만코 숑구영신을 당ᄉᆞ오니 시로온 비회 사흘 곳 업습
고 지극 편이ᄒᆞᄒᆞ옵시고 명절ᄒᆞ신 ᄌᆞ최 졈졈 머러 가오니 ᄎᆞ마ᄎᆞ마 망극 가이업습ᄂᆞ이다
쟝ᄉᆞ도 졍월의 지너려 ᄒᆞ오나 쳡쳡 걱졍 심녀들 보기 졀박ᄉᆞ오이다[1] 금계 소식 아득ᄒᆞ니 굼
겁습고 계밍의 무한 걱졍 못 잇치옵고 인돌은 왓다 ᄒᆞ니 씌이지나 아닐동 두루 고향 싱각
굿부오이다 아바님 셩쥬 목사 ᄒᆞ시면 디희홀 ᄃᆞᆺᄒᆞ오나 엇지 쉽습 이 압희 알튼 증은 마양
그러ᄒᆞ옵 고약 화졔ᄒᆞ여 노코 인히 이러ᄒᆞ오니 이져는 긔세 불치ᄒᆞ여 못 먹을 ᄃᆞᆺᄒᆞ오이다
뎡월 당ᄉᆞᄒᆞ면 아모 약이라도 이월의 먹을 거시오니 직금 고환을 지으면 졀노 굿써 먹을 ᄃᆞᆺ
염녀 업ᄉᆞ올 거시오니 흑웅고환을 지어 쥬시옵 집의 오시거든 부디 이리 오시기 츅슈ᄒᆞ오
나 헌데가 슈이 낫지 아니시면 엇지ᄒᆞ올고 부디 그동안 쾌ᄎᆞᆺᄒᆞ시고 과셰 평안이 ᄒᆞ옵셔 명
년은 옥동 손ᄌᆞ나 보시고 이직이나 ᄒᆞ여 조흔 디 올무시기 츅슈츅슈 내내 톄후 강녕ᄒᆞ옵신
문안과 슈이 뵈옵기 복츅ᄒᆞ옵ᄂᆞ이다 보내신 것 반겨 스옵고 져고리ᄀᆞ옵 요긴요긴ᄒᆞ오며 낫
낫치 싱광이올소이다 검졔로[2] 부치신 편지 못 보앗습고 장긔 가지고 졍초의나 하인 갈 ᄃᆞᆺᄒᆞ
오니 긔별ᄒᆞ신 말슴은 굿써 ᄒᆞ오리다 아모것도 창졸 못 보내오며 츅이 디구 두 마리 쇼쇼
ᄒᆞ오나 슐안쥬 ᄒᆞ시옵 헌듸가 그러ᄒᆞ시니 취한이나 ᄌᆞ로 ᄒᆞ시고 조토록 ᄒᆞ여 후환이 업게
ᄒᆞ기 복츅이올소이다 뎡미 납월 넘칠일 식 슐이

판독대비

번호	판독자료집	한국학중앙연구원 편 (2009a : 682~684)
1	졀박ᄉᆞ오이다	졀박ᄒᆞ오이다
2	검졔로	금졔로

의성김씨 학봉 김성일가 언간 106

〈김성일가-106, 1847년, 의성김씨(둘째 딸) → 김진화(아버지)〉

판독문

아바님 젼 샹술이   근봉

문안 알외옵고 둘포 아득 막히오니 낙낙히 우러와 답답 그립스온 하졍 측냥업스올 초 인편의 하셔 밧즈와 즈시 뵈오니 심동의 년호와 긔톄후 대단 쳠졀은 업스오신가 시부오니 경스 측냥업스오나 복통으로 괴로와호옵신다 호옵더니 이스이는 엇더나 호오신고 의식스롤 슐드리 밧드느니 업시 엇지엇지 견디시눈고 관쳥 음식을 엇지 잡스오시눈고 무익히 박히올 쑨이올소이다 이건도 무스호오며 이둘의 니직이나 호실가¹ 하 낙낙호오니 답답호오이다 식은 밧어루신니 무순 병환이신고 일월을 넘어 민망민망히 지니시고 이저는 너누룩호오니 경스오며 식도 모지 병수는 업스오나 감기 괴롭스오이다 집 긔별도 쇠훤치 아니호오며 새덕을 보니고 졀박 못 견디 호오며 오라 호오니 넘후 가오려 호오나 수란호오이다 한들집 순산호다 호오니 긔특호오나 잡증이 만타 호더니 엇더호온지 인동집 쇠조부 상스롤 당호고 어린 거시 치위예 골물 엇지 감당호눈고² 못 니치옵느이다 알외올 말솜 쳡쳡호오나 지리호와 이만 알외오며 내내 긔톄후 만안호옵심 복츅호오며 셰후 즉시 집으로 오시려 호오니 든든호오나 셰박호오니 쳔 니 긱지예 혼자 계옵셔 환셰호올 일 슬드리 박히옵느이다 병오 납월 십칠일 즈식 술이

판독대비

번호	판독자료집	한국학중앙연구원 편 (2009a : 688~689)
1	호실가	호신가
2	감당호눈고	감당홀고

의성김씨 학봉 김성일가 언간 107

⟨김성일가-107, 1848년, 의성김씨(둘째 딸) → 김진화(아버지)⟩

판독문

아바님 젼 샹술이

문안 알외옵고 하인 오오며 즈시 아오니 긔톄후 대단 불평ㅎ옵셔 외인족으로 대단히 근위
깁습게 평안치 못ㅎ옵시고 히소와 식식 증환 놀납스와 엇지 그러ㅎ옵신고[1] 답답 두립습고
의원도 진시 보옵지 못ㅎ옵고 엇지엇지ㅎ올고 이탁이탁 심신 건궁의 쓰이온 듯ㅎ오며 셔모
도 셩치 못ㅎ다 ㅎ오니 졀박ㅎ오이다 예는 어마님 감환 써나 그러ㅎ온가 누어 알ㅎ시니 답
답 수란수란ㅎ옵고 의원은 갓습고 인돌의 약은 어제까지 먹고 다시 아니 먹스오며 그 밧 그
만ㅎ오며 식은 침 마즛스오나 나은 일 업습ᄂ이다 알외올 말슴 남스오나 이놈 지촉지촉ㅎ
오니 이만 그치오며 아모려나 그 증환 쾌히 향감되옵신 문안 축슈축슈ㅎ옵ᄂ이다[2] 스월 초
십일 즈식 술이

판독대비

번호	판독자료집	한국학중앙연구원 편 (2009a : 692~694)
1	그러ㅎ옵신고	그러ㅎ압신고
2	축슈축슈ㅎ옵ᄂ이다	축슈축슈ㅎ옵나이다

의성김씨 학봉 김성일가 언간 108

〈김성일가-108, 1848년, 의성김씨(둘째 딸) → 김진화(아버지)〉

판독문

아바님 젼 샹술이

근봉

문안 알외옵고 하인 도라가온 후 아득ᄒ오니 낙낙히 우러와 답답 두립ᄉ온 복녀 일시도 노히올 길 업ᄉ오니 언제나 게롤 ᄯ러나실고 졈졈 곤긔 되오니 년ᄒ와 긔톄후 만안ᄒ옵셔 쳠졀이나 업ᄉ오시고 진지 잡ᄉ오시기나 어떠ᄒ오신고 그덧 못 잡ᄉ오신다[1] ᄒ오니 답답 이탁 두립ᄉ옵고 아오라 뉘 뫼시고 닛ᄂ니 니실가 그져 굽굽ᄒ오이다[2] 식은 어마님 둥간의 흉복통 대단대단 수십여 일이나 민망히 지너시고 요ᄉ이 그만ᄒ옵고 계밍도 낙방ᄒ고 도라와 별히 업ᄉ오나 졀통ᄒ오며 새되이나 다 그만ᄒ옵고 용담딕 오고져 넉이오니 ᄃ려왓ᄉ오나 파려ᄒ오니 아쳐롭ᄉ오며 식도 노샹 셩셩치 못ᄒ옵고 법흥 시긔로 호쳘도 못 보니고 작난 믜워 어렵ᄉ오며 인돌도 한들 가고 못[3] 가 니를 것 업ᄉ올[4] ᄃᆺ 알시롭ᄉ오이다[5] 셔울은 아ᄌ바님 과거 싀휜ᄒ오나 회시 엇더ᄒ올고 시부오이다 알외올 말ᄊᆷ 하감ᄒ옵심 지리 이만 알외오며 내내 긔톄후 만안ᄒ옵심 복츅ᄒ옵ᄂ이다 식의 도라가옵기는 오월 즈음 되올 ᄃᆺᄒ오나 주울이[6] 업지 아니오니 모슈 ᄌ이나 싱각ᄒ오시나 요량ᄒ옵셔 무얼 싱각ᄒ옵신가 ᄒ옵ᄂ이다 무신 ᄉ월 십팔일 식 술이

판독대비

번호	판독자료집	한국학중앙연구원 편 (2009a : 697~699)
1	잡ᄉ오신다	좁ᄉ오신다
2	굽굽ᄒ오이다	급급ᄒ오이다
3	가고 못	가고로
4	업ᄉ올	업ᄉ온
5	알시롭ᄉ오이다	안시롭ᄉ오이다
6	주울이	주울 이

의성김씨 학봉 김성일가 언간 109

〈김성일가-109, 1848년, 의성김씨(둘째 딸) → 김진화(아버지)〉

판독문

아바님 젼 샹술이

문안 알외옵고 하인 오오며 하셔 밧즈와 즈시 술피오니 날이 불평ㅎ옵신 긔톄후 그러ㅎ옵시다 ㅎ오니 답답 졀민 두립ㅅ오며 의원이 왓는가 시부오니 의논ㅎ와 무슨 약이나 잡스오시면 죠흘 듯ㅎ오며 너아의도 그만ㅎ온가 예는 어마님 병은 그만ㅎ오나 신관이 엄엄 여지 업스와 그러ㅎ옵고 본더[1] 본병환인[2] 듯ㅎ오며 게셔 온 약은 아니 쓰옵고 인삼은 다려 잡스오시고 돈은 보니신 더로 ㅎ오리이다 츳돌은 구열 대단대단ㅎ옵더니[3] 어제부터 나아 오날은 거의 다 나아 가오나 거동 수쳑ㅎ오니 심녀되오며 뉴집 셩셩치 못ㅎ기 일양이오니 졀박ㅎᄂ이다 시로 짓는 집의 다린 탈은 오날밤 잡으려 ㅎ옵ᄂ이다 지쵹지쵹 이만 알외옵ᄂ이다 봉더 형님 그만ㅎ오이다 어마님 병환은 별단 증세 업스오니 보원이나 ㅎ오면 엇더ㅎ올지[4]

판독대비

번호	판독자료집	한국학중앙연구원 편 (2009a : 702~703)
1	본더	분더
2	본병환인	분병환인
3	대단대단ㅎ옵더니	대단대단ㅎ숩더니
4	엇더ㅎ올지	엇더ㅎ온지

의성김씨 학봉 김성일가 언간 110

⟨김성일가-110, 1848년 전후, 의성김씨(셋째 딸) → 김진화(아버지)⟩

판독문

문안 알외옵고 날포 문안 막히니 그죽을 우러와 슬드리 그립고 슬푼 심회 지향 못 ᄒ올 ᄎ 하인 오며 하셔 밧ᄌ와 탐혼 반기고 ᄌ시 슬피오니 디단 쳠절은 아니 계신가 시부니 든든 경시 그지업습고 ᄎ돌 무양ᄒᄋ온가 시브오니[1] 긔특 이긔로온 음용이 이목의 버러 시시 그립 고 굿부온 심ᄉ 지향 못 ᄒ올쇼이다 서모도 그만ᄒᆞᆸ 굼겁습 식은 시후 일양이고 뉴랑도 일 양 긔환치 아니오니 아마 그 부족ᄒ여 그러ᄒ온 듯 이탁습고 언제 일어[2] 닷닐동 소셩 아득 ᄒᄋ오이다 식도 신음 일양이오니 시진 괴롭습고 수일지는 체증 괴샹괴샹ᄒ오니 그저 괴롭ᄉ 오이다 금계[3] 소식 아득ᄒ오니 답답ᄒᆞᆸ 뉴랑이 긔운이 업셔 그러ᄒ온 듯ᄒ오나 긔셰도 업 술 분 기는 아조 주저ᄒᄒ오니 절박습 알외옴 남ᄉ오나 급급 이만 알외오며 내내 긔톄 만안 ᄒᆞᆸ신[4] 쇼식 복튝ᄒᆞᆸᄂ이다 즙고기 졋 왓습 그걸노 ᄒ여 음식을 먹으나 ᄒ 번만[5] 먹으면 넘증을 내니 절박습 대 ᄒ나 줄나 ᄒ시더니 주시면 조흘 듯 체증으로 담비나 먹으면 조흘 듯ᄒᆞᆸ 약은 다 왓습ᄂ이다

판독대비

번호	판독자료집	한국학중앙연구원 편 (2009a : 706~708)
1	시브오니	시부오니
2	일어	이러
3	금계	급데
4	만안ᄒᆞᆸ신	안녕ᄒᆞᆸ신
5	ᄒ 번만	ᄒᆞᆫ번 안

의성김씨 학봉 김성일가 언간 111

〈김성일가-111, 19세기 전기, 의성김씨(둘째 딸) → 김진화(아버지)〉

판독문

아바님 젼 샹술이

문안 알외옵고 회힝초호옵신 후 아득히 막히오니 그리 평안치 못호시던 거술 쎄쳐 가 계셔 더치지나 아니호신가 답답호옵더니 하인 오오며 하셔 밧즈와 술피오니 긔톄후 대단 불평호옵셔 희소[1]와 격담으로 민망호옵시다 호오니 답답 두립스온 놓녀 엇더타 못호오며 그스이 엇더호온고 답답호오이다 셔모는 그만호온가 시부오니 다힝호오이다 즈식은 밧어루신니 감환 불평호오니 민망호오이다 즈식은 일양이오니 괴롭습고 검졔눈[2] 그만호온 일 다힝호오이다 어마님 경쥬 길은 호옵기로 호시니 어느날이 되온지 졍호여 보니오면[3] 검졔로[4] 가오려 긔별호신 디로 호오리이다 한들은 아득호오니 답답호오이다 녕감[5] 도로 온다 말 잇스오니 익싞호오이다 알외올 말솜 하감호옵심 지리 이만이오며 불평 긔후 향감호옵시기 복츅호옵 느이다 하숑호온 거슨 즈시즈시[6] 밧즈와 요긴호오이다 넘일일 즈식 술이

판독대비

번호	판독자료집	한국학중앙연구원 편 (2009a : 711~712)
1	희소	희수
2	검졔눈	김졔눈
3	보니오면	본니오면
4	검졔로	김졔로
5	녕감	영감
6	즈시즈시	즈시

의성김씨 학봉 김성일가 언간 112

〈김성일가-112, 1835~1847년, 의성김씨(셋째 딸) → 김진화(아버지)〉

판독문

아바님 젼 샹술이

문안 알외옵고 날포[1] 막히오니 답답 그립스오며 이 동안 변통 엇더엇더ᄒᆞ옵시며 완합이 되여□□가[2] 모라와 슐드리 그립고 굿부온 넘녀 아모라타 못ᄒᆞ올소이다 셔모도 노 알는다 ᄒᆞ더니 이동안 엇더ᄒᆞ온고 굼겁스오이다 ᄌᆞ식은 어제[3] 왓스오나 본집의는 못 드러가고 싱졍의 잇스오나 동들 손의 맛겨 두고 졀박 이탁ᄒᆞ오나 못 드러가게 ᄒᆞ오니 ᄯᆞᆫ 집의 안자 이탁ᄒᆞ오나 오날부터는 의법 감세 잇다 ᄒᆞ오나 엇덜동 답답ᄒᆞ오이다 검제는 그만ᄒᆞ오나 인돌 곰창 일양이오니 졀박스오이다 알외옴 남스오나 계남 스장[4] 급급이 가신다 ᄒᆞ기의 좀간 알외옵ᄂᆞ이다 뉴 셔방이 스당을 달나[5] 쳥종[6] 긔별ᄒᆞ라 ᄒᆞ오니 긔별ᄒᆞ옵ᄂᆞ이다

판독대비

번호	판독자료집	한국학중앙연구원 편 (2009a : 715~717)
1	날포	날로
2	되여□□가	되여 계신가
3	어제	이제
4	스장	스졍
5	달나	단나
6	쳥종	쳥동

의성김씨 학봉 김성일가 언간 113

〈김성일가-113, 1835~1847년, 의성김씨(둘째 딸) → 김진화(아버지)〉

판독문

아바님 젼 샹술이

문안 알외옵고 의외 명철 오오니[1] 놀납ᄉ오며 ᄌ시 아오니 년ᄒ와 긔톄후 쳠졀은 업ᄉ오심 경ᄉ 측냥업ᄉ오나 허다 심녀 민망 답답ᄒ오며 츳돌은 무양ᄒ온가 셔모 거번 무산 증으로 막혀 대히 지닌다 ᄒ오니 그만ᄒ온 후오나 놀납ᄉ오이다 예ᄂ 대단 별우ᄂ 업ᄉ오나 인돌은 약 먹습고[2] 이즘 그만ᄒ오니 긔특ᄒ오이다[3] ᄒ들은 뉴랑 그만ᄒ다 ᄒ오니 다힝다힝ᄒ오나 뉴집 방긔 깁다 ᄒ오니 넘녀되옵ᄂ이다 알외올 말ᄉᆷ 하감ᄒ옵심 젓ᄉ와 이만 알외오며 내내 긔톄후 만안ᄒ옵시기 복츅ᄒ옵ᄂ이다 올 뉵월의나 이직이나 ᄒ옵실가 츅슈츅슈ᄒ옵ᄂ이다 뉴월 초이일 ᄌ식 술이

판독대비

번호	판독자료집	한국학중앙연구원 편 (2009a : 719~721)
1	오오니	오니
2	먹습고	업습고
3	긔특ᄒ오이다	긔특ᄒ오나

의성김씨 학봉 김성일가 언간 114

〈김성일가-114, 1848년, 의성김씨(셋째 딸) → 김진화(아버지)〉

판독문

> 아바님 젼 샹술이

문안 알외옵고 문안 듯ᄌ온 지 오리되오니 슉야의 답답 아ᄒ라이 그립ᄉᆞᆸ고 두리온 용녀 측
냥 못 ᄒᆞ오며 집의 오니 그립ᄉᆞ온 심회 더 지향 업습ᄂᆞ이다 겨을[1] 그리 칩지 아니신ᄃᆡ 년ᄒᆞ
와 긱즁[2] 불평[3] 긔톄 쳠졀이나 업ᄉᆞ와 침슈 범졀이 엇더ᄒᆞ옵신고[4] 오미 일념의 부리옵ᄃᆡ[5]
못ᄒᆞ올 듯 언제나 도라오실고 식식이로 평안틀 못ᄒᆞ오시고 겨을[6] 당ᄉᆞ와 촉쳐의[7] 견ᄃᆡ시ᄂᆞᆫ
도리 ᄎᆞ마 박히오며 아듕 무ᄉᆞᄒᆞ옵고[8] 다른 년고나 업습ᄂᆞ니잇가 식은 어제 왓습고 어마님
근녁 엄엄ᄒᆞ옵시니 두립습고 계믱도 파려ᄒᆞ오니 알시롭ᄉᆞᆸ[9] 새됵 셩습고 식도 목 압푸기 일
양이오나 약 먹으면 슈이 나을 거시니 이 깃득ᄒᆞ신ᄃᆡ[10] 너모 심녀 마시옵기 ᄇᆞ라옵ᄂᆞ이다[11]
인동 긔별 모라니 답답ᄒᆞ옵고 임각은 무고ᄒᆞ온 듯 다힝습 슈ᄋ[12] 감긔 동시 낫지 못 졀박
심녀 괴롭습 인돌은 두고 와 걸녀 어렵ᄉᆞ오나 이져ᄂᆞᆫ 사룸이 치 되여 의슥ᄒᆞ오니[13] 긔특ᄒᆞ
옵 알외올 말ᄉᆞᆷ 쳡쳡ᄒᆞ오나 급급 이만 알외오며 닉닉 긱즁[14] 그아나[15] ᄒᆞ옵시기 ᄇᆞ라옵ᄂᆞ이
다 무신 지월 회일 식 술이

판독대비

번호	판독자료집	한국학중앙연구원 편 (2009a : 724~725)
1	겨을	겨울
2	긱즁	긱듕
3	불평	불녕
4	엇더ᄒᆞᆸ신고	엇더ᄒᆞᆸ실고
5	부리ᄋᆞᆸ디	부리ᄋᆞᆸ지
6	겨을	겨울
7	촉쳐의	축쳐의
8	무스ᄒᆞᆸ고	무스ᄒᆞ압고
9	알시롭습	안시롭습
10	ᄀᆞᆺ득ᄒᆞ신더	ᄀᆞᆺ득ᄒᆞ오신더
11	ᄇ라ᄋᆞᆸᄂᆞ이다	ᄇ라ᄋᆞᆸ
12	슈ᄋ	숙모
13	의슉ᄒᆞ오니	의슉ᄒᆞ오니
14	긱즁	긱듕
15	그아나	무스나

의성김씨 학봉 김성일가 언간 115

〈김성일가-115, 1849년, 의성김씨(둘째 딸) → 김진화(아버지)〉

판독문

> 능쥬
> 대아 입납 님각식 술이

[봉투 후면]   근봉

> 아바님 젼 샹술이
>   근봉

문안 알외옵고 그 병환 둥 써나신 후 다시 긔별을 모라오니[1] 다시 엇더ᄒᆞ옵신고 낙낙히 우러와 답답 그립ᄉᆞ온 하졍 브리옵지[2] 못ᄒᆞᆯ 츠 검계로[3] 듯ᄌᆞ오니[4] 써나신 후 둥노의셔 병환을 더쳐 대단대단 위둥ᄒᆞ옵시던가 시부오니 ᄌᆞ쥬 놀납고 환관ᄒᆞ옵신 후ᄂᆞᆫ[5] 여지업ᄉᆞ오신ᄃᆡ 살옥으로[6] 써나시더라 ᄒᆞ오니 심녀 답답ᄒᆞ오나 언제 ᄯᅩ 듯ᄌᆞ올고 답답 낙낙ᄒᆞ오니 언제 싀 휜ᄒᆞ온 긔별 듯ᄌᆞ올고 답답ᄒᆞ오이다 그ᄉᆞ이 년ᄒᆞ와 불평ᄒᆞ옵신 긔톄후 향감ᄒᆞ옵셔 만안ᄒᆞ옵시니잇가 진지 잡습기[7] 요ᄉᆞ이ᄂᆞᆫ 죠곰 나으신가 구미 당ᄒᆞ온 거ᄉᆞᆫ 업습고 경과 엇지ᄒᆞ시ᄂᆞᆫ고[8] 무익히 굽굽ᄒᆞ오이다[9] 금계ᄂᆞᆫ 그만ᄒᆞ온 일 든든ᄒᆞ오나 새딕 근친ᄒᆞ옵고 집안 빈 듯 절박ᄒᆞ오며 식은 신후[10] 금안ᄒᆞ옵시니 든든ᄒᆞ오나 ᄂᆡ 셔방 수쳑ᄒᆞ오니 절박ᄒᆞ오나 약도 먹으려 ᄒᆞ옵다가 노용 업셔 못 먹ᄉᆞ오니 노용이 혹 닛습거든[11] 고암심심환 먹을 마치 어더 주시면 죠흘 듯ᄒᆞ오이다 호쳘은 여기 홍진 슌치 아니니 집이 두고 와셔 답답ᄒᆞ오이다 식도 그 후 그만ᄒᆞ오나 싀여지ᄂᆞᆫ 듯 괴롭ᄉᆞ오이다 알외올 말ᄉᆞᆷ 하감ᄒᆞ옵심 지리 이만 알외오며 ᄂᆡᄂᆡ 긔후 쾌복 여상ᄒᆞ옵신 문안 복츅복츅ᄒᆞ옵ᄂᆞ이다[12] 아모것도 못 섭섭ᄒᆞ오이오이다 긔유 육월 망일 ᄌᆞ식 술이

판독대비

번호	판독자료집	한국학중앙연구원 편 (2009a : 728~730)
1	모라오니	모륵오니
2	브리옵지	부리옵지
3	검졔로	김졔로
4	듯ᄌ오니	듯ᄉ오니
5	후눈	후도
6	살옥으로	산음으로
7	잡습기	잡슈기
8	엇지ᄒ시눈고	엇지ᄒ시옵고
9	굽굽ᄒ오이다	급급ᄒ오이다
10	신후	시후
11	닛습거든	잇습거든
12	복츅복츅ᄒ옵ᄂ이다	복츅ᄒ옵ᄂ이다

의성김씨 학봉 김성일가 언간 116

〈김성일가-116, 1849년, 의성김씨(둘째 딸) → 김진화(아버지)〉

판독문

> 아바님 전 샹술이
>
> 근봉

문안 알외옵고 수월의 이리 오신다고 날마다 기드리옵다가 그리 총총이 도라가시다 ᄒ고
하인만 오오니 기시 담이 쩌러지는 듯ᄒ고 셥셥 낙심 위혈 업숩던 말솜 어이 다 긔록ᄒ오리
잇가 그 후는 금계로 다시 인편 업시 츤 녁 달 만의 이지야 긔별을 듯ᄌ오니 셰샹이 졀이
아니오나 이디도록 ᄒ온지 한심ᄒ오며 하셔 밧ᄌ와 황공 반갑숩기 시로 대온 듯 무한이 반
기옵고 슬피오니 살옥 일노 오래 쎄치오셔 긔톄후 엄엄ᄒ옵시다 ᄒ오니 답답[1] 두립ᄉ온 용
녀 측냥업숩고 요ᄉ이는 진지 줍ᄉ오시기나 나으며 악셔롤 만나오셔 경과 난감ᄒ오실 듯
남쳔을 우러와 빅슈쇠안이 이목의 버러 아흐라 그립ᄉ온 회포 지향 갈 밸이 업ᄉ옵고 봄꿈
가치 뵈옵고 소옥의 바다 가치 만흔 말솜 듯도 못ᄒ옵고 지금꺼지[2] 셥셥 그립습고 간졀이
뵈옵고 시부오나 이쳐로 불쵸막심ᄒ 거시 셰샹의 어디 잇ᄉ오리잇가 여외[3] 국휼을 만나오
니 한심한심 국가 망창ᄒ옵고 신군은 속히 셧다 ᄒ오니 깃부오나 궁즁의 숨터의[4] 쇼쳐 한심
한심ᄒ오이다 아바님 불시에 심녀 적지 아니실 듯 부리옵지 못ᄒ오며 그 밧 타고나 업ᄉ오
신지[5] 두루 굼굼 아옵고져 ᄒ옵ᄂ이다[6] 금계는 티도 그만ᄒ시나 어마님 긔후 범졀 쇠패 여
지 업ᄉ시다 ᄒ오니 답답 두립습고 계밍 형졔 무양 긔특ᄒ오나 식뎍 틔 업숩는 일 졀박졀박
ᄒ오이다 인돌의 덕은 그리 슉셩터라 ᄒ오니 긔특ᄒ오나 신힝은 언졔 즈음 ᄒ는고 내년 녕
월의는 집의 가고 졉ᄉ오나 엇덜지 굼겁ᄉ오이다 식은 층층 셔증 괴로이 지니시고 식도 병
은 업ᄉ오나 산후 쳬증 잇ᄉ와 죵죵 발죽ᄒ오니 민망ᄒ오며 어린것 무양ᄒ오나 칠 안부터
안졍 눈물도 나고도 불더니 지금도 눈가이 불 노샹 눈물을 니오니 답답ᄒ온 즁 칠 젼부터
쌈을 고약히 흘니더니 졈졈 더우니 지금은 물의 싸진 듯ᄒ게 노샹[7] 그러ᄒ오니 엇 그러ᄒ온
지 그져 답답 겁나옵ᄂ이다 의셔 츠ᄌ 보시고 양약을 ᄀ라치시고 사당 ᄒ 두레 ᄉ 쥬시옵
그져 수란ᄒ오며 홍진은 업도 아니코 드도 아니ᄒ오니 졀박ᄒ오이다 말솜 쳡쳡ᄒ오나 슈요

ᄒ와 그치오며 하ᄉ령ᄒ신 거손 밧ᄌ왓ᄉ오나 아모것도 알외옵지 못ᄒ오니 답답 이모습ᄉ오이다[8] 긔유 뉵월 십팔일 식 슐이

판독대비

번호	판독자료집	한국학중앙연구원 편 (2009a : 734~737)
1	답답	갑갑
2	지금쩌지	지금거지
3	여외	녀의
4	숨더의	ᄉ더의
5	업ᄉ오신지	업ᄉ오신가
6	ᄒ옵ᄂ이다	ᄒᄂ이다
7	노샹	노샹
8	이모습ᄉ오이다	이무습ᄉ오이다

의성김씨 학봉 김성일가 언간 117

〈김성일가-117, 1850년, 의성김씨(둘째 딸) → 김진화(아버지)〉

판독문

아바님 젼 샹술이

근봉

문안 알외옵고 문안 아득아득 막히오니 살난ᄒ온 심신이오나 답답ᄒ옵고 갈스록 하 낙낙ᄒ오니 긔별을 오리 듯지 못ᄒ와도 병환은 그덧ᄒ옵고 두립스와 못 견디올 듯ᄒ올 츳 하인 오오며 하셔 밧ᄌ와 ᄌ시 뵈오니 이동안은 대단 쳠졀은 업스와 긔톄후 금안ᄒ옵시다 ᄒ오니 쳔ᄒᆡᆼ 경ᄉ[1] 측냥업스오나[2] 쳬긔가 계시면 손가락 발가락 압푸시다 ᄒ오니 엇지 그러ᄒ옵신고 답답ᄒ오며 음식 잡스오시기는 져년 봄보다가 나으신가 아모려나 강녕ᄒ옵시면 경ᄉ올소이다 당샹을 ᄒ옵시오니 희한희한ᄒ온 경ᄉ오며 옥관ᄌ롤 부치신 일 신긔ᄒ오나 가권이 경ᄉ롤 함긔 즐기지 못ᄒ오니 이둘 셥셥ᄒ오며 니아의 닛ᄂᆞᆫ 사롬도 싱녀롤 ᄒ다 ᄒ오니 무탈 셕녀 되온가 굼겁스오이다 식은 시후도 금안ᄒ오시니 든든ᄒ오며 니 셔방 셔울 가 이번도 허ᄒᆡᆼᄒ오니 낙막 한심ᄒ올 ᄲᅮᆫ ᄒᆡᆼᄎ가 모ᄌ리 그리 한심한심히[3] 고초롤 ᄒᄂᆞᆫ 일 졀통 믈도 도라오고 보ᄒᆡᆼ 엇지 도라올고 넘녀 무궁ᄒ오며 식도 졍월의 희산이라 ᄒ옵고 남녀 간[4] 무탈이나 ᄒ오면 죠흘 거슬 쇼쇼 잡탈이 괴샹ᄒ옵고 이젹 식미 도라오지 아니ᄒ옵고 유도 아쥬 귀ᄒ여 못 견디ᄂᆞᆫ디 졋몸살 죵죵 잇스오니 무ᄉᆞᆫ 병이온동 어제 쥭도록 인셩불셩 알코 오ᄂᆞᆯ 그만ᄒ오나 괴롭습고 호철 초졈 셩ᄉ오소나[5] 훌치고 헐슉ᄒ온디 홍역이 ᄯᅩ 마의[6] 니시니 심녀되옵ᄂᆞ이다[7] 금계ᄂᆞᆫ 그만ᄒ온가 시부오나 어마님 죵죵 알는다 ᄒ오니 두립스오며 계밍 아직 못 도라오니 심녀되오며 아ᄌᆞ바님 어ᄉᆞ의게 욕경을 당ᄒ시ᄂᆞᆫ 걸 지젹의셔 듯고 엇지 견디올 노라시옵[8] 초시ᄂᆞᆫ ᄒ오니 다ᄒᆡᆼᄒ오이다 스월 ᄉᆞ이 나려오시려 ᄒ오니 든든ᄒ오며 신ᄒᆡᆼ은 언제 되올동[9] 굼겁스오이다 호철 당가ᄂᆞᆫ 가을 ᄉᆞ이 보ᄂᆞ올 듯ᄒ오나 미거ᄒ오니 민망ᄒ오이다 하송ᄒ옵신 거슨 돈과 포와 남초 왓스오나 뉵초 일코 아니 왓스오니 방등 업셔 어린것 ᄃᆞ리고 밤 경과 졀박ᄒ시옵던디 졀통졀통ᄒ오이다 아모것도 못 보ᄂᆞ오니 한심ᄒ오이다 알외올 말ᄉᆞᆷ 지리 이만 알외오며 내내 긔톄후 만안ᄒ옵시고 수이 ᄒᆡᆼᄎᆞᄒ옵시기[10]

고딕ᄒᆞᆸᄂᆞ이다 경술 삼월 초팔일 식 술이

판독대비

번호	판독자료집	한국학중앙연구원 편 (2009a : 742~745)
1	경ᄉ	경시
2	측냥업ᄉ오나	측양업ᄉ오나
3	한심한심히	한심한심
4	남녀 간	남여간
5	셩ᄉ오ᄉ나	낫ᄉ오ᄉ나
6	마의	시의
7	심녀되ᄋᆞᆸᄂᆞ이다	넘녀되ᄋᆞᆸᄂᆞ이다
8	견디올 노라시ᄋᆞᆸ	견디올노라시ᄋᆞᆸ
9	되올동	되온동
10	힝츠ᄒᆞᆸ시기	힝츠ᄒᆞ오시기

의성김씨 학봉 김성일가 언간 118

〈김성일가-118, 1827~1850년, 의성김씨(둘째 딸) → 김진화(아버지)〉

판독문

아바님 젼 샹술이

근봉

문안 알외옵고 날 스이 긔운 엇더ᄒ오시며 하마 도강ᄒ여 계실 둣ᄒ오니 평안히 도강ᄒ오
셔 잘 밧치오신가 굼겁ᄉ오이다 날포 ᄲᅦ치오셔 년ᄒ와 긔후 별첨 업ᄉ오셔 만안ᄒ오시니잇
가 굼겁ᄉ오이다 아ᄌᆞ바님 과거는 엇지되온지 소식 업ᄉ오니 답답ᄒ오며 과거 지신 둣 졀
통ᄒ오이다 예는 디단 별우 업ᄉ오니 다힝ᄒ오며 츤돌 요ᄉᆞ는 쾌히 낫ᄉ오니 다힝다힝ᄒ오
이다 알외올 말ᄊᆞᆷ 남ᄉ오나 이만 알외오며 내내 긔후 평안ᄒ시다가 환관ᄒ오시기 바라옵ᄂᆞ
이다 언제 즈음 환관되오실지 답답ᄒ오이다 면경 ᄒ나 ᄉᆞ다가 주시기 ᄇᆞ라옵ᄂᆞ이다 스월
열여드랜날[1] ᄌᆞ식 술이

판독대비

번호	판독자료집	한국학중앙연구원 편 (2009a : 748~749)
1	열여드랜날	여드랜날

의성김씨 학봉 김성일가 언간 119

〈김성일가-119, 19세기, 미상(아들) → 미상(어머니)〉

판독문

어마님 젼 샹술이

거번 계샹으로 부친 샹셔 보와 계시옵 일긔 악착히 덥스오니 긔쳬후 더치시지 아니시오며
각통 어더후시옵 큰딕의[1] 다 평안후시옵 일시 염녀 그칠 젹 업습더이다 주식은 셔증으로 수
일 고통후옵고 약 먹고 날노 계고 먹습고 인저는 낫습 염녀 말아쇼셔 오늘수 쏘 번[2] 낫습마
는 쥬인의 집의셔는 견딜 길 업스니 민망후오이다 인편 급급 이만 알외옵ᄂ이다 칠월 초일
일 주 이셔[3] 술이 뎐편의 아무것도 못 보내오니 죄룝스오이다

판독대비

번호	판독자료집	한국학중앙연구원 편 (2009a : 751~752)
1	큰딕의	큰딕의도
2	번	반
3	주 이셔	주 니 셔

의성김씨 학봉 김성일가 언간 120

〈김성일가-120, 1846년, 미상(외손부) → 김진화(외조부)〉

판독문

한아바님 젼 샹술이	근봉

문안 알외옵고 문안 듯ᄌ온 지 날포 되오니 하졍의 깁ᄉ온 복녀 부리옵지 못ᄒ올 ᄎ 의외 하인 오오며 디강 아오니 츈한의 연ᄒ와 긔톄후 불평 등 지니오심 듯ᄌ와 두립ᄉ와 ᄒ오며 이번 샹계 도문의 힝ᄎᄒ옵실가 ᄇ라옵다가 불평ᄒ옵셔 힝ᄎ 못ᄒ옵신다 ᄒ오니 섭섭ᄒ와 ᄒ오며 한어마님 긔후 만강ᄒ옵시고 슬ᄒ 아ᄌ바님ᄂ 평안들 ᄒ옵시고 아ᄌ바님긔셔는 공졍ᄒ시려 한들 가 계신 둣ᄒ옵고 그 밧 져근딕의 일양들 ᄒ시니잇가 아옵고져 알외오며 임각 아ᄌ마님 도라가오신 일 섭섭ᄒ오이다 외손부는 둥시후 안환과[1] 각식 엄엄ᄒ오시니 두립ᄉ고 아바님계옵셔는 신음ᄒ옵시던 증환 이져는 그만ᄒ옵시나 십녀 만ᄒ시니 그러신 둥[2] 엄엄ᄒ시니 두립ᄉ고 창진 아기 병셰 일양 잔샹잔샹 눈 어두어 부지 못ᄒ오니 답답 층층 일쳔 간댱을 녹이오시니 답답 민망ᄒ오며 손부는 무ᄉᄒ옵고 니촌 외삼촌 딕과 신긔 쾌락ᄒ오이다 도문 날은 니월 녕오일이라 ᄒ오니 굿째나 힝ᄎᄒ옵실가[3] ᄇ라옵ᄂ이다 알외올 말ᄉᆷ 하감ᄒ옵심 젓사와 이만 알외오며 내내 긔톄후 쾌ᄎ 여샹ᄒ옵신 문안 복튝ᄒ옵ᄂ이다 병오 삼월 스무날 외손부 술이

판독대비

번호	판독자료집	한국학중앙연구원 편 (2009a : 755~757)
1	안환과	시후안환과
2	그러신 둥	그러신동
3	힝ᄎᄒ옵실가	힝ᄎᄒ옵시온가

의성김씨 학봉 김성일가 언간 121

〈김성일가-121, 1848년, 미상(외손부) → 김진화(외조부)〉

판독문

> 한아바님 젼 샹술이
>
> 근봉

문안 알외옵고 이리 오온 지 날포 되오니 문안 아득 막히오니 하졍의 우러와 답답 깁스온 복모 일시도 부리옵디 못ㅎ와 ㅎ오며 쳥하의 년ㅎ와 긔톄후 쳠졀이나 업스오셔 침슈 범□이[1] 여샹ㅎ옵시니잇가 즈시 아옵고져 알외오며 외손부는 와 뵈오니 한어마님 긔톄후 쳠졀이 즈즈옵셔 엄엄 여지업스오시니 두립숩고 아즈바님 헛슈고들 ㅎ시고 도라오신 후 그만ㅎ신 듯ㅎ오나 □들[2] 길 ㅎ신 지 날포 되옵고 그 밧 딕되분 평안들 ㅎ시니 깃부옵고 외손부도 온 후 무스ㅎ옵고 계남은 층층 일양들 ㅎ시고 아바님 와 곗다가[3] 도라가시니 섭섭ㅎ오이□[4] 예는 져근딕의 초방 싄긔싄긔 경스롭스오이다 농담 긔별 아득ㅎ오니 답답ㅎ옵고 삼촌도 초시 ㅎ엿다 ㅎ오니 든든ㅎ오이다 알외올 말슘 하감하옵심 젓스와 이만 알외오며 내내 긔톄후 강녕ㅎ옵신 문안 복츅ㅎ옵ᄂ이다 무신 스월 십팔일 외손부 술□[5]

판독대비

번호	판독자료집	한국학중앙연구원 편 (2009a : 760~761)
1	범□이	범졀이
2	□들	헛비들
3	곗다가	계시다가
4	섭섭ㅎ오이□	섭섭ㅎ오이다
5	술□	술이

의성김씨 학봉 김성일가 언간 122

〈김성일가-122, 1849년, 미상(외손부) → 김진화(외조부)〉

판독문

답샹장   근봉

한아바님 젼 샹술이

문안 알외옵고 써나옵신 후 다시 문안 아올 슈 업스오니 하졍의 우러와 답답 깁스온 복모 일시도 부리옵지 못ᄒᆞ와 ᄒᆞ오며 환관ᄒᆞ옵셔 환후 쳠샹ᄒᆞ옵셔 대단 불평ᄒᆞ옵시던[1] 문안 놀납스온 용녀 엇디 다 알외오리잇가 그스이 년ᄒᆞ와 불평ᄒᆞ옵신[2] 긔톄후 ᄎᆞᄎᆞ 향감ᄒᆞ옵시고 침슈 범졀이 여젼ᄒᆞ옵시니잇가 낙낙히 계옵셔 수란ᄒᆞ옵시기 어느만 ᄒᆞ옵시리 부리옵디 못ᄒᆞ와 ᄒᆞ오며 금계 문안 듯ᄌᆞ오니 한어마님 환후 이겨는 쾌복ᄒᆞ옵신 듯 즐겁숩고 아즈마님 근친ᄒᆞ시니 반갑숩기 그지업숩ᄂᆡ이다 외손부는 층층 여샹시 업스오시니 두립숩고 손부는[3] 슉딜이 무스ᄒᆞ오니 다힝ᄒᆞ오이다 알외올 말숨 이만 알외오며 내내 긔톄후 강녕ᄒᆞ옵신 문안 복튝ᄒᆞ옵ᄂᆡ이다 긔유 윤스월 열여드랜날 외손부 술이

판독대비

번호	판독자료집	한국학중앙연구원 편 (2009a : 764~765)
1	불평ᄒᆞ옵시던	불령ᄒᆞ옵시던
2	불평ᄒᆞ옵신	불령ᄒᆞ옵신
3	손부는	손부도

의성김씨 학봉 김성일가 언간 123

〈김성일가-123, 1850년, 김진화(지방관) → 안영록(경아전)〉

판독문

〔봉인〕	安 哨官 在案 卽傳 綾衛 問書	封

하인 오며 편지 보니 그스이 신샹 그만ㅎ고 집안 쇼솔이 무고들 ㅎ가 시부니 다힝ㅎ나[1] 혼
ぐ를 여러 번 지내니 오죽 어려울가 무익ㅎ 염녀뿐일쇠 나는 일 년을 샤싱 출몰ㅎ야 지내다
가 즉금도 병이 낫들 못ㅎ니 슈란슈란ㅎ다 천만 의외예 무쟝 이실 적에 군긔 슈보ㅎ 닐노
졀나병ぐ가 쟝계ㅎ야 셰젼[2] 도목의 병죠의셔 입계ㅎ야 내가 당샹을 ㅎ얏스니 천은이 망극
ㅎ나 이런 일을 당ㅎ니 옛닐이 시롭고 슬푼 마암이 난다 관ぐ는 경쥬인이 샤셔 보내 보내엿
스나 반포가 되야 관교가 너려와야 관ぐ를 달 거시니 즉금 국샹 중이니 다른 복식은 곳칠
거시 업스나 이월에 죠련홀 적에 군복으로 드는 쳘닉과 불근 편디와 불근 동근 씌와 ぐ쥬빗
동근 씌를 샤와스 쓸 거시대 쳘닉은 분명 유문 갑샤 거문 빗ㅎ로 홀 거시대 그거슨 셔울셔
쩌셔 지으면 죠홀 거시나 품과 기리가 마즐 줄 모르니 전쥬도 비단이 셔울에 못ㅎ 닐이 업
스니 그거슨 전쥬셔도 쓰려니와 불근 동근 씌와 불근 분합 편대와 쟈쥬빗 동근 씌는 모도
당씌로 쟉만ㅎ여ㄷ 될 거시니 돈을 엿 냥을 우선 붓쳐 보내니 씌를 셰을 샤셔 보내게 ㅎ여
라 거번 편지예 혼인 일노 간고ㅎ 말을 ㅎ엿스니 아니 드른 것만 못ㅎ야 걸니여 지낸다 의
외예 당샹을 ㅎ고 ぐ연이 드는 거시 만ㅎ고 관황을 쟌박ㅎ야 할 슈 업스니 무가내로 시힝을
못 ㅎ니 걸니이고 가이업는 마음을 어대다가 비ㅎ리 내가 당샹을 ㅎ 후는 올히 내로 굴근
원을 긔여이 ㅎ야 보려 ㅎ니 내가 슈셰가 넉넉ㅎ면 너를 이져 두게 ㅎ엿ᄂ냐 이젼과 다른가
너기지 말고 셔러 그지 마르라 즉금 교동 젼슈원[3] 유슈 김 판셔를 내가 보내 친ㅎ기로 그
집의 ぐ록 셩식이 이시니 혈마 젼두 일이야 그 집의셔 돌바 줄 거시 즉금 샤셰가 그러ㅎ다
이런 말을 입박긔[4] 내지 마르라 씌를 이번 회편의 샤셔 붓쳐야 낭픽가[5] 아니 될다 샤모 쓸
이 겹으로 ㅎ 거시라야 당샹관이 쓰는 거시니 그거슬 민드라 붓쳐 보내면 죠홀 듯 샤모는
셩ㅎ니 그만 두어도 쓰게 ㅎ엿다 총총 이만 젹는다 경술 정월 십팔일 능쥬 아즁[6] 문셔 돈

엿 냥을 보니 불근 당분합 씌 동근 씌와 즈쥬빗 씌와 당 걸노 샤셔 보내대 갑시 더 들면 후
편의 보낼 거시니 그리 알고 부대 이번의 샤셔 보내여라 이 더욱 요긴요긴ᄒ다 졔가[7] 업슨
후 내가 두 눈을 아쥬 보들 못ᄒ고 피를 셕달을 토ᄒ고 지내다가 안경이 극품이 싱기니 이
져는 두 눈을 어더시니 다힝다힝ᄒ다 츈근은 그리도 아즁의 두엇든 거슬 차마 치기 어려워
그져 노앗더니 그놈이 집의 가 잇다 ᄒ다 그 놈의 죄는 그뿐이 아니라 여긔셔 하긔예 환농
ᄒ 거시 얼마가 되는 쥴 모르니 이지샤[8] 하인의 입으로 말이 나고 부젼은 관쇽 놈을 통간ᄒ
거시 몟 놈이 되는 쥴 모르니 그런 치샤ᄒ 일이 어대 이실까 이번의도 옥의셔 나가셔 박긔
셔 뉵십 냥을 슈쇄ᄒ야 가지고 갓ᄂ니라 내가 열엿샛날 쩌나 집을 가니 삼월의ᄉ 도라올다
의셩댁이셔 이녹이 올녀[9] 보내여 경쥬인의게 비즈ᄒ고 홍졍ᄒ라 ᄒ고 네게 편지는 무어시
라고 ᄒ얏는지 즉금은 고이ᄒ 버르시 빅비나 더ᄒ고 노상 우르는 말이 마계젼을 삼쳔 냥을
낼나 ᄒ니 만일 과거가 되여 올나가면 마계젼을 내로 들 거시 네가 미리 둘너 마계젼 놋는
놈을 죠쇽ᄒ야 못 쥬게 ᄒ면 죠을다 경녹이는 그더지 오입ᄒ 쥴은 오이려 몰낫더니 이지야
보니 한심한심ᄒ고 거짓불이와 쥬식과 다른 쟉는이 고이고이ᄒ니 네가 그걸노 못 살 밧 업
고 네나 내나 동싱으로 ᄒ여 슐 슈 업다 기싱 학심은 탈이 되엿다 엇지ᄒ여ᄉ 셔로 맛나 만
단 회포를 풀쇼 상납편 초초 젹으며 경쥬인더러 의셩댁이 아무 디 홍졍ᄒ야 달나 ᄒ야도 시
힝 말나 ᄒ고 구 경쥬인은 더구나 당치 아니ᄒ고 시 경쥬인라 ᄒ는 놈은 만무방 고이ᄒ 놈
이니 내 분부는 아니 드러도 그런 것과는 부동ᄒ기 쉬울 거시니 아쥬 시힝 말게 구 경쥬인
의게 신칙ᄒ라 ᄒ여라 분명 너더러 홍졍ᄒ야 달나 홀 거시니 네가 무슨 의미로 ᄒ야 쥬며
무어슬 가지고 ᄒ야 쥴쇼[10] 아무려도 시힝 마라라 이녹이는 우리 마을의 김 승지를 더리고
갓졔 그 일노 젼위ᄒ야 간 거슨 아닌 듯ᄒ다 이만 젹는다 □□[11] 겻헤 아무도 업스니 밤이
되면 잠을 못 즈고 아마도 후졋후졋ᄒ야 아희 기싱을 슈쳥을 두어 더리고 이시니 그거시 마
지 못ᄒ야 그리ᄒ엿것마는 분호죠 편지예 계집을 다시 두어시니 나으리는 져를 이져는 이
즌 양으로[12] 말을 ᄒ얏스니 가이가이업네 혼구 홍졍을 젹어 보내며 경쥬인의게 스십 냥 돈
을 보내엿스니 홍졍ᄒ는 대로 ᄒ고 남거던 져를 믹겨 두엇다가 내가 이젹지 갓긴이 업스니
대모 갓긴을 빅 냥 위ᄒ고 극품을 샤셔 쥬게 ᄒ면 츠츠 드는 대로 갑슨 보낼 거시니 경쥬
인과 의논ᄒ야 그리ᄒ게 ᄒ여라 젼교 졍 셔방이 내 병을 그리 걱졍ᄒ니 고맙고 잇치지 아니
ᄒ다 살옥 죠인 ᄒ 놈을 일코 즉금 츠즐려 닷나나 못 츳는다 ᄒ여도 녹계 죠인이 아니니 내
게는 관계치 아니ᄒ나 슈란슈란ᄒ다 내가 이직을 ᄒ야ᄉ 네 빗을 아무려나 가리려 ᄒ대 과
궐이 업셔 이젹지 못ᄒ니 심난ᄒ다

판독대비

번호	판독자료집	한국학중앙연구원 편 (2009a : 771~777)
1	다힝ᄒ나	다힝ᄒ다
2	셰젼	셰젼
3	젼슈원	젼 슈원
4	입박긔	입박의
5	낭픠가	낭픠가
6	야즁	야즁
7	졔가	졔가
8	이지샤	이지야
9	이녹이 올녀	이녹이을 녀
10	줄쏘	줄쏘
11	□□	〔판독 안 됨〕
12	양으로	냥으로

의성김씨 학봉 김성일가 언간 124

〈김성일가-124, 1846~1847년, 김진화(남편) → 미상(측실)〉

판독문

그스이 남긔가 엇더ᄒ니 내 쥬던 약을 시시로 바르대 쾌이 낫거던 그 약을 바르기를 긋치대
아무리 ᄒ여도 아히 눈과 만면이 모도 열덩이니 과이 덥게 ᄒ게나 무슨 잡들이가 드는 날이
면 호홀간의 큰일이 날 거시니 죠심죠심ᄒ고 이져는 내 말을 드러라 지골피샨이나 쥬샤 용
뇌 든 약이나 그걸 먹여 보면 죠흘 듯 내가 음식을 먹을 길 업고 남평셔 밤의 오고 날마다
밤길을 ᄒ고 초소 밧노라고 이슥도록 한데 안즈니 슐을 죠곰식 먹으면 죠흘 거시대 가져온
약쥬는 먹으니 머리 알푸니 거긔 잇는 무쟝셔 온 슐이나 그져 고아 둔 슐이나 다셧 잔만 봉
ᄒ야 보내면 쥭녁고를 믄드라 먹으려 ᄒ니 슐노 보내게나 그리 아니면 관청의 믹겨 쥭녁고
를 믄드라 보내라 ᄒ면 죠을다 슐을낭 내아의 슐노 내야 쥬어라 청포와 틀국슈를 남평셔 먹
어 보니 죳턴 거시라 관청식더러 어더 달나 ᄒ니 아니 어더 쥬니 이런 ᄒ인의 인심이 어대
이실쏘 입마시 아쥬 업스니 싱각의 미나리 슝편 것흔 걸 먹고 졉기도 ᄒ고 화젼도 먹고도
시부나 엇지 어더 먹을쏘 죽을 밧 업다 삼월 초일일 밤의

판독대비

번호	판독자료집	한국학중앙연구원 편 (2009a : 782~784)

의성김씨 학봉 김성일가 언간 125

〈김성일가-125, 1833년, 아주신씨(셋째 제수) → 김진화(아주버니)〉

판독문

```
┌─────────────────────────────────────────┐
│ 아즈바님 젼 샹셔                          │
│                          근봉              │
└─────────────────────────────────────────┘
```

희가 밧고여 돌포 되오나 비온 샹셔도 한슌 못 알외옵고 섭섭 죄송죄송ᄒ오며 젼편의 문안 디강 듯즈온 후 돌이 넘스오니 새로이 굼거스온[1] 하졍 잠시도 부리옵지 못ᄒ오며 일긔 츈화 되오니 긱듕 긔톄후 쳠졀이나 업스오며[2] 소진 범졀이 엇더ᄒ오신니잇가 이런 살년 험시예 외오 낙낙히 우러와 숑구 두립스온 하졍 부리옵들 못ᄒ오며 고이ᄒ온 시긔 도쳐의 무셥다 ᄒ오니 셩녀예나 그러치 아니온가 두립습오이다 뎨수는 디쇼가 별고 업스더니 쾌돌 감긔 미류ᄒ여 그러ᄒ온지 일슌이나 고통고통 잔샹잔샹ᄒ오니 졀박 답답 알시롭스오며 차돌 졈졈 의졋 쥰슈ᄒ온 모양 어룬 ᄀᆞᆺ즈오니 긔특긔특ᄒ오이다 쳔만쳔만 싱각 밧 하회 아즈바님 샹화 말슴은 무산 말슴을 알외오리잇가 통박 ᄀᆞ이업습ᄂᆞ이다 계남도 니랑 셰후 와 단녀갓습고 창아도 무양ᄒ온 일 긔특긔특ᄒ온디 갈스록 잔잉잔잉 ᄀᆞ련ᄒ오이다 알외올 말슴 남스오나 감ᄒ오심 지리 젓스와 이만 알외오며 내내 긱듕 긔톄후 만안ᄒ옵셔 죠흔 외임이나[3] ᄒ오셔 영화로이 힝츠ᄒ옵시기 혈츅ᄒ옵ᄂᆞ이다 계스 이월 초파일 뎨수 샹셔

판독대비

번호	판독자료집	한국학중앙연구원 편 (2009a : 786~788)
1	굼거스온	금거스온
2	업스오며	업스오셔
3	외임이나	외님이나

의성김씨 학봉 김성일가 언간 126

〈김성일가-126, 19세기 중반, 진주강씨(셋째 제수) → 김진화(아주버니)〉

판독문

아주바님 전

수선 어득ᄒ와 수즈 알외오며 쳘니 힝역을 보힝으로 촌촌이 가신 일 날포 되오나 넘녀 노히
들 아니오니 발셔 득달ᄒ여 계실 거시오나 노독 오쥭□시려[1] 일ᄌᆞ와[2] 지니옵 이번이야 현
마 아□[3] 참방ᄒ시리 든든 즐겁습 우리ᄂᆞᆫ 셋 집 무ᄉᆞᄒ옵고 며ᄂᆞ리 졈졈 괴로와[4] 보니오니
알시롭습 일신 무ᄉᆞᄒ나 두로 심녀 □란ᄒ옵[5] 아주바님 회졍ᄒ시니 셥셥 엇지 입셩ᄒ실고
용녀되옵

판독대비

번호	판독자료집	한국학중앙연구원 편 (2009a : 790~791)
1	오쥭□시려	오쥭ᄒ시려
2	일ᄌᆞ와	일 굿ᄌᆞ와
3	아□	아니
4	괴로와	괴로워
5	□란ᄒ옵	슈란ᄒ옵

의성김씨 학봉 김성일가 언간 127

〈김성일가-127, 1837~1841년, 여강이씨(아내) → 김진화(남편)〉

판독문

멍이 봉ᄃᆡ 보내며 청송 편□□ □□ ᄒᆞ라[1] ᄒᆞ여ᄉᆞᆸ더니 제 풍현으로 알하 편지 못ᄒᆞᆫ다 ᄒᆞ니 와□ □려[2] ᄒᆞᄂᆞᆫ가 시부ᄋᆞᆸ 박실 ᄃᆡᆨ이셔 샤안 논 서 마지기 눅 양이고 뒤골 밧 서 마지기 스믈닷[3] 양의[4] 금이 낫다 ᄒᆞ니 □이□ᄂᆞᆫ[5] 돈이 업술 듯ᄒᆞᄂᆡ 대촌이가 ᄃᆡ토 업서 ᄒᆞ던 거시니 의논ᄒᆞ여 보시ᄋᆞᆸ 봉ᄃᆡ 편지 아니 오니 ᄀᆞᆸᄀᆞᆸ[6] 걱정ᄒᆞ시ᄂᆞᆫ 일 민망민망ᄒᆞᄋᆞᆸ 열ᄉᆞ흔 날 오려 ᄒᆞ여ᄉᆞᆸ 박실 ᄃᆡᆨ 샤안이 죠타 ᄒᆞ고 밧도 죠타 ᄒᆞᄋᆞᆸ

판독대비

번호	판독자료집	한국학중앙연구원 편 (2009a : 793)
1	청송 편□□ □□ ᄒᆞ라	청숑 편 답장을 급급 ᄒᆞ라
2	와□ □려	와셔 ᄒᆞ려
3	스믈닷	스물닷
4	양의	냥의
5	□이□ᄂᆞᆫ	멍이ᄂᆡᄂᆞᆫ
6	ᄀᆞᆸᄀᆞᆸ	급급

의성김씨 학봉 김성일가 언간 128

〈김성일가-128, 1848년, 여강이씨(아내) → 김진화(남편)〉

판독문

명녹이는 시졀일을 모르오니 보내지 마시옵 죵도 호나 업시 엇디호옵 비는 폐스국 거시디 농스호여 먹으러 드러갓다다 호오나 어느 말이 올흔동 아옵[1] 그저그저 무댱이나 써나시기 축슈축슈호옵 인동은 하인 보내여 아직 못 도라와습 법흥 졔스룰 뭇디 못호여시니 후편의나 죠곰 무르시옵 졔[2] 무식호여 호옵 대슈 딕 죵은 파지 못호고 돈을 니십 냥을 주면 겨울에 빗 フ릴[3] 쩍 홀 슈 업스니 너희롤 파라 빗즐 가릴 밧 업스니 너희가 팔려 가라 호면 말이 벅벅호디 즉금은 년고 업시 팔녀 호면 져년이 발악홀 거시니 어렵다 호오니 죵을 겁을 너여 그러고 호니 우습습 요량호여[4] 돈을 주려 호옵마는 즉금 졀박흔 거슨[5] 민망호옵

판독대비

번호	판독자료집	한국학중앙연구원 편 (2009a : 796~797)
1	아옵	아옵
2	졔	졔
3	フ릴	굴릴
4	요량호여	여량호여
5	거슨	거슬

의성김씨 학봉 김성일가 언간 129

〈김성일가-129, 1829년, 고성이씨(둘째 제수) → 김진화(아주버니)〉

판독문

> 아즈바님 젼 샹셔
>
> 근봉

문안 알외옵고 회힝츠ᄒᆞ옵신 후 젼편 잇ᄉᆞ오나 ᄒᆞᆫ 슌 샹셔도 못 알외옵고 이젹 죄한이오며 고금 업ᄉᆞ온 더위을 지니시고 요ᄉᆞ이ᄂᆞᆫ 일긔 션션ᄒᆞ오니 불평ᄒᆞ옵신 긔운 쳠졀이나[1] 업ᄉᆞ오시고 향감이 되옵셔 진지 잡ᄉᆞ오시기와 침슈 범졀 엇더ᄒᆞ옵시니잇가 낙낙히 우러와 답답 복념 측냥 업ᄉᆞ오며 예ᄂᆞᆫ 평안타 못ᄒᆞ와 큰딕의셔 우듕으로 단니시더니 넘간 환가들 ᄒᆞ시고 형님긔셔와 아희들 신관 거동들 파려 슈쳑ᄒᆞ오시니 민망ᄒᆞ오나 ᄎᆞ으ᄂᆞᆫ 아희들 유 낫ᄉᆞ고 온갓[2] 즛 흉증 어룬의셔 지각이 낫ᄉᆞ오니 긔특긔특 아즈바님 외오 계셔 보시지 못ᄒᆞ시니[3] 이둘ᄉᆞᆸ 져근집도 아희 ᄌᆞ롭 괴상 파려ᄒᆞ옵고 아즈바님도 ᄌᆞ로 평안치 아니오시니 졀박ᄒᆞ옵 연이ᄂᆞᆫ 칠월의 왓ᄉᆞ오나 글ᄌᆞ도 변변이 못 지을가 시부오니 졀박 며ᄂᆞ리ᄂᆞᆫ 온 후 셩치 아니옵고 거동 잔샹 그릇되오니 답답 이모ᄉᆞᆸ 계남과 계샹 일양시나[4] 아즈마님 환후 둥시 향감이 못 되시다[5] ᄒᆞ오니 민망 두립ᄉᆞᆸ 법홍 동ᄉᆡᆼ 편혼가 시부오나 이번 사롬 가ᄂᆞᆫ 줄 몰나[6] 편지 업ᄉᆞᆫ[7] 듯ᄒᆞ옵 말ᄉᆞᆷ 감ᄒᆞ옵심 지리ᄒᆞ와 이만 알외오며 회편의 안녕ᄒᆞ옵시고 수이 힝츠ᄒᆞ옵시기 츅슈츅슈ᄒᆞ옵ᄂᆞ이다 며ᄂᆞ리 병드와 술이 못 알외여 죄로와 ᄒᆞ옵ᄂᆞ이다 긔튝 팔월 초이일 계슈 샹셔

판독대비

번호	판독자료집	한국학중앙연구원 편 (2009a : 800~802)
1	쳠졀이나	쳠졀이나
2	온갓	온갓
3	못ᄒ시니	못ᄒ오니
4	일양시나	일양이나
5	되시다	되시와
6	몰나	몰나
7	업손	업술

의성김씨 학봉 김성일가 언간 130

〈김성일가-130, 1832년, 고성이씨(둘째 제수) → 김진화(아주버니)〉

판독문

아즈마님 젼 상셔 　　　　　　　　근봉

환셰ᄒ와 날포 되오니 하심의 우러와 답답ᄒ온 넘녀 그지업ᄉ오며 디강 듯ᄌ오니 평안치
못ᄒ옵시던 긔운 요ᄉ이는 향감ᄒ옵시다 ᄒ오시니 희힝 즐겁ᄉ온 ᄆᆞᆷ 측냥업ᄉ오며 인편
후 날이 만ᄒ오니 ᄀᆞᆫ졀[1] 굼금ᄉᆞᆸ[2] 쥬인 옴기오신 후 견디오실 도리 엇더ᄒ오시옵 데수는 모
ᄌ 계유 지내오나 연이는 셰젼 독감 후 둥둥 알ᄉᆞᆸ고 거동 잔샹 파려ᄒ오니 넘녀되옵고 글ᄌ
도 이르지 못ᄒᆞ고 ᄌᆞ연 다ᄉ하오니 졀박 이탁ᄒ오이다 큰딕의도 형님 여럿 모녀분 평안ᄒ
오시고 초돌은 올 겨울은 긔디여[3] 츙실ᄒ옵고 지각 범졀이 범샹ᄒ 아희 아니라 미ᄉ 소견이
날노 다라오니 긔특긔특 귀듕ᄒ오나 아즈바님긔셔는 하마 삼 년을 못 보시니 답답 도로혀
벼슬 귀찬ᄒ오시고 그립ᄉ오시졔마는 오히려 크는 줄 모ᄅᆞ시다가 ᄒᆞᆫ딕 모히실 젹 계실 거
시니 더 공셩ᄒ오실다 웃줍ᄂᆞ이다 져근집은 어린것 굿기오니 ᄌᆞ궁들[4] 괴샹괴샹 인셩 잔잉
ᄒᆞᆸ 계남은 쇽졀업손 빈 곳 ᄀᆞᆺᄌ오니[5] 원억ᄒ오나 어린거시 무양이 큰다 ᄒ오니 다힝ᄒ옵
봉디는 졔 무ᄉᆞ히 닛다 ᄒ오니 든든ᄒ오이다 올흔 돈 냥이나 삼기올 듯ᄒᆞᆸ 며ᄂᆞ리도 이월
넘간 드려오려 ᄒ옵 법흥은 싱각ᄒ오면 간쟝 ᄭᅳᆺ허오니 졀통ᄒᆞᆸ 동셩이 인년을 몰나 편지
도 못 붓치옵ᄂᆞᆫ 듯 이들ᄉᆞᆸ 말ᄉᆞᆷ 지리ᄒ와 이만 알외오며 긔운 평안ᄒᆞ신 문안 ᄇᆞ라옵 연이
귀졋 일양 알흐니 졀박 초돈[6] 보니오니 샤향 ᄉᆞ 보니옵실가 보니오나 황송 죄롭ᄉ오이다 임
진 원월 념이일 데수 샹셔

판독대비

번호	판독자료집	한국학중앙연구원 편 (2009a : 805~807)
1	근졀	드졀
2	굼금습	굼읍습
3	기디여	기디여
4	ᄌ궁들	자궁들
5	ᄌᄌ오니	ᄀᄌ오니
6	츳돈	츳 돈

의성김씨 학봉 김성일가 언간 131

〈김성일가-131, 1833년, 고성이씨(둘째 제수) → 김진화(아주버니)〉

판독문

아주바님 전 샹셔

근봉

히 밧고여 둘포 되오나 아득ᄒ오니 우러와 답답 념녀되옵더니 거번 계샹[1] 편 대강 듯즈오니 다ᄉ 골물 둥도 긔운은 평안ᄒ오신 ᄒ오니 듯즈와 든든ᄒ오나 듕ᄒᆫ 소임을 담당ᄒ오셔 괴로오시고 조심되오실 듯 민망ᄒ오이다 어셔 됴ᄒᆫ 외임이나 수이 ᄒ오시면 셔울을 쩌나시면 역시 싀훤 경ᄉ올 듯ᄒ오나 쉽들 아니오니 답답ᄒ오이다 촌티나[2] 편ᄒᆞᆸ 두로 굼겹ᄉ오이다 뎨수는 두ᄉᆞ 권쇽 셩홀 적 업ᄉ와 연ᄋ 니외 수쳑 파려ᄒ오니 민망 알시롭습고 흉황 시졀의 져희을 거ᄂᆞ려 편ᄒ게 못ᄒ오니 이탁이탁ᄒ옵고 큰집 형님긔셔도 아히들 드리고 흉년 경과 어려오신 일 만ᄒ여 보이오나 츠ᄋ 무양 튱실ᄒ옵고 졈졈 긔졀 ᄀᆞ튼[3] 모양 긔특긔특 ᄌᆞ랄ᄉ록[4] 임젼[5] 온갓[6] 지각이 어룬이 밋디 못ᄒ게 흥증증스럽고 크기도 의수이 도령의 모양 관동ᄒ오나 외오 계오셔 희포 보시디 못ᄒ오니 이들고[7] 답답ᄒᆞᆸ 그 밧 아히들 각각 무ᄉᄒ오니 긔특ᄒ오나 쾌돌[8] 감긔로[9] 잔샹 알ᄒ나 감셰 닛다 ᄒ오니 수이 나을 듯ᄒᆞᆸ 져근 아주바님도 공부 여일치 못ᄒ오니 민망ᄒᆞᆸ 쳔만 싱각 밧 하회 아주바님 샹화 ᄀ이업습고 외오셔 통박 심회 오작ᄒ오시리잇가 뎨수는 신익이 공참ᄒ와 쳔만 싱각 밧 맛ᄉ촌의[10] 참ᄉᄒ온 흉음을 듯즈오니 참악참악 샹긔샹긔 원통원통 불샹ᄒ올 밧 층층 노친지허의 한심 각골 원억원억 삼촌 니외 허위는 소문[11] 한심 ᄀ이업습고 동싱이 외로이 ᄉ촌들을 의지ᄒ옵다가 한 팔을 졉쳐 ᄇ린 듯 못 견견디 ᄒᄂᆞᆫ ᄉ연 흉격이 막히옵고 친졍을 향ᄒ여 됴ᄒᆫ 일이 업ᄉ오니 이런 신명 어디 잇ᄉ오리잇가 쵹쳐 흉격이 막히옵고 족하들 면면이 불샹불샹ᄒ오이다 말ᄉᆷ 남ᄉ오나 디리ᄒ와 이만 알외오며 회편의 안녕ᄒ오시기 텬원이옵[12] 법흥셔 딜녀 들이[13] 분 ᄉ려고 츠돈 보내며 인편 닛거든 동들 씨겨 ᄉ 보니라 와시니 이눔 주어 ᄉ오라 ᄒ오려 ᄒ다가 긔별ᄒ오니 근이 씨겨 비단 바ᄂ 한 샴 ᄉ고 그 나무기 됴ᄒᆫ 분 ᄉ라 분부ᄒ오셔 주오시면 황숑ᄒ올 듯ᄒ오이다 셔 돈 오 푼이옵 계ᄉ 이월 초팔일 뎨수 샹셔

판독대비

번호	판독자료집	한국학중앙연구원 편 (2009a : 811~813)
1	계샹	계샹
2	츤티나	출쳐나
3	ᄀᆞ혼	ᄀᆞ혼
4	ᄀᆞ랄ᄉ록	그랄ᄉ록
5	임젼	임젼
6	온갓	온갓
7	이들고	이둘고
8	쾌돌	쾨돌
9	감긔로	감기로
10	맛ᄉ춘의	밧사춘의
11	소문	소문
12	텬원이옵	혈원이옵
13	딜녀들이	딜여들이

의성김씨 학봉 김성일가 언간 132

〈김성일가-132, 1848년, 진주강씨(셋째 제수) → 김진화(아주버니)〉

판독문

아즈님 젼 샹셔

근봉

문안 알외읍고 써나실 젹 뵈읍도 못ᄒ읍고 이젹 셥셥 죄롭습고 원노의 엇지 득환ᄒ실고 우러와 두립ᄉ온 복념 부리읍지 못ᄒ올 ᄎ 하인 오오며 디강 듯ᄌ오니 환가는 안녕이 ᄒ읍신 듯 즐겁ᄉ오나 엄위ᄒ신 긔톄후 노히나 업ᄉ오셔 만강ᄒ읍시니잇가 아읍고져 ᄒ와 ᄒ읍ᄂ이다 예는 디소가 ᄎᄎ 그만ᄒ오나 형님계오셔 슉환 발족ᄒ와 날포 미류ᄒ시고 감셰 계시오ᄂ 엄엄 두립습고 아희들[1] 동형뎨 무양 단녀오오니 긔특ᄒ읍고 허송 졀통ᄒ오이다 각 틱 일양ᄒ시니 두로 다힝ᄒ오며 각 곳 쇼식 아득 모라오니 답답ᄒ오나 광암 니 셔방 초시 즐겁습고 경셩 긔별은 듯ᄌ오니 과ᄒ을 ᄒ오려 ᄒ복 보니라 ᄒ오나 홀 슈 업ᄉ와[2] 그리 부치오ᄂ 아즈바님 심우ᄒ읍실 듯 불안 무식ᄒ오이다 알외올 말ᄉᆷ 지리 이만 알외오며 내내[3] 긔후 안녕ᄒ읍심 츅슈ᄒ읍ᄂ이다 샹쥬니도[4] 무탈ᄒ오니 긔특ᄒ오이다 무신 ᄉ월 초ᄒ로날 뎨슈 샹셔

판독대비

번호	판독자료집	한국학중앙연구원 편 (2009a : 817~818)
1	감셰 계시오ᄂ 엄엄 두립습고 아희들	〔판독 안 됨〕
2	업ᄉ와	없ᄉ와
3	내내	〔판독 안 됨〕
4	샹쥬니도	샹쥬의도

의성김씨 학봉 김성일가 언간 133

⟨김성일가-133, 1848년, 진주강씨(셋째 제수) → 김진화(아주버니)⟩

판독문

> 아즈바님 젼 샹셔
>
> 근봉

문안 알외옵고 죵죵 인편 오오나 호 번 알외옵들 못호오니 굼겁스온 하졍 측냥 못호올소이다 초츄의 년호와[1] 긔톄후 쳠샹이나 업스오며[2] 안녕호옵시잇가[3] 아옵고져 호와 호오며 일긔는 졈졈 칩습고 우러와 낙낙 두립스오니다 예는 형님계오셔 그만호옵시니[4] 뵈옵기[5] 즐겁스오며 시딕도 온 여름 헐미로 존샹[6] 괴로이 지닉옵고[7] 슈쳑호 모양 갑갑호옵더니[8] 요스이 그만호니 깃부옵고[9] 계밍은 먼 길이 엇지 가올지 죽 심녀되옵시며[10] 넘녀[11] 무궁호오며 과거는 허송들 졀통호오이다 인아도 슈일 간 틱평 가오니 미리 셥셥 허우록호오며 쌔돌 부즈분 일양 깃부옵고[12] 며느리 호 모양이오니 긔특습고 각 딕 일양들 호시니 다힝호오며 샹쥬닉도 츳츳 무고호오니 긔특호오나 봉 모친 소긔을 지닉오니 일월이 걸님 업은 줄 더옥 불샹 훈심 덧업스오이다 각 곳 쇼식 즈셰 모라오나 틱탈은 업스온 듯 두로 다힝호오이다 이곳 뎨슈도 어린것들 무스호오나 안질 식식 괴롭스오며 스연 두셰 업스오나 계남 군범이 무슨 증으로 챵황이 지닌 말슴 그만호 후오나 놀납습더이다 알외올 말슴 서리오나 다 못 알외옵ᄂᆞ이다[13] 내내 긔후 만강호옵시고 계밍 무양이[14] 환관호온 긔별 축슈호옵ᄂᆞ이다[15] 무신 구월 열이튼날 뎨슈 샹셔

판독대비

번호	판독자료집	한국학중앙연구원 편 (2009a : 821~823)
1	년ᄒ와	연ᄒ와
2	업ᄉ오며	업ᄉ오셔
3	안녕ᄒᆞᆸ시잇가	안영ᄒᆞᆸ시잇가
4	그만ᄒᆞᆸ시니	그만ᄒᆞᆸ시니
5	뵈ᄋᆸ기	뵈ᄋᆸ기
6	헐미로 존샹	헐미로ᄒ 샹
7	지니ᄋᆸ고	지니ᄋᆸ고
8	갑갑ᄒᆞᆸ더니	갑갑ᄒᆞᆸ더니
9	깃부ᄋᆸ고	깃부ᄋᆸ고
10	심녀되ᄋᆸ시며	심여되ᄋᆸ시며
11	념녀	염여
12	깃부ᄋᆸ고	깃부ᄋᆸ고
13	알외ᄋᆸᄂᆞ이다	알외ᄋᆸᄂᆞ이다
14	무양이	무양니
15	축슈ᄒᆞᆸᄂᆞ이다	축슈ᄒᆞᆸᄂᆞ이다

의성김씨 학봉 김성일가 언간 134

〈김성일가-134, 1848년, 진주강씨(셋째 제수) → 김진화(아주버니)〉

판독문

아ᄌ바님 젼 샹셔   근봉

문안 알외ᄋᆞᆸ고[1] 지흔의 년ᄒᆞ와 긔톄후 안녕ᄒᆞᄋᆞᆸ시니잇가[2] 우러와 일시도 브리ᄋᆞᆸ들[3] 못ᄒᆞ오
나 이만 샹셔도 못 알외오니 미양 셥셥 죄롭ᄉᆞ와 ᄒᆞ오며 계밍 오ᄋᆞᆸ기[4] 날날 긔드리올 ᄎᆞ 오
오며 먼 길희 무양이 오온 쥴 긔특ᄉᆞᆸ고 노희는 업ᄉᆞ온 듯 신식이 더 낫ᄉᆞ와 오니 공성ᄒᆞᄋᆞᆸ
고[5] 이어 구젼 듯ᄌᆞ오니 무슨 증환으로 날포 미류ᄒᆞᄋᆞᆸ셔[6] 이젹 쾌ᄎᆞ 여샹시 업ᄉᆞ오심 외오
낙낙 두립ᄉᆞ온 ᄆᆞ음[7] 측냥 못ᄒᆞᄋᆞᆸ고[8] 그ᄉᆞ이 날포 되오니 블평ᄒᆞᄋᆞᆸ신[9] 긔후 쳠졀이나[10] 아
니 계ᄋᆞᆸ셔[11] 침슈 소진 범져리 엇더ᄒᆞᄋᆞᆸ시며[12] 슬ᄒᆞ의 아모도 업시 경과 여승ᄒᆞ시리잇가 원
념 브리온 시 업ᄉᆞ오며 예는 형님계ᄋᆞᆸ셔[13] 안녕ᄒᆞ오시나 엄엄 두립습고 식딕[14] 평길ᄒᆞ오니
긔특습고 그나마 가권이 무탈ᄒᆞᄋᆞᆸ고[15] 며ᄂᆞ리도 오와 히 업ᄉᆞ오니 즐겁ᄉᆞ오나 사돈계셔 쏘
학증[16] 발쪽ᄒᆞ온[17] 듯 졀박 답답습고 각딕 무고ᄒᆞ오나 ᄒᆞ회 아ᄌ바님 샹환 가이업ᄉᆞ오며[18]
각 곳 쇼식 ᄌᆞ셰 모라오니 답답습고 딕평 니힝은[19] 슌간 오ᄋᆞᆸᄂᆞᆫ[20] 듯 깃부ᄋᆞᆸ고[21] 경쥬 광암
집[22] 슌슌 싱녀 시훤ᄒᆞ오나 유동으로 이젹[23] 희근이 잇다 ᄒᆞ오니 넘녀되오며[24] ᄉᆞ연[25] 도축
ᄒᆞ오나 어나덧 이써 되와 어마님 졔ᄉᆞ 박두ᄒᆞ오시니 통박 가이업ᄉᆞ온 심회 히히로 그음 업
습ᄂᆞ이다 이곳 뎨슈도 식식 괴롭ᄉᆞ오며 알외올 말ᄉᆞᆷ 이만 알외며 내내 긔후 만강ᄒᆞ시기 츅
슈ᄒᆞᄋᆞᆸᄂᆞ이다 무신 디월 열여드릿날 졔슈[26] 샹셔[27]

판독대비

번호	판독자료집	한국학중앙연구원 편 (2009a : 825~827)
1	알외옵고	알외옵고
2	안녕ᄒ옵시니잇가	안녕ᄒ옵시니잇가
3	브리옵들	부리옵들
4	오옵기	오옵기
5	공싱ᄒ옵고	공싱ᄒ옵고
6	미류ᄒ옵셔	미류ᄒ옵셔
7	ᄆ음	ᄆ옴
8	못ᄒ옵고	못ᄒ옵고
9	블평ᄒ옵신	불평ᄒ옵신
10	첨졀이나	첨졀이나
11	계옵셔	계옵셔
12	엇더ᄒ옵시며	엇더ᄒ옵시며
13	형님계옵셔	형님계옵셔
14	시딕	시후
15	무탈ᄒ옵고	무탈ᄒ옵고
16	학증	학쯩
17	발쑥ᄒ온	발짝ᄒ온
18	가이업ᄉ오며	가이없ᄉ오며
19	니힝은	니행은
20	오옵눈	오옵눈
21	깃부옵고	깃부옵고
22	광암집	댱암집
23	순순 싱녀 시횐ᄒ오나 유둥으로 이젹	〔판독 안 됨〕
24	념녀되오며	염려 되오며
25	ᄉ연	ᄉ년
26	계슈	뎨수
27	샹셔	상셔

의성김씨 학봉 김성일가 언간 135

〈김성일가-135, 1849년, 진주강씨(셋째 제수) → 김진화(아주버니)〉

판독문

> 아즈바님 젼 샹셔
>
> 근봉

문안 알외옵고 쩌나옵실[1] 젹 다시 뵈옵도 못ᄒ옵고 이젹 셥셥ᄒ와 ᄒ오며 그후 여러 날 되오니 답답 답답 원념녀[2] 우러와 브리옵디[3] 못ᄒ올 ᄎ 명녹 오오며 디강 듯ᄌ오니 엄엄ᄒ옵신 긔톄후 노희 업들 아니오셔 미류ᄒ옵심 놀납습고 두리온 ᄆ음 일시도 노이올 젹 업습고 그ᄉ이 날포 되오니 미류ᄒ오신 긔후 쾌ᄎ 안녕ᄒ옵시니잇가 ᄌ셰 아옵고져 알외오며 예ᄂ 형님계오셔 혜괴로 슈일 지나옵시고[4] 엄엄타 ᄒ오니 두립습고 밧계셔 동긔로 여러 날 되오니 민망 졀박ᄒ옵고 아ᄒ들 ᄉ슉딜 무양ᄒ오나 슈쳑ᄒ오니 민망습고 싀딕은 간 후 무탈ᄒ온 듯 싀곳도 그만ᄒ온가 시부오니 두로 다ᄒᆡᆼᄒ오며 님각도 별우ᄂ 업ᄉ온 듯ᄒ옵고 며ᄂ리 각식 병셰 고이ᄒ오니 앗쳐롭고 갑갑 이모습ᄉ오며 그나마 가소리 무ᄉᄒ오며 각 딕 일양이시니 다ᄒᆡᆼᄒ옵고 각 곳 쇼식 아득ᄒ오니[5] 답답ᄉ오며 이곳 데슈도 셩치 못ᄒ오니 괴롭ᄉ오이다 알외올 말ᄉᆷ 졋ᄉ와 이만 알외오며 내내 긔후 강녕ᄒ옵시기[6] 축슈ᄒ옵ᄂ이□[7] 긔유 ᄉ월 스므듯시날 데슈 샹셔

판독대비

번호	판독자료집	한국학중앙연구원 편 (2009a : 831~832)
1	쩌나옵실	쩌나옵시고
2	원념녀	원념여
3	브리옵디	부리옵디
4	지나옵시고	지나시고
5	아득ᄒ오니	아둣ᄒ오니
6	강녕ᄒ옵시기	강영ᄒ옵시기
7	축슈ᄒ옵ᄂ이□	축수ᄒ옵ᄂ이다

의성김씨 학봉 김성일가 언간 136

⟨김성일가-136, 1853~1866년, 의성김씨(넷째 누나) → 김흥락(남동생)⟩

판독문

계밍아

아희 회편만 기드릴 츠 의외 편 글시 바다 신신긔 반갑고 살피니 아직 현탈은 업눈가 시부니 든든ᄒ나 구미 업셔 먹지 못ᄒ다 ᄒ니 절박절박 못 니치고 쳡쳡 심녀 긱번 골믈[1] 보눈 듯 절박ᄒ나 아ᄋ님도 그만ᄒ시고 샤흠도 무병ᄒ 닐 다힝 듸쇼가 무고ᄒ 듯 다힝 창갑[2] 도 외가의 단녀왓다 ᄒ니 긔특ᄒ나 일셩 파려타 ᄒ니 알시롭고 압집 아희들 여러 남미 무양 긔특ᄒ나 목 흥 ᄌ심[3] 듸쇼가 다권의 오작 절박ᄒ리 그ᄉ이 날포 되니 셩문은 가셔 몹시 셔긋버 아니ᄒ눈가 일념의 걸니고 잔상[4] 못 니치나 동미 죠ᄒ니 소일은 잘 홀 듯 약은 이날 시작ᄒ눈가 늬 심여 불안 걸닌다[5] 동셩은 싀후 일양 그러ᄒᄒ시고 듸쇼가 졔졀 별우 업스니 다힝ᄒ[6]나 억만ᄉ 슈란슈란 괴롭고 고을 긔별도 알 슈 업고 셩문도 가고 ᄒ니 더고나 어셜푸고 심난심난ᄒ여 못 견댈다 아모조록 져를 사름이나 민드려 ᄒ니 너 고샹 심회눈 말홀 거시 업고 졀ᄉ 집에 업스니 눈 가는 곳마다 심회 진졍 못 홀다 일신은 그만ᄒ나 울화증[7] 난 감난감ᄒ다 말이 쳡쳡ᄒ나 슈요 이만이다 내내 거ᄂ려 내외 합솔이 무탈ᄒ고 셩문 무양ᄒ기 원일쉬[8] 아희들 신칙신칙ᄒ여 마옵치 못ᄒ게 ᄒ고 약은 상근이롤 신칙ᄒ여 시기면 니죵의 상급을 ᄒ랴 ᄒ다 ᄒ고 즁지 든 거시니 ᄌ쥬[9] 살펴보고 편ᄒ 쇼식은 염간 너 ᄒ인[10] 보닐 듯ᄒ네 돈 무거워 삼십 냥이다

판독대비

번호	판독자료집	한국학중앙연구원 편 (2009a : 835~836)
1	골믈	골물
2	창갑	창답
3	목 흉 즈심	묵흠ㅇ 스심
4	잔샹	잔샹
5	걸닌다	걸린다
6	ᄒ시고 디쇼가 졔졀 별우 업ᄉ니 다ᄒᆼᄒ	〔판독 안 됨〕
7	울화증	울화 즁
8	원일쇠	원일씨
9	즈쥬	즈못
10	ᄒ인	하인

의성김씨 학봉 김성일가 언간 137

〈김성일가-137, 1849년, 의성김씨(둘째 누나) → 김흥락(남동생)〉

판독문

계밍아 편지 보오니 신긔 반갑 가디 못ᄒ나[1] 병은 죵니 쾌치[2] 못ᄒᆫ 듯 졀박고 약[3] 먹고 더 못ᄒ든 아니타 ᄒ니 다힝ᄒ고[4] 언졔 쾌츠홀고 그져 걱졍걱졍이며 딕평 가다 ᄒ더니 도라와 히 업시 지니며 사흠도 무병ᄒᆫ가 일념의 너의 형졔 굼가치 본 줄 훌훌[5] 암암ᄒ여 어렵다 어마님은 긔력 쳠졀 업스심 다힝이나 쇼쇼 긔환 시 업시니[6] 두리온 용녀 측냥 못홀 듯 시딕도 셩셩치 못ᄒᆫ 줄 답답고 갑이[7] 무양 셧 져근집 그만 다힝ᄒ옵 늬는 장가 졍코가 츠리는디[8] 하락업는 모약 미덥지 아ᄒ니 졀박 우리는 혼실 ᄒᆫ 모양이나 대상 갓가와 오시니[9] 어득어득ᄒ고 일신 무병ᄒ나[10] 아히들 파려파려 괴상ᄒ다 말슴이스 만흐나 다 못ᄒ옵 식식 보닌 것 줄 오고 셩광 그지업습 담비는[11] ᄒᆫ 발의 딕[12] 냥 쥬니 감히 어더 먹을 싱의 못ᄒ더니 혼권이 셩광으로 먹어숩 네 강진 딕 혼ᄉ는 상쥬의 누의ᄒ고 ᄒ는데 싀동셩이라야 졍홀 거시오니 진셔의 그 말 ᄒ옵 애졍이[13] 슈이슈이 시집보니[14] 부리라 ᄒ시옵 하 어즐업스니[15] 졀박숩 영계 두 마리 보니오니 취죵ᄒ옵 사흠 ᄒ나 쥬옵

판독대비

번호	판독자료집	한국학중앙연구원 편 (2009a : 839~841)
1	반갑 가디 못ᄒᆞ나	반갑가 다 못ᄒᆞ나
2	쾌치	태치
3	절박고 약	절박 고약
4	다힝ᄒᆞ고	다힝ᄒᆞ나
5	훌훌	훈훈
6	업시니	업ᄉᆞ심
7	갑이	갑아
8	츠리ᄂᆞᆫ디	츠리ᄂᆞᆫ지
9	갓가와 오시니	가가와옵시니
10	무병ᄒᆞ나	아니 병ᄒᆞ나
11	담비ᄂᆞᆫ	담뫼ᄂᆞᆫ
12	디	되
13	애정이	애정이
14	시집보너	시집 보내
15	어즐업ᄉᆞ니	어쥴업ᄉᆞ니

의성김씨 학봉 김성일가 언간 138

〈김성일가-138, 1841~1852년, 의성김씨(둘째 누나) → 김흥락(남동생)〉

판독문

계밍 형졔 보아라

홀쳐 온 후 여러 날 되니 굼굼 그리운 스럼 엇지 측냥홀고 이스이 어마님 긔후 더 첨졀이나
업스오시고 침슈 범졀이 만안ᄒ시며 뫼오셔 신샹 형졔 각각 그만그만ᄒᆫ가 약들은 다 먹은
가 심녀[1]는 만코 엇지 견딀고 일성 못 잇쳐 어렵다 나는 온 후 이젹 그만ᄒ고 풍후[2] 일양이
나 엄엄ᄒ시니 두립고 슈란ᄒ다 첩첩ᄒ나 이만 그치며 슈이슈이 오기 ᄇ란다 업이 갈 젹 스
랑 편지[3] 니 졍신 업셔 ᄲ엿더니 보닌다 황육 두 돈 빅목 셕 ᄌ 셧[4] 치 반찬 댱 돔 ᄒᆫ 마리
명틴 열 마리 미나리 ᄒᆫ 단 파 ᄒᆫ 단

판독대비

번호	판독자료집	한국학중앙연구원 편 (2009a : 844~845)
1	심녀	심여
2	풍후	풍후
3	편지	젼지
4	셧	셷

의성김씨 학봉 김성일가 언간 139

〈김성일가-139, 1846~1848년, 의성김씨(둘째 누나) → 김흥락(남동생)〉

판독문

계밍이 보아라

더위 지악ㅎ니 엇지 견디는고 어마님 금안ㅎ옵심 경ㅅ 층냥업스며 무댱도 아바님 향감ㅎ옵심 경ㅅ 쳔힝일다 아ㅇ님¹ 죵졈 실노 고이고이 심녀된다² 혈어로³ 열이⁴ 난가 그 밧 그만들 다힝ㅎ다 우리는 시후⁵ 불평 두립고 그 밧 그만들 ㅎ나⁶ 나는⁷ 더위로 그런가 괴롭다 여러 가지 긔별 ㅎ여도 시힝ㅎ는 일 업스니 홀 길⁸ 업스나 막막 못 견디는 일이 니시니 수일간 사름 보니 너롤 보치즈 ㅎ엿더니 인편 니시니 아니 보닌다 돈을 두 냥만 다고 이후나⁹ 언제부터 그러ㅎ여도 올 씨¹⁰는 업스니 홀 길¹¹ 업스나 믹양 그라랴 부디 두 냥만 다고 셰샹 사롬이 다 네긔 말ㅎ여¹² 다 시힝을 ㅎ나 날이¹³ 쓰지 아니ㅎ엿다마는¹⁴ 이번은 시힝ㅎ여라 신이 부러졋더니 결단이 나고 비올 씨¹⁵ 빈소 왕나나 졀박¹⁶ 신던 신이나마 마른신 아닌 것슬 다고 셜디¹⁷ 오륙 긔만 다고 세 가지는¹⁸ 부디부디 닛지 말고 수이 알게 ㅎ여라¹⁹ 부치 보닌 거슨 그리ㅎ마 셩욱 줄²⁰ 듯ㅎ니 이후에 오면²¹ 알제²² 살부치 날 ㅎ나만 다고 이만 그친다 모도 업셔 못한다 ㅎ면 대단이 미편ㅎ다²³

판독대비

번호	판독자료집	한국학중앙연구원 편 (2009a : 848~849)
1	아으님	아오님
2	심녀된다	심여된다
3	혈어로	현어로
4	열이	연이
5	시후	시로
6	ᄒᆞ나	ᄒᆞ다
7	나ᄂᆞᆫ	날
8	길	슈
9	이후나	이르나
10	뻐	디
11	길	슈
12	네긔 말ᄒᆞ여	내 긔 말 하여
13	날이	날니
14	쓰지 아니ᄒᆞ엿다마ᄂᆞᆫ	드지 아니ᄒᆞ엿다 너도
15	뻐	디
16	졀박	젼번
17	셜디	ᄯᅩ 되
18	세 가지ᄂᆞᆫ	새 가지도
19	알게 ᄒᆞ여라	앗겨 두여라
20	줄	준
21	오면	우션
22	알졔	일졔
23	미편ᄒᆞᆯ다	비편 ᄒᆞᆫ다

의성김씨 학봉 김성일가 언간 140

〈김성일가-140, 1848년, 진주강씨(숙모) → 김흥락(조카)〉

판독문

계밍아 급급 다 못 젹는다 먼 길의 엇디 갈고 심녀 젹지 아니ᄒ며 듕노의셔 히나 업셔 무스
이 환관ᄒ여 노히나 업스며 아즛바님계옵셔 안녕ᄒ시고 심녀 업는가 굼겁고 답답ᄒ다 예는
아즉 ᄒ 모양니고 형님 일양ᄒ시니 즐겁다 인아 슈이 보니려 ᄒ니[1] 집은 황낙 어셜푸고 섭
섭ᄒ다 그나마 가간이 무탈ᄒ니 다힝일다 이건는[2] 우헐 업손 듕 혈담이 쪼 논다 ᄒ니 갑갑
민망키 일을 것 업고 측미는 츠즈니 시훤타 젹글 말 무궁ᄒ나[3] 총망 그치며 내내 뫼시고 티
평 안낙ᄒ 쇼식 듯기 지츅일다 낙촌집이 모시 치마 ᄒᆞᆫ ᄀᆞ옵 어더 달나 부탁부탁ᄒ니 엇즈와
ᄒ 가옵 히 주어라

판독대비

번호	판독자료집	한국학중앙연구원 편 (2009a : 852~853)
1	ᄒ니	하니
2	이건는	이건는
3	무궁ᄒ나	무궁하나

의성김씨 학봉 김성일가 언간 141

〈김성일가-141, 1882~1894년, 의성김씨(사촌여동생) → 김흥락(사촌오빠)〉

판독문

오라바님 전

벼슬을 두고[1] 와[2] 겨시다니 싀훤 깃부오며 일근 오라바님을 밋고 그리ᄒ여숩더니 그놈을 우예[3] 수편이[4] 노하 겨시옵[5] 처엄의 아니 잡힌 것만 못ᄒ와 절통 분ᄒ오이다 닉 형셰ᄅ롤 아르시지 종 업시 남의 종을 이것져것 비러 브리옵ᄂ 터희 져근 돈을 가지고 가난ᄒ 양반은 미미ᄅ롤 못 ᄒ여 머글 밧 업게 전전브터 욕셜과 힝악이 고약고약ᄒ옵기 닉 ᄉ친이 법ᄉ 관원이시기 아모조록 셜치ᄅ롤 ᄒ여 주실가 ᄒ온 거시 이리 이둛ᄉ오이다 남의 종을 어더 브리ᄂ 터히오니 면지ᄂ[6] ᄒ올 길히 업게ᄉ오니 엄히 ᄃᄉ려 주실가 ᄇ라오며 일이 너무 댱디ᄒ올 듯ᄒ거든 혜아려 ᄒ시고 그 놈 ᄶ나는 괘심괘심ᄒ오니[7] ᄾᆞᆼ냥ᄒ여 씨쇽여 주시옵 사랑의셔는 혼힝길 ᄲ나시고 ᄌ연 소운ᄒ오니 잘 성각ᄒ오셔 일이 댱디홀 듯ᄒ거든 그만두시고[8] 그리 아니커든 귀향은 못 보니여도 쳔인 노르시나 못ᄒ게 ᄒ여 주시옵 너무 괴로이 보치오니 염치 업숩고 실노 괴로시게숩ᄂ이다

판독대비

번호	판독자료집	한국학중앙연구원 편 (2009a : 855~856)
1	두고	도다 드고
2	와	오와
3	우예	무예
4	수편이	수련이
5	겨시옵	겨시오면
6	면지ᄂ	면치ᄂ
7	괘심괘심ᄒ오니	괘심괘심오니
8	그만두시고	그만 두고

의성김씨 학봉 김성일가 언간 142

〈김성일가-142, 1868~1881년, 의성김씨(넷째 누나) → 김흥락(남동생)〉

판독문

도스 보소[1] 팔월 후 쇼문을 모라니 굼굼 그리온[2] 스렴 간절ᄒ나 풍편도 모라니 답답 상풍
의[3] 년희 내외분 긔운 별쳠 업습고 허다 심여 골몰 각쳐 쇼분이나 다ᄒ가[4] 금겹습[5] 딜부도
근근 무병ᄒ고 사흠 너외 무탈 아즈마님 긔후 안녕ᄒ오시고 형님 긔후 엇더시며 은디 신힝
ᄒ여시며 학길 쟝가 드린가 각식 심녀[6] 녁녁 잇칠 디 업습 각 쳐 긔별 무고ᄒ가 곳곳 금겹
고[7] 튜슈나 다 ᄒ가 동성은 눕든 아니나 졈졈 졍신 죄 어득 건공의 쓴 듯 수습 못 아희는
하도 간 거시 긔쳑 업스니 답답 몃 희롤 그짝 길을 아니ᄒ니 졀박졀박 두루 이탁ᄒ 말을 엇
지ᄒ리 며느리도 모녀 보니고 긔별 모라니 답답 본곳의[8] 갓다가 일젼 와스나 튜슈도 한낫
먹즈 ᄒ 것 업고 가양은 언논ᄒ 거시 업스니 각식 싱계가 망연망연 올겨을[9] 니로 환고ᄒ
나[10] 다란 디로 옴기나[11] ᄒᄃ[12] ᄒ 슈 업스니 엇지 의방인들 ᄒ고 ᄒ 발 동안이라도 올나안
즈야 ᄒᄃ 엇지ᄒ고[13] 니 몸이 불툐 무상ᄒ니 아모도 고렴ᄒ리[14] 업고 아희 져덧 즁무쇼주
ᄒ여 되는 일은 업고 져만 낭픽 되니 ᄒ번 오라 ᄒ여 쎱질이 조곰[15] 가라쳐 불의예나 아니
빠지게 ᄒ여 쥬면 고맙기습[16] 셔울은 아득ᄒ니 답답 쳡쳡ᄒ나 공지 셥셥 흥심 업고 두통 이
만이옵 회편의 신샹들 평안 무탈ᄒ 회편 츅슈츅슈 ㅂ라옵 집안 범졀이 그져 졀통졀통 언졔
만나 이 아득 갑갑ᄒ 쇼회[17] ᄒ고 셔스의[18] 말노 못ᄒ고 우리 남미 낙셕지초의 신명을 잘 졈
득지 못ᄒ고 각식 근심 걱졍이 역일반이니 뉘롤 원망ᄒ고[19] 목젼 걱졍 다쳡ᄒ니 그져 괴롭
습

판독대비

번호	판독자료집	한국학중앙연구원 편 (2009a : 859~860)
1	보소	보고
2	그리온	그리운
3	샹풍의	샹풍의
4	쇼분이나 다훈가	쇼문이 나다 훈가
5	금겹습	굼겹습
6	심녀	심여
7	금겹고	굼겹고
8	본곳의	본곳의
9	올겨을	올 겨울
10	환고흐나	환ㄱ흐라
11	옴기나	옴기라
12	흔더	훌 더
13	엇지훌고	엇지흐고
14	고렴흐리	고렴하리
15	조곰	조금
16	고맙기습	고맙게습
17	쇼회	소회
18	셔ㅅ의	셔사의
19	원망훌고	원망흐고

의성김씨 학봉 김성일가 언간 143

〈김성일가-143, 1848년, 진주강씨(숙모) → 김흥락(조카)〉

판독문

딜아 긔셔

총망 즈시 젹디 못혼다 극열의 보니고 무스이 득달혼 긔별 못 드란 후 날노 넘녀 무궁ᄒ던 ᄎ 드라니 그만혼 줄 아나 네 삼촌 나가시고 아니 계시니 즈시 알 슈 업다 긱듕 무스ᄒ며 무장 아즈바님 허다 쇼요 듕 안녕ᄒ시고 다란 연고나 업스며 예도 겨요 근근 디나ᄂ 너 삼촌 더위로 민망이 디나시며 약물 마즈로 가계짜 슉모도 싁싁 괴롭고 너 딥도 무스ᄒ니 다힝ᄒ다 큰딥 삼가도 평안들 ᄒ시니 든든 댱쳔딕이도 층층 금안ᄒ다 너는 언제 스이 오려 ᄒ노 이리 더우니 먼 길의 픠 볼 거시니 아모리 급할디라도[1] 참아 싱양ᄒ거든 오게 ᄒ여라 턍옷 ᄀ음 보니 계시니 싀훤ᄒ나 글염ᄒ신 줄 황숑 감샤ᄒ다 밧긔셔 편디 업스니 셥셥ᄒ다 쳘이예 무스이 회[2]환ᄒ기 극망일다 무신 뉵월 십칠일 삼촌 긔셔

판독대비

번호	판독자료집	한국학중앙연구원 편 (2009a : 863~864)
1	급할디라도	급하더라도
2	셥셥ᄒ다 쳘이예 무스이 회	〔판독 안 됨〕

의성김씨 학봉 김성일가 언간 144

〈김성일가-144, 1878년, 진주강씨(숙모) → 김흥락(조카)〉

판독문

도亽 봉쟝

회편 후 일월이 지느고 중츈니 되더[1] 다시느 이즈니[2] 되여 그짝[3] 쇼식이 졀원ᄒ니 답답 굼
겁기 측냥 업시 운쳔을 향망ᄒ여 비회 금치 못ᄒ나 곳곳 요원키로 풍편도 듯지 못 이쩌 되
니 신양 이러홀 듯 상상ᄒ여 무익키 녁녁 슬들 박키고 일념이 그리 향ᄒ여 ᄎᄆᄎᄆ 엇더타
못ᄒ고 졔ᄂ[4] 블안타[5] ᄒ고 낙낙히 막고 지느이 슈마의 넘녀[6] 잇칠 젹니 업슬 ᄎ 아히 오며
구젼 디강 드러이[7] 그리 괴로이 지느난 쥴[8] 쳡쳡ᄒ[9] 심여도 부죡지 아니ᄒ지 며느리거지 보
니고 너외 엇디엇디 견딀고 그러커든 몸이나 남과 ᄀᆺ치 편홀가 안벗 업시 셩치 못ᄒ고 오
죽[10] 수쳑[11] 구미 여승치 아일 듯 신식 모양이 목의[12] 경경ᄒ나 헛부고 가지가지 심골의[13]
미치니 유곡 환후ᄂ 듯기 거듕ᄒ나 헐마 엇덜가 향감ᄒ여 수니 ᄎ복ᄒ오면 졔나 수이 올 듯
곳곳ᄒ 심경[14] 어느 시 잇칠고 통악 심쟝니 끗칠 듯ᄒ니 스흠 너외 그만ᄒ나 은디[15] 헐미 깅
복ᄒ여 죽기 못 견딀가 죤상죤상 피졍코 온졍 가ᄅ ᄒ고 죵손부 미亽 극진 든든ᄒ디 두로
죤상키 그지업고 쵹쳐ᄂ 감亽 희미치 아여ᄒ니 본딕 일양 학길 너외 무양 긔특ᄒ기[16] 극진
싱각ᄒ니 긔향ᄒ 닐일쇠[17] 길ᄋᄂ 여증인지 안질[18] 민망 디ᄒ니 무어시 긔휜홀고 각 집들
수수ᄒ 말 역시 시롭고 계샹 쇼식을 막년ᄒ니[19] 이거시[20] 엇디ᄒ 쳔지ᄅ[21] ᄒ며 갈스록 고
텨 고텨고텨 못 슬 듯ᄒ외[22] 인동 긔별은 진젹게 드러실 듯 무비 심두의 미쳐실 듯 싱이들
고이ᄒ외[23] 나도 눕든 아나 안질 담증 두로 괴롭고 이딜 그만ᄒ고 녹동도 양디 일양ᄒ니
다ᄒ잉ᄒ나 셰亽 말 다 못[24] 내내 너외 쾌ᄎ 여상ᄒ여 수이 둣기 지원 츅수ᄒ니 이러고 스니
무졍 미몰ᄒ니 무인 슘월 초칠일 슘모 셔

판독대비

번호	판독자료집	한국학중앙연구원 편 (2009a : 867~869)
1	되디	되되
2	이즈니	이즈니
3	그짝	그착
4	못ᄒ고 졔ᄂᆞᆫ	못 츠졔ᄂᆞᆫ
5	블안타	불안타
6	넘녀	넘여
7	드ᄅᆞ이	드로이
8	쥴	듈
9	쳡쳡ᄒᆞᆫ	쳡쳡ᄒᆞᆫ
10	오죽	오훈
11	수쳑	수쳑
12	목의	믈의
13	심골의	〔판독 안 됨〕
14	곳곳ᄒᆞᆫ 심경	곳곳 ᄒᆞᆫ심경
15	은디	은 디
16	긔특ᄒᆞ기	긔특 즈니
17	닐일쇠	닐일싀
18	안질	아직
19	막년ᄒᆞ니	막연ᄒᆞ니
20	이거시	이 다시
21	쳔지ᄅᆞ	쳔지로
22	돗ᄒᆞ외	돗ᄒᆞ니
23	고이ᄒᆞ외	고이ᄒᆞ니
24	셰소 말 다 못	계오 말 당니

의성김씨 학봉 김성일가 언간 145

〈김성일가-145, 1833년, 진주강씨(조카며느리) → 김진화(큰아버지)〉

판독문

큰아바님 젼 샹술이　　　　　　　　근봉

문안 알외옵고 문안 듯줍고 하셔 뵈온 후 오래되오니 시로이 답답 굼겁ᄉ온 복모 건졀 부리
옵지 못ᄒ올소이다 츈일이 심히 부조ᄒ온디 년ᄒᆞ와 긔톄후 쳠졀이나 업ᄉ오셔 만안ᄒᆞ옵시
며 진지 줍ᄉ오시기나 여샹ᄒᆞ옵신가 아옵고져 복모 무익 부리옵지 못ᄒᆞ오며 됴혼[1] 벼술을
ᄒᆞ옵신가 시부오니 든든 즐겁ᄉ오나 흉황 살년의 듕임을 맛즈오셔 허다 심녁 감당이 어렵
ᄉ오실 ᄃᆞᆺ 낙낙히 우려와 부린 시 업ᄉᄂ이다 예는 셋 딕의 일양이옵시니 든든 복힝 그지
업습고 귀동 도련님도 츙실ᄒᆞ오니 긔특 에엿부옵고 다힝ᄒ오나 져근딕 아기 독감인지 날포
셩치 못ᄒ니 민망ᄒ오며 딜부는 무ᄉᄒᆞ오니 다힝이오나 쳔젼 문안 막히오니 굼겁ᄉ올 밧
우환 그러텃 졀박ᄒᆞ오신가 시부오니 답답 쵸민ᄒ옵고 봉딕 긔별도 셰후 막히오니 굼겁습고
외오셔 밧어버의 원 긔츌 당ᄒ오니 통박 여신지회 진졍[2] 못ᄒ올소이다 알외올 말ᄉᆞᆷ 하감ᄒ
옵심 젓ᄉ와 이만 알외오며 내내 톄후 안녕ᄒᆞ옵신 회편 복츅ᄒ옵ᄂ이다 계ᄉ 이월 초팔일
딜부 술이

판독대비

번호	판독자료집	한국학중앙연구원 편 (2009a : 873~875)
1	됴혼	죠혼
2	진졍	진졍

의성김씨 학봉 김성일가 언간 146

〈김성일가-146, 1848년, 진주강씨(조카며느리) → 김진화(큰아버지)〉

판독문

큰아바님 젼 샹술이	근봉

문안 알외읍고 이동안 문안 오래 막히오니 답답 굼겁ᄉ온 복모 부리읍지 못ᄒ오며 쳥하의
년ᄒ와 긔톄후 대단 쳠졀이나 업ᄉ오셔 안녕ᄒ읍시고 침슈 근녁 엇더ᄒ읍시며 진지 잡ᄉ오
시기[1] 엇더엇더ᄒ읍□고[2] 무익히 우리와 답답 굼겁ᄉ온 하졍 부리온 시 업□□며[3] 예는 큰
어마님계읍셔 죵죵 불평ᄒ읍시니[4] 졀박 쵸려 측냥업ᄉ고 식딕 남미 일양이오니 다힝ᄒ오며
용담딕 오니 든든ᄒ읍고 하계 아ᄌ바님 한들 가시니 져근덧 ᄉ이라도 집안 허우록[5] ᄒ오며
□□딕의도[6] 그만ᄒ시고 져근아바님[7] 초시 참□□오심[8] 든든 다힝ᄒ오나 회시 조이읍ᄂ이
다 □부는[9] 윤안과 식식 풍병 발작ᄒ와 난감난감 싀툿ᄒ오며 봉딕 긔별 아득ᄒ오니 답답 굼
겁ᄉ온 ᄉ졍 측냥업ᄉ고 봄으로 근친ᄒ려 ᄒ엿ᄉ더니 필경 못 가오니 ᄉ졍의 졀박ᄒ오이다
알외올 말ᄉᆷ 남ᄉ오나 하감ᄒ읍심 젓ᄉ와 이만 알외오며 내내 긔톄후 만안ᄒ읍신 문안 수
이 듯ᄌ읍기 츅슈츅슈ᄒ읍ᄂ이다 무신 ᄉ월 십팔일 딜부 □□[10]

판독대비

번호	판독자료집	한국학중앙연구원 편 (2009a : 877~879)
1	잡스오시기	즙스오시기
2	엇더엇더ᄒᆞᆸ□고	엇더엇더ᄒᆞᆸ신고
3	업□□며	업스오며
4	불평ᄒᆞᆸ시니	불령ᄒᆞᆸ시니
5	허우록	허우럭
6	□□딕의도	져근딕의도
7	져근아바님	져근아버님
8	참□□오심	참방ᄒᆞ오심
9	□부는	딜부는
10	□□	술이

의성김씨 학봉 김성일가 언간 147

〈김성일가-147, 1848년, 한산이씨(조카며느리) → 김진화(큰아버지)〉

판독문

> 큰아바님 전 샹술이
>
> 　　　　　　　　　근봉

문안 알외옵고 이스이 인편 동동 잇스오나 훈슌도 술이 못 알외옵고 죄롭스와 ᄒ오며 츄량
의 년ᄒ와[1] 긔톄후 쳠환이나 업스오며[2] 만안ᄒ옵시며 침슈 범졀이 엇더엇더ᄒ옵신디 낙낙
히 우러와 일시도 부리옵디 못ᄒ와 ᄒ오며 딜부는 아바님 긔톄 쳠샹은 업스오시나 엄위 여
디업스오시니 애탁[3] 두립습고 어마님 기후 식식 여샹시 업스오시니 답답 졀박ᄒ오며 가니
무탈ᄒ오니 다힝ᄒ오며 큰딕의도 큰어마님 긔톄 일양이시나 엄엄 여디업스오시니 민망 아
ᄌ바님 형뎨분 평안 과거 임박 공부 골믈ᄒ시니[4] 든든 ᄒ오나 형님은 여름니[5] 헌듸로 이적
셩셩치 못 졀박ᄒ와 보이옵고 큰어마님 심녀 민망ᄒ오이다 봉디 형님도 가시니 섭섭 허우
럭ᄒ오이다 유교딕의눈[6] 니외 그만ᄒ시나 어느닷[7] 원통ᄒ온 뎨스 디나오니 블샹[8] ᄀ이업습
ᄂ이다 딜부는 무스ᄒ오나 소호는 어버이 일양 튝츠 대통ᄒ옵는 소문 애탁 두립스오이다
알외올 말숨 하감ᄒ옵심 젓스와 이만 알외오며 내내 긔톄후 만안ᄒ옵신 문안 복츅ᄒ옵ᄂ이
다[9] 무신 팔월 열사흔날 딜부 술이

판독대비

번호	판독자료집	한국학중앙연구원 편 (2009a : 881~883)
1	년ᄒ와	연ᄒ와
2	업ᄉ오며	업ᄉ오셔
3	애탁	익탁
4	골믈ᄒ시니	골물ᄒ시니
5	여름니	알튼 디
6	유교딕의ᄂ	유교딕의도
7	어ᄂ닷	어나닷
8	블샹	불샹
9	복츅ᄒ옵ᄂ이다	슈츅ᄒ옵ᄂ이다

의성김씨 학봉 김성일가 언간 148

〈김성일가-148, 1849년, 한산이씨(조카며느리) → 김진화(큰아버지)〉

판독문

> 큰아바님 젼 샹술이
>
> 근봉

문안 알외옵고 훌훌히 쩌나옵신 후 월환흐와 오래오나 평안히 환관흐옵신 문안을 모라오니 슉야의 우러와 답답 깁스온 복모 일시도 부리옵디 못흐와 흐올 츳 명녹 오며 문안 대강 아오니 듕노의셔 식식 불녕 듕 디나옵심 녹습스온 하졍 측냥업습고[1] 블녕[2] 증환[3] 미류흐옵신디 읍스의 골몰흐와[4] 영광 힝츠흐시다 흐오니 그스이 쎄치옵셔 엄엄흐옵신 긔톄후 쳠샹이나 업스오셔 침슈 범졀이[5] 엇더 엇더흐옵신디 그후 오래오니 새로이 답답 부리옵디 못흐올소이다 딜부는 아바님겨오셔 동환으로 일망이나 대단대단 망조히 디나오시고 파죵흐옵신 후도 오래오나 완합 아득 신관 긔뷔 여디여디업스오시니 답답 애탁[6] 두립스온 용녀 측냥업습고 바히바히[7] 못 잡스오시니 답답 녹스올 듯 두립스오이다 어마님 긔후 식식 엄엄흐오시고 가니 무탈흐오나 큰딕의도 큰어마님[8] 셜후로 대단 훌치시고[9] 엄엄 여디업스신디 형님도 업스오니 더 졀박흐와 보이옵고[10] 아즈바님[11] 형뎨 슉딜분 평안흐오신니[12] 든든흐옵고 각 곳 아득 답답흐오이다 딜부는 각식 병 셩흐올[13] 젹 업스오니 괴롭습고 심녀들 블안[14] 죄롭스와 못 견디올소이다 알외올 말숨 하감흐옵심 젓스와 이만 알외오며 내내[15] 긔톄후 만안흐옵신 문안 복튝흐옵ᄂ이다 긔유[16] 윤스월 넘오일[17] 딜부 술이

판독대비

번호	판독자료집	한국학중앙연구원 편 (2009a : 886~888)
1	측냥업습고	특냥 업습고
2	블녕	불녕
3	증환	중환
4	골몰ᄒ와	골물ᄒ와
5	범졀이	범졀이
6	애탁	이탁
7	바히바히	아라아라
8	큰어마님	큰아바님
9	훌치시고	환차시나
10	보이옵고	보이습고
11	아ᄌ바님	아ᄌ마님
12	평안ᄒ오신니	평안ᄒ오시니
13	셩ᄒ올	셩ᄒ온
14	블안	불안
15	내내	닉닉
16	긔유	기유
17	념오일	염오일

의성김씨 학봉 김성일가 언간 149

〈김성일가-149, 1850년, 진주강씨(조카며느리) → 김진화(큰아버지)〉

판독문

큰아바님 젼 샹술이

근봉

문안 알외읍고 환셰ᄒ와 수삼 삭 되오나 문안 아득히 모ᄅ오니 하졍의 우러와 복모 일시도
부리읍지 못ᄒ와 ᄒ오며 춘일이 젹듕치 아니온듸 년ᄒ와 긔후 쳠졀 업ᄉ오며[1] 만안ᄒ오신
지 낙낙히 우러와 굼겁ᄉ온 하졍 측냥 업ᄉ오며 각식 미류ᄒ오시는 환후 이ᄉ이는 엇더ᄒ
읍신고 낙낙히 시병ᄒ시리도 ᄒᆫ 분 업시 계신 일 우러와 두립ᄉ온 용녀 다 못 알외와 ᄒ읍
ᄂ이다 금계 문안도 이동안 아득ᄒ오니 더옥 굼겁ᄉ올 ᄎᆞ 셔울 편 듯ᄌᆞ오니 큰아바님계오
셔 승품을 ᄒ읍시다 ᄒ오니 든든 즐겁ᄉ온 경ᄉ 측냥업ᄉ와 ᄒ읍ᄂ이다 금계는 엇더들 ᄒ
오신고 이동안 문안 모ᄅ오니 굼굼ᄒ오며 하계 아ᄌᆞ바님 경힝ᄒ오셔 동성이 만나다 ᄒ읍고
평안ᄒ신 일 다힝ᄒ오나 참방 소식 업ᄉ오니 굼겁ᄉ고 동당 날들 지낫ᄉ오니 져근아바님계
읍셔와 슉딜분 다 엇디 되실고 굼굼 조이읍ᄂ이다 소호딕 원장ᄭᅥ지 지나와 고시 되온 일 앗
갑고 블상블샹ᄒ오이다[2] 딜부는 어버이 근녁[3] 말이 못 되읍고 이썬 환결 시 쳠샹ᄒ와 여샹
시 업게 지나오니 ᄉ졍의 두립ᄉ온 용여 아모라타 업습고 동성이 경힝ᄒ와 낙방ᄒ고 도라
와 노독 비경ᄒ오니 오십지년 시하[4] 슌슌 져러ᄒ오니 한심ᄒ오며 딜부는 각식 신병 반홀[5]
시 업습 더리 풍병 발작ᄒ와 ᄉ오 일 블셩인ᄉᄒ읍고[6] 그만ᄒ오나 치통 현긔 괴샹괴샹ᄒ오
니 쇠틋쇠틋ᄒ읍고 슈일이 지격ᄒ오니 긔안 쳐ᄉ의 억만 울회[7] 지향 모챡[8] 못ᄒ오니 넘셰
쇠틋쇠틋ᄒ오이다 알외옴 남ᄉ오나 하감ᄒ읍심 젓ᄉ와 이만 알외오며 내내 만안ᄒ읍심 복
튝ᄒ읍ᄂ이다 환셰ᄒ오나 술이도 못 알외읍고 죄숑죄숑ᄒ와 금계로[9] 알외읍ᄂ이다 경슐 삼
월 초닷신 딜부 술이

판독대비

번호	판독자료집	한국학중앙연구원 편 (2009a : 891~893)
1	업스오며	업스오셔
2	블샹블샹ᄒ오이다	불샹불샹ᄒ오이다
3	근녁	근역
4	오십지년 시하	오십 진ᄉ시하
5	반홀	반훈
6	블셩인ᄉᄒ옵고	불셩인ᄉᄒ옵고
7	울회	운회
8	모챡	무챡
9	금계로	글세로

의성김씨 학봉 김성일가 언간 150

〈김성일가-150, 1878년, 선성김씨(조카며느리) → 김진화(큰아버지)〉

판독문

```
맛아바님 젼 샹술이                          근봉
```

문안 알외읍고 문안 후 날포 되오니 시로이 복모 간절 부리읍지 못ᄒ올소이다 납한의 년ᄒ
와 두위분 긔톄후 만슈 강녕ᄒ읍시고[1] 슬하 형님계읍셔 골물 등 부지ᄒ시고 건네도 부모님
긔후 일양ᄒ오시고 도련님 평길 다식ᄒ오며 봉뎌딕의도 층층 평안ᄒ오시고 촌념이ᄂ 편스
와 짠 심녀ᄂ 업스시니잇가 즈시 아읍고져 알외읍ᄂ이다 동셩은 미거 쳘업ᄉ 거시 가셔 맛
아바님 심녀 쇼조[2] 오죽 돕ᄉ올고[3] 무안 죄롭ᄉ오이다 딜부도 온 후 니니 무ᄉᄒ오나 어버
이니 호빈 심녀 등 소소 쳠샹이 무샹ᄒ오시니 ᄉ졍의 졀박ᄒ읍고 동셩들 어러 남미 무ᄉ 긔
특습고[4] 이 밧 무고 힝이로소이다 알외올 말슴 하감ᄒ읍심 졋ᄉ와 이만 알외읍오며 하졍의
셥셥ᄒ와 토슈 알외읍ᄂ이다 니니 긔톄후 강녕ᄒ읍시기 복츅ᄒ읍ᄂ이다 무인 셧달 스무녀
드릿날 딜부 술이

판독대비

번호	판독자료집	한국학중앙연구원 편 (2009a : 896~897)
1	강녕ᄒ읍시고	강영ᄒ읍시고
2	심녀 쇼조	심녀로도
3	돕ᄉ올고	돕ᄉ올ᄂ
4	긔특습고	기특습고

의성김씨 학봉 김성일가 언간 151

〈김성일가-151, 1879년, 풍산유씨(생질부) → 김흥락(외숙부)〉

판독문

아즈바님 젼 소샹셔

근봉

문안 알외옵고 졀포 문안 아득 모라오니 하졍의 우러와 깁스온 복모 부리옵지 못ᄒ와 ᄒ올
ᄎ 의외 하인 오오며 듯즈오니 상한의 년ᄒ와[1] 긔톄후 디단ᄒ옵신 손쳠환 업스오셔 침슈 등
졀이 녀젼ᄒ옵시고 아즈마님[2] 긔후 디모쳠졀 업스오심 즐겁스오이다 슬하 형님긔셔도 평안
ᄒ오며 져근딕의도 아즈바님 양위분 안녕ᄒ옵시며 각딕 일안들 ᄒ오시니잇가 두루 아옵고
져 ᄒ옵ᄂ이다 싱딜부는 디탈은 업스오나 경물츄셩의 허우럭 늣겁스온 셜움 엇지 다 측냥
ᄒ오리잇가 원억 시롭숩고 슉당 금안들 ᄒ시나 경문 아득 뇽녀올소이다 알외올 말슴 단문
이만 알외오며 니니 두분 긔력 강녕ᄒ옵시기 복망이올소이다 긔묘 양월[3] 십삼일 싱딜부 샹
셔

판독대비

번호	판독자료집	한국학중앙연구원 편 (2009a : 900~901)
1	년ᄒ와	연ᄒ와
2	아즈마님	아즈바님
3	양월	앵월

의성김씨 학봉 김성일가 언간 152

〈김성일가-152, 1883년, 풍산유씨(조카며느리) → 김흥락(큰아버지)〉

판독문

맛아바님 젼 상술이

문안 알외읍고 문안 듯즈온 디 달포 되오니 무심 하졍이오나 복모 일시도 부니읍디[1] 못ᄒ올
소이다 계츈의 연하와 긔톄후 두위분 만안ᄒ읍시니잇가 슬젼 형님계읍서 디안ᄒ읍시며[2] 네
도 아바님 두위분계읍서 톄후 강녕ᄒ시며[3] 아리딕 한마님계읍서 연심 긔톄후 만강ᄒ읍시니
잇가 각 딕 졔졀니 안상들 ᄒ읍시니잇가 아읍고져 알외읍ᄂ니다[4] 딜부도 무스ᄒ오ᄂ[5] 어버
니 두 분 소소 여상시 업스시니[6] 사졍의 초민ᄒ오니다 상가의도 부디들 ᄒ오ᄂ 삼촌 삼상
머디 아니시니 훈심[7] 늦겁스오니다 츈효당도 무고훈 듯 딜겁스오니다 알외올 말ᄉᆷ 하감ᄒ
읍심 졋스와 이만 알외오며 내내 긔톄후 만수 강녕ᄒ읍시긔[8] 복츅ᄒᄂ니다[9] 계미 삼월 초
ᄒ른날 딜부 술이

판독대비

번호	판독자료집	한국학중앙연구원 편 (2009a : 903~904)
1	부니읍디	부리읍디
2	디안ᄒ읍시며	긔안ᄒ읍시며
3	강녕ᄒ시며	강영ᄒ시며
4	알외읍ᄂ니다	알외읍ᄂ이다
5	무스ᄒ오ᄂ	무스ᄒ오고
6	업스시니	업사시니
7	훈심	흔심
8	강녕ᄒ읍시긔	강영ᄒ읍시긔
9	복츅ᄒᄂ니다	복츅ᄒ나니다

의성김씨 학봉 김성일가 언간 153

〈김성일가-153, 1883년, 선성김씨(조카며느리) → 김흥락(큰아버지)〉

판독문

> 맛아바님 젼 샹술이
>
> 근봉

문안 알외옵고 문안 후 달포 아득 막히오니 흐정 복모 일시도 부리옵지 못흐올소이다 흔지 더위 그악흐온디 년흐와 두위분 긔톄후 일양 여젼[1] 침슈 등졀 흔가지시고 형님계옵셔 평안 흐옵셔 심녀 업스시고 한마님 톄후 손샹쳠극 업스오시고 건너도 부모님 디쳠 업시니잇구 간졀 부리옵 못흐오며 딜부는 어버이닝 그만흐오니 스졍의 든든 동싱들 츳츳 무양 딜부도 닌니 무스흐오이다 알외옴 디번 이만 알외옵느이다 비온 스리 죄롭스오이다 회편 층층 만 안흐옵심 복츅흐옵느이다 계미 칠월 널녀드리날 딜부 술이

판독대비

번호	판독자료집	한국학중앙연구원 편 (2009a : 906~907)
1	여젼	녀젼

의성김씨 학봉 김성일가 언간 154

〈김성일가-154, 19세기 후반, 선성김씨(조카며느리) → 김흥락(큰아버지)〉

판독문

```
┌─────────────────────────────────────────┐
  맛아바님 젼 샹술이
                              근봉
└─────────────────────────────────────────┘
```

문안 알외읍고 환셰ᄒᆞ와 달포 문안 아득 막히오니 ᄒᆞ졍의 우러와 깁ᄉᆞ온 복모 부리읍지 못
ᄒᆞ올소이다 듕츈의 연ᄒᆞ와 두위분 긔톄후 일양 만강ᄒᆞ오시고 슬ᄒᆞ 형님계읍셔 골몰[1] 듕 평
안ᄒᆞ읍시고 져근딕의도 한마님 톄후 손샹쳠졀 업ᄉᆞ오시며 건네도 부모님 강녕ᄒᆞ읍시니잇ᄀᆞ
ᄌᆞ시 아읍고져 ᄒᆞ읍ᄂᆞ이다 딜부는 어버이니 그만ᄒᆞ오니 소졍이[2] 즐겁ᄉᆞ오며 딜부도[3] 무ᄉᆞ
ᄒᆞ오이다 이 밧 무고 다ᄒᆡᆼᄒᆞ오이다 알외올 말ᄉᆞᆷ 하감ᄒᆞ읍심 졋ᄉᆞ와 이만 알알외읍ᄂᆞ이다
비온 술이 죄롭ᄉᆞ오이다

판독대비

번호	판독자료집	한국학중앙연구원 편 (2009a : 909~910)
1	골몰	골몰
2	소졍이	소졍의
3	딜부도	딜부는

의성김씨 학봉 김성일가 언간 155

〈김성일가-155, 1877년, 유연박(생질) → 진성이씨(외숙모)〉

판독문

쳔만 몽미 밧긔 ㅎ계[1] 한마님 상사 무산 말슴 ㅎ오리잇가 아ᄌ마님 남다른 효셩으로 쳔양디
통 엇디 감니ㅎ시옵 무한 즁마 젼고의 듯도 못 이사이 ᄂᆡ외분 긔력 쳠졀이나 업사시고 더소
가 졔졀 그만들 ㅎ시오니잇가 망극 졔사[2] 디격ㅎ오니 힉마도 시로운 통회 엇디 측냥ㅎ오리
잇가 셩딜은 시솔 디단 연고 업사니 다힝이오나 쳘리 친문 젹월 듯디 못 녀넘 젹디 아니ㅎ
며 츈간 우고 무한 걱졍ㅎ고 한졍할 디 젹으니 졀박ㅎ오이다 이번의 가셔 참사ㅎ옵고 노다
가 올가 ㅎ위더니 언고 여의치 못 츈파 즁낭 가난 인편의 빈 편디 부치오니 무안ㅎ기 일랄
슈 업사오이다 급급 이만ㅎ옵 졍츅 뉵월 십삼일 셩딜 뉴연박 샹셔

판독대비

번호	판독자료집	한국학중앙연구원 편 (2009a : 912~913)
1	ㅎ계	하계
2	졔사	졔ᄉ

의성김씨 학봉 김성일가 언간 156

〈김성일가-156, 1848년, 평강채씨(생질부) → 김진화(외숙부)〉

판독문

> 아즈바님 젼 샹셔

문안 알외옵고 그리 챵ᄒ온 물겁의 회졍ᄒ옵시니 ᄌ쥬 용녀 침식이 불감ᄒ올[1] 츳 회마 편 듯ᄌ오니 평안히 득달ᄒ옵셔 별 히 업ᄉ오신 문안 든든 즐겁ᄉ기 측냥 못ᄒ오며 극셔의 년 ᄒ와[2] 한어마님 긔력 쳠졀이나 업ᄉ오시고 침슈 범졀이 여젼ᄒ시며 뫼옵셔 두분 긔톄후 안녕ᄒ옵시니잇가 아옵고져 ᄒ오며 무댱 문안 듯ᄌ와 환후 엇더시다 ᄒ옵신지 듀야 원녀들 오죽ᄒ실가 부리옵디 못ᄒ올소이다 두 져근딕의 안녕들 ᄒ시니잇가 아옵고져 알외옵ᄂ이다 싱딜부는 듕시후 쳠졀 업ᄉ오시니 든든ᄒ옵고 싱딜부도 무ᄉᄒ오며 그 밧 별고 업ᄉ오나 쇠삼촌 신음ᄒ시던 증환 더ᄒ시니 익탁익탁ᄒ오이다 니촌도 무고ᄒ온 듯ᄒ오이다 알외올 말ᄉᆷ 젓ᄉ와와 이만 알외오며 내내 긔후 만안ᄒ옵신 문안 ᄇ라옵ᄂ이다 무신 뉴월 념일 싱딜부 샹셔

판독대비

번호	판독자료집	한국학중앙연구원 편 (2009a : 915~916)
1	불감ᄒ올	불감ᄒ온
2	년ᄒ와	연ᄒ와

의성김씨 학봉 김성일가 언간 157

〈김성일가-157, 1839년, 미상(사촌누이) → 김진화(사촌오빠)〉

판독문

오라바님 답소샹

아득ᄒ니 그리워홀 ᄎ 큰집의셔 인편 잇다 ᄒ거든 적어 보내고 회편 기ᄃ릴 ᄎ 무망의 슈젹 만난 둣 탐탐 반기나 신병 그러툿 괴로이 지내는[1] 일 념녀 측냥 업다 엇디 그대도록 ᄒ고 원질도 그리 괴로온 일 민망 소솔을 쩌나 더 못 견디는가 못 닛쳐라 무슨 일노 그리 분ᄒ여 ᄒ는 일 졀통 녜안이[2] 내 친졍일다마는 그덧ᄒ 일 원시 고이ᄒ 사룸들이니 분ᄒ나마 심계예 해롭게 말고 요동을 말며 아모 말이나 삼가ᄒ고 늡의게 쟝 잡히게 마라 목 당슉 일은 더옥 의외라 허무ᄒ고 야쇽ᄒ니 밋을 사룸이 업다 밧긔 온 네 쇼록 즉시 업시ᄒ고 답장도 함부로 마ᄅ쇼셔 ᄒ엿다 부디 뎌 사룸들과 ᄀᆺ치 긔엄 내지 말고 말이라도 존졀 삼가여 분두에 쟝 잡히지 마라 예는 겨요 일양이나 궁츈 감당이 어렵고 부포집 만삭ᄒ니 잔약ᄒ 거시 념녀 무궁ᄒ며 돈 ᄒ 냥 보내엿더니 부디 인삼 사 보내여라 아모ᄃ도 싱각홀 디 업ᄉ니 외가ᄅᆯ 향망ᄒ여 ᄉ촌들이나 싱각고 그리워 언제나 죠용히 만날고 덕추도 오려더라 ᄒ디 언제 와 내리 너는 환노의 분주ᄒ고 신병은 그러ᄒ디 날을 닛지 아니ᄒ고 인편이 이시면 글시ᄅᆯ 보이니 긔특 황홀 졍답기 여시 아닌 둣 우리 아ᄌ바님 슈젹인 둣 반기고 굿부니 지삼 들고 어ᄅ만져 압히 어두어라 싱쳥은[3] 더옥 괴질의 약이디 사 내지 못 걱졍ᄒ던 ᄎ 어디셔 보던 둣시 보내여시니 싱광 이샹이샹[4] 네 ᄌ비로온 ᄆᆞ음을 싱각ᄒ니 만금을 주나 다르지 아녀라 계남집이게는 지초소산이라고 듯고 만히 구ᄒ여 주면 제 갑슬 보내려 쳥념ᄒ니 네 쳡ᄃ려 서녀[5] 말 구ᄒ여 갑슬 긔별ᄒ고 보내라 당부ᄒ여 사게 ᄒ여라 이즈음은 극귀ᄒ니 부러 사룸 보내쟈[6] 보치더니 쳥념쳥념ᄒ다 ᄉ연 무궁ᄒ나 지필노 다홀 길 업서 긋치며 부디 아모 일이라도 심녀에 해 잇게 말고 안심 죠리ᄒ여 신병을 조심ᄒ여 쾌히 나아 츙건ᄒ다가 이즈음 길 잇거든 만날가 ᄇ라니 긔히 삼월 십구일 ᄉ촌

판독대비

번호	판독자료집	한국학중앙연구원 편 (2009a : 920~922)
1	지내논	지니논
2	녜안이	녜안
3	싱쳥은	싱쳐은
4	싱광 이샹이샹	싱광이 샹샹
5	쳡 드려 서너	쳡 드려서 너
6	보내쟈	부내쟈

의성김씨 학봉 김성일가 언간 158

〈김성일가-158, 19세기 중반, 미상(사촌누이) → 미상(사촌오빠)〉

판독문

오라바님 젼

숨굿치 보고 다시 오마던 거시라 기드리더니 못 오고 언제 쏘 만날고 날셰 이리 치우니 몸이나 셩훈가[1] 싀스촌 그즈음 가신다 ᄒ니 긔별 드를 둧 잠 젹는다 검졔논[2] 엇더ᄒ며 녀혼[3] 언제[4] 지내논가 네 별가논[5] 무스훈가 굼겁더라 우리는 밧겻 희쳔 민망ᄒ고 쏠[6] 신힝 블셩[7] 모양으로 보내엿기 즉시 드려와시되[8] 흉년은 한심ᄒ고 우리는 더욱 독흉을 만나 아직 먹을 냥식이 하마 업스니 이거시 다 내 신명인 둧 괴로아라 긔셩은 ᄇ리고 수이 ᄂ려오신다 ᄒ니 엇지 그런지 쳥쥬 쇼식은 오래 모르니 엇던지 님힝 잠 젹으며 편훈[9] 긔별 둧기 원이오 보쳐고 시부되 이로 달나 ᄒ기 어려 못ᄒ고 웃니 시월 십이일 스촌

판독대비

번호	판독자료집	한국학중앙연구원 편 (2009a : 925~927)
1	셩훈가	셩홀가
2	검졔논	검졔는
3	녀혼	녀훈
4	언제	엇제
5	별가논	별가도
6	쏠	셥셥
7	블셩	불셩
8	드려와시되	도려와시되
9	편훈	쏘훈

의성김씨 학봉 김성일가 언간 159

〈김성일가-159, 1835년, 전주최씨(이종여동생) → 김진화(이종오빠)〉

판독문

> 오라바님 젼 샹장
>
> 근봉

초동의 년호와 신샹 평안호오시니잇가 오래 쇼식 모르오니 답답 그립스온 스럼 측냥업스오
며 금계 쇼식도 층층 평안 무양호시고 녀혼 평안이 지내시고 신낭 범졀이 극진호실 듯 즉
든든 그득 귀듕호여 호시는 뽀옵는 듯 다힝 깃부옴 어이 다 덕스오리잇가 졍시의 가시랴시
던 거시라 근졀이 기드려습더니 못 가신 듯 섭섭호오며 환관은 어느 쩌나 호시고 노독이나
업스와 걱졍 업스오시니잇가 두루 부리옵디 못호올소이다 차돌의 삼촌은 경힝의 찻지 아니
오니 심히 섭섭호옵 우리도 겨요 지내오나 스촌은 치위롤 당호와 본병 무엇 셩홀 적 업스오
니 츠마 괴롭습고 범졀이 견딜 슈가 업스오니 두루 수란수란 괴롭스오이다 경후도 여러 슌
과거의 헛슈고 졀통호오나 무스히 느려가오니 깃부오나 노친 병환은 쩌나옵시지 아니시고
외오 숑민 두립스오며 경쥐 오라바님겨오셔는[1] 돌포 긱고롤 격그시고 예그지 평안이 오셔
죵을 드리고 가시니 싀훤 섭섭호옵 밧긔셔 공쥐 길을 마지못호여 가시니 치위예 엇지 니왕
호실고 념녀 그이업스오나 게가 갓갑다 호오니 편지 붓치오며 쇼식 듯즈올 일 깃부옵 스연
남스오나 총총 이만이오며 이 압 내내 신샹 평안호오심[2] 바라옵느이다 을미 양월 십오일 이
죵민 최

판독대비

번호	판독자료집	한국학중앙연구원 편 (2009a : 929~931)
1	오라바님겨오셔는	오라버님겨오셔는
2	평안호오심	평안호옵심

〈김성일가-160, 1848년, 정 주부(의원) → 김진화(환자)〉

판독문

신깅 좌우가 아직 합창치 못ᄒ신 증이오니 도시 환약을 셩실이 못 잡ᄉ오신 탓시ᄋᆸ고 더운
ᄃᆡ 거쳐ᄒ오신즉 더ᄒ시고 서늘ᄒ게 거쳐ᄒ신즉 조곰 덜ᄒ신 거시 도시 풍습과 열증이 분
명ᄒ오며 시두의 획이 밋친 듯ᄒ 증도 환냑을 다 줍ᄉ오시면 나으실 거시요 약 줍ᄉ온 십여
일의 닙병과 치통 인후통 이통이 다 풍열이 상승ᄒ여 그러ᄒ신 거시 약녁이 은복ᄒ 풍열을
발산ᄒ오면 증슈가 본니 그러ᄒ온데 달은 증슈로 알고 치풍지졔를 쓰셧다 ᄒ오니 환약 묘
리를 모로고 잘못ᄒ 일이오며 손바닥과 지말의 무ᄉ막위쳐로 도든 증도 은복ᄒ 풍열이 산
지슈죡ᄒ와 그러ᄒ오니 과렴[1] 말으시고 丸藥을 연ᄒ여 줍ᄉ오시면 ᄌ연이 츠복ᄒ오실 거시
니 부ᄃᆡ 여법이 줍ᄉ오시고 조곰도 의려ᄒ시지 말으시며 白花蛇가 유독ᄒ단 말슴은 무식ᄒ
말슴이오며 輕粉 巴豆霜이 들엇다 ᄒ다 ᄒ오니 쳔부당만블ᄉᄒ오며[2] 이 약이 ᄒ두 번 시험
ᄒ 약이 아니오라 누시누험ᄒ온 약이ᄋᆸ 이번 다시 약을 시쟉ᄒ시되[3] 공심의 十五丸 님와의
十五丸式 줍ᄉ오시되 만일 닙병이 ᄯᅩ 날 듯ᄒ시거든 丸 슈를 감ᄒ여 열 환식 조셕 二十丸式
만 줍ᄉ오시면 관겨치 아니ᄒ오고 十五丸式 呑服ᄒ셔도 구챵의 ᄉ가[4] 업ᄉ거든 일양 十五丸
式 줍ᄉ오시되[5] 부ᄃᆡ 간단 말으시고 셩실이 줍ᄉ오셔야 환증을 거근ᄒ오실 거시오니 빅인
이 훼지ᄒ여도 부ᄃᆡ 다 줍ᄉ오시며 금ᄒ는 음식을 부ᄃᆡ 줍습지 말으시ᄋᆸ 만일 이 한약을 아
니 줍습다가는 이 압희 후회가 되올 거시니 부ᄃᆡ부ᄃᆡ 다 줍ᄉ오시고 동졍을 슈편ᄒ여 알게
ᄒ옵소셔 훈셰ᄒ는 약은 桑灰水가 부평초 젼슈보다 낫ᄉ외다 음식 금긔 鷄猪 冷麪 冷水 土醬
苦椒醬 豆腐 菜豆 蚹鱓 生蛤 油蜜菓 甘物 生冷物 以上 諸味 一禁ᄒ옵셔야 藥效 슈이 나옵니다 영
응산 두 봉은 지여 보니라 ᄒ시기로 잘 지여 보니오나 무엇세 쓰시는지 굼굼ᄒ외다 참기름
의 긔야 발으는 법은 이왕의 알아 게ᄋᆸ시거니와 졔일 근종과 독종의 신효ᄒ 약ᄋᆸ고 풍습의
는 부당ᄒ 약이외다 소입 ᄉ 냥은 안 초관의게 바닷습니다

판독대비

번호	판독자료집	한국학중앙연구원 편 (2009a : 935~938)
1	과럼	과념
2	쳔부당만블ᄉᄒ오며	쳔부당 만불ᄉᄒ오며
3	시쟉ᄒ시되	시죡ᄒ시되
4	구챵의 ᄉ가	구챵 의ᄉ가
5	좁ᄉ오시되	조ᄉ오시되

의성김씨 학봉 김성일가 언간 161

〈김성일가-161, 1848년, 정 주부(의원) → 김진화(환자)〉

판독문

증녹을 보오니 腫處의 根이 四面으로 벗더 치 죽지 아니호 모양이요 分野가 肉厚호 되 근이 깁
히 박여 膿汁이 슌이 나지 못호눈듸 瘡口가 젹어 膿이 졍츅호즉 졈졈 들쓰고 根발이 번지눈 법
이니 답답호외다 大抵 前便의 가져 간 약의 淸毒散을 밥의 닉여 붓치시면 根이 슈이 소사 싸지
며 膿汁이 슌이 날 거슬 아니 붓치시기[1] 고이호옵 이졔라도 호로 두 번시 닉여 붓치시고 靈應
散은 腫處 四方의 불근 발과 靑氣 잇눈 분야의 셩실이 발고 닉치 丸藥을 일병 즈시고 만일 瘡
口가 미오 좁아 膿이 못 나거든 針으로 찌여 널이눈 거시 조코 혹 針을 더일 슈가 업스면 拔
根散을 조희 심지의 뭇쳐 너코 우희눈 일양 淸毒散을 밥의 닉여 붓치옵 瘡口가 널너지고 농즙
이 슌이 나거든 拔根散을 넛치 말고 原瘡口의 근박인 되눈 袪久散을 쓸이되[2] 호로 두 번식만 쓸
여[3] 去惡이 다 되고 살빗치 벌거호거든 薑黃生肌散을 쓸이며[4] 膏藥을 붓치되 기젼 젹어 보닌
디로 호시고 응당 氣力 憊敗호여 겨실 거시니 大補湯도 쓰며 粟米飮도 쓰되 根이 다 죽고 덜 죽
은 거슬 살펴 根이 萬一 덜 죽엇스면 薑을 과이 쓰지 못호눈 거시니 즈시 살펴 호시고 食補도
일병호시되 둙은 아직 쓰지 마옵 前便의 간 약들을 즈시 상고호여 그 법디로 붓치시고 상업눈
藥들을 막오 쓰지 마옵소셔 날여가셔 친이 뵈옵고 藥治을 호면 조호련마는 그스이 중병의 들
어 지금도 소셩을 못호여 뜻갓치 못호오니 답답호외다 이 압 증졍을 츠츠 긔별호시옵 症錄을
즈시 뵈오미 큰 염녀는 업깃스오니 너모 과이 넘녀 마옵고 약을 셩실이 호시옵소셔

판독대비

번호	판독자료집	한국학중앙연구원 편 (2009a : 943~945)
1	붓치시기	붓치시니
2	쓸이되	쓸이되
3	쓸여	쓸여
4	쓸이며	쓸이며

의성김씨 학봉 김성일가 언간 162

〈김성일가-162, 1841년, 여강이씨(김진화의 정실) → 미상(김진화의 측실)〉

판독문

셔울집 답셔

아득아득 막히니 답답 넘녀 층냥 못홀 ᄎ 하인 오며 젹은 것 보니 심동의 년ᄒ여 일신 무양
ᄒ 일 긔특ᄒ며 나으리겨오셔 그리 빗치옵셔 그려도 희 단치 아니시다 ᄒ니 든든 즐거운 경
ᄉ 층양 못ᄒ나 둘포[1] 밀인 공ᄉ의 골믈ᄒ신[2] 줄 답답 두립습고 용녀 ᄂ즉지 아니ᄒ다 우리
도 그만ᄒ나 시긔로 츳돌이 못 드려오니 답답 그립고 못 잇치며 편타 ᄒ니 긔특ᄒ다[3] 니집
도 가려 ᄒ니 엇디 될동 혼자 엇디 견딜고 답답다 한들 인동 긔별 듯지 못 답답ᄒ고 못 잇
쳐 졀박다 명쥬와 자쥬 요긴ᄒ고 젓국지이 션미ᄀᆺ치 먹으니 유관타 홀 말 남으나 손은 왓고
어득 이만일다 내내 틱평틱평ᄒ 쇼식 고디고디ᄒ다 댱 어긔여 고기마리도 못 ᄉ 보내니 답
답다 긋쎠 언젠동 도슬기 ᄉ 보낸 밤보 갓더니[4] 이후 츳자 보내여라

판독대비

번호	판독자료집	한국학중앙연구원 편 (2009a : 948~949)
1	둘포	둘로
2	골믈ᄒ신	골물ᄒ신
3	긔특ᄒ다	긔특하다
4	갓더니	갓다니

의성김씨 학봉 김성일가 언간 163

〈김성일가-163, 1850년, 여강이씨(상전) → 순임(하인)〉

판독문

> 순임으게

순임 보아라

오리 비즈도 못 흐니 걸녀 흐며 흐 어득 수란흐니 못 흐엿다 이스이 무스히 이시며 즈식을 비엿다 흐니 산월은 언제즈음 되는이 네 싀어미는 이월의 말간 거시 나무 경와롤¹ 어더먹고 와 비롤 알아 잇틀 만의 죽으니 블샹흐고² 너롤 다시 못 볼다 노샹 그러고 흐더니 필경 다시 못 보고 죽으니 참혹참혹흐고 이 놈이 제 어미 죽고 의지 업시 죠셕도 못 어더먹고 단인다 흐니 블샹흐다³ 영감님 긔후 첨졀이 즈즈시다 흐니 답답 원녀 측냥 못흘다 예는⁴ 무고흐고 셔방님 대병 지내고 셔울 가 무한 긴고흐고 어제스 드러오니 싀훤흐나 대병지여의 헛슈고흔 일 졀통졀통흐⁵고 아기시도⁶ 평안흐시니 다힝 신힝도 닉월 넘일이니 어득흐나 져근덕이 소호 아기시 상스 나 흐마 영장거지 흐니 블샹⁷ 원통원통흐고 큰셔방님 초시흐시니 다힝흐다 이녹이는 제 어미 초상 빗지 대엿 냥이나 져 집 팔아 흔다 흐기 집과 솟츤 못 팔 거시니 솟흘 쎄여다가 고방의⁸ 간무려 두엇다가 네 아모 쩌나⁹ 오거든 주마 흐니 제가 농스롤 흐려 흐니 솟츨 쎄고는 어렵다 흐니 두어시터 필경 풀기 쉬오니¹⁰ 네 숄님도 변변치 못흘 듯흐다¹¹ 게도 대산치 흔흘¹² 거시니 큰 것 적은 것 만히 스셔¹³ 짐군 올 쩌 우히 언저 오게 스셔 보내여라 홀 말 만흐나 이만일다 무스히 잇거라 경슐 삼월 넘오일 순임으게

판독대비

번호	판독자료집	한국학중앙연구원 편 (2009a : 952~954)
1	경와롤	경과롤
2	블샹ᄒ고	불샹ᄒ고
3	블샹ᄒ다	불샹ᄒ다
4	예는	예도
5	나 대병지여의 헛슈고흔 일 졀통졀통ᄒ	〔판독 안 됨〕
6	아기시도	아기시는
7	블샹	불샹
8	고방의	골방의
9	써나	쩨나
10	쉬오니	쉬우니
11	둧ᄒ다	둧ᄒ나
12	대산치 흔홀	대산치혼 홀
13	ᄉ셔	사셔

의성김씨 학봉 김성일가 언간 164

〈김성일가-164, 1849년, 순임(하인) → 여강이씨(상전)〉

판독문

순임 셔울 가는 것

샹셔

오리 긔별 모라오니 답답ᄒ외다 더위 괴샹ᄒᆞᆸ고 우슈의 년ᄒ와 긔톄 일양이오며 여러 셔방님니와 디도 다 그만들 ᄒᆞᆸ신가 쳔 니 낙낙ᄒ야 알 길 업ᄉ오니 남만 못ᄒᆞᆸ 굿붑ᄂᆞ이다 순임은 안의사 빈소를 직희고 무ᄉ이 잇ᄉ오나 갈ᄉ록 셜고 슬푸오며 봉쥰이놈이 큰딕의셔 작난ᄒ다가 나오리 와셔 파양ᄒ고 쏘차 부리고 아ᄂᆡ사 샹식은 큰딕의셔 지닙ᄂᆞ이다 자식 업시 쥭은 스롬이 양주 자식이 그런 도적놈이라 보젼 못ᄒ니 이들이들ᄒᄋ이다 홍길 어머니ᄂ 어린 것 다리고 편ᄒ오닛가 ᄒᆞᆫ번 간 후ᄂ 다시 못 보깃ᄉᆸ 셔울 가 잘 잇ᄉᆸᄂᆞ잇가 예도 큰딕의 평안ᄒ시고 능쥬도 그만ᄒ시다 ᄒᆞᆸᄂᆞ이다 봉쥰의 니외 놈년이 갈 져긔 빈소의 자리와 아의사 더를 다 도적ᄒ여 가지고 갓ᄉᆸᄂᆞ이다 쳔ᄒ의 이러 몹슬 도적이 어듸 다시 이실고 졀통졀통 분ᄒ외다 말술 이만이오며 내내 평안ᄒ시기 ᄇᆞ랍ᄂᆞ이다 긔유 뉵월 십일 슈임 샹셔 팔월 뎨ᄉ 적 와 듯녀가시게 ᄒ십 부디 뎨ᄉ 적 오십[1]

판독대비

번호	판독자료집	한국학중앙연구원 편 (2009a : 957~958)
1	부디 뎨ᄉ 적 오십	〔판독 안 됨〕

의성김씨 학봉 김성일가 언간 165

〈김성일가-165, 1841년, 안영록(경아전) → 김진화(지방관)〉

판독문

原州
大衙 侍人 入納
司醞洞 安書房 上書

나리의리님 젼 샹셔

두 슌 ᄒ셔 밧ᄌ와 복견ᄒᆞ옵고 못니 알외오며 기간 일 불슌ᄒᆞ온디 연ᄒᆞ와 긔체후 일향 만ᄒᆞ옵시다[1] ᄒᆞ오니 ᄒᆞ뎡의 복희 마마이오며 小人은 아즉 몸은 셩이 잇ᄉᆞ오나 식부의 우환이 듕ᄒᆞ와 달니 넘도록 츠복지 못ᄒᆞ와 쥬나 민망 답답히 지니와 불힝 듕 면ᄉᆞ나[2] ᄒᆞ오면 다힝ᄒᆞ오되 니도지ᄉᆞ을 모로와 일이 답답 갑갑ᄒᆞ외다 쳥숑 희유 돈 칠십이 냥과 문셔와 맛타 두옵고 민일 호조의 가셔 아라 보온즉 젼젼 부ᄉᆞ가 희유을 못 니여기의 문셔 못 닌다 ᄒᆞ기의 그져 잇ᄉᆞᆸ더니 거월 염후의 돈 먹을 계ᄉᆞ가 ᄎ져와셔 명동 권 참판 녕감 말을 ᄒᆞ고 돈을 달나 ᄒᆞ기의 아모 분부라도 희유 문셔을 니여냐 돈을 쥬지 아니 쥬노라 ᄒᆞ즉 그져 가더니 ᄯᅩ 슈삼 ᄎ 와셔 돈을 달 졸으기의 그 돈을 경쥬인 집을로 도로[3] 갓다가 맛겻ᄉᆞᆸ더니 ᄯᅩ 경쥬인이 견디지 못ᄒᆞ여 권 참판이 분부ᄒᆞ여[4] 돈을 니여쥬엇다 ᄒᆞ오니 경쥬인의게 ᄒᆞ문ᄒᆞ여 보옵소셔 구ᄒᆞ옵[5] 물건들은 겨우 스셔 올니오나 모도 다 맛당치 아니ᄒᆞ오니[6] 셰셰 감ᄒᆞ옵시고 불합ᄒᆞ옵시거든 도로 올녀보니옵소셔[7] 직 삼십 냥 듕 감ᄒᆞ옵소셔 ᄒᆞ숑ᄒᆞ옵신 셰찬 등물은 ᄌᆞ셔이 복슈ᄒᆞ엿ᄉᆞᆸ고 이번의 각쳐의 셰찬 발긔을 보 너모 딕단ᄒᆞ와 폐읍의 어디셔 나셔 글니 담비 ᄒᆞᆫ 디라도 바다 먹기가 불안 황숑ᄒᆞ온 말ᄉᆞᆷ 엇지 알을이가 구득ᄒᆞ옵신 홍뎡도 돈 씁실 일 싱각[8] 아니ᄒᆞ여 올니고 시부오되 바이 아니치 못ᄒᆞ와 소소ᄒᆞᆫ 거슬 발긔의 올니오나 참아 불안불안ᄒᆞ외다 외상 돈 구십여 냥도 다 시훤이 갑ᄉᆞ오나 그 돈 져 돈 다 오작키 심여와 걱뎡이 되옵시니 더욱 황숑 불안ᄒᆞ여 알외 말ᄉᆞᆷ이 업ᄉᆞᆸ니이다 젼관 희유ᄉᆞ로 쳥숑 니방의게 엄 비즈 급급히 ᄒᆞ소셔 엇지 듯ᄉᆞ오니 젼관 金基陽이가 죽엇단 말이 잇ᄉᆞ오니 만일 죽엇ᄉᆞ오면 희유 닐 일이 업슬 듯ᄒᆞ오니 ᄌᆞ셔이 알라보옵소셔 辛丑 十二月 十五日 安永祿 上書

판독대비

번호	판독자료집	한국학중앙연구원 편 (2009a : 961~964)
1	만ᄒ옵시다	만하옵시다
2	면ᄉ나	면사나
3	집을로 도로	집을 모도로
4	분부ᄒ여	분부ᄒ여셔
5	구ᄒ옵	구ᄒ옵는
6	아니ᄒ오니	아니ᄒ오며
7	올녀보니옵소셔	올여보니옵소셔
8	싱각	싱각ᄒ니

의성김씨 학봉 김성일가 언간 166

〈김성일가-166, 1842년, 구원(노복) → 김진화(상전)〉

판독문

> 나아리임 젼비 대틱
> 원쥬 구원 고목

황곡 복지 문안니솔오며 힝츳ᄒ신 후 달포 문안 뭇줍지 못ᄒ오니 황공ᄒ와니다 나아리임 긔쳬후 일양ᄒᄋᆸ시며 마리임계ᄋᆸ셔 긔후 일양ᄒ신니잇가 복모 블니ᄋᆸ지[1] 못ᄒ올소이다 소인은 엇지 무스타 ᄒ올니잇가[2] 형니 쥭스와 쟝스거지 지내ᄋᆸ고[3] 샹츠의 졸리오니 민망사와니다 나라임 갈실 졔 돈 양 고렴ᄒ시져 ᄒᄋᆸ던니 싱각ᄒᄋᆸ소셔 연스는 닷시 거론홀 톄[4] 업스와니다 소인은 논의 모도 바니 슈무지 못ᄒᄋᆸ고 참흉 될 듯ᄒ오니 소인는 술 도리 업스와니다 박계 션즈을 보내스오니 황고ᄒ와니다 황공ᄒ와 니만 긋치ᄋᆸᄂᆫ니다 임인 뉴월 초잇튼 노 구원[5] 고목

판독대비

번호	판독자료집	한국학중앙연구원 편 (2009a : 967~968)
1	블니ᄋᆸ지	불니ᄋᆸ지
2	ᄒ올니잇가	ᄒ올이잇가
3	지내ᄋᆸ고	지니ᄋᆸ고
4	톄	례
5	노 구원	노구원

의성김씨 학봉 김성일가 언간 167

〈김성일가-167, 1848년, 안영록(경아전) → 김진화(지방관)〉

판독문

茂長
大衙 侍人 入納
宗橋 安 哨 官 上書

上答書

흐셔 밧즈와 복견흐읍고 못닉 알외오며 기간 유월이오니 흐뎡의 궁겁스와 쥬냐[1] 답답이 지니읍던 ᄎ 젹으신 스연 보오니 놀납스와 그시로 뎡 쥬부을 가셔 보읍고 말슴흐온즉 관겨치 아니타 흐읍고 그 ᄂᆞᆯ을 진복흐읍신 후 풍습 열이 다 은복흐엿든 거시 상으로 너여 씀어 그러흐신 거시요 달은 염여난 조곰도 아니 계실 거시니 염여 말나 흐되 흐뎡의 황송흐온 말슴 엇지 알외올이가 올 갓튼 요염이 업스온디[2] 옷작키 심여되읍셔 민망이 지니읍시올이가 小人은 기간 더위 셜스로 죽다 겨우 부지흐읍고 솔기 다 셩치 못흐여 지니읍난 듕 ᄯᆞᆯ즈식의 병은 나으락 더하락 슈삭을 신음흐와 지니오니 갑갑 답흐온 말슴을 엇지 다 알외올이가 져 죽은 후로 마음을 지뎡치 못흐든 ᄎ 가환과 빅스의 ᄯᅳᆺ 갓지 못흐오니 엇지흐오면 좃스올지 답답흐오며 아몰이 흐와도 집탈이 되오니 ᄂᆡ월 초팔일이 졔 죽은 날이오니 그 밋쳐 졔 혼빅을 위로흐여 신스도 지니고 흐라 흐난 ᄃᆡ로 흐여 보니스오되 ᄂᆡ두가[3] 엇더흐올지 마음을 지뎡치 못흐기스오며 식스의 어려읍셔 슌임이을 다려가시오나 츙심 범빅이 부젼이보다가 십비가 낫스오나 모사을 쥬장흐여 쥬변이 업슬 듯흐외다 의셩 셔방님은 이번의 일것[4] 초시난 흐시고 회시의 못흐여 가흐난 만흐신디 돈만 희비시고 심여만 되시오니 답답흐오며 나려가실 디 뵈읍도 못흐읍고 쥬인의도 간다[5] 말 업시 나려가 계시니 셥셥흐오며 엇지 듯스오니 명쳘이놈이 올나와셔 분호조 집의 가셔 의셩 셔방님 모시라 왓다 흐고 ᄯᅩ 흐난 말이 츈근이놈이 부젼이을 쎄여 달이고 ᄂᆡ월즘 도망흐여 올나오난이라 흐들라 흐오니 진뎡인지 모도 다 허망흔 놈들이온즉 쪽 알 슈난 업스오되 바이 아니흔 말은 날 기이 업스오니 본되 인편의 셔방님의게 긔별흐읍셔 그 년놈을 죽이든 못흐시나 달니 쎄을 블으질너[6] 너여 쪼츠시면 小人과 져 죽은 혼빅이라도 본분이[7] 풀일 듯흐오니 셜치을 흐여 쥬읍소셔 모도 그 년놈으로 흐여 계 몸이 죽고 小人이 부젼의 아비놈과 츈근의 몹쓸 놈으로 ㅎ여 여러 달을 두고 누덕이 되여 쥬냐 익셕ㅎ여 싱병 낫스와 지어 토혈가지 ㅎ여스오니 엇지 아니 지원통분ㅎ올이가 그 몹슬[8] 두 놈의게 속은 거시 참아 통분ㅎ여 죽스온들 엇지 잇스올잇가 이번의도 폄졔을 어더 보오니 미오 좃스오되 이 도목의 목부스 과궐이 업스와 못 올무시니 셥셥ㅎ오나 그디로 션치ㅎ시면 좃스와 축슈축슈ㅎ옵닉이다 아모리 ㅎ셔도 졔 명이 졀으와 죽어스오니 小人은 일희일비가 되기숩닉이다[9] 어니 써나 현알ㅎ와 셜스온 품은 회포을 다 알올이가 영응산은 무슨 증환의 쓰시난지 지여 상뎡ㅎ오니 즈셔이 츄심ㅎ옵시고 먼져 환냑은 뎡 쥬부[10] 말이 다짐 두고 나으실 거시미[11] 아모 염여도 말나 ㅎ오니 음식 금긔ㅎ옵시고 미오 조심ㅎ옵셔 진복ㅎ옵소셔 흑달영 관디난 경쥬인과 상의ㅎ여 은조스 비단으로 지어냐 쓰기스오니 또 미심ㅎ신 거시 잇숩거든 훈인편의 즈셔이 긔별ㅎ옵소셔 씨스시난 거슨 상회슈가 거악싱신을 ㅎ오니 너모 진ㅎ게 닉지 말고 예스로이 짓물을 닉여셔 씨스신 후의 명지 슈건을로 물긔을 ㅎ나토 업시 ㅎ신 후 냑을 뿔이시고 종종 살펴보옵소셔 알외올 말숨 이만 알외옵닉이다
戊申 七月 初十日 永祿 上書

판독대비

번호	판독자료집	한국학중앙연구원 편 (2009a : 973~977)
1	쥬냐	쥬야
2	업스온디	업스오디
3	닉두가	닉후가
4	일것	일껏
5	간다	갓다
6	블으질너	블으질너
7	본분이	본분이
8	몹슬	몹쓸
9	되기숩닉이다	되여숩닉이다
10	뎡 쥬부	뎐쥬부
11	거시미	거시니

조선시대 한글편지 판독자료집 ❷

초판 인쇄 2013년 6월 20일
초판 발행 2013년 6월 28일

엮은이 황문환 임치균 전경목 조정아 황은영
엮은곳 한국학중앙연구원 어문생활사연구소
펴낸이 이대현
펴낸곳 도서출판 역락

주 소 서울시 서초구 반포4동 577-25 문창빌딩 2층
전 화 02-3409-2058, 2060
팩 스 02-3409-2059
등 록 1999년 4월 19일 제303-2002-000014호
이메일 youkrack@hanmail.net

값 50,000원(각권)

ISBN 978-89-5556-060-2 94710
    978-89-5556-058-9(전3권)